टीम लोकतन्त्र

भारतीय क्रिकेट की शानदार कहानी

टीम लोकतन्त्र

भारतीय क्रिकेट की शानदार कहानी

राजदीप सरदेसाई

अनुवाद

केतन मिश्रा

वाणी प्रकाशन

वाणी प्रकाशन

4695, 21-ए, दरियागंज, नयी दिल्ली 110 002

शाखा

अशोक राजपथ, पटना 800 004

फ़ोनः +91 11 23273167 फ़ैक्सः +91 11 23275710

www.vaniprakashan.in
vaniprakashan@gmail.com
sales@vaniprakashan.in

TEAM LOKTANTRA
BHARTIYA CRICKET KI SHANDAR KAHANI
by Rajdeep Sardesai

Hindi Translation of *Democracy's XI : The Great Indian Cricket Story*
Originally published in English by Juggernaut Books
Translated by Ketan Mishra

ISBN : 978-93-87889-91-0
Non-fiction/Sport

प्रथम संस्करण

मूल्य : ₹ 599

एम.एस. प्रिंटर्स, दिल्ली-110 093 में मुद्रित

वाणी प्रकाशन का लोगो मक़बूल फ़िदा हुसेन की कूची से

मेरे माता–पिता

दिलीप और नंदिनी सरदेसाई

को

जिनके लिए क्रिकेट ज़िन्दगी भी था

और प्यार भी

अनुक्रम

भूमिका

भारतीय क्रिकेट की शानदार कहानी

राजनीति से उलट, क्रिकेट ख़ून में नहीं दौड़ता। इस सच्चाई का मैं जीता जागता सुबूत हूँ। बचपन से, मैं अपने पिता दिलीप सरदेसाई के क़दमों पर चलने के लिए बेताब था और सबसे बड़े लेवल पर क्रिकेट खेलना चाहता था। मुझे सबसे अच्छे उपकरण, बेहतरीन कोचिंग और टॉप–क्लास सुविधाएँ दी गयीं। जब मैंने मुम्बई में स्कूलों की कप्तानी की और ऑक्सफ़ोर्ड में फर्स्ट–क्लास क्रिकेट खेला (जो कि कई मायनों में वहाँ के यूनिवर्सिटी क्रिकेट की गुणवत्ता के बारे में बहुत कुछ कहता है), मैं कभी भी भारतीय क्रिकेटर बनने के करीब भी नहीं फटक सका। एक बार संयुक्त ब्रिटिश यूनिवर्सिटी के लिए इमरान खान की कप्तानी में आयी पाकिस्तानी टीम के ख़िलाफ़ खेलते हुए मुझे स्पिन के जादूगर अब्दुल क़ादिर ने 2 रनों पर बोल्ड कर दिया था। पवेलियन वापस आते वक़्त एक पाकिस्तानी फील्डर ने मुझे लगभग चिढ़ाते हुए कहा था, ''अरे! तुम इण्डिया के हो और तुम्हें स्पिन भी खेलनी नहीं आती?'' वो सही कह रहा था। मैं गुगली और टॉप स्पिन पहचान ही नहीं पाता था। उस दिन मैंने 'रिटायर' हो जाने की सोची और पत्रकारिता की कम सख़्त दुनिया की ओर रुख किया। वक़ालत से कुछ वक़्त जुड़े रहने के बाद, क्रिकेट में मेरे प्रोफ़ेशनल कॅरियर का सपना भी टूट चुका था।

कई बार मुझसे ये सवाल पूछा जाता है कि मैंने अपने पिता की तरह क्रिकेट क्यों नहीं खेला। मेरा जवाब बेहद आसान है–एक राजनीतिज्ञ का बेटा या बेटी बहुत आराम से विधायक या सांसद चुना जा सकता है, यहाँ तक कि वो प्रधानमन्त्री भी बन सकता है, एक बिज़नेस करने वाला घराना अपने बेटे–बेटी को अपना उत्तराधिकारी घोषित कर सकता है लेकिन एक टेस्ट क्रिकेटर का बेटा जब तक देश के सबसे प्रतिभावान 11 खिलाड़ियों में से एक नहीं हो सकता, वो टेस्ट कैप नहीं पहन सकता है। यहाँ तक कि एक फ़िल्म स्टार के बच्चे अपने माता–पिता के काम को तब भी जारी रख सकते हैं जब वो सबसे बेहतरीन अदाकारों की लिस्ट में शामिल नहीं होते हैं। लेकिन एक क्रिकेटर के बच्चे को महज़ उसके परिवार की वजह से उसकी स्कूल की टीम में भी जगह नहीं मिल सकती है, रणजी ट्रॉफ़ी और टेस्ट क्रिकेट तो बहुत दूर की कौड़ी है। भारत में राजनीति और फ़िल्मों से उलट, क्रिकेट में परिवारवाद देखने को नहीं मिलता। कांग्रेस के गाँधी–नेहरू और फ़िल्मों के कपूर खानदान की तरह तो कतई नहीं। भारत में क्रिकेट परिवार अगर किसी को कहा

जा सकता है तो वो थे अमरनाथ परिवार–पिता लाला भारत के पहले टेस्ट शतकवीर थे, उनके बेटे मोहिन्दर और सुरिन्दर ने नेशनल टीम से खेला जबकि तीसरे बेटे राजिन्दर ने फर्स्ट क्लास क्रिकेट में खेला।

कई मायनों में हम ये ज़रूर कह सकते हैं कि भारतीय स्वाधीनता के इतने सालों बाद क्रिकेट ही वो एकमात्र शय है जिसमें प्रतिस्पर्धा ही प्रतिस्पर्धा है और जो इस खेल के पूर्वजों द्वारा दिये गये आदर्शों पर अब भी ख़रा उतर रहा है। इसमें भारतीय गणतन्त्र के संविधान की आत्मा अब भी जाग्रत है जो हर किसी को एक समान पाती है। रिश्तेदारी, एलीट क्लास से होने पर मिलने वाले फ़ायदे, संरक्षकों से मिलने वाली सुविधाएँ, सभी क्रिकेट के मैदान के गेट पर ही एक किनारे रख दी जाती हैं। इस खेल में एक प्रकार की डेमोक्रेसी है जो इस देश के उस सपने में बदल सकता है जिसमें एक खिलाड़ी की ज़िन्दगी और समाज को बदलने की ताक़त भरी हुई है। ये किताब क्रिकेट के ज़रिए उस भारतीय कथा को ढूँढ़ने और उसे दोबारा जीने की यात्रा है जिसे मैंने नाम दिया है–टीम लोकतन्त्र। सपने, त्याग, अवसर, टैलेण्ट और फिर मिलने वाली सफलता की कथाएँ। यहाँ क़िस्सों के ज़रिए ग्यारह खिलाड़ियों की तस्वीरों को उकेरा जायेगा जो अपने अनोखे अन्दाज़ में इस खेल के प्रतिनिधि बने और क्लास, जाति, इलाके और धर्म के ढकोसलों से आगे बढ़ हमारे समय के असली हीरो बन कर उभरे।

भारतीय क्रिकेट के अलावा और कहाँ आप राँची के एक पम्प ऑपरेटर के बेटे को इस देश के सबसे बड़े और सबसे अमीर खिलाड़ी के रूप में बनते हुए देख सकते थे? या एक ज्ञानी प्रोफ़ेसर और कवि के बेटे को इस देश के इतिहास में पैदा हुआ सबसे चहेता क्रिकेटर बनते हुए देख सकते थे जिसे भारत रत्न दिया गया? या हैदराबाद की तंग गलियों में घूमते एक आवारा से लड़के ने आम हैदराबादी मुस्लिम जीवन को किनारे रख अपने पहले तीन टेस्ट में सेंचुरी मार स्टारडम हासिल करते देख सकते थे? या एक ऐसे लड़के के बारे में आप सोच सकते थे जिसके परिवार ने तब तक टेस्ट मैच नहीं देखा जब तक वो ख़ुद खेलने नहीं लगा और जिसके पिता दो भैंसें सिर्फ़ इसलिए ख़रीद लाये कि उसके बेटे को घर पर दूध की कमी न हो और फिर वो बेटा आगे चलकर वर्ल्ड कप जीतने वाला कप्तान बने और इस देश का महानतम फ़ास्ट–बॉलिंग ऑल राउण्डर बने?

हमेशा सब कुछ ऐसा नहीं था। पराधीन भारत में क्रिकेट की शुरुआत यहाँ बसे अंग्रेज़ों द्वारा मज़े के लिए खेले जाने वाले खेल के रूप में हुई जो एलीट क्लब्स में और ब्रिटिश इण्डिया के जिमखाना में खेला जाता। ब्रिटिश राज के राजकुमारों और पारसी बिज़नेसमैन घरानों ने इसे संरक्षित किया जिनके लिए क्रिकेट ब्रिटिशर्स की आँखों में बने रहने का एक ज़रिया था। व्यापारी और महाराजाओं ने इस खेल की शुरुआत की और इससे उन्होंने ब्रिटिश राज की ओर अपनी वफ़ादारी दिखानी शुरू की। इसके साथ ही वो बाक़ी लोगों के सामने अपनी बढ़ती हुई सामाजिक प्रतिष्ठा का भी विज्ञापन कर सकते थे। ये कोई आश्चर्य की बात नहीं थी कि सभी शुरुआती महाराज बल्लेबाज़ थे और उस वक़्त बॉलिंग और फ़ील्डिंग छोटे तबके के लोगों का काम माना जाता था। ये भी कोई आश्चर्य की बात

नहीं है कि पहली भारतीय टीम जिसे 1932 में इंग्लैण्ड के ख़िलाफ़ खेलने के लिए चुना गया, उसके कप्तान पटियाला के महाराज और लिम्बडी के राजकुमार उसके उपकप्तान थे। महलों में पलने और इस्तेमाल किये जाने के कारण इस खेल को इसके शैशवकाल में ही तमाम मुसीबतों से दो–चार होना पड़ा। लॉर्ड्स में इंग्लैण्ड के ख़िलाफ़ खेले गये पहले टेस्ट में किसी शाही नाम ने नहीं बल्कि एक 'आम भारतीय' ने कप्तानी की जो कि पूरी तरह से अप्रत्याशित था। ऐसा इसलिए हो सका क्यूँकि पटियाला के राजा को वापस अपने देश जाना पड़ा और लिम्ब्डी के राजकुमार टेस्ट से एक दिन पहले चोटिल हो गये थे और इस तरह कप्तानी मिली कर्नल सी.के. नायडू को।

अपने शुरुआती दिनों में भारतीय क्रिकेट महज़ शाही परिवार के ही इर्द–गिर्द परिक्रमा नहीं करता था बल्कि उसमें से साम्प्रदायिक राजनीति की भी बू आती थी। 20वीं सदी की शुरुआत में 4 या 5 टीमों के बीच मुम्बई के मैदान और जिमखाना में खेले जाने वाले टूर्नामेण्ट धार्मिक आधार पर खेले जाते थे–हिन्दू, मुस्लिम, पारसी, यूरोपियन और बाकी सभी (जिसमें सिख और क्रिश्चियन शामिल थे) की अपनी अलग–अलग टीमें थीं। ये टूर्नामेण्ट बनते हुए समाज का एक उदाहरण था जो अपने बँटे हुए होने के कारण ही राजशाही से लोहा नहीं ले पा रहे थे। देशभक्ति काल में साम्प्रदायिक क्रिकेट अजीब ज़रूर लगता है लेकिन ब्रिटिश राज की 'फूट डालो राज करो' वाली नीति में ये काम कर रहा था। समझ में आता है कि क्यों महात्मा गाँधी, जो एक अहिंसक राष्ट्रीय आन्दोलन की वक़ालत कर रहे थे, क्रिकेट को आलोचनात्मक नज़रों से देखते थे और समाज पर पड़ रहे असर से चिन्तित रहते थे। इतिहासकार रामचन्द्र गुहा पहले दलित क्रिकेटर पालवंकर बालू की दुर्दशा को अपनी किताब अ कॉर्नर ऑफ़ ए फॉरेन फील्ड में दिखाते हुए बताते हैं कि कैसे उन्हें अपनी ही टीम वालों से अलग बैठने को कहा जाता था और चायकाल के दौरान कुल्हड़ में चाय दी जाती थी जिसे तुरन्त ही फेंक दिया जाता था जबकि बाकी सभी महँगे कपों में चाय का स्वाद लेते थे।

आज भी कड़े कानूनों के बावजूद छुआछूत देश के कितने ही हिस्सों में मौजूद है। आज भी दलितों के पीटे जाने की ख़बरें मिलती रहती हैं, उन्हें मन्दिरों में घुसने नहीं दिया जाता और न ही उन्हें कुएँ से पानी लेने दिया जाता है। लेकिन क्रिकेट के मैदान पर किसी को भी उन तकलीफ़ों से नहीं गुज़रना पड़ता है जिन्हें बालू ने झेला। हमने दलित खिलाड़ी देखे हैं। उनकी गिनती कम हो सकती है लेकिन ये सच्चाई है कि खेल में जाति कोई रुकावट नहीं है। इसके साथ ही धर्म के नाम पर भी कोई भेदभाव नहीं होता। हमने हर समाज के लोगों को भारतीय क्रिकेट में उभरते हुए देखा है, इस मामले में अभी तक आदिवासी क्रिकेटर्स पीछे रह गये हैं लेकिन मुझे इस बात का विश्वास है कि बहुत ही जल्द ये खाली जगह भी भर दी जायेगी। ये भी सम्भव है कि आज के क्रिकेट को अगर गाँधी देख सकते तो वो ज़रूर इसे पसन्द करते। समकालीन भारतीय क्रिकेट टीम उस भारत का एक नमूना है जो गाँधी के सपने का हिस्सा था–एक ऐसा समाज जिसमें हर वर्ग की बराबर की हिस्सेदारी हो, जो हताशा के वक़्त में आपको ऊर्जा से भर दे।

मुझे आज भी याद है कि कैसे 26/11 के मुम्बई हमलों के कुछ ही हफ़्तों बाद सचिन ने चौथी पारी में चेन्नई में शानदार 103 रन बनाये और भारत को जीत दिलाई और देश को मायूसी से बाहर निकाला। या ये भी कि कैसे पठान भाइयों ने 2002 में हुए गुजरात दंगों, जिसमें उनके ही शहर वडोदरा के मुस्लिम बहुल इलाके में ख़ूनखराबा हुआ था, के कुछ समय बाद इण्डिया को एक वन–डे मैच में शानदार और अप्रत्याशित जीत दिलाई। एक क्रिकेट के मैदान में हिन्दू जयकारे और मुस्लिम डर की कोई जगह नहीं हो सकती। यहाँ किसी भी दलित को दबाया नहीं जाता और न ही किसी कश्मीरी को समाज से अलग खड़ा कर दिया जाता है। हाँ, क्रिकेट भारत और पाकिस्तान के बीच की खाई को पाट नहीं सका और कई बार इन दोनों देशों के बीच होने वाला खेल ग़ैरज़रूरी बातों और उग्रता का जनक बन जाता है। एक अमरीकी लेखक माइक मार्क्वीज़ ने एक दफ़ा भारत और पाकिस्तान के बीच खेल को 'बिना गोलियों के युद्ध' के रूप में परिभाषित किया था। लेकिन मैं कभी भी ये नहीं भूल सकता कि कैसे चेन्नई की भीड़ ने 1999 में भारत को टेस्ट मैच में हराने वाली पाकिस्तानी टीम के लिए तालियों से आसमान को गुँजा दिया था या कैसे पाकिस्तानी दर्शक 2004 में लाहौर के मैदान में मीडियम फ़ास्ट बॉलर लक्ष्मीपति बालाजी का नाम एक मन्त्र की तरह ज़ोर–ज़ोर से दोहरा रहे थे। ये सच है कि क्रिकेट के मैदान में कोई भी लाइन–ऑफ़–कण्ट्रोल नहीं होती। श्रीनगर का परवेज़ रसूल उसी रुतबे के साथ भारतीय कैप पहन सकता है जिस फ़ख्र के साथ उसे कानपुर का कुलदीप यादव या झारखण्ड का वरुण ऐरॉन पहनता है। क्रिकेट में किसी भी वोट बैंक या आरक्षण की जगह नहीं है–अन्त में सिर्फ़ आपके रन बनाने या विकेट लेने की योग्यता ही मायने रखती है।

क्रिकेट भारतीय लोकतन्त्र का जुड़वाँ भाई है जो कि नये और बेहतर भारत का एक रूपक है। जब गेंद हवा में होती है या स्टम्प्स को छितरा दिया जाता है, इस देश की समस्याएँ कुछ वक़्त के लिए मायने नहीं रखतीं और हम अपने आँगन में पले–बढ़े तमाम नायकों की सफलता के ज़श्न में एक साथ शरीक होते हैं। उस वक़्त, जब मैदान में ग्यारह खिलाड़ी जूझ रहे होते हैं, भारतीय महिलाएँ और पुरुष उनमें अपने–अपने हिस्से के संघर्ष को देख पा रहे होते हैं। उस वक़्त उनके अन्दर आशा का उजाला होता है। ये बॉलीवुड का महज़ कुछ वक़्त के लिए रहने वाला नशा नहीं है। बल्कि 'जन गण मन' हमारे हाड़–मांस से बनी इस देह में उतनी ऊर्जा का संचार कभी और नहीं कर पाता जितना क्रिकेट के मैदान में बजते हुए करता है। हम राजनीतिक गिरावट और आर्थिक परिश्रम के आदी हो चुके लोग क्रिकेट में मिलने वाली सफलता का ज़श्न मना सकते हैं क्योंकि उस हरे घास के मैदान में डेमोक्रेसी वैसे ही काम करती है जैसे उसे करना चाहिए। और ये आपको सुकून से भर देता है।

ये भी एक कमाल की बात है कि देश की आज़ादी के 70वें साल में भारतीय डेमोक्रेसी के समानान्तर चल रही इस क्रिकेट की दुनिया में सिर्फ़ पुरुषों के ही बारे में बात नहीं हो

रही है। महिला क्रिकेट हमें उतनी ही आशा से भर रहा है और देश को आश्वासित कर रहा है। भारतीय महिला खिलाड़ियों का शानदार खेल उन्हें 2017 के वर्ल्ड कप फाइनल में ले गया जो लॉर्ड्स में खेला गया। वो मैच वाकई प्रेरणादायी था। 1983 के वर्ल्ड कप की ही तरह नीली जर्सी पहनी महिलाओं का फाइनल में पहुँचना और उनका कप जीतने के बेहद नज़दीक होना ही अपने आप में काफ़ी कुछ बदलने की क्षमता रखता है। देश में रोज़ हो रहे महिलाओं पर अत्याचार के बाद हरमनप्रीत कौर का आत्मविश्वास और उनका शानदार प्रदर्शन या फिर मिताली राज का स्ट्रोकप्ले हमें मैदान पर चल रही उस डेमोक्रेसी के प्रेम में डाल देता है। मेरा तो ये मानना है कि हरमनप्रीत कौर के 171 रन जो उन्होंने ऑस्ट्रेलिया के ख़िलाफ़ 2017 के वर्ल्ड कप सेमी फाइनल में बनाये, दुनिया के महानतम वन–डे इनिंग्स में गिने जाने चाहिए। उस पारी ने हमारे न्यूज़रूम को सुखद आश्चर्य से भर दिया था। क्रिकेट में मौजूद रहे इस लिंग–दोष से छुटकारा पाया जा चुका है जो कि इस खेल की एक और जीत है। झूलन गोस्वामी, भारत की फ़ास्ट बॉलिंग अटैक की मुखिया और महिला वन–डे क्रिकेट में सबसे ज़्यादा विकेट लेने वाली खिलाड़ी बताती हैं, ''जब मैं छोटी थी तो लड़के मुझे अपने साथ खेलने नहीं देते थे। कहते थे मुझे चोट लग जायेगी। मेरे घरवाले कहते थे कि अगर मैं क्रिकेट खेलूँगी तो मुझसे शादी कौन करेगा! अब ये सब कहने की कोई हिम्मत नहीं कर सकता।''

भारतीय क्रिकेट के शुरुआती दिनों में क्लास को लेकर हुए बँटवारे ने जो ख़तरे पैदा किये थे, आज ग़ायब हो चुके हैं। हर साल आईपीएल, जो कि दुनिया का सबसे बड़ा कमाई वाला टूर्नामेण्ट है, कितने ही युवा चेहरों को स्टार बना के छोड़ता है जो कि कितनी ही मुख़्तलिफ़ पृष्ठभूमियों से आते हैं। हर साल ऐसे क्रिकेटर्स के बारे में सुनने को मिलता है जो गरीब घरों से आते हैं और अचानक करोड़पति बन जाते हैं। 2017 की आईपीएल नीलामी में टी. नटराजन, तमिलनाडु के सालेम ज़िले से आने वाले फ़ास्ट बॉलर को, 3 करोड़ रुपये का कॉन्ट्रैक्ट मिला। उसके पिता दिहाड़ी पर काम करने वाले मज़दूर थे और माँ रोड के किनारे चिकन और खाने की दुकान लगाती हैं। जब नटराजन से पूछा गया कि वो उस पैसे से क्या करेंगे तो जवाब मिला, ''मैं अपने परिवार के लिए एक घर बनाऊँगा और अपनी दो बहनों और एक भाई को पढ़ाई करवाऊँगा।''

जैसे–जैसे क्रिकेट करोड़ों डॉलर की ग्लोबल इण्डस्ट्री का हिस्सा बनता जा रहा है, भारतीय क्रिकेट में नटराजन जैसी कितनी ही कहानियाँ सुनने को मिलेंगी। ये इस बात में हमारा विश्वास और भी गाढ़ा करता है कि अगर आपके पास क़ाबिलियत है और आप अपने लक्ष्य पर टिके रहेंगे तो आपको निश्चित रूप से मौक़े मिलते रहेंगे और पाने के लिए पूरा आसमान मिलेगा। उमेश यादव जो कि भारतीय पेस अटैक के मुखिया के तौर पर देखे जा सकते हैं, इस बात के एक अच्छे उदाहरण हैं। उनके पिता नागपुर के पास एक बेहद गर्म और धूल से भरे गाँव की कोयला खदान में एक लोडर थे। उमेश ने 12वीं के बाद पढ़ाई छोड़ दी और पुलिस या आर्मी में भर्ती होने की तैयारी करने लगा जिससे उसके परिवार की आर्थिक हालत ठीक हो सके। लेकिन इस गठीले नौजवान की तेज़ गेंद फेंक पाने की

क़ाबिलियत छुपी नहीं रही। 2 साल में ही वो इण्डिया के लिए खेल रहा था। आज वो एकदम नयी एसयूवी चला रहा है और एक डीलक्स 2 माले के घर में रहता है। उसके परिवार के किसी भी सदस्य को कभी भी दिहाड़ी पर काम नहीं करना होगा। वो हँसते हुए कहता है, ''अगर मेरे पास क्रिकेट नहीं होता तो मैं किसी चौराहे पर खड़ा ट्रैफ़िक सँभाल रहा होता।''

क्रिकेट अब बस जुनून भर नहीं रह गया है। ये एक अच्छी कमाई का प्रोफ़ेशन भी बन गया है। आज के वक़्त के खिलाड़ियों को मिलने वाली रकम को सन्दर्भ में रखा जाये तो भारतीय टेस्ट क्रिकेटर्स को 1950 और 1960 में 250 रुपये प्रति मैच मिला करते थे। कुछ प्रोफ़ेशनल क्रिकेटर्स जैसे वीनू मांकड़, विजय हज़ारे और दातू फ़ड़कर को एक्स्ट्रा 350 मिलते थे क्योंकि उन्हें टीम के लिए बेहद ज़रूरी माना जाता था। आज टीम इण्डिया के खिलाड़ियों को प्रति टेस्ट मैच 15 लाख रुपये मिलते हैं जिसके साथ उन्हें शानदार रीटेनरशिप और तमाम स्पांसर डील मिलती हैं। यहाँ तक कि रणजी खिलाड़ियों को भी अच्छी रकम मिलती है। 1950 और 60 में फर्स्ट क्लास क्रिकेटर्स को 3 दिन के खेल के लिए मात्र 30 रुपये मिलते थे और आज उन्हें 25,000 से 30,000 रुपये प्रति दिन मिलता है। 1960 के शुरुआती वक़्त में टेस्ट क्रिकेटर्स तक को इण्टरनेशनल मैचों के लिए भी देश भर में ट्रेन से ही घूमना पड़ता था और कई बार उन्हें बी केटेगरी के होटल में रुकना होता था। आज टॉप क्रिकेटर्स फाइव स्टार लग्ज़री में रुकते हैं और अपने जेट्स रख सकते हैं। ''हम भारतीय कैप पहनने के लिए क्रिकेट खेलते थे। पैसों के बारे में तो कोई सोचता भी नहीं था,'' 85 साल के माधव आप्टे बताते हैं। माधव आप्टे भारतीय टेस्ट क्रिकेट के सबसे पुराने जीवित खिलाड़ी हैं जिन्होंने भारत के लिए पहला मैच 1952 में खेला।

पैसे लुटाने वाला आईपीएल और उसके भयानक फैन–बेस ने इतना पक्का कर दिया कि भारत इस ग्लोबल खेल का केन्द्र बन गया है। सितम्बर 2017 में आईपीएल के पाँच साल के प्रसारण अधिकार स्टार इण्डिया को चले गये जिसकी कीमत थी 16,347 करोड़ रुपये। ये रकम दुनिया में चल रही सभी टी–20 लीग्स की मिली–जुली रकम से भी ज़्यादा थी। 90 के दशक तक दुनिया के न जाने कितने ही बेहतरीन क्रिकेटर्स इण्डिया में खेलने से कतराते रहे। उन्हें बीमारियों का डर सताता था और वो यहाँ फैली गरीबी से घृणा करते थे। मसलन अंग्रेज़ ओपनिंग बल्लेबाज़ ज्योफ़ बॉयकॉट इस देश में आने से हिचकते थे और 70 के दशक में तो ऑस्ट्रेलिया की टीम ने बस एक बार यहाँ का दौरा किया। आज पूरी दुनिया भारत में खेलना चाहती है। उन्हें मालूम है कि ये इस दुनिया का सबसे ज़्यादा मुनाफ़ा पहुँचाने वाला ज़मीन का टुकड़ा है। नयी शताब्दी की शुरुआत से ही भारतीय अर्थव्यवस्था चौगुनी से भी ज़्यादा बढ़ी है और आज ये दुनिया की सबसे तेज़ बढ़ने वाली अर्थव्यवस्था में से एक है। बाज़ार के फैलने से क्रिकेट को बहुत फायदा पहुँचा है और अब भारतीय क्रिकेट के संघर्ष के दिन लदे हुए समझे जाएँ।

लेकिन भारतीय क्रिकेट की असली कहानी नोट की गड्डियों के उस पार है। 2011 में दिये ब्रैडमैन ओरेशन लेक्चर में राहुल द्रविड़ ने इसे बेहतरीन ढंग से समझाया था, ''भारत में क्रिकेट एक जाग्रत, जीवित शय है जो अपने सबसे शानदार वक़्त से गुज़र रही है।

ऐसा किसी भी और देश के साथ नहीं हुआ। पिछले एक दशक में भारतीय टीम ने उस देश का प्रतिनिधित्व किया जो असल मायने में भारत है—तमाम अलग कल्चर के लोग जो अलग—अलग भाषाएँ बोलते हैं, अलग धर्म को मानते हैं अलग क्लास से ताल्लुक रखते हैं। मैंने अपने ड्रेसिंग रूम में ये जानने की कोशिश की वहाँ, कितनी भाषाएँ बोली जा सकती थीं और मुझे जो संख्या मिली वो थी 15 जिसमें शोना और अफ्रीकान भी शामिल थी।'' (टीम का सपोर्टिंग स्टाफ़ साउथ अफ्रीका से था।)

जिस जगह समाज को एक करने के क्रम में कितना कुछ फेल हो गया, वहाँ क्रिकेट ही क्यों सफल हुआ? नेल्सन मण्डेला ने 1995 के ऐतिहासिक रग्बी वर्ल्ड कप के दौरान साउथ अफ्रीका में कहा था, ''खेल के पास वो ताक़त है जो दुनिया बदल सकती है। उसके पास लोगों को प्रेरित करने की ताक़त है। इसके पास वो ताक़त है जो लोगों को एक कर सकती है। और कोई भी चीज़ लोगों पर ऐसा प्रभाव नहीं डाल सकती। युवाओं से उसी ज़ुबान में बात करता है जिसे वो समझते हैं। खेल से उस जगह पर भी आशा का संचार हो सकता है जहाँ हमेशा हताशा का वास रहा हो। नस्लीय बेड़ियों को तोड़ने में सरकार से भी ज़्यादा ताक़तवर खेल साबित हो सकते हैं।'' उस वर्ल्ड कप में जब एक रंगभेद काल के बाद के साउथ अफ्रीका ने देश की रग्बी टीम की हौसलाअफज़ाई की तो पूरा देश उस खेल के कारण एक हो गया जो कि अभी तक श्वेतों का ही खेल बनकर रह गया था।

एक राष्ट्र के तौर पर हमारी एकता का ज़श्न मनाने में हमने साउथ अफरीका की एक जीत को काफ़ी पीछे छोड़ दिया है। इस खेल का इस देश के करोड़ों लोगों के जीवन में इतना अहम रोल है कि भारतीय समाजशास्त्री आशीश नंदी लगभग व्यंग्य करते हुए लिखते हैं, ''क्रिकेट एक भारतीय खेल है जिसे अंग्रेज़ों ने गलती से ईज़ाद किया।'' ऑस्ट्रेलियन लेखक अपनी भारतीय क्रिकेट के बारे में लिखी किताब पेट्रन्स, प्लेयर्स एण्ड द क्राउड में लिखते हैं कि क्रिकेट भारत में सफल हुआ क्योंकि ये समय और गति की भारतीय धारणाओं के अनुरूप था—पाँच दिनों के ड्रामे से भरे टेस्ट मैच में एक प्रकार की 'टाइमलेस' क्वालिटी है जो कि एक कम मॉडर्न सोसायटी को आकर्षित करती है। वो सोसायटी जिसमें एक ब्लॉकबस्टर फ़िल्म 3 घण्टे लम्बी होती है। कैशमैन तो ये भी कहते हैं कि क्रिकेट का खेल भारतीयों ने आत्मसात किया क्योंकि वो गैरहिंसक खेल था और शरीर को छूने वाले खेल जैसे फुटबॉल उस वक़्त के जाति—रोग से जूझते समाज में फिट नहीं बैठते थे।

भारतीयों के क्रिकेट को अपनाने में कुछ खास है। ये वैसा ही है जैसे ब्राज़ील 'ओ योगो बोनितो' या 'एक ख़ूबसूरत खेल' यानी फुटबॉल का आनन्द उठाते हैं। आप बस कोलकाता में ईडेन गार्डेन्स में बैठिए और इस बात का अहसास कीजिए कि कैसे एक खेल एक पूरे शहर को जुनूनी बना देता है। वो पूरे शहर के भागते जीवन को एक एडवेंचर में बदल देता है। जैसा कि क्रिकेट जर्नलिस्ट मिहिर बोस, ए हिस्टरी ऑफ़ इण्डियन क्रिकेट में लिखते हैं, ''क्रिकेट से ज़्यादा इंग्लिश और कुछ हो नहीं सकता। और फिर भी जिस तरह से उपमहाद्वीप ने इस खेल को पकड़ा है, उससे ज़्यादा भारतीय कुछ नहीं हो सकता।'' आप देश में कहीं भी घूमिए, आपको क्रिकेट की आवाज़ गूँजती हुई मालूम देगी। मैं एक बार हिमालय

की घाटी में मन्त्रमुग्ध–सा बैठा क्रिकेट का एक गेम देख रहा था जिसे उतने ही जोश के साथ खेला जा रहा था जितने जोश में उसे मुम्बई के किसी मैदान में खेला जाता होगा या कन्याकुमारी की किसी गली में। मोहल्लों और गलियों में खेला जाने वाला टेनिस बॉल क्रिकेट कभी न झुकने वाले भारतीय जज़्बे को परिभाषित करता है। कई बार भरी बरसात में मैच खेले जा रहे होते हैं और उस वक़्त उनका उत्साह इतना होता है कि दुनिया का हर कोना हार मान जाये। ये कोई आश्चर्य की बात नहीं है कि हमारे न जाने कितने बेहतरीन क्रिकेटर्स ने अपनी शुरुआत टेनिस बॉल क्रिकेट से ही की।

1947 में जब भारत आज़ाद हुआ, क्रिकेट पहले से ही एक मशहूर खेल था, जबकि ओलम्पिक्स में शानदार प्रदर्शन के बाद हॉकी को राष्ट्रीय खेल घोषित किया जा चुका था। आज़ाद भारत के पहले गवर्नर जनरल सी. राजगोपालाचारी कहते थे, "ऐसा दिन भी आ सकता है जब ये देश अंग्रेज़ी छोड़ दे मगर क्रिकेट कभी नहीं छोड़ेगा।" और फिर भी इस खेल की शुरुआती कामयाबी शहर में दिखी जहाँ मुम्बई (उस वक़्त का बम्बई) और देश का शहरी हो चुका पश्चिमी तट इस खेल में आगे थे। चेन्नई (उस वक़्त का मद्रास) कुछ कम्पटीशन दे रहे थे जबकि कोलकाता (तब का कलकत्ता) फुटबॉल पसन्द कर रहा था। सत्तर साल बाद देश के हर कोने में क्रिकेट पहले नम्बर पर है जिसमें नॉर्थ–ईस्ट के कुछ हिस्से, केरल और गोवा अपवाद साबित होंगे क्योंकि यहाँ अब भी फुटबॉल ही सबसे बड़ी भीड़ का गवाह बनता है। और जब 1950 और 60 के दशक में इण्डिया ने जितने गेम जीते उससे कहीं ज़्यादा हारे या ड्रॉ कराये, आज वो एक वर्ल्ड चैम्पियनों की क़तार में है।

मेरे हिसाब से, स्वाधीन भारत के क्रिकेट में 4 बड़े मोड़ आये। पहला साल 1971 में जहाँ खेल को ब्रिटिश राज से मुक्त कराया गया–ये 1947 में देश के आज़ाद होने सरीखा था। ये वो साल था जब भारत ने वेस्ट इण्डीज़ और इंग्लैण्ड में पहली बार जीत हासिल की थी जिसने भारतीय क्रिकेट में विश्वास बरकरार रखा। एक देश के लिए जो कि अभी किषोराकाल में था और खुद को स्थापित करने की जद्दोजहद में लगा हुआ था, 1971 की जीत को उसी साल युद्ध के मैदान में पाकिस्तान पर मिली जीत से तौला जा सकता था। इस जीत के बाद बांग्लादेश बना और हरित क्रान्ति आयी जिसने देश को फ़सलों के मामले में आत्मनिर्भर बनाया। फिर स्पेस प्रोग्राम आये जिसके तहत कितनी ही मिसाइलें लांच हुईं और 1974 में न्यूक्लियर टेस्ट हुए। इसमें से हर एक काम ने एक युवा देश को खुद में भरोसा दिलाया।

दूसरा मोड़ तब आया जब भारत ने 1983 में वर्ल्ड कप जीता। वो एक शानदार जीत थी जिसने पूरी दुनिया को चौंका दिया था। इसने उस वक़्त वन–डे क्रिकेट में लोगों की दिलचस्पी बढ़ाई जब इत्तफ़ाकन कलर टीवी सेट्स आना ही शुरू हुए थे। तब तक रेडियो पर बॉल–दर–बॉल कमेण्ट्री ही सुनने को मिलती थी। अब टीवी ने रंगीन अवतार में खिलाड़ियों को हमारे घरों के भीतर ला खड़ा कर दिया था। 70 के दशक के मध्य तक रेडियो ही भारतीय क्रिकेट के बारे में जानकारी रखने का एकमात्र ज़रिया था–मैं एक बार अपनी क्लासरूम में रेडियो ट्रांज़िस्टर पर कमेण्ट्री सुनते हुए पकड़ा गया था क्योंकि मैंने विपक्षी टीम के विकेट

गिरने पर चीख़ निकाल दी थी। (हालाँकि वही टीचर थोड़ी देर बाद टीचर्स रूम में उसी ट्रांज़िस्टर पर कमेण्ट्री सुनते हुए मिला था।) पहली टेस्ट क्रिकेट सीरीज़ जो कि इण्डिया में लाइव दिखायी गयी थी वो थी 1974–75 की इण्डिया–वेस्ट इण्डीज़ सीरीज़। 1978 में जब भारतीय टीम एक अरसे बाद पाकिस्तान गयी तो भारतीय दर्शकों को पहली बार अपने ब्लैक एण्ड व्हाइट टीवी सेट पर विदेशी टूर लाइव देखने को मिला।

1983 की जीत ने एक मुश्किल वक़्त में देश का हौसला बढ़ाया था–80 के दशक के शुरुआती हिस्से में अव्यवस्था फैली रही और काफ़ी ख़ून–खराबा हुआ जो कि 1984 में प्रधानमन्त्री इन्दिरा गाँधी की मौत पर जाकर रुका। ये आज़ाद भारत का सबसे बुरा साल था जिसमें देश की मासूमियत का क़त्ल हो गया। स्वर्ण मन्दिर पर हमला, सिख विरोधी दंगे और भोपाल गैस हादसा–1984 दर्द भरा साल था। लेकिन हमेशा की तरह क्रिकेट इन ज़ख़्मों पर मरहम लगाने को तैयार था।

क्रिकेट में तीसरा निर्णायक मोड़ साबित हुआ 1991 के ऐतिहासिक बजट के बाद भारतीय बाज़ार का खुल जाना। आर्थिक उदारवाद ने भारतीय व्यवसायों में बढ़ोतरी देखी, केबल और सैटेलाइट टीवी पर विज्ञापनों के रेवेन्यू बढ़े जिससे सबसे ज़्यादा फ़ायदा क्रिकेट को ही हुआ। अब हर मैच प्राइवेट चैनल्स पर आ रहा था और 1995 में सुप्रीम कोर्ट ने कहा कि वायुतरंगों पर महज़ सरकार का हक़ नहीं है। 1996 का वर्ल्ड कप जो कि उपमहाद्वीप में खेला गया था, आर्थिक रूप से सफल रहा और मालूम पड़ा कि क्रिकेट की ताक़तों का पश्चिम से पूर्व हस्तान्तरण हो रहा था। हर्षा भोगले, जो कि देश के सबसे ज़्यादा पहचाने जाने वाले टीवी क्रिकेट कमेण्टेटर हैं, कहते हैं, "टीवी पर लाइव क्रिकेट और एक ऐसा बाज़ार जो कि फैल रहा था। ये एक ऐसा कॉम्बो था जिसे हराया ही नहीं जा सकता था।"

चौथा बड़ा मोड़ और शायद अब तक का सबसे प्रभावशाली भी, 2008 में आया जब आईपीएल का आग़ाज़ हुआ। ये एक पैसे से भरा क्रिकेट का जलसा था जिसने क्रिकेट को अचानक से बॉलीवुड का ग्लैमर दे दिया था। 1970 के दशक के भारत में पलने–बढ़ने वालों के लिए सर्कस जाना सबसे बड़ा त्योहार होता था। एक बड़े तम्बू के नीचे हम लोगों को कलाबाज़ियाँ खाते देखते, जोकर एक–दूसरे को मारते थे तो हम हँसते थे, जब जानवर आग के छल्ले में से कूदते तो हमारी साँस रुक जाती थी और हम मोटरबाइक के स्टण्ट देकर सहम जाते थे। 21वीं सदी के भारत में आईपीएल सबसे बड़ा सर्कस था। बस यहाँ 3 घण्टे का बिना स्क्रिप्ट का एण्टरटेनमेण्ट था जिसमें क्रिकेट के खिलाड़ी स्टार्स थे। इन खिलाड़ियों के साथ अमीर फ्रेंचाइज़ी मालिक थे और कम कपड़े पहने चियरलीडर्स थीं। हर गर्मी के मौसम में आईपीएल के इस सर्कस के 6 हफ़्तों ने क्रिकेट के कितने ही परिमाणों को बदला है, नयी ऑडियंस को बुलाया है और मल्टीमीडिया, मार्केटिंग के पुष्पक विमान पर बैठ क्रिकेट को देश के हर नुक्कड़ और हर कोने तक पहुँचाया है। इसने क्रिकेट को टीवी बॉक्स–ऑफ़िस पर सुपरहिट बनाया है। तमिलनाडु और कर्नाटक में होने वाले आईपीएल सरीखे क्षेत्रीय टूर्नामेण्ट ने इसे और भी पॉपुलर किया। 20–20 ओवर का ये खेल तेज़ है, उत्तेजित करने वाला है, युवा और आक्रामक देश के लिए एकदम फिट बैठने वाला है।

अरबपति फ्रेंचाइज़ी के साथ, जो कि एक डोमेस्टिक प्लेयर को भी 'खरीदने' के लिए करोड़ों रुपये ख़र्च करने को तैयार होती हैं, क्रिकेट ग्रामीण भारत के लिए भी आकांक्षाओं से भर देने वाला खेल बन गया है। अब इस देश के लगभग हर ज़िले में एक टर्फ विकेट और एक कोचिंग एकेडमी है।

आईपीएल का लॉन्च भारतीय अर्थव्यवस्था के तेज़ी से वैश्वीकरण होने के साथ– साथ हुआ। वो अर्थव्यवस्था जहाँ अब हर ग्लोबल ब्राण्ड मार्केट के लिए पूरी ताक़त से झगड़ता है। (आईपीएल के टाइटल स्पांसरशिप के लिए ऊपर की दो कम्पनियाँ चीनी मोबाइल कम्पनियाँ थीं।) इत्तफ़ाकन आईपीएल भारतीय टीम के 2007 में वर्ल्ड टी–20 जीतने के अगले ही साल शुरू हुआ। 4 साल बाद ही भारत ने अपनी ही ज़मीन पर वर्ल्ड कप जीता। अगर 1983 एक तुक्का था तो 28 साल बाद वानखेड़े में दुनिया की सबसे बड़ी टीवी ऑडियंस के सामने मिली जीत ने इस बात पर मुहर लगा दी थी कि भारत 21वीं सदी का सबसे बड़ा क्रिकेट सुपरपावर था। 1983 की ही तरह, 2011 में भी वर्ल्ड कप एक बुरे समय के साथ आया। राजनीतिक भ्रष्टाचार के कारण पूरे देश में सड़कों पर विरोध प्रदर्शन हो रहा था, जनता गुस्से में थी और नेता क्लास के प्रति घृणा पैदा हो रही थी। इस वक़्त विकास कम हो रहा था और मुद्रास्फीति बढ़ रही थी। जैसा कि कितनी ही बार होता आया है, क्रिकेट ने ज़ख्मों के लिए मरहम दिया और साथ ही भविष्य को लेकर आशावान रहने की एक वजह भी। 2017 के मध्य में, जब मैं इस किताब को ख़त्म कर रहा था, भारत को नम्बर एक टेस्ट साइड डिक्लेयर किया गया था और ऐसा मालूम दे रहा है कि ये टीम इस जगह पर काफ़ी वक़्त तक टिकी रहेगी।

भारतीय क्रिकेट के उत्थान की कहानी की पड़ताल करते हुए और इससे बुलन्द होती हमारी राष्ट्रीयता की भावना के ही कारण टीम लोकतन्त्र एक प्रासंगिक किताब बनती है। हर खिलाड़ी, जिसके जीवन से जुड़ी कहानियों को मैंने चुना है, इस बात को दर्शाता है कि आज़ादी के बाद भारतीय समाज में किस कदर बदलाव आया है, कैसे क्रिकेट ने ब्रिटिश जड़ों से नाता तोड़ ख़ुद को लोगों का खेल बनाया, कैसे क्रिकेट का खेल कई धर्मों को सम्मिलित करते हुए चलता है, कैसे बाज़ार में चल रही होड़ की वजह से ऊँच–नीच से भरे इस समाज में टैलेण्ट के बढ़ने और आकांक्षाओं के पूरा होने के लिए एक लोकतान्त्रिक जगह बनी है।

ये किताब किसी सर्वकालीन भारतीय एकादश के बारे में नहीं है बल्कि ग्यारह खिलाड़ियों की मेरी निजी पसन्द पर आधारित है जिनके बारे में मुझे लगता है कि उन्होंने अपने–अपने तरीकों से भारतीय क्रिकेट को आकार दिया और इस खेल को इस देश का नम्बर एक खेल बनाया। ये एक रिले रेस की तरह है जिसमें एक खिलाड़ी दूसरे को लगातार बैटन थमाता जा रहा है। ग्यारह लोग इस कोशिश में लगातार लगे हुए हैं कि आगे जो भी हो पिछले से बेहतर ही हो। मेरी इस किताब में ग्यारह खिलाड़ी पुरुष हैं, इस बात को मेरे ख़िलाफ़

इस्तेमाल भी किया जा सकता है लेकिन मुझे इस बात का पूरा भरोसा है कि एक दिन ऐसी ही एक किताब में उभरती हुई भारतीय महिला क्रिकेटरों की बातें होंगी।

मेरी यात्रा 1950 के दशक के अन्त में मेरे स्वर्गीय पिता के साथ शुरू होती है जो शायद कभी भी महानतम भारतीय क्रिकेट टीम का हिस्सा नहीं बने (जैसा वो हमेशा कहते, "मैं अच्छा था मगर महान नहीं।") लेकिन फिर भी वो गोवा से आकर भारत के लिए खेलने वाले एकमात्र पुरुष क्रिकेटर बने। भारतीय महिला क्रिकेटर शिखा पाण्डे भी गोवा की हैं। जिस वक़्त में उन्होंने क्रिकेट खेला, गोवा के मड़गाँव में 40 के दशक में पैदा होकर दो दशकों के लिए भारतीय टीम का हिस्सा बने रहना एक बहुत बड़ी सफलता थी। उस ज़माने में देश के बड़े शहर भारतीय क्रिकेट पर राज करते थे। मेरे पिता को पुर्तगाली राज के अधीन रहने वाले गोवा से निकलकर मुम्बई आना पड़ा जहाँ वो अपने क्रिकेट खेलने के सपने को पूरा कर सके। आर्थिक रुकावटों और साधनों के अभाव के कारण सरदेसाई का शुरुआती वक़्त मुश्किलों से भरा हुआ था। इसके उलट आज छोटे शहरों से आने वाले खिलाड़ियों का बड़े स्तर पर बेहद अच्छा परफॉर्म करना कोई अचरज की बात नहीं रह गयी है। साल 1971 में वेस्ट इण्डीज़ के ख़िलाफ़ सरदेसाई ने बेहतरीन सीरीज़ खेली। जैसा कि पहले भी बताया, इस सीरीज़ ने भारतीय क्रिकेट को इस आत्मविश्वास से भर दिया कि वो दुनिया की टीमों को चुनौती दे सकती थी और इसके बदले में बड़े स्कोर्स बनाने वाले मेरे पिता को 'भारतीय क्रिकेट के क्रान्तिकारी' का खिताब मिला।

मेरे पिता के क्रिकेट कॅरियर के ज़्यादातर हिस्से में उनके कप्तान रहे मंसूर अली खान पटौदी, जिन्हें पटौदी के नवाब के नाम से भी जाना जाता है। भारतीय स्वाधीनता के बाद चमकने वाले ज़्यादातर खिलाड़ी मध्यवर्ग से आते थे जबकि वो इन सभी के बीच पाये जाने वाले नवाब थे। लेकिन वो औपनिवेशिक दौर के नवाब नहीं थे। उन्होंने अपनी क़ाबिलियत के दम पर टीम में जगह पायी थी न कि अपने परिवार के क़द के कारण। चूँकि उन्होंने अपनी एक आँख की रोशनी खोने के बावजूद अपनी पहचान बनाई, उनकी सफलता को और भी बड़ा आँका जाना चाहिए। वो एक गणतान्त्रिक (रिपब्लिकन) कप्तान थे जिन्होंने अलग–अलग पृष्ठभूमि से आने वाले खिलाड़ियों को एक सूत्र में पिरो कर सही मायनों में राष्ट्रीय टीम बनाई। उन्होंने भारतीय क्रिकेट को उसके विकसित होने की उम्र में एक करिश्माई नेतृत्व दिया। वो भले ही राजशाही परिवार में पैदा हुए थे, उनकी सोच नेहरूवादी थी। वो देश में स्वराज के सूचक थे जहाँ राजशाही धीरे–धीरे अपना अस्तित्व खोती दिख रही थी।

1960 में पटौदी काल के दौरान भारतीय क्रिकेट में ज़ोरदार क्रान्ति नज़र आयी। इस क्रान्ति के जनक थे चार स्पिनर जो अपने आप में बेहद अलग मिजाज़ के लोग थे। मैं चाहता था कि चन्द्रशेखर को अपनी ग्यारह की टीम में लूँ। वो यकीनन अपनी उम्र के सबसे बड़े मैच जिताऊ स्पिनर हैं। चन्द्रा की कहानी भारतीय क्रिकेट की लोककथाओं में शामिल होगी। अपने पोलियो ग्रस्त हाथों के बावजूद उन्होंने दुनिया के सबसे बेहतरीन बल्लेबाज़ों को नचा कर रखा हुआ था। लेकिन मैंने बिशन सिंह बेदी को चुना जो आज़ाद भारत के क्रिकेट में आने वाले पहले 'विद्रोही' थे। वो जितने 'रंगीन' थे उतने ही विवादित भी। स्पिन

का सरदार पवित्र भी था और भिड़ जाने वाला भी। बेदी की बाग़ी शख़्सियत में भारतीय क्रिकेट को एक ऐसा नेता मिला जो खिलाड़ियों को उनकी ताक़त दिलवाने में विश्वास रखता था। उनका बॉलिंग एक्शन दर्शनीय तो था ही लेकिन इसके साथ ही राजनीतिक उथल–पुथल के समय में संस्थान को मुँह चिढ़ाने की उनकी आदत उन्हें किसी भी टीम का हिस्सा बनवा सकती है।

भारतीय क्रिकेट में शानदार स्पिन बॉलरों के उत्थान के साथ ही यहाँ खेलने वाले सबसे बेहतरीन ओपनिंग बैट्समैन का भी उदय हो रहा था। सुनील गावस्कर ने भारतीय क्रिकेट को न केवल ठोस और मज़बूत बनाया बल्कि आत्मविश्वास से भी भर दिया। जैसा कि पहले समझा जाता था कि भारतीय बल्लेबाज़ तेज़ गेंदों के आगे घुटने टेक देते हैं, गावस्कर ने आकर इस भ्रम को तोड़ा। उन्हें अगर लिटिल मास्टर कहा जाता था तो एकदम सही कहा जाता था। उनकी एकाग्रता को कोई भी नहीं हिला सकता था और इसके साथ उनकी तकनीक बेहतरीन थी। इन दोनों के दम पर दुनिया के तेज़ बॉलर्स से गावस्कर ने लोहा लिया और भारतीय क्रिकेट को मज़बूती दी। मैदान पर गावस्कर भारतीय क्रिकेट की शान थे जो टेस्ट क्रिकेट में हर रेकॉर्ड तोड़ते जा रहे थे। मैदान से बाहर उन्होंने भारतीय क्रिकेट को मज़बूती दी जो यहाँ दशकों से मौजूद नहीं थी। 70 के दशक में उनकी सफलता ने तनख़्वाह पर काम करने वाले मध्य वर्ग को एक ऐसा चेहरा दिया जिससे वो प्रेरणा ले सकते थे। ये वो समय था जब समाजवादी आर्थिक व्यवस्था ने लोगों के उत्थान को सीमित कर रखा था।

गावस्कर ने जब खेलना शुरू किया तो स्पिनर अपने चरम पर थे मगर जब उन्होंने खेल से फ़ुरसत ली तो पेस बॉलिंग फल–फूल रही थी। कपिल देव को विज्डन ने सदी का भारतीय क्रिकेटर चुना था। उन्हें ये सम्मान जितना उनके बेहतरीन खेल की वजह से मिला उतना ही इसलिए भी मिला क्योंकि अपनी मौजूदगी से वो इस खेल को जोश से भर देते थे। टीम को फॉलो–ऑन से बचाने के लिए एक ओवर में 24 रन सिर्फ़ कपिल देव ही मार सकते थे। वो वाकई एक अनोखे क्रिकेट प्लेयर थे। देश में ओपनिंग बैटिंग को अगर गावस्कर ने नये सिरे से परिभाषित किया तो कपिल देव ने भी कितनी ही सीमाएँ तोड़ीं–वो भारत से आने वाले पहले विश्व स्तरीय तेज गेंदबाज़ थे, हरियाणा से आने वाले पहले बेहतरीन क्रिकेटर थे और इसके साथ ही अपने छोटे शहर की पहचान को बड़े ही गर्व से अपनी शख़्सियत का हिस्सा बनाने वाले खिलाड़ी थे। उन्होंने क्रिकेट को जिस ऊर्जा के साथ खेला, उसे कोई भी दोहरा नहीं सकता और इसने उन्हें एक लोकनायक के रूप में पेश कर दिया–जिस शानदार मुस्कान के साथ उन्होंने 1983 में वर्ल्ड कप ट्रॉफ़ी को अपने हाथों में उठाया था, वो आज तक देश की हर स्मृति में अंकित है। वो भारतीय क्रिकेट की सबसे चौंका देने वाली जीत थी जिसने भारतीय क्रिकेट को हमेशा के लिए बदल के रख दिया। इस जीत ने ही क्रिकेट को उस खेल का दर्जा दे दिया जो आने वाले वक़्त में रंगीन टीवी के युग में पहुँचते ही आर्थिक रूप से बेहद सफल होने वाला था।

मेरी टीम में मोहम्मद अज़हरुद्दीन शायद सबसे विवादित नाम हो सकता है। चूँकि उनका नाम उस मैच फ़िक्सिंग के विवाद से जुड़ा है जिसने भारतीय क्रिकेट पर एक दाग छोड़

दिया था, पढ़ने वालों को ये नागवार गुज़र सकता है। लेकिन फिर भी अज़हर जैसे खिलाड़ी के इस खेल के प्रति योगदान को अगर हम आज तक साबित न होने वाले मैच फिक्सिंग के आरोपों तक ही सीमित रखेंगे तो ये इस देश के एक बेहतरीन बल्लेबाज़–कप्तान के साथ ज़्यादती होगी। वो इस देश के क्रिकेट की बहुधार्मिक छवि हैं। 1992–93 की सर्दियों में, अयोध्या दंगों के बाद मैं निराशा से भरा हुआ था। मुम्बई में हुए दंगों और धमाकों के बारे में रिपोर्टिंग करते हुए मैं हताश हो चुका था। उस बुरे वक़्त में अज़हर के नेतृत्व और बल्लेबाज़ी ने मुझे और करोड़ों भारतीयों को आशा से भर दिया। उस वक़्त, जब साम्प्रदायिक ताक़तें हिन्दू–मुस्लिम रिश्तों को तोड़ने की हर कोशिश कर रही थीं, एक भारतीय मुसलमान इस देश की क्रिकेट टीम का नेतृत्व कर रहा था।

इस देश के किसी भी दूसरे क्रिकेटर ने यहाँ के लोगों को उतनी खुशियाँ नहीं बाँटीं जितनी सचिन तेंदुलकर ने दी हैं। सचिन तेंदुलकर इस देश के पहले भारत रत्न से नवाज़े जाने वाले खिलाड़ी हैं। एक मुम्बईकर होने के नाते, जिसने सचिन के भाई के साथ क्रिकेट खेला हो, मुझे सचिन के करियर को मैदान से निकलकर इस खेल के सबसे ऊँचे मुकाम पर पहुँचते देखने का सौभाग्य मिला। मुझे आज भी याद है कि सर डॉन ब्रैडमैन द्वारा, जो बल्लेबाज़ी का सबसे बड़ा नाम हैं, सचिन में अपनी झलक दिखने पर हर कोई किस कदर गर्व से भर गया था। करोड़ों भारतीयों के लिए सचिन क्रिकेट का भगवान था और हमेशा रहेगा। सचिन वो है जो अपनी उपलब्धियों के कारण पूजा जाता है। सचिन ने अपना कॅरियर उस उम्र में शुरू किया जब ज़्यादातर लोग बीजगणित से जूझ रहे होते हैं और यही सचिन की महानता को दर्शाता है। और जब सचिन 40 की उम्र को छूने वाले थे। वो तब भी क्रिकेट खेल रहे थे। ये इस बात का सुबूत है कि सचिन को तोड़ना नामुमकिन था। एक सदी के चौथाई हिस्से में भारतीय क्रिकेट को सचिन तेंदुलकर की महानता का साथ मिला हुआ था।

अगर तेंदुलकर वैश्विक सैटेलाइट टेलीविज़न के युग में भारतीय क्रिकेट के पहले सुपरस्टार करोड़पति थे तो उनके मित्र सौरव गांगुली एक अनोखे प्रकार के नायक थे। कई मायनों में जो भारत के लिए सचिन हैं, वही बंगाल के लिए सौरव गांगुली हैं। वो एक क्षेत्रीय 'बिग बॉस' हैं जो देश के एक कोने की आशा और आकांक्षाओं का प्रतिनिधित्व करने के लिए आये। वो कोना जो खेल को लेकर पागल था मगर एक भी बड़ा खिलाड़ी नहीं दे पाया था। एक मुश्किल वक़्त में भारत की कप्तानी करना कोई आसान काम नहीं था और इसे भुलाया नहीं जा सकेगा। उन्होंने मैच फिक्सिंग के आरोपों से घिरे भारतीय क्रिकेट में देश की जनता का विश्वास वापस जगाया। उनके आक्रामक और तेज़ तर्रार क्रिकेट ने एक और घिसी–पिटी बात को झुठलाया–अब कोई भी किसी बंगाली मध्यवर्गीय पुरुष को सौम्य और कॉफ़ी हाउस में पाया जाने वाला बुद्धिजीवी नहीं मानता था। गांगुली एक सख्त क्रिकेटर थे जो कथनी को करनी में बदल के दिखाते थे।

अगर गांगुली आग थे तो राहुल द्रविड़ भारतीय क्रिकेट के लिए बर्फ़ की सिल्ली थे। किसी भी भारतीय क्रिकेटर ने खुद को मैदान पर या मैदान से बाहर इतने गौरवशाली तरीके

से संयोजित करके नहीं रखा जितना राहुल द्रविड़ ने किया। द्रविड़ ने ज़्यादातर क्रिकेट सचिन की परछाईं में खेला। जिसका मतलब ये था कि हम द्रविड़ के आँकड़ों को उस हद तक महत्ता नहीं दे सकते थे। कई मायनों में द्रविड़ उस युग के सूचक मालूम देते हैं जब क्रिकेट में स्लेजिंग या दिखावे की कोई जगह नहीं थी। उनका कॅरियर इस बात का सबूत है कि अच्छे लोग भी अच्छा परफॉर्म कर सकते हैं और कड़ी प्रतिस्पर्धा के बीच उनके लिए अब भी सम्मान बचाने का पूरा मौका बचा होता है।

अगर द्रविड़ भारतीय क्रिकेट के सौम्य अतीत से सम्बन्ध बनाये हुए थे, महेन्द्र सिंह धोनी ने उन रिश्तों में पूरी तरह से क्रान्ति ला दी। भारतीय क्रिकेट के लिए महेन्द्र सिंह धोनी एक खिलाड़ी नहीं बल्कि एक इकाई के रूप में उभरे जो क्रिकेट के महत्तम पद पर जा बैठे। वो जब टेस्ट कप्तान बने तब भारतीय टीम विश्व की नम्बर एक टेस्ट टीम बनी और उसने 2011 में अपनी ही ज़मीन पर विश्व कप जीता। धोनी के सिवा और कोई भी क्रिकेटर इस सफलता को इतनी आसानी से पचा नहीं सकता था। इन सब के बावजूद धोनी के प्रभाव को उनके द्वारा बनाए गये रनों के आधार पर नहीं मापा जा सकता, न ही उनके द्वारा लिए गये कैचों से और न ही उनके द्वारा जिताए गये मैचों से मापा जा सकता है। वो एक ऐसे क्रिकेटर हैं जो भारतीय क्रिकेट के जनतान्त्रिक होने और योग्यता पर फलने वाले समाज का मुख्य सूचक है। वो राँची में जन्मने वाले पहले भारतीय क्रिकेटर बने जिन्होंने खड़गपुर रेलवे स्टेशन पर टिकट कलेक्टर से लेकर विश्व कप ट्रॉफ़ी उठाने तक का सफ़र तय किया और इस दौरान दुनिया के सबसे अमीर खिलाड़ियों में शुमार हुए। ये सब कुछ क्रिकेट की दुनिया की सबसे अनोखी गाथा है। भारत के छोटे शहरों में अगर किसी क्रिकेट क्रान्ति ने जन्म लिया है तो उसका नाम महेन्द्र सिंह धोनी है।

ये तय है कि भारतीय क्रिकेट में 'सत्ता का हस्तान्तरण' मेट्रो शहरों के जिमखाना और क्लब से आम आदमी के मैदानों में हो चुका है। जबकि अमीर घरानों के बच्चों के पास खेलने के लिए टेनिस से लेकर फुटबॉल तक के ऑप्शन हैं, टियर 2 और 3 शहरों में अब भी क्रिकेट ही व्याप्त है। छोटे शहरों के पास आज भी क्रिकेट ही है जो कि उन्हें क्लास की सीमाओं से दूर ले जा सकता है। आज के वक़्त में टीम इण्डिया के अधिकतम खिलाड़ी छोटे शहरों से ही आते हैं। अगर ओबीसी 'मण्डल' क्रान्ति ने भारतीय राजनीति पर असर डाला है तो यही प्रभाव धोनी ने भारतीय क्रिकेट पर डाला है।

विराट कोहली नयी शताब्दी में कदम रखते हुए नये खिलाड़ी के रूप में नज़र आते हैं जो नयी पीढ़ी के लिए प्रेरणास्रोत भी हैं। भारतीय बल्लेबाज़ी की मशाल गावस्कर से सचिन और अब कोहली के पास पहुँच गयी है। और हर महान खिलाड़ी की ही तरह मैदान पर और मैदान के बाहर, कोहली की भी अपनी स्टाइल है। वो एक ऐसा बल्लेबाज़ है जो इस खेल के हर फॉर्मेट में बड़ी आसानी के साथ खेल सकता है। उसके खेल में वो आक्रामकता है जो नये भारत की नयी तस्वीर गढ़ पाता है। ये वो भारत है जो आत्मविश्वास से लबरेज़ है और ख़ुद को सबसे आगे देखे जाने की चाह रखता है। कोहली उस उम्र से आते हैं जहाँ क्रिकेट को खेल के साथ–साथ मनोरंजन का भी साधन माना जाने लगा है। अब क्रिकेट एक

ऐसा खेल बन गया है जिसका वैश्विक स्तर पर उपभोग किया जाता है। कोहली के बल्ले पर छपने वाले विज्ञापनों से यक़ीनन उस भारतीय खिलाड़ी को रश्क होगा जो किसी उम्र में एक अच्छे बल्ले के लिए मारा–मारा फिरता था। वो आधुनिक युग के खिलाड़ी का सर्वोत्तम उदाहरण है–धनी और सफल होने के साथ ही वो फ़िट और अपने लक्ष्य पर केन्द्रित भी हैं। असल में कोहली के लिए पैसों की अहमियत काफ़ी कम जान पड़ती है–आप इंस्टाग्राम पर कोहली के एक फ़िटनेस वीडियो को देखें और आपको मालूम पड़ता है कि एक चैम्पियन को आकार लेने में कितनी मेहनत लगती है।

कई मायनों में इस खेल के लिए इसी जुनून ने टीम इण्डिया को साकार किया है। आज़ादी के बाद पहले पचास सालों के लिए भारतीय क्रिकेटर्स ने न जाने कितनी ही कठिनाइयों का सामना किया होगा लेकिन वो सभी अपने–अपने वक़्त की ही पैदाइश थे। भारत के उदारवादी होने से पहले उन्हें वो मौक़े नहीं मिल सकते थे जो अभी मौजूद हैं। लेकिन फिर भी ऐसा कौन कह सकता है कि पुराने खिलाड़ियों ने नये खिलाड़ियों से कम जुनून के साथ क्रिकेट खेला? या फिर क्या कोई ये भी कह सकता है कि पैसों ने इक्कीसवीं सदी के खिलाड़ियों का दिमाग़ फेर दिया है। आज के युग के भारतीय क्रिकेटरों ने हमारे क्रिकेट को न केवल एक नये स्तर पर पहुँचाया है बल्कि भारतीय टीम को दुनिया की सबसे बेहतरीन टीमों में से एक बनाया है।

एक ऐसी जगह जहाँ पर इस खेल को महज़ मज़े के लिए खेला जाता था, इस खेल ने समूचे देश में एक प्रतिस्पर्धा का रूप ले लिया है। इस देश में चुनावी जंग गलाकाट प्रबलता के साथ लड़ी जाती है जो कभी एक उत्सव की शक्ल लिए होते थे। आज के वक़्त में प्रतिभागियों पर दबाव कहीं ज़्यादा है। बीसीसीआई ने इस खेल को अच्छे से आगे बढ़ाया है और इसे कितनी ही ताक़त दी है। लेकिन यही बोर्ड न जाने कितने ही विवादों में घिरा रहा है। इनमें हित–संघर्ष से लेकर खेल की छवि को धूमिल करता हुआ भ्रष्टाचार शामिल है। अगर सहचर (क्रोनी) पूँजीवाद राजनीतिक भ्रष्टाचार को जन्म दे सकता है तो यक़ीनन बीसीसीआई के दिग्गज राजनीतिक रूप से जुड़े हुए समूहों के दम पर ही फले फूले हैं। जनवरी 2017 में सुप्रीम कोर्ट ने शायद आगे बढ़ कर क्रिकेट को 'चलाने के लिए' एक कमेटी गठित की, लेकिन बोर्ड की मौजूदा स्थिति के लिए उसका ख़ुद को न बदलने का दृढ़ निश्चय ही ज़िम्मेदार है।

स्टार खिलाड़ी व्यावसायिक झमेले में फंसे मालूम देते हैं जिनके आस–पास बड़े–बड़े मार्केटिंग एजेण्ट्स और स्पांसर मँडराते दिखते हैं। मैच फिक्सिंग और स्पॉट फिक्सिंग विवादों ने हमें बताया कि हमारे कितने ही खिलाड़ी कमज़ोर निश्चय वाले थे जिनसे पैसों के दम पर कुछ भी करवाया जा सकता था। कोहली के चाहने पर जून 2017 में अनिल कुंबले को कोच के पद से हटाया जाना भी इस समय के बारे में काफ़ी कुछ बताता है। जहाँ क्रिकेट टीम के कप्तान का नाम बोर्ड के आन्तरिक समीकरण पर टिका होता था, आज खिलाड़ी ख़ुद ही सभी निर्णय ले रहे थे। उनके अधिकारों की सीमा उनके बाज़ारू दामों से तय हो रही थी। जैसा कि 2011 विश्व कप के मैन ऑफ़ द मैच गौतम गम्भीर कहते हैं, "मुझे ऐसा

लगता है कि आपके पिता की पीढ़ी ने क्रिकेट को हमसे ज़्यादा एन्जॉय किया होगा। वो सभी इस खेल के दीवाने थे जबकि हम बस मैच जीतने वाले रोबोट हैं।''

लेकिन अलग–अलग पीढ़ियों से आने वाले क्रिकेटरों की तुलना करना जहाँ एक बेहतरीन गॉसिप को जन्म देता है, वहीं ये उन खिलाड़ियों के लिए न्यायपूर्ण भी नहीं होता जिन्होंने कितने ही बरसों तक अपने देश का प्रतिनिधित्व किया है। आज के समय में क्रिकेटर काफ़ी फ़िट होते हैं और अपने से पहले की पीढ़ी के खिलाड़ियों से कहीं ज़्यादा तैयार भी मालूम देते हैं। आज के खिलाड़ियों को सुनील गावस्कर 'टॉप क्लास एथलीट्स' का नाम देते हैं। ये खेल एक ऐसे समय से निकलकर आया है जब इसे सुस्त माना जाता था। आज ये स्फूर्ति और तेज़ी से भरा दिखता है जो इस तेज़ी से बदलते और आगे बढ़ते देश की बढ़ती आकांक्षाओं का सूचक है।

और फिर भी, इन सभी तथ्यों के बावजूद, ऐसा कौन कह सकता है कि हेलमेट आने से पहले के वक़्त में मौजूद क्रिकेटर्स तकनीक के मामले में आज के खिलाड़ियों से कमतर थे? या उस वक़्त के गेंदबाज़ आज से कम कुशल थे? सच तो ये है कि अगर आप उन ग्यारह खिलाड़ियों में से एक बनना चाहते हैं तो आपको कोई भी शॉर्टकट सफल नहीं बना पायेगा। टीम लोकतन्त्र में मौजूद हर खिलाड़ी प्रतिभा से भरा है, अपने परिवार के किसी एक ख़ास सदस्य की सहायता से आगे बढ़ा है, सब कुछ न्योछावर करने वाले कोच के साये में रहा है, फैन्स से प्यार पाता रहा और पूरे देश की जनता उसकी आभारी रही है।

यक़ीनन कोई भी टीम बिना बारहवें खिलाड़ी के पूरी नहीं होती। मेरी टीम का भीयही हाल है। एकनाथ सोलकर मेरे पहले क्रिकेट हीरो थे। 1971 में 6 साल की उम्र में मैं क्रिकेट क्लब ऑफ़ इण्डिया जाया करता था और बच्चों के स्टैण्ड में बैठ उन्हें खेलते देखता। वो अपने वक़्त के सबसे ज़्यादा स्टाइलिश क्रिकेटर थे और अपने समय के सबसे बेहतरीन फील्डर। एक बार उन्हें उनकी लेफ़्ट–हैण्ड की कलाकारी के लिए गरीबों का गैरी सोबर्स कहा गया। वो ख़ुद को स्वैग में रखते थे जो मुझे बेहद पसन्द आता था। मुझे याद है कि एक बार वो जल्दी आउट हो गये और मैं रोने लगा और फिर जब उन्होंने मैच के बाद मुझे कोका कोला की बोतल दी तो मैं चुप हुआ।

लेकिन सोलकर एक भारतीय क्रिकेटर से भी बहुत कुछ ज़्यादा थे। उनकी कहानी एक और ऐसी कहानी है जो बताती है कि कैसे ये खेल किसी की ज़िन्दगी बदल सकता है। इनके पिता पीजे हिन्दू जिमखाना क्लब में ग्राउण्ड्समैन थे। इनके टैलेण्ट को महान भारतीय क्रिकेटर वीनू मांकड़ ने नोटिस किया। क्लब के कई मेम्बरों ने उन्हें सपोर्ट किया जिसमें मेरे पिता भी शामिल थे। 1971 में उन्होंने और मेरे पिता ने मिलकर कई पार्टनरशिप बनायी। ये जोड़ी शायद इस बात का फ़ायदा उठा रही थी क्योंकि ये एक ही क्लब के लिए खेला करते थे। एक टेस्ट में जब सोलकर खेल रहे थे और बार–बार गेंद मिस कर रहे थे, एक वेस्ट इण्डियन फील्डर ने कुछ गालियाँ दीं। सोलकर ने, जो कि खासे आत्मविश्वास से

भरे हुए थे, पलटकर गालियाँ दीं। जब सोबर्स ने इस बात की शिकायत की तो मेरे पिता ने बीच में कहा, ''देखो गैरी, एक्की को कुछ समझ में नहीं आ रहा है कि तुम क्या कह रहे हो और तुम्हें नहीं समझ में आ रहा है कि वो क्या कह रहा है। इसलिए तुम अपने बॉलर को अपना काम करने के लिए कहो और हम अपना काम करेंगे।'' सोलकर की 57 साल की छोटी उम्र में मौत हुई। लेकिन क्रिकेट के मैदान पर उन्हें मिली शोहरत ने ये सुनिश्चित किया कि उनके परिवार को गरीबी में नहीं जीना पड़ा। सोलकर की वो कहानी मेरे साथ हमेशा रहेगी जिसमें मुझे मालूम चला था कि वो 1969 के रणजी ट्रॉफ़ी फाइनल में खेल रहे थे जब उनके पिता मृत्युशैया पर थे। उस मैच के बीच में ही उनके पिता की मौत हो गयी। वो आँसुओं से भरी आँखों के साथ मैच से गये, अन्तिम क्रिया की और वापस आकर मुम्बई को पहली पारी में लीड के दम पर जीत दिलवाने में मदद की। उन्होंने बाद में एक टीम के साथी से कहा, ''मेरे पिताजी मुझे क्रिकेट खेलता देखना चाहते थे और जब मैं बैटिंग कर रहा था तो उनकी आत्मा हमेशा मेरे साथ थी।''

ये वो कहानी है जो सचिन तेंदुलकर भी बता सकते हैं। वो 1999 में अपने पिता की मौत के बाद वर्ल्ड कप खेलने के लिए वापस पहुँचे और अगले मैच में सेंचुरी मारी। या विराट कोहली बता सकते हैं जिन्होंने बचपन में अपने पिता को खो दिया और वो दिल्ली के लिए नॉट–आउट खेल रहे थे। इसके बाद बिना निराश और हताश हुए, पूरे साहस के साथ वो अगले दिन पिता को मुखाग्नि देने से ठीक पहले बैटिंग करने उतरा और बेहद मज़बूत 90 रन बनाये। ये साहस से भरी कहानियाँ भारतीय क्रिकेट के रोमांस की कहानियाँ हैं जो कि लगातार प्रेरणा देती रहती हैं और कितने ही भारतीयों को सपने देखने की ताक़त देती हैं। ये किताब उन्हीं चमत्कारिक सपनों और टैलेण्ट की कहानी है जो यक़ीनन आगे चलकर हमारे जीवन और इस खेल को रोशनी से भरती रहेंगी।

1

दिलीप सरदेसाई

गोवा के रेनेसां पुरुष

मुम्बई के मानसून की एक उदास सुबह। मेरे पिता बॉम्बे हॉस्पिटल के आईसीयू में मरणासन्न पड़े हुए थे। मेरे पिता किडनी फेल होने के बाद पिछले दो सालों से ज़्यादा डायलिसिस पर थे और हर दूसरे दिन अस्पताल के चक्कर लगाने से वो काफ़ी परेशान हो चुके थे। हर बार जब वो अस्पताल के बेड से बाथरूम जाने का संघर्ष कर रहे होते थे, मुझे उनका कष्ट साफ़ दिखायी दे रहा होता था।

उनकी सहनशक्ति कमाल की थी। उन्होंने कभी 160 ग्राम की कठोर क्रिकेट की गेंद देह पर खाने के बाद पलक भी नहीं झपकाई थी। अक्सर उनके शरीर पर चोट लगी हुई होती थी और उनकी उँगलियाँ टूट जाया करती थीं लेकिन उनमें एक मुक्केबाज़ की माफ़िक रिंग में डटे रहने का जज़्बा था। उन्हें कड़ा मुक़ाबला पसन्द था और उन्हें तेज़ गेंदबाज़ी के ख़िलाफ़ बल्लेबाज़ी करने के लिए जाना जाता था। इसीलिए 1962 में उन्हें 22 साल की उम्र में ही वेस्ट इण्डीज़ की तेज़ गेंदबाज़ी के ख़िलाफ़ बल्लेबाज़ी की शुरुआत करने के लिए ऊपर भेज दिया गया था जब कोई भी और इण्डियन बल्लेबाज़ ऐसा करने के लिए तैयार ही नहीं था। ये तब था जब एक ओवर में 3 से 4 बाउंसर एक आम बात हुआ करती थी। लेकिन फिलहाल मुझे ऐसा लग रहा था जैसे वो मैदान छोड़ने के लिए मन बना चुके थे। उन्होंने बहुत ही हौले से मुझसे कहा, "परिवार का ध्यान रखना," और फिर खिड़की से बाहर देखने लगे।

अस्पताल से बाहर क्रॉस मैदान था। साउथ मुम्बई में मौजूद कई मैदानों में से एक। वो मैदान मेरे पिता के जीवन का एक अभिन्न हिस्सा था। ये वही जगह थी जहाँ गोवा से आने के बाद वो अपने क्रिकेट को और बेहतर बनाने की ख़ातिर घण्टों प्रैक्टिस किया करते थे। इण्डिया के लिए खेलने का उनका सपना इन्हीं मैदानों से शुरू हुआ था जहाँ उन्होंने न मालूम कितनी सेंचुरी मारी थीं। यहाँ तक कि रिटायरमेण्ट के बाद भी वो यहाँ क्रिकेट

के बारे में बातें करते हुए वक़्त गुज़ारा करते थे। जब वो उस आईसीयू कमरे के बाहर लगे ताड़ के पेड़ों को खिड़की से निहार रहे थे, ज़रूर ही उनकी आँखों के सामने एक शानदार तरीक़े से गुज़ारे गये जीवन की अनगिनत घटनाएँ तैर रही होंगी। ये बल्लेबाज़ अपनी इनिंग्स डिक्लेयर करने को तैयार था। वो युवाकाल के उस मैदान को घूरे जा रहा था, मानो उस आशा से भरे ज़मीन के टुकड़े को अलविदा कह रहा हो।

मुझे मालूम था कि उन्हें क्रॉस मैदान के टेण्ट में शॉर्ट पैण्ट और ढीली टी–शर्ट पहन कर बैठ कर चाय पीते हुए आने वाली नस्ल को उगते देखने में सबसे ज़्यादा मज़ा आता था। ये घर से दूर उनका घर था जहाँ बल्ले पे लगती गेंद की कुरकुरी आवाज़ उनके कानों को इस कदर सुकून देती थी कि उनकी सारी शारीरिक थकान भाग जाया करती थी।

हॉस्पिटल के उस कमरे के एक कोने में मौजूद छोटे–से टीवी सेट पर इण्डिया और आयरलैण्ड का मैच आ रहा था। मेरे पिता की नज़रें बार–बार मैदान से टीवी पर आ रही थीं। वो अचानक अपना दर्द भूल कर उठ बैठे और एक मुँह से एक गाली निकाल दी। राहुल द्रविड़, एक क्रिकेटर जिसे वो बहुत पसन्द करते थे, अभी–अभी एक छोटी गेंद को मारने के चक्कर में आउट हो गया था। "ये ऐसे कैसे आउट हो सकता है?" मेरे पापा बोले। "मैं बाक़ी बल्लेबाज़ों को ऐसे आउट होते देख सकता हूँ लेकिन राहुल द्रविड़ को नहीं। तकनीकी तौर पर वो एक परफ़ेक्ट बल्लेबाज़ है।" अगले कुछ पल उन्होंने अपने मन में बैटिंग की तरह–तरह की पोज़ीशन बनायी और बताते गये कि उस गेंद को कैसे खेला जा सकता था–गेंद पर नज़र, सर अन्तिम समय पर दूर जाता हुआ।

ये मेरे पास मेरे पिता की आख़िरी सबसे प्यारी याद है। ठीक एक हफ़्ते बाद, 2 जुलाई, 2007 को दिलीप सरदेसाई चल बसे। वो अपनी आख़िरी पारी खेल चुके थे। अन्तिम पल तक वो क्रिकेट के आशिक़ बने रहे। एक ऐसा इनसान जिसके लिए सीधे बल्ले से खेलना उसकी ज़िन्दगी का फ़लसफ़ा था। ये वो यात्रा थी जो देश के सबसे असम्भाव्य कोने में शुरू हुई थी।

स्टेडियम ड्रम की थाप पर उछल रहा था। आप उस वक़्त ख़ुद को रियो, साओ पालो, बार्सिलोना, मड्रिड, मैनचेस्टर या म्यूनिख जैसी फ़ुटबॉल की गढ़ मानी जाने वाली जगहों पर होने की कल्पना कर सकते थे। मगर ये मडगाँव का फ़टोरदा स्टेडियम था। ये गोवा का एक सोया हुआ गाँव था जो इस वक़्त एक ख़ूबसूरत खेल के शोर में जाग्रत हो उठा था। एफ़सी गोवा का मुक़ाबला डेल्ही डायनेमोज़ से हो रहा था। साल 2014 में इण्डियन सॉकर लीग का पहला मैच खेला जा रहा था। ये क्रिकेट की सबसे महँगी और नवजात औलाद आईपीएल का फ़ुटबॉल वर्ज़न था। लगभग 25 हज़ार गोवा निवासी स्टेडियम के हर कोने में फैले हुए थे।

मेरे बगल में गोवा के उप मुख्यमन्त्री फ्रांसिस डिसूज़ा बैठे हुए थे जो किसी भी गोवा के खिलाड़ी के गोल करने की कोशिश पर बल्लियों उछल पड़ते थे। मन्त्री जी से मेरा परिचय राजदीप सरदेसाई के तौर पर करवाया गया था जो टीवी पर आने वाली एक शख़्सियत थी और जो दिलीप सरदेसाई का बेटा था। उन्होंने कहा, "ओह्ह! आप दिलीप बाब के बेटे हैं।

वो हमारे गोवा की शान हैं। कमाल के आदमी थे। लेकिन आपको मालूम है, ये फुटबॉल का शहर है न कि क्रिकेट का। यहाँ हम पहले बॉल को पैर से ठोकर मारते हैं और फिर उसे बल्ले से मारना सीखते हैं।''

क्षेत्रफल के हिसाब से गोवा देश का सबसे छोटा राज्य है। जनसंख्या के हिसाब से गोवा से मात्र तीन राज्य आगे हैं। बाहरी देशों में गोवा की पहचान रेतीले तटों, गर्म पानी, बार और झोंपड़ियों, शराब और नशे के शहर के रूप में होगी। 'अच्छे दिन' की चाह में इस जगह लाखों देशी और विदेशी पर्यटक आया करते हैं। लेकिन ज़्यादातर गोवावासी ये समझते हैं कि उनका राज्य एक तरह की छवि का गुलाम बन चुका है। क्यूँकि असल में इस जगह का 'खुलापन' और यहाँ की आज़ादख़याली पुर्तगाल के गाँवों के आपस में बँध कर रहने के भाव का फल है। ये एक पवित्र भूमि है जहाँ रास्ते के किनारे बने कितने ही पूजाघर और कहानियों में मौजूद कितने ही लोकदेव यहाँ के हर घर में मौजूद धार्मिक निष्ठा की गवाही देते हैं। वो घर क्रिश्चियन भी हो सकता है और हिन्दू भी। 400 साल से भी ज़्यादा यहाँ रहने के बाद पुर्तगाली गोवा से 1961 में वापस गये। लेकिन गोवा आज भी ग्राम पंचायतों के इर्द–गिर्द ही घूमता है।

पुर्तगाली शासन की वजह से गोवा कई मायनों में बदला है। इस बदलाव में खेल के प्रति प्यार भी शामिल है। कैथलिक समाज के लिए, जो कि साल 1947 में गोवा की 30 प्रतिशत से भी ज़्यादा थे, फुटबॉल उनकी पहचान का एक हिस्सा था। लोकल चर्च लोकल गाँव की फुटबॉल टीम को सपोर्ट करने लगे। ऐसा लग रहा था जैसे इस खेल ने गोवा को पुर्तगाली शासन की और भी जगहों जैसे रियो और लिस्बन से जोड़ दिया हो। झूमते हुए ताड़ के पेड़ों और चावल के हरे खेतों के बीच मौजूद फुटबॉल के मैदान एक ऐसी जगह थे जहाँ गोवा के लोग बाहरी देशों में पाये जाने वाले तमाम बड़े नामों जैसे पेले, मैराडोना या हाल ही में आये रोनाल्डो और मेसी सा बन जाने का सपना देख पा रहे थे। इस फुटबॉल के लिए पागल ज़मीन के टुकड़े पर पदार्पण हुआ दिलीप सरदेसाई का जो आज तक इण्डिया के लिए खेलने वाले एकमात्र गोवा में पैदा हुए पुरुष क्रिकेटर हो पाये हैं। टेस्ट क्रिकेट में 300 से ज़्यादा खिलाड़ी देश का प्रतिनिधित्व कर सके हैं।

देश के कुछ हिस्सों में चल रहे भारत छोड़ो आन्दोलन के दौरान भी गोवा पुर्तगाल के शासन में था। व्यावसायिक और आर्थिक दृष्टि से 50 हज़ार की आबादी वाला छोटा–सा गाँव मडगाँव इसका केन्द्र था। सरदेसाई का परिवार एक आम मिडल क्लास गौड़ सारस्वत ब्राह्मण परिवार था। सारस्वत मछली खाने वाला, देश के पश्चिमी छोर पर पाया जाने वाला छोटा–सा ब्राह्मण समुदाय था जिनके बीज हिमालय में सरस्वती के उद्गम स्थल पर मिलते हैं। शास्त्रों के अनुसार, कहा जाता है कि जब सरस्वती नदी सूख गयी तो कई सारस्वत देश के अनेक हिस्सों में जा बसे जिसमें महाराष्ट्र, गोवा और कर्नाटक में फैली कोंकण तटरेखा भी शामिल थी। ''हमने शिवाजी की सेना में शामिल होकर लड़ाई भी की थी और हमें ज़मीन का बहुत बड़ा टुकड़ा भी मिला था,'' मेरे पिता के बड़े भाई आनन्द ने मेरे उनसे पारिवारिक इतिहास जानने के लिए मिलने के मौक़े पर बताया।

वो शिवाजी के साथ लड़े हों या न लड़े हों, मुद्दे की बात ये थी कि 1940 आते–आते सरदेसाई परिवारों के पास नाम–मात्र की ज़मीनें, धन और सुविधाएँ बची थीं। मेरे दादा नारायण एक बीमा एजेण्ट थे जबकि उनकी माँ सरस्वती एक बड़े परिवार को सँभाल रही थीं। उनकी पीढ़ी की तमाम महिलाओं की तरह उन्होंने भी अपने जीवन का एक बहुत बड़ा हिस्सा प्रसवगृह के चक्कर लगाने में बिता दिया था। सरदेसाई का विस्तृत परिवार जिसमें कई चचेरे भाई–बहन और चाचा–चाची शामिल थे, एक साथ रहा करता था। आनन्द मुझसे कहते हैं, ''हम सिर्फ़ घर में मौजूद सरदेसाई पुरुषों से क्रिकेट की दो टीमें बना सकते थे।''

परिवार बेहद धनाढ्य नहीं था। हर कोई भरपेट खाना ज़रूर खा रहा था। खासकर मछली जो कि गोवा में आम खाना है। छह लोगों के परिवार में दिलीप सरदेसाई का पाँचवाँ नम्बर था। वो पुरुषों में सबसे छोटे थे और उन्हें परिवार में सबसे ज़्यादा लाड़ मिला था। वो अक्सर पड़ोस के गाँव कुर्पे में अपनी बड़ी बहन के घर जाते, ताड़ के पेड़ों पर चढ़ाई करते, आम और कटहल तोड़ते और नदी में नहाते। उनके भाई आनन्द स्वतन्त्रता संग्राम सेनानी थे जो पुर्तगाल से लड़ने वाले गुर्रिला गैंग्स के एक सदस्य हुआ करते थे जिन पर गोवा को आज़ाद कराने का जुनून सवार था। वो कहते हैं, ''मैं जेल आया–जाया करता था लेकिन हमेशा इस कोशिश में रहा कि दिलीप सभी मुसीबतों से दूर रहे।''

लगभग सभी मिडल क्लास ब्राह्मण परिवारों की तरह हमारे यहाँ भी पढ़ाई–लिखाई को बेहतर ज़िन्दगी जीने का एकमात्र तरीक़ा माना जाता था। दिलीप को मडगाँव में ही न्यू एरा नाम के लोकल स्कूल में भेज दिया गया। यहाँ पुर्तगाली सीखना ज़रूरी था और चौथी क्लास के बाद सब कुछ अंग्रेज़ी में कहा जाता था। जबकि फुटबॉल सबसे ज़्यादा लोकप्रिय खेल था, कुछ लड़के जो कि सारस्वत समाज के ही थे, क्रिकेट भी खेला करते थे। इनमें मेरे पापा के चचेरे भाई भी शामिल थे जिसमें से एक, सोपान ने आगे चलकर बॉम्बे यूनिवर्सिटी का प्रतिनिधित्व किया।

स्कूल के रास्ते में ही मडगाँव मार्केट पड़ती थी जहाँ नारायण 'मास्टर' अपनी सिलाई मशीन के साथ नीबू पानी की दुकान के बाहर बैठे मिला करते थे। उन्हें क्रिकेट काफ़ी पसन्द था और ये दिलीप का क्रिकेट से पहली मुलाक़ात का सबब बना। वो दिलीप को अख़बार में छपी भारतीय क्रिकेटरों की क्लिपिंग दिखाते और उन्हें विजय मर्चेंट और विजय हज़ारे जैसे बेहतरीन खिलाड़ियों की कहानियाँ सुनाते। मेरे पापा ने मुझे बताया था, ''नारायण मूर्ति ने मुझे क्रिकेट से मिलवाया और मुझे मेरा पहला बल्ला भी उन्होंने ही दिया था।'' कई साल बाद जब वो मुम्बई में एक टेस्ट मैच खेल रहे थे, उन्होंने नारायण को मैच देखने और उस बड़े शहर को देखने के लिए बुलाया। ये उनके लिए एक पुराने कर्ज़ को उतारने जैसा था।

वास्तविकता ये है कि स्कूल के दिनों में दिलीप को क्रिकेट में कोई भी ट्रेनिंग नहीं मिली। उनके पास टीवी पर देखते हुए नकल उतारने को क्रिकेटर्स भी नहीं थे और न ही कोई क्रिकेट किट थी। उस वक़्त मडगाँव में कोई भी मैदान नहीं था। वहाँ बस रेलवे ट्रैक्स के पीछे एक बड़ा–सा खेत था जो खाली पड़ा रहता था और मैदान की शक्ल ले चुका था। सारे बच्चे वहीं खेलने जाते थे। उस इलाके में क्रिकेट की प्रैक्टिस के लिए एक भी टर्फ विकेट नहीं था। बस एक मैट थी जिसे विकेट बना लिया जाता था। ''मुझे हाथ में बल्ला

पकड़ कर उससे गेंद को ज़ोर से मारने में बहुत मज़ा आता था। बड़े लड़के जितनी ज़ोर से गेंद फेंकते, मैं उनसे भी तेज़ गेंद को मार देना चाहता था,'' मेरे पिताजी के मुताबिक़ ये उनके क्रिकेट की शुरुआत थी।

पहली बार जब मेरे परिवार को इस बात का अहसास हुआ कि दिलीप में कुछ ख़ास है, मुम्बई से रिज़र्व बैंक ऑफ़ इण्डिया की टीम मडगाँव में एक लोकल मैच खेलने के लिए आयी थी। साल था 1955। ''15 साल के दिलीप ने उस मैच में सेंचुरी मारी। उस शाम विपक्षी खेमे का कप्तान आया और उसने मुझसे कहा कि अगर हमें दिलीप को एक बेहतर खिलाड़ी बनाना है तो हमें उसे मुम्बई भेज देना चाहिए,'' आनन्द ने मुझे बताया। दिलीप उस साल स्कूल ख़त्म करने वाला था और ऐसे में कॉलेज और क्रिकेट के लिए मुम्बई जाना बेहद ज़ाहिर बात मालूम दे रही थी।

ये एक ख़ुशनुमा इत्तेफ़ाक ही था कि मेरे दादा इस बड़े परिवार के यापन और सभी की आर्थिक मज़बूती की ख़ातिर पहले ही मुम्बई शहर चलने का मन बना रहे थे। जीवनयापन के लिए दूसरे शहर जाना गोवा के लोगों की ज़िन्दगी का हमेशा से हिस्सा रहा है। हज़ारों लोग यहाँ से मुम्बई और बाक़ी बड़े शहरों में नौकरी करने और ज़िन्दगी बनाने के लिए जाते हैं। तमाम आईकार्ड और वर्क–परमिट के चलते पुर्तगालियों द्वारा शासित गोवा में ऐसा करना कुछ मुश्किल ज़रूर था लेकिन मेरे दादा जी अपना मन बना चुके थे। 1956 में दिलीप अपने माँ–बाप और बड़े भाई के साथ गोवा से मुम्बई के लिए निकल पड़ा। ये उसके लिए बड़े लेवल पर खेलने का मौक़ा था।

सालों बाद मेरे पापा मुझे बताते हैं कि वो गोवा में बिताये अपने बचपन के दिनों की कितनी याद करते थे। उन्हें मछलियों, आम और ताड़ के पेड़ों की याद आती थी। लेकिन 1956 में वो एक ख़्वाब देख रहे थे। ये एक महान भारतीय सपना था जिसे आगे चलकर न जाने कितनी ही आँखें देखने वाली थीं। सालों साल से क्रिकेट और सिनेमा ने कितने ही भारतीयों को अपने सपने का पीछा करते हुए बड़े शहरों में बुलाया है। (उदाहरण के तौर पर ये वही समय था जब धर्मेन्द्र जैसे लोगों ने छोटे शहरों से आते हुए हिन्दी फ़िल्म इण्डस्ट्री में अपनी जगह बनानी शुरू कर दी थी।) मेरे पिता अपने सपने के पीछे भाग रहे थे–''हाँ, मैं इण्डिया के लिए खेलना चाहता था। लेकिन सबसे बड़ी बात यही थी कि मैं बस क्रिकेट खेलना चाहता था। मुझे इस खेल से प्यार था।''

1956 की शुरुआत में एक बेहद आम इनसान की तरह अपनी आँखों में तमाम सपने और दिल में सैकड़ों प्रार्थनाएँ सँजोये दिलीप मुम्बई की चकाचौंध के बीच पहुँच गये। ये वही साल था जिस साल फ़िल्म सीआईडी में जॉनी वॉकर ने मरीन ड्राइव पर मुम्बई का एन्थम बन चुका गाना गाया था–'ऐ दिल है मुश्किल जीना यहाँ, ज़रा हटके, ज़रा बचके, ये है बॉम्बे मेरी जां!' पाँच साल बाद ही वो लड़का जिसने 15–16 साल की उम्र तक कभी भी क्रिकेट के मैदान में नहीं खेला था, देश के लिए खेलने वाला था। जबकि ये देश नेहरू की नीति से चल रहा था और यहाँ पंचवर्षीय योजनाओं का बोलबाला था, एक युवा चेहरे के उसके गाँव से आकर भारतीय क्रिकेट के केन्द्र में आ खड़े हो जाने के बारे में शायद ही

कोई योजना बन सकी थी। उसके साथ कुछ था तो बस कड़ी मेहनत, निष्ठा, ख़ूब सारा टैलेण्ट और हाँ, ढेर सारी किस्मत। कई सालों बाद मैंने अपने पिता से उनकी सफलता के बारे में पूछा। ''मैं शायद सफलता के लिए भूखा था। मुझे किसी भी हालत में ये सब कुछ चाहिए था,'' उन्होंने कहा।

हालाँकि ये इतना भी आसान नहीं था। 1950 के दशक में भारतीय क्रिकेट के स्ट्रक्चर को राजशाही से निकलना था। महाराज धीरे–धीरे ग़ायब हो रहे थे। बड़ौदा और मेवाड़ के कुछ घरानों ने इस खेल का दामन नहीं छोड़ा और यहाँ तक कि विजय हज़ारे, वीनू मांकड़, सलीम दुरानी और चन्दू बोर्डे जैसे कुछ स्टार खिलाड़ियों को 'नौकरी' पर रखा। लेकिन आज़ादी के बाद का क्रिकेट अभी भी अपनी ज़मीन तलाश कर रहा था। माधव आप्टे, जिन्होंने 1952 में इण्डिया के लिए खेला, उस वक़्त को याद करते हैं और बताते हैं कि लगभग हर खिलाड़ी अनिश्चितताओं से भरा हुआ रहता था। उसे नहीं मालूम होता था कि वो अगला गेम खेलेगा या नहीं। ''हमारे पास मिस्टर दत्ता रे जैसे सेलेक्टर्स थे जिन्होंने कभी भी क्रिकेट खेला भी नहीं था लेकिन वो बोर्ड के अधिकारी बन गये थे,'' आप्टे ने कहा। वो ये भी दावा करते हैं कि 50 के दशक की शुरुआत में ये भी अफ़वाह थी कि यदि आपके पास पर्याप्त जुगाड़ है तो आप 5000 रुपयों में टीम में आ सकते थे। आप्टे इस ओर ध्यान खींचते हुए कहते हैं, ''हमारे पास एक टेस्ट के कई सितारे थे। वो आते थे, एक मैच में खेलते, इण्डिया की कैप लेते और फिर ग़ायब हो जाते।'' आप्टे को 7 मैचों में 50 रन प्रति इनिंग्स का औसत होने के बावजूद इण्डियन टीम से ड्रॉप कर दिया गया।

एलीट क्लब, राजशाही और बढ़िया लोकल नेटवर्क के दौर में दिलीप के पास न कोई गॉडफ़ादर था और न ही उनकी मदद करने के लिए आगे आने वाला। गोवा से आने वाले, कोंकणी ज़ुबान बोलने वाले एक लड़के के तौर पर नये माहौल में बसने के शुरुआती दिनों के दौरान उन्हें कुछ समस्या ज़रूर आयी। ''जब मैं मुम्बई आया तो मैं अपने भाई सोपान के सिवा किसी को भी नहीं जानता था। वो अच्छा क्रिकेटर था और उस वक़्त तक उसने बॉम्बे यूनिवर्सिटी के लिए खेलना शुरू कर दिया था। मैं पूरी तरह से ख़ुद के ही द्वारा बनाया गया हूँ,'' वो गर्व से ये बात मुझसे कहा करते थे।

सरदेसाई परिवार साउथ मुम्बई के भीड़ भरे चौपाटी इलाके में मौजूद मरीना मेंशन बिल्डिंग में रहने लगा। ये बेहद ख़ूबसूरत मरीन ड्राइव के बहुत ही पास था। मरीन ड्राइव एक आँगन की तरह मालूम देता है जिसके उस छोर पर समुद्र है और जहाँ मुम्बई के आपस में गुत्थमगुत्था होते घर कुछ वक़्त के लिए खुली साँस ले लेते हैं। इसी जगह पर शहर में बाहर से आने वाले अपने शहरी सपनों को जी पाते हैं। सुपरस्टार अमिताभ बच्चन ने भी ये कहा है कि जब वो इस शहर में नये आये तो एक दफ़ा उन्हें मरीन ड्राइव की बेंच पर ही सोना पड़ा था।

15–16 साल के दिलीप के मन में मुम्बई से जुड़ी हर तस्वीर मरीन ड्राइव के आसपास मौजूद जिमखानों के क्रिकेट के मैदानों से जुड़ी थी। जब 20वीं शताब्दी की शुरुआत में क्रिकेट का खेल साम्प्रदायिक लकीरों से बाँटा जाता था, हिन्दू, पारसी और इस्लाम जिमखाना ही इसके युद्ध–स्थल थे। ''हर सुबह और शाम मैं समन्दर के सामने वॉक करने जाता था,

5 पैसे का चना ख़रीदता था और क्रिकेट देखता था। मुझे जन्नत सा महसूस होता था,'' उन्होंने कहा।

चौपाटी का इलाका उस वक़्त से लेकर अब तक गुजरातियों से भरा है जहाँ बेहतरीन आइसक्रीम पार्लर और शाकाहारी भोजन मिलता है। गुजराती लोग वो शुरुआती लोग थे जिन्होंने क्रिकेट को अपनाया। एक ऐसी जमात जो ज़्यादा शारीरिक गतिविधियों में विश्वास नहीं रखती थी, उसे ये धीमी रफ़्तार वाला खेल रास आया। अगर महात्मा गाँधी काठियावाड़ से आने वाले गुजराती थे जिन्होंने एक समूचे देश को आज़ादी के लिए तैयार किया तो विजय मर्चेंट मुम्बई के एक टेक्सटाइल परिवार से आने वाले देश के पहले ऐसे बल्लेबाज़ बने जिन्हें महान कहा गया और जो आने वाली पीढ़ियों के लिए रोल मॉडल बने।

जिस वक़्त दिलीप मुम्बई आये, मर्चेंट रिटायर हो चुके थे और उनकी जगह एक और विजय (मांजरेकर) ने मुम्बई की बल्लेबाज़ी की मशाल थाम ली थी। इस दौरान टेस्ट प्लेयर्स लगातार मुम्बई आकर यहाँ के मैदानों में क्लब क्रिकेट खेला करते थे। जब दिलीप ने पहली बार मांजरेकर को बैटिंग करते हुए देखा तो वो किसी और दुनिया के सफ़र पर निकल पड़े थे। ''मडगाँव में मैंने इन खिलाड़ियों के बारे में बस सुना ही था इसलिए जब मैंने मांजरेकर को बैटिंग करते हुए देखा तो मैं इतना उत्साहित था कि उस रात सो नहीं सका और अपने हाथ में बल्ला लेकर डिफेंसिव स्ट्रोक की प्रैक्टिस करता रहा। मैं सोच भी नहीं सकता था कि कभी उनके साथ ड्रेसिंग रूम शेयर करूँगा,'' दिलीप ने कहा।

दिलीप ने भवन कॉलेज में अपना नाम लिखवाया जो कि उनके घर से कुछ क़दम ही दूर था। यहाँ अपने पहले ही कॉलेज गेम में सेंचुरी मारी। एक साल बाद वो विल्सन कॉलेज चले गये जो कि चौपाटी इलाके में ही एक बड़ा और प्रतिष्ठित संस्थान था। उसका अच्छा इतिहास था और उस वक़्त के वित्तमन्त्री मोरारजी देसाई भी उसी कॉलेज के पढ़े हुए थे। ये वही जगह थी जहाँ दिलीप को उनका पहला ब्रेक मिला।

दिलीप हर शाम समन्दर किनारे मैदानों में क्रिकेट और कैरम खेलने के लिए जाते थे। एक दिन एक क्रिकेट टीम में एक खिलाड़ी कम था और मेरे पिता ने जगह भरने के लिए हाथ उठा दिया। उन्होंने उस दिन दो कैच लिए और 25 रन बनाये जो कोच एमएस नाइक को इम्प्रेस करने के लिए काफ़ी थे। अगर एक आम के पेड़ के नीचे बैठने वाले दर्ज़ी ने गोवा के लड़के की मुलाक़ात क्रिकेट के खेल से करवाई थी तो मुम्बई में एक वृद्ध कोच उसे अगले लेवल पर ले जाने वाला था। नाइक अपने नये शिष्य के साथ घण्टों बिताते और उसके कौशल और तकनीक को माँजते। मेरे पिता याद करते हुए बताते हैं, ''वो मेरे पहले गुरु थे। मैंने मुम्बई आने के साल भर के अन्दर अपने पिता को खो दिया और नाइक सर मेरे लिए पिता समान हो गये।''

अगर वो कॉलेज में प्रैक्टिस नहीं कर रहे होते थे तो अपनी बिल्डिंग की छत पर वो बल्ला चला रहे होते थे। मानसून के दिनों में वो इधर–उधर से लड़कों को लेकर आते और उनसे गीली टेनिस बॉल फिंकवाते और ख़ुद को तैयार करते। ''देर रात तक लाइट जलाकर हम गेंद फेंकते और दिलीप बैटिंग करता,'' मयूरेश ने बताया जो कि उन दिनों हमारे पड़ोसी हुआ करते थे। छत पर मिली ट्रेनिंग ने मेरे पिता को बहुत मदद की। उन्हें वो सबक मिला

जो उस पीढ़ी के क्रिकेटर्स के लिए आत्मसात करना ज़रूरी था—आउट होने से बचने के लिए हवा में नहीं ज़मीन पर गेंद मारो। पापा ने कहा, "छत पर ही मेरी बैटिंग परफ़ेक्ट हुई और मैं स्ट्रेट खेलने लगा क्यूँकि अगर मैं गेंद हवा में मारता तो 4 माले नीचे जाकर बॉल लानी पड़ती थी।" टेनिस की गीली गेंद से की जाने वाली प्रैक्टिस भी आगे चलकर कितने ही इण्डियन क्रिकेटर्स के कोचिंग मैनुअल का हिस्सा बन गयी।

कड़ी ट्रेनिंग अब फल देने लगी थी। विल्सन के दो साल में दिलीप ने रनों का पहाड़ खड़ा करना शुरू कर दिया था। 1958 में उन्होंने कॉलेज टीम से एक महद मज़बूत हिन्दू जिमखाना टीम के ख़िलाफ़ खेला जिसमें कई मुम्बई रणजी खिलाड़ी भी शामिल थे। इस टीम के कप्तान वीनू मांकड़ थे जो विजय मर्चेंट की ही तरह भारतीय क्रिकेट में बहुत बड़े नाम थे और इस देश के महानतम स्पिनर ऑल राउण्डर थे। मांकड़ जिस वक़्त में क्रिकेट खेला करते थे, उनके जैसे खिलाड़ी मिलते नहीं थे। वो नौसिखियों के ज़माने में प्रोफ़ेशनल प्लेयर थे। वो अपनी गर्मियाँ इंग्लैण्ड में लंकाशायर लीग में खेलते गुज़ारते। वो पहले इण्डियन क्रिकेटर थे जिसने मशहूर हेयरस्टाइलिंग प्रोडक्ट ब्रिलक्रीम का विज्ञापन किया था जिसके लिए उन्हें 300 पाउण्ड की एकमुश्त रकम मिली थी। जब सरदेसाई ने टीम के 120 के स्कोर में अकेले 90 नॉट आउट बनाये, मांकड़ को विश्वास हो गया था कि वो जो देख रहे थे, आम बल्लेबाज़ी नहीं थी। उस शाम मांकड़ ड्रेसिंग रूम में आये और दिलीप से बोले, "बेटा, मैं तुम्हें जिमखाना का मेम्बर बना रहा हूँ। आज से तुम हमारे लिए खेलोगे। फ़ीस की चिन्ता मत करना, मैं उसे सँभाल लूँगा।" विनोद भाई, जिस नाम से उन्हें मेरे पापा बुलाते थे, उस वक़्त से हमेशा के लिए प्रेरणास्रोत बन गये।

विल्सन से दिलीप सिद्धार्थ कॉलेज पहुँचे जो उस वक़्त क्रिकेट के मामले में बेहतरीन जगह थी। "मेरी फ़ीस माफ़ कर दी गयी थी और वीबी प्रभुदेसाई, जो कि हमारे मैनेजर थे और किकेट के बहुत बड़े प्रेमी थे, बस एक ही बात कहते हैं—मैच जीतो और मैं सबको ग्रेजुएट करवा दूँगा," वो याद करते हुए कहते हैं। कॉलेज क्रिकेट में इतने रनों का मतलब ये था कि अब दिलीप को अगले लेवल पर जाना था। 1958 में उन्हें बॉम्बे यूनिवर्सिटी की टीम के लिए पहली बार चुना गया। अगले तीन सालों में उन्होंने यूनिवर्सिटी क्रिकेट में अपना पूरा दबदबा कायम कर दिया। वो अपनी मर्ज़ी से सेंचुरी और डबल सेंचुरी मार रहे थे।

महाराष्ट्र के मिडल क्लास की मेहनत और लगन की बदौलत भारतीय क्रिकेट में मुम्बई की टीम एक बहुत बड़ी ताकत बनकर उभर रही थी। संयुक्त महाराष्ट्र आन्दोलन जिसमें मराठीभाषी अलग राज्य की माँग कर रहे थे, अपने चरम पर पहुँच रहा था। महाराष्ट्र समुदाय के लिए क्रिकेट पहचान बन रहा था। मांजरेकर, अजीत वाडेकर, रमाकान्त देसाई और बापू नाडकर्णी जैसे खिलाड़ी उस क्रान्ति का हिस्सा बन रहे थे जो मुम्बई के मैदानों और मराठीभाषी मिडल क्लास कॉलोनियों में जाग्रत होकर दौड़ रही थी। 1950 के उत्तरार्ध और 60 के दशक के दौरान मुम्बई क्रिकेट के लिए वही हो गया था जो फुटबॉल के लिए बंगाल था—खेल की पौधशाला। इन दो दशकों में इण्डिया के लिए खेलने आये 73 नये खिलाड़ियों में से 20 मुम्बई से थे। 1958 से 73 के सुनहरे समय में मुम्बई रणजी ट्रॉफ़ी जीतती आयी। उसे कोई हरा ही नहीं सका। जब इण्डिया ने पहली बार इंग्लैण्ड में टेस्ट सीरीज़ जीती

थी, टीम में 6 मुम्बई के प्लेयर थे जिसमें एक मेरे पिता थे। यूनिवर्सिटी क्रिकेट लगातार मुम्बई के क्रिकेट को मज़बूत बनाये जा रही थी। "उस वक़्त मुम्बई की टीम के लिए खेलना इण्डिया की टीम के लिए खेलने से कहीं ज़्यादा मुश्किल था। बहुत कम्पटीशन था लेकिन इसमें मज़ा भी ख़ूब आता था। हम सभी बहुत यंग थे और देश भर में इधर–उधर खेलने के लिए जाया करते थे। हम ट्रेन से जाते थे और अधिकतर सेकण्ड क्लास में सफ़र करते थे। इस दौरान हम गाने गाते या ताश खेलते थे," मेरे पिता ने मुझसे कहा।

क्रिकेट सिर्फ़ मौज–मस्ती के लिए नहीं था। वो रोज़गार का भी एक साधन था। साल 1958 में अपने पिता की असामयिक मृत्यु के बाद दिलीप को एक नौकरी की ज़रूरत थी। उस वक़्त पब्लिक सेक्टर के बैंक और टाटा वो अकेली ऐसी संस्था थीं जो खिलाड़ियों को अपनी टीम से खेलने के एवज़ में पैसे दिया करती थीं। असोसिएटेड सीमेंट्स कम्पनी, जो कि टाटा समूह का ही एक हिस्सा थी, के चीफ़ टैलेण्ट स्काउट और जनरल मैनेजर के पद पर पूर्व भारतीय टेस्ट क्रिकेटर माधव मन्त्री मौजूद थे। (वो महान बल्लेबाज़ सुनील गावस्कर के चाचा भी थे।) मन्त्री ने युवा दिलीप को हिन्दू जिमखाना और अपने क्लब दादर यूनियन के बीच खेले मैच में खेलते हुए देख लिया था और ये पहली नज़र में हुए प्रेम की एक मिसाल बन गया। माधव मन्त्री ने मुझसे कहा, "जब मैंने पहली बार उसे खेलते हुए देखा था, मुझे मालूम चल गया था कि ये एक दिन इण्डिया के लिए खेलेगा। मुझे इस बारे में कोई शक ही नहीं था।" मन्त्री, जो कि दिलीप के लिए एक और पितातुल्य शख़्सियत बन गये, ने दिलीप को एसीसी के पर्चेज़ डिपार्टमेण्ट में 1200 रुपये प्रति महीने की नौकरी दिलायी। "मुझे ज़्यादा कुछ करना नहीं होता था। मैं बस सुबह 9 बजे दफ़्तर जाता था और दोपहर में 2 बजे मैदान के लिए निकल पड़ता था," मेरे पापा याद करते हुए कहते।

दिलीप के जीवन में सबसे बड़ा ब्रेक आया 1960 में जब उन्हें यूनिवर्सिटी की मिली–जुली टीमों से लिए जाने वाले खिलाड़ियों में लिया गया जिन्हें पाकिस्तान से आयी मेहमान टीम के ख़िलाफ़ खेलना था। मेरे पिता ने बताया, "मैं जब ट्रायल्स के लिए गया तो मुझसे काफ़ी बड़े दर्जनों लड़के दिखायी दे रहे थे। मुझे लग नहीं रहा था कि मुझे ले लिया जायेगा।"

असल में उन्हें परेशान होने की कोई ज़रूरत नहीं थी। लाला अमरनाथ उस वक़्त सेलेक्टर्स के मुखिया थे। 1947 के बाद के क्रिकेट में लाला अमरनाथ बहुत बड़ी भूमिका निभाते थे। 1933 में अपने पहले ही मैच में सेंचुरी जड़ने वाले इस भारतीय खिलाड़ी का क्रिकेट कॅरियर शानदार और विवादों से भरा रहा। उन्हें 1936 में इंग्लैण्ड दौरे पर गयी इण्डियन टीम से निकाल दिया गया था क्यूँकि उन्होंने विजयनगरम के महाराज से कुछ विवाद कर लिया था। लेकिन वो तुरन्त ही टैलेण्ट को देखकर पहचान लेते थे। वो इनसान की योग्यता के दम पर ही उसे आँकते थे और बातों को घुमा–फिरा कर नहीं कहा करते थे। उन्होंने दिलीप को नेट्स में एक परफ़ेक्ट डिफेंसिव शॉट खेलते हुए देखा और उन्हें किनारे बुलाया। "देखो बेटे, मैं तुम्हें अपनी टीम में लेने वाला हूँ लेकिन यहाँ और भी सेलेक्टर्स मौजूद हैं जिनके बारे में मैं कुछ नहीं कर सकता। इनमें से कुछ को तो क्रिकेट का एबीसीडी भी नहीं आता। थोड़ा एक–दो बॉल हवा में मारो, वो ख़ुश हो जायेंगे। बाक़ी मैं सँभाल लूँगा।" कुछ एक शॉट्स के बाद दिलीप को यूनिवर्सिटीज़ की मिली–जुली टीम में जगह मिल चुकी

थी जिसे पाकिस्तान के ख़िलाफ़ खेलना था। उन्होंने वो मौक़ा भी नहीं गँवाया। उस मैच में दिलीप ने 87 रन बनाये और बोर्ड्स प्रेसिडेण्ट एकादश के लिए चुन लिए गये। वहाँ भी उन्होंने शतक मारा और अगले होने वाले टेस्ट मैच के लिए उन्हें बारहवें खिलाड़ी के रूप में जगह मिल गयी। एक साल के अन्दर ही 21 साल की उम्र में वो इंग्लैण्ड के ख़िलाफ़ अपना पहला टेस्ट मैच खेलने जा रहे थे और दिल्ली के फ़िरोज़ शाह कोटला स्टेडियम में वो जवाहरलाल नेहरू से हाथ मिला रहे थे।

उन्होंने मुम्बई की टीम के लिए भी नहीं खेला था और अपने देश का प्रतिनिधित्व कर रहे थे। उन्हें 'एक नया लड़का जो गोवा से आया है' कहते हुए नेहरू से मिलवाया गया था। नेहरू ने जवाब दिया, "ओह गोवा! चिन्ता मत करो, भारतीय आर्मी बहुत जल्द गोवा को भी आज़ाद करवा लेगी।" 17 दिसम्बर को 30,000 भारतीय सैनिक गोवा में मार्च करते हुए घुसे। 2 दिन बाद उसे पुर्तगाल के शासन से आज़ादी मिल चुकी थी। जिस वक़्त गोवा आज़ादी का ज़श्न मना रहा था, दिलीप सरदेसाई भी बेहद ख़ुश थे। वो अभी–अभी भारतीय टेस्ट कैप पहनने वाले 103वें प्लेयर बन चुके थे। उन्होंने मुझे बताया, "जब मुझे वो कैप मिली थी, मैं उसे पहन कर सोने गया था। मैं इतना उत्साहित था।" गोवा में मजगाँव के धान के खेतों से इण्डिया के क्रिकेट स्टेडियम्स का सफ़र शानदार और बेहद असाधारण था।

1950 और 60 के दशक में भारतीय क्रिकेटर का जीवन बहुत आसान नहीं था। जब दिलीप पहली बार इण्डिया के लिए खेले तो उन्हें प्रति टेस्ट मैच 250 रुपये मिला करते थे। 1956 में एक बार जब पाँच दिन का टेस्ट मैच ख़त्म हुआ तो उनकी फ़ीस में से 50 रुपये काट लिए गये थे। (जब सरदेसाई 1973 में रिटायर हुए थे तो टेस्ट फ़ीस बढ़कर 2500 रुपये हो गयी थी।) खिलाड़ियों को अलग से कपड़े धुलवाने के भी पैसे नहीं मिलते थे। शायद यही वजह थी कि भारतीय खिलाड़ी डाइव नहीं मारा करते थे। वेस्ट इण्डीज़ या इंग्लैण्ड के 4 दिन के टूर पर उन्हें कुल जमा 1500 रुपये मिलते थे जिसके अलावा उन्हें 7 पाउण्ड प्रति हफ़्ता की दर से 'स्मोक मनी' मिलता था। 1952–53 के वेस्ट इण्डीज़ टूर के बारे में माधव आप्टे बताते हैं कि भारतीय क्रिकेटर्स को एक कमरे में तीन–तीन होकर रुकना पड़ा था। कई बार उन्हें दोयम दर्जे के होटलों में शरण लेनी पड़ी थी। उस टूर पर इण्डियन टीम को वेस्ट इण्डीज़ पहुँचने में 10 दिन का वक़्त लगा था। पहले उन्हें उड़कर लन्दन पहुँचना था और फिर एक 'बनाना बोट' लेकर साउथएम्प्टन से पोर्ट ऑफ़ स्पेन पहुँचना था। आप्टे हँसते हुए कहते हैं, "उन दिनों में केलों को वेस्ट इण्डीज़ से इंग्लैण्ड नाव से भेजा जाता था। इसलिए हमारे पास नाव पर फल ख़ूब थे।"

आप्टे मुम्बई के एक धनाढ्य बिज़नेस परिवार से आते थे लेकिन ज़्यादातर प्लेयर्स नये थे और उनकी पब्लिक सेक्टर की कम्पनियों में नौकरी थी जिनका मैनेजमेण्ट क्रिकेट सपोर्ट करता था। खिलाड़ियों के पास इण्डोर्समेण्ट नहीं होते थे और न ही उन्हें महँगे बैट कॉन्ट्रैक्ट मिलते थे। (दिलीप के ही समय के खिलाड़ी फ़ारुख इंजीनियर ने 1960 में ब्रिलक्रीम का विज्ञापन किया था जैसे मांकड़ ने 1950 में किया था लेकिन वो एक अपवाद थे।) दिलीप ने पहला औपचारिक कॉन्ट्रैक्ट साल 1965 में साइन किया था। इसी साल उन्होंने पहली

टेस्ट सेंचुरी मारी थी। उन्हें उस कॉन्ट्रैक्ट के एवज़ में पैसे नहीं बल्कि साल में 3 बल्लों का वादा मिला था। (आज के वक़्त में महेन्द्र सिंह धोनी अपने बल्ले पर एक स्टिकर लगाने के 6 करोड़ रुपये लेते हैं और विराट कोहली ने एमआरएफ के साथ बैट कॉन्ट्रैक्ट की ख़ातिर आठ साल के लिए 100 करोड़ से भी ज़्यादा की डील की है।)

1962 में जब सरदेसाई पहली बार वेस्ट इण्डीज़ के टूर पर गये, वो सिर्फ़ एक ही बैट लेकर गये थे। आज के खिलाड़ी अपने साथ दर्जनों बैट लेकर जाते हैं। ख़तरनाक वेस्ट इण्डियन पेस अटैक को झेलते वक़्त इण्डियन प्लेयर्स के पास न हेलमेट होते थे, न ही चेस्ट गार्ड और यहाँ तक कि अच्छी क्वालिटी के ग्लव्स और पैड्स की भी कमी थी। उस टीम में शामिल सलीम दुरानी ने बताया, ''मुझे उस टूर पर पहली बार जब थाई–गार्ड पर गेंद लगी थी, मेरे उस गार्ड में लगा फ़ोम लगभग फट गया था।''

गेंद के शरीर से टकराने पर उठने वाले दर्द को कम करने के लिए प्लेयर्स ने अपनी जाँघों पर तौलिया लपेटना शुरू कर दिया। उस टूर पर मौजूद चन्दू बोर्डे मैच की हर शाम अपने शरीर पर अमृतांजन नाम का एक भारतीय बाम रगड़ते मिलते थे। ''उस वक़्त फ्रण्ट फुट नो बॉल नहीं होती थीं इसलिए वेट इण्डियन बॉलर्स हमें 18 यार्ड से गेंद फेंका करते थे और हर दूसरी बॉल बाउंसर होती थी। डर लगता था,'' वो बता रहे थे। कई सालों बाद जब मेरे पिता ने नये लड़कों को हेलमेट पहन कर खेलते हुए सर पर गेंद खाते देखा तो वो मुस्कुराते हुए मुझसे बोले, ''मैंने कभी हेलमेट नहीं पहना लेकिन फिर भी मुझे उस समय में कभी भी सर पर गेंद नहीं लगी जब बॉलर एक ओवर में 4–4 बाउंसर फेंकते थे। शायद मेरे सर में मारने लायक कुछ था ही नहीं!''

1962 के उस वेस्ट इण्डीज़ टूर पर क्रिकेट से होने वाले शारीरिक ख़तरों की सच्चाई सामने आयी। वेस्ट इण्डीज़ की भयानक टीम का नेतृत्व फ्रैंक वॉरेल कर रहे थे। उनके पाद गैरी सोबर्स, रोहन कन्हाई और कॉनरेड हंट जैसे चैम्पियन बैट्समेन थे। इसके साथ ही वेस हॉल और चार्ली ग्रिफ़िथ के रूप में खूँखार गेंदबाज़ भी शामिल थे। 22 साल के दिलीप और उनके बाक़ी साथियों ने ऐसी स्पीड के सामने कभी भी बैटिंग नहीं की थी। इण्डिया को सीरीज़ में 5–0 से हार का सामना करना पड़ा था। लेकिन एक बारबेडॉस के ब्रिजटाउन में एक दुर्भाग्यपूर्ण दिन ने कई लोगों के जीवन को हमेशा के लिए बदल दिया। ग्रिफ़िथ के हाथों एक ऐसी बाउंसर फेंकी गयी जो इण्डियन कप्तान नारी काण्ट्रेक्टर के सर पर जा लगी। जैसे वो दर्द से कराहते हुए नीचे गिरे, हर कोई डर गया था। आधे बेहोश और ख़ून बहाते हुए कप्तान को तुरन्त ही अस्पताल ले जाया गया। ''अगर मैं कहूँ कि मैं डरा हुआ नहीं था तो मैं झूठ बोल रहा होऊँगा। हम सभी डरे हुए थे और बल्ला पकड़ने भर में हमें काफ़ी सोचना पड़ रहा था,'' मेरे पिता ने कहा। काण्ट्रेक्टर इमरजेंसी ऑपरेशन के बाद बच गये। कई साथी खिलाड़ियों ने उन्हें ख़ून दिया लेकिन ये शानदार बल्लेबाज़ फिर कभी इण्डिया के लिए नहीं खेल पाया।

दिलीप को वेस्ट इण्डीज़ टूर पर रिज़र्व मिडल ऑर्डर बल्लेबाज़ के तौर पर लिया गया था। सोचा ये गया था कि एक नया लड़का टूर पर काफ़ी कुछ सीखेगा। काण्ट्रेक्टर को लगी चोट ने सारे समीकरण बदल के रख दिये। इत्तेफ़ाक की बात ये भी है कि उस

घटना के ठीक दो दिन पहले मेरे पिता को काण्ट्रेक्टर समुद्र तट पर वॉक करने के लिए ले गये थे। "देखो ढीकरा, इस टीम में मेरे साथ कोई भी बैटिंग की शुरुआत करते हुए वेस्ट इण्डीज़ के फ़ास्ट बॉलर्स का सामना नहीं करना चाहता है। वो सभी डरे हुए हैं। तुम्हारी तकनीक दुरुस्त है और तुम साहसी भी हो। तुम ओपनिंग क्यूँ नहीं करते हो?" दिलीप ने कभी भी ओपनिंग नहीं की थी लेकिन इण्डियन टीम में अपनी जगह बनाने के लिए उन्हें अब एक दरवाज़ा मिल गया था। उन्होंने पॉली उमरीगार से बात की जो कि एसीसी में उनकी ऑफ़िस टीम के कप्तान थे और काफ़ी सम्मानित भी थे। इसके बाद दिलीप ने टीम में ही मौजूद एक और बेहतरीन बल्लेबाज़ विजय मांजरेकर से भी बात की जो कि उनके रोल मॉडल भी थे। इन दोनों ही लोगों ने मेरे पिता से कहा कि उन्हें इस मौक़े को भुनाना चाहिए। चन्दू बोर्डे ने कहा, "दिलीप के बारे में सबसे अच्छी बात ये थी कि वो डरते नहीं थे और हमेशा मैदान में लड़ने के लिए तैयार रहते थे।"

काण्ट्रेक्टर को चोट लगने के कुछ ही दिनों बाद खेले गये ब्रिजटाउन टेस्ट में दिलीप ने पहली बार इण्डिया के लिए बैटिंग की शुरुआत की। उन्होंने साहसिक इनिंग्स खेलीं और 31 और 60 का स्कोर बनाया। इसमें से दूसरा स्कोर उस वक़्त तक इण्डियन टेस्ट बल्लेबाज़ों द्वारा बनाया गया सबसे धीमा अर्धशतक था। एक मिडल ऑर्डर बल्लेबाज़ जो कि स्पिन गेंदबाज़ी को अच्छा खेल लेता था, से वो अब एक तकनीकी रूप से सक्षम ओपनिंग बल्लेबाज़ बन गये थे। "अगर मैं एक मिडल ऑर्डर का ही बल्लेबाज़ बना रहता तो मैं ज़्यादा रन बना पाता क्यूँकि मैं नेचुरल स्ट्रोकप्लेयर था। लेकिन उस वक़्त में आपके पास चुनने के ज़्यादा मौक़े नहीं होते थे। आपसे जो कहा जाये, आपको करना होता था।" मेरे पिता कुछ सोचते हुए कहते हैं।

अगले तीन दशक में दिलीप ने इण्डिया के लिए 30 दफ़ा खेला। इस दौरान उन्होंने प्रति इनिंग्स 40 रन का औसत बनाये रखा। इस दौरान उन्होंने मुम्बई में न्यूज़ीलैण्ड के ख़िलाफ़ 1965 में एक डबल सेंचुरी भी मारी। 1960 के दशक के बेहतरीन क्रिकेट ज्ञाता केएन प्रभु ने मुम्बई में मारी डबल सेंचुरी के बारे में कहा था कि वो किसी भी इण्डियन बैट्समैन की सबसे शानदार इनिंग्स थी। लेकिन फिर 60 के दशक के उत्तरार्ध में चोट, बुरी फॉर्म और सेलेक्शन में अनियमितता की वजह से वो उस ऊँचाई पर नहीं पहुँच सके जहाँ उन्हें होना चाहिए था।

"1960 के समय में आप लगभग हर मैच के दौरान ट्रायल्स में होते थे। आज अगर एक खिलाड़ी फेल होता है तो उसे और भी मौक़े मिलते हैं। उस वक़्त अगर आप फेल हुए तो आप टीम से बाहर थे," मेरे पिता बहुत दुखी मन से ये बात कहते हैं। उन्हें याद था कि कैसे एक सेलेक्टर ड्रेसिंग रूम में घुस आया और उनसे बोला, "इस मैच में कम रन बनाये तो अगले मैच में तुम्हें नहीं खिलाया जायेगा।" उस वक़्त जब एक साल में मात्र आधा दर्जन मैच खेले जाते थे, खिलाड़ी किनारे बैठे–बैठे पूरा साल निपटा सकते थे।

क्रिकेट कॅरियर में अनिश्चितताओं का मतलब था कि उसके पूरे परिवार का जीवन उसके खेल में आने वाले उतार–चढ़ाव का मोहताज होता था। मेरी माँ नंदिनी 1960 में 16 साल की उम्र में एक फैन के रूप में मेरे पिता से मिली थीं। "मैं क्रिकेट और क्रिकेटर्स से

प्यार करती थी। मैं हमेशा उनके ऑटोग्राफ़्स की तलाश में रहती थी (जिन्हें हम 1960 की सेल्फी कह सकते हैं) ऐसे ही मैं तुम्हारे पिता से एक रेस्टोरेंट में मिली थी।'' हमारे बीच दूर से भेजे गये ख़तों के जरिये प्यार हुआ। ''शुरुआत में मेरे घरवाले, ख़ासकर मेरी माँ बहुत उत्साहित नहीं थी। उस वक़्त आज की तरह क्रिकेटर्स का रिश्ता 'अच्छा' नहीं माना जाता था। इसके साथ ही मेरी उम्र भी कुछ कम ही थी।'' मेरी माँ के पिता भारतीय पुलिस सर्विस में थे और उनकी माँ बड़े अधिकारियों के परिवार से थीं। मेरे पिता का परिवार मडगाँव के एक छोटे–से गाँव से था। मेरी माँ कहती हैं, ''मुझे लगता है कि वहाँ क्लास का भी मसला आ गया था और इस वजह से मैं और भी ज़्यादा ज़िद पर अड़ गयी थी।'' माँ सेंट ज़ेवियर कॉलेज में सोशियोलॉजी डिपार्टमेण्ट को हेड करते हुए रिटायर हुईं।

शुरुआती वैवाहिक जीवन कठिन था। मैं ये कहानी अपनी माँ को ही सुनाने देना चाहता हूँ, ''जब हमारी शादी हो गयी, हमारे पास घर नहीं था, न कार थी और न ही फ्रिज थी। ये सभी आज कितनी आम चीज़ें लगती हैं। हम कैसे भी कर के एक बैडरूम, हॉल और किचन वाले किराये के घर में पहुँचे। ये सेण्ट्रल मुम्बई के वर्ली इलाके में था। चूँकि हमारे पास कार नहीं थी, दिलीप बेस्ट की बसों में अपना किट–बैग लेकर जाते थे। यहाँ तक कि जिस दिन दिलीप ने 1965 में डबल सेंचुरी मारी थी, वो एक टैक्सी में दोस्त के साथ घर आये थे। हमने 1967 में सेकण्ड हैण्ड कार ली। और फिर गोवा के मुख्यमन्त्री दयानन्द बनोडकर के गिफ्ट दिये 30 हज़ार रुपयों से हमने साउथ मुम्बई में सस्ता हो चुका एक घर ख़रीदा। हम धीमे–धीमे आगे बढ़ रहे थे और कुछ भी आसानी से हमें नहीं मिल रहा था।''

अगर मैं अपनी माँ की कहानी को बड़े लेवल पर रखूँ तो वो कुछ ऐसी होगी–एक टेस्ट क्रिकेटर के पास 1960 के समय में अपने कॅरियर के अधिकांश हिस्से के दौरान अपना घर नहीं था, न ही कार थी। वो ऑफ़िस बस से जाता था और किसी भी तरह की वित्तीय सुरक्षा नहीं थी। आजकल नेशनल टीम में आने से बहुत पहले एक अच्छा आईपीएल कॉन्ट्रैक्ट भी एक खिलाड़ी को करोड़पति बना देता है। लेकिन दिलीप को इन सब का कोई मलाल नहीं था। ''मुझे कभी भी किसी भी नये खिलाड़ी के अमीर होने पर बुरा नहीं लगा। अगर आप किसी खेल को अच्छे से खेल रहे हैं तो आपको अच्छे पैसे भी मिलने ही चाहिए। मुझे लगता है कि उस वक़्त हमने कभी पैसों के लिए ऐसे सोचा नहीं क्यूँकि हमें असल में हमारी प्रोफ़ेशनल कीमत नहीं मालूम थी,'' उन्होंने मुझसे कहा।

60 का दशक ख़त्म होते–होते सरदेसाई परिवार के लिए मैदान से बाहर भी चीज़ें काफ़ी बेहतर होने लगी थीं। अब उनके पास अपना घर था, एक कार थी और दो बच्चे थे (मेरी बहन जिसे मैं अपने पापा की पसन्दीदा औलाद कह कर चिढ़ाता था, मेरे कुछ साल बाद पैदा हुई थी।) लेकिन मैदान पर दिलीप ये तय नहीं कर पा रहे थे कि उन्हें और क्रिकेट खेलना था या नहीं। उन्हें न्यूज़ीलैण्ड के 1969 टूर से ड्रॉप कर दिया गया था क्यूँकि सेलेक्टर्स के चेयरमैन विजय मर्चेंट को टीम में नये लड़के चाहिए थे। ''वो अजीब समय था। मैं 29 साल का था। मेरी बैटिंग फॉर्म चरम पर थी। लेकिन फिर भी मुझे पुराना समझा जा रहा था। हाँ, मेरा वज़न थोड़ा बढ़ गया था लेकिन मुझे सिर्फ़ इसलिए निकाला जा रहा था क्यूँकि मिस्टर मर्चेंट नये लड़कों के साथ कुछ एक्सपेरिमेण्ट करना चाहते थे, ये लॉजिक मुझे कभी समझ में ही नहीं

आया,'' मेरे पिता का इस बारे में इतना ही कहना था।

दिलीप जैसा सोचते थे, कह देते थे और अपने गुस्से को छिपा कर नहीं रखते थे। उन्होंने विजय मर्चेंट से इस बारे में शिकायत भी की जिन्हें वो बचपन में बहुत पसन्द करते थे। "मैंने उनसे कई सारे लोगों के सामने कहा कि अगर उन्हें मेरी शक्ल पसन्द नहीं आती तो वो मुझे बता दें। उन्हें मुझे टीम से बाहर रखने के लिए बकवास वजहें बताने की कोई ज़रूरत नहीं है।''

जैसे ही 1970 का दशक शुरू हुआ, दिलीप ये सोचने लगे कि क्या वो इण्डिया के लिए फिर कभी खेल पायेंगे। "मैं बस एक ऐसे मौक़े की तलाश में था जहाँ मैं एक आख़िरी बार ख़ुद को साबित कर सकता था। मैंने अपने परिवार, फैन्स और हाँ, मिस्टर मर्चेंट को बता देना चाहता था कि मेरे अन्दर क्रिकेट बचा हुआ था,'' उन्होंने मुझसे कहा। इण्डियन क्रिकेट में वापसी करना कोई आसान काम नहीं है। उस वक़्त में तो ये और भी मुश्किल हो गया था जब खिलाड़ी बोर्ड और बोर्ड के अधिकारियों के आगे विवश पाये जाते थे। लेकिन किस्मत ने दिलीप के हिस्से में एक और बड़ा मोड़ लिख रखा था। वो खिलाड़ी जिसे लगभग हर कोई खारिज कर चुका था, भारतीय क्रिकेट में बहुत बड़े बदलाव का सबब बनने वाला था।

साल 1971 इन्दिरा गाँधी का, उनके 'ग़रीबी हटाओ' के नारे का, और उनकी उन्हें सत्ता में स्थापित कर देने का दम रखने वाली बातों, भाषणों का साल था। ये फ़ील्ड मार्शल सैम मानिकशॉ का साल था जिन्होंने बांग्लादेश को आज़ाद करने के लिए लड़ाई लड़ी थी। ये राजेश खन्ना का साल था जो बॉलीवुड में एक घटना बनकर आये और इन्होंने एक के बाद एक कई बड़ी हिट फ़िल्में दीं। ये साल अजीत वाडेकर और इण्डियन क्रिकेट टीम का भी साल था जिन्होंने वेस्ट इण्डीज़ और इंग्लैण्ड में पहली बार सीरीज़ जीतकर नये कीर्तिमान स्थापित किये थे।

इण्डिया ने वेस्ट इण्डीज़ टूर पर अगर सुनील गावस्कर के रूप में नया स्टार पा लिया था तो इस सीरीज़ ने दिलीप को एक बार फिर भारतीय बैटिंग लाइन–अप में मुख्य किरदार के रूप में स्थापित कर दिया था। उस वक़्त तक टीवी पर क्रिकेट नहीं आया था लेकिन हाँ रेडियो पर बॉल–दर–बॉल कमेण्ट्री की शुरुआत हो चुकी थी जिसने एक पूरी पीढ़ी को क्रिकेट का नशेड़ी बना कर रख दिया था। हर्षा भोगले वो समय याद करते हुए कहते हैं, "हम जब अपने घरों में सो रहे होते थे, पूरी रात रेडियो पर गावस्कर और सरदेसाई बैटिंग कर रहे होते थे और ख़ूब सारे रन बना रहे होते थे।'' हर्षा उस वक़्त स्कूल में पढ़ते और आगे चलकर टीवी पर आने वाले क्रिकेट में क्रान्ति के ध्वजवाहक बने। गावस्कर ने अपनी पहली सीरीज़ में 774 रन बनाये जो कि एक रिकॉर्ड था। जबकि दिलीप ने 642 रन बनाये जिसमें एक डबल सेंचुरी और 2 सेंचुरी शामिल थीं। कई सालों बाद वार्षिक सरदेसाई मेमोरियल लेक्चर में गावस्कर बड़ी उदारता से कहते हैं, "वो दिलीप ही थे जिन्होंने वेस्ट इण्डियन फ़ास्ट बॉलिंग खेलने की राह दिखायी थी। हमने तो बस जैसा उन्होंने कहा, वैसा किया।''

अजीब इत्तेफ़ाक ये है कि दिलीप उस टूर पर जाने ही वाले नहीं थे। वो उस टीम के लिए चुने जाने वाले 16 सदस्यों में अन्तिम थे। असल में सेलेक्शन को लेकर विवाद कप्तान के नाम से ही शुरू हो गया था। 1962 से मंसूर अली खान पटौदी, या टाइगर, इण्डिया के

कप्तान थे और वो 21 साल की उम्र में ही नारी काण्ट्रेक्टर को चोट लगने के बाद कप्तान बन गये थे। उन्होंने एक दशक तक भारतीय क्रिकेट का पूरे जज़्बे के साथ नेतृत्व किया और फिर विजय मर्चेंट को बदलाव की सूझी। एक नाटकीय अन्दाज़ में उन्होंने मुम्बई के एक कॉमन–मैन अजीत वाडेकर को चुना जो नवाबों के परिवार से आने वाले पटौदी की जगह ले रहे थे। ये इस बात का एक और सबूत था कि भारतीय समाज अब क्लास की बेड़ियाँ तोड़ रहा था। वाडेकर और दिलीप दोनों कॉलेज के दिनों से एक–दूसरे के बैटिंग पार्टनर थे। वाडेकर कहते हैं, ''एक कप्तान के तौर पर वो मेरा पहला दौरा था और मैं कुछ ऐसे खिलाड़ियों को अपने आसपास देखना चाहता था जिन पर मैं आँख मूँद के भरोसा कर सकूँ।'' मर्चेंट बहुत खुश तो नहीं थे लेकिन उन्होंने कप्तान को अपने मन का करने दिया।

ये वही मौक़ा था जिसके इन्तज़ार में दिलीप बैठे हुए थे। जिस पल वो वेस्ट इण्डीज़ पहुँचे, उन्हें लगने लगा था कि उनका अच्छा समय आ गया था। ''मुझे याद है कि वेस्ट इण्डीज़ के लिए फ्लाइट के दौरान हम न्यूयॉर्क में रुके और हमने मोहम्मद अली और जो फ्रेज़ियर के बीच बॉक्सिग मैच देखा। फ्रेज़ियर ने उस मैच में अली समेत पूरी दुनिया को चौंका दिया था। मेरे दिमाग़ में वो मैच बार–बार चल रहा था। अगर अली को फ्रेज़ियर हरा सकता था तो मैं भी वेस्ट इण्डीज़ से मुक़ाबला कर सकता था,'' मेरे पिता याद करते हैं। एक और वजह है कि उन्हें वेस्ट इण्डीज़ अपने घर जैसा लगता था। ''वो जगह मुझे गोवा की याद दिलाती थी। समन्दर, ताड़ के पेड़, ऐसा लगता था कि जैसे मैं वापस मडगाँव पहुँच गया था।''

दिलीप को किंगसटन में खेले जाने वाले पहले टेस्ट में चुन लिया गया क्यूँकि तेज़ी से उभर रहे गुंडप्पा विश्वनाथ को चोट लग गयी थी। दिलीप को मालूम था कि ये उनका आख़िरी मौक़ा था। जब वो बैटिंग करने गये, टीम 75 रन पर 5 विकेट खो चुकी थी। ज़्यादातर क्रिकेट पण्डित टीम को एक क्लब लेवल की टीम कहकर खारिज कर चुके थे। ''देखो, मैंने वेस्ट इण्डीज़ की भयानक तेज़ बॉलिंग 1962 में देखी थी। उनके सामने ये बॉलर तो पोपटवाड़ी ('बकवास' के लिए बम्बइया शब्द।) हैं। मैंने अपने पार्टनर एकनाथ सोलकर को ऐसे बैटिंग करने के लिए कहा जैसे कि वो मरीन ड्राइव पर हिन्दू जिमखाना के ख़िलाफ़ बैटिंग कर रहे हों,'' मेरे पिता ने कहा। दिलीप और एकनाथ ने मिलकर रिकॉर्ड साझेदारी की। दिलीप ने 212 रन बनाये जो कि विदेशी ज़मीन पर पहली भारतीय डबल सेंचुरी थी।

उस इनिंग्स में दिलीप की बैटिंग में शामिल कला देखने को मिली। शानदार तकनीक, फ़ास्ट बॉलिंग से कोई डर नहीं, तेज़ फुटवर्क और बेहतरीन काम करता दिमाग़। मसलन वेस्ट इण्डीज़ के दूसरी नयी गेंद लेने से ठीक पहले मेरे पिता ने सोलकर से कहा कि स्पिनर्स के ख़िलाफ़ वो हर ओवर में एक बार गेंद मिस करते रहें और हर बार 'वेल बोल्ड' इतनी ज़ोर से बोलें कि कप्तान सोबर्स को सुनायी दे। इससे वो नयी गेंद लेने में थोड़ी देर ज़रूर करेगा। ''मैंने जितने भी क्रिकेटर्स के साथ खेला है, मुझे सोबर्स उसमें महानतम लगे लेकिन वो बहुत अच्छे कप्तान नहीं थे। उन्हें असल में ऐसा लगा कि उनके स्पिनर्स हमें परेशान कर रहे थे जबकि असल में तो हम बस परेशान होने का नाटक ही कर रहे थे,'' ये मेरे पिता की बतायी कहानी थी।

''क्रिकेट में बढ़ा–चढ़ा कर कही गयी बातों का काफ़ी स्कोप है और यादों की वजह से कई बार किसी कहानी में काफ़ी कुछ और भी जुड़ जाता है। लेकिन वेस्ट इण्डीज़ में बने 212 रन भारतीय क्रिकेट फैन्स की याददाश्त में वैसे ही क़ैद हैं जैसे ईडेन गार्डन्स में वीवीएस लक्ष्मण के बनाये 287 रन। वो ऐसी इनिंग्स थी जिसका महत्त्व मैदान तक ही सीमित नहीं था। किंग्सटन में दिलीप की इनिंग्स ने भारतीय क्रिकेट को हमेशा के लिए बदल कर रख दिया। उसने हमें ये आत्मविश्वास दिया कि हम वेस्ट इण्डीज़ से मुक़ाबला कर सकते थे,'' दिलीप के कप्तान वाडेकर ने कहा।

वो इनिंग्स लोगों को किस कदर याद है, इसका उदाहरण मुझे कई सालों बाद भुवनेश्वर एयरपोर्ट पर देखने को मिला। सेण्ट्रल इण्डस्ट्रियल सिक्योरिटी फोर्स के सिक्योरिटी हेड मेरे पास आये और मुझे वीआईपी लाउंज में ले जाने लगे। मैंने ये सोच लिया कि उन्होंने मुझे टीवी पर देखा होगा इसलिए मैंने उनसे पूछा कि क्या उन्हें न्यूज़ पसन्द आती है। ''सर, मैं ज़्यादा टीवी तो देखता नहीं हूँ। लेकिन मुझे लगता है कि आप दिलीप सरदेसाई के बेटे हैं। दिलीप सरदेसाई, जिन्होंने किंग्सटन में 1971 में 212 रन मारे थे, नहीं?'' अगर कोई उस टेस्ट इनिंग्स को रेडियो पर सुनकर 50 साल बाद भी याद रखता है तो उसे यक़ीनन एक बेहतरीन इनिंग्स ही कहा जायेगा। मेरे पिता को भी वो इनिंग्स बाकायदे याद रही–जब उन्होंने फ़ोन नम्बर के लिए अप्लाई किया तो नम्बर के पहले तीन अंक थे 212।

बल्लेबाज़ी में धमाल जमाइका में डबल सेंचुरी तक ही सीमित नहीं रहा। अगले टेस्ट में दिलीप ने मैच जिताऊ सेंचुरी मारी जिससे इण्डिया ने पहली बार वेस्ट इण्डीज़ को हराया। बारबेडोस में होने वाला तीसरा टेस्ट आते–आते, जैसा कि सभी खिलाड़ी कहते हैं, वो ज़ोन में आ चुके थे। ब्रिजटाउन एयरपोर्ट पर एक कस्टम अधिकारी ने उनसे पूछा कि क्या उन्हें कुछ डिक्लेयर करना था। उन्होंने कहा, ''मुझे अपने रनों के सिवा और कुछ डिक्लेयर नहीं करना है। मैंने पहले दो मैचों में रन बनाये हैं। अब मैं यहाँ भी कुछ रन बनाऊँगा!'' इस बार उन्होंने तीसरे टेस्ट में 150 रन उस वक़्त बनाये जब पूरी टीम 70 पर 6 विकेट खो चुकी थी। वेस्ट इण्डीज़ क्रिकेट फैन्स के लिए अब वो प्यार से 'सरदी मैन' हो चुके थे। टूर के अन्त तक दिलीप को 'लिटल मास्टर' यानी सुनील गावस्कर ने रनों का अम्बार लगाकर पीछे कर दिया था। ऐसा कतई नहीं था कि दिलीप से बेहतर खेलकर सारी सुर्खियाँ कोई और बटोर रहा था और इससे दिलीप कुढ़ रहे थे। काफ़ी ज़मीनी होकर वो कहा करते थे, ''सनी तो महान खिलाड़ी है। हम सभी तो बस अच्छे थे।''

वेस्ट इण्डीज़ पर मिली जीत तो बस शुरुआत थी। कुछ ही महीनों बाद इण्डिया की टीम इंग्लैण्ड के दौरे पर गयी और इंग्लैण्ड को उन्हीं की ज़मीन पर हरा दिया। इस बार सरदेसाई ने नहीं बल्कि एक और वापसी कर रहे लेग स्पिनर बीएस चन्द्रशेखर ने कमाल दिखाया। उन्होंने ओवल में खेले गये फाइनल टेस्ट में तो जादू कर दिया था। मेरे पिता ने उस गेम में 54 और 40 रन बनाये थे। ये दो इनिंग्स वो इनिंग्स थीं जिन्होंने मैच के नतीजे पर अहम असर डाला था। ''मुझे हमारी जीत बहुत अच्छे से याद है। मैं उसे कभी भूल नहीं सकता। मेरा एक अंग्रेज़ दोस्त मुझे ओवल के मुख्य मेम्बर्स लाउंज में ले गया। वहाँ सुन्न कर देने वाला सन्नाटा पसरा हुआ था। जैकेट्स पहने अंग्रेज़ों को ये समझ में

ही नहीं आ रहा था कि जिस खेल को उन्होंने हमें सिखाया, हम उसी में उन्हें कैसे हरा सकते थे,'' मेरे पिता ने बताया। अगले दिन एक ब्रिटिश अख़बार की हेडिंग थी–'ताकतवर साम्राज्य ने साहसी भारतीयों के सामने घुटने टेके!'

वो पूरा जीत का दिन मुझे बेहद अच्छे से याद है। मैं उस वक़्त सिर्फ़ 6 साल का था लेकिन उस दिन मुम्बई में गणेश चतुर्थी विसर्जन का दिन था। ये मुम्बई का सबसे बड़ा त्योहार होता है जिस दिन गणेश की मूर्तियाँ समुद्र में विसर्जित की जाती हैं। हम गणेश पूजा के लिए चौपाटी में अपने मरीना मेंसन वाले घर गये थे जहाँ अब मेरे पापा के बड़े भाई रह रहे थे। पूजा के मन्त्रों के बीच हर कोई रेडियो पर अपने कान लगाये बैठा था। जब जीत का शॉट लगा, पूरा मोहल्ला बाहर सड़क पर आ गया और पटाखे फोड़े गये। मेरे ताऊ ने मुझे अपने कन्धे पर बिठाया और भगवान गणेश की मूर्तियाँ समुद्र में विसर्जित की गयीं। उस शाम मुझे मुम्बई में सबसे प्रभावशाली 6 साल के लड़के सा महसूस हो रहा था।

कुछ दिनों बाद जब सभी खिलाड़ी वापस आये, उनका इस कदर स्वागत किया गया था जैसे पहले कभी भी किसी भी टीम का नहीं किया गया था। इन्दिरा गाँधी, जो कि कभी भी फ़ोटो खिंचवाने और सुर्ख़ियों में आने से नहीं चूकती थीं, ने देश के अच्छे मूड में ख़ुद को शामिल करते हुए सभी खिलाड़ियों को दिल्ली में चाय पर बुलाया। फिर वहाँ से एक स्पेशल फ्लाइट उन्हें मुम्बई ले गयी। मुम्बई एयरपोर्ट से लेकर सीसीआई तक की सड़क लोगों के समुद्र से भरी हुई थी। एक ख़ास रैली का माहौल बनाया गया था जिसमें खुली छत वाली बस का इन्तज़ाम था, ये एक ऐसा जलसा था जो इण्डिया के हर बड़े टूर्नामेण्ट जीतने पर नज़र आने लगा। वाडेकर याद करते हुए कहते हैं, ''हमें हमेशा टेस्ट प्लेयर की तरह ही गिना जाता रहा। लेकिन 1971 के बाद हम सिर्फ़ हीरो ही नहीं, सुपरहीरो बन गये।'' बहुत जल्द क्रिकेटर्स के चेहरे आइसक्रीम स्टिक्स, सॉफ्ट ड्रिंक बोतल के ढक्कन पर दिखने लगे। ये किसी खेल के आर्थिक महत्त्व के बारे में मालूम पड़ने की शुरुआती निशानी थी।

सीसीआई में खिलाड़ियों को सम्मानित करने के लिए एक ख़ास प्रोग्राम का आयोजन किया गया। अपने भाषण में विजय मर्चेंट, जो कि मेरे पिता का कॅरियर बहुत पहले ही ख़त्म कर देना चाहते थे, उनकी तारीफ़ करते नहीं थक रहे थे। ''दिलीप सरदेसाई को भारतीय क्रिकेट के पुनर्जागरण के लिए ज़िम्मेदार माना जाना चाहिए।'' मेरे पिता बस हल्के–हल्के मुस्कुरा रहे थे। उन्होंने बदला ले लिया था जिसके लिए उन्होंने सबसे प्यारी चीज़ चुनी थी–अपना क्रिकेट बैट।

1972–73 सीज़न के बाद दिलीप रिटायर हो गये। 1971 की शानदार पारियों के साल भर बाद ही। वो सिर्फ़ 33 साल के थे। क्रिकेट की किताबों में इसे जवान ही कहा जायेगा। उन्होंने सोचा था कि वो इण्डिया के दौरे पर आयी इंग्लैण्ड की टीम के ख़िलाफ़ अच्छा खेलकर शान से रिटायर होंगे लेकिन ऐसा हो नहीं सका। ''शायद मेरा दिमाग़ तो ऐसा चाहता था लेकिन शरीर साथ नहीं दे रहा था,'' उन्होंने बाद में मुझे बताया। दुनिया को ये दिखाने के बाद कि वो क्या–क्या कर सकते थे, अब उनके पास आगे बढ़ने की प्रेरणा नहीं बची थी। इसे अगर सचिन के सन्दर्भ में देखा जाये तो आप पायेंगे कि सचिन 40 की उम्र

में रिटायर हुए और आज के ज़्यादातर खिलाड़ी 40 के पास पहुँच कर ही रिटायर होते हैं। लेकिन आज के क्रिकेटर्स ख़ासे फ़िट रहते हैं और उन्हें मिलने वाले पैसे भी काफ़ी ज़्यादा होते हैं। दिलीप के पास ऐसा कुछ भी नहीं था। ''अगर आज जितना पैसा मिलता है, उतना ही उस वक़्त भी मिलता तो मैं ज़रूर कुछ साल और खेलता। लेकिन 70 के दशक में आप क्रिकेटर होते हुए उसे अपना प्रोफ़ेशनल कॅरियर नहीं बना सकते थे। इसलिए मैंने क्रिकेट से बाहर अपना जीवन बनाने और बसाने का फ़ैसला किया,'' उन्होंने कहा।

लेकिन क्रिकेट के बाद का जीवन उस तरह से नहीं चला जैसा दिलीप ने सोचा था। एसीसी और विसंजी ग्रुप में काम करने के बाद मेरे पिता ने अपना बिज़नेस सेट करने का मन बनाया। ये एक बहुत बड़ी ग़लती थी। उन्होंने बुरे फ़ैसले लिए, ग़लत लोगों का साथ चुना और कुछ ही वक़्त में ख़ुद को बड़े कर्ज़ में डूबा हुआ पाया। इसके साथ ही उनपर एक फॉरेन एक्सचेंज ने एक मुक़दमा भी दायर किया जिसमें बाद में ये बरी हो गये थे। ''मैंने शायद लोगों पर कुछ जल्दी ही भरोसा कर लिया और इस बात का अहसास नहीं हुआ कि बिज़नेस की दुनिया क्रिकेट की तरह नहीं है जहाँ आप सब कुछ नियम के दायरे में रहकर ही कर सकते हो।'' उनकी तबीयत ख़राब होती गयी और 2004 में किडनी में समस्याओं के बाद वो बहुत वक़्त तक डायलिसिस करवाते रहे।

इस सबके बावजूद वो क्रिकेट के दीवाने थे। सीसीआई में हर सुबह दिलीप सरदेसाई को अण्डा भुर्जी और ब्रेड टोस्ट के नाश्ते के साथ अपने क्लब के साथी मेम्बर्स से क्रिकेट के बारे में बात करते हुए देखा जा सकता था। वीकेंड्स पर आप उन्हें मुम्बई के मैदानों में घूमते देख सकते थे जहाँ वो नये खिलाड़ियों को ध्यान से देखा करते थे। उनके पास सही स्ट्रोक को पकड़ लेने वाली आँखें थीं। एक सेलेक्टर के तौर पर वो एक बार रात की ट्रेन पकड़ कर अहमदाबाद मीटिंग करने चले गये क्यूँकि उन्हें बताया गया था कि उनके पसन्दीदा खिलाड़ी को बाक़ी सेलेक्टर नकार सकते हैं। ''मेरी लाश पर ऐसा होगा,'' उन्होंने अपने अन्दाज़ में ऐसा कहा था।

वो अपनी बातों से कुछ रूखे स्वभाव के ज़रूर दिखायी पड़ते थे लेकिन जब भी उन्हें कोई टैलेण्ट से भरा लड़का दिखता, वो एक बच्चे की तरह उत्साहित दिखते। मुझे याद है जब उन्होंने पहली बार रोहित शर्मा को खेलते हुए देखा था। ''अच्छा स्ट्रोकप्लेयर है। अब अगर ये अपनी तकनीक पर थोड़ा और काम कर ले, ये एक दिन इण्डिया के लिए ज़रूर खेलेगा,'' उन्होंने मुझसे कहा। तकनीक से उन्हें कुछ अलग ही सुख मिलता था। शायद इसीलिए उन्हें कभी भी क्रिकेट के नये संस्करण समझ में नहीं आये जहाँ गेंद को हवा में मारना अच्छी बल्लेबाज़ी कहा जाता था। ''मैंने अपने टेस्ट कॅरियर में मात्र एक चक्कर मारा क्यूँकि मुझे लगता था कि अगर ज़मीन पर शॉट्स खेलो तो आपको कोई आउट नहीं कर सकता। आप जितना ज़्यादा देर खेलेंगे, रन उतने ही ज़्यादा बनेंगे,'' उन्होंने कहा।

उन्होंने 1980 के दशक के मध्य में मुम्बई अण्डर 22 टीम को भी कोच किया। मैं भी उस ट्रेनिंग कैम्प का हिस्सा था लेकिन मेरे पिता लगातार मेरे क्रिकेट खेलने की क्षमता को नकारते जा रहे थे। ''तुम आगे नहीं बढ़ पाओगे। तुम में कुछ भी ख़ास नहीं है,'' उन्होंने

हमेशा की तरह बिना लाग लपेट अपने मन की बात मुझसे कह दी। संजय मांजरेकर उस वक़्त क्रिकेट में अपना कॅरियर बनाने में लगे हुए थे और वो भी दिलीप के शिष्यों में से एक थे। दिलीप घण्टों तक मांजरेकर को तकनीक और बारीकियाँ समझाते। वो इस बात से पूरी तरह इत्तेफ़ाक रखते थे कि मांजरेकर मुम्बई से निकलने वाले अगले चैम्पियन बैट्समैन होंगे। शायद ये उनका एक कहानी को आगे बढ़ाने का तरीक़ा था क्यूँकि संजय के पिता विजय ने ही दिलीप के शुरुआती दिनों में उन्हें खेल की बारीकियों के बारे में बताया था और पैर जमाने में मदद की थी।

बल्लेबाज़ी की इस कला की बढ़ती कहानी को पाकर मुम्बई बहुत ही भाग्यशाली रही है। मर्चेंट से गावस्कर और फिर तेंदुलकर की कहानी के बीच दिलीप जैसे लोगों ने अपना काम बख़ूबी किया है। वो हमेशा ही मुम्बई के लिए खेलने को इण्डिया के लिए खेलने जितना ही ज़रूरी मानते थे। ''जब मैं मुम्बई के लिए खेलता था, हम कभी भी नहीं हारे,'' वो हर उस इनसान को ये बताते थे जो उनकी बात सुनने को तैयार होता था। और ये सच है कि 13 साल के डोमेस्टिक कॅरियर के दौरान कभी भी ऐसा नहीं हुआ कि दिलीप की टीम हारी हो। ये अपने आप में एक रिकॉर्ड है। मुम्बई क्रिकेट के प्रति उनका रवैया एक शब्द में समझाया जाता था–खड़ूस। ये शब्द आगे चलकर इस शहर का हिस्सा ही बन गया। इसका मतलब होता है सफलता के लिए किया जाने वाला हठ। क्रिकेट की किताबों में इसका मतलब होता था कि अमुक व्यक्ति कभी भी हार नहीं मानने वाला है। वो लम्बे समय तक बैटिंग करेगा और हर कीमत पर जीतना चाहेगा।

हर जीत के साथ दिलीप के चेहरे पर ख़ुशी देखी जा सकती थी। ये वो दौर था जब क्रिकेटर्स आज की पीढ़ी की तरह प्रोफ़ेशनल नहीं हो पाये थे। उनके पास कम्प्यूटर या वीडियो रीप्ले नहीं था। वो नम्बरों पर ध्यान नहीं देते थे। दिलीप तो अपने खाने और फ़िटनेस के बारे में भी ज़्यादा नहीं सोचते थे। उन्होंने जो सोचा था वो था ढेर सारा मज़ा, और ढेर सारा खाना और पीना। (ये गोवा में बेहद आम है जहाँ एक झोंपड़ी में सभी आराम फरमाते। सरदेसाई को बियर बहुत पसन्द थी।) मेरे पिता ने एक मज़ेदार कहानी सुनायी जिससे मालूम पड़ता है कि 1960 के आसपास के क्रिकेटर्स अपनी फ़िटनेस को लेकर किस कदर चिन्तित रहते थे। उन दिनों पाँच दिन के टेस्ट मैच में एक दिन आराम का भी होता था। 60 के दशक के मध्य में दिल्ली में एक मैच खेला जा रहा था। मेरे पिता और खाना खाने के शौक़ीन क्रिकेटर हनुमन्त सिंह ने अपनी–अपनी भूख को आपस में लड़ाने का प्लान बनाया। वो पुरानी दिल्ली में मौजूद मोती महल पहुँचे और तन्दूरी चिकन का कम्पटीशन शुरू हो गया। मुझे नहीं मालूम है कि वहाँ लेग पीस खाने में कौन आगे निकला। लेकिन हाँ, ये ज़रूर मालूम है कि अगले दिन दोनों ही ख़राब पेट लिए बैठे थे और इनमें से कोई भी मैदान पर नहीं उतरा। आप आज के सुपर–फ़िट और ज़ीरो कार्ब्स खाने वाले क्रिकेटर्स को ऐसा करते हुए सोच भी नहीं सकते हैं।

असल में फ़िटनेस को हल्के में लेने की वजह से इन सभी खिलाड़ियों की फ़ील्डिंग कुछ ढीली रहती थी। उस वक़्त भारतीय क्रिकेट में फ़ील्डिंग को लेकर बहुत ढिलाई बरती जाती थी। दिलीप कभी भी एक अच्छे एथलीट नहीं बन पाये और लगातार वज़न बढ़ाते गये। दिलीप

खुद को एक बुरा फ़ील्डर कहते थे। 1967 में एडिलेड में खेले गये एक टेस्ट मैच के दौरान मेरे पिता बॉल का पीछा कर रहे थे और उधर बल्लेबाज़ पाँचवाँ रन दौड़ने जा रहे थे। उन्होंने गेंद को पैर से मारकर बाउण्ड्री के पार भेज दिया जिससे पाँच की बजाय 4 ही रन जायें। ये बेहद चालाक काम था जो सभी के दिमाग़ में तुरन्त नहीं आ सकता था लेकिन बिशन सिंह बेदी याद करते हुए बताते हैं कि ये देखकर सभी इण्डियन फ़ील्डर्स हँसते–हँसते ज़मीन पर गिर पड़े थे। बेदी खुद फ़ील्डिंग को लेकर बहुत योजनाबद्ध नहीं थे।

उस पीढ़ी के खिलाड़ियों को उनकी बिना किसी त्वरित परिणाम की आकांक्षा के, खेल का पूरा आनन्द लेते हुए जीने की कला ने ही उन्हें बाकियों से अलग किया। मुझे नहीं लगता है कि मेरे पिता ने कभी भी ब्राण्डेड घड़ी पहनी। वो हमेशा अपनी कोल्हापुरी चप्पल पहनना पसन्द करते थे। वो हर बार किसी फाइव स्टार होटल के बदले सेण्ट्रल मुम्बई में अनन्त आश्रम नाम के अपने पसन्दीदा रेस्टोरेंट में क्लैम और प्रॉन करी के साथ चावल खाना चुनते थे वो क्रिकेट ड्रेसिंग रूम में ठिठोली करते वक़्त सबसे ज़्यादा खुश दिखायी देते थे और एक बार उन्हें एक स्कूल फंक्शन में 'लेजेण्ड' कह कर पुकारा गया तो वो शरमा गये थे। उन्होंने वहाँ बैठे लोगों से कहा, "मुझे लगता है कि इण्डिया के लिए खेलने के लिए मैं खुद को सौभाग्यशाली मानता हूँ। मैंने शायद फ़ील्ड के बाहर ज़्यादा मज़े किये।"

व्याख्या करने के लिए अगर किसी को समानान्तर रखा जाये तो 1950–60 में हिन्दी सिनेमा निरपराधता का समय था, पहाड़ों पर नाचने का समय था और बारिश में नाचने का समय था। वो समय राज कपूर को आदर्श मानने का समय था, देव आनन्द और शम्मी कपूर के बचपने को कॉपी करने का समय था और दिलीप कुमार की गहरी ऐक्टिंग से प्रेम करने का समय था। क्रिकेट इन सभी का एक हिस्सा था और दिलीप कई मायनों में शान्त और सौम्य समय की उपज थे। 2007 में जब उनकी मौत हुई, समाजशास्त्री शिव विश्वनाथ ने उन्हें सबसे अच्छी श्रद्धांजलियों में से एक समर्पित की। अपने एक आर्टिकल में उन्होंने लिखा, "सरदेसाई के अन्दर वो भोलापन था जो शायद ह्रषिकेश मुखर्जी की फ़िल्मों में देखने को मिलता था–ये एक पीएसयू और एम्बेसडर कार जैसा था। याद रखियेगा कि उस वक़्त खिलाड़ी सफ़ेद पोशाक में खेलते थे। वो 'मेन इन ब्ल्यू' नहीं थे। सरदेसाई के साथ नैतिकता की भावना जुड़ी हुई थी। वो एक ख़ूबसूरत राष्ट्रवाद के प्रतीक थे जिसपर आप पूरी तरह से भरोसा कर सकते थे और जिसकी पूरी तरह से आप इज़्ज़त कर सकते थे।"

मुझे नहीं लगता है कि मेरे पिता इस तरह की वाहवाही से कतई विचलित होते। वो इस बात के साथ सन्तुष्ट थे कि उन्हें एक ऐसा खेल खेलने को मिला था जिसने उन्हें पूरे देश भर में पहचान दिलायी जिसके बारे में मडगाँव के एक छोटे–से बच्चे के तौर पर वो कभी सोच भी नहीं सकते थे। एक अख़बार की हेडलाइन ने मेरे पिता की मौत की अगली सुबह पूरा न्याय करते हुए कहा था, "दिलीप सरदेसाई : गोवा की भावना, मुम्बई का दिल, भारत की आत्मा।"

2

मंसूर अली खान पटौदी

गणतन्त्र के नवाब

लुटियन्स दिल्ली के बीच में बने एक पूल में काग़ज़ की दो कश्तियाँ तैर रही थीं। गण्यमान्य नागरिकों का एक समूह, जिसमें कानूनविद्, नेता, अफ़सर और सम्पादक शामिल थे, उन नावों के आसपास इकट्ठा था और ऐसे शोर मचा रहा था मानो वह अठारह साल के किशोरों की भीड़ हो। दिल्ली में सत्ता के गढ़ के मध्य में, उम्रदराज़ पुरुष और स्त्रियाँ नौजवानों की तरह चीखते–चिल्लाते हुए ज़श्न मना रहे थे।

ऑक्सफ़ोर्ड और कैम्ब्रिज के बीच नाव की दौड़ की नकल, भारत के गर्मी बरसाते आसमान के नीचे जीवन्त हो चली थी। उस जगह पर सिक्योरिटी की पूरी बन्दोबस्त थी और वहाँ एक जैसी पोशाक में डोमेस्टिक स्टाफ़ मौजूद था। ये ब्रिटिश हाई कमिश्नर का घर था जहाँ एक बड़ा अफ़सर 1990 के मध्य में सालाना होने वाला ऑक्सफ़ोर्ड और कैम्ब्रिज सोसायटी डिनर होस्ट कर रहा था। ब्रिटिश राज को बीते भले ही अरसा हो गया हो, लेकिन ऑक्सब्रिज बैज अभी भी रसूखदार हलके का टिकट था।

भद्रजन खड़े होकर वाहवाही कर रहे थे और हौसलाअफज़ाई कर रहे थे, अचानक ही भीड़ में एक फुसफुसाहट दौड़ पड़ी। "देखो, टाइगर आ गया," एक मन्त्रमुग्ध मेहमान ने बाहर की ओर इशारा किया। फिर से किशोर बन गये वीवीआईपी भद्रजनों के बीच पटौदी के नवाब मंसूर अली खान और उनकी बेग़म शर्मिला टैगोर राजसी तेज़ साधे अभी–अभी पधार रहे थे। सब कुछ फिर से शान्त हुआ और मेज़बान भागकर नवाबी जोड़े का हाल जानने पहुँचे। स्वीमिंग पूल में चल रही रेस के बारे में सभी भूल चुके थे। टाइगर अपने एक ड्रिंक और कुछ दोस्तों के साथ एक कोने में पहुँच गये जबकि शर्मिला बेहद सलीके से अपने फैन्स से बातें कर रही थीं। पार्टी वापस शुरू हो गयी थी और इस बार कुछ व्यवस्थित दिख रही थी। टाइगर कमरे में था और जंगल में व्यवस्था कायम होना ज़रूरी था।

टाइगर टेस्ट क्रिकेट से 1975 में रिटायर हुए। अगर दो दशक बाद भी टाइगर का

तेज़ बरकरार था, तो ये खेल में उनके क़द का साक्षी था। पूर्व भारतीय कप्तान बिशन सिंह बेदी कहते हैं, "वो भारतीय क्रिकेट में किसी से भी 100 साल आगे का खिलाड़ी था।" इरापल्ली प्रसन्ना ने कहा, "जब वो मैदान में उतर रहा होता था, वो क्लास और नेतृत्व से भरा हुआ दिखायी पड़ता था।" एक और क्रिकेट के जीनियस गुंडप्पा विश्वनाथ ने बताया, "जब आप 60 के दशक के भारतीय क्रिकेट को याद करते हैं, आप सिर्फ़ टाइगर के बारे में ही सोच सकते हैं।"

टाइगर को अपना आदर्श मानने वाले पूर्व भारतीय क्रिकेटर यजुर्विंद्र सिंह याद करते हुए बताते हैं कि रिटायर होने के बाद भी टाइगर जब भी ट्रेन में सफ़र करते थे तो उनके डिब्बे में मौजूद लोग नवाब सा'ब की एक झलक पाने भर को जद्दोजहद किया करते थे। खुद पर गड़ी नज़रों से बेख़बर टाइगर अपने हाथ में एक व्हिस्की का गिलास लिए बैठे रहते और कोई ग़ज़ल गुनगुनाया करते। सिंह बताते हैं, "जब ट्रेन किसी स्टेशन पर रुकती तो टाइगर का सहायक उनका टिफिन स्टेशन के किचन में ले जाता और खाना गरम करवाता। स्टेशन मास्टर इस बात का ख़याल रखते कि जब तक खाना पूरी तरह से गरम नहीं हो जाता, ट्रेन वहीं खड़ी रहती। ये टाइगर का प्रभाव था।"

पटौदी के आठवें नवाब इफ्तिखार अली खान की सन्तान थे टाइगर पटौदी। उनकी माँ भोपाल की बेग़म थीं। टाइगर अपने मुँह में चाँदी का चम्मच लेकर पैदा हुए थे। पटौदी, दिल्ली–हरियाणा बॉर्डर पर एक छोटा–सी रियासत थी जबकि भोपाल उसकी बनिस्बत एक बहुत बड़ा और काफ़ी अमीर प्रान्त था।

साल था 1941 और महात्मा गाँधी बस भारत छोड़ो आन्दोलन का बिगुल फूँकने ही वाले थे। लेकिन युवा टाइगर स्वतन्त्रता आन्दोलन को लेकर बहुत उत्साहित नहीं थे। 1967 में लिखी गयी अपनी आत्मकथा टाइगर्स टेल में टाइगर ने बताया, "मैं पटौदी प्रान्त में जहाँ पैदा हुआ था उसे आप एक महल कह सकते हैं। हमारे घर में कुल 150 कमरे थे और आलीशान मैदान, अस्तबल और ग़ैराज थे। हमारे परिवार ने सौ के ऊपर नौकर रखे हुए थे जिसमें सात या आठ तो सिर्फ़ मेरे लिए ही लगे हुए थे।"

पटौदी ने अपने इर्द–गिर्द क्रिकेट को बहुत ही स्वाभाविक रूप से मौजूद पाया। भारत में सभी राजपुत्र इस खेल के शौक़ीन थे और पटियाला के महाराज भूपिन्दर सिंह देश में क्रिकेट के खेल के मुख्य संरक्षक थे। उन्हें ही साल 1932 में इंग्लैण्ड जाने को तैयार देश की पहली टेस्ट टीम का कप्तान बनाया जाने वाला था लेकिन अन्तिम पलों में उनका स्वास्थ्य बिगड़ जाने की वजह से ऐसा नहीं हो सका। विजयनगरम या विज्जी के महाराज ज़्यादा विवादित थे। उन्हें 1936 में क्रिकेट की अपनी सीमित क़ाबिलियत के बावजूद इंग्लैण्ड के टूर के लिए कप्तान बना दिया गया था। ऐसे आरोप थे कि उन्होंने उस वक़्त क्रिकेट को ख़रीद रखा था। 1936 का टूर भारतीय क्रिकेट में पहली बार टकरावों को लेकर आया। इसी टूर के दौरान टीम के स्टार प्लेयर लाला अमरनाथ को विज्जी ने 'अनुशासनात्मक' आधार पर घर भेज दिया था।

हालाँकि पटौदी का घर क्रिकेट के मामले में बहुत ही सम्पन्न कहा जा सकता है। उनके अलावा सौराष्ट्र का नवानगर दूसरा ऐसा परिवार था जो इसी तरह का प्रभाव रखता था, जिसने पूरब के दो पहले क्रिकेट जादूगर रणजीतसिंहजी और दलीपसिंहजी दिये थे।

रणजी और दलीप की माफ़िक इफ्तिखार पटौदी ने भी इंग्लैण्ड के लिए खेला और 1932 में अपने पहले ही मैच में इंग्लैण्ड के लिए सेंचुरी मार कर आये। उन्होंने 1946 में भारत की कप्तानी भी की जिससे वो भारत और इंग्लैण्ड, दोनों देशों के लिए खेलने वाले पहले और अकेले क्रिकेटर बने। वो न केवल एक बेहतरीन क्रिकेटर थे बल्कि अपने सिद्धान्तों पर चलने वाले इनसान भी थे। उन्होंने टीम के कप्तान डगलस जार्डिन की 'बॉडीलाइन' बॉलिंग के ख़िलाफ़ आवाज़ उठायी, जिसके तहत 1932–33 के टूर पर इंग्लैण्ड के तेज़ गेंदबाज़ों द्वारा ऑस्ट्रेलिया के खिलाड़ियों को निशाना बनाया जा रहा था। इस पर उन्हें टीम से बाहर कर दिया गया। इफ्तिखार पटौदी ने बाद में कहा, "मुझे बताया गया है कि जार्डिन के पास अच्छे पॉइंट्स हैं। तीन महीने के टूर में मुझे अभी तक ऐसा कुछ भी नहीं देखने को मिला है।"

वैसे अपने बेटे के क्रिकेट पर इफ्तिखार का सीमित असर रहा। टाइगर बाद में मुझसे कहने वाले थे, "मुझे याद नहीं है कि मैंने उन्हें बल्लेबाज़ी करते हुए देखा था। लेकिन हाँ, वो तकनीकी तौर पर मुझसे ज़्यादा सही थे।" उन्होंने एक घटना को याद किया, जिसकी छाप उनके मन पर पड़ी थी। "मैं 8 या 9 साल की उम्र में एक मैच में फ़ील्डिंग कर रहा था। मैं कवर में और मेरे पिता एक्स्ट्रा कवर में खड़े थे। बॉल मेरी ओर उछली और मैं उसे पकड़ने के लिए तैयारी कर चुका था। अचानक मुझे अपने सिर के ऊपर दो हाथ आते दिखे। मेरे पिता ने कैच ले लिया था और मुझसे बड़े आराम से कहा, 'सॉरी बेटे। मैं तुम्हारी उम्र पर भरोसा नहीं कर सकता।' "

5 जनवरी, 1952 को टाइगर अपनी तीन बहनों के साथ अपनी ग्यारहवीं सालगिरह मना रहे थे, कि एक बेहद मनहूस सन्देश के साथ कमरे में उनकी माँ दाखिल हुईं, "तुम्हारे पिता नहीं रहे।" एक पोलो मैच के दौरान इफ्तिखार की हार्ट अटैक से मौत हो गयी थी। वो सिर्फ़ 41 साल के थे। शर्मिला टैगोर मुझे बताती हैं, "उस दिन के बाद से टाइगर ने कभी भी अपना जन्मदिन नहीं मनाया।" इत्तेफ़ाक की बात ये है कि सालों बाद, अपने परिवार के दबाव में आकर उन्होंने अपना 70वाँ जन्मदिन मनाया। शर्मिला ने बताया, "बाद में घर के नौकरों ने मुझे बताया कि हमें उनका जन्मदिन नहीं मनाना चाहिए था। उसी से बैड लक आया होगा।"

मैदान पर और मैदान से बाहर, बुरी ख़बरें टाइगर का इन्तज़ार किया करती थीं। लेकिन हर बार वो उन सभी से तब तक लड़ते थे जब तक सब कुछ सामान्य नहीं हो जाता था। ये बताता था कि वो अन्दर से किस कदर मज़बूत इनसान थे और अपने पिता के क़दमों पर चलते हुए क्रिकेट खेलने के सपने को पूरा करने के लिए किस कदर दृढ़ता से मेहनत करने को तैयार थे। उन्होंने कभी भी अपनी ज़ाती ज़िन्दगी की समस्याओं को अपने सपने के रास्ते में नहीं आने दिया। लेकिन इन दोनों बाप–बेटों में एक अन्तर था–टाइगर के पिता राजशाही के माहौल में पले–बढ़े और उन्होंने इंग्लैण्ड के लिए खेलते हुए अपने क्रिकेट को निखारा जबकि बेटा टाइगर आज़ाद भारत के नवाब के रूप में स्थापित हुआ।

टाइगर ने अपने क्रिकेट के शुरुआती साल इंग्लैण्ड में बिताये। जब 1950 के दशक में मुम्बई के मैदानों में शहरी मध्य वर्ग के जुनून के दम पर क्रिकेट धीरे–धीरे अपना क़द बढ़ा रहा

था, तब टाइगर विनचेस्टर कॉलेज की एक अलग ही दुनिया में पढ़ाई कर रहे थे। राजशाही परिवार से होना उनके लिए मददगार था।

जब टाइगर के पिता विनचेस्टर कॉलेज के लिए आवेदन भर रहे थे, 'अन्य योग्यताएँ?' वाले कॉलम में उन्होंने लिखा, "मेरा बेटा।" और बहुत ही जल्द ये सर्वविदित हो गया कि जूनियर पटौदी भी कमाल का है। उसमें टैलेण्ट कूट–कूट कर भरा हुआ था। 1957 में 16 साल की उम्र होने तक उसने स्कूल के सभी बैटिंग रेकॉर्ड तोड़ डाले थे और वो ससेक्स के लिए अपना पहला मैच खेलने जा रहा था। पूर्व इण्डियन टेस्ट क्रिकेटर अब्बास अली बेग कहते हैं, "वो बचपन से ही विशुद्ध क्रिकेटर था।" टाइगर ने ऑक्सफ़ोर्ड में अब्बास अली बेग के साथ क्रिकेट खेला। "भले ही इंग्लैण्ड में उसकी कोचिंग हुई थी, उसकी बैटिंग इंग्लिश नहीं थी। उसके पास वो क्लासिक डिफेन्स नहीं था, गेंद को हवा में मारने में उसे मज़ा आता था, उसकी हाथ और आँखों का तालमेल बेहतरीन था। इस सबसे ऊपर वो एक शानदार फ़ील्डर था।"

अली अब्बास की कही आख़िरी बात ग़ौर किये जाने लायक है। शुरुआती राजकुमार बेहतरीन बल्लेबाज़ होते थे लेकिन उनमें से कोई भी अपनी फ़ील्डिग के लिए नहीं जाना जाता था। इसमें रणजी का नाम भी शामिल था। एक ब्राह्मणवादी नज़रिए से फ़ील्डिग के काम को निचली जातियों के पेशे के रूप में देखा जाता था। 1940 और 50 के दशक के हीरो, विजय मर्चेंट से लेकर विजय हज़ारे तक सभी बेहतरीन डिफेंसिव बैट्समेन थे जो घण्टों तक विकेट पर खड़े रह सकते थे लेकिन टाइगर ने इस लहजे को बदला और एक अग्रेसिव बैट्समैन बन कर उभरे जो मैदान में यूँ फ़ील्डिग करता था जैसे एक टाइगर शिकार पर निकला हो। एक इण्टरव्यू में उन्होंने बताया था, "शायद मैं एक अच्छा एथलीट था। मुझे हर खेल बहुत पसन्द था। चाहे वो हॉकी हो, रैकेट्स वाला खेल हो या बिलियर्ड्स। बस मुझे एक बॉल चाहिए होती थी जिसे मैं मार सकूँ।"

1959 में टाइगर को 'द मोस्ट प्रॉमिसिंग यंग क्रिकेटर ऑफ़ द इयर' का ख़िताब मिला। एक साल बाद ही उन्होंने परिवार के रिवाज को आगे बढ़ाते हुए ऑक्सफ़ोर्ड में बेलियल कॉलेज में दाखिला लिया। अकादेमिक तौर पर वो भाषाएँ पढ़ रहे थे जिनमें अरबी और फ्रेंच शामिल थीं। लेकिन उनका मन क्रिकेट के मैदान में लगा रहता था। अपने पिता की ही तरह उन्होंने भी अपने पहले ही साल में सेंचुरी मारी। ये सेंचुरी एक बेहद ज़रूरी मैच में कैम्ब्रिज के ख़िलाफ़ आयी। ये वो समय था जब ऑक्सफ़ोर्ड के पास सबसे बेहतरीन टैलेण्ट हुआ करते थे।

जब मैं 1986 में ऑक्सफ़ोर्ड गया था तो यूनिवर्सिटी में क्रिकेट की नर्सरी बन्द हो गयी थी। जब आज मुझे कोई कहता है, "अरे वाह! आप ऑक्सफ़ोर्ड ब्लू हैं, ये तो कमाल की बात है," तो मेरा जवाब होता है, "जब मैं ऑक्सफ़ोर्ड गया था तो वहाँ क्रिकेट के लिए वो माहौल नहीं था जो पटौदी के वक़्त था। आज ऑक्सफ़ोर्ड के लिए खेलना आसान है और बॉम्बे यूनिवसिटी के लिए खेलना मुश्किल।" टाइगर और बेग वो दो आख़िरी खिलाड़ी थे जिन्होंने ऑक्सफ़ोर्ड जाने के बाद इण्डिया के लिए क्रिकेट खेला। इमरान खान 70 के दशक में वहाँ गये और वो आख़िरी पाकिस्तानी खिलाड़ी हैं।

1961 तक टाइगर पटौदी ऑक्सफ़ोर्ड की टीम के कप्तान और स्टार बैट्समैन बन गये थे। उन्होंने देश की बड़ी–बड़ी टीमों के ख़िलाफ़ शतक बनाये हुए थे और अपने पिता के एक सीज़न में बनाये गये सबसे ज़्यादा रनों के रेकॉर्ड को बस तोड़ने ही वाले थे। अपने पिता की ही तरह जूनियर पटौदी भी महानता की ओर अग्रसर दिख रहे थे। लेकिन एक बार फिर किस्मत ने करवट बदली। 1 जुलाई, 1961 को शान्त शहर ब्राइटन में ससेक्स के ख़िलाफ़ दिन भर खेलने के बाद टाइगर विकेटकीपर रॉबिन वॉल्टर्स की मॉरिस 1000 में बैठे। बाक़ी सभी खिलाड़ी ऑक्सफ़ोर्ड की मिनीवैन में बैठे। टाइगर बस अभी–अभी अगली सीट पर बैठे ही थे कि एक बड़ी–सी कार उनके सामने आयी और सामने से उनकी कार को टक्कर मार दी।

अली अब्बास बेग मिनीवैन में थे और वो बताते हैं, ''हमने देखा कि टाइगर एक आँख पर हाथ रखे कार से बाहर निकले। आँख से थोड़ा ख़ून भी निकल रहा था। ऐसा नहीं लग रहा था कि कोई बड़ा हादसा हुआ था और जब हम टाइगर को अस्पताल ले गये तो यही सोच रहे थे कि उसे थोड़ी देर में डिस्चार्ज कर दिया जायेगा।'' लेकिन कुछ भी आसानी से नहीं होने वाला था। कार के शीशे का एक महीन टुकड़ा उनकी आँख में घुस गया था और उसके लिए ऑपरेशन की सख़्त ज़रूरत थी। उनकी आँख की पुतली में टाँके लगे और असल में उनकी एक आँख की रोशनी चली गयी। बेग कहते हैं, ''शुरुआत में लगा कि टाइगर अब कभी क्रिकेट ही नहीं खेल पायेगा। शुरुआत में तो वो गेंद की लाइन ही नहीं समझ पाता था क्यूँकि उसे हर चीज़ दो–दो दिखायी दे रही थी।''

अपनी एक आँख खोने की यन्त्रणा के बारे में टाइगर ख़ुद कहते हैं, ''जैसा कि मुक्कों से सूज चुकी एक आँख लिए कोई बॉक्सर आपसे बतायेगा, आप यह तय नहीं कर पाते कि कोई चीज़ कितनी दूर है। मसलन जब मैं सिगरेट जलाने जाता था तो मैं बार–बार उसके सिरे से एक इंच दूर लाइटर जला रहा होता था। मैं जग से पानी गिलास में गिराने की बजाय सीधे मेज़ पर गिरा देता था।'' ये सब उन्होंने टाइगर्स टेल में लिखा।

लेकिन अपने परिवार और दोस्तों की मदद से टाइगर ने अपनी इस समस्या पर विजय पायी। खेल के प्रति जुनून और प्यार के चलते ही वो नेट्स में घण्टों गुज़ारा करते थे। उन्होंने अपना स्टांस बदला और यहाँ तक कि उन्होंने बल्ले से गेंद को मिलाने के लिए अपना स्टाइल भी बदल डाला। और फिर एक चमत्कार की तरह, एक्सीडेण्ट के छह महीने बाद साल 1961 के दिसम्बर महीने में टाइगर ने इण्डियन क्रिकेट टीम के लिए अपना पहला मैच खेला। दो टेस्ट मैचों के बाद ही उन्होंने चेन्नई में अपनी पहली टेस्ट सेंचुरी बनायी। दुर्दिनों पर इनसानी जीत के मामले में टाइगर पटौदी के जीवन का ये हिस्सा एक बहुत बड़ा उदाहरण है। एक क्रिकेटर जो एक आँख की रोशनी खो बैठा और फिर उसने ख़ुद को और अपने खेल को यूँ बदला कि कुछ ही महीनों में वो वापस मैदान पर आ गया।

टाइगर इसके बारे में बहुत ही सहजता के साथ लिखते हैं, ''21 साल में मेरी दाहिनी आँख पर लगी चोट के बाद से मुझे लगातार अपनी महान बल्लेबाज़ बनने की आकांक्षा से समझौता करना पड़ा। उसके बाद से मैंने ख़ुद को एक लायक क्रिकेटर और अपने पिता से बेहतर फ़ील्डर बनाने पर ध्यान केन्द्रित कर दिया।''

मुझे याद है कि मैंने अपने टेस्ट क्रिकेटर पिता दिलीप सरदेसाई से, जो टाइगर पटौदी

के समकालीन खिलाड़ी थे, पूछा कि टाइगर एक क्रिकेटर के तौर पर कितने अच्छे थे। क्योंकि इन सभी बातों के बावजूद पटौदी 30–35 के आसपास के औसत के साथ रिटायर हुए थे जो किसी भी स्थिति में महानता का सूचक नहीं था। ''ये मत भूलो कि उन्होंने एक आँख से बैटिंग की और फिर भी रन बनाये,'' मेरे पिता का दो–टूक जवाब था। मेरे पिता टाइगर की सबसे शानदार कही जाने वाली इनिंग्स की कहानी सुनाते हैं जो ये स्थापित करता है कि टाइगर असल में जीनियस से कम नहीं थे। साल 1967 में मेलबर्न की कठिन परिस्थितियों में बनाये 75 रन। ''एक अच्छे पेस अटैक के सामने हम हरे विकेट पर खेल रहे थे। उसके पैर में चोट लग गयी थी और हम 25 रन पर 5 विकेट खो चुके थे। टाइगर के पास उस वक़्त अपना बल्ला भी नहीं था तो उसने ड्रेसिंग रूम में यूँ ही पड़ा हुआ एक बल्ला उठाया और खेलने चला गया। उसी बल्ले से उसने ऑस्ट्रेलिया के बल्लेबाज़ों को स्टेडियम भर में मारा,'' मेरे पिता मुझे उत्साहित होकर बता रहे थे।

मैंने शर्मिला टैगोर से पूछा कि क्या उनके पति उस एक्सीडेण्ट के बारे में अक्सर बात करते थे। ''नहीं। वो एक ऐसा विषय था जिसके बारे में बात करने पर मनाही थी। न ही वो अपने ऊपर तरस खाते थे। मुझे ऐसा लगता है कि उस एक्सीडेण्ट ने उनके अन्दर क्रिकेट के प्रति समर्पण को और भी मज़बूत कर दिया था,'' उन्होंने कहा। हालाँकि हम इस बात पर कितनी ही देर तक बहस कर सकते हैं कि क्या होता अगर पटौदी उस एक्सीडेण्ट के शिकार नहीं हुए होते। लेकिन ज़िन्दगी बड़े ही अजीब तरीक़ों से बुरे समय की भरपाई करती है। टाइगर उस बुरे समय को झेल गये, उसे पार किया और अब उनकी इस उतार–चढ़ाव से भरी ज़िन्दगी में एक और मोड़ आने वाला था। क्रिकेट का खेल उन्हें एक ऐसी बाउंसर फेंकने वाला था जो उनके जीवन और भारतीय क्रिकेट को हमेशा के लिए बदल के रख देने वाला था।

इतिहास की किताबों में भारत का 1962 का वेस्ट इण्डीज़ टूर एक बुरे सपने के रूप में दर्ज होगा। दुनिया की सबसे अच्छी टीम का सामना करते हुए नये खिलाड़ियों से लैस भारतीय टीम सर फ्रैंक वॉरेल के नेतृत्व वाली वेस्ट इण्डीज़ की टीम के आगे धूल चाट रही थी। वेस हॉल और चार्ली ग्रिफ़िथ उनके मुख्य बॉलर थे। उस वक़्त इण्डियन टीम के 16 में से आधे से ज़्यादा खिलाड़ियों ने महज़ 20 की उम्र ही पार की थी।

सीरीज़ में इण्डियन टीम को 5–0 से हार मिली। ''ये तो डेविड और गोलियथ की लड़ाई भी नहीं थी। ये ऐसा था जैसे भेड़ों को एक भेड़िए के सामने छोड़ दिया हो,'' मेरे पिता ने मुझे काफ़ी सालों बाद बताया। उनकी ही तरह टाइगर भी अपने पहले विदेशी टूर पर थे। टाइगर उस दौरान टीम के उपकप्तान थे और उनसे ये अपेक्षा की जा रही थी कि वो नारी काण्ट्रेक्टर का अच्छा साथ देंगे जो उस वक़्त एक स्थापित हो चुके कप्तान थे और शानदार ओपनिंग बैट्समैन थे।

काण्ट्रेक्टर एक छोटे से पारसी समुदाय से आये थे जिसने भारतीय क्रिकेट को अपने शुरुआती दिनों में बहुत कुछ दिया। इसी समुदाय ने इस खेल को ख़ूब सारा टैलेण्ट, पैसा और ढेर सारा साहस दिया। साल 1962 की उस टीम में असल में 4 पारसी थे–काण्ट्रेक्टर, फ़ारुख इंजीनियर, रूसी सुरती और पॉली उमरीगर। 1960 में पारसी जनसंख्या 1.3 लाख

के आसपास थी। इस हिसाब से टीम में 4 पारसियों का होना एक उपलब्धि थी। उसके बाद से ऐसा कभी नहीं हुआ। असल में 1975 में फ़ारुख इंजीनियर के आख़िरी टेस्ट के बाद से किसी भी पारसी को भारतीय टीम में नहीं देखा गया। पारसियों के इतनी ज़्यादा संख्या में होने से, ''ये पक्का हो जाता था कि 4 महीने के टूर पर हँसी–मज़ाक़ की कमी नहीं होती थी,'' मेरे पिता हमेशा कहते थे।

लेकिन 16 मार्च, 1962 को बारबेडोस में खेले गये मैच में पारसी चुटकुलों का वक़्त नहीं था। जैसा कि दिलीप सरदेसाई पर केन्द्रित अध्याय में बताया गया, ये वो दिन था जब काण्ट्रेक्टर को ग्रिफ़िथ की तेज़ बाउंसर से सर पर चोट लगी थी। उस वक़्त ग्रिफ़िथ दुनिया के सबसे तेज़ गेंदबाज़ थे।

काण्ट्रेक्टर को वो मनहूस दिन पूरी तरह से याद है। ''लंच से ठीक पहले का ये वो समय था जब एकाग्र होना कभी आसान नहीं होता है। मैंने ग्रिफ़िथ की दस गेंदें खेलीं। दूसरे छोर से रूसी सुरती ने चिल्लाकर कहा, 'कप्तान, आराम से खेलना, ये आदमी चकिंग कर रहा है।' मैंने उससे कहा कि जाकर अम्पायर से कहो और मुझे डिस्टर्ब मत करो। ग्रिफ़िथ के ग्यारहवीं गेंद फेंकने से ठीक पहले बॉलर की बाँह के ठीक पीछे पृष्ठभूमि काली हो गयी क्योंकि पवेलियन में किसी ने एक अँधेरे कमरे की खिड़की खोल दी थी। उन दिनों में हमारे पास अच्छी साइटस्क्रीन नहीं हुआ करती थीं जिनसे गेंद अच्छे से दिखें। सच कहूँ तो मुझे वो गेंद ही नहीं दिखी जो मेरे सिर पर आकर लग गयी।'' काण्ट्रेक्टर नीचे गिर पड़े।

इरापल्ली प्रसन्ना कहते हैं, ''वो डरावना था। हमें तड़ाक की एक आवाज़ सुनायी दी। ऐसा लगा जैसे किसी मुक्केबाज़ी के गेम में कोई नॉक–आउट कर दिया गया था।'' इरापल्ली उस वक़्त टाइगर की ही तरह 21 साल के थे और अपनी पहली सीरीज़ खेल रहे थे। दोनों टीमों के खिलाड़ी काण्ट्रेक्टर की मदद के लिए आगे बढ़े, वो ख़ुद उठ खड़े हुए और ख़ुद को गेंद न देख पाने के लिए कोसने लगे। लेकिन ड्रेसिंग रूम तक पहुँचते–पहुँचते ये साफ़ हो गया था कि काफ़ी नुक़सान हो गया था। उनके कान और नाक से ख़ून बह रहा था। उन्हें तुरन्त अस्पताल ले जाया गया और एक इमरजेंसी ऑपरेशन किया गया। इस दौरान कई प्लेयर्स जिनका वही ब्लड ग्रुप था जो काण्ट्रेक्टर का था, उन्हें ख़ून देने के लिए आये। उन सभी के बीच चन्दू बोर्डे भी थे जो मैदान पर काण्ट्रेक्टर की मदद के लिए सबसे पहले पहुँचे थे, ''जब मैंने काण्ट्रेक्टर को उठाया तो मेरे हाथ काँप रहे थे। हमारे पास आज–कल की तरह कोई भी टीम डॉक्टर नहीं था। हम नारी को तुरन्त ही सबसे पास के अस्पताल में ले गये। वहाँ कोई अच्छा न्यूरोसर्जन नहीं था। लेकिन समय निकल रहा था इसलिए अस्पताल में मौजूद सर्जन डॉक्टर फोर्ड ने वो सब कुछ किया जो वो नारी की जान बचाने के लिए कर सकते थे,'' बोर्डे याद करते हुए कहते हैं।

''ड्रेसिंग रूम में शरीर को चीर देने वाला सन्नाटा था। हममें से कई लोगों की आँख में आँसू थे। बाक़ी कई लोग सन्न थे और कुछ कह नहीं पा रहे थे। टाइगर, जिन्हें उसके बाद बैटिंग के लिए जाना था, एक कोने में शान्त बैठे हुए थे। वो हम सभी से ज़्यादा शान्त दिखायी दे रहे थे। और अगर उन्हें डर लग रहा था तो यक़ीनन वो दिखा नहीं रहे थे।''

काण्ट्रेक्टर उस चोट को झेल ले गये लेकिन फिर कभी भारत के लिए नहीं खेल

पायेंगे। टीम मैनेजर गुलाम अहमद के ज़िम्मे ये काम सौंपा गया कि वो टाइगर पटौदी को ख़बर पहुँचाएँ। ''ये तो मालूम ही है कि नारी अब इस टूर पर नहीं खेल पायेगा। इसलिए अब तुम्हें इस टीम की कप्तानी करनी है।''

21 साल और 77 दिनों की उम्र में टाइगर इण्डियन टीम के सबसे कम उम्र के कप्तान बन गये। किस्मत ने उनसे एक आँख छीन ली थी। और अब एक बड़ी दुर्घटना के ठीक बाद उनके कन्धों पर कप्तानी का जिम्मा आ गया था। टाइगर युग की शुरुआत हो चुकी थी और ये भारतीय क्रिकेट को बदल कर रख देने वाला था।

भारत की कप्तानी करना इस देश का दूसरा सबसे ज़रूरी और मुश्किल काम है, इससे ज़्यादा ज़रूरी और मुश्किल काम 7 लोक कल्याण मार्ग के निवासी के ज़िम्मे रहता है। लेकिन भारतीय कप्तान, असल में प्रधानमन्त्री की ही तरह, चहेता भले हो, लेकिन उसके सिर पर रखा हुआ ताज काँटों का हो सकता है। 1930 के दशक में ये अलिखित नियम था कि कप्तान राजशाही परिवार से ही आ सकता था। 1932 में जब भारतीय टीम पहली बार इंग्लैण्ड के टूर पर जा रही थी, पटियाला के महाराज की जगह पोरबन्दर के महाराज आये जिनका क्रिकेट में हाथ काफ़ी तंग था। उस टूर पर उन्होंने मात्र 2 रन बनाये। इससे ज़्यादा तो उनके गराज में रोल्स रॉयस हुआ करती थीं। किस्मत से, आख़िरी समय पर सद्बुद्धि आयी और उस समय पर टीम के सबसे अच्छे प्लेयर सी.के. नायडू लॉर्ड्स में खेले गये पहले मैच में भारत के टेस्ट कप्तान बने। 1936 में विजयनगरम के महाराज ने 'जुगाड़' लगा कर कप्तानी हासिल की। 1946 में विजय मर्चेंट को, जो उस समय देश के बेहतरीन बल्लेबाज़ थे, पीछे कर पटौदी को कप्तान बनाया गया। यहाँ भी एक साधारण आदमी की जगह एक राजकुमार को तरजीह दी गयी थी।

1950 के दशक में कप्तानी चुनने के तरीक़े खुफिया होते थे। शुरुआती 1950 के दशक में लाला अमरनाथ और विजय हज़ारे बारी–बारी से कप्तान बनते रहे। ''एक कप्तान को पूरी तरह से बोर्ड की राजनीति और सेलेक्टर्स की मर्ज़ी के दम पर चुना जाता था। अगर हज़ारे वेस्ट ज़ोन और साउथ ज़ोन की पसन्द होते थे तो अमरनाथ की नॉर्थ ज़ोन और ईस्ट ज़ोन से सिफ़ारिश आती थी,'' माधव आप्टे ने बताया जिन्होंने भारत के लिए 1952–53 में खेला। आप्टे को याद है कि कैसे पाकिस्तान के ख़िलाफ़ अमरनाथ कप्तानी कर रहे थे और फिर ये ख़बर 'लीक' करवा दी गयी थी कि वेस्ट इण्डीज़ के अगले टूर के लिए हज़ारे को कप्तानी मिलने वाली थी। ''पाकिस्तान के ख़िलाफ़ खेले गये चौथे टेस्ट के ठीक बाद ऑफ़िशियल डिनर के दौरान अमरनाथ ने सेलेक्टर्स और बोर्ड से कहा कि उनके बारे में सोचते हुए उसे पंजाबी की एक चुनी हुई गाली मन में आती है,'' आप्टे हँसते हुए बताते हैं। इत्तेफ़ाक ये कि 1958–59 में अमरनाथ ही मुख्य सेलेक्टर थे जब दौरे पर आयी वेस्ट इण्डीज़ की टीम को पाँच टेस्ट मैचों में चार अलग–अलग भारतीय कप्तानों का सामना करना पड़ा था। बोर्डे, जिनकी वो पहली सीरीज़ थी, कहते हैं, ''वो एक लॉटरी सिस्टम जैसा लग रहा था।''

चेन्नई में खेला गया चौथा टेस्ट सबसे ज़्यादा कमाल का था। पॉली उमरीगर को कप्तान चुना गया था और टेस्ट से कुछ घण्टों पहले ही एक समारोह में फूलों का हार भी

उन्हें पहनाया गया था। कुछ ही घण्टों बाद उन्होंने इस पद से इस्तीफ़ा भी दे दिया। "मैं बगल वाले कमरे में ही था और जहाँ चाभी डालते हैं, उस छेद से मैंने देखा कि उमरीगर सेलेक्टर्स के सामने रो रहे थे क्योंकि उन्हें उनकी पसन्द की टीम नहीं मिल रही थी। यहाँ तक कि उन्हें जो माला पहनाई गयी थी, वापस ले ली गयी," बोर्डे को सब याद है। आधी रात में काफ़ी निराश हो चुके अधिकारी टीम के सबसे सीनियर खिलाड़ी वीनू मांकड़ के कमरे में गये और उनसे कप्तान बन जाने की विनती की। अगली सुबह मांकड़ टॉस के लिए गये लेकिन फ़ील्डिंग करते–करते उन्हें रैश होने लगे। उनकी जगह पर जी.एस. रामचन्द को लाया गया जिन्हें बैटिंग करते हुए सर पर चोट लग गयी। इसके बाद उनकी जगह हेमू अधिकारी को कप्तान बनाया गया। बोर्डे हँसते हुए कहते हैं, "न केवल सीरीज़ में हमने 4 कप्तान देखे, एक मैच में हमारे 4 कप्तान थे। ये तो वर्ल्ड रेकॉर्ड था।" भारतीय क्रिकेट के सबसे अच्छे क्रिकेटर्स क्रिकेट बोर्ड की राजनीति के आगे हार चुके थे। ये वो राजनीति थी जो देश की राजनीति को भी बच्चों का खेल साबित कर दे।

इसलिए नवाब पटौदी जब कप्तान बने, तब वो इतिहास और किस्मत दोनों से लड़ रहे थे। "कप्तानी ने ही टाइगर को बनाया था," टाइगर के एक अच्छे दोस्त स्वर्गीय राज सिंह डूंगरपुर ने मुझे बताया। लेकिन ये सब आसान नहीं था। 21 साल के लड़के के तौर पर उन्हें सबसे पहले टीम के सीनियर प्लेयर्स से इज़्ज़त कमानी पड़ी। जबकि मांजरेकर और उमरीगर जैसे खिलाड़ियों ने ख़ूब मदद की लेकिन ये सफ़र कतई आसान नहीं था। इसके अलावा टाइगर की खुद तक सीमित रहने वाले गुण की वजह से भी उन्हें कोई ख़ास मदद नहीं मिल रही थी। बेग ने बताया, "अपनी कप्तानी के शुरुआती सालों में टाइगर संशय में पड़े दिखते थे। उन्हें ख़ुद को और अपनी कप्तानी को स्थापित करने में कुछ वक़्त लगा।"

1964 की ऑस्ट्रेलिया के ख़िलाफ़ खेली गयी घरेलू सीरीज़ उनके लिए एक निर्याणक मोड़ थी। उस टेस्ट सीरीज़ से ठीक पहले उन्होंने कुछ ख़ास रन नहीं बनाये थे और कप्तान को हटाये जाने की अफ़वाहों ने ज़ोर पकड़ रखा था। टाइगर ने इन सभी अफ़वाहों पर अपनी ही स्टाइल में पूर्ण विराम लगाया और पहले ही टेस्ट में सेंचुरी मारी। इसके बाद उन्होंने भारत को मुम्बई में खेले गये दूसरे मैच में जीत दिलायी। टाइगर ने उस जीत के बारे में बताया, "ऑस्ट्रेलिया के ऊपर मिली वो जीत निर्णायक और बहुत सुकून देने वाली एक जीत थी। मैंने टीम के और ख़ुद के सामने ये साबित कर दिया था कि मैं टीम का नेतृत्व कर सकता था।"

अपने कॅरियर के 46 में से 40 मैचों में टाइगर ने भारत की कप्तानी की। ऐसा लग रहा था जैसे उन्हें कप्तान बनाने के लिए ही टीम में लिया गया था। इन मैचों में भारत ने 9 में जीत हासिल की और 19 मैच हारे। ये कोई गर्व से भर देने वाला रेकॉर्ड नहीं था। लेकिन ये बात भी सच है कि आँकड़े टाइगर के नेतृत्व की सही तस्वीर नहीं बुनते हैं।

60 के दशक के दौरान स्वतन्त्रता संग्राम की लड़ाई का असर कुछ कम होता दिखायी दे रहा था। देश में अपने–अपने राज्यों की लड़ाई के लिए लोग एक–दूसरे के ख़िलाफ़ इस्तेमाल किये जा रहे थे। बीच की जातियाँ एक किसान विरोध की तैयारी कर रही थीं और शहरी युवा नक्सली बन रहे थे। नेहरू का नेतृत्व चीन से तनातनी के बाद कुछ कमज़ोर

होता दिख रहा था और 1964 में उनकी मौत ने एक बहुत बड़ी जगह खाली छोड़ दी। क्रिकेट में भी इस अफरा–तफरी और संयोजन की कमी साफ़ दिखलाई पड़ रही थी और उसे एक सहारे की ज़रूरत थी जो उसे शान्त कर सके और मंज़िल तक पहुँचा सके। टाइगर ने ही वो काम किया जिससे भारतीय क्रिकेट फिर से एक साथ आकर खड़ा हुआ। ''इस बात को तो भूला ही नहीं जाना चाहिए कि टाइगर की ही वजह से हमें इस बात का अहसास हुआ कि हम सभी भारत के लिए एक साथ खेल रहे हैं। हम उस वक़्त महाराष्ट्र से नहीं आते थे, न ही हम तमिल थे और न ही हैदराबादी। न हम हिन्दू थे, न मुस्लिम, न सिख। हम सभी सिर्फ़ भारतीय थे,'' कहना था बेदी का जिन्होंने टाइगर की ही कप्तानी में 1966–67 में अपना पहला मैच खेला।

पहले भारतीय प्रधानमन्त्री से उनकी समानता बहुत साफ़ हैं। ''टाइगर नेहरू की विचारधारा को मानने वाले लोकतान्त्रिक थे, जिनकी कोशिश थी कि सामन्ती क्रिकेट समाज में प्रतिभाओं को जगह और तरजीह दी जाये। टाइगर और जवाहरलाल, दो अंग्रेज़ीदां कुलीन शख़्सियतें थीं, जो औपनिवेशिक विशेषाधिकारों के साये में पले–बढ़े और फिर ऑक्सब्रिज के उदारवादी माहौल में पढ़ाई की। लेकिन फिर भी उनके अभिजात पालन–पोषण ने उन्हें उनकी हिन्दुस्तानी जड़ों से दूर नहीं किया। अगर स्वाधीनता संग्राम के जुनून और जोश में नेहरू ने ऐश और आराम से भरी जीवन–शैली त्याग दी तो दूसरी तरफ़ क्रिकेट में कुछ कर सकने की इच्छा ने टाइगर को अपने समय के हिसाब से लोकतान्त्रिक क्रिकेट की माँग रखने के लिए उकसाया। मेरिट और बराबरी टाइगर की कप्तानी की निशानी बन गयी और भारतीय क्रिकेट एक बदलाव की ओर बढ़ गया।

अब मध्यवर्गीय क्रिकेटरों के पास एक ऐसा नेतृत्वकर्ता था जिसपर वो पूरी तरह से विश्वास करते थे और जिसकी वो बाकायदा इज़्ज़त भी करते थे। प्रसन्ना ने, जिनकी गेंदबाज़ी टाइगर की कप्तानी में ख़ूब चमकी, कहा कि खिलाड़ी अपने कप्तान का सम्मान इसलिए करते थे क्योंकि वो उनके हक़ और बेहतरी के लिए लड़ता था। उन्हें याद है कि कैसे एक मौक़े पर टाइगर इस बात पर भड़क गये थे कि बोर्ड ने उनके खिलाड़ियों को समय पर पैसा नहीं दिया था। ''हमें उस समय पर एक टेस्ट मैच के लिए 250 रुपये मिलते थे। टाइगर को पैसों की ज़रूरत नहीं थी इसलिए जब मिस्टर चिन्नास्वामी (उस समय बोर्ड के ट्रेजरर) सभी को चेक देने आये तो टाइगर उनकी तरफ़ मुड़े और उनसे कहा, 'आप प्लीज़ मेरे पैसे मोची को दे दीजिए जो हमारे जूते ठीक करता है। उसे काफ़ी ज़रूरत है।' उन्होंने ये बात बिना अपनी आवाज़ ऊँची किये कही थी लेकिन जो बात कही जानी थी, वो सभी की समझ में आ गयी थी,'' प्रसन्ना ने बताया।

मैदान पर भी, टाइगर कम ही बातें करते थे। ''आप उन्हें मैदान पर चीखते–चिल्लाते नहीं देख सकते थे। लेकिन उन्हें मालूम रहता था कि उन्हें अपने खिलाड़ियों से क्या चाहिए था और वो चाहते थे कि हम वैसा ही कुछ कर जायें,'' बेदी ने बताया। बेदी और प्रसन्ना, दोनों ने ही आगे चलकर एस. वेंकटराघवन और चन्द्रशेखर के साथ मिलकर स्पिन की वो मशहूर चौकड़ी बनायी जिसने भारत को 1970 के दशक में अपार सफलता दिलायी। ''उस क्रान्ति के बीज भी टाइगर के ही बोये हुए थे। वो एक ऐसे कप्तान जो हमेशा जीतना चाहते

थे और उन्हें इस बात का बहुत ही जल्दी अहसास हो गया था कि हम स्पिन के दम पर मैच जीत सकते थे।''

इससे ये भी हुआ कि टीम में तेज़ गेंदबाज़ों की कमी रहने लगी। 1967 में भारत ने बुधी कुंदरन से गेंदबाज़ी की शुरुआत कराई जो कि टीम में विकेटकीपर के तौर पर लाये गये थे। स्पिन अटैक को बल्लेबाज़ के पास लगी फ़ील्डिंग और भी मज़बूती देने लगी थी। टाइगर का ये एक और योगदान रहा। ''मुझे याद है कि वो टीम में एकनाथ सोलकर को इसलिए ही लेना चाहते थे क्योंकि उन्हें ऐसा लगता था कि युवा खिलाड़ी बेहतर फ़ील्डिंग कर सकेंगे,'' बेदी ने बताया।

लेकिन फिर टाइगर को उन्हीं की इस क्रान्तिकारी पहल की वजह से कप्तानी से हाथ धोना पड़ा। 1970 में उनसे कप्तानी छीन ली गयी और, जैसा कि पहले भी बताया गया, मुम्बई के शिवाजी पार्क से आने वाले एक मध्यवर्गीय 'आम आदमी' अजीत वाडेकर को कप्तान बनाया गया। ये सब हुआ सेलेक्टर्स के चेयरमैन विजय मर्चेंट के वोट की वजह से। कई लोगों को ऐसा भी लगा कि चूँकि इफ्तिखार पटौदी ने 1946 के इंग्लैण्ड टूर पर मर्चेंट को कप्तानी के लिए नज़रअन्दाज़ कर दिया था, इसलिए ये मर्चेंट का 'बदला' था। शायद ये उस न रोके जा सकने वाले बदलाव का एक हिस्सा था जिससे हर टीम को कभी न कभी गुज़रना ही पड़ता है। टाइगर दस साल के लिए इण्डिया के कप्तान रह चुके थे। मर्चेंट का दाँव काम कर गया। जैसा कि हम पहले भी देख चुके हैं, वाडेकर की ही कप्तानी में 1971 के टूर पर भारत ने बहुत बड़ा बदलाव करते हुए वेस्ट इण्डीज़ और इंग्लैण्ड में सीरीज़ जीती। ''कप्तान भले ही वाडेकर थे लेकिन वो टाइगर की टीम थी। उन्होंने हमें जीतने लायक आत्मविश्वास दिया था। मुझे बुरा लगता है कि मैंने 1971 के लिए उन्हें भरपूर श्रेय नहीं दिया,'' बेदी ने कहा।

1974–75 में वेस्ट इण्डीज़ के ख़िलाफ़ टाइगर एक आख़िरी बार कप्तान बने। राज सिंह डूंगरपुर ने, जो उस वक़्त सेलेक्शन कमिटी में थे, टाइगर को लगभग उनके रिटायरमेण्ट से रोकते हुए टीम की कमान सौंप दी थी। ''हमें एक मज़बूत टीम के ख़िलाफ़ खेलने के लिए काफ़ी प्रेरणा की ज़रूरत थी जो हमें सिर्फ़ टाइगर ही दे सकता था,'' डूंगरपुर ने मुझे बताया, जो ख़ुद राजस्थान के एक शाही परिवार से आते थे। शायद डूंगरपुर अब भी टाइगर के कल्ट से प्रभावित थे और भारतीय क्रिकेट की एक जमात की ही तरह उन्हें भी ऐसा लगता था जैसे टाइगर के पास जादुई शक्तियाँ थीं।

उम्र के साथ–साथ टाइगर की बैटिंग भी ढीली पड़ती जा रही थी और वो अपनी आँख की रोशनी की वजह से भी दिक्कत का सामना कर रहे थे। लेकिन उनकी हिम्मत पर कभी भी शक नहीं किया जा सकता था। तब भी नहीं जब वो वेस्ट इण्डीज़ की एक्सप्रेस स्पीड के सामने खड़े होकर बैटिंग करते थे। डूंगरपुर कहते हैं, ''वो बड़े ही आराम से खेलने से मना कर सकते थे लेकिन टाइगर में इतना अभिमान तो था कि वो कभी भी, किसी भी लड़ाई से मुँह नहीं मोड़ सकते थे।'' वो अभी भी नये प्रकार के नेतृत्व का उदाहरण पेश कर सकते थे। ऐसा उन्होंने सीरीज़ में 2–0 से पीछे हो जाने के बाद सीरीज़ को बराबरी पर ला कर किया। इसके बाद मुम्बई में क्लाइव लॉयड की शानदार बैटिंग के चलते आख़िरी मैच हार गये। कोलकाता में खेले गये तीसरे टेस्ट के बारे में बात की जानी चाहिए। आख़िरी दिन,

वेस्ट इण्डीज़ को 100 से कुछ ज़्यादा रन चाहिए थे और उनके पास 8 विकेट बचे हुए थे। "टाइगर ने एक रात पहले 11 बजे मेरे कमरे का दरवाज़ा खटखटाया और कहा, देखो, विकेट टर्न हो रहा है। रनों की चिन्ता मत करो। मैं चाहता हूँ कि तुम और चन्द्रा कल विकेट्स निकालो," प्रसन्ना को याद है। अगली सुबह वेस्ट इण्डीज़ बैटिंग ने चन्द्रशेखर की गेंदों पर कुछ बाउण्ड्रीज़ लगायीं। टाइगर को फ़र्क़ नहीं पड़ा। वो अपने मैच जिताऊ बॉलर के साथ थे और उन्होंने अन्त में उन्हीं के दम पर मैच जीता। प्रसन्ना आज भी कहते हैं, "सिर्फ़ टाइगर ही उस मैच को जीत सकते थे।"

क्रिकेट के मैदान पर ये टाइगर का आख़िरी बड़ा योगदान था। एक तरीक़े से वो अपना कॅरियर वैसे ही ख़त्म कर रहे थे जैसे उन्होंने शुरू किया था—भारतीय क्रिकेट को दुनिया के नक़्शे पर लाने की कोशिश करते हुए। क्रिकेट लेखक सुरेश मेनन इसे बेहतरीन ढंग से लिखते हैं, "टाइगर ने भारतीय क्रिकेट में आत्मविश्वास के आन्दोलन की शुरुआत की जिसने खिलाड़ियों को सम्मान दिलाया और उनमें विश्वास भरा और इसके साथ ही साथ सभी खिलाड़ी दुनिया की आँखों में आँखें डाल कर बात कर सकते थे।" ये एक ऐसी विरासत है जो मैदान की बाउण्ड्री के बाहर भी उनका यश गाएगी।

टाइगर की कहानी उनकी जीवनसाथी शर्मिला टैगोर की बात किये बिना नहीं पूरी की जा सकती। स्क्रीन पर शर्मिला ने राजेश खन्ना और धर्मेन्द्र जैसे सितारों के साथ हिट जोड़ी बनायी थी। लेकिन असल जीवन में टाइगर के साथ बनी उनकी जोड़ी बॉलीवुड के एक सपने जैसी लगती है। मैंने शर्मिला से साउथ दिल्ली के वसन्त विहार में उनके घर में मुलाक़ात की। वो याद करते हुए कहती हैं, "मैं टाइगर से दिसम्बर 1963 में कोलकाता में मिली थी। हम एक पार्टी में (टेस्ट क्रिकेटर एम.एल.) जयसिम्हा के न्योते पर गये थे क्योंकि हम सभी उनके फैन्स थे। हम रेडियो पर कमेण्ट्री सुना करते थे और हमेशा क्रिकेटर्स से मिलने और उनका ऑटोग्राफ़ लेने की फिराक में होते थे। और फिर वहीं टाइगर एक कोने में बैठे हुए थे और उन्होंने ससेक्स का स्वेटर पहन रखा था। मैं ये तो नहीं कहूँगी कि वो पहली नज़र का प्यार था लेकिन वो मुझे काफ़ी अलग–सा ज़रूर लगा था। वो बहुत अच्छे से बात करते थे और हमने सोचा कि उस मुलाक़ात के बाद एक–दूसरे से बात करते रहेंगे और हमने की भी!"

शर्मिला, सम्मानित कवि रवीन्द्रनाथ टैगोर के उच्च–वर्गीय भद्रलोक परिवार से थीं। उन्होंने पहली बार 13 साल की उम्र में सत्यजित रे की क्लासिक अपुर संसार में काम किया था। और फिर 1964 में कश्मीर की कली के साथ वो रातोरात स्टार बन गयीं। ये दोनों आपस में कुछ सालों तक मिलते रहे और फिर 1968 में इनकी शादी हो गयी। शर्मिला कहती हैं, "मुझे लगता है कि हमें एक–दूसरे का साथ बहुत पसन्द था। हम ड्राइव के लिए जाते थे या फ़िल्म देखने या खाना खाने चले जाते थे। कुछ भी बहुत हद से ज़्यादा स्पेशल नहीं करते थे। और हाँ, हमें उस वक़्त आज की तरह पीछा करते हुए टीवी कैमरों की फ़िक्र नहीं करनी पड़ती थी।"

और फिर आज एक क्रिकेटर और सिनेमा सेलिब्रिटी की जोड़ी बनना कोई उतनी बड़ी बात नहीं होती है, लेकिन 1960 के दशक में टाइगर और शर्मिला की प्रेम कहानी एकदम अनोखी

थी। अपनी–अपनी फ़ील्ड के दो टॉप के सितारे–एक मुस्लिम और दूसरा हिन्दू–जिनमें न ही कोई खटास दिखायी पड़ी और न ही आपसी प्रतिद्वन्द्विता। वो दोनों बेहद अलग मिजाज़ के भी थे। टाइगर आराम से काम करने वाले थे और जल्दी परेशान नहीं होते थे जबकि शर्मिला मुखर थीं और हमेशा लड़ने के लिए तैयार दिखती थीं। शर्मिला के हिसाब से उनकी शादी की सफलता की वजह दोनों की एक–दूसरे को दी हुई स्वतन्त्रता थी। ''कई बार ऐसा होता था कि टाइगर हमारे फ़िल्म सेट पर आ जाता था। कई बार मैं जाकर उसे खेलते हुए देखती थी। हम एक–दूसरे की सफलता को एन्जॉय करते थे और टाइगर ने शादी के बाद मुझसे एक बार भी फ़िल्मों में काम न करने के लिए नहीं कहा।'' सच तो ये है कि शर्मिला की कुछ सबसे बेहतरीन फ़िल्में जैसे आराधना और मौसम, उनकी शादी के बाद ही आयी थीं।

एक उदारवादी और प्रगतिशील शिक्षा ने उनके नज़रिए को परिभाषित किया था। शर्मिला याद करती हैं कि कैसे उनके रिश्ते के शुरुआती दिनों में ही फ़िल्मफेयर मैगज़ीन ने उनकी बिकिनी पहने एक तस्वीर छापी थी जिसपर देश भर में बवाल हो गया था। ''वो ससेक्स के लिए खेल रहे थे और मैं ऐन इवनिंग इन पेरिस के लिए यूरोप में थी। मैं बहुत ही ज़्यादा परेशान थी जब टाइगर ने मुझे एक टेलीग्राम भेजा जिसपर लिखा था, 'रिलैक्स! यू कुड ओनली बी लुकिंग वेरी नाइस!' (शान्त हो जाओ! तुम अच्छी ही दिख सकती थीं!) उसके इन शब्दों ने मुझे शान्त कर दिया।''

उनके रिश्ते ने टाइगर के क्रिकेट पर करीब–करीब सिर्फ़ एक बार असर डाला। 1967–68 में भारतीय टीम ऑस्ट्रेलिया और न्यूज़ीलैण्ड के 5 महीने लम्बे दौरे पर जा रही थी। ''टाइगर इतने सारे दिनों के लिए मुझसे दूर नहीं रहना चाहता था और उसने कहा कि वो टूर से अपना नाम वापस ले रहा है। फिर बोर्ड के अधिकारी और टीम मैनेजर्स मेरे घर आये और मुझसे कहा कि मैं टाइगर को समझाऊँ, जो मैंने किया,'' शर्मिला हँसते हुए कहती हैं।

ये कहना एकदम सही होगा कि टाइगर के समकालीन जयसिम्हा ने इन दोनों के रिश्ते में एक अच्छे साथी का रोल अदा किया। पैट और जय, जैसा कि इन्हें कहा जाता था, 1960 के दशक में भारतीय क्रिकेट की नम्बर एक जोड़ी थे। कम से कम महिला फैन्स की संख्या देखी जाये तो ये नम्बर एक तो थे ही। जयसिम्हा की पत्नी जयन्ती के शब्दों में कहा जाये तो ''ये दोनों बेहद जिगरी थे जिनकी बहुत गहरी दोस्ती थी और ऐसा मालूम देता था जैसे दोनों पिछले जन्म से दोस्त हैं।'' एक ऐसे वक़्त पर जब ज़्यादातर भारतीय खिलाड़ी ठेठ मध्यवर्गीय पृष्ठभूमि से आते थे, पैट और जय एक प्रभावशाली सामाजिक तबके की निशानी थे। दोनों की पसन्द लगभग मिलती थी। दोनों व्हिस्की के शौक़ीन थे, सिगरेट पसन्द करते थे और हाँ, महिलाओं की नज़रों में रहना भी उन्हें रास आता था। ''जय बड़बोला था जबकि टाइगर शान्त रहने वाला, ख़ुद तक सीमित इनसान। लेकिन दोनों साथ में होते तो जादू करते थे,'' जयन्ती ने कहा।

वो जयसिम्हा ही थे जिन्होंने 60 के दशक के मध्य में टाइगर को दिल्ली से हैदराबाद आकर तत्कालीन निज़ाम रियासत के लिए रणजी ट्रॉफ़ी खेलने के लिए कहा। हैदराबाद का सुकून टाइगर को मुफ़ीद मालूम दे रहा था। जब वो क्रिकेट नहीं खेल रहे होते थे, वो अपने और शौक़ पूरे कर सकते थे–जैसे शिकार। या फिर वो खाली समय में अपनी बहन

के पास पहुँच जाते जो उसी शहर में रहती थीं। भारतीय टीम का कप्तान होने के बावजूद टाइगर जयसिम्हा की कप्तानी में खेलते हुए ख़ुश थे। बेग, जो कि हैदराबाद की उस टीम में थे जिसमें आधा दर्जन भारतीय टेस्ट प्लेयर थे, कहते हैं कि उस इलाके ने टाइगर को वहीं के जैसा बना दिया। अब वो उस शर्मीले लड़के की तरह नहीं दिखते थे जो नवाब था और वो जिससे पहली बार ऑक्सफ़ोर्ड में मिले थे। ''हम डोमेस्टिक मैचों के लिए ज़्यादातर सेकण्ड क्लास में सफ़र करते थे और ऐसे में टाइगर की मौजूदगी बहुत मज़ेदार रहती। वो अक्सर अपना तबला या हारमोनियम साथ लाते और 'मेरा लाल दुपट्टा मलमल का' गाते। कई बार तो वो मशहूर हिरन डांस भी करते जो कि आज कल के आइटम नम्बर्स की तरह होता।'' जयन्ती ने बताया, ''मैंने टाइगर को हाथों से खाना सिखाया। घर पर वो नवाब साब की तरह नहीं बल्कि पैट बनकर रहता था।''

सामन्ती राजकुमार से एक हैदराबादी बनने के सफ़र से ये बात मालूम पड़ी कि टाइगर उस दुनिया के मुताबिक़ ढल सकते थे जो उनके विनचेस्टर और ऑक्सफ़ोर्ड के शुरुआती दिनों से काफ़ी अलग थी। अगर इलाहाबाद और उत्तर प्रदेश की धूल भरी गलियों में जवाहरलाल नेहरू ने ऑक्सब्रिज के अभिजातपन को ध्वस्त कर दिया था तो दूसरी तरफ़ इन लम्बी ट्रेन यात्राओं में ही शायद नवाब टाइगर ने 'असल' भारत के बारे में जाना। या शायद इससे ज़्यादा उनके दोस्तों और जानने वालों ने एक ऐसे शख़्स को देखा जो अपने अन्दर पूरब और पश्चिम का अनोखा संगम लेकर चल रहा था। एक ऐसा शख़्स जिसने विनचेस्टर में ग्रेजुएशन लेक्चर के दौरान अंग्रेज़ी, उर्दू और लैटिन ज़ुबान का इस्तेमाल किया था। वो इंग्लैण्ड में तीतर का शिकार कर रहे हो सकते हैं और फिर अपने ऑक्सफ़ोर्ड के दोस्तों के साथ किसी पब में बैठे ड्रिंक्स के मज़े ले रहे हो सकते हैं लेकिन वो इसके साथ ही तबला भी बजा सकते हैं और घर पर सरोद वादक अमजद अली खान के साथ जुगलबन्दी भी कर सकते हैं। शर्मिला याद करते हुए बताती हैं, ''मुझे याद है कि एक बार भोपाल में हम सरोद वादन के एक प्रोग्राम में गये हुए थे और बारिश होने लगी। हम सभी अन्दर चले गये और वहाँ सारी रात टाइगर और अमजद ने अपने संगीत से हमें बाँधे रखा। वो कमाल की जुगलबन्दी थी।''

टाइगर के अभिनेता बेटे सैफ़ अली खान ने याद करते हुए बताया कि कैसे उनके बोर्डिंग के दिनों में इंग्लैण्ड के दोस्त इस बात से आश्चर्यचकित रहते थे कि उनके पिता सचमुच के राजकुमार थे। ''जब मेरे पापा पहली बार मुझे स्कूल छोड़ने आये तो वो विंटेज रोल्स रॉयस चला कर आये थे। सभी लोग काफ़ी उत्साहित थे। लेकिन जब वो अगली बार आये तो वो एक मॉरिस माइनर चला रहे थे जिसका रेडिएटर लीक कर रहा था। उन्हें असल में इस बात से फ़र्क़ ही नहीं पड़ता था कि वो कौन–सी गाड़ी चला रहे होते थे। उनमें इस तरह का आत्मविश्वास था कि वो इन सभी चीज़ों से ऊपर उठ चुके थे,'' सैफ़ ने बताया।

और वैसे तो उनका ह्यूमर काफ़ी ब्रिटिश था लेकिन वो मौक़ा देखकर देसी मसखरे भी बन सकते थे। विश्वनाथ याद करते हुए बताते हैं कि कैसे एक बार टाइगर ने उन्हें उनके जीवन का सबसे डरावना पल दिया था। ''टाइगर ने एक मैच के आराम वाले दिन हमें अपने फार्म हाउस पर बुलाया था। अचानक हमें गोलियों की आवाज़ें सुनायी दीं और डकैतों का एक जत्था हमारे कमरे में आ घुसा। उन्होंने बताया कि प्रसन्ना को उन्होंने मार

दिया है और अगला नम्बर मेरा था। मुझे एक पेड़ से बाँध दिया गया था और मैं रुआँसा हो चुका था कि तब तक पीछे से टाइगर प्रकट हुए और वो हँस रहे थे। असल में वो डकैत उन्हीं का स्टाफ़ था और ये सब कुछ एक नाटक था। एक और मौक़े पर टाइगर ने टीम के विकेटकीपर फ़ारुख इंजीनियर से कहा, 'शाम को कलकत्ता में संगमरमर के मेरे बड़े घर पर आकर मुझसे मिलो।' अनजान इंजीनियर ऐतिहासिक विक्टोरिया मेमोरियल का दरवाज़ा खटखटाते रहे।'' टाइगर हँसते हुए बताते थे, ''उस दिन मैंने उसे बुद्धू बनाया था।''

लेकिन जिस एक बात से टाइगर को कतई हँसी नहीं आती थी, वो थी लम्बी हवाई यात्रा। उन्हें हवाई जहाज़ में सफ़र करने से डर लगता था। जयन्ती कहती हैं, ''मुझे अच्छे से याद है कि पैट और जय दोनों उड़ने से पहले ख़ूब सारी शराब पी लेते थे। वो ट्रेन में सफ़र करना पसन्द करता था।'' ये तो साफ़ था कि मैदान में शेर बने फिरने वाला टाइगर हवा में उड़ते ही भीगी बिल्ली हो जाता था।

1969 में इन्दिरा गाँधी ने शाही पदवियों को ग़ैरकानूनी घोषित कर दिया। इसके साथ ही उन्होंने रजवाड़ों को दी जाने वाली सालाना धनराशि यानी प्रिवी पर्स भी समाप्त कर दी। दो साल के भीतर संसद में एक बिल भी पास हो गया। पटौदी के नवाब अब मंसूर अली खान पटौदी थे। 1970 में उन्होंने अपनी कप्तानी खो दी थी और अब उनकी उपाधि और उनके विशेषाधिकार भी जा चुके थे। 1971 में पटौदी ने गुड़गाँव की विशाल हरियाणा पार्टी से चुनाव लड़ा जिसमें उनकी जमानत तक ज़ब्त हो गयी। इन्दिरा गाँधी के 'ग़रीबी हटाओ' के नारे ने देश भर में धूम मचाई हुई थी। ''जिस तरह से सरकार से मिलने वाली धनराशि के मामले को सरकार ने पेश किया था, टाइगर उससे ख़ासे नाख़ुश थे। उन्हें ऐसा लगता था कि 1947 में किये गये सभी वादों के ख़िलाफ़ जाकर ये काम किया जा रहा था। लेकिन अम्मा (उनकी माँ) ने ही उन्हें चुनाव लड़ने का सुझाव दिया था,'' शर्मिला ने बताया।

टाइगर एक दफ़ा और चुनाव में खड़े हुए। साल 1991 में वो भोपाल से कांग्रेस के उम्मीदवार थे। ऐसा उन्होंने अपने अच्छे दोस्त राजीव गाँधी के कहने पर किया था। वो फिर से हार गये। शर्मिला इस बात को मानते हुए कहती हैं, ''वो शायद राजनीति के लिए बने ही नहीं थे। उन्होंने मुझसे कहा भी था 'मैं कैसे झूठ बोलूँ और वोटरों से वो वादे कर लूँ जो मैं पूरे भी नहीं कर पाऊँगा?' '' एक ऐसा आदमी जो खेल के मैदान में पूरे नियमों का पालन करते हुए खेलता था, उसके लिए राजनीति का मैदान सही जगह मालूम नहीं देता था। टाइगर अम्पायर के फ़ैसले का इन्तज़ार किये बिना आउट होकर चले जाने के लिए जाने जाते थे।

जैसे–जैसे भारत और भारतीय क्रिकेट तेज़ी से बदल रहा था, टाइगर ख़ुद को नये, आक्रामक और बाज़ारवाद से घिर रहे क्रिकेट के साथ ढाल नहीं पा रहे थे। ''वो भले ही नवाब थे लेकिन उन्हें पैसों से कोई मतलब नहीं था। न ही वो कभी शॉपिंग या कपड़ों के बारे में सोचते थे। उन्हें जो कुछेक चीज़ें पसन्द थीं उसमें रंगबिरंगी कश्मीरी जुराबें और सेविले रो में अपना सूट सिलवाना शामिल था। इसके साथ ही वो कुछ ज़्यादा ख़र्च कर के ब्रिटिश एयरवेज़ से उड़ना पसन्द करते थे क्योंकि उन्हें पायलट्स की ब्रिटिश एक्सेंट ख़ासी रास आती थी,'' उनकी बेटी सोहा अली खान ने बताया जो हिन्दी फ़िल्म इण्डस्ट्री में एक अभिनेत्री हैं।

न ही टाइगर उन लोगों में थे जिन्हें शोर–शराबे वाला मजमा पसन्द होता है। भारतीय राजधानी ऐसी पार्टीज़ के लिए जानी जाती थी। सोहा मुझे बताती हैं, ''वो शायद घर पर रहकर इतिहास की कोई किताब पढ़ने में ज़्यादा सुकून पाते थे।'' टाइगर ख़ूब पढ़ते थे। वो सुबह के अख़बार को पूरी तरह से पढ़ते थे और फिर उम्बेर्तो एको से लेकर सलमान रुश्दी और रोमिला थापर तक को पढ़ते थे। वो खाना भी बेहतरीन पकाते थे। ''आप उन्हें अक्सर किचन में खाना बनाने वाले स्टाफ़ के साथ अपनी तन्दूरी या अफ़गानी रेसिपी शेयर करते हुए पा सकते थे। जब एक बार वो मुम्बई में मेरे साथ रहने आये तो अक्सर वो नाश्ते में फटाक से अण्डे की भुर्जी बना कर तैयार कर देते थे,'' सोहा ने कहा।

जिस क्रिकेटर पर, मैदान पर अपने खेल की वजह से स्टारडम लाद दिया गया था, असल में मैदान से बाहर वह एक शान्त और अपने तक सीमित रहने वाला इनसान था। उनके जीवन के उत्तरार्ध में अकेलेपन की उनकी तलाश देखी जा सकती थी–वो दोस्तों के साथ ब्रिज खेलते, सेण्ट्रल लन्दन में गर्मियाँ बिताते, शिकार पर जाते, बॉम्बे जिमखाना बार में ड्रिंक्स के मज़े लेते, अपने पसन्दीदा ब्रिटिश कॉमेडी सीरियल देखते, उर्दू शायरी या ग़ज़ल सुनते या फिर गन्स ऑफ़ नेवेरॉन जैसी पुरानी वार फ़िल्में देखते। टाइगर धीरे–धीरे पब्लिक की आँखों से दूर जाने लगे। कभी–कभी वो किसी मैच के दौरान एक्सपर्ट कमेण्ट्री कर देते। 80 के दशक में वो कलकत्ता स्थित स्पोर्ट्स मैगज़ीन स्पोर्ट्सवर्ल्ड के सम्पादक भी थे।

उस मैगज़ीन में एक क्रिकेट लेखक के तौर पर काम करने वाले मुदर पाथेराया बताते हैं कि पूरी टीम टाइगर को सम्पादक के रूप में पाकर किस क़दर ख़ुशी से झूम उठी थी। वो ये भी कहते हैं कि उन्हें अपने मशहूर होने का कतई गुरूर नहीं था। ''उन्होंने कभी भी ये ज़ाहिर नहीं होने दिया कि वो कितने अच्छे खिलाड़ी हुआ करते थे। बस एक दफ़ा जब हम कलकत्ता में डलहौज़ी इंस्टीट्यूट क्लब में एक फ्रेंडली गेम खेल रहे थे, हमने उनसे कवर्स में फ़ील्डिंग करने को कहा और गेंद उनकी ही ओर चली गयी। टाइगर थोड़ी बियर पी चुके थे और 47 साल की उम्र के उस पूर्व भारतीय टेस्ट कैप्टन ने अपनी कलाइयों का इस्तेमाल करते हुए गेंद को वापस उस कुर्सी पर फेंका जिसे हमने विकेट्स के रूप में रखा हुआ था। उस थ्रो में झोंकी गयी ताकत की वजह से उस कुर्सी के परखच्चे उड़ गये। जबकि हम सभी मुँह खोल कर देख रहे थे, टाइगर तुरन्त ही बियर का घूँट लेने के लिए एक हल्की मुस्कान के साथ बढ़ गये,'' पाथेराया याद करते हुए बताते हैं।

इस बात में निहित रवैया ठेठ टाइगर की खासियत थी–शान–ओ–शौकत में पला–बढ़ा राजकुमार, जिसने आगे चलकर क्रिकेट की सोहबत पाकर समतापरक तौर–तरीक़ों को अपना लिया था। दिल्ली से ट्रेन से आते और स्पोर्ट्सवर्ल्ड के स्टाफ़ के लिए एक केस में हेइनेकेन बियर लेकर आते। वापस जाते वक़्त वो दिल्ली में दावत उड़ाने की ख़ातिर बर्फ़ में रख कर मटन ले जाते। अपने जूनियरों से कहते, ''तुम्हें कलकत्ता में बेहतर मटन मिलेगा।'' और जब भी वो कोलकाता के ओबेरॉय ग्राण्ड में ठहरते, वो हमेशा वहाँ के वेटरों से पूछते कि वो कैसे थे और उनके रिटायरमेण्ट के कितने साल बचे हुए थे। वो चाहते थे कि रिटायरमेण्ट के बाद वो काम करने के लिए उनके घर आ जायें। वो अपने घर के लिए 'नवाब साब' थे

लेकिन उन्हें ये ज़रूर मालूम पड़ने लगा था कि शाही खानदानों और आम आदमी के बीच की खाई किस तेज़ी से भर रही थी।

टाइगर होने का फ़ायदा ये था कि वो मन–मुताबिक़ कभी भी दुनिया से अलग होकर एकान्त में जा सकते थे, मानो कोई शेर अपनी गुफ़ा में जा बैठा हो। लोकेश शर्मा उनके ख़ास दोस्तों में से एक थे। वो दिल्ली के एक बिज़नेसमैन थे जिन्हें खेल और मीडिया में ख़ास दिलचस्पी थी। "ये कहना ग़लत होगा कि टाइगर आलसी थे और उन्हें रिटायरमेण्ट के बाद काम करना पसन्द नहीं था। वो शायद 9 से 5 वाली नौकरी के लिए नहीं बने थे लेकिन फिर भी वो काफ़ी अनुशासित थे। हमें एक बार लुधियाना में सुबह 6 बजे एक क्रिकेट मैच की शूट के लिए निकलना था और टाइगर होटल की लॉबी में 5:45 पर मौजूद था। ऐसा था कि जिस बड़ी तस्वीर से टाइगर हमेशा वाक़िफ़ रहा करते थे, असल में वो ख़ुद उसका हिस्सा नहीं बनना चाहते थे," शर्मा ने कहा।

असल में क्रिकेट बोर्ड की राजनीति के लिए टाइगर बने ही नहीं थे। "टाइगर ने हमें एक खिलाड़ी संघ बनाने को कहा। वो हमेशा हमारी मदद के लिए रहता था लेकिन आप उस जैसे इनसान से ये अपेक्षा नहीं रख सकते थे कि वो बोर्ड के अधिकारियों के सामने झुक जायेगा या उनकी मनमानी चलने देगा। लेकिन सफल होने के लिए आपको यही करना पड़ता था," बेदी ने कहा। टाइगर को आईपीएल गवर्निंग काउंसिल के लिए 2008 में न्योता दिया गया। ये नया टी–20 फॉर्मेट भी सम्माननीय होना चाहता था। लेकिन दो साल बाद ही वो बोर्ड को कोर्ट में घसीट लाये क्योंकि काउंसिल मीटिंग में शामिल होने के एवज़ में उन्हें बकाये का भुगतान नहीं किया गया था। शर्मिला कबूल करती हैं, "ये गड़बड़ था और इससे बचा जा सकता था।"

टाइगर ने साल 2005 में ख़ुद को एक और बड़ी गड़बड़ी में पाया जब वो वन्यजीव संरक्षण अधिनियम के अन्तर्गत गिरफ़्तार किये गये थे। उनपर हरियाणा के झज्झर इलाके में काले हिरन को मारने का आरोप था। लगभग आधे महीने तक गिरफ़्तारी से बचते हुए फिरे और फिर टाइगर ने कोर्ट में समर्पण कर दिया। उस दौरान मैंने टाइगर से सम्पर्क करने की कई कोशिशें कीं मगर मुझे सफलता नहीं मिली। हम जब बाद में मिले तो वो पछतावे से भरे हुए थे। उन्होंने कहा, "मुझे मालूम है तुम मेरी प्रतिक्रिया चाह रहे थे लेकिन मैं नेशनल टीवी पर क्या कह सकता था? मैंने ग़लती की थी लेकिन आप टीवी पर दोषी क़रार नहीं होना चाहते हैं।" कम से कम कुछ दिनों के लिए ही सही, टाइगर ख़ुद को शिकार सा महसूस कर रहे थे।

2002 में हुए गुजरात दंगों के बाद भी उन्हें ऐसा ही लगा था। "मुझे नहीं मालूम है कि इस देश में क्या हो रहा है। धर्म के नाम पर कोई किसी को कैसे मार सकता है," उन्होंने एक दफ़ा मुझे फ़ोन किया और कुछ गुस्से के साथ मुझसे ये बातें कहीं। वो अव्वल दर्ज़े के नेहरूवादी धर्मनिरपेक्ष थे जिन्होंने कभी भी अपनी धार्मिक पहचान को ख़ुद पर हावी नहीं होने दिया। वो धर्म में आस्था रखते थे और उनके पास हमेशा तावीज़ मौजूद रहती थी। लेकिन उनके पास कर्मकाण्डों के लिए कतई वक़्त नहीं होता था। विभाजन के वक़्त उनका परिवार भी बँट गया था (पूर्व पाकिस्तान क्रिकेट बोर्ड चीफ़ शहरयार खान रिश्ते में उनके भाई होते थे।) और उन्होंने हमेशा धार्मिक दुर्भावना को देश के चेहरे पर एक बेहद भद्दे दाग सा माना।

इन सबके बावजूद, अच्छे और बुरे वक़्त में, उन्होंने न ही कभी अपने स्वाभिमान को खोया और न ही अपने सेन्स ऑफ़ ह्यूमर को। जब उनकी बेटी सोहा अली खान ऑस्ट्रेलिया के वीज़ा के लिए अप्लाई कर रही थीं, एक कॉलम में लिखा था–''कोई क्रिमिनल रेकॉर्ड?'' ''उन्होंने मुझसे कहा, 'बस तुम लिख दो कि इस फॉर्म में ये लिखना ज़रूरी नहीं है क्योंकि आख़िरकार ऑस्ट्रेलिया तो बदमाशों का देश है।' इसके बाद वो अपने आप ही हँसने लगे,'' सोहा ने बताया। जब पाथेराया ने एक बार उनसे पूछा कि उन्हें एक आँख खोने के बाद कब ऐसा लगा कि वो फिर से खेल सकते थे, तो उन्होंनें बिना हँसे उत्तर दिया, ''जब मैंने इंग्लैण्ड की बॉलिंग देखी।''

टाइगर को असल में ऐसे ही मौक़े परिभाषित करते हैं। वो जीवन के उतार–चढ़ावों के कारण व्यथित नहीं होते। उन्होंने ऐसे मौक़ों से हारकर खुद को बदलने के बारे में सोचा भी नहीं। कोई और होता तो शायद इतनी मुश्किलों के बोझ तले दब भी जाता। उन्होंने अपने ग्यारहवें जन्मदिन पर अपने पिता को खोया, 21 साल की उम्र में अपनी एक आँख और 30 की उम्र में नवाब की पदवी खोयी। लेकिन वो कभी भी कड़वाहट से भरे नहीं दिखायी दिये। शायद उनके भीतर मौजूद सच्चे खिलाड़ी को इस बात का बख़ूबी अहसास था कि एक वक़्त के बाद हार और जीत मायने नहीं रखती बल्कि आप कैसे खेले, इस बात को ही याद रखा जाता है। अपने अन्तिम दिनों में जब वो फेफड़ों की समस्या से जूझ रहे थे, शर्मिला से कहे गये उनके आख़िरी शब्द कतई भावुक नहीं थे। उन्होंने धीरे से, एक झीनी मुस्कान के साथ पूछा था, ''क्या मुझे जयपुर की कचौरी खाने को मिल सकती है?''

जैसा कि इतिहासकार मुकुल केसवन ने 2011 में टाइगर की मौत पर लिखा था, ''उन्हें क्रिकेट को एक व्यापार में परिवर्तित करने वाली होड़ और फूहड़ता छू ही नहीं पायी। जिसके कारण मृत्यु ने उन्हें रेडियो की पसन्दीदा यादों में सराबोर पाया। उस वक़्त वो टाइगर ही थे। उस वक़्त वो हम आम इनसानों के बीच एक शहज़ादे थे।''

मई 2016 की चिलचिलाती गर्मी में मैं पटौदी गया। ये हरियाणा में मौजूद एक छोटा–सा क़स्बा है जहाँ लगभग 25,000 लोग रहते हैं। अरावली की पहाड़ियों की बगल में पटौदी नेशनल हाइवे–8 से लगा हुआ है और गुरुग्राम से लगभग 25 किलोमीटर दूर है। वहाँ का एक छोटा–सा हिस्सा फ़ैज़ तलब खान को दिया गया था जो पटौदी के पहले नवाब थे। उन्हें असल में एंग्लो–मराठा युद्ध में ब्रिटिश ईस्ट इण्डिया कम्पनी को की गयी मदद की एवज़ में ये पुरस्कार मिला था।

हालाँकि जिस क़स्बे में मैं जा रहा हूँ, उसका अतीत से कुछ ख़ास वास्ता नहीं है। पड़ोस में मौजूद गुरुग्राम देश की नयी तस्वीर की सबसे बड़ी निशानी है। यहाँ प्रति वर्ग किलोमीटर में देश के किसी भी हिस्से से कहीं ज़्यादा अन्तर्राष्ट्रीय कॉरपोरेशन इन्वेस्टमेंट है। गुरुग्राम से लेकर मानेसर तक बिज़नेस ऑफ़िस और इण्डस्ट्रियल कॉम्प्लेक्सों की भरमार है। ज्यों कार पटौदी में घुसती है, आसपास का दृश्य पुरातनकाल में धँसता चला जाता है। हालाँकि हरियाणा सरकार ने ये वादा किया है कि पटौदी को भी बहुत ही जल्द तेज़ी से फैलते औद्योगिक गलियारे में शामिल कर लिया जायेगा।

इस जगह पर पटौदी महल को खोजना कोई बहुत मुश्किल काम नहीं है। एक सफ़ेद इमारत 22 एकड़ की ज़मीन के बीचोबीच खड़ी थी, जिसे देखते ही दिल्ली की पुरानी भव्य इमारतों की याद आ जाती है। कपास, गेहूँ और सब्ज़ियाँ उगी हुई दिख रही थीं जबकि बगीचे में मोर घूमते दिखायी पड़ रहे थे। कभी नीमराना होटल की सम्पत्ति रही इस जगह को 2014 में पटौदी के बेटे सैफ़ ने अपने व्यक्तिगत इस्तेमाल के लिए वापस ले लिया है। इस मुख्य इमारत में बहुत ही ज़ोर–शोर से काम चल रहा था।

शर्मिला टैगोर ने बेहद सहजता से मुझे पटौदी खानदान की एक झलक देखने का न्योता दिया। मेरे गाइड गयासुद्दीन, जो इस परिवार के लिए पिछले 20 वर्षों से भी ज़्यादा समय से काम कर रहे थे, मुझे अनेक कमरों और दो जुड़े हुए घरों, कमर मंज़िल और नफ़ीस मंज़िल में बारी–बारी से ले जा रहे थे। ऊँची छतों, आलीशान शयनकक्षों, बेहद ख़ूबसूरत झूमरों, किताबों से भरी अलमारियों और न जाने कितनी ही ब्लैक एण्ड व्हाइट तस्वीरों से भरा हुआ पटौदी का महल आधुनिक हरियाणा में छुपा पुरातन भारत का एक नगीना मालूम देता है। काफ़ी पुरानी तस्वीरों में ज़्यादातर में खिलाड़ी बाप और बेटे की तस्वीरें हैं जो पोलो, बिलियर्ड्स, स्क्वॉश, टेनिस और क्रिकेट खेलते दिखते हैं। बाप ज़्यादातर अंग्रेज़ों की टीम के साथ जबकि बेटा भारत की कैप और ब्लेज़र में दिखता है।

''सरकार बहुत अच्छे थे, सर। हमेशा हमारा ख़याल रखते थे,'' गयासुद्दीन कहते हैं। अपने दोस्तों के लिए वो पैट या टाइगर हो सकते थे लेकिन यहाँ, पटौदी में वो हमेशा सरकार या कभी–कभी 'हिज़ हाइनेस' भी थे। ''मुझे ऐसा लगता है कि उन्हें खुद को हिज़ हाइनेस कहलवाना पसन्द था,'' सोहा याद करते हुए कहती हैं।

महल के ठीक सामने के बगीचे में एक छोटी–सी मस्जिद है। उसकी बगल में, एक कोने में, बाप और बेटे एक–दूसरे के अगल–बगल ही दफ़न हैं। उनकी क़ब्र पर कुरआन की आयतें खुदी हुई हैं। कोई तड़क–भड़क नहीं है, विनम्रता से बस इस बात की याद दिलाता है कि कैसे आज़ादी के ठीक बाद एक शाही परिवार भारतीय क्रिकेट की मशाल थामे उसे आगे बढ़ा रहा था।

मैं उस महल से निकलता हूँ और स्थानीय बाज़ार की ओर बढ़ चलता हूँ। एक कोल्ड ड्रिंक स्टोर पर मैंने आसपास के कुछ लोगों को इकट्ठा किया और पटौदी और उनकी क्रिकेट की विरासत के बारे में बात करनी शुरू की। ज़्यादातर गाँव वालों को इसमें कोई भी ख़ास रुचि नहीं थी। हरियाणा के इस अहिर–बहुल इलाके में ज़्यादातर बातचीत जाट आरक्षण और ज़मीन के दामों की ओर मुड़ जाती है। एक गाँववाला पूछता है, ''अगर सरकार जाटों को आरक्षण दे देगी तो हमारा क्या होगा?'' दूसरा कहता है, ''जब यहाँ इण्डस्ट्री आयेगी तो हमें ज़मीन का बेहतर दाम मिलना चाहिए।'' 2016 में नौकरी और ज़मीन के आगे क्रिकेट के इतिहास की कोई बिसात नहीं मालूम पड़ती।

और फिर इन सभी के बीच सुर्ख लाल रंग की टी–शर्ट पहने और सलीके से बाल काढ़े हुए एक लड़का मुझे बताता है कि पटौदी खानदान पर उसे कितना गर्व है। ''हाँ सर, मैंने एक बार देखा है सैफ़ और करीना को। वो तो हमारे नवाब साब हैं।'' मैं इस सोच में पड़ जाता हूँ कि 60 के दशक का सबसे चमकदार सितारा ख़ुद को 'सैफ़ का बाप' सुनकर कैसा महसूस करेगा। ये सुनकर वो शायद मन ही मन हँस देते।

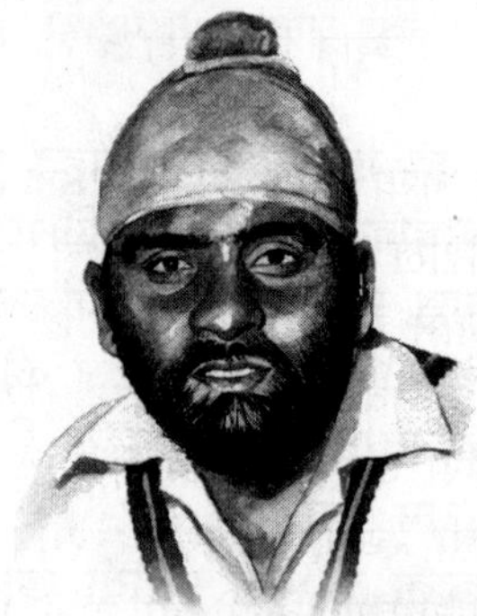

3

बिशन सिंह बेदी

फिरकी का सरदार

क्रिकेट खेलने के लिए एकदम मुफ़ीद मौसम। देश की राजधानी की ठण्ड भरी दोपहर। नेशनल स्टेडियम की पृष्ठभूमि में इण्डिया गेट दिखायी पड़ रहा था। यहाँ इकट्ठा भीड़ गुलाबी पगड़ी पहने एक खिलाड़ी को देख रही थी। वो क्रीज़ तक अपने चिरपरिचित अन्दाज़ में, अपने सधे हुए रन–अप के साथ पहुँचे। उनकी देह में कमर के आसपास चर्बी इकट्ठा हो गयी थी और दाढ़ी के बाल सफ़ेद हो रहे थे। उनकी आँखें अपने लक्ष्य को देखे जा रही थीं। ये सरदार उम्रदराज़ तो हो चुका था लेकिन उसका खेल अभी भी जीवित था। उसके अन्दर क्रिकेट की गेंद को घुमा लेने का हुनर भी उतना ही ज़िन्दा था।

बल्लेबाज़ को फेंकी गयी पहली गेंद फुल–टॉस थी जिसपर चौका मारा गया। बॉलर ने अपनी घनी दाढ़ी के बीच एक मुस्कान पेश की। उसने कुछ ही वक़्त पहले लस्सी का एक बड़ा गिलास ख़त्म किया था। वो हँसा, ताली पीटी और बल्लेबाज़ से बोला, "गुड शॉट!" अगली गेंद एक बार फिर से हवा में छोड़ी गयी थी। ऐसा मालूम दे रहा था जैसे वो नीचे आयेगी ही नहीं। बल्लेबाज़ को एक और फुल–टॉस दिखायी पड़ी। वो गेंद को ड्राइव करने के लिए क्रीज़ से बाहर निकला लेकिन बीच रास्ते में उसे मालूम पड़ा कि गेंद डिप होकर बाहर निकल रही थी। गेंद उससे ऐसे दूर गयी जैसे कोई कोबरा फुँफकारता हुआ अपना रास्ता बदल गया हो। बल्लेबाज़ क्रीज़ से काफ़ी बाहर खड़ा था और स्टंप हो चुका था। बॉलर की हँसी कुछ इंच और चौड़ी हो गयी। ऐसा लग रहा था जैसे किसी बच्चे ने एक बहुत कठिन सवाल का हल निकाल लिया था।

ये दोस्ताना मैच असल में पत्रकारों और सांसदों के बीच खेला जा रहा था। साल था 1994। पहली बार मेरा मुठभेड़ ऐसे किसी मैच से हुआ था। अक्सर यही देखा जाता है कि अच्छे पत्रकार अच्छे खिलाड़ी नहीं होते। यही बात सांसदों पर भी लागू होती है। इसीलिए हर साल दिल्ली में खेला जाने वाला ये मैच ज़्यादातर चुपचाप ही खेला जाता है। पहली

बार ऐसा मैच साल 1950 में खेला गया था। इस रिवाज की शुरुआत जवाहरलाल नेहरू ने की थी जो अपने क्रिकेट के कौशल की वजह से तो नहीं मगर हाँ क्रिकेट के माहौल को स्वीकारने की वजह से ज़रूर जाने जाते थे। 1990 के दशक में कांग्रेस के सांसद और ग्वालियर के रजवाड़े से आने वाले माधवराव सिंधिया ने इस प्रथा को जारी रखा। सिंधिया क्रिकेट के बहुत बड़े शौक़ीन थे। उस वक़्त मज़ाक़ में यही कहा जाता था कि वो कैबिनेट मीटिंग की बजाय क्रिकेट मैच देखना ज़्यादा पसन्द करेंगे।

1994 के इस मैच के दौरान सिंधिया किसी भी हाल में ये मैच जीतना चाहते थे और इसके लिए वो कुछ एक्स्ट्रा प्लेयर्स लेकर आये थे। इस लिस्ट में कुछेक लोकल प्लेयर्स भी थे। उन्होंने बहाना बनाया, ''हमारे पास ग्यारह खिलाड़ी नहीं हैं इसलिए हमें कुछ और लोगों की ज़रूरत होगी।'' आप सांसद से बहस नहीं कर सकते। कम से कम क्रिकेट से प्रेम करने वाले एक महाराजा से तो कतई नहीं। पत्रकारों की टीम में कलम घिसने वालों की भीड़ थी। बस एक अपवाद था–हमने पूर्व भारतीय क्रिकेट कप्तान बिशन सिंह बेदी को अपनी टीम से खेलने के लिए बुला लिया था। वो उस वक़्त 40 साल के थे। हमारा कहना ये था कि वो क्रिकेट से रिटायरमेण्ट लेने के बाद क्रिकेट पर ही तो लिखने लगे थे। ''वो आधे पत्रकार हैं,'' अपने बचाव में हमारी दलील थी। बेदी चूँकि हमारी साइड थे, हम बढ़त हासिल कर चुके थे।

मैच के बाद क्लब हाउस में चाय परोसी गयी। जबकि सभी पत्रकार सांसदों से बातें कर रहे थे और उनसे जानकारियाँ लेने में व्यस्त थे, निराश सिंधिया बेदी के पास एक विनती लेकर पहुँचे। ''देखिए बिशन, अगली बार आपको हमारे लिए खेलना होगा और हमें जीतने में मदद करनी होगी।'' बेदी चाय की चुस्की लेते हुए बोले, ''आपके लिए तो कुछ भी करूँगा मिस्टर सिंधिया, लेकिन मुझे नहीं लगता है कि मैं आपके इन दोस्तों की टीम में खेलना चाहता हूँ। ये मुझे अपने जैसा ही भ्रष्टाचारी बना सकते हैं।'' जो सांसद इस बात को सुन सकते थे, जल–भुन गये। बेदी को इस बात की कोई चिन्ता नहीं थी। उनकी उँगलियों ने हमें जीत दिलायी थी, अब उनके सटीक व्यंग्य ने करारी चोट की थी। बेदी उस वक़्त अपनी पहचान के मुताबिक़ ही काम कर रहे थे : एक बाग़ी, एक सरदार जो कि जादूगर भी था और लड़ाका भी, जो अपने खेल के अन्तिम दिन तक आकर्षक भी रहा और जुझारू भी।

हालाँकि पटियाला के महाराज ने भारतीय क्रिकेट को शुरुआती दौर में ही संरक्षण दिया था लेकिन इस खेल में सिखों का कोई बहुत बड़ा किरदार देखने को नहीं मिल सका। हॉकी राष्ट्रीय खेल था और बलबीर सिंह से लेकर ऊधम सिंह तक तमाम सिख खिलाड़ियों ने इस खेल में देश को 1930 से लेकर 1950 तक ओलम्पिक में तमाम सफलताएँ दिलायीं। पंजाब की छावनी के क़स्बों और गाँवों में हॉकी प्लेयर ही सितारे होते थे और क्रिकेट को कभी भी मुख्य खेल का दर्जा नहीं मिल सका।

हॉकी मैच की तेज़ गति युद्ध में निपुण सिखों की तबीयत के लिए मुफ़ीद मानी जाती है। खेल में सिखों के लिए मिल्खा सिंह पहले सुपरस्टार थे जो 1960 के रोम ओलम्पिक में 400 मीटर की रेस में मेडल से ज़रा–सा चूक गये थे। आज़ादी के बाद के पहले दो

दशकों में सिर्फ़ तीन सिख खिलाड़ियों ने देश के लिए क्रिकेट खेला—बेदी और कृपाल सिंह और मिल्खा सिंह नाम के दो भाई (ये मिल्खा सिंह, स्प्रिंटर मिल्खा सिंह से अलग हैं)। ये दोनों भाई तमिलनाडु के लिए खेले। क्रिकेट के नक़्शे पर पंजाब एक दूर की रियासत थी और इस जगह को विभाजन ने ख़ून से सना हुआ और कई मामलों में बँटा हुआ छोड़ दिया था। लाहौर इस इलाके के क्रिकेट की राजधानी था और ज़्यादातर पंजाबी क्रिकेटर 1947 में वहीं चले गये थे। इस तरह से, बेदी जब 1950 के अन्त में क्रिकेट से जुड़े, वो इतिहास और भूगोल, दोनों से ही लड़ रहे थे।

पाकिस्तान की सीमा से जुड़ा शहर अमृतसर अध्यात्म और व्यापार का शहर है। इसके भीड़ भरे बाज़ार रंगीन कपड़ों, चमड़े के सामान, दरियों और आभूषणों से अटे पड़े मिलते हैं। यहाँ स्वर्ण मन्दिर भी मौजूद है जो सिखों के लिए काफ़ी पवित्र स्थल माना जाता है। यहाँ मिलने वाली शान्ति के ठीक उलट इस शहर की सड़कें और गलियाँ भारी भीड़ से भरी होती हैं। बेदी बहुत कुछ उसी शहर की ही तरह हैं जहाँ वो पैदा हुए थे—बाहर से आक्रामक दिखने वाले लेकिन अन्दर से बेहद शान्त। उनके पिता सरदार ज्ञान सिंह बेदी लोकल ज़िला कांग्रेस कमेटी के अध्यक्ष थे। वो गाँधीवादी थे और एक सामाजिक कार्यकर्ता थे जिनकी उस इलाके में बहुत इज़्ज़त थी। ''वो हमेशा मेरे रोल मॉडल बने रहे जिन्हें हमेशा अपनी मर्यादा का अहसास रहता था और जो हमेशा शान्त रहते थे,'' बेदी ने कहा।

ज्ञान सिंह को खेलों से बेहद प्रेम था और टेनिस उनकी पहली पसन्द थी। छुटपन में बेदी ने टेनिस खेलना ही शुरू किया था लेकिन जब उन्हें मालूम चला कि अगर टेनिस में चोट लगी तो इससे गेंद फेंकने वाली उनकी बाँह को तकलीफ़ होगी तो उन्होंने टेनिस को अलविदा कह दिया। उनका परिवार एक बड़े से घर में रहता था जिसमें एक बड़ा-सा आँगन था और खेलने के लिए ख़ूब जगह थी। बेदी घर में सबसे छोटे थे और उनकी चार बड़ी बहनें थीं। ''मेरा बचपन बहुत खुशहाल बीता। मेरी बहनों ने मुझपर लाड़ बरसाया और मेरे पिता ने मुझे अनुशासित और खुल कर जीना सिखाया। मेरी माँ ने एकदम साफ़ कह दिया था कि मुझे अपने कपड़े ख़ुद धोने होंगे। ये काम मैंने तब भी किया जब मैं इण्डियन टीम के साथ टूर किया करता था,'' बेदी याद करते हुए कह रहे थे।

बेदी के स्कूल का एक दोस्त उनके बारे में याद करते हुए बताता है कि वो कितने शान्त और शर्मीले हुआ करते थे। बेदी अमृतसर में सेंट फ्रांसिस स्कूल में जाते थे। मैं उनसे जब उनके स्कूल के दिनों की यादों के बारे में पूछता हूँ तो वो क्रिकेट से उसकी शुरुआत नहीं करते हैं। ''हमारी क्लास में एक बेहद प्यारी हिस्ट्री की टीचर आती थीं। उमा बहल। वो गोदरेज के पाउडर सी महकती थीं। मैं उस गन्ध को इतना पसन्द करता था कि मैं कभी भी वो क्लास मिस नहीं करता था। आज भी मैं वही गोदरेज वाला पाउडर लगाता हूँ।''

1950 और 60 के कई क्रिकेटरों की तरह बेदी के क्रिकेट खेलने के फ़ैसले पर भी रेडियो कमेण्ट्री का बहुत बड़ा प्रभाव पड़ा था। ये कमाल की बात है कि कैसे महज़ आवाज़ से ही इस देश के तमाम नायकों की तस्वीर लोगों के ज़हन में बैठ जाती थी और वही उन्हें उस खेल को अपनाने के लिए उकसाती थी। ऐसा मालूम पड़ता था जैसे हर विकेट या

बाउण्ड्री के बाद हवा में तैरती हर तरंग करोड़ों सपनों के बीज बो रही थी। बेदी कहते हैं, "मैं 12 साल का था जब सुभाष गुप्ते ने वेस्ट इण्डीज़ के ख़िलाफ़ 1958 में 9 विकेट लिए थे और मैंने इसे रेडियो पर सुना था। उस दिन मैं सुभाष गुप्ते की लेग स्पिन में फँस गया था और एक दिन उनके ही जैसा बन जाना चाहता था।"

बेदी को ऐसा करने में ज़्यादा वक़्त नहीं लगा। साल 1962 में 15 साल के बेदी ने उत्तरी पंजाब के लिए रणजी ट्रॉफ़ी में पदार्पण किया। ये वो समय था जब पंजाब की कोई एक टीम नहीं थी। इसके चार साल बाद ही उन्होंने वेस्ट इण्डीज़ के ख़िलाफ़ अपना पहला टेस्ट मैच खेला। उनके इस सफ़र में सैकड़ों घण्टों की कड़ी मेहनत और गेंदबाज़ी से हवास की हद तक प्रेम शामिल था। वो कहते हैं, "मैं दिन में 6 से 8 घण्टे गेंदबाज़ी करता था। तब तक फेंकता था जब तक सूरज नहीं ढल जाता था। मैं जितना गेंद फेंकता गया, मेरा बाजू और उँगलियाँ उतनी ही मज़बूत होती गयीं।"

मैं उनकी उँगलियों को देखता हूँ। वो आज भी मज़बूत और बड़ी– सी हैं। ऐसा लगता है जैसे उन्हें स्पिन गेंदबाज़ी के लिए ही बनाया गया था। लेकिन क्यों कठोर और कड़े जाट सिखों की दुनिया से आने वाले एक शख़्स ने स्पिन बॉलिंग जैसा कम कठोर विकल्प चुना? "मैंने असल में अपना वज़न घटाने के लिए क्रिकेट खेलना शुरू किया था। पहली बार जब मैंने गेंद पकड़ी थी तो मैं फ़ास्ट बॉलिंग करना चाहता था। लेकिन फिर अमृतसर जिमखाना के कोच गुरबचन सिंह ने मेरा क़द देखा और मुझे स्पिन बॉलिंग में हाथ आजमाने के लिए कहा क्योंकि उसमें आपको एथलेटिसिज़्म की कम ज़रूरत पड़ती है," उन्होंने कहा और हँसने लगे।

ये एक अच्छा फ़ैसला साबित हुआ। जब बेदी खालसा कॉलेज में पहुँचे तो टीम के पास लेफ़्ट आर्म स्पिनर नहीं था। वो वहाँ तुरन्त फ़िट हो गये। आप ये ज़रूर सोच सकते हैं कि कैसे बिना कोचिंग के एक क्रिकेटर, जिसके पास कोई बड़ा प्रेरणास्रोत भी नहीं था, खेल में सबसे बेहतरीन स्पिन बॉलिंग कैसे डेवलप कर सकता है? और फिर आप सोचते हैं कि किशोर कुमार या रफ़ी साहब ने गायकी में उत्कृष्टता कैसे पायी या एम.एफ. हुसैन ने चित्रकारी कैसे सीखी? उन्हें सिखाया गया था, उनकी कला सालों के रियाज़ का फल थी या ऐसे कलाकारों के साथ कुछ ऐसी चीज़ें जुड़ी होती हैं जो परिभाषा की मोहताज नहीं होती हैं? "मुझे लगता है कि ये भगवान की भेंट थी। गुरु की कृपा है," एक धार्मिक सिख की तरह बेदी कहते हैं।

भारतीय क्रिकेट के शुरुआती क्रिकेट नायकों में इस विश्वास की मौजूदगी ज़रूर मिलती है कि टैलेण्ट एक दिव्य चीज़ है। उनके पास सुविधाओं की कमी थी लेकिन जज़्बे और बेदी के शब्दों में 'जुनून' की कतई नहीं। अमृतसर में कोच ज्ञान प्रकाश बेदी के शुरुआती गुरु रहे। "मैं उनसे ये नहीं सीखा कि गेंद कैसे फेंकनी है। उन्होंने मुझे अपना दिमाग़ इस्तेमाल करना सिखाया और मुझे क्रिकेट को समझना सिखाया। मुझे किसी कम्प्यूटर ने नहीं सिखाया कि गेंद कैसे फेंकनी है। मैंने अपने दिमाग़ का इस्तेमाल करना सीखा," बेदी अपने ठेठ आत्मविश्वास भरे अन्दाज़ में बोले।

फिरकी या स्पिन गेंदबाज़ी सामने वाले को भ्रम में रखने की कला है। इस कला में

अपने विरोधी को दिमाग़ से हराना होता है। मोहम्मद अली बॉक्सिंग रिंग में अपने पैर के अँगूठों पर एक तितली से उड़ते मालूम पड़ते थे जो अन्त में मधुमक्खी सा डंक मारते थे। बिशन सिंह बेदी ने अपने दिमाग़ का इस्तेमाल करते हुए बल्लेबाज़ों को भ्रम में रखा और अपनी उँगलियों के जादू से उन्हें पराजित किया। उन्होंने अपने प्रतिद्वन्द्वियों को क्रिकेट के सबसे ग़ैर हिंसक हथियार से पराजित किया–फिरकी गेंदबाज़ी।

1966 से, जब बिशन सिंह ने पहली बार भारत का प्रतिनिधित्व किया था, 1970 के दशक के अन्त तक, जब वो अपने कॅरियर के अन्त को देख रहे थे, भारतीय क्रिकेट एक शानदार स्पिन क्रान्ति से गुज़रा जिसने क्रिकेट को हमेशा के लिए बदल कर रख दिया। हिन्दू धर्म की त्रिमूर्तियों में सृष्टि की रचना का श्रेय ब्रह्मा को जाता है, जिनके चार मुख हैं जो चार अलग–अलग दिशाओं में देख रहे होते हैं। लेकिन उनके लिए भी भारतीय क्रिकेट की स्पिन चौकड़ी के जादू को दोबारा रचना ख़ासा मुश्किल होगा। इस चौकड़ी ने क्रिकेट के खेल पर दशक भर से ज़्यादा वक़्त के लिए राज किया। हालाँकि ये चारों भारतीय स्पिनर्स बेहद अलग और अनोखे स्वभाव के थे, लेकिन विकेट लेने के मामले में ये चारों एक थे। और यही भारत देश के अनेकता में एकता के भाव को चरितार्थ करता है। ये ऐसा था जैसे 4 जादूगर एक ही शो में परफॉर्म कर रहे होते थे। हर किसी के पास उसकी अपनी ट्रिक होती थी। हर कोई ख़तरे से अनजान बल्लेबाज़ को फ्लाइट और टर्न पर बेहतरीन पकड़ के दम पर उसे चकमा देने में माहिर था।

इरापल्ली प्रसन्ना, जिन्होंने अपना पहला मैच 1962 में खेला, इन चारों में सबसे ज़्यादा उम्रदराज़ थे। वो पक्के कन्नड़ थे जिनका जन्म शिमोगा में हुआ था जो क्रिकेट के तत्कालीन मेट्रो केन्द्रित नक़्शे से दूर एक कोना था। एक ऑफ़ स्पिनर के तौर पर वो बेदी के दायीं बाँह वाले वर्ज़न थे। हालाँकि वो उनसे क़द में कुछ छोटे और हल्के से मोटे थे लेकिन दिमाग़ से खेलने के मामले में वो भी उतने ही शातिर थे। "हम कुम्भ में बिछड़े भाई थे शायद," बेदी हँसते हुए कहते हैं। "हम अपने–अपने सीक्रेट एक–दूसरे को बताते थे और इस बारे में प्लान बनाते कि बल्लेबाज़ को आउट कैसे करना है। ऐसा लगता था जैसे हम एक–दूसरे का दिमाग़ पढ़ सकते थे।" प्रसन्ना पक्के इंजीनियर थे। उन्होंने अपनी पहली टेस्ट सीरीज़ के बाद पाँच साल के लिए खेल को विदा कह दिया था क्योंकि उनके पिता चाहते थे कि वो पहले इंजीनियरिंग की डिग्री पूरी कर लें। "उन दिनों में पहले पढ़ाई फिर क्रिकेट का माहौल था। मेरे पिता ने, जो सरकारी नौकरी में थे, मुझे 1962 में मेरे पहले टूर पर जाने दिया था क्योंकि मैसूर के महाराज ने बीच में आकर उनसे ये वादा किया था कि मैं वापस आकर अपनी डिग्री पूरी करूँगा," वो याद करते हुए कहते हैं।

ऑफ़ स्पिन में प्रसन्ना के प्रतिद्वन्द्वी थे चेन्नई के श्रीनिवास वेंकटराघवन। वो भी इंजीनियरिंग कर के आये थे। वेंकट एक ठेठ वैरागी, गम्भीर, तमिल ब्राह्मण की तस्वीर थे जो बेहद अनुशासित थे। मैं एक बार उनसे मद्रास क्रिकेट क्लब में मिला था जहाँ उन्होंने कुछ लड़कों को इसलिए हड़का दिया था क्योंकि वो ऊँची आवाज़ में बातें कर रहे थे। "वो प्रोफ़ेसर थे। हम कूढ़मगज़ों के बीच बुद्धिजीवी। हम पी रहे होते थे और वो किताब पढ़ रहे

होते थे,'' बेदी ने कहा। वेंकट सिर्फ़ एक स्पिनर नहीं बल्कि और भी बहुत कुछ थे। बाकियों से अलग, वो बैटिंग भी कर लेते थे और बल्लेबाज़ के करीब रह कर शानदार फ़ील्डिंग करते थे। आगे चलकर वो एक अन्तरराष्ट्रीय अम्पायर बने।

इस चौकड़ी को पूरा करने वाला चौथा खिलाड़ी सबसे ज़्यादा पेचीदा और आकर्षक था। एक और कन्नड़, भगवत चन्द्रशेखर वाकई एक हीरो थे। छोटी उम्र में ही पोलियो के अटैक ने उनकी दायीं बाँह को प्रभावित कर दिया था। लेकिन इसने भी उन्हें भारतीय क्रिकेट के इतिहास में सबसे बेहतरीन मैच जिताऊ स्पिनर बनने से नहीं रोका। वो हर मायने में अलग थे। एक स्पिनर के तौर पर वो काफ़ी लम्बा रन–अप लेते थे और लेग स्पिन ऐसी गति और मिश्रणों के साथ डालते थे कि अच्छे–अच्छे बल्लेबाज़ चकमा खा जाते थे। चन्द्रशेखर को अपना रन–अप मापते हुए देखकर ही मुम्बई और कोलकाता के स्टेडियमों में पूरी भीड़ चिल्ला उठती थी–''बोल्ड!'' ये शोर इस कदर गूँजता था कि बल्लेबाज़ गेंद खेलने के पहले ही हिम्मत हार चुका होता था।

जब चन्द्रशेखर क्रिकेट नहीं खेल रहे होते थे, तो मुकेश या सहगल के गाने सुनते हुए खेल से बहुत दूर रहना चाहते थे। बेदी याद करते हुए कहते हैं, ''अगर आपको मुम्बई में टेस्ट मैच से पहले चन्द्रा को ढूँढ़ना होता था तो वो मुकेश के घर में अपना ख़ास निजी शो एन्जॉय कर रहे होते थे।'' आज भी चन्द्रशेखर को वैरागी रहना पसन्द है। वो मोबाइल फ़ोन नहीं रखते हैं, रखते भी हैं तो नम्बर नहीं शेयर करते। वो अमेरिका में रह रहे अपने बेटे के साथ काफ़ी समय बिताते हैं।

मैंने सैयद किरमानी से, जो भारतीय क्रिकेट के इन चार स्पिनर्स के साथ खेलने वाले बेहतरीन विकेटकीपर हैं, इन चारों की तुलना करने को कहा। वो कहते हैं, ''सभी चैम्पियंस हैं। चन्द्रा जीनियस थे और उनकी गेंदों पर कीपिंग करने में मुश्किल होती थी। वो लगभग एक ही एक्शन से लेग स्पिन, गुगली और टॉप स्पिनर फेंक देते थे। उनकी तेज़ गेंदें किसी फ़ास्ट बॉलर की गेंद लगती थीं। मुझे याद है कि एक बार उन्होंने विव रिचर्ड्स को एक बाउंसर फेंक दी थी जो उनकी नाक के बगल से निकली थी। विव मुड़े और उन्होंने मुझसे पूछा, 'ये आदमी स्पिन फेंक रहा है या ये जेफ़ थॉम्पसन है?' '' थॉम्पसन 70 के दशक के बेहतरीन फ़ास्ट बॉलर थे।

किरमानी आगे बताते हैं, ''प्रसन्ना टीम की चालाक लोमड़ी था। वो आपको गेंद हवा में रखकर छकाता था। गेंद को हवा में वो ऐसे लूप देता था जैसे उसे धागे से बाँध एक सिरा पकड़ रखा हो। वेंकट इन जैसे नहीं थे। वो गेंद को ज़्यादा हवा में नहीं रखते थे लेकिन वो हमेशा डटे रहते थे और जहाँ चाहते थे वहीं गेंद गिराते थे। बेदी असल में जब गेंदबाज़ी करते थे तो लगता था कि कविता साकार हो रही हो। वो एक ओवर में 6 अलग–अलग गेंदें फेंक सकते थे। इसमें एक आर्मर भी शामिल था जो कि बिना ज़ोर लगाये और बिना एक्शन बदले फेंका जाता था। अगर आप उन्हें गेंद फेंकते देख लेते तो आपको ऐसा लगता कि आप किसी म्यूज़ियम में एक महान कलाकार को प्रदर्शन करते देख रहे थे।''

ऐसा कैसे हो गया कि भारत में स्पिन के बादशाह पैदा हुए और पाकिस्तान फ़ास्ट बॉलर्स का गढ़ बनता चला गया? वैसे तो ये कहा जाता है कि इन दोनों दक्षिण एशियाई

पड़ोसी देशों के वासियों की शारीरिक बनावट में अन्तर की वजह से गेंदबाज़ी का ये अन्तर पैदा हुआ। लम्बे और हट्टे–कट्टे पाकिस्तानी ऐसी बनावट के थे कि वो तेज़ गेंदबाज़ी के लिए मुफ़ीद थे जबकि उनकी तुलना में कुछ कमज़ोर भारतीय स्पिन गेंदबाज़ी के लिए ज़्यादा फ़िट बैठते थे। मैं इस थ्योरी में कुछ बदलाव लाना चाहता हूँ। भारत में क्रिकेट कुलीन और शहरी मध्य वर्ग का खेल था। लेकिन फिर 1983 में कपिल देव ने वर्ल्ड कप जीता और खेल को सभी के लिए खोल दिया। भारतीय टीम में ज़्यादातर ऊँची जाति के ब्राह्मण खिलाड़ी थे जो फ़ास्ट बॉलिंग को, ख़ासकर गर्म मौसम में, थकाने वाला काम मानते थे। ये किसी भी तरह से आश्चर्य की बात नहीं है कि चार में से तीन स्पिनर ब्राह्मण और शाकाहारी थे। जाट सिख बेदी एकमात्र अपवाद थे। मैं जब ये बात प्रसन्ना से कहता हूँ तो वो हँसते हैं। ''हम शाकाहारी थे क्योंकि हम शुरुआत से ऐसे ही थे। लेकिन जब हम सामने वाली टीम के बल्लेबाज़ का शिकार कर रहे होते थे तो हम पक्के मांसाहारी हो जाते थे।''

आपस में इस चौकड़ी ने 853 टेस्ट विकेट्स लिए। इसके उलट वेस्ट इण्डीज़ की महान बॉलिंग यूनिट जिसमें एण्डी रॉबर्ट्स, जोएल गार्नर, माइकल होल्डिंग और कॉलिन क्रॉफ्ट शामिल थे, उन्होंने मिलकर 835 विकेट लिए। इन स्पिनर्स में से एक या उससे ज़्यादा ने जो 98 मैच खेले, उनमें से भारत ने 23 मैच जीते, 36 हारे और 39 ड्रॉ हुए। अगर ये आँकड़ा भी आपको लुभा न पाये तो मैं उसके लिए एक और सन्दर्भ रखता हूँ–भारत ने इन फिरकीबाजों के आने से पहले 76 टेस्ट मैचों में सिर्फ़ 7 ही जीते थे। ''मुझे लगता है कि उन्होंने हमारे खेल खेलने के तरीक़े को ही बदल के रख दिया था। जब तक ये स्पिनर्स टीम में नहीं आये थे, हम मैच न हारने के बारे में सोचते थे। अब हम मैच जीतने की कोशिश करने के बारे में सोचने लगे थे,'' भारत के पूर्व कप्तान अजीत वाडेकर बताते हैं।

वाडेकर को मालूम होना ही चाहिए। वो उस भारतीय टीम के कप्तान थे जिसने 1970 से 1973 के बीच वेस्ट इण्डीज़ और इंग्लैण्ड के ऊपर जीत की हैट–ट्रिक मारी। ये वो जीत थी जिसने भारतीय क्रिकेट को विश्व स्तर पर लाकर खड़ा कर दिया था। साल 1971 में लन्दन के ओवल में खेले गये मैच के दौरान भारत ने इंग्लैण्ड को पहली बार उसकी ही ज़मीन पर हराया था। ये इस टीम की बेहतरीन परफॉरमेंस थी। मेरे स्वर्गीय पिता उस खेल को कुछ इस तरह से याद करते हैं, ''जब वाडेकर ने चन्द्रा को गेंदबाज़ी पर लगाया, विकेट टर्न कर रहा था। चन्द्रा और मैं एक दिन पहले रेस्ट–डे पर घोड़ों की रेस में गये थे। मिल्ड्रेड नाम के एक घोड़े ने रेस जीती थी। जब जॉन एडरिच बैटिंग करने के लिए आया, मैंने चन्द्रा से कहा, 'इसको मिल्ड्रेड डाल।' उन्होंने बेहद ख़तरनाक गुगली डाली और स्टंप्स बिखेर दिये। इसके बाद चन्द्रा को कोई नहीं खेल पाया। अंग्रेज़ बल्लेबाज़ मन ही मन हार चुके थे। जब हमने अगले दिन वो मैच जीता, ऐसा मालूम हो रहा था कि इंग्लैण्ड में रहने वाला हर भारतीय उस दिन ओवल में था। उनमें से एक ने तो अपने रेस्टोरेंट में हमें आजीवन फ़्री खाना और ड्रिंक्स ऑफ़र किया और वहाँ खाने की कई डिशों का नाम हमारे नाम पर रख दिया।''

अगस्त 1971 में ओवल के मैदान में भारत ने असली आज़ादी का स्वाद चखा था। कुछ महीने बाद ही भारत और पाकिस्तान के बीच युद्ध हुआ और बांग्लादेश मुक्त हुआ था। ये बड़ी

मिलिट्री जीत थी जिसने देश के स्वाभिमान को मज़बूती दी जो 1962 के चीन युद्ध के दौरान चोट खा चुका था। चन्द्रशेखर ने 6 विकेट लिए, वेंकट ने 2 और बेदी ने 1। स्पिन के रूप में परिभाषित अहिंसा के मन्त्र ने देश को एक बार फिर जीत दिलायी थी।

इस तरह की मैच जिताऊ पारियाँ अगले सात सालों तक चलीं, जब तक उँगलियों और बाँहों को थकान नहीं सताने लगी। इस महान स्पिन चौकड़ी को 1978 में पहली बार मात खानी पड़ी। मौक़ा था पाकिस्तान का पहला टूर। मेज़बान टीम की बैटिंग का नेतृत्व ज़हीर अब्बास और जावेद मियाँदाद कर रहे थे जो अपने फॉर्म के चरम पर थे और बूढ़ी हो रही भारतीय गेंदबाज़ी उसका मुक़ाबला नहीं कर पा रही थी। स्पिनर्स को तुरन्त ही रिटायरमेण्ट लेने के लिए मजबूर कर दिया गया। ''ये सब कुछ काफ़ी जल्दी हुआ और ये काफ़ी दुर्भाग्यपूर्ण था लेकिन हमें इस सफ़र के दौरान बहुत मज़ा आया,'' प्रसन्ना अपने खेल के अन्त के बारे में याद करते हुए कहते हैं।

बेदी की आख़िरी सीरीज़ इंग्लैण्ड की 1979 की सीरीज़ रही। अपने आख़िरी टेस्ट मैच के दौरान वो मात्र 33 साल के थे जो एक स्पिनर के लिए कम उम्र ही कही जायेगी। लेकिन 1970 के दशक में अमृतसर के इस सरदार से ज़्यादा ओवर किसी ने भी नहीं फेंके थे। भारत के लिए इतने विकेट्स किसी ने भी नहीं लिए थे–67 टेस्ट में 266 विकेट। सिर्फ़ दो लेफ़्ट आर्म स्पिनर्स ने बेदी से ज़्यादा विकेट लिए हैं–इंग्लैण्ड के डेरेक अण्डरवुड और डेनियेल विटोरी। लेकिन कट्टर क्रिकेट प्रेमी को बेदी से ज़्यादा ख़ुशी किसी और ने नहीं दी। जब नीले या गुलाबी साफ़े में बेदी बॉलिंग करने के लिए आते थे, आप उनसे अपनी नज़र हटा ही नहीं सकते थे। अंग्रेज़ ऑफ़ स्पिनर जिम लेकर ने एक दफ़ा कहा था कि उनकी निगाह में स्वर्ग की तस्वीर कुछ ऐसी होगी, ''लॉर्ड्स में धूप खिली होगी और एक छोर से ऑस्ट्रेलियाई रे लिंडवॉल और दूसरे से बेदी बॉलिंग कर रहे होंगे।''

उनके आलोचक कहते हैं कि बेदी ऐसे गेंदबाज़ी करते थे जैसे वो बहुत बड़े करोड़पति हों। वो विकेट्स के चक्कर में ख़ूब रन लुटाते थे। आँकड़ों पर गौर करें तो ये सच नहीं था। प्रति मैच, मेडेन ओवर फेंकने के मामले में बेदी सिर्फ़ वेस्ट इण्डीज़ के लांस गिब्स से ही पीछे थे। बेदी छक्का खाने के बाद ताली बजाने की अपनी आदत के बारे में सफ़ाई देते हुए कहते हैं, ''आप एक बैट्समैन को आउट करने के लिए गेंद फेंकते हैं। अगर बैट्समैन एक–दो छक्के–चौके मारकर 30 रनों पर आउट हो जाता है तो क्या ये उसे रक्षात्मक गेंदबाज़ी करते हुए बल्लेबाज़ी करने देने और सैकड़ा मारने देने से बेहतर नहीं है?'' ऑस्ट्रेलिया, वेस्ट इण्डीज़, इंग्लैण्ड और न्यूज़ीलैण्ड में मिली पहली जीतों में बेदी के इस आक्रामक रवैए का बहुत बड़ा हाथ था।

सर डॉन ब्रैडमैन कहते थे कि बेदी इस खेल के महानतम लेफ़्ट–आर्म स्पिनर्स में से एक थे। ब्रैडमैन उनकी प्रशंसा करते हुए लिखते हैं, ''बेदी किसी विशेषज्ञ के बेहतरीन स्टडी मटीरियल हैं। उनका कमाल का बैलेंस से भरा रन–अप उन्हें हमेशा परफ़ेक्ट पोज़ीशन में ले आता था जहाँ से वो गेंद फेंकते थे। गेंद उनकी लम्बी और नाज़ुक दिखने वाली उँगलियों में एकदम सटीक फ़िट बैठती थी। उनकी उँगलियाँ कभी थकी हुई नहीं मालूम देती थीं बल्कि उनमें कमाल का नियन्त्रण हुआ करता था। उनकी गेंदबाज़ी में लगातार गति का बदलाव

देखा जा सकता था। उनकी गेंदों की फ्लाइट में बदलाव नज़र आता था और इसके साथ ही स्पिन शामिल रहती थी। अन्त में जो देखने को मिलता था वो ख़ुश कर देता था और मुझे ये कहने में कोई झिझक नहीं है कि बेदी उन बेहतरीन गेंदबाज़ों की सूची में शामिल हैं जिन्हें हमने खेलते हुए देखा है।''

कोई भी भारतीय क्रिकेटर इस खेल की इस महान शख़्सियत से इससे बेहतर टिप्पणी नहीं पा सका था। लेकिन भारतीय क्रिकेट पर बेदी का सबसे बड़ा असर उनकी लेफ़्ट आर्म गेंदबाज़ी को दिया हुआ योगदान नहीं था। उन्होंने भारतीय खेलों में नेतृत्व को नये सिरे से परिभाषित किया और खिलाड़ियों को व्यक्तिगत तरक्की के ऊपर रखा।

बीसीसीआई की स्थापना साल 1928 में हुई थी। जैसा कि नाम में ही है, इसका गठन भारतीय क्रिकेट को 'कण्ट्रोल' करने के लिए ही किया गया था। हालाँकि इसके काम में 'राष्ट्रीय' टीम का चयन भी शामिल था लेकिन बहुत लम्बे समय तक इसे प्राइवेट क्लब की तरह चलाया गया। इसके अधिकारियों की छवि आधुनिक युग के जमींदारों–सी थी। वो स्वाधीनता के बाद के शुरुआती वक़्त में खेलों में बसी राजशाही का प्रतिनिधित्व कर रहे थे। खिलाड़ी असल में दिहाड़ी पर आये मज़दूर जैसे थे जो अपने टैलेण्ट और जुनून के दम पर जी रहे थे। 60 के दशक में भारत के कप्तान नारी काण्ट्रेक्टर याद करते हुए कहते हैं, ''हम भारत की टोपी ज़रूर पहनते थे लेकिन हमें कोई भी आर्थिक फ़ायदा नहीं मिल पाता था।'' काण्ट्रेक्टर बताते हैं कि 1955 में जब उन्होंने भारत के लिए खेलना शुरू किया था तो खिलाड़ियों को देश में ट्रेन से ही सफ़र करना होता था और 250 रुपयों के सिवा उन्हें और कुछ भी नहीं मिलता था। (1961–62 में जब उन्होंने इंग्लैण्ड को सीरीज़ में हराया तो उन्हें 50 रुपये का बोनस मिला था।)

''अगर हमें मैच के बाद कुछ नाश्ता भी करना होता था तो उसके लिए भी हमें अपनी जेब से पैसे ख़र्च करने होते थे। एक बार हमें वक़्त पर पैसे नहीं मिले थे और हमने बोर्ड से इसकी शिकायत कर दी थी। बोर्ड के अधिकारी ने कहा कि बोर्ड के पास उस वक़्त पैसा नहीं था। अन्त में हम जैसे ही दिल्ली से फ्रंटियर मेल पर चढ़ने जा रहे थे, एक लोकल अधिकारी हमारे पास एक झोले में नोट भर कर लाया और हमारे बीच आख़िरी आने का हिसाब रखते हुए बाँटने लगा,'' काण्ट्रेक्टर ने बताया।

मेरे स्वर्गीय पिता के पास एक कहानी थी जो बोर्ड और खिलाड़ियों के बीच माई–बाप जैसे सम्बन्ध के बारे में बताती है। ''60 के दशक के दौरान हम चेन्नई में एक टेस्ट मैच खेल रहे थे। होटल में बिजली चली गयी। हमारे साथ गये बोर्ड के अधिकारियों को तुरन्त ही पास के एक होटल में ले जाया गया जहाँ उन्हें एसी में सोने की सुविधा मिल रही थी लेकिन हमें उस गर्मी में वहीं बिना बिजली के सोना पड़ा और बाद में हमने ख़ुद को शिफ्ट किये जाने के लिए मिन्नतें कीं। याद रहे कि अगले रोज़ हमें मैच खेलना था।''

ये असमानता से भरी वो दुनिया थी जिसे बिशन सिंह बेदी बदल देना चाहते थे और इसके लिए वो प्रतिबद्ध थे। आधिकारिक उदासीनता से उनका छोटी उम्र में ही पाला पड़ गया था। उस वक़्त पंजाब क्रिकेट हंसराज मोहला के रहम–ओ–करम पर चला करता था। वो उन अधिकारियों में से एक था जो न बल्ला पकड़ सकता था न गेंद। ''उस इनसान का बीमा का बिज़नेस था और उसे खेल के बारे में कुछ भी नहीं मालूम था। अगर आप उसे

रिश्वत के तौर पर सूट का कपड़ा दे देते तो वो आपको सेलेक्ट कर लेता। पागलपन का दौर था!'' बेदी याद करते हैं।

1966 में जब बेदी ने अपना पहला टेस्ट मैच खेला, उन्हें हर खेल के 700 रुपये मिले। जब भारत ने इंग्लैण्ड और वेस्ट इण्डीज़ सीरीज़ जीती तो मैच फ़ीस बढ़कर 2000 रुपये हो गयी थी। ''हमें विश्व विजेता कहा जा रहा था। भयानक भीड़ हमें एयरपोर्ट पर मिला करती थी। लेकिन पैसों के मामले में हमें बाबा जी का ठुल्लू मिल रहा था,'' बेदी ने कहा। बदलाव की पहली लहर आयी साल 1975–76 में जब मैच फ़ीस में एकाएक भारी बढ़ोतरी हुई–7500 से 16,000। बेदी अब टीम के कप्तान थे और टीम के एक और स्टार प्लेयर सुनील गावस्कर के साथ खिलाड़ियों को मिलने वाला वेतन बढ़ाने की वकालत कर रहे थे।

बेदी के कप्तान बनने में भी विवाद की कमी नहीं रही। 1974 के खौफ़नाक इंग्लैण्ड टूर के बाद बोर्ड एक बलि के बकरे को ढूँढ़ रहा था। उन्हें वो बकरा बेदी में दिखा। उनपर अजीत वाडेकर के निर्देशों का पालन न करने, बिना बोर्ड की आज्ञा के एक टीवी प्रोग्राम में आने और बोर्ड के कॉन्ट्रैक्ट पर साइन न करने का आरोप लगाया गया। ''हमें भत्ते के रूप में हर दिन मात्र 2 पाउण्ड दिये जा रहे थे। सरकार ने हमारे फॉरेन एक्सचेंज कोटा को थोड़ा–सा बढ़ा दिया था और हमें 50 पेंस और भी मिलने लगे थे लेकिन बोर्ड उसे टूर के कुछ ही हिस्से में देना चाहता था। इसपर मैंने विरोध जताया और मुझे इसकी सज़ा मिली,'' बेदी बिना किसी अफ़सोस के कहते हैं।

बोर्ड की अनुशासनात्मक कमेटी ने बेदी को 1974–75 में वेस्ट इण्डीज़ के ख़िलाफ़ बेंगलुरु में होने वाले पहले टेस्ट मैच के लिए बैन करना चाहा। इस कारण सड़कों पर काफ़ी विरोध प्रदर्शन हुए। शहर की दीवारें 'नो बेदी, नो टेस्ट' के नारे से अटी पड़ी थीं। संसद में इस मुद्दे को उठाया गया और कुछ सिख विद्यार्थियों ने तो दिल्ली क्रिकेट बोर्ड के दफ़्तर का घेराव भी किया। इसी बीच एक सरकारी अधिकारी ने, जो क्रिकेट फैन भी था, दखल दी और बोर्ड के अध्यक्ष को बातचीत के लिए राज़ी कर लिया। उनके पास भी और कोई उपाय नहीं था और उन्हें बेदी को अगले मैच में खिलाना पड़ा।

ये एक घटना बताती है कि खिलाड़ी और अधिकारियों के बीच के रिश्ते 70 के दशक में भी किस कदर ख़राब हुआ करते थे। अगर समाजवादी भारतीय राज्य इस वक़्त माई–बाप हुआ करता था तो क्रिकेट बोर्ड भी वैसा ही था। एक स्टार खिलाड़ी को विरोध करने के बदले जबरन बोर्ड के सामने झुकाया जा रहा था और उसे ज़्यादा पैसे दिये जाने से साफ़ इनकार किया जा रहा था। बोर्ड के अध्यक्ष पुरुषोत्तम रूंगटा ने कभी भी क्रिकेट नहीं खेला था लेकिन राजस्थान क्रिकेट बोर्ड पर दशकों तक धाक जमाई थी। ये उदारवादी भारत से पहले का देश था जिसमें कमियों की ख़ूब जगह थी और फॉरेन एक्सचेंज में 50 पेंस की बढ़ोतरी भी शक की निगाह से देखी जाती थी। बेदी कहते हैं, ''आप खिलाड़ी के बतौर देखा जाना तो छोड़िए, बोर्ड मुझे एक अपराधी की तरह से देखता था क्योंकि मैं उनसे अपना हक़ माँग रहा था।''

बेदी को इस तनातनी के साल भर के अन्दर ही कप्तान बना देने से बोर्ड ने सोचा कि उन्होंने बेदी की चुप्पी को ख़रीद लिया था। बेदी ने उन्हें 1975 में श्रीलंका के ख़िलाफ़ अपनी

पहली सीरीज़ के दौरान ही ग़लत साबित किया। नागपुर में एक मैच के दौरान टीम एमएलए होस्टल में रुकी हुई थी लेकिन सिर्फ़ कप्तान और मैनेजर को ही गर्म पानी की सुविधा वाले कमरे मिले हुए थे। जब बेदी ने इसपर सवाल उठाए तो लोकल अधिकारी ने इसे हँसकर टालने की कोशिश की। गरमाए बेदी चीख पड़े, ''लोग हमें खेलते हुए देखने आते हैं, तुम्हें इन्तज़ाम करते हुए देखने नहीं आते।'' झल्लाये अधिकारी ने बोर्ड से इस बात की शिकायत कर दी और बेदी को एक बार फिर बोर्ड की एक कमेटी के सामने खड़ा किया गया। बेदी कहते हैं, ''खिलाड़ियों को गरम पानी न दिये जाने पर मुझे विरोध करना चाहिए था या नहीं, इस बात के लिए एक फाइव स्टार होटल में मीटिंग की जा रही थी। इससे ज़्यादा बेवकूफ़ाना और कुछ हो सकता था क्या?''

नागपुर के इस मुद्दे के बाद अधिकारियों ने बेदी और बाक़ी विरोध जताने वाले खिलाड़ियों के रेल टिकट बुक करने ही बन्द कर दिये थे। ''सुरिन्दर अमरनाथ और मैं दिसम्बर की ठण्ड में फ़र्स्ट क्लास के सामान रखने वाले हिस्से में बिना किसी रज़ाई–गद्दे के गये। हम दिल्ली पहुँचे और तुरन्त ही हरियाणा के ख़िलाफ़ रणजी मैच खेलने के लिए चण्डीगढ़ की बस पकड़ी। ये सब कुछ हमारे भारत के लिए खेलने के 48 घण्टों के भीतर ही हो रहा था। आप सोच सकते हैं कि आज ऐसा हो सकता है क्या?'' वो पूछते हैं।

1970 के दशक में बेदी के विरोध के दौरान हुई बातें आज के वक़्त को देखते हुए बेतुकी लग सकती हैं जब खिलाड़ियों को राजा–महाराजों की तरह देखा जाता है। उनके पास हर सम्भव वैभव होता है। लेकिन भारतीय क्रिकेट के विकास की निगाह से देखा जाये तो ये एक बेमिसाल पल था। खिलाड़ी की ताकत के प्रदर्शन का ये पहला नमूना था जिसने क्रिकेट और उसके अधिकारियों के बीच के पूरे समीकरण को ही बदल के रख दिया। अब खिलाड़ी को हल्के में नहीं लिया जा सकता था। उस समय जब 1975 की इमरजेंसी ने सत्ता की मुखालफ़त करने वाले कितने ही राजनीतिक हीरो दिये, बेदी क्रिकेट के गुस्सैल बाग़ी बने जो खिलाड़ियों के हक़ के लिए लड़ता था। वो एक विश्व स्तरीय खिलाड़ी थे और इससे उनका क़द और भी बढ़ता था। इसके साथ ही वो चीज़ों को अपने हिसाब से प्रभावित भी कर सकते थे। ''बिशन पाजी ने हमें ताकतवर बनाया। उन्होंने हमें इस आशा से भरा कि हम सिस्टम से लड़ सकते थे,'' ये कहना था पूर्व टेस्ट प्लेयर मोहिन्दर अमरनाथ का जिन्होंने आगे चलकर भारतीय चयनकर्ताओं को 'जोकरों का एक झुण्ड' कहा।

आलोचकों का ये भी कहना है कि ये विरोध व्यक्तिगत फ़ायदों के लिए किया गया था। एक टीवी प्रोड्यूसर मुझसे कहते हैं, ''जब भी आप बेदी को किसी शो में आने के लिए कहिए, वो सबसे पहले यही पूछते हैं कि उन्हें कितने पैसे मिलेंगे।'' बेदी इस बारे में साफ़ कहते हैं, ''मैं प्रोफ़ेशनल हूँ। पैसे के बारे में पूछने में क्या बुराई है?'' मेरा अनुभव ये कहता है कि बेदी कुछ गुस्सैल और कड़वी बातें कहने वाले मालूम पड़ सकते हैं लेकिन उनका क्रिकेट का खेल इन सभी चीज़ों को दबा देता है। उन्होंने अपने खेल के बूते भले ही ज़्यादा पैसों की माँग की, लेकिन उन्होंने हमेशा अपने स्वाभिमान को बचाए रखा और इसके साथ ही क्रिकेट की अच्छी रीतियों का हाथ भी नहीं छोड़ा। ''याद है न यह बात कि 'यह क्रिकेट नहीं है'? हम कभी नहीं कहते कि 'यह हॉकी नहीं है' या 'यह टेनिस नहीं है'।

क्योंकि क्रिकेट ख़ास है,'' बेदी कहते हैं, जिनका क्रिकेट को लेकर प्यार अभी भी कायम है।

मसलन 1977 में बेदी ने इंग्लिश क्रिकेट को आड़े हाथों लिया। उन्होंने इंग्लिश फ़ास्ट बॉलर जॉन लीवर पर भारत के टूर के दौरान वैसलीन का इस्तेमाल करने का आरोप लगाया। एक देश जो इस खेल को 'भद्रजनों के खेल' की तरह खेलने का दावा करता था, अपने ऊपर लगे ऐसे आरोपों से तिलमिला उठा। वो असल में उस औपनिवेशिक मानसिकता को आँख दिखा रहे थे जिसने ख़ुद को भारतीयों से काफ़ी ऊपर समझ रखा था। लॉर्ड्स में मौजूद सूट और टाई लगाये लोग समझ रहे थे कि क्रिकेट के खेल में उनके कहे शब्द अन्तिम सत्य हैं। खेल में भारतीय बढ़त अभी आनी बाक़ी थी जिसकी वजह से क्रिकेट की सत्ता लन्दन से हटने वाली थी। बेदी कहते हैं, ''मुझे लगता है वो इस बात को बर्दाश्त नहीं कर पा रहे थे कि एक भारतीय गोरों पर सवाल उठा रहा था।''

एक साल बाद, बेदी का नॉर्थम्प्टनशायर के साथ काउंटी कॉन्ट्रैक्ट बीच में ही रद्द कर दिया गया। 6 सालों तक वो काउंटी के सितारे हुआ करते थे। उनका रंगीन साफ़ा हर ओर ख़ुशी बिखेरता हुआ मालूम पड़ता था और उनका क्लासिकल एक्शन अपने आप में एक काव्यात्मक गद्य था। अचानक सरदार एक स्थानीय खलनायक बन गये थे, क्योंकि उन्होंने इंग्लिश खेल पर ही सवालिया निशान लगा दिये थे। ''प्रोफ़ेशनली वो मेरे लिए एक बुरा वक़्त था। अचानक से मुझे ऐसा लगा जैसे मेरी कहीं कोई ज़रूरत ही नहीं थी और मुझे मेरे ही लोगों ने धोखा दिया था जिनके साथ मैंने सालों साल क्रिकेट खेला। लेकिन मुझे इसका कोई अफ़सोस नहीं है। मेरे पिता ने मुझे सिखाया था कि मुझे हमेशा सच कहना चाहिए। अगर मन की बात करना एक गुनाह है तो मैं ख़ुद को दोषी मानता हूँ,'' वो बिना झिझक कहते हैं।

बेदी की अन्तरात्मा की एक बार फिर से तब परीक्षा हुई जब साल 1977 में केरी पैकर की लायी क्रान्ति ने टेस्ट क्रिकेट के भविष्य पर ग्रहण लगाना शुरू कर दिया था। ऑस्ट्रेलिया टीवी के एक बड़े नाम पैकर ने दुनिया के कुछ बड़े क्रिकेटर्स के साथ एक 'बाग़ी' क्रिकेट लीग खेलने का अनुबन्ध किया, बेदी उन चुनिन्दा भारतीय खिलाड़ियों में से एक थे जिन्हें एक बड़ी धनराशि के बदले इस टूर्नामेण्ट में आने का आमन्त्रण मिला था। ''पैकर के एजेण्ट मेरे पास तीन बार आये। हर बार पिछले से बड़ा अमाउण्ट लेकर। तीसरी बार उन्होंने मेरी ओर एक चेकबुक फेंकी और मुझसे कहा, 'जो मर्ज़ी आये वो दाम लिख दो।' उसका ये गुरूर मुझसे बर्दाश्त नहीं हुआ और मैंने वो चेकबुक उसकी ओर वापस फेंकते हुए कहा, 'किसी कमीने में इतनी हिम्मत नहीं हुई कि मेरा दाम तय कर सके।' '' शायद यही वजह है कि बेदी आजकल आईपीएल में होने वाली खिलाड़ियों की नीलामी के धुर विरोधी हैं। ''आप मुझे पुराने ख़यालात का कह सकते हैं लेकिन मैं खिलाड़ियों के साथ घोड़े की तरह बर्ताव होता हुआ नहीं देख सकता, जो सबसे ज़्यादा बोली लगाने वाले के हाथों बिक जाते हैं,'' गुस्से में भरे बेदी ने कहा।

इसका जवाब असल में एकदम बेदी ही हैं–एक आदमी जो अभी भी उस वक़्त में जी रहा है और बाज़ार को लेकर चलने वाली इस अर्थव्यवस्था की मानसिकता से कोसों दूर है। वो उस वक़्त में जी रहा है जब खेल का अस्तित्व स्वाभिमान के लिए होता था न कि बैंक बैलेंस के लिए। वो भले ही खेल से जुड़ी कुछ चीज़ों को लेकर कट्टर हैं, बातचीत में कठोर

हैं, शायद दोमुँहे भी लगते होंगे, लेकिन उनके ख़यालात नकली कतई नहीं हैं। आख़िर ये वही कप्तान है जिसने वेस्ट इण्डीज़ में सिर्फ़ इसलिए पारी घोषित कर दी थी क्योंकि उसे लग रहा था कि वेस्ट इण्डीज़ के गेंदबाज़ भारतीय बल्लेबाज़ों को चिढ़ाने के लिए एक ओवर में 4 बाउंसर फेंक रहे थे। वो काफ़ी हठ के साथ कहते हैं, ''वो बॉडीलाइन से भी बदतर खेल था। आप जीतने के लिए क्रिकेट खेलते हैं, जान लेने के लिए नहीं।''

ये वो कप्तान था जिसने धुर विरोधी पाकिस्तान को एक मैच सिर्फ़ इसलिए दे दिया था क्योंकि पाकिस्तानी बॉलर्स एक वन–डे मैच में जान–बूझकर वाइड बॉल और बाउंसर फेंक रहे थे। ये 17 सालों में पहला पाकिस्तानी टूर था और इसे मोरारजी देसाई की जनता पार्टी ने एक कूटनीतिक तख्तापलट की तरह लिया। लेकिन बाद में ये साफ़ हो गया था कि पाकिस्तानी खिलाड़ी अपने अम्पायरों के दम पर मैच को किसी भी हालात में जीतने की मंशा रखते थे। ग़ुस्से से भरे हुए बेदी ने टीम मैनेजर से कहा, ''अगर आप चाहते हैं कि हम सभी राजदूत बन जायें और जान–बूझ कर मैच हार जायें तो मोरारजी देसाई ही आकर इस टीम की कप्तानी कर लें। मैं घर जा रहा हूँ।''

पाकिस्तान का वो टूर बेदी के लिए कप्तान के तौर पर आख़िरी टूर था। एक भारतीय के लिए पाकिस्तान से मैच हारना सबसे बड़ा 'अपराध' होता है और बेदी इसमें किसी भी तरीक़े से अपवाद नहीं बन सके। लेकिन अमृतसर से आने वाले बेदी को सरहद के दोनों तरफ़ बराबर प्रेम मिलता था। 2001 में हम दोनों लाहौर के लिए एक ही फ्लाइट से जा रहे थे। दिल्ली में ड्यूटी फ्री दुकान पर वो रुके और अपने मेज़बानों के लिए रम और व्हिस्की की बोतलें ख़रीदने लगे। मैंने पूछा कि वो बोतलें कस्टम अधिकारी ज़ब्त नहीं कर लेंगे। तो उन्होंने कहा, ''चिन्ता मत करो। वो पाकिस्तान है। मेरा चेहरा ही वहाँ मेरा पासपोर्ट है।'' उन्हें असल में शराब रखने की इजाज़त मिल गयी। साफ़ तौर पर पंजाबियत कस्टम की रोकटोक पर हावी रही और दोनों देशों के बीच हुए कड़े मुक़ाबले भी उसके आगे फीके पड़ गये।

बेदी की यही भीड़ में बने रहने की आदत थी जिसकी वजह से उन्हें भारतीय टीम के कप्तान के रूप में पसन्द किया गया। वो हमेशा आगे रहकर लड़े और उन्होंने अपने साथी खिलाड़ियों से यही अपेक्षा रखी कि वो भी उनका अनुसरण करें। जैसा कि ब्रैडमैन ने ऑस्ट्रेलिया में खेली गयी 1977–78 की सीरीज़ के बाद, जिसे भारतीय टीम लगभग हार गयी थी, लिखा था, ''बिशन बेदी हमेशा इस बात से राहत और ख़ुशी महसूस करेंगे कि उन्होंने और उनकी टीम ने इस तरीक़े से क्रिकेट खेला जिसपर इस खेल के पूर्वजों को अभिमान होगा और वो हमेशा ऑस्ट्रेलिया के दिलों और दिमाग़ के एक कोने में बसे रहेंगे।''

शायद एक कप्तान के तौर पर बेदी से टीम में खिलाड़ी के तौर पर मौजूद बेदी की बराबरी नहीं हो सकी। वैसे भी इस खेल में बॉलर्स को कप्तानी देने का फ़ैसला हमेशा सवालों से घिरा रहा है। बेदी पर अक्सर इस बात का दोष डाला जाता है कि वो ख़ुद को बॉलिंग करने के ज़्यादा मौक़े देते हैं। ये भी कहा जाता था कि वो जीतने से ज़्यादा हारते हैं। लेकिन बेदी को आँकड़े के आधार पर आँकने से एक नेतृत्वकर्ता के तौर पर बेदी के भारतीय क्रिकेट पर डाले गये सकारात्मक प्रभाव की तौहीन होगी। सब कुछ अगर छोड़ भी दें तो उन्होंने क्रिकेट को एक मुखर आवाज़ दी। ये काम ख़ुद टाइगर पटौदी नहीं कर

सके थे। इस क्रम में वो एक प्रेरणास्रोत भी बन गये जिन्होंने देश में खेल के भूगोल को ही बदल दिया।

आज़ादी के बाद के पहले 25 साल वेस्ट ज़ोन और साउथ ज़ोन के खिलाड़ियों ने धाक जमाई हुई थी। जब भारत ने 1971 में विदेशी पिचों पर जीत हासिल की, टीम में 6 प्लेयर्स मुम्बई से थे और 4 दक्षिण भारतीय थे। बेदी एकमात्र उत्तर भारतीय थे। 15 साल बाद 1986 में भारतीय क्रिकेट टीम ने इंग्लैण्ड में दूसरी बार जीत हासिल की थी। उस वक़्त टीम में उत्तर भारत से 5 प्लेयर्स थे जबकि मुम्बई से सिर्फ़ 2। जबकि कपिल देव को सत्ता के इस भौगोलिक विस्थापन का ज़िम्मेदार माना जाता है, इसकी मशाल बिशन सिंह बेदी लेकर दौड़ रहे थे।

1947 के बाद बेदी भारत के लिए खेलने वाले तीसरे सिख खिलाड़ी थे। लेकिन 1979 में उनके आख़िरी टेस्ट के 4 साल बाद टीम में 5 सिख खिलाड़ी दिखायी पड़ रहे थे। यहाँ तक कि मुम्बई स्थित व्यंग्यकार बेहराम काण्ट्रेक्टर ने एक व्यंग्य भी लिखा जिसमें उन्होंने कहा, "अगर आप एक टैक्सी खोज रहे हैं तो आपको भारतीय क्रिकेट टीम को फ़ोन लगाना चाहिए।" बेदी इस वक़्त तक राष्ट्रीय चयनकर्ता बन चुके थे। उन्हें ये कतई रास नहीं आया। उन्होंने अख़बार के दफ़्तर में फ़ोन किया और सम्पादक को धमकी दी कि वो उस लेख को सिख आतंकियों को भेज देंगे जो उस वक़्त खालिस्तान की माँग कर रहे थे। "मेरे पास भिंडरांवाले जैसे राष्ट्र–विरोधी ताकतों के लिए कोई समय नहीं है लेकिन मैं ये भी नहीं झेल सकता कि ये लोग मेरे धर्म को निशाना बनाकर मुझे आहत करें," उन्होंने बताया।

एक योद्धा राजा की तरह बेदी उत्तर भारतीय 'लड़कों' के नेता बन गये। उन्हें पहला टेस्ट मैच खेले हुए अभी एक ही साल हुआ था और 1968 में वो अमृतसर से दिल्ली आये थे। स्टेट बैंक ऑफ़ इण्डिया (एसबीआई) ने उन्हें एक नौकरी की पेशकश की थी। भारतीय क्रिकेट के उद्धार में बैंकों के राष्ट्रीयकरण की बहुत बड़ी भूमिका है। 70 के दशक में भारतीय टीम में 6 खिलाड़ी एसबीआई के थे। ये अर्थव्यवस्था में पब्लिक सेक्टर की जीत की बहुत बड़ी मिसाल थी। "बैंक हमें इज़्ज़त देता था और साथ ही आर्थिक सुरक्षा भी। हम अपने खिलाड़ियों से और क्या माँग सकते हैं?" वाडेकर पूछते हैं जिन्होंने एसबीआई के साथ 40 सालों से भी ज़्यादा काम किया है।

दिल्ली आने से बेदी को अपना कौशल दिखाने का एक बड़ा मौक़ा मिला। दिल्ली देश की राजधानी थी लेकिन इसके मैदानों में क्रिकेट घिसट रहा था। राजनीतिक साजिशों के शहर में यहाँ का क्रिकेट भी नेतागिरी से अछूता नहीं था। एक दशक पहले पटौदी ने दिल्ली को छोड़ हैदराबाद को अपनाया था क्योंकि वो यहाँ के अधिकारियों से निपटना नहीं जानते थे। इससे उलट, बेदी सब कुछ बदलने के लिए लड़ने–भिड़ने को तैयार थे। उन्होंने एक ऐसी टीम बनायी जिसमें बेहतरीन प्रतिभा शामिल थी। अमरनाथ बन्धू, मोहिन्दर और सुरिन्दर, पंजाब से आये। ऐसा ही ऑल राउण्डर मदन लाल ने भी किया। ओपनिंग बैट्समैन चेतन शर्मा महाराष्ट्र से आये। "यहाँ सब कुछ अवसरों के बारे में था। वेस्ट ज़ोन में जगह पाने के लिए बहुत लड़ाई थी लेकिन नॉर्थ में बेदी हमें परफॉर्म करने का मौक़ा दे रहे थे,"

चौहान ने कहा। मदन लाल कहते हैं कि बेदी पंजाब में नयी खेप के लिए पाइड पाइपर की तरह हैं, ''पाजी हमारे गुरु थे और हम उनके शिष्य। उनकी एक–एक बात हम मानते थे।''

हरि गिडवानी दिल्ली यूनिवर्सिटी की टीम से उभरने वाले कुछ खिलाड़ियों में से एक थे। ''उन दिनों, दिल्ली के कॉलेजों में सबसे बड़ा मैच सेंट स्टीवेंस बनाम हिन्दू कॉलेज का हुआ करता था। मुझे याद है कि 1972 में कप्तान (बेदी) उस मैच को देखने के लिए आये और हमें दिल्ली की टीम के लिए चुन लिया। वो सिर्फ़ एक अच्छे बॉलर ही नहीं थे, वो एक कप्तान, सेलेक्टर, टैलेण्ट स्काउट, चीफ़ मोटिवेटर थे,'' गिडवानी कहते हैं। बेदी के आने तक दिल्ली की टीम राजनीतिक पहुँच के दम पर चुनी जाती थी। ''जब मैं 1970 में दिल्ली का कप्तान बना तो मैंने सोच लिया था कि सिर्फ़ मेरिट का सिक्का ही चलेगा। हम एक क्रिकेट टीम सेलेक्ट कर रहे थे न कि सांसद,'' बेदी कहते हैं।

1974 तक आते–आते, नॉर्थ ज़ोन ने अपनी पहली दिलीप ट्रॉफ़ी जीती और ये साफ़ हो गया था कि बेदी का 'मिशन दिल्ली' काम कर गया था। एक समारोह के दौरान बेदी ने खेल पत्रकारों से मुखातिब होते हुए कहा कि क्रिकेट के अगले सुपरस्टार के लिए वो सभी अब आर्थिक राजधानियों से दूर भी देखें। उन्होंने तीखे लहजे में कहा था, ''उत्तर भारत में हम सिर्फ़ गिल्ली–डण्डा ही नहीं खेलते हैं।'' 1978–79 में दिल्ली ने पहली बार रणजी ट्रॉफ़ी जीती। अगले साल ये दोबारा हुआ जब बेदी ने पाँच विकेट लिए। ये एक पुराने सपने का पूरा होना था। वो कहते हैं, ''अपने देश के लिए मैच जीतने से बेहतर कुछ नहीं हो सकता था। लेकिन मुम्बई को हराना भी बेहद शानदार अनुभव था।''

मुम्बई और दिल्ली के बीच की ठनी हुई रार भारतीय क्रिकेट की दन्तकथाओं का हिस्सा है। इसके बीज बेदी के खेल के दौरान ही बोये गये थे। बेदी इस बारे में सही भी थे। ''हाँ, मुझे ज़्यादातर मुम्बई के खिलाड़ी पसन्द नहीं आते थे। बस तुम्हारे डैड अच्छे लगते थे जो हमेशा ख़ुशी से भरे दिखायी पड़ते थे। मैं वाडेकर को हराना चाहता था क्योंकि वो मुझे नेगेटिव कैप्टन लगता था। ये सिर्फ़ उत्तर बनाम पश्चिम का सवाल नहीं था, ये क्रिकेट के प्रति दो अलग सोचों का सवाल था। और मुझे लगता है कि मुम्बई के क्रिकेटर्स के प्रति ज़ाहिर तौर पर दिखायी गयी मेरी नापसन्दगी ने मेरी टीम में एक्स्ट्रा जोश भर दिया और हमारी अच्छी परफॉरमेंस रही। इसलिए ये इतना बुरा था भी नहीं।''

दिल्ली–मुम्बई के बीच की लड़ाई में व्यक्तिगत प्रतिस्पर्धाओं की भी धूम रही। ऐसी ही एक जोड़ी थी बेदी और गावस्कर की। 70 के दशक के दो सुपरस्टार्स। ये दोनों 1971 के वेस्ट इण्डीज़ टूर पर एक–दूसरे से पहली बार मिले और दोस्त बन गये। उस टूर पर गावस्कर की बैटिंग से बेदी इस हद तक प्रभावित हुए कि उन्होंने अपने पहले बेटे का नाम गावस इन्दर सिंह रखा। वो आज भी ये कहते हैं कि गावस्कर से बेहतर ओपनिंग बैट्समैन उन्होंने देखा ही नहीं। ''कमाल का बल्लेबाज़। एक बार वो खेलने लगा तो आप उसे आउट ही नहीं कर सकते थे,'' वो कहते हैं। आज उसी लिटिल मास्टर को बेदी निजी बातचीत में एसओबी (SOB) कहते हैं। 'साउण्ड ओपनिंग बैट्समैन–मेरा मतलब यह है, आपने क्या सोचा था?' बेदी हँसते हैं।

दोस्ती और परस्पर सम्मान की बुनियाद पर बने इस रिश्ते में दरार क्यों आयी ? बेदी

70 के दशक के अन्त में कैरी पैकर के करोड़ों डॉलर के सर्कस का हिस्सा न बनने के फ़ैसले को इसका ज़िम्मेदार मानते हैं। बेदी की ही तरह गावस्कर को भी 1978 में पैकर क्रिकेट खेलने का ऑफ़र आया था। ऐसा कहा जाता है कि उन्होंने ऑफ़र स्वीकार कर लिया था लेकिन कप्तान बेदी ने उन्हें उसमें भाग न लेने के लिए मजबूर कर दिया था।

गावस्कर इस बाबत एकदम अलग ही बात कहते हैं। वो कहते हैं कि विकेटकीपर किरमानी और वे अकेले दो भारतीय क्रिकेटर थे जिन्हें पैकर ने 1979–80 सीज़न के लिए कॉन्ट्रैक्ट ऑफ़र किये थे। "हाँ, मैं इसके बारे में सोच रहा था और मुम्बई क्रिकेट एसोसिएशन की मैनेजिंग कमेटी ने ही मुझे उनसे मिलने के लिए बुलाया था। मैंने कहा कि मैं इण्डिया के लिए तो मौजूद रहूँगा लेकिन रणजी ट्रॉफ़ी में शामिल नहीं रह पाऊँगा। वो इसके लिए तैयार भी हो गये थे लेकिन वहाँ और भी लोग मौजूद थे जिन्होंने बाकियों को किरमानी को टीम से हटाने और मुझे 1979 के इंग्लैण्ड टूर की कप्तानी से हटाने के लिए मना लिया था, इसके बावजूद कि एक कप्तान के तौर पर 1978–79 की सीरीज़ काफ़ी अच्छी थी और मैंने 700 से भी ज़्यादा रन बनाये थे। अन्त में मैं पैकर के लिए नहीं खेल पाया क्योंकि अगर मैं खेलता तो भारत के लिए नहीं खेल पाता। मैंने आर्थिक फ़ायदों के ऊपर देश को चुना और फिर भी मीडिया ने मुझे गद्दार और न जाने क्या–क्या कहा," गावस्कर राज खोलते हुए कहते हैं।

बेदी भी शान्त नहीं बैठते हैं। "सनी ने एक बार टीम मीटिंग में कहा था कि अगर वो पैसों के बारे में नहीं सोचेंगे तो वो जड़ हो जायेंगे। हम दोनों जीवन के बारे में बहुत अलग नज़रिया रखते थे शायद।" हालाँकि, गावस्कर इनकार करते हैं कि उन्होंने ऐसा कुछ भी कहा था। वो कहते हैं कि ये सब बेदी की कल्पना का हिस्सा है। 1978–79 में जैसे ही गावस्कर ने कप्तानी सँभाली, बेदी ने टीम में जगह खो दी और यहाँ से इन दो हस्तियों के बीच दरार बढ़ती ही गयी। इन दोनों ने एक–दूसरे से बात तक करना बन्द कर दिया। बेदी बताते हैं, "सच कहूँ तो मुझे टीम से हटाये जाने पर राहत मिली थी। गावस्कर के अधीन खेलना मेरे लिए टॉर्चर से कम नहीं था।" कहा जाता है कि 1983 में बेदी ने अपना बदला पूरा कर लिया था जब वो उस सेलेक्शन पैनल का हिस्सा बने थे जिसने गावस्कर को कप्तानी से हटाया था। इसपर बेदी कहते हैं, "बकवास! 5 लोगों के पैनल में एक आदमी कैसे कप्तान को हटा सकता है?"

कितनी ही राजनीतिक कहानियों की तरह हम गावस्कर और बेदी की इस कहानी की सच्चाई शायद ही कभी जान पायें। कागज़ों पर क्रिकेट एक टीम–गेम है लेकिन भारी टैलेण्ट से भरे हुए और बेहद अलग तबीयत के इनसानों से इस बात की अपेक्षा नहीं ही रखी जानी चाहिए कि वो व्यक्तिगत लक्ष्यों को पूरा करते हुए भी एक साथ जुड़े रहेंगे। भारत जैसे देश में तो ये कतई नामुमकिन है। गावस्कर एक मज़बूत इनसान थे जिन्होंने ख़ुद को अपनी मेहनत के दम पर ऐसा बनाया। वो एक मध्य वर्गीय मुम्बईकर थे जिन्होंने अपनी पहचान मुम्बई के मुँहफट मैदानों में खेलते हुए बनायी। बेदी कुछ चिड़चिड़े लेकिन सबको साथ में लेकर चलने वाले पंजाबी थे जिसे पीछे हटना आता ही नहीं था। असल में, ये दो रसूख वाले शख़्स एक ही म्यान में रह ही नहीं सकते थे। जैसा कि बेदी की जीवनी लिखने वाले

सुरेश मेनन लिखते हैं, ''वॉल्ट व्हिटमैन की तरह बेदी भी ये कह सकते हैं कि वो बहुत बड़ी शख़्सियत हैं और भीड़ बुला सकते हैं। वो आसानी से दोस्त बना सकते हैं और उससे भी आसानी से दुश्मनी ठान लेते हैं। वो एक ही वाक्य में बचपना और मेच्योरिटी ला सकते हैं। एक ही वक़्त में आपको गुस्से से भर सकते हैं और तसल्ली भी दे सकते हैं।''

ये इसकी एक वजह हो सकती है कि रिटायरमेण्ट के बाद बेदी सफल क्रिकेट प्रबन्धक नहीं बन सके। क्रिकेट के मैदान पर परफॉर्म करते वक़्त आपको हुनर चाहिए होता है लेकिन अफ़सरों वाला काम करने के लिए आपको मोल–भाव और समझौता करना आना चाहिए। दिल्ली के एक क्रिकेट अधिकारी मुझसे कहते हैं, ''बेदी के साथ हमेशा 'आप मेरे साथ हैं या मेरे ख़िलाफ़ हैं' वाला मामला रहता था।'' बेदी दिल्ली एण्ड डिस्ट्रिक्ट क्रिकेट एसोसिएशन के स्पोर्ट्स सेक्रेटरी थे लेकिन बाद में वो उसी सिस्टम के खिलाफ़ लड़ने लगे जिसका वो खुद हिस्सा थे। ''देखिए मैं किसी की जी–हुजूरी नहीं कर सकता। क्रिकेट प्रबन्धन में आपको चमचा बनना पड़ता है और मैं वो नहीं बन सकता।''

सत्ता विरोधी होने की छवि भी बेदी को प्रभावशाली बनाती है। जिस वक़्त ज्यादातर क्रिकेटर्स बोर्ड से सवाल पूछने में संकोच करते हैं, बेदी हमेशा उल्टा करते दिखे। शायद वो दोन किखोते की तरह हर जगह दुश्मन ही दुश्मन देखते थे लेकिन वो हमेशा बदलाव चाहते थे। वो हमेशा सच्चाई को सामने लाना चाहते थे जो ज़्यादा लोगों को पचने वाली नहीं थी। उम्र ने उनकी सजगता को थोड़ा क्षीण ज़रूर कर दिया है। उन्होंने शराब पीनी बन्द कर दी और वो अध्यात्म के और भी करीब हो गये हैं। वो 6 बजे उठते हैं, हरमन्दिर साहिब में कीर्तन सुनते हैं। इसके बाद वो अपने कुत्तों को टहलाते हैं जिसके बाद उन्हें आधा दर्जन अख़बार पढ़ने होते हैं। लेकिन उम्र ने उनके स्वभाव को नहीं बदला है। वो आज भी बातों में उतने ही चौकन्ने रहते हैं। वो किसी भी बाउंसर का जवाब अपनी घुमाने वाली गेंदों से दे सकते हैं।

अक्सर ऐसा होता था कि टीवी पर चल रही बहस के दौरान बेदी मुझे एसएमएस करते थे और कहते थे, ''इन नेताओं को छोड़ना मत। इन्होंने देश को लूटा है। इनकी हालत ख़राब कर दो।'' जब आम आदमी पार्टी पहली बार एंटी–करप्शन का दाँव खेलकर सभी के सामने एक बड़ी ताकत बनकर उभर रही थी, बेदी ने उन्हें सपोर्ट किया। उन्होंने एक बार कहा था, ''मुझे ये अरविन्द केजरीवाल सही आदमी लग रहा है। वो बातों को घुमाता नहीं है।'' बेदी भी नहीं घुमाते। जब 2010 में उन्होंने सरदेसाई मेमोरियल लेक्चर दिया, उन्होंने मुथैया मुरलीधरन के एक्शन पर सवाल उठाते हुए एक बहुत बड़े विवाद को जन्म दिया। ''कैसे रेकॉर्ड? वो आदमी एक चकर है जिसने 800 से ज़्यादा रन आउट किये हैं, न कि सीधे विकेट्स लिए हैं।'' उन्होंने आईपीएल पर क्रिकेट के खेल को भ्रष्ट करने का आरोप भी लगाया। ''मुझे आईपीएल से करोड़ों डॉलर के भ्रष्टाचार की बू आती है। मैंने इससे पहले इतनी बकवास चीज़ को इतने महँगे दाम पर बिकते हुए नहीं देखा।'' वो चाहे असल जीवन हो या क्रिकेट, बेदी हमेशा मुखर होकर अपनी बात कहना जानते हैं।

जैसा कि पहले भी बताया गया है, बेदी लगभग डेढ़ दशकों तक भारतीय क्रिकेट को

जगमगाने वाली स्पिन चौकड़ी में से एक थे। ये चमक इतनी तेज़ थी कि उसके आगे कितने ही समकालीन स्पिन प्रतिभाओं की चमक मन्द पड़ गयी। इसलिए बेदी के जीवन पर नज़र डालते हुए हरियाणा के राजिन्दर गोयल और मुम्बई के पद्माकर शिवलकर की बात ज़रूर की जानी चाहिए। ये दोनों लेफ़्ट आर्म स्पिनर थे जिन्होंने कुल मिलाकर 1339 विकेट लिए लेकिन कभी भी देश के लिए नहीं खेल सके। इन्हें दुनिया की किसी भी टीम में जगह मिल सकती थी लेकिन 1960 के दशक के आख़िर और 70 के दशक में भारतीय टीम में सिर्फ़ एक लेफ़्ट आर्म स्पिनर की ज़रूरत पड़ती थी। बेदी पहली पसन्द थे जिसके कारण गोयल और शिवलकर के पास रणजी ट्रॉफ़ी में अपना कमाल दिखाने के सिवा और कोई विकल्प नहीं था। साल–दर–साल उन्होंने कितने ही विकेट्स लिए लेकिन उन्हें कभी भी भारतीय टीम में आने का मौक़ा नहीं मिला। वो यक़ीनन ये मौक़ा न पा सकने वाले सबसे बेहतरीन खिलाड़ी थे।

शिवलकर मेरे शुरुआती हीरो में से एक थे। मुझे याद नहीं है कि मैंने 70 के दशक में कोई भी ऐसा मैच देखा हो जिसमें शिवलकर विकेट नहीं ले रहे थे। क्या उन्हें भारतीय टीम के लिए न खेल पाने का मलाल है? वो कहते हैं, "है भी और नहीं भी है। हाँ, मैं एक बार तो भारत के लिए खेलना चाहता ही था लेकिन नहीं, मैं इसका शौक़ नहीं मनाता क्योंकि क्रिकेट ने मुझे कितना कुछ दिया है।"

शिवलकर उन सभी प्रतिभावान बच्चों के लिए एक केस स्टडी हैं जिन्होंने देश के लिए खेलने का सपना देखा लेकिन फिर उन्हें इस बात का अहसास हुआ कि इस कठिन और प्रतिस्पर्धा से भरे हुए खेल में देश के 130 करोड़ लोगों के बीच से सिर्फ़ 11 खिलाड़ी ही मैदान में उतर सकते हैं। शिवलकर या दोस्तों के लिए 'पैडी' ने 19 साल की उम्र में क्रिकेट की गेंद थामी। तब तक वो बस शिवाजी पार्क में होने वाले छोटे–मोटे टूर्नामेण्टों में टेनिस बॉल नचाया करता था। फिर एक दिन उनके क्लब क्रिकेटर दोस्त ने उन्हें बताया कि वो कम्पनियों की क्रिकेट टीम में शामिल होकर नौकरी पा सकते हैं। "मैं स्कूल से निकल आया था लेकिन 3 सालों तक मेरे पास नौकरी नहीं थी। जब मैं नेट्स में गया तो एक बूढ़े से आदमी ने अपनी आरामकुर्सी में बैठे–बैठे मेरी ओर गेंद फेंकी। उसने मुझे अपना नाम वीनू मांकड़ बताया। मैं इतने महान स्पिनर के आसपास मौजूद होने की वजह से ही नर्वस हो गया और मैं स्टंप्स पर ठीक से गेंद नहीं फेंक सका। वीनू भाई मुस्कुराये और अपना हाथ मेरे कन्धे पे रख कर बोले, 'तुम हमारे ऑफ़िस की टीम से खेलना चाहते हो? किसी को कॉपी मत करो। अपना गेम खेलो।' ऐसे मुझे मेरी पहली नौकरी मिली। मैं ब्रैडबरी मिल्स में क्लर्क बन गया और मुझे महीने के 125 रुपये मिलने लगे।"

अगले एक दशक तक शिवलकर मुम्बई की रिज़र्व टीम का हिस्सा बने रहे जब 1971 में 31 साल की उम्र में वो अचानक टीम के मुख्य बॉलर बन गये और रणजी ट्रॉफ़ी में जीत दिलायी। "आप कह सकते हैं कि मैं 'स्टार–लेट' टाइप क्रिकेटर था जिसने जीवन में सब कुछ लेट स्टार्ट किया," वो हँसते हुए कहते हैं। शिवलकर ने मुम्बई के लिए 34,000 से ज़्यादा गेंदें फेंकीं और 1987–88 के सीज़न में 48 साल की उम्र में अपना आख़िरी फ़र्स्ट क्लास मैच खेला। विकेट्स पाने के लिए बिना थके वो अपने दो क़दमों के सौम्य एक्शन के

साथ लगातार गेंदें फेंकते रहते थे। उन्हें इण्डिया के लिए एक ग़ैर–आधिकारिक सीरीज़ में श्रीलंका के ख़िलाफ़ 1973–74 में खेलने का मौक़ा मिला। इण्डियन टीम के सबसे नज़दीक बस इसी एक मौक़े पर वो पहुँच पाये। ''इण्डियन टीम में दो ऑफ़ स्पिनर्स थे–वेंकट और प्रसन्ना। लेकिन जब भी बात लेफ़्ट आर्म स्पिनर की बात होती थी तो सेलेक्टर्स सिर्फ़ बेदी को ही देखते थे। मैं शायद ग़लत समय में पैदा हो गया था,'' वो कहते हैं। तो फिर ऐसा क्या था जिसने उन्हें घरेलू क्रिकेट के ग्लैमर–हीन रुटीन में भी हमेशा ज़िन्दा रखा? ''आपको मालूम है, जब 1960 में मैं पहली बार मुम्बई के लिए खेलने गया तो हमें दिन के 10 रुपये मिलते थे। जब मैं रिटायर हुआ तो ये बढ़कर 1000 रुपये हो गया था। इसलिए पैसा तो वजह नहीं थी। मुझे लगता है कि मेरे क्रिकेट के प्रति प्यार और विकेट लेने के बाद मिलने वाली ख़ुशी ने मैदान में मौजूद रखा। उस अहसास को कोई भी बदल नहीं सकता,'' वो कहते हैं।

शिवलकर अभी भी क्रिकेट से जुड़े हुए हैं। उस शिवाजी पार्क जिमखाना के क्रिकेट सेक्रेटरी के बतौर, जो मुम्बई क्रिकेट का आध्यात्मिक केन्द्र है। वो आज भी शाम को नेट्स में मौजूद रहते हैं। मैदान में वो आज भी ऊर्जा से भरे हुए दिखते हैं। एक बेहतरीन आवाज़ के मालिक शिवलकर मोहम्मद रफ़ी के गाने गुनगुनाते रहते हैं। उनका अपना भी एक अलबम आ चुका है। उनके फ़ोन की कॉलर ट्यून ही उनके जीवन का गान है–1961 में देव आनन्द की सुपरहिट फ़िल्म हम दोनों का 'मैं ज़िन्दगी का साथ निभाता चला गया, हर फ़िक्र को धुएँ में उड़ाता चला गया...' (इत्तेफ़ाक ये भी है कि ये मेरी भी कॉलर ट्यून है।) साहिर लुधियानवी के करीने से गढ़े गये बोल जीवन को एक–एक दिन करते हुए जीने की बात करते हैं और मुसीबतों को उतनी तवज्जो न देने को उकसाते हैं। शिवलकर कहते हैं, ''मैं रफ़ी साहब की तरह गा तो नहीं सकता और न ही देव आनन्द की तरह एक्टिंग कर सकता हूँ। लेकिन वो लोग मेरी तरह बॉलिंग भी तो नहीं कर सकते।''

फ़रवरी 2017 में बीसीसीआई ने शिवलकर और गोयल को सी.के. नायडू लाइफ़टाइम अचीवमेंट अवॉर्ड और 25 लाख रुपये की सम्मान राशि दी। ये एक अच्छा क़दम था जो बेहद ज़रूरी भी था। 2004 में ये अवॉर्ड उस स्पिन चौकड़ी को मिला था जिसका नेतृत्व बेदी कर रहे थे। उस स्पिनर को सम्मानित कर के, जो इन महान गेंदबाज़ों की छाया में ही दबा रहा, ज्यूरी ने उन हज़ारों क्रिकेटरों को प्रोत्साहित किया जो कि कभी भी इस कदर चमक नहीं सके कि उन्हें पूरी दुनिया देख सकती, लेकिन फिर भी वो अपने काम में लगे रहे। ये सब कुछ इनके इस खेल को लेकर बेपनाह मोहब्बत की ही वजह से सम्भव हुआ।

मई की एक गर्म दोपहर में बिशन सिंह बेदी सैकड़ों युवा क्रिकेटरों को कुछ सिखा रहे थे। ये सभी दिल्ली के नेशनल स्टेडियम में खेल रहे थे। इनमें से लगभग 40 को जून के महीने में हिमाचल प्रदेश के ऊना में समर कैम्प के लिए ले जाया जायेगा। 1993 में बिशन सिंह बेदी क्रिकेट कोचिंग ट्रस्ट की स्थापना के बाद से हर साल इस काम में शामिल हो रहे हैं। इस कोचिंग सेंटर के बनते ही उनके पास आने वाले एक शिष्य का नाम युवराज सिंह है जो भारत का वर्ल्ड कप हीरो रह चुका है। तबसे लेकर अब तक न जाने कितने खिलाड़ी

इस गुरु की नज़रों के सामने ट्रेनिंग ले चुके हैं। युवा खिलाड़ियों को क्रिकेट सिखाना एक बहुत बड़ा दायित्व होता है जो एक पैशन बन चुका है। वो कहते हैं, ''उन सभी के साथ रहना मेरे शरीर और आत्मा के लिए टॉनिक का काम करता है।''

नेशनल स्टेडियम में जैसे ही उनके चारों ओर बच्चे इकट्ठा होते हैं, उनकी आँखों में ख़ुशी चमकने लगती है। बेदी एक बड़े से सैंटा क्लॉज़ की तरह मालूम देते हैं जो कि बस अभी ही बच्चों को खिलौने बाँटने वाला है। ''मैं उन्हें सिर्फ़ कोच ही नहीं करता बल्कि उनसे उनके जीवन के बारे में भी बात करता हूँ। आप एक अच्छे क्रिकेटर बनें, इससे पहले ये ज़रूरी है कि आप एक अच्छे इनसान बनें और यही मेरा मैसेज है,'' वो कहते हैं।

1990 में वो कुछ वक़्त के लिए भारत के कोच भी रहे। वो एक उतार–चढ़ाव से भरा समय था जिसमें उन्होंने भारत की न्यूज़ीलैण्ड में हार के बाद एक विवादित बयान दे दिया था–उन्होंने कहा कि टीम को प्रशान्त महासागर में फेंक दिया जाना चाहिए। ''मैंने ये कहा ही नहीं था। मैंने कहा था कि अगर कोई प्रशान्त महासागर में जाकर खुदकुशी करना चाहता है तो मैं उसे रोकूँगा नहीं,'' वो सफ़ाई देते हैं। रवि शास्त्री, जो एक बेदी की कोचिंग में एक सीरीज़ खेल चुके हैं, उनके बारे में कहते हैं कि वो कमाल के मोटिवेटर हैं। ''वो बिग बॉस बनना चाहते हैं। लेकिन उनकी ऊर्जा आपको ताज़गी से भर देती है।'' एक और खिलाड़ी, जो अपना नाम नहीं बताना चाहता, कुछ अलग ख़याल रखता है। ''बेदी फ़ील्डिंग प्रैक्टिस को कुछ ज़्यादा ही तरजीह देते थे। इसलिए हम अगर एक कैच छोड़ते थे वो हमें एक मैदान का एक राउण्ड मारने की सज़ा देते थे। उन्हें लगता था कि हम बच्चे हैं न कि टेस्ट प्लेयर्स!''

मुरली कार्तिक, एक और लेफ़्ट आर्म स्पिनर जिन्हें बेदी की मौजूदगी से ख़ासी मदद मिली थी, बताते हैं, 'बेदी का भयानक ट्रेनिंग प्रोग्राम' कमज़ोर दिल वालों के लिए नहीं था। जब दिल्ली के एक सीनियर बैट्समैन उनकी कड़ी ट्रेनिंग झेल नहीं पाये तो वो दौड़ लगाने के बाद उल्टियाँ करने लगे। बेदी को ये कतई रास नहीं आया। कार्तिक बताते हैं, ''पाजी ने उससे कहा कि उल्टियाँ करना औरतों का काम होता है, आदमियों का नहीं।'' बेदी से जब उनके फ़ील्डिंग और फ़िटनेस से इस अतिरिक्त मोह के बारे में पूछा तो उन्होंने कहा, ''देखिए मैं कोई बहुत अच्छा एथलीट या फ़ील्डर नहीं था। लेकिन आप अपनी गलतियों से ही तो सीखते हैं और दूसरों को भी उसे दोहराने से रोकते हैं।''

ये कठोर और सीधी बात करने की आदत उनके बेटे अंगद में आयी जिन्होंने कुछ वक़्त अपने पिता की तरह क्रिकेट में हाथ आजमाया और फिर फ़िल्म और टेलीविज़न इण्डस्ट्री में चले गये। अंगद उस ग्रुप का हिस्सा थे जिसे 1995 में बेदी इंग्लैण्ड लेकर गये थे। अंगद एक रोज़ लॉर्ड्स के इन्डोर नेट्स में अपनी सफ़ेद ड्रेस ले जाना भूल गये थे। उन्हें कार्तिक ने अपनी एक्स्ट्रा ड्रेस ऑफ़र की जिससे वो बेदी के लगाये 25 पाउण्ड के जुर्माने से बच सकें। ''जब पाजी को मालूम चला तो उन्होंने अंगद पर जुर्माना तो लगाया ही लगाया, मुझसे 50 पाउण्ड वसूले क्योंकि मैंने उसे बचाने की कोशिश की थी।'' कार्तिक इस बात पर ख़ूब हँसते हैं। अंगद इस बात को कबूलते हैं कि उनके पिता ने कभी भी उनकी तरफ़दारी नहीं की। ''मुझे बहुत अच्छे से याद है कि एक बार मैं लंच के बाद कुछ मिनट देरी से आया था

तो मेरे पिता ने मुझे सबके सामने डाँट लगायी और मुझसे दिल्ली की उस गर्मी में नेशनल स्टेडियम से राष्ट्रपति भवन तक दौड़ कर वापस आने की सज़ा सुनायी।''

उनके कोचिंग के तरीक़े अलग हो सकते हैं लेकिन बेदी की प्रेरणा देने की ताकत बहुत कमाल की थी। पूर्व भारतीय प्लेयर मनिन्दर सिंह जो एक वक़्त पर बेदी के उत्तराधिकारी समझे जाते थे, याद करते हैं कि छुटपन में वो कैसे बेदी से प्रेरित हुए थे। ''मैं 13 साल का था और 1978 में बिशन पाजी ने मुझे बॉलिंग करते हुए देखा था। उन्होंने मेरे कन्धे पर हाथ रखा और कहा कि मैं इण्डिया के लिए खेल सकता हूँ। आप सोचिए इस बारे में, एक इनसान जिसे मैं अपनी प्रेरणा मानता था, मुझसे कह रहा था कि मैं इण्डिया के लिए खेल सकता था। इससे बड़ी ताकत और कुछ नहीं दे सकता।'' मनिन्दर के लिए एक और सरप्राइज़ इन्तज़ार कर रहा था–अगली सुबह बेदी ने उन्हें स्पाइक शूज़ दिये जिससे वो और अच्छी गेंदबाज़ी कर सकते थे!

बेदी की ये उदारवादी नीति ही उनके क्रिकेट के प्रति अगाध प्रेम को परिभाषित करती है। ये प्यार कई बार तूफ़ानी रहा। कभी उग्र भी रहा। लेकिन हमेशा ही वो इतने ही उदार रहे और बड़े दिलवाले दिखे। ऐसा उसी इनसान में दिखता है जिसने जीवन से उतना ही प्रेम किया जितना अपने खेल से। दिल्ली के बाहरी इलाके में वो उस ओर इशारा करते हैं जिधर उन्होंने 15 पिचें बनवायी थी।। ''एक दिन यहाँ क्रिकेट की नर्सरी बनेगी। ये एक ऐसी जगह बनेगी जहाँ आप एक साफ़–सुथरी ज़िन्दगी जीने के मन्त्र क्रिकेट खेलने के ज़रिए सीख सकेंगे। उस वक़्त यहाँ कोई मन्त्री, कोई नेता नहीं फटक सकेगा।'' वो देश का कितना ख़ूबसूरत कोना होगा!

4

सुनील गावस्कर

ठेठ मध्य–वर्ग का नायक

जीवन में ऐसे पल आते हैं जब समय रुका हुआ सा मालूम देने लगता है। जब पुरानी हो चुकी तस्वीरों सी यादें अचानक ही नर्म और सुकून भरी गर्मी देती धूप में चमकने लग जाती हैं। ऐसे बहुत ही कम मौक़े आते हैं जब बचपन में आपका हीरो आप ही की टीम में मौजूद हो और एक खेल ऐसा समां बाँध दे कि फैन और चैम्पियन एक हो जायें। मैं ऐसे ही एक दिन का गवाह बना साल 1991 में जब मैं एक लोकल मैच में बॉम्बे जिमखाना क्लब की कप्तानी कर रहा था और मेरे सामने दादर यूनियन की टीम थी।

ये तो विरोधी क्रिकेट परम्पराओं की लड़ाई थी। जिमखाना अपने अन्दर मुम्बई का पुराना एलीटपन लेकर चलता है। यहीं पर इण्डिया ने 1933 में इंग्लैण्ड के ख़िलाफ़ अपना पहला टेस्ट मैच खेला। जिमखाना उस वक़्त ब्रिटिश राज का जगमगाता हुआ प्रतीक था और उसकी मेम्बरशिप यूरोप के लोगों तक ही सीमित थी। आज़ादी आने ही वाली थी लेकिन उस वक़्त तक भी ब्रिटिश कॉलोनी की ऐंठ पूरी तरह से गयी नहीं थी। अपनी ड्रेस में मौजूद वेटर वहाँ आपको केतली से चाय परोसा करेंगे और साथ ही अण्डे और चिकन की सैण्डविच देते रहेंगे। ड्रिंक्स इण्टरवल के दौरान वहाँ हमेशा ही जल्दी ही थक जाने वाले क्लब मेम्बर्स के लिए एकदम फ्रेश और ठण्डा नीबू पानी मौजूद रहता है।

इससे ठीक उलट दादर यूनियन क्रिकेट क्लब उस शहर की तस्वीर दिखाता है जिसने ब्रिटिश राज और उसके खुमार को न जाने किस मोड़ पर अलविदा कह दिया और तबसे अब तक वो लगातार महाराष्ट्र के मिडल क्लास को क्रिकेट में संघर्ष करते हुए और आगे बढ़ते हुए देख रहा है। मुम्बई के सेण्ट्रल दादर–माटुंगा की छोटी–सी जगह से इस क्लब ने देश को कितने ही टेस्ट क्रिकेटर दिये हैं। जिमखाना के अंग्रेज़ी बोलने वाले नौसिखिये क्रिकेटर बनाम दादर यूनियन के गलाकाट 'दादा'। ये भी कोई मुक़ाबला था भला?

लेकिन इस बार एक छोटा–सा अन्तर था। हमारी जिमखाना की टीम में सुनील

गावस्कर थे। वो उस वक़्त दुनिया में सबसे ज़्यादा टेस्ट रन बनाने वाले क्रिकेटर थे। 42 साल के सुनील गावस्कर चार साल पहले टेस्ट क्रिकेट से रिटायर हो चुके थे और हर दोपहर बैडमिण्टन खेलने के लिए जिमखाना आते थे। गावस्कर आजीवन दादर यूनियन के लिए ही खेले और क्लब के प्रति समर्पित रहे लेकिन अब रिटायर होने के बाद वो खेल को एन्जॉय करना चाहते थे। शायद यही वजह थी कि उन्होंने उस रोज़ दादर की तरफ़ से नहीं बल्कि जिमखाना की तरफ़ से खेलने की सोची।

दादर यूनियन ने पहले बैटिंग की और 50 ओवर में 260 रन बनाये। जब हमारी बैटिंग आयी तो मैं बड़े ही संकोच के साथ गावस्कर 'सर' के पास गया और अपनी आवाज़ में थोड़ी नर्वसनेस के साथ उनसे पूछा कि वो किस नम्बर पर बैटिंग करना पसन्द करेंगे। "कोई भी नम्बर चलेगा," उनका जवाब था। हमने उन्हें नम्बर 4 पर बैटिंग करने को कहा। जैसा कि हमें मालूम ही था, हमारे दो विकेट्स जल्दी गिर गये जिसके बाद गावस्कर अपनी ट्रेडमार्क हैट में धीमे क़दमों के साथ बैटिंग करने पहुँचे। पहली कुछ गेंदों में उन्होंने शॉट्स मारे लेकिन वो मिस हुए। फिर दादर के एक बॉलर ने उन्हें बाउंसर फेंक दी जिसने उन्हें हिला दिया। ऐसा लगा कि वो जाग गये थे। ऐसा मालूम दे रहा था जैसे किसी ने उनकी तकनीक और उनके अन्दर के क्रिकेटर को चैलेन्ज कर दिया था। वो उम्र के चलते ऐसा कतई होने नहीं दे सकते थे। अगले दो घण्टों तक गावस्कर ने लगभग परफ़ेक्ट बैटिंग की और हमें जीत तक ले गये। बैटिंग देख हैरानी से भरा हुआ मैं उनके पास गया और पूछा कि क्या वो अगले इतवार भी एक मैच के लिए आयेंगे तो उन्होंने मुस्कुराते हुए कहा, "नहीं। मेरा दिल तो आना चाहेगा लेकिन मेरे पैर नहीं।" इण्डिया के लिए खेलते हुए लगभग सभी बैटिंग रिकॉर्ड तोड़ने के बाद वो आराम करने के पूरे हक़दार थे। लेकिन उन्होंने अपनी प्रतिभा से हमें रूबरू करवा ही दिया था। और इसके साथ ही मुझे अपने बेहद दोयम दर्जे के क्रिकेट कॅरियर में से सुनाने को एक कहानी मिली—"मैं एक बार सुनील मनोहर गावस्कर का कप्तान था और उस मैच में बॉम्बे जिमखाना ने दादर यूनियन को हरा दिया था।"

भारत का महानतम ओपनिंग बैट्समैन लगभग मछुआरा बन गया था। सुनील गावस्कर की मज़ेदार जीवनी 'सनी डेज़' में जो भी कहानियाँ हैं उनमें से एक कहानी जो मेरी पसन्दीदा है वो उनके पैदा होते ही किसी और बच्चे से बदल जाने की है। असल में जिस नर्सिंग होम में गावस्कर पैदा हुए थे वहाँ नहलाये जाते वक़्त उनकी एक मछुआरे परिवार के नवजात बच्चे से अदला—बदली हो गयी थी। उनके एक चाचा थे जिन्होंने एक बड़ी ही महीन सी बात पकड़ ली थी। उन्हें मालूम था कि नन्हे गावस्कर के बायें कान पर एक छोटा—सा छेद था। गावस्कर बताते हैं, "ये एकदम सच कहानी है। मैंने इसमें ख़ुद से एक शब्द नहीं जोड़ा है।" और फिर अपने मज़ाक़ करने की आदत से मजबूर होने की वजह से वो आगे कहते हैं, "अब तुम्हें मालूम पड़ा मैं क्यूँ विकेट्स के पीछे अक्सर आउट हो जाया करता था? क्यूँकि मैं ऑफ़ स्टंप के बाहर बिछाए जाल में फँस जाता था।"

मछुआरों को जो नुक़सान हुआ वो क्रिकेट का मुनाफ़ा था। सुनील गावस्कर इण्डिया के ओरिजिनल लिटल मास्टर हैं और हमेशा रहेंगे। उनके पहले और उनके बाद से किसी

ने भी उनकी तरह सीधे बल्ले से नहीं खेला। और न ही किसी भी खिलाड़ी ने इस कदर एक ही जगह ध्यान केन्द्रित कर के बैटिंग की थी। ये वो आदत थी जिसे उन्होंने 6 साल की उम्र में ही घर के पास टेनिस बॉल खेलते वक़्त पा लिया था। गावस्कर के सबसे पुराने दोस्त मिलिन्द रेगे बताते हैं, ''हम अपनी बिल्डिंग के बाहर गली में खेलते थे। ये कभी भी आउट ही नहीं होता था। फिर हमें या तो अम्पायर से इसे जबरदस्ती आउट दिलवाना पड़ता था या फिर इसके हाथ से बल्ला तोड़ देने की धमकी देते हुए उसे छीनना पड़ता था।'' मिलिन्द रेगे भी आगे चलकर मुम्बई के लिए खेले। और जब गावस्कर बैटिंग नहीं कर रहे होते थे तो वो एक लम्बे रन–अप के साथ फ़ास्ट गेंदबाज़ी करने की कोशिश करते हुए अपने हीरो और वेस्ट इण्डीज़ के फ़ास्ट बॉलर वेस्ली हॉल की नकल उतारा करते थे। लेकिन गावस्कर के पास फ़ास्ट बॉलिंग के लिए ज़रूरी क़द और काठी नहीं थी। उनका जन्म ही क्रिकेट को ध्यान में रखकर हुआ था।

''हाँ, वो भागीरथी बिल्डिंग्स का कम्पाउण्ड ही था जहाँ मैंने अपना क्रिकेट सीखा। वहाँ 4 बिल्डिंग्स थीं और हर बिल्डिंग में 6 फ्लैट थे। सभी बिल्डिंग इतनी पास–पास थीं कि रन बनाने का एक ही तरीक़ा था–स्ट्रेट में ड्राइव मार के। वहाँ खिड़कियों को टूटने से बचाने के लिए एक नियम था। नियम के मुताबिक़ अगर आपने गेंद फ़र्स्ट फ़्लोर से ऊपर मार दी तो आप आउट हो जायेंगे। तो वहाँ हर कोई नीचे शॉट्स मारना सीख जाता था और रन बनाने के लिए स्ट्रेट ड्राइव मारनी आ जाती थी,'' गावस्कर ने कहा। कहना न होगा कि गावस्कर ने उस ट्रेनिंग से काफ़ी कुछ सीखा–गावस्कर ने 10,122 टेस्ट रन बनाये जो उस वक़्त एक वर्ल्ड रिकॉर्ड था।

तारदेओ का चिखलवाड़ी इलाका दक्षिण–केन्द्रीय मुम्बई का एक घना बसा इलाका है जो महाराष्ट्र के मिडल क्लास की मशक्कतों का हमेशा से गवाह रहा। यहीं गावस्कर बड़े हुए। इस इलाके में गुजरातियों की अपनी ज्वेलरी की दुकानें थीं। सिन्धी और बोहरा अपने व्यापार में लगे हुए थे जबकि कैथोलिक्स यहाँ फुटबॉल खेला करते थे। इस सबके बीच महाराष्ट्र के लोग क्रिकेट को रोज़मर्रा की उकता देने वाली ज़िन्दगी में आती उबासी के ख़िलाफ़ इस्तेमाल करते थे। आज, मुम्बई क्रिकेट का केन्द्र मिडल क्लास महाराष्ट्र के अपनी जगह से दूर चले जाने के कारण मुम्बई से दूर उपनगरों में बस गया है। बढ़ते ट्रैफ़िक और उसकी चिकचिक ने और इसके साथ ही पैर पसारते विकास ने मुम्बई के केन्द्र में रहने को एक बुरा सपना बना दिया है। लेकिन 1950 और 60 में क्रिकेट की चिखलवाड़ी की असली पहचान था। यहाँ नये लड़के पूरी तन्मयता के साथ इस खेल को खेलते थे जो आगे चलकर यहाँ के क्रिकेट की पहचान बन गयी। गावस्कर काफ़ी गर्व से बताते हैं, ''एक समय पर ऐसा हो गया था कि मुम्बई की टीम में इस इलाके और आसपास से 6 खिलाड़ी खेला करते थे। ऐसा लगने लगा था जैसे चिखलवाड़ी पूरे शहर का प्रतिनिधित्व कर रही थी।''

क्रिकेट का खेल गावस्कर के परिवार में शामिल था। गावस्कर के पापा मनोहर एक क्लब लेवल के ठीक–ठाक खिलाड़ी थे जो अपने ऑफ़िस के लिए खेला करते थे। गावस्कर की माँ मीनल भी गावस्कर की शुरुआती क्रिकेट की तालीम का हिस्सा रहीं। वो बरामदे में अपने छोटे बेटे की ओर टेनिस की गेंद फेंका करतीं जबकि दोनों बहनें अनुराग से अपने

भाई को देखतीं। रेगे बताते हैं, ''मुझे याद है कि एक बार सुनील ने बॉल इतनी ज़ोर से मारी कि उनकी माँ की नाक से ख़ून निकलने लगा। लेकिन फिर भी उन्होंने हमारे साथ क्रिकेट खेलना नहीं छोड़ा।''

मीनल ने अपने बेटे गावस्कर के अन्दर मेहनत और अनुशासन के बीज बोये। उन्होंने ये सुनिश्चित किया कि खेल के साथ–साथ सुनील पढ़ाई में पीछे न रह जाये। गावस्कर एक बार इण्डिया स्कूल ब्वॉय टूर नहीं जा पाये थे क्यूँकि उनकी माँ का मानना था कि उन्हें पहले अपना फाइनल इग्ज़ाम देना चाहिए। रेगे एक और बात बताते हैं, ''मुझे याद है जब हमने पहली बार शराब पी थी। सुनील की माँ को मालूम चल गया था और उन्होंने सुनील से वादा करवाया था कि वो कभी भी शराब को हाथ भी नहीं लगायेगा। सुनील ने ये वादा अपने कॅरियर के अन्त तक निभाया।'' जब गावस्कर ने अपना पहला टेस्ट मैच खेला, सुनील की माँ ने उससे ठीक पहले वादा किया कि वो जितने भी रन बनायेंगे, उनकी माँ उन्हें उतने रुपये देंगी। हर टूर के बाद सुनील घर आते और उनकी माँ उन्हें लिफ़ाफ़े में पैसे देतीं। सुनील कहते हैं कि उन्होंने वो पैसे आज भी सँभाल कर वैसे के वैसे ही रखे हुए हैं।

लेकिन सुनील पर क्रिकेट की पहली छाप जिसने छोड़ी वो उनके मामा माधव मन्त्री थे। मन्त्री ने 1950 के दशक में इण्डिया के लिए खेला। वो अगर शानदार विकेटकीपर बैट्समैन नहीं कहे जायेंगे तो भी काफ़ी दृढ़निश्चयी थे। उनका क्रिकेट रिकॉर्ड भले ही काफ़ी औसत रहा हो लेकिन वो एक अच्छे गुरु और बेहद अनुशासित व्यक्तित्व वाले माने जाते हैं। ''मैं उन्हें नाना मामा बुलाता था। उन्होंने मेरे क्रिकेट को काफ़ी प्रभावित किया। इण्डियन टेस्ट प्लेयर होने के नाते वो शुरुआत से ही मेरे हीरो थे। एक बार मैं उनके घर गया और मैंने उनकी अलमारी में कई सारी क्रिकेट कैप्स देखीं। मैंने उनसे एक टोपी माँगी। उन्होंने मुझसे कहा कि एक इण्डियन कैप कमाई जाती है और उन्हें बस यूँ ही दे नहीं दिया जाता। वो मेरे लिए एक बहुत बड़ी सीख थी,'' गावस्कर ने कहा।

ये एकमात्र सीख नहीं थी जो मामा ने अपने मेहनती भांजे को दी थी। ''एक बार मैंने इण्टर कॉलेज मैच में डबल सेंचुरी मारी थी और लगभग 500 रनों की पार्टनरशिप बनायी। नाना मामा ने पूछा कि मैं आउट कैसे हुआ तो मैंने उन्हें बताया कि मैं बोर हो गया था और एक लम्बा शॉट मारने के चक्कर में आउट हो गया। फिर उन्होंने पूछा कि क्या मेरा बैटिंग पार्टनर भी आउट हो गया था। तो मैंने कहा कि नहीं वो तो 300 रन के आसपास था। फिर नाना मामा ने बताया कि मैं भी अगर खेलता रहता तो 300 रन के पास पहुँच जाता। उन्होंने मुझसे कहा, 'कभी भी किसी भी बॉलर पर एहसान कर के उसे अपना विकेट मत दो।' मैं ये कभी भी नहीं भूला,'' गावस्कर ने कहा।

12 साल की उम्र से जबसे गावस्कर ने सेंट ज़ेवियर के लिए फिर बाद में सेंट ज़ेवियर कॉलेज के लिए सीरियस क्रिकेट खेलना शुरू किया, गावस्कर ने अपनी कई घण्टों तक एकाग्रचित्त होकर बैटिंग करने वाले बैट्समैन की छवि बना ली। ज़ेवियर उस वक़्त साउथ मुम्बई की प्रीमियर संस्था हुआ करती थी जहाँ युवा दिमाग़ों को सबसे अच्छा खाद–पानी मिलता था और उन्हें ऑल–राउण्डर बनाया जाता था। गावस्कर इस बारे में कहते हैं, ''हमें खेलने की आज़ादी थी लेकिन अपनी पढ़ाई की कीमत पर नहीं। इसलिए हम जीवन

में बैलेंस लाना सीख जाते थे। मुझे रन भी बनाने होते थे और नम्बर भी लाने होते थे।'' जबकि पिछले कुछ वक़्त में खेल का कल्चर ग़ायब होता जा रहा है, 1950 और 1960 में सेंट ज़ेवियर की एक अच्छी क्रिकेट टीम हुआ करती थी। स्कूल और कॉलेज के ठीक पास ही बड़ा–सा आज़ाद मैदान था जहाँ कितने ही राजनीतिक प्रदर्शन हुए और कितने ही टैलेण्ट निकल कर क्रिकेट की टीमों तक पहुँचे। आज़ाद मैदान और उससे ही जुड़े क्रॉस मैदान में मिला–जुला कर दो दर्जन टर्फ विकेट्स हैं। देश में किसी भी और शहर में ऐसी सुविधा कहीं भी नहीं है। वो शहर जो कभी भी सोता ही नहीं है, वहाँ क्रिकेट पूरे साल खेला जाता है। यहाँ तक कि मुम्बई के मानसून के महीने में भी एक कांगा लीग नाम का एक अनोखा इण्टर क्लब टूर्नामेण्ट खेला जाता है। ''मुझे नहीं याद है कि जब मैं बड़ा हो रहा था तो किस वीकेंड पर मैच नहीं खेलता था। हम हर तरह के विकेट पर मैच खेलते थे। चाहे बारिश हो रही हो चाहे भयानक धूप हो। वो अनुभव कमाल का था,'' गावस्कर अपने शुरुआती वक़्त के बारे में बताते हुए कहते हैं।

छोटे गावस्कर के लिए कठोर सी दिखने वाली, समझौता न करने वाली मुम्बई में कड़ी मेहनत थी। शहर में खेल की एक अलग ही संस्कृति थी। ख़ासकर बैटिंग की तकनीक में। और यहाँ आपको अपने बल्ले से निकले रनों के दम पर ही पहचान मिलती थी। 1966 में 17 साल के गावस्कर को दादर यूनियन में आने पर मुम्बई क्लब क्रिकेट में पहला ब्रेक मिला। दादर यूनियन मुम्बई क्रिकेट के बेहद प्रतियोगी मिडल क्लास क्रिकेट कल्चर को दर्शाता था। उस टीम के कप्तान मन्त्री थे लेकिन वो अपने भांजे की कोई मदद नहीं करते थे। मन्त्री के बाद के कप्तान, मुम्बई के चमक–दमक के बीच रहने वाले खिलाड़ी वासु परांजपे ने भी ऐसा कभी कुछ नहीं किया। गावस्कर को लोकल क्लब क्रिकेट का इतना शौक़ था कि इण्डियन प्लेयर बनने के बाद भी वो दादर यूनियन के लिए खेलते रहे। ''वो किसी विदेशी टूर से सुबह 5:00 बजे वापस आते और तुरन्त मुझे फ़ोन करते और कहते कि उन्हें अगली सुबह टीम में जगह चाहिए। मुझे लगता है कि उनके ख़ून में ही यह क्लब दौड़ता था,'' परांजपे ने बताया। गावस्कर कहते हैं, ''दादर यूनियन ने ही मेरे क्रिकेट को बड़ा बनाया। इसने मुझे सिखाया कि एक–एक रन कैसे कमाना है। ख़ासकर कांगा लीग के विकेट ने।''

मुम्बई क्रिकेट के इतिहास के बारे में बेहद सूक्ष्मता से जानकारी रखने वाले मकरंद वेंगंकर ने अपनी किताब 'अ मिलियन ब्रोकन विंडोज़ : द मैजिक एण्ड मिस्टीक ऑफ़ क्रिकेट' में लिखा है कि यहाँ का क्रिकेट यहाँ के 'खडूस' बने रहने की वजह से है। खडूस एक बम्बइया शब्द है और जैसा कि पहले चैप्टर में बताया गया है, इस शहर की एकदम बिन्दास और कभी भी हार न मानने वाली मानसिकता को दिखाता है। ''कोई भी अगर मुम्बई की लोकल ट्रेनों के बारे में जानता है तो उसे मालूम ही होगा कि ये अपने आप में ही ज़िन्दा रहने की लड़ाई होती है। आपको कम से कम टाइम में ट्रेन में चढ़ना होता है। ख़ुद को धक्का देकर 20 सेंटीमीटर की जगह बनानी होती है जिसमें आप फँस सकें। इतनी जगह बनवानी पड़ती है कि आप अपना हाथ निकाल कर लटकते हुए हैण्डलों को पकड़ सकें। इस यात्रा का हर पल अपने आप में संघर्ष होता है। हर दिन इस लोकल में मैच खेलने जाना आपको ख़ुद–ब–ख़ुद एक कठोर क्रिकेटर बना देता है,'' वेंगंकर ने लिखा।

उन्होंने मुम्बई के बैटिंग 'घरानों' के बारे में भी बात की। ''मुम्बई क्रिकेट एक बड़ा परिवार है। एक ऐसा परिवार जो अपने आप में ऐसे लोगों से पूर्ण है जो अपने ज्ञान को दूसरों तक पहुँचाने में काफ़ी आगे रहते हैं। इसीलिए मुम्बई में कभी भी टैलेण्ट के खेत में सूखा नहीं पड़ता। गावस्कर जीनियस थे। लेकिन उनके अन्दर का जीनियस सिर्फ़ उनका ही नहीं था। वो मर्चेंट, मांजरेकर, सरदेसाई और कई महान क्रिकेटरों का प्रोडक्ट था। उन्होंने गावस्कर के लिए एक ज़मीन तैयार की, एक विरासत छोड़ी जिसपर आकर गावस्कर फले–फूले और आगे बढे।

और वो क्या खेले। उनकी तकनीक आज तक कोई भी नहीं मैच कर पाया। वो सचिन तेंदुलकर की तरह हैरान कर देने वाली तेज़ी से नहीं उभरे कि उन्हें 17 साल की उम्र में ही देश के लिए खेलने का मौक़ा मिल गया। गावस्कर उस पर्वतारोही की तरह थे जो एक बेस कैम्प से दूसरे बेस कैम्प जाता और इस दौरान उसकी चोटी पर पहुँचने की तमन्ना कभी भी कम नहीं होती। स्कूल, कॉलेज, यूनिवर्सिटी, क्लब और स्टेट क्रिकेट में वो रन बनाते गये। वो रिकॉर्ड पर रिकॉर्ड तोड़ते गये और इण्डिया की कैप पहनने के इन्तज़ार में बैठे हुए थे। वही टोपी जो उन्होंने अपने मामा के घर पर देखी थी। ''आज आप लोकल क्रिकेट में दो सेंचुरी मारिये और आपको आईपीएल में कॉन्ट्रैक्ट मिल जायेगा। फिर आप उसी में अच्छा करने की कोशिश करते रहिये, इस आस में कि एक दिन आपको इण्डिया खेलने के लिए बुलाया जायेगा। उस वक़्त इण्टर–यूनिवर्सिटी से क्रिकेट में बहुत कुछ भला हो रहा था लेकिन मुझे रणजी ट्रॉफ़ी में ही कुछ सैकड़े मारने के बाद ही ऐसा लगा कि मैं शायद देश के लिए खेलने के लिए तैयार हूँ,'' गावस्कर ने कहा।

1970 की ठण्ड तक, 21 साल की उम्र में सुनील गावस्कर तैयार थे और वेस्ट इण्डीज़ टूर करने के लिए टीम में चुने गये थे। बचपन में गावस्कर के पापा ने उनके हर सैकड़े पर दस रुपये देने का वादा किया था। ये ऐसा वादा था जिसकी वजह से 60 के दशक में एक घर का बजट गड़बड़ाया जा रहा था। लेकिन गावस्कर को रन बनाने के लिए किसी भी प्रलोभन की ज़रूरत नहीं थी। परांजपे ने कहा, ''लोकल क्रिकेट में उसकी रनों की भूख ने ही हमें बता दिया था कि ये एकदम अलग तरह का क्रिकेटर है।'' किस तरह का, ये दुनिया को अभी मालूम पड़ने वाला था।

वेस्ट इण्डीज़ के लिए सुनील गावस्कर अपनी आँखों में चमक लिए उस लड़के के रूप में गये जिसमें क़ाबिलियत भरी हुई थी। चार महीने बाद जब वो वापस आये तो वो अपने खेल में सबसे ज़्यादा चमकने वाले सितारे बनकर आये। आपके अन्दर मौजूद क़ाबिलियत को असल ज़िन्दगी में उतार देने में इनसान को काफ़ी वक़्त लगता है। लेकिन गावस्कर वो उल्का पिंड थे जिन्होंने घरेलू और इण्टरनेशनल क्रिकेट के बीच में बनी खाई को बड़ी ही आसानी से पाट दिया था। सीरीज़ के पाँच मैचों में गावस्कर ने कुल 774 रन बनाये। ये इस खेल के इतिहास में हुआ सबसे बेहतरीन पदार्पण था। भारत ने वेस्ट इण्डीज़ को करीबियन में पहली बार हराया था। और गावस्कर वो नाम था जो सभी की ज़ुबान पर था। एक त्रिनिदाद के संगीतकार ने तो गावस्कर के सम्मान में एक गाना भी बनाया था। ''वो गावस्कर था, हमारा लिटल मास्टर, जैसे होती है इक दीवार, हम नहीं आउट कर पाये उसे

किसी हाल,'' गाने से मालूम चल रहा था कि इस पहली सीरीज़ खेलने आये गावस्कर ने क्या छाप छोड़ी थी।

''मैं बेहद ख़ुशी के साथ वेस्ट इण्डीज़ गया था लेकिन इसके साथ ही थोड़ा सहमा भी हुआ था। मैंने स्कूल के लिए क्रिकेट खेलना शुरू किया और धीरे–धीरे बढ़ते हुए मैं मुम्बई के लिए खेलने लगा। लेकिन मैं इण्डिया के लिए बिना वेस्ट–ज़ोन खेले ही चुन लिया गया था। इसलिए ये मेरे लिए एक बड़ा फ़ैसला था और मैंने अचानक से बहुत कम समय में बहुत ज़्यादा दूरी तय कर ली थी। और इसीलिए मैं थोड़ा परेशान था कि मैं उस लेवल पर कितना अच्छा परफॉर्म कर पाऊँगा,'' गावस्कर काफ़ी ज़मीनी होकर कहते हैं। उन्हें परेशान होने की कोई ज़रूरत ही नहीं थी। त्रिनिदाद में अपने पहले मैच से ही गावस्कर ने ये जता दिया था कि मुम्बई के मैदान में कई साल बिता देने के बाद मिले अनुभव ने उन्हें इण्टरनेशनल क्रिकेट के लिए पूरी तरह से तैयार कर दिया था। ''वेस्ट इण्डीज़ टूर पर कई यादें मिलीं। लेकिन मेरी पसन्दीदा याद मेरे पहले ही टेस्ट में विजयी चौका लगाने की है। वो मेरे लिए बहुत ही ख़ास था और मेरे साथ हमेशा ही रहेगा,'' उन्होंने कहा।

अजीत वाडेकर की देखरेख में तैयार की गयी टीम में युवा खिलाड़ियों और अनुभवी खिलाड़ियों का अच्छा मिक्स था। टीम के 4 सदस्य वेस्ट इण्डीज़ के टूर पर 1962 में भी आ चुके थे जब उन्हें 5–0 से हार झेलनी पड़ी थी। उनमें मेरे पिता और एमएल जयसिम्हा भी थे। ''मैं जयसिम्हा की शानदार बैटिंग के लिए उनका बहुत बड़ा फैन था। जिस तरह से वो अपने आप को मैदान में रखते थे, मुझे बहुत पसन्द था। उनके साथ ड्रेसिंग रूम शेयर करना मेरे लिए सपना सच होने जैसा था। वेस्ट इण्डीज़ में भी गारफ़ील्ड सोबर्स, रोहन कन्हाई, लांस गिब्स जैसे प्लेयर्स थे। इन्हें मैंने सिर्फ़ तस्वीरों में देखा था और इन्हें पसन्द करता था। इनके ख़िलाफ़ खेलना मेरे लिए कभी न भुलाया जा सकने वाला पल है। ये वो टूर था जिसे मैं ख़त्म ही नहीं होने देना चाहता था,'' गावस्कर याद करते हुए बताते हैं।

1971 में वेस्ट इण्डीज़ टीम जिसकी कप्तानी दुनिया के महानतम ऑल राउण्डर गैरी सोबर्स कर रहे थे, वो टीम एक बहुत बड़े बदलाव से गुज़र रही थी जिसमें उसके सबसे अच्छे प्लेयर्स अपने कॅरियर के क्षितिज पर खड़े थे और फ़ास्ट बॉलर्स उस कदर ख़तरनाक नहीं रह गये थे। और फिर भी करीबियन धरती पर मिली पिछली हारों की यादें अब भी ज़िन्दा थीं। मेरे पिता ने जमाइका में खेले गये पहले टेस्ट में डबल सेंचुरी मारी और टीम को आशा से भर दिया। इसने युवा गावस्कर के आत्मविश्वास को भी काफ़ी बढ़ा दिया। ''मैंने पहला टेस्ट नहीं खेला क्यूँकि मेरी उँगली में चोट लग गयी थी। सरदी (वेस्ट इण्डीज़ में मेरे पापा को इसी नाम से बुलाया जाता था।) ड्रेसिंग रूम में बैठे हुए थे और उन्होंने वेस्ट इण्डियन प्लेयर्स की ओर देखते हुए उनसे कहा 'ये लड़का भी तुम्हारे ख़िलाफ़ डबल सेंचुरी मारेगा।' इस बात ने मुझे बहुत ताकत दी और मुझे बताया कि मुझे यहीं होना चाहिए था,'' गावस्कर ने कहा।

मेरे पिता के शब्द सच साबित हुए। आख़िरी टेस्ट में गावस्कर ने मैच बचाने वाले 220 रन बनाये। पहली इनिंग्स में उन्होंने सेंचुरी मारी थी। कई साल बाद मैंने अपने पिता से पूछा कि उन्हें गावस्कर के भविष्य के बारे में उनके इण्डिया के लिए खेलने से पहले

ही कैसे मालूम था। उनका जवाब था, ''सुनील का बल्ला इतना सीधा हुआ करता था और उसकी रनों की भूख हम सभी को दिखायी पड़ रही थी। हम में से ज़्यादातर एक सेंचुरी मार कर ख़ुश हो जाते थे। सुनील को नाश्ते, लंच और डिनर में सेंचुरी चाहिए होती थी।''

वेस्ट इण्डीज़ के ख़िलाफ़ रन बनाने का लालच चरम पर रहता था। उनके ख़िलाफ़ खेले 27 टेस्ट मैचों में सुनील ने 13 शतक बनाये और इस दौरान उनका औसत 65 रन प्रति इनिंग्स का रहा। और जब वेस्ट इण्डीज़ के 4 ख़तरनाक पेस बॉलर्स के ख़िलाफ़ खेलते हुए उनका एवरेज 45 तक आ गिरता है, वो दुनिया के सबसे ख़तरनाक बॉलिंग अटैक के सामने 5 शतक मारने में सफल होते हैं। उस समय और कोई भी बल्लेबाज़ ऐसा करने की सोच भी नहीं सकता था।

मैंने गावस्कर से उनके वेस्ट इण्डीज़ के ख़िलाफ़ सफलता का मन्त्र पूछा तो उन्होंने कहा, ''मुझे नहीं मालूम कि मेरे पास कोई बहुत समझदारी से भरा हुआ जवाब होगा। ये कुछ ऐसा था जो बस हो गया। शायद इसलिए क्यूँकि मैं लम्बाई में छोटा हूँ इसलिए स्कूल के दिनों से सभी बॉलर्स को ऐसा लगता था कि वो बाउंसर फेंक के मुझे आउट कर लेंगे। इसलिए जब वेस्ट इण्डीज़ के बॉलर्स मुझे छोटी गेंदें फेंक रहे थे तो मैं उनके अटैक के लिए ज़्यादा तैयार था। मैंने अपनी पहली सीरीज़ में बाउंसर गेंदों को रन बनाने के मौक़े के रूप में देखा। शायद इसने मुझे वेस्ट इण्डीज़ में सफल होने में मदद की।''

कई मायनों में 1971 में वेस्ट इण्डीज़ के ख़िलाफ़ पहली सीरीज़ की जीत ने आगे आने वाली भारतीय बैटिंग के लिए फ़ास्ट बॉलिंग को खेलने का एक पैमाना सेट कर दिया था। जैसा कि गावस्कर के ही समकालीन बैट्समैन और कमाल के बल्लेबाज़ गुंडप्पा विश्वनाथ कहते हैं, ''सनी का सबसे बड़ा योगदान यही है कि उन्होंने हम सभी को ये विश्वास दिया कि हम किसी भी फ़ास्ट बॉलिंग पर रन बना सकते हैं।''

जब तक गावस्कर नहीं आये थे, भारतीय बल्लेबाज़ों की छोटी गेंदों से दूर भागने की छवि बनी हुई थी। कहा जाता था कि उनमें इतनी हिम्मत नहीं थी कि वो तेज़ गेंदबाज़ी के सामने टिके रहें। उनके आने से एक नये युग की शुरुआत हुई जहाँ भारतीय बल्लेबाज़ ख़तरनाक से ख़तरनाक गेंदबाज़ों की आँखों में आँखें डालकर क्रिकेट खेला करते थे। अपने इस रूखेपन से उन्होंने सालों से चले आ रहे और भारतीय क्रिकेट में बहुत गहरे तक बैठ चुके उस डर को ख़त्म किया जिसने भारतीय बैटिंग को काफ़ी परेशान कर रखा था। और जैसा कि मेरे पिता अक्सर कहा करते थे, गावस्कर ने ये सब बिना हेलमेट पहने किया। मेरे पिताजी हमेशा ये कहकर मुझे जवाब देते थे, ''गावस्कर या मेरे वक़्त के किसी भी खिलाड़ी की आज के खिलाड़ियों से तुलना मत करो जो हेलमेट पहन कर क्रिकेट खेलते हैं। हमने अपना क्रिकेट बिना हेलमेट के सीखा था।''

1970 का समय बॉलिंग के लिए स्वर्ण काल था। उस वक़्त हर इण्टरनेशनल टीम में कम से कम एक ऐसा बॉलर था जो काफ़ी तेज़ बॉलिंग करता था और उस वक़्त एक ओवर में फेंकी जाने वाली बाउंसरों की संख्या पर भी कोई रोक नहीं थी। क्या गावस्कर को कभी भी जान का ख़तरा महसूस नहीं हुआ? ''नहीं। मुझे कभी भी क्रिकेट बॉल से डर नहीं लगा। मैंने हमेशा फ़ास्ट बॉलिंग को खेलना एक चुनौती समझा और मुझे मालूम है कि

अगर आपने अपनी नज़र बॉल पर बनाये रखी तो कोई भी फ़ास्ट बॉलर आपको चोट नहीं पहुँचा सकता है,'' उन्होंने कहा।

1980 में गावस्कर ने एहतियात के तौर पर एक टोपीनुमा हेलमेट डिज़ाइन करवाया। उन्होंने ये काम भी पाकिस्तानी फ़ास्ट बॉलर इमरान खान के बार–बार कहने पर किया। ''इमरान मुझे बार–बार उसके लिए कहता रहता था। वो सही कहता था कि हर बैट्समैन के लिए एक बॉल ऐसी होती ही है जो उसे दिखायी नहीं देती है और उस एक गेंद के लिए हेलमेट जैसा कुछ भी होना ज़रूरी था। उसने जो कहा, ठीक कहा,'' गावस्कर ने बताया। गावस्कर ने अपने कॅरियर में सिर्फ़ एक बार सर पर चोट खायी। 1983 में मैल्कम मार्शल की बाउंसर उन्हें जा लगी। इसके बाद वो हिले तक नहीं।

इसी कारण से 1971 में गावस्कर युग की शुरुआत को भारतीय क्रिकेट की राह में आये एक बड़े मोड़ के रूप में देखा जा सकता है। 1962 में इण्डियन टीम वेस्ट इण्डीज़ गयी थी और वहाँ फ़ास्ट बॉलिंग के सामने सभी ने घुटने टेक दिये थे। कप्तान नारी काण्ट्रेक्टर की एक बाउंसर लगने से लगभग मौत ही हो गयी थी। इसके अलावा कई भारतीय खिलाड़ी ऐसे भी थे जिन्हें वेस्ट इण्डीज़ अटैक के सामने आने में डर लगता था। फिर लगभग एक दशक बाद एक औसत क़द का ओपनिंग बैट्समैन आता है और दिखाता है कि वेस्ट इण्डीज़ बॉलिंग अटैक के सामने सीना चौड़ा करके खड़ा होना और उन्हें उनके ही घर में हराना पूरी तरह से सम्भव था। एक बहुत बड़ी मानसिक जीत हासिल की गयी थी। दृढ़ता के सामने डर को झुकना पड़ा।

अगर गावस्कर से प्रभावित क्रिकेट टीम ने 1971 के पहले आधे हिस्से में वेस्ट इण्डीज़ के ऊपर जीत हासिल कर के आशान्वित किया तो दूसरी तरफ़ भारतीय सेना और इन्दिरा गाँधी के राजनीतिक नेतृत्व ने साथ मिलकर पाकिस्तान की आर्मी को सरेंडर करने और बांग्लादेश आज़ाद करवाने पर मजबूर कर एक बड़ी जीत हासिल की थी। इस जीत ने 1962 के इण्डिया–चीन युद्ध की बुरी यादों को भी भुलाने में मदद की जिसने भारतीय सेना को गहरे घाव दिये थे। इन्दिरा गाँधी ने आगे बढ़कर राह दिखायी। उन्होंने मुसीबत के समय में बेहद साहसिक तरीक़े से सारी ज़िम्मेदारियाँ निभायीं। 1970 के दशक के दौरान इन्दिरा गाँधी अपने सभी प्रतिद्वन्द्वियों को पीछे छोड़ रही थीं। उनके स्वभाव में एक शासकीय गुण था जिससे काफ़ी समस्याएँ थीं लेकिन वो एक राष्ट्रवादी थीं जो राष्ट्रहित में लिए गये अपने फ़ैसलों से कतई पीछे नहीं हट सकती थीं। एक राष्ट्रभक्त और आम जनता में मशहूर तानाशाह इन्दिरा गाँधी ने राजनीति को अपने पिता नेहरू की तरह सदाचार और नैतिकता से घिरी कार्यप्रणाली के रूप में नहीं देखा। उनमें ज़िन्दा रहने की और मुसीबतों से हर हाल में और किसी भी कीमत पर पार पाने की भूख देखी गयी। उनके स्वभाव में जो कठोरता थी उसने उन्हें करोड़ों लोगों के लिए प्रेरणास्रोत बना दिया। भारतीय राजनीति अब धीरे–धीरे निर्मोही होती जा रही थी। भारतीय क्रिकेट का भी कुछ यही हाल था।

और ये सच है कि इन्दिरा की जुझारू स्टाइल ही, जो कि अक्सर विवादित भी रहती थी, उतार–चढ़ाव भरे उस दशक से निपटने में क़ाबिल हो सकी। ठीक उसी तरह से गावस्कर की मज़बूत और ज़िद से भरी बैटिंग ने ही भारतीय क्रिकेट को आकार दिया। दोनों के

अपने–अपने बुरे पहलू थे लेकिन इन दोनों में से किसी के भी राष्ट्रप्रेम और उनकी प्रतिबद्धता पर कोई भी सवाल नहीं उठा सकता था। दोनों उस भारत में पले–बढ़े थे जिसे दुनिया में अपनी जगह के बारे में कुछ भी ठीक–ठीक नहीं मालूम था। जहाँ समाजवादी अर्थव्यवस्था, पब्लिक सेक्टर में एकछत्र राज और बढ़ी हुई टैक्स दरों के कारण देश में आर्थिक सुधार और सामाजिक गतिशीलता की सम्भावनाओं का अकाल पड़ा हुआ था। निराशा और बेचारगी सब जगह व्याप्त थे। लेकिन 1971 में हार के डर को नयी सम्भावनाओं ने हटाना शुरू कर दिया था। अब लोग ख़ुद भर भरोसा कर सकते थे।

1971 में मिली त्वरित सफलता के बाद गावस्कर को अगले शतक में तीन साल लग गये। कुछ आलोचक उन्हें 'वन–टाइम–वंडर' भी कहने लगे थे। इसलिए वो 1974 में इंग्लैण्ड के ख़िलाफ़ मारी सेंचुरी को सबसे ऊपर रखते हैं। "ओल्ड ट्रेफर्ड में मारी वो सेंचुरी ही मेरे लिए सबसे बेहतरीन मोड़ थी। उसने मेरा ख़ुद में विश्वास लौटा दिया जो कि काफ़ी वक़्त से कम होता जा रहा था। इसके अलावा वो सेंचुरी एक हरे विकेट पर और काफ़ी तेज़ गेंदबाज़ी के ख़िलाफ़ मारी गयी थी।" हालाँकि वो इसी मैदान पर 1971 में मारी सेंचुरी को भी अपने टेस्ट कॅरियर की सबसे बेहतरीन इनिंग्स कहते हैं।

उस मौक़े के बाद से गावस्कर ने पीछे मुड़कर नहीं देखा। जनवरी 1976 से जनवरी 1980 के बीच गावस्कर ने 45 टेस्ट मैचों में 18 सेंचुरी मारीं। इस दौरान उनका एवरेज 60 रन प्रति इनिंग्स का था। ऐसा लग रहा था जैसे ब्रैडमैन फिर से खेलने लगे हों। गावस्कर ने ख़ुद को टेस्ट क्रिकेट में आने वाले महानत बल्लेबाज़ों में स्थापित कर लिया था। गावस्कर ने अपने पहले 62 टेस्ट मैचों में 23 शतक मारे। इसके बाद वो कुछ धीमे हो गये। अपने बाक़ी के 63 मैचों में उन्होंने मात्र 11 शतक लगाये। "मुझे ऐसा लगता है कि एक बल्लेबाज़ 24 से 32 साल के बीच अपने चरम पर होता है। आप देखेंगे तो आपको मालूम चलेगा कि यही वो टाइम है जब ज़्यादातर बल्लेबाज़ों ने सबसे ज़्यादा रन बनाये हैं," गावस्कर ने कहा।

आँकड़े तो ये भी कहते हैं कि गावस्कर का एक बल्लेबाज़ के तौर पर विकास होता रहा है। अपने कॅरियर के पूर्वार्ध में गुंडप्पा विश्वनाथ के साथ गावस्कर ने अपने चौड़े कन्धों पर टीम इण्डिया को ढोया। सर विवियन रिचर्ड्स, 70 के दशक के और क़ाबिल खिलाड़ी कहते हैं, "आप गावस्कर और विश्वनाथ को आउट कर लीजिए और आप पूरी इण्डियन टीम को ख़त्म कर देते थे।" रन बनाने के दबाव और भारतीय बैटिंग को सँभालने की गम्भीर ज़िम्मेदारी के चलते उन्हें अपनी बैटिंग में कोई भी ख़तरा नहीं उठाना होता था। ऐसा लगता था जैसे कोई तपस्वी अपनी कुटिया में साधना में लीन हो। वो लगातार अपने अन्तर्मन से भी लड़ रहा था और इस दौरान उसे अपने धर्म के हित को सर्वोपरि करना होता था। ऐसा लगता था जैसे गावस्कर की बैटिंग के अन्दर 70 के दशक में तनख़्वाह के दम पर चलने वाले एक मिडल क्लास घर के सारे गुण आ गये थे। वहाँ बचत और संयम ही मूलमन्त्र हुआ करते थे। ये वो पीढ़ी थी जो शाहख़र्ची में कतई विश्वास नहीं रखती थी। यहाँ बैंक में जमा मेहनत की कमाई को स्टॉक मार्केट में लगाये पैसों से ज़्यादा तरजीह दी जाती थी।

मुझे याद है कि 70 के दशक में एक मिडल क्लास परिवार में बढ़ते हुए व्यक्तिगत ख़र्चों के लिए या तो समय या धन या दोनों ही नहीं होते थे। एक स्कूल के दोस्त ने मुझसे

एक व्हाट्सैप मेसेज शेयर किया जो उस दौर को बड़े ही ढंग से बताता है–"70 का दशक वो समय था जब कैमलिन का ज्योमिट्री बॉक्स और नटराज की पेन्सिल सबसे प्यारी चीज़ें होती थीं। आइसक्रीम का मतलब एक ऑरेंज या चॉकलेट बार होता था। छुट्टियाँ नानी या दादी के यहाँ मनायी जाती थीं और एचएमटी की घड़ी एक गिफ्ट था जो फाइनल इग्ज़ाम पास कर लेने पर मिलता था।" गावस्कर हमारा हीरो था क्यूँकि उनके धैर्य ने हमें संसाधनों के अभाव वाले दौर में शान्ति दी।

अपनी बैटिंग के बारे में बताते हुए गावस्कर ने कहा, "मैंने जब क्रिकेट खेलना शुरू किया था तो मैं बहुत ही आक्रामक बल्लेबाज़ था। मैं हुक और पुल ख़ूब करता था। लेकिन अपनी पहली सीरीज़ के बाद मुझे लगा कि मेरी टीम को मेरे क्रीज़ पर रहने की ज़रूरत है और इसलिए मैंने अपनी बैटिंग से जोख़िम भरे शॉट्स निकाल दिये। लेकिन फिर जब भी एक ख़राब बॉल आती तो मैं उसपर रन ज़रूर बनाता।"

70 के दशक के ख़त्म होते–होते गावस्कर को आख़िरकार इस बात का अहसास हुआ कि उन्होंने अपने अन्दर के शेर को न जाने किस पिंजड़े में क़ैद कर रखा था और अब उसे बाहर आने की ज़रूरत है। अब तक भारतीय टीम में नये अच्छे बल्लेबाज़ भी आ चुके थे जो पहले से मौजूद जिनकी वजह से बैटिंग सिर्फ़ दो कम लम्बे बल्लेबाज़ों पर ही निर्भर नहीं कर रही थी। "अब सिर्फ़ विशी और मैं ही नहीं थे। चेतन चौहान, मोहिन्दर अमरनाथ, दिलीप वेंगसरकर, संदीप पाटिल और कपिल देव भी अपने मज़बूत कन्धों पर भार ढो सकने में पूरी तरह से क़ाबिल थे। अब मैंने बैटिंग में जोख़िम उठाना शुरू कर दिया। इसका मतलब सीधा था कि अब मैं उतने शतक नहीं मार सकता था लेकिन मैंने अब अपने क्रिकेट को पहले से ज़्यादा एन्जॉय करना शुरू कर दिया था।"

साल 1979 और ओवल में 221 रनों की ऐतिहासिक इनिंग्स। ये वो मैच था जब इण्डिया ने 438 रनों का लगभग पीछा कर ही लिया था। कहते हैं कि यही वो मौक़ा था जब गावस्कर ने ख़ुद को खुला छोड़ दिया था। चौथी इनिंग्स में चेतन चौहान गावस्कर के ओपनिंग पार्टनर थे। उन्हें याद है कि कितने सहज तरीक़े से गावस्कर ने उस दिन परिस्थितियों को देखते हुए गियर बदले थे। "मुझे याद है कि हम लंच तक बिना कोई भी विकेट गँवाये शायद 200 रन बना ले गये थे। अचानक से सनी ने गियर बदला और अटैक करने लगा। वो हवा में भी इक्का–दुक्का शॉट्स मारने लगा। उस पूरी इनिंग्स में कोई भी खामी नहीं थी और दूसरे छोर से खड़े होकर देखना अपने आप में एक दिव्य अनुभव था। अंग्रेज़ प्लेयर्स को मालूम भी नहीं पड़ा कि उनका सामना आख़िर था किस से," चौहान ने याद करके बताया। क्षितिज पर बैठे सूरज की रोशनी से नहाए हुए ओवल मैदान में गावस्कर ने ऐसी ऐतिहासिक इनिंग्स खेली थी जिसकी चमक सालों तक बरकरार रहने वाली थी।

चार साल बाद 1983 में गावस्कर ऐसी ही एक अटैकिंग इनिंग्स खेलने वाले थे। इस बार सामने वेस्ट इण्डीज़ थी और मैदान दिल्ली का ही था। यहाँ मारी सेंचुरी ने डॉन ब्रैडमैन के 29 शतकों के रिकॉर्ड की बराबरी कर ली थी। क्रिकेट के सबसे दैवी शॉट्स में से एक, हुक शॉट, जिसे गावस्कर ने कबसे अपने अन्दर छुपा कर रखा हुआ था, अचानक सबके सामने आ गया था। वो कहते हैं, "मुझे लग रहा था कि गेंद के नीचे झुक जाने और उसके

रास्ते से हट जाने से मेरे रन बनाने के मौक़े छूट रहे थे। इसलिए मैंने सोच लिया कि वो अगर छोटी गेंदें फेंकेंगे तो मैं उन्हें हुक करने में कोई संकोच नहीं करूँगा।''

दो टेस्ट बाद ही चेन्नई में गावस्कर ने एक और शानदार और क्लासिक सेंचुरी मारी। इस बार उन्होंने ब्रैडमैन के सबसे ज़्यादा शतकों के रिकॉर्ड को तोड़ दिया। ''देखिये, ब्रैडमैन के रिकार्ड्स तोड़ना कभी भी मेरा लक्ष्य नहीं था क्यूँकि उन्होंने ये काम मात्र 70 इनिंग्स और 52 टेस्ट्स में किया था। मेरा तीसवाँ टेस्ट आँकड़ों के हिसाब से सफलता थी मगर रिकॉर्ड नहीं,'' गावस्कर शालीन होते हुए कहते हैं। फिर 1986 में गावस्कर एक और रिकॉर्ड बनाते हैं। वो क्रिकेट के इतिहास में 10,000 रन बनाने वाले पहले क्रिकेटर बने। इस बात को उन्होंने फिर से 'एक आँकड़ा' कह कर जाने दिया।

इस सब के साथ, 30 शतक और 10,000 रन बनाने वाले पहले क्रिकेटर होने के तौर पर गावस्कर की सफलताओं को रिकॉर्ड के रूप में दर्ज बस कुछ आँकड़ों के रूप में कतई नहीं देखा जाना चाहिए। उस वक़्त से लेकर अब तक कई क्रिकेटर्स उनसे आगे निकल चुके हैं लेकिन उस वक़्त ये पहला ऐसा मौक़ा था जब किसी खेल में इतने बड़े रिकॉर्ड का मालिक कोई हिन्दुस्तानी खिलाड़ी था। एक ऐसे देश में जो अभी भी दुनिया के नक्शे पर अपनी पहचान बनाने की जद्दोज़हद में मशगूल था, गावस्कर मिडल–क्लास के सम्मान के प्रतीक बन गये। हाँ, हमारे पास हॉकी में गोल्ड मेडल था और बिलियर्ड्स में हमने वर्ल्ड चैम्पियन पैदा किये थे लेकिन हॉकी में हमारे पास हमारे स्वर्णिम भूतकाल के सिवा और कुछ नहीं था और बिलियर्ड्स की ऑडियंस बहुत ही सीमित थी। क्रिकेट समूचे देश का खेल था और गावस्कर वो पहला शख़्स था जिसे दुनिया का सबसे बेहतरीन खिलाड़ी कहा जा सकता था। वेस्ट इण्डियन कह सकते हैं कि विव रिचर्ड्स ने 70 के दशक में बल्लेबाज़ी में झण्डे गाड़े, पाकिस्तानी आपको ज़हीर अब्बास के करिश्मों की गिनती गिना सकते हैं जबकि ऑस्ट्रेलिया के लोग आपको ग्रेग चैपल के स्टाइल और उनकी भव्यता की याद दिला सकते हैं। लेकिन फिर भी सालों बाद जब मैं पूर्व पाकिस्तानी कप्तान इमरान खान से पूछता हूँ कि किन बल्लेबाज़ों को वो अपने जीवन पर भरोसा करते हुए बल्लेबाज़ी करने के लिए भेज देंगे तो उनका जवाब मेरे लिया भी चौंकाने वाला था, ''मैंने जितने बल्लेबाज़ों को गेंद फेंकी, विव मुझे सबसे बेहतरीन लगा क्यूँकि वो अपने शॉट्स से मुझे परेशान कर सकता था। लेकिन गावस्कर सबसे कम मौक़े देता था। अगर मुझे अपनी ज़िन्दगी बचाने के लिए किसी से बैटिंग करवानी होगी तो मैं गावस्कर को भेजूँगा।'' इमरान का ये आकलन शायद एकदम सही है। गावस्कर ने कर्नाटक के ख़िलाफ़ साल 1981–82 में एक बार अपने जीवन में पहली बार बायें हाथ से बैटिंग की थी। उन्होंने सामने वाली टीम के स्पिन अटैक को कुंद करने के लिए ऐसा किया था। वो उस वक़्त भी आउट नहीं हुए।

क्या गावस्कर की बल्लेबाज़ी भारतीय बल्लेबाज़ी को परिभाषित करने वाली बल्लेबाज़ी कही जायेगी? सचिन समेत आधुनिक समय का लगभग हर भारतीय बल्लेबाज़ अपनी बल्लेबाज़ी की प्रेरणा के रूप में सुनील गावस्कर का ही नाम लेता है। जब तेंदुलकर बच्चे ही थे, गावस्कर ने उन्हें अपने पैड्स गिफ्ट किये थे। सचिन ख़ुद उस दिन ज़मीन से दो अंगुल ऊपर चल पा रहे थे। सचिन कहते हैं, ''उस दिन मैं अपने बगल में उन पैड्स को

रखकर सोया था। ऐसा लग रहा था जैसे ख़ुद भगवान ने आकर मुझे वो पैड्स दिये थे।'' ये सही है कि हर उस बल्लेबाज़ ने जिसने क्रिकेट में बल्लेबाज़ी को बदला है, उसे गावस्कर के बनाये नियमों के सामने खड़ा कर मापा गया है। ''वो क्रिकेट के खेल में बल्लेबाज़ी के लिए सबसे बड़ा पैमाना बने हुए हैं और मेरे लिए सबसे बड़ी प्रेरणा। मुझे नहीं लगता है कि कोई ऐसा भी बल्लेबाज़ होगा जिसने गावस्कर को खेलते हुए देखा और उनकी बैटिंग से प्रभावित नहीं हुआ,'' पूर्व टेस्ट प्लेयर संजय मांजरेकर ने कहा।

शिशिर हट्टंगड़ी, जो कि पूर्व मुम्बई कप्तान रह चुके हैं और गावस्कर के साथ ओपनिंग बैटिंग करने के लिए आते थे, याद करते हुए बताते हैं कि जब साल 1981 में वो 21 साल की उम्र में गावस्कर के साथ ओपनिंग करने उतरे थे तो किस कदर नर्वस थे। हट्टंगड़ी ने कहा, ''हम सभी के लिए वो एक बहुत बड़ी शख़्सियत बन चुके थे और हम बस उनके द्वारा अपनाये जाना चाहते थे। ड्रेसिंग रूम में हर कोई उनकी नकल उतारना चाहता था। वो न केवल उनकी बैटिंग स्टाइल और खेल के लिए उनकी तैयारी की नकल उतारते थे बल्कि ये भी देखते थे कि गावस्कर ने क्या पहना है और वो कौन से गाने सुन रहे हैं। जब गावस्कर कोई ग़ज़ल गुनगुनाते थे तो पूरा ड्रेसिंग रूम उसी धुन में गुनगुनाने लगता था।''

गावस्कर की बल्लेबाज़ी के बारे में और भी बातें करने के लिए मैं उनके बेहद ख़ास दोस्त विश्वनाथ के पास गया जो कि उनके रिश्तेदार भी थे। असल में विश्वनाथ की शादी गावस्कर की छोटी बहन कविता से हुई थी। विश्वनाथ उनके बीच की इस दोस्ती–रिश्तेदारी के बारे में चुटकी लेते हुए कहते हैं, ''कभी भी अपने दोस्त को अपनी बहन से मत मिलवाओ।'' बेंगलुरु में एक शान्त शाम को उन्होंने बताया कि क्यूँ गावस्कर अपने आप में एक अनोखे बल्लेबाज़ हैं। (हालाँकि गावस्कर हमेशा ये कहते आये हैं कि विश्वनाथ उनसे कहीं बेहतर बल्लेबाज़ थे और उन्होंने विश्वनाथ से अच्छा खिलाड़ी नहीं देखा। ये विश्वास असल में बेंगलुरु में रहने वाले लगभग सभी लोगों को था।) गावस्कर और विश्वनाथ, दोनों ही लम्बाई में छोटे बल्लेबाज़ हैं। गावस्कर पाँच फुट पाँच इंच के हैं जबकि विश्वनाथ और आधे इंच कम हैं। अगर आप भारतीय बल्लेबाज़ों की एक सर्वकालीन टीम बनायें तो शायद वीवीएस लक्ष्मण ही ऐसे होंगे जो इस टीम में जगह बनाने वाले 6 फुट से ज़्यादा के बल्लेबाज़ होंगे। वैसे उनका टीम में शामिल होना बहुत ही मुश्किल होगा। क्या भारतीय बल्लेबाज़ों को उनकी छोटी लम्बाई अच्छा बल्लेबाज़ बनाती है? विश्वनाथ कहते हैं, ''हम लम्बे कम हो सकते हैं लेकिन हमारे पैर बहुत तेज़ होते हैं।'' विश्वनाथ का स्क्वायर कट उनका सिग्नेचर शॉट हुआ करता था।

फिर उन्होंने गावस्कर के खेल का विश्लेषण किया, ''मुझे लगता है कि लाइन और लेंथ पढ़ लेने की क्षमता और क्रीज में खड़े होने के वक़्त उसका स्थिर सर ही गावस्कर को सभी से अलग बनाता था। ओपनर के तौर पर वो दुनिया की सबसे तेज़ गेंदें खेलता था और वो कभी भी परेशानी की स्थिति में नहीं दिखा। लेकिन उसकी ध्यान केन्द्रित करने की ताकत सबसे ऊपर थी। जब आप उसके साथ बैटिंग कर रहे होते थे तो वो इस कदर केन्द्रित हो चुका होता था कि उससे बात करना मुश्किल होता था। ऐसा लगता था जैसे वो किसी और ही दुनिया में मौजूद होता था।''

गावस्कर कहते हैं कि ध्यान केन्द्रित कर लेने की ताकत 'भगवान की देन' है। ''आज भी मैं एक भरे कमरे में होते शोर के बीच किताब पढ़ सकता हूँ,'' उन्होंने कहा। विकेट्स पर गावस्कर उस बौद्ध भिक्षु के समान था जो निर्वाण की चाह में बरगद के पेड़ के नीचे ध्यान में लीन था। कभी भी कोई भी बात उनके ध्यान को भटका ही नहीं पायी। उनके लिए बल्लेबाज़ी तमाम बारीकियों को ध्यान में रखते हुए की गयी तैयारी से आयी कला थी। उस तैयारी को वो मैदान पर पहुँचते ही शुरू कर देते थे। ''मैं शायद कुछ जोक्स मार देता था या कोई गाना गुनगुनाता था लेकिन एक बार मैंने एब्डोमेन गार्ड पहन लिया, और मैच शुरू होने की घण्टी सुन ली तो मैं पूरी तरह से खेल में दिमाग़ लगा देता था। फिर मेरे साथी भी मेरे अकेले छोड़ दिये जाने के फ़ैसले की पूरी तरह से इज़्ज़त करते थे। मैं सब कुछ बन्द कर के आगे आने वाली लड़ाई के बारे में सोचने लगता था,'' गावस्कर ने कहा। वो खेल में इस कदर ध्यान लगाये रहते थे कि कई बार वो अपने रन देखने के लिए स्कोरबोर्ड की ओर भी नहीं देखते थे।

गावस्कर की बल्लेबाज़ी का सूत्र उनके अपने मन को जीत लेने की ताकत में छुपा था। क्रिकेट में शॉट्स मारने वाले उनसे भी बेहतर बल्लेबाज़ आये होंगे लेकिन ख़ुद का आकलन कर अपने अन्दर बदलाव लाते हुए अपनी बल्लेबाज़ी सुधारने का काम गावस्कर से बेहतर किसी भी और बल्लेबाज़ ने नहीं किया। विश्वनाथ और तेंदुलकर के शॉट्स देख कर आप उनकी ताकत और उनकी भव्यता को देख अचरज से ज़रूर भर जायेंगे लेकिन गावस्कर उस नक्काशकार की तरह अपने काम में मशगूल मालूम देते थे जो तब तक मूर्ति पर अपने औजार घिसता रहता था जब तक उसे दोषहीन कृति नहीं मिल जाती। उनकी स्ट्रेट ड्राइव और स्क्वायर कट उतने ही क्लासिकल शॉट थे जितने तेज़ बॉलरों पर उनके फ्लिक और स्पिनर्स पर उनकी ऑन–ड्राइव्स। लेकिन जैसे एक गायक ताउम्र रियाज़ करता है, वैसे ही गावस्कर ने कभी भी सीखना बन्द नहीं किया। विश्वनाथ कहते हैं, ''हम सभी एक ग़लती दोबारा दोहरा सकते थे लेकिन गावस्कर ने कभी भी किसी भी बॉलर को दूसरा मौक़ा नहीं दिया।''

गावस्कर का कभी भी कोई कोच नहीं रहा लेकिन फिर भी वो हर क़दम पर कुछ न कुछ सीखते चले। चाहे वो स्टांस और ग्रिप में छोटे से बदलाव की बात हो, चाहे वो बल्ले के हत्थे की लम्बाई में छँटनी की बात हो या हल्के पैड्स पहनने की ही बात हो, गावस्कर बल्लेबाज़ी के प्रोफ़ेसर थे जिनके पास जानकारियों का खज़ाना था। वेस्ट इण्डीज़ में अपनी पहली सीरीज़ के दौरान गावस्कर क्रीज़ के बाहर खड़े होते थे जिससे वो बॉलर की स्विंग को कवर कर सकें। इस दौरान वो अम्पायर से लेग गार्ड ही नहीं माँगते थे। अपने आख़िरी गेम तक आते–आते वो इतने स्ट्रोक्स खेल रहे थे जितने उन्होंने 21 साल की उम्र में नहीं खेले होंगे। वो भले ही 12 सेकण्ड में 100 मीटर नहीं दौड़ पाते थे या मैराथन में हिस्सा नहीं लिया करते थे लेकिन छुट्टी के दिनों में वो अपना समय सीसीआई स्टेडियम के स्टैण्ड्स की सीढ़ियों पर ऊपर नीचे दौड़ते हुए अपने पैरों को मज़बूत किया करते थे। एक तरफ़ वो एक औसत फ़ील्डर थे लेकिन उन्होंने प्रैक्टिस कर कर के ख़ुद को एक बेजोड़ स्लिप कैचर बना लिया। आज के क्रिकेटर खालिस एथलीट हैं जो जिम में ख़ुद को पत्थर बनाने

के लिए घण्टों मेहनत करते हैं या कम्प्यूटर के इस्तेमाल से अपनी बल्लेबाज़ी का विश्लेषण करते पाये जाते हैं। गावस्कर का दिमाग़ ही कम्प्यूटर था। "मैं बस ये चाहता था कि मैं इतना फ़िट रह सकूँ कि पूरे दिन बैटिंग कर सकूँ। क्रिकेट में इससे ज़्यादा और कुछ नहीं चाहिए होता है," गावस्कर का कहना था।

1975 में पहले वर्ल्ड कप के दौरान इंग्लैण्ड के ख़िलाफ़ गावस्कर ने 60 ओवर में 36 रन बनाये। ये एक ऐसी इनिंग्स थी जिसका उन्हें बेहद अफ़सोस है। "मुझे उस दिन न ही ये समझ में आ रहा था कि मैं तेज़ रन कैसे बनाऊँ। और न ही ये समझ में आ रहा था कि मैं आउट कैसे हो जाऊँ।" लेकिन 1987 वर्ल्ड कप में उन्होंने ख़ुद को इस कदर तैयार कर रखा था कि न्यूज़ीलैण्ड के ख़िलाफ़ 85 गेंदों में सेंचुरी मार दी। इस मैच के ठीक बाद उन्होंने अपने कॅरियर का आख़िरी वन–डे मैच खेला। उस वक़्त की सबसे तेज़ सेंचुरी का रिकॉर्ड क्लाइव लॉयड के नाम था जब उन्होंने 82 गेंदों में 1975 वर्ल्ड कप फाइनल में सेंचुरी मारी थी। गावस्कर कहते हैं, "मैं 80 गेंदों में 99 रन बना चुका था। मुझे अगर रिकॉर्ड के बारे में पता होता तो मैं उसे तोड़ने की कोशिश करता।"

मोहिन्दर अमरनाथ कहते हैं, "सनी ने अपने टैलेण्ट के एक–एक कतरे का इस्तेमाल ख़ुद को बेहतर बनाने में किया। वो एक जीनियस था लेकिन उसने कभी भी अपने टैलेण्ट और अपनी सफलता को हल्के में नहीं लिया।" चेतन चौहान, जिन्होंने गावस्कर को अपने ओपनिंग पार्टनर के रूप में बेहद करीब से देखा, कहते हैं कि उनके साथ बैटिंग करते हुए हर दिन कुछ नया सीखने को मिलता था। "मुझे याद है कि एक बार मैंने एक सिंगल लेने से मना किया और वो लगभग रन आउट हो गये थे। वो ख़ुश नहीं थे लेकिन उन्होंने मेरी तरफ़ मुड़कर देखा और कहा, 'चेतन, 99 सिंगल तुम्हें सेंचुरी के पास ले जायेंगे।' उसके बाद से सिंगल लेना ही हमारी न जाने कितनी सफल पार्टनरशिप का मन्त्र बन गया।"

साल 1987। बेंगलुरु में पाकिस्तान के ख़िलाफ़ खेली गयी गावस्कर की आख़िरी इनिंग्स के दौरान उनका हर हुनर दिखायी दे रहा था। वहाँ एक महाकाव्य रचा जा रहा था। उन्होंने उस इनिंग्स में 96 रन बनाये। स्कोरबुक में उनके बाद सबसे ज़्यादा रन अतिरिक्त रनों के सामने लिखे थे–27। भयानक टर्न लेती पिच पर गावस्कर ने अपना पूरा अनुभव निचोड़ कर रख दिया था। वो ख़तरे वाली गेंदों को सीधे बल्ले और हल्के हाथों से डिफेंड कर रहे थे लेकिन एक भी ऐसा मौक़ा नहीं छोड़ रहे थे जहाँ उन्हें रन बनाने का कोई भी मौक़ा दिख रहा था। असल में वो एक साल पहले ही रिटायर होने का मन बना चुके थे लेकिन पाकिस्तानी कप्तान इमरान खान ने उन्हें खेलते रहने के लिए मना लिया। "मैं इंग्लैण्ड में इमरान के साथ लंच कर रहा था। साल था 1986। वहाँ मैंने इमरान को बताया कि मैं रिटायर होने की सोच रहा था क्यूँकि मैं अपने गेम को उतना एन्जॉय नहीं कर रहा था जितना कभी किया करता था। वो मेरे इस विचार से परेशान हो गये। उन्होंने कहा, 'तुम अभी रिटायर नहीं हो सकते। पाकिस्तान अगले साल इण्डिया आयेगी और मैं इण्डिया को इण्डिया में हराना चाहता हूँ। तुम नहीं होगे तो फिर मज़ा नहीं आयेगा। एक आख़िरी बार फिर लड़ते हैं।' तो मैंने सोचा कि एक सीरीज़ और खेल लेता हूँ," गावस्कर ने कहा।

इमरान खान की मुराद पूरी हो गयी थी। पाकिस्तान ने इण्डिया को इण्डिया में 1987

में हरा दिया। लेकिन बेंगलुरु में गावस्कर की बैटिंग ने हमेशा ज़िन्दा रहने वाली यादें दीं। वो एक ऐसा मौक़ा था जैसे कोई महान संगीतकार एक अन्तिम बार अपने प्रशंसकों के बीच अपने हुनर का प्रदर्शन कर रहा था। उसी साल गावस्कर ने अपना आख़िरी फ़र्स्ट क्लास मैच भी खेला। इस बार इमरान खान और गावस्कर एक ही टीम में थे। मौक़ा था लॉर्ड्स के मैदान में एमसीसी बनाम विश्व एकादश के मैच का। गावस्कर एक महीने पहले ही 38 साल के पूरे हुए थे लेकिन तकनीक पर उम्र का असर नहीं होता। और उस दिन गावस्कर ने ऐसे बॉलिंग अटैक के सामने बैटिंग की जिसमें उस वक़्त के दो सबसे तेज़ गेंदबाज़ खेल रहे थे—मैल्कम मार्शल और सर रिचर्ड हेडली। गावस्कर ने लॉर्ड्स में कभी भी शतक नहीं मारा था। लेकिन अपने आख़िरी मैच में उन्होंने ये काम भी पूरा कर दिया। ये एक बेहतरीन कॅरियर का बेहतरीन अन्त था। आप अपने आप में पूर्ण बल्लेबाज़ से इसके सिवा और कुछ चाह भी नहीं सकते थे। और जैसा कि गावस्कर बाद के दिनों में भारत के एक और महान ओपनिंग बैट्समैन विजय मर्चेंट की बातों को दोहराते पाये गये, "आप तब रिटायर हो जायें जब लोग पूछें 'क्यूँ?' न कि 'क्यूँ नहीं?' "

सुनील गावस्कर को सिर्फ़ उनके बनाये रनों की वजह से ही एक बड़ा खिलाड़ी नहीं मान लिया जाना चाहिए। उन्हें जो चीज़ अलग करती है वो है मैदान में और मैदान से बाहर खेल को दी हुई उनकी नेतृत्व क्षमता। अगर पटौदी एक करिश्माई कप्तान थे और बेदी ने क्रिकेट को बाग़ी होना सिखाया था तो गावस्कर ने क्रिकेट के खेल में खिलाड़ी की ताकत और उसकी अहमियत को स्थापित कर के दिखाया। जिस बुद्धिमत्ता को वो अपनी बल्लेबाज़ी में लेकर आये, वो उनकी ज़िन्दगी के हर पहलू में दिखायी देती थी। "जब सनी बोल रहा होता है, आपको सुनना पड़ता है। उनके पास एक ऐसी अधिकार—युक्त आवाज़ है जिसकी भारतीय क्रिकेट में और कोई भी बराबरी नहीं कर सकता है," सुनील गावस्कर की कप्तानी में अपना पहला टेस्ट मैच खेलने वाले रवि शास्त्री ने कहा।

गावस्कर ने पहली बार 1978—79 में किसी सीरीज़ में कप्तानी की थी। उनके सामने एक कमज़ोर हो चुकी वेस्ट इण्डीज़ की टीम थी। इसके ठीक पहले भारतीय टीम को पाकिस्तान में हार का सामना करना पड़ा था और उसकी भरपाई करने की सख़्त ज़रूरत मालूम दे रही थी। एक कप्तान के तौर पर सुनील ने कुछ कड़े क़दम उठाए जिसमें बेदी को टीम से निकालना भी शामिल था। इस एक फ़ैसले ने बेदी और गावस्कर के बीच पहले से मौजूद दरार को और भी ज़्यादा बढ़ा दिया। गावस्कर इस बाबत कहते हैं, "देखिये, मैंने बेदी को ड्रॉप नहीं किया, सेलेक्टर्स ने किया। लेकिन उनके पास बेदी को ये ख़बर देने की हिम्मत नहीं थी। इसलिए इससे पहले कि उसे मीडिया से सब मालूम चलता, मैं ही उसके कमरे में उसे ये ख़बर देने चला गया। हर सेलेक्शन या किसी को बाहर करने पर मुझे ही दोष देना एक चलन है।"

लेकिन ये उनके बनाये रनों का ही असर था कि गावस्कर को कप्तानी मिली थी। पहले ही टेस्ट में एक मुश्किल विकेट पर उन्होंने डबल सेंचुरी मारी। उन्होंने इस बात पर भी मुहर लगा दी थी कि कप्तानी की ज़िम्मेदारी से उनकी बल्लेबाज़ी विचलित नहीं होने वाली थी। यहाँ तक कि एक कप्तान के तौर पर गावस्कर का 47 मैचों में 50.72 रन प्रति

इनिंग्स का औसत रहा है। इस दौरान उन्होंने 11 शतक लगाये। जब वो कप्तान नहीं थे, 78 मैचों में उनका औसत 51.33 का था। "मुझे लगता है कि मैं अपने क्रिकेट को ढंग से समझ गया था और उसे सँभाल रहा था। एक बार मेरे हाथ में बल्ला आ जाता था, विकेट्स पर बने रहना और रन बनाते रहना मेरा काम बन जाता था। क्यूँकि यही काम करने के लिए टीम में मेरा सेलेक्शन हुआ था," गावस्कर का ऐसा मानना था।

बतौर कप्तान, गावस्कर ने टेस्ट मैच हारे कम और जीते ज़्यादा। उनकी कप्तानी में इण्डिया ने कुल 9 टेस्ट जीते और 8 हारे। इन मैचों में पाकिस्तान के ख़िलाफ़ 1979 की वो यादगार सीरीज़ भी थी जिसमें गावस्कर की कप्तानी में मिली सर्वश्रेष्ठ जीत शामिल थी। ये वो सीरीज़ थी जिसमें गावस्कर ने कपिल देव को हथियार के रूप में इस्तेमाल किया और ये पहला मौक़ा था जब किसी कप्तान ने स्पिन की बजाय पेस को तरजीह दी थी। मदन लाल, जो कि कपिल देव के साथ नयी गेंद फेंकने के लिए जाने जाते थे, कहते हैं, "गावस्कर के आने से पहले लोग हम पर हँसते थे और कहते थे कि देखो, इण्डिया के स्पिनर्स आ गये हैं। सनी ने हमें इज़्ज़त दिलवायी और हम में ये विश्वास जगाया कि हम भी विकेट ले सकते थे।"

लेग स्पिनर लक्ष्मण शिवरामाकृष्णन को 1985 में ऑस्ट्रेलिया में हुई वर्ल्ड चैम्पियनशिप ऑफ़ क्रिकेट के दौरान 19 साल की उम्र में गावस्कर की कप्तानी में अपना पहला मैच खेलना बहुत अच्छे से याद है। "पहले मैच के ठीक पहले जब मैं नेट्स में बॉलिंग कर रहा था, गावस्कर मेरे पास आये और धीरे–से बोले, 'सुनो, अपने सारे बॉलिंग वेरिएशन नेट्स में मत दिखाओ। इन ऑस्ट्रेलिया वालों ने हर जगह कैमरे लगाये हुए हैं।' मैंने जितने भी कप्तानों के साथ खेला, गावस्कर सबसे बेहतर थे। वो शान्त दिमाग़ और उनके प्रयोग अच्छे हुआ करते थे," शिवरामाकृष्णन ने कहा। इसी स्पिनर ने टूर्नामेण्ट में इण्डिया की जीत में अहम भूमिका निभाई। ये बतौर कप्तान, गावस्कर का आख़िरी टूर्नामेण्ट था।

लेकिन एक कड़े रुख वाले और अक्सर खड़ूस बन जाने वाले इनसान होने की वजह से गावस्कर की कप्तानी भी विवादों से अछूती नहीं रही। मसलन ऑस्ट्रेलिया में 1981 में ग़लत आउट दिये जाने पर उन्होंने अपने पार्टनर चेतन चौहान को मैदान से बाहर चलने को कहा। अजीब मंज़र था। एक कप्तान अपने खिलाड़ी को खींच कर मैदान से बाहर ले जा रहा था। वो सिर्फ़ इतना ही नहीं कर रहे थे, वो मैच भी ख़तरे में डाल रहे थे। गावस्कर कहते हैं कि वो एक मौक़ा ऐसा है जिसे वो भुला देना चाहते हैं और जिसका उन्हें बेहद अफ़सोस है। गावस्कर कहते हैं, "असल में उस ग़लत फ़ैसले की वजह से मैं मैच छोड़ कर नहीं जा रहा था बल्कि जब मैं जा रहा था तो जिस तरह से मुझे गालियाँ दी जा रही थीं और ऑस्ट्रेलियन प्लेयर्स जो भद्दी भाषा इस्तेमाल कर रहे थे, उसने मुझे ग़ुस्से से भर दिया था। अगर मुझे गालियाँ नहीं दी गयी होतीं तो मैं चुपचाप चला जाता और ड्रेसिंग रूम के किसी कोने में अपना ग़ुस्सा निकालता।" चेतन चौहान, जो थोड़ी देर में टीम मैनेजर के हस्तक्षेप के बाद बैटिंग करने के लिए चले आये थे, कहते हैं कि वो एकमात्र ऐसा मौक़ा था जब गावस्कर को रन बनाने में दिक्कतों का सामना करना पड़ रहा था और वो दबाव में कुछ कमज़ोर पड़ गये थे। "हम पहली इनिंग्स में 200 रन से पिछड़े हुए थे। हम एक अच्छी

पार्टनरशिप बना रहे थे और तभी सनी को एक ग़लत एलबीडब्लू डिसीज़न मिल गया। उसका ग़ुस्सा होना जायज़ था,'' चौहान ने कहा। और फिर हमेशा की तरह गावस्कर ने अगले ही दिन अपनी चालाक कप्तानी के दम पर वापसी की और आख़िरी दिन जीत हासिल की।

1981–82 में गावस्कर एक बार फिर तूफ़ान का केन्द्र थे। इस बार अंग्रेज़ खिलाड़ी उनपर पहला टेस्ट जीतने के बाद गेम को जान–बूझ कर धीमा करने का आरोप लगा रहे थे। पूर्व इंग्लिश कप्तान डेविड गॉवर ने कहा था, ''उसकी टीम के स्पिनर्स भी एक ओवर फेंकने में 5 मिनट निकाल देते थे,'' इस आरोप के बाद ये कहा जाने लगा कि गावस्कर एक नेगेटिव कप्तान हैं जो कि मैच को ड्रॉ करने के लिए खेलते हैं जीतने के लिए नहीं। गावस्कर अपनी कप्तानी के संकटों के बारे में कहते हैं, ''हम हिन्दुस्तानियों के पास जीवन और क्रिकेट के बारे में पहले से ही बनाये हुए कई विचार होते हैं। सिर्फ़ हवा में शॉट भर मार देने से एक खिलाड़ी को आक्रामक खिलाड़ी और कप्तान कहा जाने लगता है। और अगर आप गेंद को ज़मीन पर ही मारते हैं तो उसे रक्षात्मक और ख़तरा न उठाने वाला कहा जाने लगता है। मैं एक बार भी मैदान में ये सोच कर नहीं उतरा कि मुझे मैच ड्रॉ करवाना है। लेकिन हाँ, अगर टीम जीतने की स्थिति में नहीं होती है तो मैं ये सुनिश्चित करना चाहता था कि हम हारें भी न। असल में कोई भी हारना नहीं चाहेगा।''

ऐसा ही एक विवाद तब उठा जब ये कहा गया कि 1984–85 में इंग्लैण्ड के ख़िलाफ़ खेली जा रही सीरीज़ के दौरान कोलकाता टेस्ट में गावस्कर ने इनिंग्स डिक्लेयर करने में बहुत देर लगा दी और इण्डियन बल्लेबाज़ 2 दिनों तक बैटिंग करते रहे। गुस्से से भरी कोलकाता की जनता पहले से ही नाराज़ थी क्यूँकि कपिल देव को टेस्ट मैच में नहीं खिलाया जा रहा था। उन्होंने गावस्कर पर अपना गुस्सा निकालना शुरू किया। गावस्कर के ख़िलाफ़ नारेबाज़ी हो रही थी और जब गावस्कर ने उन्हें शान्त करने की कोशिश की तो उनके ऊपर फल फेंके गये। नाराज़गी से बहरे हुए गावस्कर ने कसम खायी कि वो दोबारा कोलकाता में नहीं खेलेंगे और 1986 में कोलकाता टेस्ट से उन्होंने अपना नाम वापस भी ले लिया। उस दिन स्टैण्ड में जहाँ उनकी पत्नी बैठी थीं, उस तरफ़ भी फल फेंके गये थे। इसने उन्हें सबसे ज़्यादा नाराज़ किया था। गावस्कर हँसते हुए कहते हैं, ''मैं आपको सब कुछ नहीं बताऊँगा। मेरी आत्मकथा के लिए कुछ चीज़ें बची रहनी चाहिए।'' कोलकाता से आने वाले एक क्रिकेट जर्नलिस्ट देबाशीष दत्ता, जिन्होंने सुनील गावस्कर को बहुत करीब से फॉलो किया है, कहते हैं, ''मुझे लगता है कि वो उस रोज़ भीड़ के रवैये से गुस्सा होने की बजाय निराश ज़्यादा थे।''

हालाँकि गावस्कर के कोलकाता से रिश्ते की हैप्पी एण्डिंग है। उनके बेटे रोहन ने बंगाल के लिए रणजी ट्रॉफ़ी में खेला और 2016 में वर्ल्ड टी–20 के ठीक पहले क्रिकेट एसोसिएशन ऑफ़ बंगाल ने तमाम इण्डियन और पाकिस्तानी क्रिकेटर्स के साथ सुनील गावस्कर को भी सम्मानित किया। इन सब के बाद भी ईडेन गार्डन्स में इण्डियन क्रिकेट की तमाम हस्तियों की तरह उनकी आदमकद तस्वीर नहीं मौजूद है। दत्ता कहते हैं, ''ये ग़लती शायद जल्द ही सुधार ली जायेगी। गावस्कर इस सम्मान के पूरी तरह से हक़दार हैं।''

कोलकाता में हुई उस घटना ने ये भी जता दिया कि कैसे क्रिकेट स्टार्स के प्रशंसक

एक पल में आततायी बन जाते हैं। ये एक ऐसी घटना थी जिसने एक फैन और एक खिलाड़ी के बीच मौजूद नाजुक रिश्ते को सभी के सामने ला दिया था। जिस तरह से कपिल देव एक लोकनायक बन गये थे और बाद में सचिन भी उसी लीग में शामिल हुए, इन्होंने अपने खेल को इतनी शिद्दत से खेला कि वो तुरन्त ही भीड़ के चहेते बन गये। इस सब के उलट, गावस्कर मेहनती और चमक–दमक से दूर रहने वाले खिलाड़ी थे। उनका क्रिकेट क्लासिकल था न कि भड़कीला। काफ़ी वक़्त तक ऐसा मालूम देता था कि वो अपनी भावनाओं पर पर्दा डाले रहते हैं, जिसकी वजह से वो फैन्स की पहुँच से और भी ज़्यादा दूर दिखायी पड़ते थे। भीड़ उन्हें पसन्द करती थी और उनकी फैन थी लेकिन वो प्यार ग़ायब था जो बड़े सितारों को मिलता दिखायी पड़ता है।

शायद गावस्कर की समझौता न करते हुए खेलने की फ़ितरत को उनके अन्दर बसा घमण्ड समझ लिया गया। इसीलिए अक्सर गावस्कर के किये–धरे की आलोचना उनके बाक़ी साथियों से कहीं ज़्यादा की जाती थी। उदाहरण के तौर पर, गावस्कर के बारे में ये भी कहा जाता था कि वो मुम्बई के साथी खिलाड़ियों को कहीं ज़्यादा प्रमोट करते थे जिसकी वजह से बाक़ी जगहों से आने वाले खिलाड़ियों को नुक़सान उठाना पड़ता था। जब 19 साल के मुम्बई के बॉलर रवि शास्त्री को न्यूज़ीलैण्ड में रिप्लेसमेण्ट के तौर पर बुलाया गया था, ऐसा कहा गया कि गावस्कर ने अपने ओहदे का इस्तेमाल कर ऐसा किया था। जब गुलाम पारकर और सुरु नायक को 1982 में इंग्लैण्ड के टूर के लिए टीम में शामिल किया गया तो गावस्कर को फिर से आलोचना का शिकार होना पड़ा।

इस संकीर्ण मानसिकता के मालिक होने का आरोप गावस्कर जैसे खिलाड़ी पर कतई नहीं ठीक मालूम देता। चिढ़े हुए गावस्कर पूछते हैं, "क्या कोई कप्तान इतना बेवकूफ़ हो सकता है कि वो किसी खिलाड़ी का पक्ष सिर्फ़ इसलिए लेगा क्यूँकि वो किसी विशेष जगह से आता है। इण्डियन कैप्टन का टीम सेलेक्शन में कोई भी हाथ नहीं होता है। और अगर आप देखें तो उस वक़्त सेलेक्शन कमिटी में भारतीय क्रिकेट के सबसे बड़े नाम शामिल थे। अगर ये कहा जाये कि मैंने अपने क़द का इस्तेमाल करते हुए उन्हें आगे बढ़ाया तो ये उनके साथ बहुत बड़ी नाइन्साफ़ी होगी। आप प्लीज़ रवि शास्त्री के रिकॉर्ड देखिये और मेरी कप्तानी में कितने ग़ैर–मुम्बई खिलाड़ियों ने खेलना शुरू किया, ये भी देखिये।"

गावस्कर ने साथी मुम्बई खिलाड़ी दिलीप वेंगसरकर को 1985–86 के एक रणजी मैच में टीम से निकालकर एक और विवाद को जन्म दिया। दिलीप भी दादर यूनियन के लिए ही खेलते थे। "हम एक दिन पहले ही जमशेदपुर में एक चैरिटी मैच खेलने पहुँचे थे और आधी रात में मुम्बई वापस आये थे। मैंने खिलाड़ियों से कहा कि उन्हें वार्म अप में आने की कोई ज़रूरत नहीं थी लेकिन मेरे टॉस के लिए जाने से पहले उन्हें मैदान में होना ज़रूरी था। रवि शास्त्री और संदीप पाटिल वग़ैरह सभी समय से आ गये थे। मैं टॉस के लिए भी पाँच मिनट लेट ही गया था लेकिन तब तक भी दिलीप नहीं आया। मैं पिच की ओर इस आस में धीमे–धीमे बढ़ रहा था कि शायद उतनी ही देर में वो आ जाये। बदकिस्मती से वो नहीं आया और मुझे मजबूरन उसका नाम टीम से हटाना पड़ा," गावस्कर की सफ़ाई थी। क्या इस घटना से उनके और टीम इण्डिया के स्टार बैट्समैन वेंगसरकर के बीच खटास

पैदा हो गयी थी? ''नहीं। मुझे लगता है कि उसे दादर यूनियन प्लेयर्स को सिखाये जाने वाले अनुशासन के बारे में मालूम पड़ गया था।'' इस एक घटना ने गावस्कर का खेल के प्रति ज़िम्मेदाराना रवैया दिखा दिया जिसमें सफलता के लिए कोई भी शॉर्ट–कट नहीं था।

गावस्कर के ऊपर एक और आरोप लगा कि वो भारतीय क्रिकेट की पहली शख़्सियत थी जिसका सब कुछ पैसों के इर्द–गिर्द घूमता था। जैसा कि पिछले चैप्टर में भी बताया गया, बेदी ने गावस्कर पर ये आरोप लगाया कि एक टीम मीटिंग के दौरान गावस्कर ने कहा था कि अगर वो पैसे के बारे में नहीं सोचेंगे तो वो स्थिर हो जायेंगे। ये एक ऐसा आरोप है जो गावस्कर को आग बबूला कर देता है। ''जितने भी लेफ़्ट आर्म स्पिनर मैंने देखे हैं, मिस्टर बेदी उनमें सबसे बेहतर हैं। लेकिन वो गेंदों की तरह बातें भी ख़ूब घुमा लेते हैं। इन्हीं में से एक बात मेरे इस कथन की भी है जो मैंने उनके हिसाब से एक टीम मीटिंग में कही थी। मैं चाहता हूँ कि अगर मैंने ऐसा कभी भी कुछ भी कहा है तो वो एक भी गवाह लाकर दें। मैंने तो बस इण्डियन क्रिकेटर्स की उन्हें मिलने वाली फ़ीस से जुड़ी बातों को ही रखा था। मैं उनके आर्थिक हकों के लिए लड़ता था और बदले में मुझे पैसों का लोभी करार दिया गया।''

मज़े की बात ये है कि एक समय पर कुछ बाग़ी समझे जाने वाले बेदी और दिमाग़ से खेलने वाले गावस्कर साथ मिलकर खिलाड़ियों की तरफ़दारी करते हुए बोर्ड से समझौता करने में लगे हुए थे। वेस्ट इण्डीज़ के 1976 के दौरे पर इन दोनों ने ही मिलकर एक प्लेयर्स एसोसिएशन बनायी थी जो खिलाड़ियों और बोर्ड के अधिकारियों के बीच बन चुके एक बड़े फ़र्क़ को कम करने की ओर पहला क़दम था। गावस्कर याद करते हुए बताते हैं, ''आपको मालूम है, 1971 में मेरे वेस्ट इण्डीज़ के पहले दौरे पर हमें एयरपोर्ट पर ही कॉन्ट्रैक्ट साइन करवाया गया था जिसमें लिखा था कि हम सभी को टूर के दौरान 500 रुपये मिलेंगे और टूर ख़त्म होने पर 500 और। दूसरे 500 रुपये टूर के दौरान खिलाड़ियों के अनुशासन पर निर्भर करने वाली थी जिसकी रिपोर्ट टीम मैनेजर देने वाले थे। ये एक बकवास कॉन्ट्रैक्ट था और हमने इसे बदलवाने की हर कोशिश की। खुशी की बात ये है कि इस बाबत बोर्ड ने सकारात्मक रवैया दिखाया।''

ये गावस्कर ही थे जिन्होंने एक बार फिर से खिलाड़ियों की अपनी पत्नियों को टूर पर ले जाने की वकालत की। ''हम कई महीनों के लिए लम्बे टूर पर जाते थे और अक्सर बहुत अकेला महसूस करते थे। मेरा बस इतना मानना था कि अगर पत्नी को साथ में ले जाने से खिलाड़ी ख़ुश रहते थे तो यक़ीन वो बेहतर परफॉर्म करते,'' गावस्कर का मानना था। एक बार फिर से, बोर्ड मान गया। इससे फिर एक बात स्थापित हो गयी कि मुम्बई से आने वाला ये मास्टर बैट्समैन सिर्फ़ एक रन मशीन भर ही नहीं था बल्कि वो मैदान के बाहर भी अपना काम निकाल सकता था। गावस्कर ने सैलरी पाने वाले मिडल क्लास क्रिकेटर की तस्वीर को बदल कर रख दिया था। वो सिर्फ़ अपनी सेवाएँ ही नहीं देना चाहते थे, वो अपने कौशल के बदले में अपना हक़ भी बाकायदा चाहते थे।

5

कपिल देव

हरियाणा का सुपरमैन

1975 में इण्डिया के साथ वही हुआ जो ओलिवर ट्विस्ट के साथ हुआ था। मुम्बई की भरी दोपहर की झुलसाती गर्मी में एक लम्बा, दुबला हरियाणा का लड़का क्रिकेट क्लब ऑफ़ इण्डिया के नेशनल अण्डर 19 कोचिंग कैम्प में भाग ले रहा था। कैम्प कर्नल हेमू अधिकारी की देखरेख में एकदम फ़ौजी स्टाइल में चल रहा था। हेमू अधिकारी भूतपूर्व भारतीय क्रिकेटर थे और उन चंद लोगों में से एक थे जिन्होंने फ़ौज से निकलकर देश के लिए क्रिकेट भी खेला। खिलाड़ियों को कैम्प में प्रैक्टिस के दौरान पानी पीने की भी मनाही थी। वह युवा लड़का गर्मी में चार घण्टे लगातार गेंदबाज़ी करके निढाल हो चुका था। जब दोपहर का खाना दिया गया, थाली में 2 रोटियाँ और थोड़ी दाल रख दी गयी। इस सोलह साल के लड़के ने सीसीआई के सेक्रेटरी केकी तारापोरे से गुहार लगाते हुए कहा, "सर ये दो रोटियाँ मेरे लिए काफ़ी नहीं हैं। मैं एक फ़ास्ट बॉलर हूँ। मुझे और खाने को चाहिए।" तारापोरे ने हँसते हुए उसे जवाब दिया, "सुनो लड़के, इस देश में एक भी फ़ास्ट बॉलर नहीं है। इसलिए मुझे ये फ़ास्ट बॉलर वाली बकवास मत सुनाओ।"

कई बार पहाड़ों पर चढ़ने वालों के लिए बेस कैम्प में मिली एक घुड़की उन्हें पहाड़ की चोटी तक पहुँचने के लिए प्रेरित कर देती है। खालिस पारसी तारापोरे ने 1948 में भारत के लिए एक टेस्ट मैच खेला था और उन्होंने ये विश्वास पाल रखा था कि इस देश में बॉलर्स के नाम पर सिर्फ़ स्पिनर्स ही होते हैं। कपिल देव निखंज नाम के उस लड़के ने तारापोरे को ग़लत साबित करने की ठान रखी थी। न केवल उसे भर पेट खाना मिलने लगा बल्कि उसने वो किया जो शायद असम्भव समझा जा रहा था–उसने भारत के लिए तेज़ गेंदबाज़ी की। इस क़िस्से के चार साल के अन्दर ही कपिल देव भारत की तरफ़ से 100 विकेट लेने वाले सबसे कम उम्र के बॉलर बने और एक फंक्शन में तारापोरे से मिले। कपिल ने बताया, "मैं बस उनके पास गया

और उनसे शुक्रिया कहा। उन्होंने मुझे फ़ास्ट करने का लगभग चैलेंज दिया था और उसी ने मुझे एक मकसद दिया।''

जब तक कपिल देव नहीं आये थे, भारतीय क्रिकेट में पेस बॉलिंग का उल्लेख कभी–कभार ही होता था। और होता भी था तो इतिहास में। 1932 में अपने पहले टेस्ट मैच में इण्डिया ख़ुशकिस्मत टीम थी कि उसके पास अमर सिंह और मोहम्मद निसार जैसे पेस बॉलर थे। दोनों ही 6 फुट से ज़्यादा लम्बे थे। इंग्लैण्ड के स्टार बैट्समैन वाल्टर हैमंड ने अमर सिंह के बारे में कहा था, ''अमर सिंह मेरे देखे हुए बॉलर्स में सबसे ख़तरनाक था। उसकी गेंदें पिच से ऐसे आती थीं जैसे साक्षात मौत आ रही हो।'' कहते हैं कि निसार इससे भी ज़्यादा तेज़ थे। उनके चौड़े कन्धे और शरीर में भरा मांस उन्हें ऐसी ताकत देता था जो तेज़ गेंदबाज़ी के लिए एकदम मुफ़ीद होती है। लेकिन 1947 में जब देश का विभाजन हुआ, ज़्यादातर फ़ास्ट बॉलर्स जिसमें निसार भी शामिल थे, पाकिस्तान चले गये। विभाजन ने इस उपमहाद्वीप को बाँट दिया था और साथ ही क्रिकेट के टैलेण्ट को शारीरिक बनावट के आधार पर भी बाँट दिया। हट्टे–कट्टे पठानों में फ़ास्ट बॉलर्स बन सकते थे जबकि छोटे क़द के इण्डियन प्लेयर्स स्पिनर बन पाये। जब गुलाम अहमद के साथ वीनू मांकड़ ने 1952 में अपनी स्पिन बॉलिंग से इण्डिया को पहली बार टेस्ट मैच में जीत दिलायी थी। एक बुरी घटना घट चुकी थी–भारत की ऐसी छवि बना ली गयी जिसके अनुसार इस देश में सिर्फ़ स्पिनर्स ही पैदा होते हैं। इस मामले में रमाकान्त देसाई एकमात्र अपवाद नज़र आये जो 1960 में इण्डिया के प्रीमियर फ़ास्ट बॉलर थे। लेकिन वो भी लम्बाई में कुछ छोटे थे और एक्सप्रेस फ़ास्ट बॉलर भी नहीं थे। 1967 में इंग्लैण्ड में चौथे टेस्ट के दौरान इण्डिया की बॉलिंग में कुछ ऐसा देखा गया जो काफ़ी हास्यास्पद और अजीब था। बुधी कुंदरन को उस टूर पर विकेटकीपर के तौर पर चुना गया था। बुधी ने 4 ओवर बॉलिंग की। वो कुछ क़दम चलकर आते और जितनी आराम से हो सकता, हाथ घुमा कर गेंद फेंक देते। 4 ओवर में बुधी ने 13 रन दिये। उन्हें सिर्फ़ इसलिए गेंदबाज़ी दी गयी थी कि गेंद की चमक जितनी जल्दी हो सके ख़त्म हो और फिर इण्डियन स्पिनर्स बॉलिंग करने लग जायें। उस मैच में इण्डिया 4 स्पिनर्स के साथ खेल रहा था। एक मज़ेदार बात ये भी है कि मैच से ठीक पहले कप्तान पटौदी ने जब कुंदरन से पूछा कि वो क्या गेंद फेंकते हैं तो उन्हें जवाब मिला, ''सच कहूँ तो मुझे भी नहीं पता।''

इसी स्पिन के लिए दोस्ताना रवैया रखने वाली टीम में आकर कपिल देव को अपनी छाप छोड़ने को कहा जा रहा था। कपिल देव कहते हैं, ''मुझे लगता है कि उस वक़्त जो भी क्रिकेट को कण्ट्रोल कर रहे थे, उन्हें लगता था कि अगर कोई हरियाणा से है तो वो ट्रैक्टर चलाता होगा न कि क्रिकेट की गेंद पकड़ के फ़ास्ट बॉलिंग करता होगा।'' इसीलिए कपिल की हरियाणा से निकल कर आने की और फिर इण्डिया की फ़ास्ट बॉलिंग में सबसे बड़ा नाम बन जाने की कहानी और भी ख़ास हो जाती है। ये वो खेल था जो 1970 की शुरुआत तक मुम्बई के बल्लेबाज़ों और मैच जिताऊ स्पिनर्स के खेल से परिभाषित हो रहा था। ये एक ऐसा खेल था जिसमें उच्च वर्गीय ब्राह्मण बहुसंख्यक थे जिसे देश के बड़े शहरों में ही खेला जाता था। (देश के क्रिकेट में शुरुआती पचास सालों में मात्र 7 खिलाड़ी गाँवों

से आये। इनमें से 3 ने 1930 के दशक में खेला। और सभी को क्रिकेट सीखने के लिए किसी न किसी मेट्रो शहर में जाना पड़ा।) क्रिकेट के खेल को पूरी तरह से लोगों के बीच लाने के लिए इण्डियन क्रिकेट को एक छोटे शहर से आने वाले हीरो की तलाश थी। वो जो आकर नये पैमाने गढ़ने वाला था।

1960 और 1970 को देखें तो देश में राजनीति के समानान्तर हरित क्रान्ति को भी रखा जा सकता है जब फ़सलों की पैदावार शानदार तेज़ी से बढ़ी और किसानों को इसने काफ़ी मज़बूत बना दिया। जब तक ये हरित क्रान्ति पूरी तरह से अपने चरम पर नहीं पहुँची थी, भारतीय राजनीति की कमान उच्च वर्ग के महानगरों के अभिजातों के हाथों में थी। ये 1967 के चुनावों के बाद ही हुआ था जब मध्यमवर्गीय किसानों की राजनीति ने पैर फैलाने शुरू किये। इसने भारतीय विधानसभाओं और संसद की पूरी तस्वीर बदल के रख दी। अगर इस हरित क्रान्ति ने भारतीय राजनीति को पूरी तरह से बदल दिया था तो एक शख़्स ने अपने कामों से भारतीय क्रिकेट में सबसे बड़ी क्रान्ति की शुरुआत कर दी थी जिसकी शुरुआत उसने अपने खाने में दो से ज़्यादा चपातियाँ पाने से की थी।

शिवालिक की तलहटी में बसा चण्डीगढ़ आज भारत की रहने लायक सबसे बेहतरीन जगहों में से एक है। ये बड़े ही सलीके से सेक्टरों में बँटा हुआ है। यहाँ चौड़ी सड़कें, गार्डन और झील हैं। इस शहर को प्रतिष्ठित स्विस–फ्रेंच वास्तुविद् ले कर्बूजिए ने डिज़ाइन किया था। ये शहर नेहरू की परियोजना थी जिसके तहत विभाजन के बाद के पंजाब को उसकी राजधानी मिलने वाली थी। 1966 में हरियाणा के अलग हो जाने के बाद से चण्डीगढ़ पंजाब और हरियाणा दोनों की संयुक्त राजधानी का काम करने लगा। इसके साथ ही इस शहर को केन्द्र शासित प्रदेश का दर्जा दे दिया गया। यहाँ के आईएएस अफ़सरों के बीच एक मज़ाक़ है जो काफ़ी आम है–''हमारे यहाँ प्रति वर्ग किलोमीटर में जितने नौकरशाह मिलेंगे, उतने देश के किसी भी और हिस्से में नहीं मिलेंगे।'' पिछले कुछ सालों में इस शहर ने बस्तियाँ बना ली हैं जहाँ सिविल सर्विस और आर्मी से रिटायर हो चुके अफ़सर रहते हैं। वो यहाँ के अच्छे मौसम और बेहतर गोल्फ़ कोर्सेज़ के आकर्षण में बँधे चले आते हैं। ओलम्पिक में गोल्ड मेडल जीत चुके अभिनव बिंद्रा चण्डीगढ़ से हैं। लेकिन फिर भी इस मिट्टी का सबसे दुलारा सपूत कपिल देव ही है।

1959 में पैदा हुए कपिल देव ने जिस चण्डीगढ़ में बड़े होना शुरू किया, वो एक छोटा–सा शहर था जिसमें बड़े शहरों वाली कोई भी बात अभी नहीं आयी थी। हालाँकि जब इसे दो राज्यों की राजधानी बनाया गया तो यहाँ बेहद तेज़ी से निर्माण कार्य शुरू हुआ। कपिल देव के माँ–बाप पंजाबी खत्री परिवार से थे जिनका अपना बिज़नेस हुआ करता था। वो विभाजन के समय पाकिस्तान के पालीवाल से चले आये थे और चण्डीगढ़ में रहने लगे थे। कपिल के पिता राम लाल निखंज टिम्बर काण्ट्रेक्टर थे। उनकी माँ राजकुमारी गृहिणी थीं जो घर में एक बड़े परिवार को पाल रही थीं। ''मेरे घरवालों को क्रिकेट के बारे में कुछ भी नहीं मालूम था। उन्होंने मुझे टीवी पर खेलते देखने से पहले एक भी क्रिकेट मैच नहीं देखा था,'' कपिल देव ने बताया। कपिल अपने 7 भाई–बहनों में छठे नम्बर पर थे। उनका

परिवार आर्थिक रूप से मज़बूत था और जिसमें कपिल को बहुत लाड़ मिलता था। उनके बड़े भाई भूषण ने उन्हें काफ़ी सहारा दिया और अपने सपने को पूरा करने के लिए प्रेरित किया। कपिल कहते हैं, "मुझे याद है कि एक बार मेरे कोच ने मेरे बड़े भाई से मुलाक़ात की और उन्हें बताया कि मुझमें क्रिकेटर बनने का टैलेण्ट तो है लेकिन मुझे और मज़बूत बनाना होगा। पास ही खड़े मेरे पापा इस बात को सुन रहे थे और वो शाम को दो भैंस ख़रीदकर ले आये जिससे घर में कभी भी दूध की कमी न हो। उन भैंसों को घर के पीछे बाँध दिया गया। मेरी माँ मुझे एक बड़े से मिलिट्री वाले मग में दूध देतीं। मुझे दिन भर में लीटरों दूध पीने को मिलता था।"

भारत के छोटे शहरों में तमाम खाली जगहें मिलती हैं, लेकिन मनोरंजन के विकल्प सीमित होते हैं और मुहल्ला एक विस्तृत परिवार बन जाता है। 1970 के शुरुआती दौर में चण्डीगढ़ भी ऐसा ही था। कपिल देव ने डीएवी स्कूल में दाखिला ले लिया था। इस स्कूल की अच्छी बात ये थी कि यहाँ खेलने के लिए एक बहुत बड़ा–सा मैदान हुआ करता था। "मैं बचपन में हर खेल खेला करता था क्योंकि और कुछ करने को ही नहीं था। मैं पढ़ने में भी बहुत अच्छा नहीं था। एक बार तो मेरी बेटी परेशान होकर घर आयी क्योंकि उसके मात्र 95% मार्क्स आये थे। मैंने उससे बताया कि मेरे तो उसके आधे नम्बर भी नहीं आते थे और मैंने कभी इसका अफ़सोस नहीं मनाया," कपिल ने अपने अन्दाज़ में कहा।

युवावस्था में कपिल की 'डेयरडेविल' वाली छवि दिखती थी। पूर्व भारतीय क्रिकेटर अशोक मल्होत्रा, जो कपिल के साथ चण्डीगढ़ में पढ़ते थे, बताते हैं कि ऐसा कोई भी खेल नहीं था जिसमें कपिल बेहतरीन नहीं थे। "कुक्कू (कपिल का छोटा नाम) हमारा फुटबॉल का गोली था, वॉलीबॉल का कप्तान था, एथलेटिक्स चैम्पियन था और उसके दिमाग़ में हमेशा शैतानी घुसी रहती थी। वो पुलिस के घोड़ों को खोल ले जाता था और उनकी पीठ पर घुड़सवारी करता था जबकि पुलिस उन घोड़ों को ढूँढ़ रही होती थी। एक काम जो उसने कभी नहीं किया, वो थी पढ़ाई। पूरी क्लास और टीचर्स ने मिलकर मेहनत की ताकि वो कम से कम दसवीं पास हो जाये," मल्होत्रा ये सब हँसते हुए बताते हैं।

कपिल देव के घर के पास ही एक खेलने का मैदान था। सेक्टर 16 के मैदान में देश प्रेम आज़ाद एक क्रिकेट कैम्प चलाया करते थे। आज़ाद हरियाणा के फ़र्स्ट क्लास प्लेयर थे। यहाँ 1971 में 12 साल की उम्र में कपिल ने दाखिला लिया। (ऐसा कहा जाता है कि उत्तर भारत में क्रिकेटर्स अपनी उम्र काफ़ी कम करवा कर लिखते हैं। मगर कपिल ये दावा करते हैं कि उन्होंने जो दस्तावेज़ दिये थे, वो उससे एक दिन भी बड़े नहीं हैं।) आज़ाद पुराने ख़यालों वाले कोच थे जो शरीर और दिमाग़ की मज़बूती और अनुशासन पर ख़ास ध्यान देते थे। कैम्प साल के हर दिन सुबह 6 बजे से शुरू हो जाता था। इसका दूसरा राउण्ड शाम को 3 बजे चलता था। चेतन शर्मा, जो आज़ाद कैम्प से निकले एक और भारतीय क्रिकेटर थे, कहते हैं, "अगर आप प्रैक्टिस के लिए 5 मिनट भी देरी से पहुँचते थे तो आपको या तो मैदान के 5 चक्कर लगाने होते थे या फिर उसे नेट्स में घुसने से हफ़्ते भर के लिए बैन कर दिया जाता था।" मल्होत्रा याद करते हुए बताते हैं, "एक बार कपिल ने हमारी प्रैक्टिस छुड़वा दी और हम फ़िल्म देखने चले गये। आज़ाद सर पिक्चर हॉल में

चले आये और सभी को एक–एक झापड़ मारा। हम 15 दिनों तक नेट्स में नहीं जा पाये।''

जबकि कपिल देव शुरुआत से ही एक एथलीट थे, वो आज़ाद ही थे जिन्होंने उन्हें फ़ास्ट बॉलिंग के लिए प्रोत्साहित किया। ''जैसी मेरी लम्बाई और मेरा शरीर था, ये शायद पहले से ही तय था कि मैं फ़ास्ट बॉलर बनने वाला था। उस वक़्त में अगर आप लम्बाई में छोटे थे तो आप सुनील गावस्कर जैसी बैटिंग करने के सपने देख रहे होते थे और अगर आप लम्बे थे तो आप नयी गेंद से तेज़ गेंद फेंकने के लिए पैदा हुए थे।'' लेकिन भारत में सुनील गावस्कर की तरह, फ़ास्ट बॉलिंग में कोई भी ऐसा रोल मॉडल नहीं था। ऐसे में चण्डीगढ़ में पलना–बढ़ना कपिल के लिए फ़ायदेमन्द रहा क्योंकि इस शहर की अपनी कोई क्रिकेटीय विरासत नहीं थी। लिहाज़ा यहाँ किसी भी खिलाड़ी के ऊपर दबाव नहीं होता था और वो अपनी कहानी ख़ुद लिख सकता था। कपिल देव मुस्कुराते हुए कहते हैं, ''आपको पता है मैंने पहला टेस्ट कब देखा था? जब मैंने ख़ुद उसमें बॉलिंग की थी।''

आत्मसात करने के लिए किसी हीरो के न होने से छोटे शहरों के खिलाड़ियों के लिए अपनी अलग स्टाइल बना पाना आसान हो गया। उनके कन्धों पर भूतकाल का कोई बोझ नहीं था। कपिल देव गेंद फेंकने के लिए जब आते तो लगभग 400 मीटर का काफ़ी मज़बूत और ताकतवर रन–अप लेकर आते। इसके बाद एक बड़ी–सी छलाँग लेते और अपनी सारी ताकत बल्लेबाज़ की ओर झोंक देते। ये छलाँग कपिल देव की पहचान बन गयी, जो भारतीय क्रिकेट के इतिहास में हमेशा के लिए दर्ज हो गयी। ''बाद में समझ आया था कि ये छलाँग असल में मेरी ग़लती थी। मेरे कोच को लगता था कि इससे मेरी स्पीड बढ़ेगी। लेकिन इसकी वजह से मेरे घुटनों पर ज़ोर पड़ता था जो इण्डियन विकेट्स के लिए अच्छी चीज़ नहीं थी,'' कपिल कहते हैं।

इन सबके बावजूद कपिल के कॅरियर में जो चीज़ सबसे ज़्यादा दिखायी देती है वो है उनकी शारीरिक फ़िटनेस। उन्होंने 15 सालों में 113 टेस्ट मैच खेले। उन्होंने अपने कॅरियर में बस एक मैच मिस किया जब 1984 में उन्होंने एक 'ग़ैर–ज़िम्मेदाराना' शॉट खेला था और उन्हें ड्रॉप कर दिया गया था। उनके सभी रेकॉर्डों में ये सबसे ज़्यादा हैरतअंगेज़ रेकॉर्ड है। एक फ़ास्ट बॉलर इण्डिया की गर्मी और नमी से भरे मौसम में लगातार बिना रुके गेंदबाज़ी करता रहा। इसने उन्हें इण्डिया का मैराथन मैन बना दिया। यहीं पर बचपने में चण्डीगढ़ में मिली घण्टों की ट्रेनिंग काम आयी। ''हम दिन भर में कम से कम 6 घण्टे बॉलिंग करते थे। सर्दी हो या गर्मी। और जब मैं बॉलिंग नहीं कर रहा होता था, मैं दौड़ता था। इसने मेरे पैरों को मज़बूत कर दिया। आप बिना मज़बूत पैरों के तेज़ बॉलिंग नहीं कर सकते,'' कपिल देव इतने ज़्यादा समय तक लगातार क्रिकेट खेलने के बारे में बताते हैं।

कपिल देव का ट्रेनिंग के दौरान जो पार्टनर था वो चण्डीगढ़ का एक और मज़बूत शख़्स था–योगराज सिंह। योगराज का बेटा युवराज सिंह आगे चलकर इण्डिया के लिए क्रिकेट खेलने लगा और जिसे देश में बेपनाह प्यार मिला। अगर कपिल की देह, दौड़ने वाले एथलीट की सी थी तो योगराज का शरीर भाला फेंकने वालों की तरह का था। योगराज सिंह बताते हैं, ''मैं उससे दो साल बड़ा था लेकिन हम भाई जैसे थे। मैं उसे रोज़ उठाता था और हम मैदान एक साथ जाते थे। फिर हम एक साथ तेज़ बॉलिंग करते और सारे

बल्लेबाज़ों को डरा के रखते। हम एक बार मैच खेलने पटियाला गये थे। हमें मालूम चला कि सामने वाली टीम के कई प्लेयर्स मैच नहीं खेलना चाहते थे क्योंकि उन्हें मालूम चल गया था कि योगराज और कपिल उन्हें बॉलिंग करने वाले थे।''

अगर कपिल अपना मन बना चुके थे तो योगराज को एक बिगड़ा हुआ लड़का कहा जाता था। (कई सालों बाद जेसिका लाल मर्डर केस में योगराज का नाम आता है। कहा जाता है कि योगराज ने सबूत मिटाने में आरोपित की मदद की थी।) लेकिन 1970 के दशक में दोनों साथ में भारत के लिए गेंदबाज़ी करने के अपने सपने को पूरा करने में सफल हो गये थे। दोनों घण्टों तक एक साथ ट्रेनिंग करते थे। यहाँ तक कि चण्डीगढ़ की गलियों में एक साथ, योगराज के शब्दों में 'दो पागलों की तरह' दौड़ते। अगर कपिल ने दो रोटियों से ज़्यादा माँगी थीं तो योगराज को भी फ़ास्ट बॉलर वाला खाना चाहिए था। ''कपिल और मैं एक साथ बेंगलुरु और मुम्बई में एक ही अण्डर–19 कैम्प में थे। मैंने वहाँ बता दिया था कि शेर घास नहीं खाता है। हमें हमारा मीट और चिकन चाहिए होता था। अगर वो हमें नहीं देते थे तो हम तब खा लेते थे जब कोई देख नहीं रहा होता था,'' योगराज ने कहा।

योगराज कहते हैं कि उन्होंने अपने पिता से कहकर कैम्प में 5,000 रुपये मँगाने शुरू कर दिये। ''वो पैसा मैं और कपिल बाँट लेते थे। फिर हम जितना मर्ज़ी बटर चिकन खा सकते थे। और एक बार जब मोइनुद्दौला टूर्नामेण्ट के दौरान हमें बताया गया कि हम जितना मर्ज़ी खा सकते थे तो हमने इतना खाया कि हमारे कैप्टन अंशुमन गायकवाड़ ने हमें आदमखोर कहना शुरू कर दिया।''

लेकिन योगराज और कपिल का एक साथ बॉलिंग करने का सपना बहुत ही जल्द टूट गया। जब कपिल देव 19 साल में भारत के लिए टेस्ट मैच खेलने जा रहे थे और 21 के होते–होते घर–घर जाने जाने लगे, योगराज ने 1980 में एक टेस्ट खेला और फिर गायब होते चले गये। ये एकदम वैसा ही था जैसा कुछ साल बाद सचिन और कांबली के साथ हुआ था। इन दोनों के बीच भी कुछ खटास–सी पैदा हो गयी। योगराज ने तो यहाँ तक कह दिया कि कपिल उनसे जलते हैं। और चण्डीगढ़, जहाँ एक सलीके का टर्फ विकेट भी नहीं था, अचानक एक नहीं दो–दो सुपरस्टार बन सकने वाली ताकतों का घर बन गया था। ये बता रहा था कि बहुत जल्द वहाँ सब कुछ बदलने वाला था। जबकि 'पंजाब दा पुत्तर' योगराज अपना वादा पूरा नहीं कर पाये, कपिल देव ने अपनी 6 फुट की देह से हर वो काम किया जिसने उन्हें 'हरियाणा हरीकेन' बना दिया। वो ऐसे क्रिकेटर बने जिसने भारतीय क्रिकेट को बदलकर रख दिया।

1978 में मेरे पिता दिलीप सरदेसाई की रिटायरमेण्ट के बाद खेला जाने वाला बेनिफिट मैच था। तीन पाकिस्तानी खिलाड़ी, जो 17 सालों में पहली बार भारत में खेलने जा रहे थे, इस मौक़े का ख़ास आकर्षण थे। इनमें सरफ़राज़ नवाज भी थे जिनकी घनी मूँछें उनके पाकिस्तानी जनरल होने का आभास दिलाती थीं। टीमें मुम्बई से अहमदाबाद ट्रेन से ले जायी जा रही थीं। जब ऑटोग्राफ़ के लिए पागल जनता सरफ़राज़ के पीछे भाग रही थी, कपिल देव चुपचाप एक कोने में बैठे हुए थे। अशोक मांकड़ ने कपिल की ओर इशारा करते हुए

कहा, "आपको इसका ऑटोग्राफ़ भी लेना चाहिए। ये एक फ़ास्ट बॉलर है और बहुत जल्द ही इण्डिया के लिए खेलेगा।" नवाज के चेहरे पर एक अहंकार भरी मुस्कान थी। उन्होंने कहा, "तो आप कह रहे हैं कि इण्डिया में फ़ास्ट बॉलर्स भी होते हैं?" शान्त और चुपचाप बैठे कपिल ने कुछ भी नहीं कहा। उस साल के अन्त में कपिल भारत की टीम में थे और पाकिस्तान के ख़िलाफ़ खेल रहे थे।

कपिल देव की पाकिस्तान में पहली सीरीज़ बहुत ख़ास नहीं रही। पाकिस्तानी बल्लेबाज़ों ने इण्डियन स्पिनरों की धज्जियाँ उड़ा दीं और कपिल को 3 मैचों में मात्र 1 विकेट मिला। लेकिन हाँ, वो झलकियाँ भी देखने को मिलीं जो उनके अन्दर छिपे बेहतरीन बॉलर की कहानी बयान कर रही थीं। एक मैच में उन्होंने एक ऐसी यॉर्कर फेंकी थी कि पाकिस्तानी ओपनिंग बैट्समैन सादिक मोहम्मद को हेलमेट पहनना पड़ा था। पूर्व इण्डियन ओपनर चेतन चौहान कहते हैं, सामने वाली टीम का बैट्समैन इण्डियन फ़ास्ट बॉलर के सामने हेलमेट पहने, ऐसा इससे पहले कभी भी सुनने को नहीं मिला था।

हरियाणा से आये इस नये लड़के ने सिर्फ़ बल्ले से ही नहीं, गेंद से भी छाप छोड़नी शुरू कर दी थी। उसकी टीम के कप्तान बिशन सिंह बेदी एक क़िस्सा सुनाते हैं जो कमाल का है। लाहौर में दूसरे टेस्ट में बेदी ने कपिल को नाइट वॉचमैन के रूप में जाने को कहा। "तू बस खेल जा आज भर पुत्तर," उन्होंने कपिल से कहा। कपिल गये और 12 गेंदों में 20 रन ठोंक दिये और मुस्कुराते हुए पवेलियन वापस आ गये। बेदी ने कपिल से कहा, "अरे लेकिन मैंने तुम्हें आराम से खेलने को कहा था।" कपिल ने कहा, "लेकिन पाजी मुझे तो बस गेंद को मारना ही आता है। डिफेंड करना नहीं।" पूरा ड्रेसिंग रूम हँस रहा था। कपिल ने असल में कभी भी नाइट वॉचमैन नाम की चीज़ नहीं सुनी थी। कपिल ने अपना कॅरियर हरियाणा के लिए नम्बर 11 पर बैटिंग करने से शुरू किया था। अब वो अचानक एक ऑल राउण्डर कहलाने लगे थे। "मैं तो टेस्ट मैच खेलने के बाद बैट्समैन बना। उससे पहले तो मैं ख़ुद को बस एक बॉलर समझता था। मेरे लिए बॉलिंग ही सब कुछ था। बैटिंग तो बस मज़े के लिए करते थे," वो काफ़ी सहज होने की कोशिश करते हुए कहते हैं।

कराची में खेले गये अगले मैच में जब इमरान खान के नेतृत्व में पाकिस्तानी बॉलर्स कपिल को बाउंसर फेंक–फेंक कर आउट करना चाहते थे, कपिल ने 33 गेंदों में अपना पहला अर्धशतक मार दिया। कपिल ने सरफ़राज़ की गेंद पर छक्का मारा और कुछ ही महीने पहले ट्रेन के सफ़र के दौरान सरफ़राज़ के कमेंट का जवाब दिया। कपिल कहते हैं, "मुझे नहीं लगता है कि इससे पहले कभी पाकिस्तानी पेस बॉलर का किसी इण्डियन बल्लेबाज़ ने इस तरह से सामना किया था कि उनकी बाउंसर पर हुक शॉट मारे जा रहे थे। मुझे लगता है कि उस दिन, कराची में मुझे इस बात का अहसास हो गया था कि मैं टेस्ट क्रिकेट के लिए बना था।" एक मीडियम फ़ास्ट बॉलर और बैट्समैन जो लोहे को लोहे से काटे जाने में विश्वास रखता था और सारी लड़ाइयाँ लड़ने को तैयार था। वो एक हीरा था जो भारतीय क्रिकेट की झोली में अभी–अभी आ गिरा था।

भारत उस सीरीज़ में 2–0 से हारा। लेकिन बस एक ही साल में कपिल ने अपना बदला ले लिया था। जो हीरा मिला था, अब वो तराशा जा चुका था। 1979–80 में हुई

घरेलू सीरीज़ में पाकिस्तान के ख़िलाफ़ कपिल देव ने 32 विकेट लिए और बेहद ज़रूरी मौक़ों पर रन बनाये। इसी दौरान वो टेस्ट मैचों में 100 रन और 100 विकेट्स लेने वाले दुनिया के सबसे कम उम्र के खिलाड़ी बने। चेन्नई की तपा देने वाली गर्मी में कपिल ने 11 विकेट लिए और 84 रन बनाये। अगर पाकिस्तानी बल्लेबाज़ कभी इण्डियन स्पिन अटैक को कुछ नहीं समझते थे तो अब कपिल देव की फ़ास्ट बॉलिंग उनके पुराने हो चुके बल्लेबाज़ों को जल्दी रिटायर होने पर मजबूर कर रही थी। सैयद किरमानी कहते हैं, ''उस सीरीज़ में कपिल ने ज़हीर अब्बास और मजीद खान जैसे ख़तरनाक बल्लेबाज़ों को बेहद मामूली महसूस करवाया।'' सैयद किरमानी विकेटकीपर के तौर पर आख़िरकार एक तेज़ बॉलर के सामने अपनी कीपिंग के मज़े ले पा रहे थे। मज़ेदार बात ये है कि कपिल के पहले 34 मैचों में किसी भी विपक्षी ओपनर जोड़ी ने एक बार भी शतकीय साझेदारी नहीं की।

कपिल देव को किस बात ने असाधारण बनाया? नयी गेंद वाले उनके साथी मदन लाल कहते हैं कि कपिल का एक्शन और बाहर निकलती उनकी स्वाभाविक गेंदें उनका मुख्य हथियार थीं। ''टेस्ट मैचों में आउटस्विंगर एक दमदार हथियार होती है और कपिल के पास वो गेंद थी,'' मदन लाल कहते हैं। मैंने कपिल से उनकी आउटस्विंगर के बारे में पूछा तो उन्होंने कहा, ''मुझे लगता है ये भगवान का गिफ्ट है।'' दुनिया को ऐसा लगता है कि कपिल देव चण्डीगढ़ से आने वाला वो लड़का था जो बड़े आराम से टेस्ट क्रिकेट में ढल गया और वो एक टैलेण्टेड क्रिकेटर था जो बैटिंग और बॉलिंग दोनों ही कर सकता था। मगर सच तो ये है कि वो हर वक़्त क्रिकेट के बारे में सोचा करते थे। ''जैसे कि मुझे मालूम था कि पाकिस्तानी प्लेयर्स बैकफुट पर बहुत बढ़िया खेलते थे। लेकिन उन्हें बाहर निकालो तो वो आउट हो जाते हैं। मैंने उन्हें बाहर निकालने का प्लान बनाया और वो प्लान काम कर गया,'' वो बताते हैं। आगे आने वाले समय में कपिल ने अपने तरकश में इनस्विंगर नाम का तीर भी शामिल कर लिया। ये उन्होंने इंग्लैण्ड में काउंटी क्रिकेट खेलते वक़्त सीखा। अब वो बल्लेबाज़ों के लिए और भी मुश्किल गेंदबाज़ बन गये थे।

कपिल के एक और गेंदबाज़ी के पार्टनर कार्सन घावरी कहते हैं कि कपिल की सबसे बड़ी ताकत उनकी हार न मानने की आदत थी। ''मैंने कपिल देव से ज़्यादा जुझारू खिलाड़ी नहीं देखा। वो भरी दोपहर में 10–12 ओवर फेंक देगा और थकान की कतई शिकायत नहीं करेगा। फिर वो दिन के अन्त में आकर भी कुछ ओवर कर देगा। ये बहुत सारी फ़िटनेस और मज़बूती माँगता है,'' घावरी कहते हैं।

ये बात सभी की नज़र में तब आयी जब 1981 में वो मेलबॉर्न में एक बेहद अच्छा मैच जीते थे। उस मैच की चौथी पारी में ऑस्ट्रेलिया को 143 रन चाहिए थे लेकिन उन्हें 83 रन पर ही ऑल आउट कर दिया गया था। कपिल देव ने 16 ओवर में 28 रन दिये और 5 विकेट लिए। लेकिन असली कहानी नम्बर्स नहीं बताते हैं। मैच के चौथे दिन कपिल देव पैर की मांसपेशियों में खिंचाव के कारण चल भी नहीं पा रहे थे। मैच के पाँचवें दिन वो दर्द कम करने वाली दवाइयाँ लेकर खेलने उतरे थे। ''मुझे मालूम था कि टीम को मेरी ज़रूरत थी। इसलिए मैंने सोचा था कि मैं जाकर कुछ ओवर्स फेंकूँगा। 5 ओवर फेंक लेने के बाद कैप्टन गावस्कर ने मुझसे पूछा कि क्या मैं आराम करना चाहता हूँ। मैंने कहा कि

नहीं अगर हम मैच जीतते हैं तो मैं दर्द सहने के लिए तैयार हूँ।'' जीत के बाद कपिल देव दर्द के मारे ड्रेसिंग रूम में गिर पड़े थे। उनके कौशल पर किसी को भी शक नहीं था। लेकिन इस घटना के बाद उन्हें साहस की कसौटी माना जाने लगा। आज भी घावरी को उस प्रदर्शन को याद कर अचरज होता है। ''वो हमारी जीत के लिए एक पैर से दौड़ कर गेंद फेंक रहा था।''

कपिल देव का क़द बढ़ रहा था। अब वो दुनिया के सर्वश्रेष्ठ ऑल राउण्डरों में से एक गिने जा रहे थे। 80 के दशक की शुरुआत में 4 ऑल राउण्डर विश्व क्रिकेट में छाये हुए थे। इंग्लैण्ड के पास इयान बॉथम थे। एक शानदार व्यक्तित्व जो जब हाथ में बल्ला पकड़ लेता था तो लन्दन के पब खाली हो जाया करते थे। न्यूज़ीलैण्ड के पास रिचर्ड हेडली थे जिनके कन्धों पर एक छोटे–से क्रिकेट खेलने वाले देश की आशाएँ थीं। पाकिस्तान के पास इमरान खान थे। वो क्रिकेट के पोस्टर ब्वॉय थे जो देखने में बड़े आकर्षक थे। और हमारे पास हरियाणा का तूफ़ान था जिसका जोश हम बढ़ाते रहते थे। क्रिकेट फैन्स के बीच इन सभी की क़ाबिलियत की तुलना करना एक अच्छा टाइम–पास बन गया था। एक पाकिस्तानी दोस्त से मेरी बातचीत ही लगभग बन्द हो गयी थी क्योंकि इमरान खान बनाम कपिल देव के मुद्दे पर हमारी गरमा–गरम बहस हो गयी थी। कपिल ख़ुद अपना विश्लेषण करते हुए इन चार लोगों की लिस्ट में सबसे टॉप स्पॉट के बारे में कहते हैं, ''बॉथम सबसे अच्छे बैट्समैन थे। हेडली बेस्ट बॉलर। इमरान बेस्ट कप्तान थे और मुझमें शायद सबसे अच्छा नेचुरल टैलेण्ट था।''

1970 का दशक अगर गावस्कर की बैटिंग के इर्द–गिर्द घूम रहा था तो कपिल ने 80 के दशक में काफ़ी कुछ परिभाषित किया। गावस्कर ने अगर भारतीय क्रिकेट को ये हौसला दिया था कि वो दुनिया की सबसे अच्छी गेंदबाज़ी के सामने मज़बूती से खड़े हो सकते हैं तो कपिल नये, आक्रामक, कभी हार न मानने वाले इण्डियन क्रिकेट के जज़्बे की निशानी थे। अगर गावस्कर हर बैटिंग रेकॉर्ड तोड़ रहे थे तो कपिल एक बॉलर और एक ऑल राउण्डर के तौर पर आगे क़दम बढ़ा रहे थे। इनमें से एक ऐसा था जो तकनीकी रूप से जीनियस का दर्जा प्राप्त कर चुका था और परम्परागत क्रिकेट प्रेमियों की पसन्द था। वो ऐसी बैटिंग करता था मानो मोहम्मद रफ़ी कोई ग़ज़ल गा रहे हों। दूसरा आज़ाद पंछी था जो वो सब कर सकता था जो सोचा भी नहीं गया होगा, पड़ोसन फ़िल्म में गाये गये किशोर कुमार के मशहूर गाने की तरह। गावस्कर इस देश का मान–सम्मान थे। उन्हें देखने के लिए वो लोग जाते थे जो उन सीटों पर बैठते थे जहाँ बैठने के लिए आपको महँगे कपड़े पहनने होते थे। कपिल उन लोगों के चहेते थे जो सिनेमा हॉल में स्टॉल की शुरुआती सीटों के टिकट का ख़र्च ही उठा पाते थे। गावस्कर के फॉरवर्ड डिफेन्स की तस्वीर भले ही आपके घर की मुख्य दीवार पर टँगी होगी लेकिन कपिल की बॉलिंग करने से ठीक पहले वाली छलाँग के पोस्टर लोकल पान–बीड़ी की दुकानों में मिलते थे। कॉन्वेंट में पढ़े, मिडिल क्लास महाराष्ट्र से क्रिकेट की सत्ता अब डीएवी स्कूल, चण्डीगढ़ में पढ़े हरियाणा के बेहद ज़मीनी खिलाड़ी के पास आ रही थी। क्रिकेट आख़िरकार क्लास और क्षेत्र के बन्धनों को तोड़ रहा था।

गावस्कर और कपिल देव को दर्शक किस तरह से देख रहे थे, इसका अन्दाज़ा पामोलिव

शेविंग क्रीम के विज्ञापन से लगाया जा सकता है। 70 के दशक में गावस्कर एक स्क्वायर ड्राइव मारते हुए दिखते हैं और अंग्रेज़ी में एक टैग लाइन लिखी थी–'जब गावस्कर स्क्वायर ड्राइव को परफ़ेक्ट कर रहे थे, पामोलिव उनकी शेविंग को परफ़ेक्ट बना रही थी।' वो ब्राण्ड उस वक़्त गावस्कर में उस क्लासिकल खासियत की नुमाइन्दगी करता था, जो परफेक्शन की उनकी तलाश में दिखायी देती थी। कपिल के विज्ञापन में चमकते दाँतों के साथ खड़े कपिल दिखायी देते थे और टैग लाइन बदल कर हो चुकी थी–'पामोलिव दा जवाब नहीं।' बात महानगरों की नफासत से हटकर छोटे शहर के हीरो तक आ गयी थी। अब बात अंग्रेज़ी से आम बोलचाल की भाषा में हो रही थी और इसका बाकायदा संज्ञान लिया जा रहा था।

ये सत्ता का वो स्थानान्तरण था जो 1980 के दौर में राजनीति में साफ़ दिखायी दे रहा था। उस वक़्त शिष्ट, अंग्रेज़ी बोलने वाले नेहरू लीग के स्वाधीनता के ठीक बाद जमने वाले नेतागण जा रहे थे और उनकी जगह एक नयी खेप आ रही थी जो जातिवाद और परिवारवाद के दम पर उस स्थिति में नहीं पहुँची थी। दक्षिण में एनटी रामाराव और उत्तर में लालू प्रसाद यादव और मुलायम सिंह यादव जैसे रहनुमाओं का उदय देश के उन वंचित सामाजिक समूहों के एक नये लोकतान्त्रिक सशक्तीकरण की मिसाल था, जो अभी तक हाशिए पर थे। एक मज़ेदार वाकया है। बेजोड़ लालू प्रसाद यादव ने मुझे एक इण्टरव्यू में कहा था, "तुम्हारे पास अंग्रेज़ी क्लास है। हमारे पास हिन्दी मास है।"

कपिल कहते हैं कि उन्हें कभी भी इस बात पर शर्म या झिझक नहीं महसूस हुई कि वो फ़र्राटेदार अंग्रेज़ी नहीं बोल पाते। वो अपनी हरियाणा वाली हिन्दी में बात करना ज़्यादा पसन्द करते थे। वो याद करते हैं, "मुझे याद है मुझे जब पहली बार भारत का कप्तान बनाया गया था तो बोर्ड के एक अधिकारी ने मुझसे कहा कि मैं इसके बाद होने वाली प्रेस कॉन्फ्रेंस में न जाऊँ क्योंकि वहाँ अंग्रेज़ी में भी सवाल पूछे जायेंगे। मैंने उससे कहा, 'तुमने मुझे इसलिए कप्तान बनाया है क्योंकि मैं अच्छा क्रिकेट खेलता हूँ। इसलिए नहीं कि मुझे अंग्रेज़ी सीखने के लिए ऑक्सफ़ोर्ड यूनिवर्सिटी जाना चाहिए था।' " यहाँ तक कि कपिल के भावी ससुराल वाले भी शुरुआत में अपनी बेटी की शादी उनसे करने में हिचक रहे थे, क्योंकि कपिल की छवि देहात से आने वाले एक गँवई लड़के की थी। "रोमी मुम्बई के एक शान्त, अंग्रेज़ी बोलने वाले परिवार से आती है जबकि मैं तो बाहरी था जो ज़्यादा पैसे वाला भी नहीं था। लेकिन अन्त में प्यार ने सब कुछ जीत लिया," 22 साल की उम्र में शादी कर लेने वाले कपिल एक मुस्कान के साथ कहते हैं।

रोमी देव, जो ये कुबूल करती हैं कि वो कोई क्रिकेट फैन नहीं हैं, कहती हैं कि वो पहली बार कपिल से अगस्त 1978 में मिली थीं जब वो भारत के लिए खेले भी नहीं थे। "मुझे कतई शर्म नहीं आयी थी कि कपिल को मेरे मुम्बई के दोस्तों की तरह अंग्रेज़ी बोलनी नहीं आती थी। मुझे लगता है कि वो काफ़ी आसान वक़्त था और कपिल का आत्मविश्वास इस कदर था कि अगर उनके अन्दर कोई खामी थी भी तो वो दिखायी नहीं पड़ती थी। और जहाँ तक बात थी घरवालों को मनाने की, हम अपने फ़ैसले पर टिके रहे थे।"

1981 में शादी के कुछ ही दिन बाद दोनों इंग्लैण्ड के लिए चल पड़े जहाँ कपिल को लंकाशायर लीग में खेलना था। उन दिनों में भारत के टॉप प्लेयर्स भी कुछ हज़ार पाउण्ड्स

के लिए इंग्लैण्ड में गर्मियाँ बिताते थे। रोमी याद करते हुए कहती हैं, ''हमने शुरुआत में जिमी (मोहिन्दर अमरनाथ) और उनकी पत्नी के साथ एक कॉटेज शेयर किया। वो लोग इंग्लैण्ड में रहने के आदी थे। पहली बार मुझे ख़ुद अपना खाना बनाना होता था। वो कतई आसान नहीं था। मैंने जब पहली बार राजमा बनाना चाहा तो कुकर का ढक्कन ठीक से बन्द नहीं हुआ था और सारा राजमा किचन में फैल गया।'' कपिल आगे बताते हैं, ''ये तो रोने लगी थी। फिर मैंने इससे कहा कि परेशान मत हो। तुमने जैसी शुरुआत की है, वहाँ से जो होगा बेहतर ही होगा।''

आज जब सभी इण्डियन क्रिकेटर आलीशान जगहों में रहते हैं, एक भारतीय क्रिकेटर का दूसरे क्रिकेटर परिवार के साथ इंग्लैण्ड के किसी गाँव में घर शेयर करने की ख़बर कितनी अजीब लगती है। 1980 में क्रिकेट पैसों से लद जाने वाला खेल बनने से कुछ क़दम दूर ही था। लेकिन कपिल इसे अपने ही अन्दाज़ में बताते हैं, ''कुछ ऐसे वक़्त आये जब चीज़ें बिखरती दिखीं लेकिन 'प्यार किया तो डरना क्या' हमारा सिद्धान्त था और हम उसी पर डटे रहे।'' मैदान में और मैदान से बाहर बेहद आसानी के साथ मुस्कुराते हुए छक्का मार देने की इस कला ने ही कपिल देव को करोड़ों लोगों का पसन्दीदा क्रिकेटर बना दिया, लेकिन उनकी जवानी में वो दिन अभी भी आना बाक़ी था जो उनकी ज़िन्दगी और पूरे देश को एक बार फिर पलट के रख देने वाला था।

भारतीय क्रिकेट के इतिहास को दो हिस्सों में बाँटा जाना चाहिए–1983 की वर्ल्ड कप जीत के पहले और जीत के बाद। इण्डियन क्रिकेट 25 जून 1983 को हमेशा के लिए बदल चुका था। उस दिन भारत ने कपिल देव की अगुवाई में लॉर्ड्स मैदान में वर्ल्ड कप जीता था। इस वर्ल्ड कप से पहले 2 टूर्नामेण्ट्स में इण्डिया ने मात्र 1 मैच जीता था। वो भी ईस्ट अफ़्रीका के ख़िलाफ़। भारत के महान ओपनर सुनील गावस्कर ने 60 ओवर के मैच में एक बार 36 रन बनाये थे। इस इनिंग्स ने इण्डिया का वन–डे मैचों से डर उजागर कर दिया था। इक्का–दुक्का जीतों के अलावा, भारत उपमहाद्वीप के बाहर काफ़ी बुरा प्रदर्शन किया करता था। क्रिकेट पूरे राष्ट्र पर छाया हुआ करता था मगर खिलाड़ी ज़रूरत से ज़्यादा महिमामण्डित किये जा चुके अनुभवहीन खिलाड़ी थे जो आर्थिक सहायता के लिए बोर्ड पर आश्रित रहा करते थे। लॉर्ड्स की धूप में 7 घण्टे के खेल ने इसे बदल दिया।

उस ऐतिहासिक जीत के बारे में न जाने कितना और क्या–क्या लिखा जा चुका है। दुनिया की सर्वश्रेष्ठ टीम बनाम कहीं भी न ठहरने वाली भारतीय क्रिकेट टीम। 1980 की शुरुआत में वेस्ट इण्डीज़ की टीम अपने आपमें एक परिघटना हुआ करती थी। इस वेस्ट इण्डीज़ की टीम में कैरिबियन जुझारूपन था और विपक्षियों का निर्ममता से नाश कर देने की ताकत थी। वो सामने वाली टीम को सिर्फ़ हराते नहीं थे बल्कि उन पर ऐसे धावा बोलते थे जैसे हेवीवेट चैम्पियन नौसिखियों को पीटने के लिए आगे बढ़ते हैं। वो पहले दो वर्ल्ड कप जीत चुके थे। उनकी सफलता के पीछे जानलेवा फ़ास्ट बॉलिंग थी और भयानक टैलेण्ट से भरा बैटिंग लाइनअप था जिसकी सबसे अगली क़तार में दुनिया के महान बल्लेबाज़ सर विवियन रिचर्ड्स खड़े थे। किसी ने भी उनकी हार के बारे में नहीं सोचा था। शायद कट्टर भारतीय समर्थकों ने भी नहीं।

मैं उस दिन लॉर्ड्स मैदान में मौजूद था। ये वो दिन था जो मेरी ज़िन्दगी का सबसे ख़ुशनुमा दिन बनने वाला था। हमने निराश हो चुके इंग्लिश फैन्स से टिकट ख़रीदा था जिन्होंने अपनी टीम को भारत के हाथों हारते हुए देखा था। मेरे साथ भारतीय खिलाड़ी यजुर्वेंद्र सिंह थे जिनके पास टेस्ट मैचों में सबसे ज़्यादा कैच लेने का रेकॉर्ड हुआ करता था। जब भारत ने पहले बैटिंग करते हुए मात्र 183 रन बनाये, यजुर्वेंद्र ने मैच देखना छोड़ दिया। उन्होंने कहा, ''मेरी पत्नी चाहती है कि मैं शॉपिंग के लिए उसके साथ जाऊँ। मैं अब यहाँ रुककर भारत को हारते हुए नहीं देखना चाहता।'' यहाँ तक कि कपिल की पत्नी रोमी भी आधे मैच में उठकर चली गयी थीं। ''जितनी भी बार विव रिचर्ड्स चौका मार रहे थे, मेरे आसपास मौजूद वेस्ट इण्डियंस कूदने लगते थे। वो चिल्ला रहे थे। ये बहुत बुरा लग रहा था। तो हमने भी सोचा कि हम अपने होटल रूम में चले जाते हैं,'' उन्होंने कहा।

ये एक बुरा फ़ैसला था। भारत मैच जीत गया। वेस्ट इण्डीज़ की मज़बूत टीम मात्र 140 रनों पर आउट हो गयी और क्लाइव लॉयड की जगह कपिल देव ने वर्ल्ड कप ट्रॉफ़ी उठायी। मोहिन्दर अमरनाथ कहते हैं, ''मुझे लगता है कि अगर हम वेस्ट इण्डीज़ से दस मैच खेलते तो एक ही जीतते। हम बस सही दिन पर वो फाइनल मैच खेल रहे थे।'' कीर्ति आज़ाद बताते हैं कि बैटिंग ख़त्म होने के बाद कपिल ने टीम को सम्बोधित करते हुए कहा, ''जवानो, हमारे पास शायद जीतने लायक स्कोर नहीं है लेकिन लड़ने लायक टोटल ज़रूर है। चलो! लड़ जाते हैं।'' ये खालिस कपिल की बात थी। ये उस कपिल देव की कही बात थी जो एक लड़ाका था और जिसे हार मानना आता ही नहीं था।

कपिल देव की इस दिन की अपनी फेवरिट कहानी है। मैच ख़त्म होने के बाद कपिल देव वेस्ट इण्डीज़ के ड्रेसिंग रूम में खिलाड़ियों से हाथ मिलाने गये। उस कमरे में सन्नाटा पसरा हुआ था। उन्हें अपनी हार पर विश्वास नहीं हो रहा था। ''मुझे वहाँ शैंपेन की बोतलें दिखायी दे रही थीं जो उन्होंने ज़श्न मनाने के लिए मँगवाई थीं। मैंने लॉयड से पूछा कि क्या मैं एक–दो बोतलें ले जा सकता हूँ क्योंकि हमने एक भी ख़रीदी ही नहीं थीं। वो कुछ बुदबुदाये और हमने तुरन्त ही बोतलें उठा लीं और पूरी रात अपनी जीत का ज़श्न मनाया। अगली सुबह जब हमने अख़बार उठाया तो हमें ये अहसास होना शुरू हुआ कि हम विश्व विजेता थे,'' कपिल देव याद करते हुए बताते हैं। रोमी देव बताती हैं, ''मुझे लगता है कि उस दिन वेस्टमोरलैण्ड होटल, जो लॉर्ड्स के नज़दीक ही था और जहाँ भारतीय टीम रुकी हुई थी, मिनी इण्डिया बन गया था। पूरी रात भाँगड़ा हो रहा था और लड्डू बाँटे जा रहे थे।''

कप्तान होने के नाते कपिल देव वर्ल्ड कप की उस जीत के मुख्य किरदार बन गये। वो बहुत बड़ी नीतियाँ नहीं बनाते थे लेकिन उनकी सकारात्मक सोच संक्रामक थी। ''मैंने पहले ही दिन से टीम को ये बताया हुआ था कि अपने खेल को एन्जॉय करें और ईमानदारी से अपना सब कुछ लगा दें क्योंकि हमारे पास खोने को कुछ था ही नहीं।'' भारतीय टीम की जीत की सम्भावनाएँ 66 में से 1 थीं। कई खिलाड़ियों ने तो पहले राउण्ड के बाद ही अमेरिका घूमने के लिए फ्लाइट्स भी बुक करवा ली थीं। ''हमने तो सेमी फाइनल खेलने के बारे में नहीं सोचा था और आप फाइनल की बात कर रहे हैं। हमने अपने–अपने परिवार के साथ छुट्टियाँ प्लान कर ली थीं। लेकिन जब हमने पहले राउण्ड में वेस्ट इण्डीज़ को हरा

दिया था तो हमें लगने लगा कि हम कुछ कर सकते थे,'' कपिल अपनी 1983 की यात्रा के बारे में बताते हुए कहते हैं।

हालाँकि रनिंग पॉइण्ट था ज़िंबाबवे के ख़िलाफ़ वो मैच जिसमें कपिल देव ने लोगों को सिखाया कि मैच कैसे जितवाया जाता है। ट्यूनब्रिज वेल्स में थोड़े से हरे विकेट पर ज़िंबाबवे के बॉलर्स ने इण्डिया के 17 रनों पर 5 विकेट ले लिए थे। फिर कपिल देव बैटिंग करने आये। ''मैं सुबह वर्कआउट करने के बाद शॉवर ले रहा था और जब तीसरा विकेट गिरा तो मैं तौलिए में था। मैंने जल्दी से कपड़े और पैड्स पहने। जब पाँचवाँ विकेट गिरा तो मैंने रॉजर बिन्नी को कहा कि वो बस टिका रहे और सारे ओवर खेल डाले। वो तो आख़िरी के 10 ओवर में मैंने सोचा कि अब थोड़ा चांस लेकर देखता हूँ। फिर मैंने मारना शुरू किया। वो शायद मेरा लकी दिन था।''

वो किस्मत से कुछ ज़्यादा ही था। कपिल देव ने उस दिन रेकॉर्ड–तोड़ 175 रन बनाये। इसमें 16 चौके और 6 छक्के शामिल थे। मदन लाल, जिन्होंने उस दिन कपिल के साथ बैटिंग की थी, बताते हैं, ''हर छक्का एकदम क्लीन–हिट था। हर बार बॉल बाउण्ड्री के काफ़ी पार जाकर गिरी थी।'' उस पारी ने बताया कि भारतीय क्रिकेट के लिए कपिल देव क्या मायने रखते थे। सिर्फ़ वही ऐसा क्रिकेट खेल सकते थे जिसमें अटैक को सबसे अच्छे डिफेन्स के रूप में पेश किया जाये। 1975 में गावस्कर के दर्द भरे 36 नॉट आउट से 1983 में कपिल की आतिशी बैटिंग का सफ़र तय करते हुए भारतीय टीम आख़िरकार वन–डे मैचों के लिए तैयार दिखायी देने लगी थी। टीम में आत्मविश्वास दिखायी देने लगा था। आज़ाद का कहना है, ''उस एक पारी ने ड्रेसिंग रूम में पूरा मूड ही बदल के रख दिया था। कप्तान ने हमें रास्ता दिखाया था। हमें बस उसपर चलना बाक़ी था।''

दुखद बात तो ये है कि ट्यूनब्रिज वेल्स की उस पारी को किसी भी कैमरे ने रेकॉर्ड नहीं किया क्योंकि उस दिन बीबीसी की हड़ताल थी और मैदान पर एक भी कैमरा क्रू नहीं था। कपिल कहते हैं, ''मैं शायद अपने नाती–पोतों को वो इनिंग्स दिखाता। अभी उन्हें बस स्कोरकार्ड देखने को मिलेगा। हालाँकि एक पल ऐसा ज़रूर है जो सभी की यादों में बसा है और जिसे बार–बार देखा गया है। विव रिचर्ड्स का कैच जो कपिल ने दौड़ कर लिया था। ''रिचर्ड्स अपनी फॉर्म में थे और मुझे पूरे मैदान में मार रहे थे। मुझे ऐसा लग रहा था कि वो कुछ ज़्यादा ही उत्साह में थे और मैंने कपिल से एक एक्स्ट्रा ओवर माँगा। उसी ओवर में रिचर्ड्स एक पुल शॉट सँभाल नहीं पाये और कपिल ने कैच लिया,'' मदन लाल ने बताया। कपिल ने वो कैच पीछे भागते हुए लिया था। उनकी आँखें गेंद पर जमी हुई थीं और एक समूचा देश अपनी साँसें रोके उन्हें देखे जा रहा था। जब उन्होंने उस कैच को पकड़ लिया तो वो एकदम शान्त दिख रहे थे। मानो पूछ रहे हों कि इतना हल्ला क्यों हो रहा था। उन्होंने बस हल्की सी मुस्कान ज़ाहिर की जब उनके साथी और मैदान में मौजूद कुछ दर्शक उनकी ओर बढ़ रहे थे। एक कठिन कैच बहुत ही आसान सा लग रहा था। एक बार फिर, ये करने वाले कपिल देव ही थे।

वो कैच और कपिल की वर्ल्ड कप ट्रॉफ़ी उठाए तस्वीर देश की यादों में बसी हुई है क्योंकि वो भारत में रंगीन टीवी में क़ैद होने वाली पहली 'लाइव' यादों में से एक है। एक

साल पहले ही 1982 में हुए एशियन गेम्स के दौरान रंगीन टीवी सेट्स इण्डिया में आये थे। कलर टीवी सेट लेना मध्य वर्ग की एक बहुत बड़ी ख़्वाहिश हुआ करती थी। कपिल देव के ट्रॉफ़ी उठाने के उन दृश्यों ने उपभोक्तावाद के उस दौर में कलर टीवी की चाह को और हवा दी। वर्ल्ड कप की जीत के बाद टीवी सेट्स की बिक्री में भारी इज़ाफ़ा दर्ज किया गया।

ये वो समय भी था जब देश में बहुत कुछ चल रहा था। पंजाब में चरमपन्थ, उत्तरपूर्व में जनसंहार, कश्मीर में मुश्किलें—ऐसा लग रहा था जैसे इन्दिरा गाँधी की सरकार एक बिखरते हुए राष्ट्र पर हुकूमत कर रही थी। ऐसे निराशाजनक समय में कपिल देव और उनकी टीम ने राष्ट्र को एक अनोखा और बेहतरीन पल दिया जिसमें पूरा देश शामिल हुआ और क्रिकेट राष्ट्रवाद की ख़ुशी से भर गया। भारत को ऐसी प्रेरणा की सख़्त ज़रूरत थी। कपिल देव की टीम में राष्ट्र ने अपने–अपने हीरो चुन लिए थे।

ऐसा नहीं था कि टीम के खिलाड़ी रातोरात करोड़पति बन गये थे। इस समय तक बीसीसीआई ने अभी तक क्रिकेट को एक पैसा कमाऊ धन्धे की तरह इस्तेमाल करना नहीं शुरू किया था और साथ ही क्रिकेटर्स भी अपने हक़ के बारे में इतना नहीं जानते थे। उपभोक्ता कम थे। एक आम मध्य वर्गीय घर में इलेक्ट्रॉनिक उपकरणों के नाम पर एक फ्रिज, एक छोटा टीवी और एक मिक्सर से ज़्यादा कुछ नहीं होता था। इसलिए प्रायोजक खोजना कुछ कठिन काम था। पूरे वर्ल्ड कप के दौरान खिलाड़ियों को मात्र 20,000 रुपये मिले थे। इसके साथ उन्हें रोज़ाना के ख़र्चे के लिए 20 पाउण्ड मिलते थे जिसमें लांड्री शामिल थी। कपिल कहते हैं, "हमें कोई मोटी रकम नहीं मिली थी। लता मंगेशकर की एक कॉन्सर्ट करवाई गयी थी जिससे मिलने वाले पैसे से हम सभी को 1–1 लाख रुपये मिले थे।"

लेकिन सभी खिलाड़ियों को हर भारतीय के दिल और दिमाग़ में एक स्थायी जगह मिल गयी थी जिसे वो बाद में भुना सकते थे। इसलिए जब भी 4 साल के अन्तर पर वर्ल्ड कप होता है, 1983 के विजेता टीवी स्टूडियो में बुलाये जाते हैं और उनकी सफलता का ज़श्न मनाया जाता है। 2008 में हमने उनकी जीत की पच्चीसवीं सालगिरह पर एक कार्यक्रम का आयोजन किया था। कम से कम आधा दर्जन कॉर्पोरेट तुरन्त ही उस कार्यक्रम को प्रायोजित करने के लिए तैयार हो गये। खिलाड़ियों को तोहफों से लाद दिया गया। एक प्रायोजक ने मुझे बताया, "मैं सिर्फ़ 18 साल का था जब भारत ने वो वर्ल्ड कप जीता था। मैं उस दिन से उस टीम के साथ एक तस्वीर खिंचवाना चाहता था।" एक पूरी पीढ़ी के लिए कपिल देव जननायक थे। 1983 भारतीय क्रिकेट के लिए कितने ही सालों में एक बार होने वाली घटना थी।

कपिल देव मात्र 24 साल के थे जब उन्हें वर्ल्ड कप जीतने वाली टीम का कप्तान बना दिया गया था। उस वक़्त उन्हें इण्टरनेशनल क्रिकेट में आये हुए मात्र 5 साल ही हुए थे। ऐसा लग रहा था जैसे बेस कैम्प में पहुँचे बिना ही वो माउण्ट एवरेस्ट को नाप चुके हों। काफ़ी जल्दी मिली शोहरत अक्सर ख़तरनाक और जानलेवा सिद्ध होती है। लॉर्ड्स में मिली इस शानदार जीत के साल भर के बाद ही कपिल से कप्तानी छीन ली गयी और उन्हें टीम से भी ड्रॉप कर दिया गया। ये भारतीय क्रिकेट में हमेशा से होता आया है। वेस्ट इण्डीज़ की

टीम अपनी वर्ल्ड कप की हार का बदला लेने के लिए भारत आयी हुई थी। उन्होंने भारतीय टीम को 5–0 से हराया। इसी वजह से कपिल को बाहर का रास्ता दिखा दिया गया। "मुझे लगता है मुझे बहुत जल्दी कप्तान बनाया गया और फिर बहुत ही जल्दी कप्तानी छीन भी ली गयी," कपिल कुछ सोचते हुए कहते हैं।

1983 में मिली सफलताओं के बाद 1984 का बुरा साल आया। जीत के उस समय के बाद से ऐसा लगने लगा था जैसे देश को गर्त में धकेला जा रहा था। देश में डर भरने की कोशिश की जा रही थी। वो ऑपरेशन ब्लू स्टार का साल था जिसमें सेना स्वर्ण मन्दिर में घुसी और जिसके बाद देश की प्रधानमन्त्री इन्दिरा गाँधी को गोली मार दी गयी जिसके बाद दिल्ली में सिख विरोधी दंगे हुए। इस ख़ून–ख़राबे के बीच क्रिकेट एक अस्थायी चीज़ बनकर रह गया।

1984 की सर्दियों में इंग्लैण्ड के ख़िलाफ़ एक सीरीज़ खेली गयी थी जिसे भारत हार गया और कपिल को बलि का बकरा बनाया गया। दिल्ली टेस्ट में एक बुरा शॉट और उन्हें टीम से निकल दिया गया। उस वक़्त ऐसा कहा जा रहा था कि कपिल को मुम्बई 'लॉबी' के इशारे पर टार्गेट किया जा रहा था क्योंकि अब गावस्कर कप्तान बनकर वापस आ रहे थे। इस बारे में कपिल कहते हैं, "ये कतई सच नहीं है। मैंने एक ख़राब शॉट खेला था और मुझे ड्रॉप कर दिया गया था। इसके लिए मैं किसी को भी ज़िम्मेदार नहीं ठहरा सकता।" उस वक़्त बिशन सिंह बेदी राष्ट्रीय चयनकर्ता थे। वो कहते हैं कि वो फ़ैसला पूरी तरह से एक अनुशासनात्मक कार्रवाई था। "हम एक टेस्ट मैच बचाने के लिए खेल रहे थे और कपिल ने ख़राब शॉट खेला। मुझे बुरा तब लगा जब कपिल ड्रेसिंग रूम में सीटी बजाते हुए आये जैसे कुछ हुआ ही न हो," बेदी इस बात पर ज़ोर देकर कहते हैं। ये उनके 16 साल के कॅरियर में अकेला मौक़ा था जब कपिल देव टेस्ट मैच खेलने के लिए नहीं आये थे।

कपिल को ड्रॉप किये जाने पर उपजा विवाद इस क्रिकेटर के कॅरियर के उत्तरार्ध में हुए कई विवादों में से एक था। 1978 से 1983 के बीच अगर कपिल कुछ भी ग़लत नहीं कर सकते थे तो 1984 के बाद कपिल को क्रिकेट के उतार–चढ़ाव का सामना करना पड़ा। मसलन 1986 में वो बतौर कप्तान इंग्लैण्ड गये और 2–0 से जीत कर वापस आये। ये भारत के लिए 1971 के बाद अंग्रेज़ी पिच पर पहली सीरीज़ की जीत थी। जबकि दिलीप वेंगसरकर की बैटिंग इस जीत की मुख्य वजह थी, कपिल देव की कप्तानी में परिपक्वता आ रही थी। 1971 में जीतने वाली टीम में 6 खिलाड़ी मुम्बई के थे और बेदी के रूप में उत्तर भारत का बस एक खिलाड़ी था जबकि 86 की टीम में 5 खिलाड़ी उत्तर भारत के थे और सिर्फ़ 2 मुम्बई के थे।

उस साल एक और उत्तर भारतीय खिलाड़ी ने अपनी पहचान बनायी। वो थे चेतन शर्मा। कपिल ने जब चेतन शर्मा को पहली बार देखा था तो चेतन मात्र 11 साल के थे। "वो चण्डीगढ़ में एक लोकल अण्डर–12 मैच देखने आये थे। वो मुझे किनारे ले गये और अपनी पत्नी से कहा कि ये लड़का इयान बॉथम से तेज़ गेंद फेंक सकता है। आप सोच भी नहीं सकते हैं उस एक बात ने मेरे आत्मविश्वास को किस कदर मज़बूत कर दिया था," शर्मा ने कहा। 1986 के टूर पर इसी सकारात्मक रवैए ने जीत दिलायी। उस सीरीज़ से ठीक पहले चेतन शर्मा की गेंद पर भारत–पाक क्रिकेट इतिहास का सबसे मशहूर छक्का

मारा गया था। जावेद मियाँदाद ने शारजाह में आख़िरी गेंद पर छक्का मारकर पाकिस्तान को मैच जितवाया था। "वो मेरे लिए सबसे बुरा सपना था। इंग्लैण्ड के ख़िलाफ़ पहले खेल में मैं इतना नर्वस था कि हाथ में गेंद भी नहीं पकड़ पा रहा था। मैं जहाँ भी जाता था, मुझ गालियाँ दी जा रही थीं और मुझे उस छक्के की याद दिलायी जा रही थी। ऐसे में कपिल मेरे पास आये और मेरे गले में हाथ डालते हुए कहा, 'अबे तू इतनी गालियाँ खा चुका है, अब क्या फ़र्क़ पड़ता है?'" हरियाणा से आये उस दूसरे लड़के ने सीरीज़ ख़त्म की तो उसके खाते में सबसे ज़्यादा विकेट्स थे। कुछ वक़्त के लिए ये भी कहा जा रहा था कि वही कपिल देव के उत्तराधिकारी बनेंगे।

एक साल बाद फिर से कपिल देव को अपनी कप्तानी से हाथ धोना पड़ा। इस बार 1987 में अपने ही घर में वर्ल्ड कप में मिली हार के कारण। ये पहली बार था जब वर्ल्ड कप इंग्लैण्ड के बाहर खेला जा रहा था और ये उपमहाद्वीप के क्रिकेट में एक ताकत बनने के लिए ज़रूरी था। वर्ल्ड कप को इंग्लैण्ड से बाहर निकालकर भारत में लाने की प्लानिंग इसलिए शुरू हुई थी कि पश्चिम बंगाल के पूर्व मुख्यमन्त्री और इन्दिरा गाँधी के ख़ास सिद्धार्थ शंकर रे को 1983 में फाइनल मैच के लिए टिकट नहीं मिल पाये थे। गुस्साये हुए सिद्धार्थ शंकर रे ने प्रधानमन्त्री गाँधी से इस बात की शिकायत की जिन्होंने बीसीसीआई अध्यक्ष और कांग्रेस सांसद एनकेपी साल्वे से मामले को देखने को कहा। साल्वे विश्व कप का मेज़बान बनने के लिए बोली लगाने को तो तैयार हो गये मगर उन्हें प्रायोजक चाहिए था। यहाँ काम आया रिलायंस जो कांग्रेस के भी नज़दीक था। रिलायंस ने 20 लाख पाउण्ड में प्रायोजित करने का वादा किया। बदले में रिलायंस के चेयरमैन धीरुभाई अंबानी की एक ही माँग थी। वो चाहते थे कि वर्ल्ड कप से ठीक पहले होने वाले भारत–पाक एक्जीबिशन मैच को वो मैदान के स्टैण्ड में प्रधानमन्त्री की बगल में बैठ कर देखना चाहते हैं और इसे टीवी पर दिखाया जाये।

लेकिन अगर 1987 के वर्ल्ड कप ने पहली बार घरेलू स्पॉन्सरशिप देखी तो भी इससे खिलाड़ियों को कोई बहुत बड़ा फ़ायदा नहीं पहुँचा। खिलाड़ियों को अब भी पूरे टूर्नामेण्ट के लिए मात्र 75,000 रुपये मिल रहे थे। "हममें से कुछ अपनी टीशर्ट पर स्पॉन्सर का लोगो लगाना चाहते थे। इससे हमें कुछ एक्स्ट्रा पैसे मिल जाते। लेकिन बोर्ड ने साफ़ इनकार कर दिया। जब मैंने बोर्ड के इस रवैए के ख़िलाफ़ बात करनी शुरू की और मेरे साथ कुछ और साथियों ने भी कॉन्ट्रैक्ट साइन करने से मना कर दिया तो बोर्ड के एक बड़े अधिकारी ने मुझसे कहा कि मैं बहुत बड़ी ग़लती कर रहा था। फिर जब हम सेमी फाइनल में हार गये तो अपना बदला लेने के लिए मुझे कप्तानी से हटा दिया गया," कपिल का ऐसा मानना है।

इस बार कप्तानी से हटाये जाने ने कपिल को काफ़ी निराश किया। अब वो पुराने कपिल नहीं रह गये थे। हमेशा खुश रहने वाला व्यक्तित्व अब ढलान पर आ चुका था। घुटनों में वो बात नहीं रही थी, शरीर में उस कदर ऊर्जा नहीं बची थी। कपिल देव अब भी इण्डियन क्रिकेट के सबसे चमकीले सितारे ज़रूर थे लेकिन आसमान में एक नयी रोशनी कौंधने वाली थी। 1988 में सचिन के आगमन ने कपिल देव के काल के अन्त की शुरुआत का सिग्नल दे दिया था। लेकिन बीच–बीच में पुराने कपिल की झलकियाँ मिला करतीं। इसमें सबसे अहम दिन था जब 1990 में कपिल ने फॉलो ऑन बचाने के लिए इंग्लैण्ड के ख़िलाफ़ लॉर्ड्स के मैदान

पर लगातार 4 छक्के जड़ दिये थे। "मैं नम्बर 11 पर खेलने आये बैट्समैन नरेन्द्र हीरवानी के साथ बैटिंग कर रहा था। मैंने उससे डिफेंड करने को कहा था, बाक़ी मैं सँभाल लेता। एडी हेमिंग्स ऑफ़ स्पिनर थे जिन्होंने कुछ गेंदें फ्लाइट कर के फेंकी। मैंने तीन गेंदों पर छक्के मारे। आख़िरी गेंद के लिए मैंने नरेन्द्र को कहा था कि मैं सिंगल लूँगा जिससे मेरे पास ही स्ट्राइक रहे। लेकिन फिर मैं लय में था और मैंने आख़िरी गेंद पर भी छक्का मार दिया," वो हँसते हुए कहते हैं। जैसे वो ये बताना चाह रहे हों कि वो अपनी मर्ज़ी से छक्का मार लेते थे। अपनी इसी दाँतों को दिखाती मुस्कान से उन्होंने एक समूचे देश को बाँध रखा था। कपिल के साथी रवि शास्त्री बताते हैं, "वो सिर्फ़ कपिल देव ही हो सकता था जो लगातार 4 छक्के मारकर फॉलो ऑन बचाये। वो क्रिकेट का बिन्दास राजा था।" ये क्लासिक 'कपिल दा जवाब नहीं' वाला पल था। उनके कॅरियर का सम्भवतः आख़िरी।

1994 में कपिल देव रिटायर हुए लेकिन उससे पहले वो दुनिया में सबसे ज़्यादा विकेट लेने वाले बॉलर बन चुके थे। ऐसा कहा गया कि वो रिचर्ड हेडली के 431 विकेट्स का पीछा कर रहे थे और इसीलिए टीम के हित को दाँव पर लगाकर अपना कॅरियर खींच रहे थे। जवागल श्रीनाथ जैसे फ़ास्ट बॉलर्स आ रहे थे लेकिन कपिल ने तब तक क्रिकेट खेला जब तक वो रेकॉर्ड उनके नाम नहीं हो गया। वो तंज़ कसते हुए कहते हैं, "दो साल क्यों, मैंने तो पाँच साल एक्स्ट्रा खेला है।" सेण्ट्रल दिल्ली में अपने ऑफ़िस में कपिल ने एक तस्वीर लगायी है जिसमें वो पल क़ैद है जब उन्होंने हेडली का रेकॉर्ड तोड़ा था। उसपर उनके सभी साथियों के साइन हैं। "रेकॉर्ड कौन नहीं तोड़ना चाहता? सबसे ज़्यादा विकेट्स लेकर मुझे अच्छा लगा। लेकिन मैं इसलिए खेलता था क्योंकि मैं क्रिकेट से प्यार करता था न कि इसलिए क्योंकि मैंने दुनिया में सबसे ज़्यादा विकेट लेना चाहता था।"

कपिल देव के कॅरियर में जो भी रेकॉर्ड्स बने हैं वो सभी उनकी मेहनत की बानगी देते हैं। ख़ासकर तब जब वो भयानक धूप में भारत के रूखे और निर्मम मौसम में कड़ी मेहनत किया करते थे। उन्होंने 131 टेस्ट मैचों में 27,740 गेंदें फेंकीं, 434 विकेट्स लिए और 5248 रन बनाये। इसके साथ वन–डे में कपिल ने 253 विकेट्स लिए और 3783 रन बनाये। उन्हें भारत का सबसे बेहतरीन ऑल–राउण्डर कहा जाता है। 2002 में कपिल को विज़डन ने 'सदी का भारतीय क्रिकेटर' चुना था।

लेकिन कपिल को सिर्फ़ उनके रेकॉर्ड्स के दम पर आँकना उनके साथ और क्रिकेट को बेहतर बनाने के उनके प्रयासों के साथ ज्यादती होगी। भारतीय क्रिकेट के शुरुआती पचास साल सभी स्टार क्रिकेटर या तो बॉलर होते थे या बैट्समैन। पहले भी महान खिलाड़ी हुआ करते थे लेकिन वो सभी 'अहिंसक' ब्राह्मणों का प्रतिनिधित्व कर रहे थे। वो क्रिकेट को आक्रामक और मर्दाना खेल नहीं समझते थे। उनके अनुसार क्रिकेट दिमाग़ से खेला जाता है न कि शरीर से। कपिल ने अपनी सुदृढ़ मांसपेशियों से भरे शरीर और अपनी तेज़ गेंदबाज़ी से भारतीय क्रिकेट की छवि बदल डाली। भारतीय स्वाधीनता से लेकर कपिल के आने तक के तीस सालों में भारतीय स्पिनर्स ने 1462 विकेट लिए जबकि नयी गेंद से बॉलिंग करने वालों ने 423 विकेट्स लिए। कपिल के आने के बाद से लेकर 2016 तक स्पिनर्स ने 2534 विकेट लिए जबकि पेस बॉलर्स ने 2364 विकेट्स झटके। पहले पेस बॉलर्स का ये आँकड़ा कुल विकेटों का 22.4 प्रतिशत था जो बाद में बढ़कर 47.6 प्रतिशत बन गया। श्रीनाथ कहते हैं, "बचपन में

मैंने कपिल देव को मैसूर में देखा था। मैंने कपिल को टीवी में देखा और मैं उनपर अटक–सा गया।'' कपिल देव ने भारतीय फ़ास्ट बॉलिंग की मशाल श्रीनाथ को ही सौंपी।

कपिल देव ने इण्डिया के लिए फ़ास्ट बॉलिंग में बहुत कुछ किया। लेकिन देश के छोटे शहरों से आने वाले युवाओं में क्रिकेट के बीज बोने को उनकी सबसे बड़ी सफलता माना जाना चाहिए। इस क्रम में कपिल ने क्रिकेट को बड़े शहरों के अभिजातों के चंगुल से छुड़ाया। अगर भारतीय क्रिकेट में आज राँची से लेकर राजकोट तक के खिलाड़ी मौजूद हैं तो इसके लिए सारा श्रेय कपिल देव को ही जाना चाहिए। कई मायनों में कपिल काफ़ी बड़े दर्जे पर भारत के क्रिकेट हीरो थे जो देश के लड़कों को गली में क्रिकेट खेलने के लिए प्रेरित करते थे और गेंद को ज़ोर देकर फेंकना सिखाते थे। ''मुझे ऐसा लगता है कि मैंने छोटे शहर के परिवारों को ये विश्वास ज़रूर दिला दिया था कि अगर चण्डीगढ़ से आने वाला एक अंग्रेज़ी न बोल पाने वाला लड़का भारत की क्रिकेट टीम का कप्तान बन सकता है तो हर कोई शिखर तक पहुँचने का सपना ज़रूर देख सकता है।'' जब कपिल देव ये कहते हैं तो उनके चेहरे पर चमक और मुस्कान दिखायी देती है।

किसी भी और चीज़ से ज़्यादा, कपिल ने क्रिकेट पर मुम्बई का एकछत्र राज ख़त्म किया। इसीलिए उनके पसन्दीदा पलों में से एक मई 1991 का वो दिन भी है जब हरियाणा ने कमाल का खेल खेलते हुए मुम्बई को मात्र 2 रन से हराया और पहली बार रणजी ट्रॉफ़ी जीती। चेतन शर्मा याद करते हैं, ''मुझे नहीं याद है मैंने पाजी को इस कदर ख़ुश उससे पहले कभी और देखा था। एक बार जब अम्पायर ने मुम्बई के एक बैट्समैन को आउट नहीं दिया था तो टी–ब्रेक के दौरान उन्होंने ड्रेसिंग रूम में अपना जूता फेंक के दीवार पर दे मारा था। लेकिन जब हम जीत गये तो वो एक कोने में बैठे हुए थे और काफ़ी इमोशनल हो गये थे।''

कपिल कहते हैं, ''मुम्बई को मुम्बई में ही हराना एक सपना था जो सच हो गया था। हाँ, उस दिन मैं मैदान पर थोड़ा रोया भी था।'' काल का चक्र ऐसा घूमा कि कुछ ही सालों में देश के लाखों लोगों ने कपिल देव को फिर से रोते हुए देखा। लेकिन इस बार परिस्थितियाँ बहुत बदली हुई थीं।

भारतीय क्रिकेट में इस तरह की नाटकीय तस्वीरें बहुत ही कम होंगी जैसी कपिल देव की मई 2000 में टीवी इण्टरव्यू के दौरान रोने की देखी गयीं। वो एक राष्ट्रीय लोक नायक था जो विकेट लेने या छक्का मारने के बाद बस मुस्कुरा देता था और पूरा देश उसके प्रेम में और भी गहरे उतर जाता था। कपिल देव ने अभी तक देश को जो कुछ भी दिया था, सब कुछ ख़ुशियों से भरा हुआ था और उन्होंने युवाओं को काफ़ी प्रेरित भी किया था। कुछ भी ऐसा नहीं था जिसके आसपास भी दुख भटकता था। और शायद यही वजह थी कि कपिल को टीवी पर रोता देख पूरा देश अवाक् रह गया था।

करन थापर उनका इण्टरव्यू कर रहे थे। वो इण्डियन टेलीविज़न के जाने माने चेहरे थे। वो अपने कड़े और रिसर्च से भरे इण्टरव्यू के लिए जाने जाते थे। थापर ने कपिल देव को बीबीसी के 'फेस–टु–फेस' शो के लिए बुलाया था। इस शो में हमेशा किसी भी शख़्स की ज़िन्दगी के इर्द–गिर्द ही बात होती थी। लेकिन मैच के कुछ रोज़ पहले ही कपिल का नाम

मैच फिक्सिंग स्कैण्डल में आ गया। भारत के ऑल राउण्डर मनोज प्रभाकर ने 1997 में ये दावा किया कि टीम के एक खिलाड़ी ने उन्हें 1994 में श्रीलंका के ख़िलाफ़ एक मैच में कमज़ोर प्रदर्शन करने के लिए 25 लाख रुपयों की पेशकश की थी। प्रभाकर उस खिलाड़ी का नाम नहीं बता रहे थे लेकिन तभी बोर्ड के अधिकारी आई.एस. बिन्द्रा ने बताया कि प्रभाकर ने उन्हें उस खिलाड़ी का नाम बताया है और वो कपिल देव ही थे जिन्होंने पैसों की पेशकश की थी।

थापर उस इण्टरव्यू को याद करते हुए कहते हैं, ''अचानक से हमारे पास इतनी बड़ी स्टोरी आ गयी थी। तो मैंने कपिल को फ़ोन लगाया और उनसे पूछा कि क्या वो अभी भी इण्टरव्यू देंगे। क्योंकि अब इण्टरव्यू में उनके जीवन के बारे में ही नहीं बल्कि इस फिक्सिंग काण्ड के बारे में भी बात होने वाली थी। जब कपिल ने हाँ बोला तो मुझे वाकई काफ़ी आश्चर्य हुआ।''

जब कपिल दिल्ली के जामिया नगर के ऑफ़िस में आये तब भी किसी को नहीं मालूम था कि वहाँ कुछ ही वक़्त में क्या होने वाला था। ''मुझे याद है कि वो नीली बिना कॉलर की शर्ट में आये थे और शॉर्ट पैण्ट पहन रखी थी। हमने इण्टरव्यू शुरू किया और अचानक 10 मिनट के बाद वो फूट कर रोने लगे और चुप ही नहीं हो रहे थे। हमारे पास तो कोई रुमाल भी नहीं था जो हम उन्हें दे सकते। जब इण्टरव्यू ख़त्म हुआ तो मैंने उनसे कहा, 'थैंक यू कपिल। अच्छा इण्टरव्यू था।' उन्होंने कहा, 'लेकिन मेरा कॅरियर तो बर्बाद हो गया न?' इसके बाद हम जब तक कॉफ़ी पीते रहे, कपिल रोते ही रहे,'' थापर ने बताया।

अगले दिन उस इण्टरव्यू का एक स्क्रीन–ग्रैब लगभग हर अख़बार के पहले पन्ने पर छपा था। उसमें कपिल रोते हुए दिखायी दे रहे थे। थापर का काम यहाँ ख़त्म हो गया था, लेकिन कपिल को इसके बाद काफ़ी चीज़ों का सामना करना पड़ा। कपिल के आलोचकों का ये कहना था कि ये सब कुछ एक नाटक था जिसे कपिल के लिए पूरे देश की सहानुभूति बटोरने के लिए खेला गया था। थापर कहते हैं, ''अगर ये सब कुछ पहले से ही तय था तो कपिल देव कमाल के एक्टर हैं। मुझे ऐसा कतई नहीं लगा। मुझे वो सच में काफ़ी परेशान दिखायी दे रहे थे।''

जब मैंने कपिल से उस इण्टरव्यू और मैच फिक्सिंग के उन आरोपों के बारे में पूछा तो उनके चेहरे पर गुस्सा दिखायी दिया। ''आप मुझसे किस बात की सफ़ाई माँग रहे हैं? मुझे मालूम है कि मैं कौन हूँ और मैंने क्या–क्या किया है। मैं क्यों दूँ सफाई? सिर्फ़ इसलिए क्योंकि टीवी पर टीआरपी चाहिए?'' मैंने उन्हें न्यूज़ीलैण्ड के ख़िलाफ़ 1999 के मैच की याद दिलायी जहाँ उनपर ये आरोप लगाये जा रहे थे कि उन्होंने कप्तान सचिन पर दबाव डालकर फ़ॉलो–ऑन रुकवा दिया था। इस वजह से मैच ड्रॉ हो गया था और इस पर भी फिक्सिंग के आरोप लगे थे। ''कोई भी आरोप लगा सकता है। बुरा तब लगता है जब कोई भी बिना साक्ष्य के आप पर आरोप लगा दे,'' कपिल ने कहा। (जब मैंने सचिन से बाद में इस फ़ैसले के बारे में पूछा तो उन्होंने कहा कि फ़ॉलो–ऑन नहीं खिलाने का वो फ़ैसला सभी ने मिल के लिया था।)

मामले की जाँच कर रही सीबीआई ने एक साल बाद कपिल देव को बरी कर दिया, जबकि अज़हरुद्दीन पर आजीवन प्रतिबन्ध लगा दिया गया था। इसके साथ ही कुछ और क्रिकेटर्स थे जिन्हें सज़ा मिली थी। क्या कपिल देव अपने क़द का फ़ायदा उठाते हुए बच निकले थे या उन्हें फँसाया जा रहा था? क्रिकेट की दुनिया दो फाड़ हो चुकी थी लेकिन जनता की अदालत

में किसी को कोई शक नहीं था। ये वो क्रिकेटर था जिसने देश के क्रिकेट के लिए तन और मन से परिश्रम किया था। ज़रा से धन के लिए वो क्यों उसी खेल से गद्दारी करेगा? कोई भी कानून से ऊपर नहीं है। लेकिन जनता की निगाहों में कपिल देव के ओहदे का खिलाड़ी बहुत बड़ा व्यक्तित्व था। मैच फिक्सिंग के आरोपों ने कपिल को काफ़ी परेशानियाँ दीं और उन्हें भारतीय कोच का पद ग्रहण करने के साल भर के अन्दर ही इस्तीफ़ा देना पड़ा। लेकिन एक पीढ़ी जो उनकी सफलताओं का ज़श्न मनाती आ रही थी, उनके लिए हमेशा कपिल वो कप्तान रहने वाले थे जिसने हर सम्भावना के ख़िलाफ़ जाकर इण्डिया को पहला वर्ल्ड कप जिताया था, न कि वो शख़्स जो इतना मजबूर हो गया था कि टीवी पर रो पड़ा।

क्रिकेट से फुरसत पाने के बाद कपिल एक सफल बिज़नेसमैन बन गये हैं। राष्ट्रीय राजधानी क्षेत्र यानी एनसीआर में कपिल के कई ऑफ़िस हैं। उनके बिज़नेस में मीडिया, रियल स्टेट से लेकर स्टेडियम की लाइटें शामिल हैं। वो कहते हैं कि बोर्ड पर किसी भी तरह से आश्रित न रहने की चाह ने उनसे ये सब करवाया। ''मुझे याद है कि 80 के दशक में न्यूज़ीलैण्ड के ख़िलाफ़ एक टेस्ट मैच जल्दी ख़त्म हो गया। चन्दू बोर्डे, जो कि एक बेहतरीन प्लेयर थे, ड्रेसिंग रूम में मैच ख़त्म हो जाने के बाद भी घण्टों बैठे हुए थे। मैंने उनसे पूछा कि वो बाकियों की तरह घर क्यों नहीं जा रहे थे तो उन्होंने बताया कि उन्हें बोर्ड सेक्रेटरी से उस दिन के पैसे लेने थे और सेक्रेटरी साहब सो रहे थे। उस दिन मैंने फ़ैसला कर लिया था कि मैं हमेशा पैसों के मामले में किसी पर भी निर्भर नहीं रहूँगा,'' कपिल ने कहा।

कपिल देव आज अमीर कहलाते हैं। वो भव्यता से अपना जीवन जी रहे हैं। ''आपको पता है जब मैं क्रिकेट खेल रहा था, मुझे अनुशासन से रहना पड़ता था। अब मैं सब कुछ एन्जॉय करना चाहता हूँ। बंजी जंपिंग, घुड़सवारी, मैं सब कुछ करने के लिए तैयार रहता हूँ,'' वो बड़े ही जुनून के साथ ये सब कहते हैं।

कपिल का एक और शौक़ है–गोल्फ। ये एक और जगह है जहाँ कपिल की गेंद को तेज़ और दूर तक मार लेने की आदत काम आती है। वो हफ़्ते में तीन से चार बार गोल्फ खेलते हैं। एक समय था जब वो गोल्फ के प्रोफ़ेशनल प्लेयर बनने की भी सोच रहे थे। ''फिर मुझे ये अहसास हुआ कि इतने लम्बे क्रिकेट कॅरियर के बाद ऐसा करने से बहुत काम बढ़ जायेगा। फिर मैंने बस इसे शौक़ के लिए खेलना शुरू किया।''

लेकिन गोल्फ कोर्स पर भी कपिल की कम्पीट करने की आदत और आत्मविश्वास बरकरार है। उनके साथ गोल्फ खेलने वाले एक प्लेयर ने बताया कि एक बार वो और कपिल एक मज़बूत टीम के ख़िलाफ़ गोल्फ खेल रहे थे जिसमें 4 खिलाड़ी होते हैं। ''हम 3 डाउन थे और 4 होल खेले जाने बाक़ी थे। मैं हार मानने वाला था लेकिन कपिल ने कहा कि हमें कोशिश करते रहनी चाहिए। और फिर हम 18वें होल पर जीत गये।'' ये शायद लॉर्ड्स के मैदान पर फॉलो–ऑन बचाने के लिए मारे गये 4 छक्कों जैसा ही था। और इसलिए भारतीय क्रिकेट का सबसे शानदार नायक जो ऐसा लगता है कि किसी कॉमिक बुक से निकला था, हमेशा सबसे ऊँचा खड़ा दिखायी देता है। या जैसा कि हरियाणा में कहते हैं, ''कपिल पाजी दा जवाब नहीं।''

6

मोहम्मद अज़हरुद्दीन
नियति की सन्तान

2009 की गर्मियाँ और मैं भारत के पूर्व क्रिकेट कप्तान मोहम्मद अज़हरुद्दीन के साथ पश्चिमी उत्तर प्रदेश के मुरादाबाद में उनकी रैली में मौजूद था। वो पहली बार कांग्रेस के टिकट से चुनाव में उतरे थे। भारत के सबसे ज़्यादा आबादी वाले प्रदेश उत्तर प्रदेश में जैसे चुनाव होते हैं, कहीं और नहीं होते। गंगा की तलहटी में बसे इस मैदानी इलाके में राजनीति एक बहुत बड़ा रोल निभाती है और यहाँ हर कोई राजनीति का पुरोधा बैठा होता है। जाति और सम्प्रदाय के शोर में चुनाव के हल्ले को बढ़ाना बड़ा ही आसान होता है। लोकल पानवाला कहता है, ''काँटे की टक्कर है लेकिन कांग्रेस निकल आयेगी।'' यहीं से अक्सर चुनावी हवा की सबसे तगड़ी रिपोर्टें मिलती हैं।

अज़हर के लिए पश्चिमी उत्तर प्रदेश उनकी पैदाइश हैदराबाद की सुकून भरी हवा से काफ़ी दूर है। मुरादाबाद रामगंगा नदी के किनारे बसा एक गर्मी और धूल से भरा शहर है जो ख़ुद को पीतल का शहर कहलवाता है। यहाँ पीतल की इण्डस्ट्री हैं। लेकिन अब यहाँ ब्रास की फैक्ट्रियाँ भी धीमी पड़ रही हैं। बिजली की कटौती और तेज़ी से ख़राब होती आर्थिक व्यवस्था ने इनकी रीढ़ तोड़ दी है। इस उदासी में अज़हर और उनकी ऐक्टर–मॉडल पत्नी के आने ने हर मोहल्ले को उसकी आवाज़ लौटा दी है। हर कोई इनकी एक झलक पाना चाहता है।

जैसे–जैसे अज़हर की गाड़ी शहर की गड्ढों से भरी सड़क पर से गुज़र रही थी, भीड़ बढ़ रही थी। मई की दोपहर हो चली थी। लेकिन उस झुलसाती गर्मी ने भी भीड़ के जोश को भाप नहीं किया था। अज़हर के बगल में बैठे कांग्रेस पार्टी के एक सदस्य ने उनसे कहा कि गाड़ी की छत खोल दी जाये। उसने कहा, ''वो सभी आपको देखना चाहते हैं अज़हर भाई।'' अज़हर थोड़े नर्वस दिख रहे थे। वो हमेशा से थोड़े संकोची स्वभाव के रहे हैं। एक कठिन परिस्थिति में जैसे एक टेस्ट बैट्समैन क्रीज़ पर पहुँचता है, अज़हर खड़े हुए और

अपनी पत्नी संगीता के साथ भीड़ की तरफ़ हाथ हिलाने लगे। गाड़ी के आसपास दर्जनों लोग इकट्ठा हो गये। वो या तो अज़हर से हाथ मिलाना चाहते थे या मुँह खोलकर उनकी पत्नी को देखते रहना चाहते थे। लाकोस्ते की कॉलरदार शर्ट और नीली जींस पहने अज़हर ने अपना रे–बैन का चश्मा हटाया और जनता की तरफ़ एक बार फिर हाथ हिलाया। भीड़ अब शोर कर रही थी। अज़हर के लिए नारे लगाये जा रहे थे।

ये कोलकाता का ईडेन गार्डन्स भी हो सकता था जहाँ एक 21 साल के लड़के ने अपने पहले ही मैच में सेंचुरी ठोंककर दुनिया को आश्चर्य से भर दिया था। ये लॉर्ड्स का मैदान भी हो सकता था जहाँ उसने एक शानदार सेंचुरी बनायी जिसमें ऐसे शॉट्स शामिल थे जो पहले देखे ही नहीं गये थे। ये केप टाउन भी हो सकता था जहाँ उसने 100 से कम गेंदों में सेंचुरी बना डाली थी। ये निज़ाम कॉलेज की दोयम दर्जे की फ़ील्ड भी हो सकती थी जहाँ एक मिडल क्लास के लड़के ने अपने क्रिकेट कॅरियर की शुरुआत की थी। लेकिन ये एकदम अलग पिच थी। ये वो पिच थी जिसके भविष्य पर अज़हर का कोई वश नहीं था। कांग्रेस उत्तर प्रदेश में फिसल रही थी जो कि कभी नेहरू–गाँधी की कर्मभूमि हुआ करती थी। जबकि भारतीय जनता पार्टी हिन्दू वोटों के पीछे थी, समाजवादी और बहुजन समाज पार्टी जातिगत राजनीति खेल रही थीं और इन सबके बीच कांग्रेस अधर में लटकी हुई थी।

मैंने अज़हर से पूछा, "आप जीतेंगे?" "जीत और हार अल्लाह के हाथ में है। मुझे विश्वास है कि जीतूँगा," अज़हर ने एक हल्की मुस्कान और शब्दों को घसीटने वाली हैदराबादी स्टाइल के साथ कहा जिसे समझने में वक़्त लगता है। यही आत्मविश्वास अज़हर को वो क्रिकेटर बना गया जिसने 1984–85 में अपने जीवन के पहले तीन टेस्ट मैचों में तीन सेंचुरी लगायीं। अब वो अपनी पहली राजनीतिक पारी में बड़ा स्कोर बनाने के बारे में सोच रहे थे। रैलियों में अज़हर के भाषण छोटे और कम तैयारी के साथ कहे गये लगते हैं। अज़हर को हमेशा ही कम और मीठा बोलने वाला माना गया है जो बोलते कम और बुदबुदाते ज़्यादा मालूम देते हैं। लेकिन लोग भी कोई बेहद ज्वलन्त भाषण सुनने नहीं आये थे। वो तो अपने देश के पूर्व क्रिकेट कैप्टन को एक नये अवतार में देखने आये थे। वो एक मज़ेदार वाक्य बोलते हैं जिसमें जितनी राजनीति थी उतना ही क्रिकेट भी। उन्होंने कहा, "मैं यहाँ टेस्ट मैच खेलने आया हूँ न कि टी–20। मैं आपके पास हमेशा रहूँगा!"

अज़हर राजनीति में तब आये हैं जब उनके जीवन में बहुत कुछ बाक़ी नहीं रह गया है जिसके इन्तज़ार में वो अपना वक़्त बितायें। उनकी पहली शादी टूट चुकी है। मैच फिक्सिंग के आरोप लगने के बाद उन्हें अक्टूबर 2000 से हर तरह के क्रिकेट से प्रतिबन्धित कर दिया गया। लगभग सभी क्रिकेटर साथियों ने उनसे दूरी बना ली। क्रिकेट बोर्ड उन्हें किसी भी फंक्शन में बुलाता नहीं है। जैसे–जैसे उनके राजनीतिक दुश्मन उनपर सवाल उठाते रहते हैं, वो मुझे बताते रहते हैं, "मैं निर्दोष हूँ। मेरे ख़िलाफ़ कोई केस नहीं है। किसी भी कोर्ट में मेरे ख़िलाफ़ कुछ भी प्रूव नहीं हुआ।" जिस व्यक्ति ने उनसे राजनीति में आने को कहा वो अज़हर के स्कूल के दोस्त और उनके निज़ाम कॉलेज और हैदराबाद यूनिवर्सिटी के कप्तान किरन कुमार रेड्डी थे। रेड्डी आगे चलकर आन्ध्र प्रदेश के मुख्यमन्त्री बन गये और फिर आन्ध्र प्रदेश दो प्रदेशों में बँट गया। रेड्डी कहते हैं कि वो चाहते थे कि अज़हर हैदराबाद से चुनाव

लड़ लें। "वो आन्ध्र का गर्व हैं। हम उन्हें यहीं देखना चाहते थे। लेकिन पार्टी ने कुछ और ही डिसाइड किया," उन्होंने बाद में बताया। अज़हर ने पार्टी प्रेसिडेण्ट सोनिया गाँधी से एक बार मुलाक़ात की और वो उत्तर प्रदेश में अपनी किस्मत आजमाने को राज़ी हो गये।

मालूम पड़ा कि ये एक अच्छा फ़ैसला था। 2009 के चुनावों में दिखायी दिया कि उत्तर प्रदेश में कांग्रेस फिर से उग रही थी। पार्टी ने 80 में से 21 सीटें जीतीं। 1984 में एकतरफ़ा जीत के बाद ये सबसे अच्छी परफॉरमेंस थी। कहा गया कि केन्द्र में मनमोहन सिंह के नेतृत्व में हुए कामों और पार्टी में राहुल गाँधी के जलवे ने ये नतीजे दिये थे। इस जीत के गर्भगृह में मुस्लिम वोटरों की कांग्रेस में आयी दिलचस्पी शामिल थी। मसलन मुरादाबाद की 45 प्रतिशत आबादी मुस्लिम है और यही अज़हर को 48,000 वोटों से बड़े आराम से मिली जीत की असली वजह थी। जबकि अज़हर को हर समुदाय से सपोर्ट मिल रहा था, मुस्लिम इलाकों में उन्हें जबरदस्त शाबाशी मिल रही थी।

मुझे इसका अहसास तब हुआ जब अज़हर की कैम्पेन कवर करने के दौरान मुस्लिम बाहुल्य क्षेत्र में एक युवा लड़के ने मुझे अपने घर बुलाया। एक छोटे–से दो कमरे के घर में फ़र्नीचर कम थे लेकिन मेरी ख़ातिरदारी करने वाले सभी लोग बेहद बड़े दिल के थे। उन्होंने मुझसे कहा, "आपको हमारा कोरमा और बिरयानी ज़रूर खाना चाहिए। ये उतना ही अच्छा है जितना हैदराबाद में मिलता है।" डिनर के दौरान वो अपनी तस्वीरों की एल्बम निकालकर ले आया और चमकती आँखों के साथ उन्हें दिखाने लगा। उसने मुझे एक तस्वीर दिखायी जिसमें वो अज़हर के साथ खड़ा है। इसके बाद कुछ और तस्वीरें थीं जिसमें वो मुम्बई में सलमान खान के साथ खड़ा था। उसने कहा, "देखिये सर। अज़हर भाई और सलमान भाई दोनों मेरे हीरो हैं।"

अज़हरुद्दीन पूर्व भारतीय कप्तान थे और सलमान खान बॉलीवुड के राजा। दोनों की ज़िन्दगियाँ विवादों से घिरी रहीं और दोनों ही ख़ूब पॉपुलर हुए। अज़हरुद्दीन पर मैच फिक्सिंग का साया रहा जबकि सलमान हिट एण्ड रन केस में और फिर काले हिरण को मारने के केस में फँसे रहे। इन सभी के बावजूद लोगों के बीच और ख़ासकर भारतीय मुसलमानों के बीच इनकी लोकप्रियता रत्ती भर भी कम होती हुई नहीं दिखी। ये वो लोग हैं जो शिखर पर पहुँचे लेकिन अपने हिस्से की ज़मीन से जुड़े रहे और इसीलिए इन्हें गलियों का राजा कहा गया। मुरादाबाद में इस युवा लड़के का भविष्य क्या है, ये ठीक–ठीक नहीं कहा जा सकता। वो शायद कुछ भी बड़ा न कर पाये। लेकिन उसके हीरो सलमान भाई और अज़हर भाई हैं। वो दोनों भारतीय मुसलमान हैं जिन्होंने बेशुमार सफलता पायी है और दोनों ही उस लड़के के पैसों और शोहरतों से भरे सपने देखने का हक़ दे रहे हैं। दोनों ही देश की दो सबसे ज़्यादा फॉलो की जाने वाली विधाओं से ताल्लुक रखते हैं–सिनेमा और क्रिकेट।

हमारी टीम इण्डिया के हर मेम्बर को देखा जाये तो एक पैटर्न दिखायी देता है। पैटर्न के अनुसार घर का कोई ऐसा सदस्य ज़रूर होता है जो उन्हें उनकी आकांक्षाओं तक उनका हाथ पकड़ कर ले जाता है। एक प्यार करने वाली माँ, एक मददगार बड़ा भाई, एक साहस देने वाला बाप या चाचा। अज़हर के मामले में ये काम उनके थोड़े कठोर मगर बेहद प्रेम

करने वाले नाना ने किया। साल 1963 के मार्च महीने में अज़हर मात्र 40 दिन के ही थे जब उनके नाना मीर वजीहुद्दीन अपने दामाद यानी अज़हर के पिता मोहम्मद अज़ीज़ुद्दीन के पास एक नायाब किस्म की माँग लेकर पहुँचे। ''मेरी बेटी सुल्ताना तुम्हारे साथ रहती है। लेकिन मुझे तुम्हारा बेटा बेहद अज़ीज़ हो गया है। अगर तुम्हें कोई ऐतराज़ न हो तो मैं उसे अपने साथ रखना चाहूँगा,'' उन्होंने कहा।

ये एक ऐसी माँग थी जो अज़हर का जीवन बदल देने वाली थी। उस दिन से लेकर 17–18 साल की उम्र तक अज़हर अपने नाना–नानी के साथ रहे। वजीहुद्दीन एक धार्मिक प्रवृत्ति के इनसान थे जो बेहद अनुशासित ढंग से रहते थे और उन्हें मेहनत से कोई बैर नहीं था। वो एक स्कूल में हेडमास्टर थे और गणित पढ़ाते थे। इसके साथ ही उन्हें धार्मिक किताबों की बेहद महीन बातें मालूम थीं। हैदराबाद के बेहद घनी आबादी वाले और मध्यम वर्ग की बसावट वाले मुशीराबाद इलाके में वजीहुद्दीन को लगभग हर कोई जानता था। ''मेरे नाना एक सूफ़ी सन्त की तरह थे। उन्होंने मुझे कभी भी क्रिकेट नहीं सिखाया लेकिन जीवन में हर एक बात मैंने उन्हीं से सीखी है,'' अज़हर कहते हैं।

अज़हर के नाना चाहते थे कि अज़हर गणित में ख़ूब अच्छा करे लेकिन किस्मत तो अज़हर को कहीं और ही ले जा रही थी। वजीहुद्दीन के बेटे और अज़हर के मामा आबिद जैनुलब्दीन एक अच्छे लोकल क्रिकेटर थे। इस वजह से उनके घर में कुछ बल्ले हमेशा मौजूद हुआ करते थे। अपने मामा की देखादेखी, अज़हर भी अक्सर कोई एक बल्ला उठा लेते और हवा में शॉट्स मारा करते। अज़हर की क्रिकेट से पहली मुलाक़ात उनके मोहल्ले की सड़क पर हुई। अज़हर बताते हैं, ''बाक़ी के लड़के मुझसे बड़े होते थे लेकिन मुझे खेलने में बहुत मज़ा आता था।''

11वें साल की उम्र में वो आल सेंट्स हाई स्कूल में पढ़ने लगे थे और उनका शौकिया क्रिकेट अब पूरी तरह से उनके जीवन में उतरने लगा था। सभी ईसाई स्कूलों की तरह ये स्कूल भी पादरियों द्वारा चलाया जाता था जो बच्चों को काफ़ी सपोर्ट दिया करते थे। इन्हीं में से एक थे ब्रदर जोसेफ़। वो स्कूल में टीचर भी थे और साथ ही क्रिकेट कोच भी। हर शाम, स्कूल के बाद, अज़हर मैटिंग विकेट पर प्रैक्टिस करता था। इस दौरान ब्रदर जोसेफ़ उनपर ध्यान दिया करते थे। अज़हर बताते हैं, ''ब्रदर जोसेफ़ तो मेरे लिए मेरे बाप समान थे। उन्होंने ही मुझे बेसिक क्रिकेट की समझ दी और मुझे आगे बढ़ने के लिए काफ़ी प्रोत्साहित किया।'' शुरुआती दिनों में अज़हर को हर रोज़ 100 कैच लेने होते थे। इसी ने आगे चलकर अज़हर को इण्डियन क्रिकेट के बेहतरीन फ़ील्डर्स में से एक बनाया। वो स्कूल में सबसे तेज़ दौड़ लेते थे। इसने भी अज़हर को काफ़ी मदद की। वो 11 सेकण्ड से कुछ ज़्यादा वक़्त में 100 मीटर दौड़ जाते थे।

धीरे–धीरे अज़हर ने स्कूल क्रिकेट में अपना नाम बनाना शुरू कर दिया। हैदराबाद का क्रिकेट शायद मुम्बई और दिल्ली के क्रिकेट जितना पैना नहीं था लेकिन शहर ने कई टैलेण्टेड प्लेयर्स दिये थे। सैयद आबिद अली, और वेंकटपति राजू जैसे इण्डियन प्लेयर्स अज़हर के स्कूल में ही पढ़ा करते थे। अगर मुम्बई के क्रिकेट को सुबह 8 बजे की लोकल पकड़ने वाले खिलाड़ियों ने अपनी मेहनत से परिभाषित किया तो हैदराबाद का क्रिकेट शहर की ही

तरह आराम से चल रहा था। हैदराबाद की नवाबियत, तहज़ीब और सुघड़ता वहाँ के क्रिकेट में भी दिखायी देती है। एम.एल. जयसिम्हा से लेकर वीवीएस लक्ष्मण तक हैदराबाद से आने वाले खिलाड़ी अपनी मीठी ज़ुबां, स्टाइलिश क्रिकेट से जाने जाते थे जो बड़े ही भव्य तरीक़े से अपने खेल पर पकड़ बनाये रखते थे। अज़हर बहुत ही जल्द अपनी कलाई के जादू के दम पर शहर से निकलने वाली कहानियों का हिस्सा बनने वाले थे।

अज़हर को पहला ब्रेक तब मिला जब उन्हें हैदराबाद की अण्डर–19 टीम के लिए खेलने को मिला। वो स्कूल में पढ़ते थे और 14 साल के थे। अण्डर–19 टीम में अज़हर के कप्तान साद बिन जंग कहते हैं कि स्कूल के दिनों से ही अज़हर काफ़ी स्पेशल खिलाड़ी मालूम देते थे। जंग ने कहा, "वो दुबला–पतला था लेकिन गेंद को पूरी ताकत से मारता था। वो जब भी बैटिंग करने जाता था, कम से कम हाफ सेंचुरी तो बननी तय ही होती थी।" जंग ने वेस्ट इण्डीज़ के ख़िलाफ़ एक फ़र्स्ट क्लास गेम में सेंचुरी मारी लेकिन कभी भी इण्डिया के लिए नहीं खेल पाये।

जंग और अज़हर कई मायनों में हैदराबाद के दो ध्रुवों का प्रतिनिधित्व करते थे। एक नवाब पटौदी का भतीजा था, तो दूसरा स्टेट इलेक्ट्रिसिटी बोर्ड में काम करने वाले एक नौकरीपेशा शख़्स का बेटा था। जंग कहते हैं, "मुझे लगता है हम सभी नवाबी लोग आलसी थे और शौकिया खेला करते थे। लेकिन अज़हर को सफलता पानी थी और इसके लिए वो बेहद मेहनत करता था। उसने जो कुछ किया, बिना किसी गॉडफादर के किया वरना तो अज़हर और भी पहले इण्डिया के लिए खेल लेता।"

अज़हर के अन्दर जब देश के लिए क्रिकेट खेलने के सपने ने जन्म लिया तो उसकी वजह उनकी ज़िद थी। उसका क्रिकेट भले ही काफ़ी चमक–दमक से भरा हुआ था लेकिन उसकी शुरुआती ज़िन्दगी ऐसी नहीं थी। क्रिकेट कमेंट्रेटर और अज़हर के यूनिवर्सिटी क्रिकेट के समय हैदराबाद क्रिकेट से जुड़ने वाले हर्षा भोगले कहते हैं कि जब उन्होंने पहली बार अज़हर को देखा था तो वो अपनी शर्ट की बाँहें नीचे खींच मीडियम पेस गेंदें फेंक रहा था। भोगले ने मुझे बताया, "वो एक शर्मीला लड़का था जो अपने बारे में किसी भी तरह की गफ़लत पाल कर नहीं रखता था।" अज़हर की जीवनी लिखने वाले हर्षा भोगले ने लिखा है, "अज़हर को समझने के लिए आपको उसके शहर की हवा में साँस लेना होगा। और जैसा कि हैदराबाद में कहा जाता है, गंडीपेट का पानी पीना पड़ेगा। ये एक आकर्षक शहर है जहाँ सब कुछ बहुत ही मद्धम गति से चलता है। एक आम हैदराबादी के लिए समय वो शय है जिसका भरपूर मज़ा लेना चाहिए। उसे तेज़ और भड़भड़ भरी ज़िन्दगी में ख़र्च नहीं कर देना चाहिए। हैदराबादी लेफ़्ट–लेन में आराम से अपना स्कूटर चला रहे हैं जबकि तमाम लिमोज़ीन आजू–बाजू से तेज़ रफ़्तार में निकल के जा रही हैं।"

किरण कुमार रेड्डी कहते हैं कि अण्डर–19 के दिनों में लम्बी ट्रेन यात्राओं के दौरान भी अज़हर ग्रुप का वो लड़का था जो सबसे शान्त बैठा रहता था। "हम सभी लोग ताश खेल रहे होते थे या फिर गाने गाते थे। लेकिन अज़हर एक कोने में बैठा रहता था। एक चीज़ जिसमें वो माहिर था–उसे हर देश की राजधानी याद थी।" शायद ये एक सादगीपसन्द घर में रूढ़िवादी परवरिश का काम था लेकिन अज़हर पर शुरुआत में काफ़ी बन्दिशें थीं।

वो साइकिल से मैच खेलने के लिए जाता था, देर रात बाहर नहीं रुक सकता था और शराब का स्वाद भी नहीं जानता था और फ़िल्में तो शायद ही कभी देखी होंगी। उसके नाना उसके नैतिक मूल्यों के रखवाले थे। वो हर मोड़ पर उसे सलाह दिया करते थे। रेड्डी बताते हैं, ''जब भी अज़हर रन नहीं बना रहा होता था, उसके नाना मैच देखने के लिए आते थे। किसी तरह से वो फिर से रन बनाने लगता था।''

ऐसा ही एक इण्टर कॉलेज मैच 1981 में हैदराबाद में खेला गया। सामने वो टीमें थीं जो काफ़ी वक़्त से एक–दूसरे की कट्टर दुश्मन थीं–निज़ाम कॉलेज और उस्मानिया यूनिवर्सिटी। भोगले को वो खेल वैसा का वैसा ही याद है। ''मैं उस दिन अज़हर के ख़िलाफ़ खेल रहा था। हमारी टीम में अरशद अयूब था जो आगे चलकर इण्डिया के लिए ऑफ़ स्पिनर के तौर पर खेला। जब अज़हर बैटिंग के लिए आया तो हमने उसके रन रोकने के लिए लेग साइड पैक कर दी। मैं डीप लॉन्ग–ऑन पर बैटिंग कर रहा था और हमारे पास एक डीप–मिडविकेट भी था। और फिर भी वो गेंद को ऐसे मार रहा था कि हम कुछ भी नहीं कर सकते थे। यहाँ तक कि अरशद ने कहा, 'ये बच्चा ऐसा खेलिंगा तो बॉल डालना भी किधर?' ''

18 साल के अज़हर ने उस दिन 97 रन बनाये। मैदान में लगे एक पेड़ के नीचे एक बुड्ढा शख़्स अपने लंच बॉक्स के साथ बैठा था। वजीहुद्दीन अपने नाती को खेलते देखने के लिए आये हुए थे। एक दिन पहले उनका अज़हर परेशान था। वो पिछले कुछ मैचों से रन नहीं बना पा रहा था। नाना ने उसके कन्धे पर हाथ रखा और कहा, ''कल मैं आऊँगा। देखते हैं दुनिया की कौन–सी ताकत तुम्हारे कूँ रोकेंगी?''

उनके शब्द सच साबित हुए। ऐसा लग रहा था जैसे नाती–नाना के बीच एक किस्मत कनेक्शन लगा हुआ था। ये वो कनेक्शन था जो काफ़ी गहरा था और रहस्य से भरा हुआ था। सालों बाद जब अज़हर के नाना नहीं रहे, अज़हर अपनी बुरी चल रही फॉर्म के बीच एक शानदार और विस्फोटक इनिंग्स खेल देता था। ऐसा लगता था जैसे उसके नाना मैदान में बैठे मैच देख रहे थे। अज़हर इस बारे में बेहद दृढ़ता के साथ कहते हैं, ''हाँ, मैं मैदान में या उसके बाहर जब भी परेशान होता हूँ, नाना को याद करता हूँ। उनके रहते कोई मुझे छू भी नहीं सकता।''

लेकिन अज़हर के जीवन की किताब के इस चैप्टर में एक बेहद मार्मिक मोड़ आना था। 1983–84 सीज़न की रणजी ट्रॉफ़ी में अच्छे प्रदर्शन के बाद अज़हर इण्डियन टीम में पहुँचने का इन्तज़ार कर रहे थे। अज़हर को इण्डिया अण्डर–25 टीम के लिए चुना था जिसे 1984 में दौरे पर आयी इंग्लैण्ड की टीम से खेलना था। जैसे ही अज़हर ने बैटिंग करने जाने की तैयारी शुरू की, उन्हें हैदरबाद से आया हुआ एक तार मिला। उसमें लिखा था–''नाना बीमार हैं। तुरन्त निकलो।'' परेशानी की हालत में अज़हर ने अपने कप्तान रवि शास्त्री को सारी बात बतायी। उन्होंने बताया कि तुरन्त निकलना होगा। शास्त्री ने हैदराबाद क्रिकेट से जुड़े एक अधिकारी पी.आर. मानसिंह को फ़ोन किया। उन्होंने बताया कि अज़हर के नाना की मौत हो चुकी थी। शास्त्री ने अज़हर को ये ख़बर न देने का फ़ैसला लिया और अज़हर को ये समझाने लगे कि उनके कॅरियर के लिए वो गेम किस कदर ज़रूरी था। अज़हर ने उस मैच में 151 रन बनाये। वो इनिंग्स भले ही दिमाग़ में एक तूफ़ान को साथ लेकर खेली

गयी थी लेकिन उस एक इनिंग्स ने अज़हर की इण्डियन टीम में जगह पक्की कर दी थी।

हल्की नम हो चुकी आँखों के साथ अज़हर कहते हैं, ''मेरे नाना पूरी ज़िन्दगी मुझे इण्डिया के लिए खेलते हुए देखना चाहते थे। लेकिन वो मेरे पहले टेस्ट से ठीक पहले चले गये।'' लेकिन इनकी किस्मत कनेक्शन में एक और मोड़ था। जब भी अज़हर हैदराबाद से बाहर क्रिकेट खेलने जाते थे, उनके नाना उन्हें छोड़ने के लिए स्टेशन आते थे। 1984 में भी ये हुआ था। ''मैंने रणजी ट्रॉफ़ी में रन बनाये थे। और साइमंड्स नाम की कम्पनी ने मुझे 5000 का बैट कॉन्ट्रैक्ट दिया और मुझे 1 साल में 2 बैट्स मिलने थे। हम जब स्टेशन के लिए जा रहे थे तो मैंने अपने नाना को वो बैट्स दिखाए। उन्होंने पूछा कि मैं कौन से बैट से खेलूँगा तो मैंने उन्हें एक बैट दिखाया। उन्होंने कहा कि मैं दूसरे वाले से खेलूँ। वो ज़्यादा बेहतर रहेगा। मैंने इंग्लैण्ड के ख़िलाफ़ खेलते हुए उसी बल्ले का इस्तेमाल किया था जो नाना ने कहा था।''

वजीहुद्दीन की चीज़ों को पहले से ही देख लेने को काफ़ी लोग अन्धविश्वास कह कर खारिज कर सकते हैं लेकिन अज़हर कहते हैं कि सब कुछ 'इल्म' की वजह से था। इस्लामिक शब्दावली में इल्म का मतलब ज्ञान होता है। अज़हर कहते हैं, ''मुझे हमेशा से लगता था कि मेरे नाना भविष्य बता सकते थे। मुझसे ये मत पूछिए कि कैसे। वो बस कर सकते थे।'' लेकिन क्या वजीहुद्दीन अज़हर की आने वाली उतार–चढ़ाव और तमाम रास्तों से गुज़रने वाली ज़िन्दगी के बारे में पहले से ही बता सकते थे? या वो ये बता सकते थे कि उनका नाती अपना टेस्ट कॅरियर ऐसे शुरू करेगा जैसे किसी भी इण्डियन प्लेयर ने नहीं किया? अज़हर भले ही बेहद किस्मती रहे हों लेकिन अन्तिम सत्य तो यही है कि हर शख़्स अपनी किस्मत ख़ुद ही लिखता है।

कोलकाता का ईडेन गार्डन्स इण्डियन क्रिकेट का सबसे भव्य स्टेज कहा जा सकता है। इटली में बनी दुनिया की सबसे बड़ी रंगभूमि कोलोज़ियम के जैसा स्टेडियम जिसमें लगभग एक लाख लोग आ सकते हैं। यही वो जगह है जहाँ खालिस खिलाड़ी और मात्र खिलन्दड़ करने वालों में अन्तर मालूम पड़ता है। यहाँ सपने सच होते हैं और टूटते भी हैं। यही वो मैदान था जहाँ अज़हर ने 1984 साल की आख़िरी शाम को सेंचुरी जड़ी। कुछ ही हफ़्तों में वो 21 साल के होने वाले थे। पिछले मैच में इंग्लैण्ड ने भारतीय टीम को हराया था। ये वो मैच था जिसके बाद भारतीय क्रिकेट के दो बड़े नाम कपिल देव और संदीप पाटिल को टीम से ड्रॉप कर दिया गया था। हल्ला मचाने वाली और कुछ बदतमीज़ दर्शकों की भीड़ की वजह से सुनील गावस्कर इस नये लड़के को टीम में रखने की नहीं सोच रहे थे। लेकिन सेलेक्टर्स के चेयरमैन चन्दू बोर्डे ने उन्हें अज़हर को हर हाल में टीम में लेने को कहा। ''मैंने अज़हर की बैटिंग और उसकी शानदार फ़ील्डिंग इतनी बार देखी थी इसलिए मुझे यक़ीन था कि वो टीम में रहने का पूरा हक़दार था। मैंने सुनील से कहा कि उसकी कम उम्र के बारे में ज़्यादा न सोचे। उसमें कुछ ख़ास है और वो बेहतरीन फ़ील्डर भी है,'' बोर्डे ने कहा।

बोर्डे सही साबित हुए। अज़हर जब बैटिंग करने आये तो 4 विकेट गिर चुके थे और टीम ने मात्र 100 रनों से कुछ ज़्यादा का स्कोर बनाया था। अज़हर ने आधा दर्जन रन भी

नहीं बनाये थे कि वो ऑफ़ स्पिनर पैट पोकॉक की गेंद पर बाहर निकल पड़े और गेंद मिस कर गये। कीपर पॉल डाउनटन स्टम्पिंग का मौक़ा चूक गये और अज़हर बच गया। किस्मती अज़हर के साथ एक बार फिर उसकी किस्मत खड़ी थी। वो कहते हैं, "किस्मत ही थी। मैं उस दिन जल्दी आउट हो गया होता तो न जाने आगे क्या होता।" उस एक स्टम्पिंग के मौक़े के बाद अज़हर ने मौक़े का पूरा फ़ायदा उठाया और अपने पहले ही टेस्ट मैच में सेंचुरी मारी। इसके साथ उन्होंने रवि शास्त्री के साथ एक बड़ी पार्टनरशिप भी बनायी। "जब मैंने सेंचुरी पूरी करने के लिए सिंगल लिया, तो मुझे अहसास ही नहीं हुआ कि क्या हुआ है। मैं बस अपने नाना के बारे में ही सोच रहा था। मैं चाहता था कि वो मुझे खेलते देखते," अज़हर ने कहा।

पहली इनिंग्स में देखने को ये मिला कि अज़हर बिना किसी परेशानी के बैटिंग कर रहे थे। भारतीय क्रिकेट के कुछ सबसे बड़े नामों के साथ ये 21 साल का लड़का खेल रहा था और उसे देखकर ऐसा लग रहा था जैसे वो यही करने के लिए पैदा ही हुआ था। शायद उसने ख़ुद को टेस्ट क्रिकेट के इतने बड़े स्टेज के लिए इतनी जल्दी इसलिए ढाल लिया क्यूँकि हैदराबाद में अपने क्रिकेट की शुरुआत से ही वो अपनी से बड़ी उम्र के लोगों के साथ खेलता था। मज़ेदार बात तो ये है कि कोलकाता के उस टेस्ट से पहले उसने अपने जीवन में मात्र एक बार हेलमेट पहनकर मैच खेला था। इस मैच से ठीक पहले अज़हर ने आन्ध्र प्रदेश के लिए रणजी क्रिकेट खेलने वाले अपने एक दोस्त चामुण्डेश्वरनाथ से हेलमेट उधार लिया था। हेलमेट कुछ बड़ा था लेकिन अज़हर को कोई फ़र्क़ नहीं पड़ रहा था। रेड्डी भी याद करते हुए बताते हैं, "आपको मालूम है, मैच से ठीक पहले वो साइकिल चलाकर मेरे पास आया और मेरी किट ले गया जो मैंने कुछ ही वक़्त पहले ऑस्ट्रेलिया में ख़रीदी थी। यहाँ तक कि उसने मैच खेलने के दौरान जो शर्ट पहनी थी वो फ्रेड पेरी की शर्ट गावस्कर ने गिफ्ट में दी थी। अज़हर कहते हैं, "मुझे लगता है कि इतने बड़े नामों के साथ एक ही कमरे में रहकर मैं काफ़ी उत्साहित था इसलिए इसके आगे और कुछ सोच ही नहीं पा रहा था।"

टीम में साथ खेलने वाले प्लेयर्स अज़हर को उस शान्त रहने वाले शख़्स की तरह याद करते हैं जो हमेशा अपने सीनियर्स की भरपूर इज़्ज़त करता था। मोहिन्दर अमरनाथ कहते हैं, "उसके चेहरे पर हमेशा शर्म से भरी एक मुस्कान होती थी लेकिन वो बहुत ही कम बोलता था।" अज़हर अपने बल्ले को ही बातें करने देते थे। किसी बड़े स्कोर के बाद कोई भारी ज़श्न नहीं, बस एक मुस्कान और मीडिया के लिए कम से कम शब्दों में जवाब। अपने पहले टेस्ट में सेंचुरी के बाद अज़हर ने चेन्नई में खेले गये दूसरे मैच में भी सेंचुरी जमाई। इसके बाद कानपुर में तीसरी। अज़हर ने वो कर दिया था जो न उससे पहले किसी ने किया था और न ही उसके बाद कोई कर पाया है–अपने पहले तीन टेस्ट मैचों में तीन सेंचुरी। एक सितारे ने मात्र जन्म नहीं लिया था बल्कि उसने भारतीय क्रिकेट में उस लौकिक ऊर्जा के साथ विस्फोट करते हुए पहला क़दम रखा था जिसे इससे पहले कभी भी नहीं देखा गया था। "वो एक ख़ूबसूरत सपने जैसा था। और मुझे हमेशा ऐसा लगता है कि उस वक़्त सिर्फ़ मैं ही रन नहीं बना रहा था, मेरे साथ मेरे नाना भी थे। उनकी दुआयें मेरे साथ थीं," अज़हर ने कहा।

अज़हर अगर सुपरस्टार बन गये थे तो उसके पीछे उनके बनाये रन नहीं थे बल्कि उन्हें बनाने का तरीक़ा था। अज़हर के पास गावस्कर सी तकनीक नहीं थी, न ही उनके पास विश्वनाथ की तरह स्ट्रोक मारने का क्लासिकल तरीक़ा था। अज़हर की अपनी स्टाइल थी। उस तकनीक में बेहद सचेत आँखें, मज़बूत कलाइयाँ और गेंद को जितना हो सके देर से खेलने की आदत मुख्य हथियार थे। अज़हर का फुटवर्क उनकी तकनीक का मज़बूत हिस्सा नहीं था। वो क्रीज़ में थोड़े झुके दिखते थे। जब बाउंसर आती थी तो वो काफ़ी अजीबोगरीब स्थिति में दिखते थे। उनका बैट थर्ड मैन की दिशा से आता था। वो बल्ले को मज़बूत निचले हाथ से पकड़ते थे। लेकिन इन सभी के बावजूद 21 साल की उम्र में ये मालूम चल गया था कि अज़हर को अपनी ताकत और अपनी कमियाँ बख़ूबी मालूम थीं। उनकी असली ताकत वो शॉट हुआ करता था जिसमें वो ऑफ़ स्टम्प पर पड़ी गेंदों को बड़े आराम से लेग साइड में मार देते थे। रणजीत सिंह जी के वक़्त से भारतीय क्रिकेटर्स लेग साइड में रन बनाने के लिए जाने जाते हैं। लोग कलाइयों से रन बनाते ज़रूर थे लेकिन अज़हर ने इसमें एक अलग ही प्रकार की भव्यता से लोगों की मुलाक़ात करवाई। वो कहते हैं, "मैं मैटिंग विकेट पर क्रिकेट खेलते हुए बड़ा हुआ इसलिए बैकफुट पर रहते हुए ऑफ़ साइड में मार सकता था। लेग साइड पर मारने में मुझे हमेशा ही आसानी होती थी।"

इस सबसे बड़ी बात थी अज़हर का एकदम साफ़ दिखायी पड़ने वाला शान्त और स्थिर स्वभाव। उन्होंने कभी भी सफलता मिलने पर आपा नहीं खोया और न ही वो कभी हारने पर बौखलाये। ऐसा लगता है जैसे गले में लटकी ताबीज़ उनके लिए अच्छी चीज़ें ही लिखवाकर आयी थी। संजय मांजरेकर, अज़हर के साथ खेल चुके उनके साथी, कहते हैं, "मुझे ऐसा लगता है कि कुछ लोग अपनी तकनीक के बारे में कुछ ज़्यादा ही सोचा करते हैं। अज़हर ने ख़ुद को सब से बेहतर बनने के चक्कर में ख़ुद को तराशते जाने में समय नहीं निकाला। जब उसकी ख़राब फॉर्म चल रही होती थी तो वो अपने शॉट्स ऐसे खेलता था जैसे उसे एक लॉटरी टिकट मिला है जो उसे यक़ीन है कि वो जीत ही जायेगा।" और फिर भी, किसी को जो ग़ैर–ज़िम्मेदाराना लग सकता है, अज़हर के लिए ख़ूब काम करता था–जब उसने टेस्ट क्रिकेट छोड़ा तो उसके शतक (22) उसके अर्धशतकों (21) से ज़्यादा थे। ये बताता है कि जब अज़हर अपनी लय में आ जाते थे तो उन्हें रोक पाना बहुत मुश्किल था।

1984 की उस बेहतरीन ठण्ड में अज़हर की बैटिंग कुछ ऐसी ही थी। लगता था जैसे कोई जादूगर अपनी कला के दम पर इस दुनिया के साथ खेल रहा हो। इस सब का ये भी मतलब था कि अज़हर के लिए हैदराबाद की गलियों में क्रिकेट खेलने वाले अनजान लड़के बने रहने के दिन लद गये थे। पाँच हफ़्तों के क्रिकेट ने उसकी दुनिया पलट के रख दी थी। वो सिर्फ़ स्टार नहीं बल्कि 21 की उम्र में सुपरस्टार बन चुका था। जब वो वापस हैदराबाद आया तो उसे देखने के लिए लोग सड़कों पर इकट्ठा थे और उसे एक रैली की तर्ज पर विठलवाड़ी इलाके में उसके घर ले जाया गया। हर कोई इण्डियन क्रिकेट के इस नये हीरो की एक झलक पाना चाहता था। अज़हर एक लोकल मस्जिद में नमाज़ के लिए गया तो वहाँ इतनी भीड़ जमा हो गयी कि पुलिस को रॉड ब्लॉक करनी पड़ी। लगभग हर शाम उसे अपने सम्मान में किये जा रहे किसी समारोह में शामिल होना पड़ रहा था।

एक ख़ुद तक सीमित रहने वाले और कम बातचीत करने वाले शख़्स के लिए इस तरह से पब्लिक से मिलना आसान नहीं था। वो कहते हैं, ''इस तरह से सम्मान मिलना तो अच्छा था लेकिन मुझे इसने कभी भी घमण्ड से नहीं भरा।''

अज़हर अब भी एक आम लड़का था और उसके पैर ज़मीन पर ही टिके थे, इसका सबूत तब मिलता था जब वो शहर में होने वाले मैचों के लिए साइकिल से ही जाना चाहता था। भोगले याद करते हैं कि कैसे अपने टेस्ट कॅरियर की शानदार शुरुआत के बाद भी अज़हर रणजी ट्रॉफी के मैचों के लिए अपने दोस्त के स्कूटर के पीछे बैठकर आते थे। वो मशहूर हो गया था लेकिन पैसों से अभी भी मज़बूती नहीं आयी थी। अपने पहले मॉडलिंग के काम के लिए अज़हर को 25,000 रुपये मिले थे। लेकिन वो सूट पहने काफ़ी असहज दिखायी दे रहे थे। यहाँ तक कि उस वक़्त तक भी उनके आने जाने की साथी उनकी साइकिल ही थी। ''हम अज़हर की साइकिल को उसकी 'हॉन्डा' कहते थे। वो हमेशा उसके साथ रहती थी,'' रेड्डी ने कहा। जितने भी समारोह हो रहे थे, उसमें वो आराम से जा सके इसके लिए एक टैक्सी का इन्तज़ाम किया गया जो हमेशा उसके लिए ही खाली रहती थी। उसके जीवन में लग्ज़री गाड़ियाँ बहुत बाद में आयीं। 1984–85 के सीज़न और आगे आने वाले और भी सालों में अज़हर एक नेशनल हीरो थे जो एक अनजान मिडल क्लास घर से आया हुआ था और जो क्रिकेट उस तेज़ के साथ खेलता था जिसे देखने के लिए कितने ही लोग कहीं भी चले आते थे।

कई ऐसे क्रिकेटरों की तरह जिनकी शानदार शुरुआत रही, अज़हर ने ये जाना कि जनता की हर दिन बढ़ती उम्मीदों पर खरा उतरना उतना आसान नहीं है। बॉलर्स अज़हर की तकनीकी कमज़ोरी ढूँढ़ने में लगे हुए थे और अचानक अज़हर का टेस्ट मैचों में बुरा दौर शुरू हो गया। अज़हर की फ़ील्डिंग बेमिसाल थी और इसीलिए उन्हें टीम में रहने दिया गया जबकि रन तो बन ही नहीं पा रहे थे। अज़हर की वन–डे फॉर्म काफ़ी बेहतर थी। 1987 में न्यूज़ीलैण्ड के ख़िलाफ़ अज़हर ने मात्र 62 गेंदों में सेंचुरी मार दी। ये किसी भी भारतीय बल्लेबाज़ द्वारा मारी गयी सबसे तेज़ सेंचुरी थी। लेकिन जब तक वो 1989 में पाकिस्तान के ख़िलाफ़ खेलने पहुँचे उनका टेस्ट कॅरियर अधर में लटका हुआ था। ऐसा माहौल था कि उन्हें पहले टेस्ट मैच में टीम में जगह नहीं दी जा रही थी। लेकिन एक बार फिर किस्मत अज़हर के साथ थी। उस टेस्ट की सुबह ही रमन लाम्बा उँगली में लगी एक चोट के चलते बाहर हो गये। अज़हर को अन्तिम मिनट में टीम में लाया गया। ये एकमात्र अच्छी चीज़ नहीं हुई थी। पाकिस्तानी बैट्समैन ज़हीर अब्बास ने अज़हर को नेट्स में प्रैक्टिस करते हुए देखा और उनसे ग्रिप में एक छोटा–सा बदलाव लाने को कहा। ''वो एक बदलाव काफ़ी था। अचानक से मैं काफ़ी विश्वास से भर गया,'' अज़हर ने कहा। (सालों बाद ख़ुद अज़हर ने यही सलाह एक और पाकिस्तानी बैट्समैन को दी थी जब वो अज़हर जैसे ही बुरे दौर से गुज़र रहा था–यूनिस खान।) अज़हर ने दोनों इनिंग्स में 35 रन बनाये और 5 कैच लिए जिसमें से कुछ एक तो बेहद शानदार थे। ये सब उन्हें दूसरे टेस्ट में जगह दिलवाने के लिए काफ़ी था।

फ़ैसलाबाद में हुए दूसरे टेस्ट मैच में अज़हर बिना खाता खोले आउट हो गये। जब वो पवेलियन की ओर लौट रहे थे, उन्हें लगा कि उनका कॅरियर ख़त्म होने वाला है। उस शाम उन्होंने अपनी माँ को फ़ोन लगाया। वो परेशान थे। उनकी माँ ने उन्हें हौसला देते हुए कहा, ''बेटे परेशान मत हो। तुम अगली इनिंग्स में सेंचुरी मारोगे। अल्लाह तुम्हारे साथ है।'' इसके बाद उन्होंने ये भी बताया कि ऐसा उन्होंने क्यूँ कहा। अज़हर की मौसी ने बताया था कि उनके सपने में अज़हर के नाना आये थे जिन्होंने कहा था कि अज़हर को खुल कर और बिना डरे खेलना चाहिए। और इसके बाद वही शब्द जो निज़ाम कॉलेज के लड़के को सालों पहले उसके नाना ने कहे थे–''देखते हैं कौन ताकत रोकती है।'' वो सही थे। अगली इनिंग्स में अज़हर ने सेंचुरी मारी। इस सेंचुरी ने न केवल इण्डिया के लिए मैच बचाया बल्कि अज़हर के कॅरियर को दोबारा से हरा कर दिया। अज़हर दोबारा कहते हैं, ''मैं कह रहा हूँ। मेरे नाना भविष्य देख लेते थे।''

न केवल अज़हर का कॅरियर ट्रैक पर वापस आ चुका था, उन्हें कुछ ही महीने में हुए न्यूज़ीलैण्ड के टूर पर इण्डिया का कप्तान बना दिया गया। यहाँ भी कहानी में एक घुमावदार मोड़ था। राज सिंह डूंगरपुर उस वक़्त सेलेक्टर्स के चेयरमैन थे। उन्हें अज़हर काफ़ी पसन्द थे। डूंगरपुर को लगा कि 1990 के दशक की शुरुआत के लिए इण्डियन क्रिकेट को एक नये चेहरे की ज़रूरत है। अपने साथी सेलेक्टर्स को विश्वास में लेने के बाद डूंगरपुर तुरन्त ही बेंगलुरु के लिए रवाना हो गये जहाँ अज़हर साउथ ज़ोन की कप्तानी कर रहे थे। बहुत ही मशहूर वाक्य है–''मियाँ, कैप्टन बनोगे?'' डूंगरपुर ने अज़हर से कहा था। अज़हर ने जवाब दिया, ''पर मैं तो पहले से कैप्टन हूँ, सर।'' उन्हें ऐसा लगा था कि डूंगरपुर साउथ ज़ोन की ही बात कर रहे हैं। डूंगरपुर हँस रहे थे। उन्होंने कहा, ''साउथ ज़ोन नहीं। मैं इण्डिया की बात कर रहा हूँ।'' अज़हर ने वो वक़्त याद करते हुए कहा, ''वो दिमाग़ हिला देने वाली बात थी। कुछ ही हफ़्ते पहले मैं पाकिस्तान में टीम से बाहर होने वाला था और अब मैं कप्तान बन रहा था।''

ज़्यादातर वक़्त इण्डिया की कप्तानी करना उस खिलाड़ी के लिए अच्छा नहीं रहा है। लेकिन जब आप एक ऐसी टीम की कप्तानी कर रहे हैं जिसमें 3 पूर्व कप्तान हों–कपिल देव, रवि शास्त्री और दिलीप वेंगसरकर–तो काम थोड़ा और भी टेढ़ा मालूम देने लगता है। और यहाँ तो अज़हर एक बेहद सौम्य स्वभाव वाले इनसान थे, लिहाज़ा उन्हें कुछ ज़्यादा ही दिक्कतें होने वाली थीं। शुरुआत में ये एक अजीब चुनाव लग रहा था। शान्त और छुपा रहने वाला अज़हर हमेशा परदे के पीछे काम करने वाली एक्स्ट्रा की माफ़िक गिना जाता था। अचानक ही उसे लीड ऐक्टर का रोल मिल गया था। ''हाँ मैं शुरुआत में कपिल देव जैसे महान खिलाड़ी को ये बताने में कि उन्हें क्या करना है, थोड़ा डरा हुआ था। मैं बस सुनता था और वो जो चाहते थे उन्हें करने देता था।'' अज़हर ने कहा।

अज़हर के पहले दो विदेशी टूर पर बिशन सिंह बेदी कोच थे। ये वो मौक़ा था जहाँ अगली सीट पर दो बेहद विरोधी शख़्सियतें बैठी हुई थीं और उन्हें असफल होना ही था। बेदी मुँहफट थे और उग्र स्वभाव के थे जबकि अज़हर शान्त रहना पसन्द करते थे। उनके बीच बात तब बिगड़ी जब 1990 में इंग्लैण्ड टूर पर अज़हर ने बेदी की कही बात के ख़िलाफ़

जाकर लॉर्ड्स में पहले बैटिंग चुनी और ये फ़ैसला काफ़ी मूर्खतापूर्ण साबित हुआ। बेदी ने कहा, "हमने ये तय किया था कि हम पहले बैटिंग करेंगे। लेकिन फिर अज़हर ने कुछ सीनियर प्लेयर्स से बात की और पहले फ़ील्डिंग ले ली। ये एक ऐसा फ़ैसला था जिसका मैं हिस्सा नहीं था और मैं कोई भी समझौते नहीं करना चाहता था।" बेदी कुछ ही दिनों में अपने पद से हटा दिये गये।

शुरुआती टेस्ट मैचों में अज़हर में एक कप्तान के तौर पर मौजूद कमियाँ खुल कर सामने आ गयी थीं। इण्डिया को न्यूज़ीलेण्ड, इंग्लैण्ड, ऑस्ट्रेलिया और साउथ अफ्रीका में हार का सामना करना पड़ा। जब जनवरी 1993 में टीम साउथ अफ्रीका से वापस लौटकर आयी, ऐसा मालूम दे रहा था कि डूंगरपुर का एक्सपेरिमेण्ट फेल हो चुका था। लेकिन एक बार फिर अज़हर की किस्मत चमक उठी। जैसे ही सेलेक्टर्स ने कपिल देव को इंग्लैण्ड के ख़िलाफ़ घरेलू सीरीज़ के लिए कप्तान बनाये जाने के बारे में सोचना शुरू किया, टीम के नये मैनेजर अजीत वाडेकर ने सुझाव दिया कि अज़हर को एक आख़िरी मौक़ा दिया जाये। वाडेकर जो कि ख़ुद देश के एक सफल टेस्ट कप्तान रह चुके थे, कहते हैं, "मुझे हमेशा से ऐसा लगा है कि कप्तानों को कुछ एक्स्ट्रा टाइम दिया जाना चाहिए जिससे वो अपने काम को काम के दौरान ही समझ सकें।"

अज़हर की किस्मत ने फिर से खेल दिखाना शुरू कर दिया था। जो सीरीज़ अज़हर के लिए आख़िरी मौक़ा थी, उसने सब कुछ बदल दिया। फ़रवरी 1993 में कोलकाता में पहले टेस्ट के दौरान अज़हर ने एक शानदार सेंचुरी मारी। ये वही मैदान था जहाँ उसने अपनी पहली सेंचुरी लगायी थी। अज़हर को इस ग्राउण्ड से कुछ ज़्यादा ही प्यार था। जिन बल्लेबाज़ों ने यहाँ 400 से ज़्यादा रन बनाये हैं, उनमें अज़हर 107 रन प्रति इनिंग्स की दर से रन बनाते हुए दूसरे नम्बर पर आते हैं। सिर्फ़ वीवीएस लक्ष्मण ही उनसे आगे हैं। दोनों ही हैदराबाद से हैं।

इंग्लैण्ड के ख़िलाफ़ कोलकाता में खेले गये उस टेस्ट मैच ने भारतीय क्रिकेट के लिए वो समय शुरू किया जिसमें अगले एक दशक में इण्डिया ने घरेलू पिच पर एक भी सीरीज़ नहीं गँवाई। अज़हर और वाडेकर की पार्टनरशिप कमाल दिखा रही थी। दोनों ही कम बोलने वाले मगर बेहद तेज़ दिमाग़ वाले थे। दोनों बोलने से ज़्यादा सुनने में विश्वास रखते थे। वाडेकर एसबीआई में चीफ़ जनरल मैनेजर थे। ये वही जगह थी जहाँ अज़हर को उनकी पहली नौकरी मिली थी। एक अच्छे बैंकर की तरह वाडेकर के लिए सुरक्षा सबसे पहले आती थी। अज़हर भी ऐसा ही सोचते थे। भारतीय परिस्थितियों में दोनों ने ही टर्निंग विकेट्स बनवाने शुरू किये और फिर सामने वाली टीम को अपने तीन स्पिनर्स के सामने लाचार होते देखते। वाडेकर ने कहा, "ऐसा कतई नहीं था कि हमने कोई जादूगरी का फ़ॉर्मूला ढूँढ़ निकाला था। हम बस अपनी ताकत पर खेल रहे थे और इण्डियन पिचों पर स्पिन हमेशा हमारा ट्रंप कार्ड रहेगा।"

तो अज़हर एक अच्छे कप्तान थे या वाडेकर की तरह किस्मती थे? 47 टेस्ट मैचों में अज़हर ने 14 जीते और 14 हारे। जीत का प्रतिशत 30 से भी कम। लेकिन इनमें से मात्र 1 ही जीत ऐसी थी जो बाहरी पिच पर मिली। श्रीलंका के ख़िलाफ़ 1993 में। इसने इण्डिया

को मिले 'घर के शेर' के ठप्पे को और भी मज़बूती दे दी थी। अज़हर का वन–डे रिकॉर्ड कहीं ज़्यादा बेहतर है। अज़हर ने इण्डिया को 174 में से 90 मैचों में जीत दिलायी। एक शानदार फ़ील्डर और स्ट्रोक लगाने वाले बैट्समैन के तौर पर अज़हर ख़ुद आगे बढ़कर टीम को लीड किया करते थे। लेकिन टेस्ट मैचों में ऐसा ही करने में उन्हें कुछ मुश्किल ज़रूर आ रही थी।

अज़हर–वाडेकर की जोड़ी ने इण्डिया के कई नये खिलाड़ियों की जड़ों में पानी दिया। ये सभी आगे चलकर इस खेल के बेहतरीन खिलाड़ी बने। महान बल्लेबाज़ सचिन तेंदुलकर अज़हर की कप्तानी में फले और फूले। यही हाल अनिल कुंबले और पेस बॉलर जवागल श्रीनाथ का भी रहा। दूसरे खिलाड़ी जैसे राहुल द्रविड़ और सौरव गांगुली ने भी अज़हर–काल में ही अपने क्रिकेट को चमकाया। इन सभी के पास शायद इतना टैलेण्ट था कि अपना नाम बनाने के लिए इन्हें कप्तान की बहुत ज़रूरत नहीं थी लेकिन हाँ 90 के दशक में अगर अज़हर के रोल को दरकिनार कर दिया जाये तो ये ज़्यादती होगी। ''मेरी कप्तानी की थ्योरी बेहद सिम्पल थी। एक बार आप इण्डिया के लिए खेलने लगे तो आपको ये बताया नहीं जाना चाहिए कि आपको क्या करना है। कुंबले को मालूम था कि उसे गेंद कहाँ फेंकनी थी। सचिन को आप बैटिंग नहीं सिखा सकते थे। मैं तो बॉलर्स के ख़ुद फ़ील्ड सजाने पर भी खुश होता था,'' अज़हर ने बताया। अज़हर की रणनीति भले ही कुछ कमज़ोर रही हों और विदेशों में टीम हमेशा ख़तरे में दिखायी पड़ती थी, लेकिन इण्डिया ने इस दौरान कुछ शानदार जीत हासिल कीं। इनमें कोलकाता में खेले गये 1993 के हीरो कप का सेमी फाइनल मुख्य है जिसमें साउथ अफ़्रीका के ख़िलाफ़ सचिन को आख़िरी ओवर देने का फ़ैसला काम कर गया। ''उस दिन मुझे विकेटकीपर विजय यादव ने सलाह दी थी कि सचिन बल्लेबाज़ों को अपनी पेस में बदलाव लाकर परेशान कर सकता है। इसके साथ ही सचिन को बॉलिंग करना बहुत ही ज़्यादा पसन्द था। मुझे हमेशा ये लगा है कि प्रेशर वाली स्थिति में किसी ऐसे से काम लेना चाहिए जिसे उस प्रेशर में मज़ा आता हो,'' उस दिन सचिन को गेंद थमाने के बारे में अज़हर ने कहा। वो फ़ैसला काम कर गया।

शायद उस फिर से किस्मत कनेक्शन ने काम कर दिया था। अपने नाना की तरह अज़हर भी ये मानते हैं कि उनका भविष्य सितारों में क़ैद है। उनकी कहानी हैदराबाद की गलियों से एक छोटे–से लड़के को इण्डिया के सफल कप्तान बना दिये जाने की जादुई कहानी थी। मगर फिर ये भी याद रखना चाहिए कि किस्मत एक दोधारी तलवार होती है–वो आपको बेहतरीन चीज़ें तो दिला ही सकती है लेकिन वक़्त आने पर आपको अर्श से फ़र्श पर भी ला पटकती है। अपने क्रिकेट कॅरियर के दौरान अज़हर को किस्मत ने चमकाया था लेकिन अब वो एक गहरे अँधेरे में जाने वाला था।

अप्रैल 2000 में दिल्ली पुलिस में काम करने वाले मेरे एक दोस्त ने कहा कि मुझे दिल्ली के पुलिस कमिश्नर के.के. पॉल से मिलना चाहिए। उनके पास एक बहुत बड़ी स्टोरी थी जिसमें शायद मेरी कुछ दिलचस्पी हो। मैं कुछ हैरान था। मैंने कभी भी क्राइम बीट कवर नहीं की थी और कमिश्नर साहब से बस जान पहचान ही थी। इसके साथ ही वो मीडिया के प्रति

बहुत दोस्ताना रवैया भी नहीं रखते थे। (पॉल आगे चलकर कई राज्यों के गवर्नर बने।) जब मैं पुलिस हेडक्वार्टर में पहुँचा तो मुझे कमिश्नर के हेडक्वार्टर में पहुँचाया गया। वहाँ पॉल ने बेहद पेशेवर तरीक़े से मुझसे कहा कि एक फ़ोन रिकॉर्डिंग है जो शायद मैं सुनना चाहूँगा। मेरे हाथ में उस बातचीत की लिखित कॉपी भी थमा दी गयी। आगे जो हुआ उसने मेरे पैरों के नीचे से ज़मीन खिसका दी। दिल्ली पुलिस के पास एक ऐसी बातचीत थी जिसमें साउथ अफ़्रीका के कप्तान हैन्सी क्रोन्ये और सट्टेबाज़ संजीव चावला आपस में मैच से जुड़ी बातें कर रहे थे। ये बातचीत उसी इण्डिया–साउथ अफ़्रीका मैच के बारे में थी जो हाल ही में नागपुर में हुआ था और जिसके बारे में कहा जा रहा था कि वहाँ खिलाड़ियों को पैसे ऑफ़र किये गये थे। मुझे वहाँ नोट्स लेने की इजाज़त मिल गयी। इस दौरान मैं बेहद उत्साहित था क्यूँकि ये एक बहुत बड़ी स्टोरी थी। उस शाम हमने एनडीटीवी नाइट न्यूज़ (उस वक़्त चैनल का नाम स्टार न्यूज़ था) पर एक पीस किया। अगली सुबह ये ख़बर हर अख़बार की हेडलाइन के रूप में देश भर में चीख रही थी। मगर फिर भी, न जाने क्यूँ, मुझे इस से जुड़ी जानकारी पूरी तरह से सन्तुष्ट नहीं कर पा रही थी। मुझे यक़ीन था कि क्रोन्ये, जिसने अपार्थीड के बाद साउथ अफ़्रीका की बेहतरीन ढंग से कप्तानी की, मैच फिक्सर निकल जायेगा। मैं यही सोच रहा था कि अगर वो ऐसा कर भी सकता है तो वो अकेला था।

कुछ महीनों बाद क्रोन्ये ने सब कुछ कबूल कर लिया और वो साउथ अफ़्रीका की एक कोर्ट में फूट–फूट कर रोया। न केवल उसने मैच फिक्स करने के बारे में बताया बल्कि सब इन्तज़ाम करवाने वाले के तौर पर अज़हर का भी नाम लिया। एक बार फिर मैं हैरान था। जो क्रिकेट के सर्किट में सब कुछ देखा–टटोला करते थे, वो अक्सर दबी ज़ुबान में ही सही, मैचों के फिक्स होने के बारे में बात किया करते थे। जैसा कि 1997 में मनोज प्रभाकर ने ये दावा भी किया था कि श्रीलंका के ख़िलाफ़ 1994 में एक इण्डियन टीम के प्लेयर ने ही उन्हें ख़राब प्रदर्शन करने के एवज़ में 25 लाख रुपये की पेशकश की थी। पाकिस्तानी प्लेयर्स पर भी मैच फिक्सिग के इलज़ाम लग रहे थे। लेकिन अब इण्डियन क्रिकेट का सबसे बड़ा सितारा इस दलदल में घसीटा जा चुका था। क्या अज़हरुद्दीन, जो कि अल्लाह से डरने वाले वजीहुद्दीन का नाती था, जो हैदराबाद से आकर अपने दम पर देश की इतनी बड़ी शख़्सियत बन गया था, मैच फिक्सिग रिंग का हिस्सा था?

जब स्टोरी ब्रेक हुई तो मुझे याद है कि मैंने अज़हर को फ़ोन किया। ''झूठ है। सब झूठ है,'' अज़हर का छोटा मगर गुस्से से भरा जवाब था। सालों बाद 2011 में एक टीवी प्रोग्राम में जब अज़हर की टीम के साथी विनोद काम्बली ने इशारा किया कि शायद अज़हर ने 1996 का श्रीलंका के ख़िलाफ़ वर्ल्ड कप सेमी फाइनल फिक्स किया था क्यूँकि उसने टॉस जीत के बाद में बैटिंग करने का फ़ैसला लिया था, मैंने अज़हर से दोबारा वही सवाल किया। ''क्या आप कुरान पर हाथ रखकर ये कहेंगे कि आपने मैच नहीं फिक्स किया था।'' ये वो मौक़ा था जब अज़हर ने आपा खो दिया था–''ये कैसा सवाल है? प्लीज़ मुझसे ऐसे सवाल मत कीजिए। ऐसे नहीं चलेगा ये।'' जब मैं उनसे इस किताब के लिए इण्टरव्यू करने पहुँचा तो वो बेहद आराम से बात कर रहे थे–''हाई कोर्ट ने मुझे दोषमुक्त कर दिया है। मेरे ख़िलाफ़ कोई भी सबूत नहीं मिला है। मेरी परफॉरमेंस देखिये और बताइए मैं कैसे

मैच फिक्स कर सकता हूँ।'' (1995 में कप्तानी के दौरान अज़हर का एवरेज 47.63 था और उसके बाद 36.19 हो गया।)

तो क्या अज़हर ने मैच फिक्स किये थे? अज़हर के साथ खेल चुके किसी भी खिलाड़ी ने खुलकर ये नहीं कहा है या इस बारे में सबूत मुहैया करवाये हैं। लेकिन कुछ खिलाड़ियों ने ये ज़रूर कहा कि अज़हर के ख़िलाफ़ जो बातें कही जा रही हैं उससे वो ख़ुद को ठगा हुआ पाते हैं। ''हमें हमेशा ही शक था। मुझे यक़ीन है कि अज़हर हमारे सामने पूरी ईमानदारी नहीं दिखा रहा था,'' एक खिलाड़ी ने कहा। एक और खिलाड़ी ने ये साफ़ किया कि वो कभी भी किसी भी टीवी पोग्राम में अज़हर के साथ नहीं बैठेगा। साद बिन जंग, हैदराबाद के दिनों में अज़हर के टीममेट याद करते हुए बताते हैं कि वो कैसे पाकिस्तानी कप्तान सलीम मलिक से बेंगलुरु में 1996 वर्ल्ड कप क्वार्टर फाइनल के ठीक पहले मिले थे। ये मैच इण्डिया और पाकिस्तान के बीच खेला जाना था। जंग ने कहा, ''उनका कहना था कि दुनिया भर में खिलाड़ी मौजूद हैं जो मैच फिक्सिंग में शामिल हैं। ये एक बीमारी की तरह फैला हुआ था।'' कुछ समय बाद ही मैच फिक्सिंग में संलिप्त पाये गये मलिक पर पाकिस्तान क्रिकेट बोर्ड ने आजीवन प्रतिबन्ध लगा दिया था। के.के. माधवन, जिनकी रिपोर्ट में अज़हर को दोषी करार दिया गया था, ज़ोर देकर कहते हैं कि अज़हर के पास कहने को बहुत कुछ है। हालाँकि वो ये भी कहते हैं कि अज़हर ने रोते हुए अपने अपराध स्वीकार किये थे, ऐसी रिपोर्ट्स कतई ग़लत हैं। माधवन बस इतना कहते हैं, ''वो डरा हुआ था और नहीं चाहता था कि मैं उससे पूछताछ करूँ।''

दिसम्बर 2000 में अज़हर पर भारतीय क्रिकेट बोर्ड ने आजीवन प्रतिबन्ध लगा दिया था। अज़हर के साथ दिल्ली का ऑल राउण्डर अजय शर्मा भी था। बाक़ी खिलाड़ी जैसे मनोज प्रभाकर जिन्होंने इस पूरे मामले का खुलासा करने की कोशिश की थी और बाद में ख़ुद ही मैच–फिक्सिंग में शामिल पाये गये थे, को अज़हर से कम सज़ा मिली। कपिल देव पर भी कीचड़ उछाला गया था मगर उन्हें दोषमुक्त करार दिया गया। 2012 में आन्ध्र प्रदेश के हाई कोर्ट ने अज़हर को राहत देते हुए उनपर से बैन हटा लिया और कहा कि कोई भी सबूत उन्हें मैच फिक्सिंग से जोड़ता हुआ नहीं दिख रहा था। तो क्या अज़हर बीसीसीआई के खेल को साफ़ करने के प्रयास में बलि के बकरे बनाये गये थे या वो किस्मती थे कि उन्हें जेल नहीं हुई थी क्यूँकि उनके ख़िलाफ़ कोई सबूत नहीं मिल पाया था। क्या वो इस लायक थे कि उन्हें संशय पर फ़ायदा मिलना चाहिए था या वो भी लालच के लपेटे में फँसे हुए थे?

हमें शायद कभी भी सही जवाब नहीं मिलेंगे लेकिन इतना तो पक्का था कि जो लड़का अपनी 'हॉन्डा' नाम की साइकिल लेकर शहर में मैच खेलने के लिए जाता था वो क्रिकेट की चमक में किसी और ही रास्ते पर चल रहा था। 90 के दशक के बीच में अहम मोड़ आया। तब तक अज़हर पीछे रहकर काम करने वाले खिलाड़ी थे। वो ऐसे शख़्स थे जो अपने खेल तक सीमित रहते थे और खेल ने उन्हें काफ़ी कुछ दिया था। असदुद्दीन ओवैसी जो कि हैदराबाद के हाई–प्रोफ़ाइल एमपी भी हैं और अज़हर के पारिवारिक मित्र भी, वो 1993–94 में डर्बीशायर के लिए काउंटी खेलते अज़हर से मुलाक़ात के बारे में याद करते हैं, ''मैं लन्दन के लिंकंस इन में अपनी लॉ की पढ़ाई कर रहा था और हम वीकेंड पर अज़हर के यहाँ उसके भाई के

साथ डर्बीशायर जाते थे। अज़हर की पत्नी नौरीन हमारे लिए खाना बनाती थीं और अज़हर 9 बजे तक सोने चला जाता था। हम सभी उसकी बीएमडब्लू में घूमा करते थे। वो अपने तक सीमित रहता था और कभी भी बाहर पार्टी वग़ैरह के लिए नहीं जाता था।''

ये भी हो सकता है कि इण्डियन कैप्टन होने के उस दिव्य अहसास ने अज़हर की खोपड़ी घुमा दी हो। अचानक ही अज़हर की कलाई में महँगी घड़ियाँ दिखायी पड़ने लगीं। वो डिजाइनर कपड़े पहन रहे थे। उनके पास चमकीली गाड़ियाँ आ गयी थीं। ऐसा लग रहा था जैसे अपने नाना की सख़्त निगाहों की ग़ैर–मौजूदगी में अज़हर अब उड़ना चाह रहे थे और उन भौतिक सुखों का आनन्द लेना चाहते थे जो बचपन में उन्हें मिले नहीं। नौरीन से उनकी शादी उनके परिवार ने करवाई थी। वो शादी 1996 में टूट गयी। अज़हर ने अपना हैदराबाद का घर छोड़ दिया और मुम्बई चले आये जहाँ वो संगीता बिजलानी के साथ रिलेशनशिप में आ गये। (इन दोनों ने बाद में शादी की।) इसके साथ ही वो अपने दोस्तों से दूर होते चले गये। ओवैसी कहते हैं, ''नौरीन से तलाक अज़हर की सबसे बड़ी भूल थी। वो एक प्यारी और बेहद सीधी लड़की थी जो अपने पति को बेहद प्यार करती थी।'' अज़हर के एक और दोस्त कहते हैं कि बिजलानी ने अज़हर को फाँस लिया था। ''उसने अज़हर को ग्लैमर की दुनिया दिखाकर उसपर टोटका कर दिया था जिसकी अज़हर को कतई आदत भी नहीं थी।''

1994 में अज़हर की जीवनी में भोगले ने लिखा कि कैसे अज़हर काफ़ी पैसों के मालिक होने के बाद भी ज़मीन से जुड़े दिखते थे, बेहद उदार थे और एकदम सादगी से जीते थे। ''जब मैंने सबसे पहले उनके नाम पर न्यूज़पेपर सिंडिकेशन सर्विस के तहत अख़बार में कॉलम लिखने शुरू किये तो उन्होंने मुझसे ये भी नहीं पूछा कि उनकी फ़ीस क्या होगी। मुझे लगता है कि कहीं न कहीं वो बड़े पैसों के चक्कर में आ फँसे और उनकी ज़िन्दगी बदल गयी।''

अज़हर इस बात से इनकार करते हैं कि वो बदल गये हैं। ''जब मैं खेलता था और मेरे पास ब्राण्ड्स के कॉन्ट्रैक्ट थे, मैं अपने जूते और कपड़े अपनी टीम के साथियों को दे देता था अगर उन्हें ज़रूरत होती थी तो। आज भी अगर किसी को मदद चाहिए तो मैं उसके साथ खड़ा हो जाता हूँ।'' लम्बे समय से अज़हर के दोस्त और बिज़नेस के साथी अनस बकाई कहते हैं कि अज़हर का दिल बड़े दिलवाला आदमी है। वो याद करते हैं कि जब मनोज प्रभाकर, जिसने खुद अज़हर पर फिक्सिंग के इलज़ाम लगाये थे, को मदद की ज़रूरत पड़ी थी तो अज़हर ने उसकी मदद की थी। बकाई कहते हैं, ''उनका दिल बहुत बड़ा है। वो किसी को भी मदद के लिए ना नहीं कहते और कभी अपने दिल में कुछ भी पाल के नहीं रहते।''

फिर ये भी हो सकता है कि शायद अज़हर ने अपनी दौलत पर ऐश करने के लिए ग़लत लोगों का साथ पकड़ लिया था। ऐसा ही एक विवादित आदमी था मुम्बई का बिज़नेसमैन जिसके दाऊद इब्राहिम से तार जुड़े हुए थे–अशरफ पटेल। अज़हर जिस घड़ी की कम्पनी के ब्राण्ड एम्बेसडर थे, पटेल के पास उसकी डीलरशिप थी। पटेल को अप्रैल 2000 में कॉन्ट्रैक्ट किलिंग में साउथ मुम्बई के शॉपिंग काम्प्लेक्स में मार दिया गया था। ऐसा कहा जाता है कि मरने के दो दिन पहले ही वो अज़हर के साथ था और अक्सर इण्डियन टीम के इर्द–गिर्द घूमता दिखायी देता था। मुम्बई के एक पुलिस अफ़सर का कहना है, ''अशरफ ही वो था जिसने इण्डियन क्रिकेट टीम को शारजाह में दाऊद इब्राहिम के गैंग से जोड़ा

हुआ था।'' उस वक़्त शारजाह को क्रिकेट की सट्टेबाज़ी का गढ़ माना जाता था। ''मुझे कैसे पता होता अशरफ के अण्डरवर्ल्ड कनेक्शन के बारे में? मैं उसे घड़ी के डीलर के तौर पर जानता था। और अगर कोई इण्डियन क्रिकेट टीम के कैप्टन के साथ फ़ोटो खिंचवाता है तो क्या उसके लिए मैं ज़िम्मेदार हूँ?'' अज़हर आज पूछते हैं।

चाहे अज़हर ने अपने स्वभाव का फ़ायदा उठाया या चाहे उसे फँसाया गया और वो मैच फिक्सिंग के फाँसे में आ गया, कड़वा सच तो यही है कि इण्डियन क्रिकेट के महान खिलाड़ियों में से एक खिलाड़ी को शर्मनाक परिस्थितियों में खेल छोड़ना पड़ा। बीसीसीआई के बैन का मतलब था कि मार्च 2000 में साउथ अफ़्रीका के ख़िलाफ़ अज़हर का 99वाँ मैच उनका आख़िरी मैच था। अज़हर ने अपने आख़िरी मैच में पहले ही मैच की तरह सेंचुरी मारी थी। वो एकमात्र भारतीय हैं जिसने ये कारनामा किया है। ये दुखद है कि अज़हर मैचों का शतक नहीं लगा पाये और मात्र एक मैच से चूक गये। शायद ये कहानी भी सितारों में लिखी हुई थी। उसकी किस्मत ने उसे एक और सेंचुरी लगाने से एक क़दम पहले ही रोक लिया।

अज़हर ने अपना पहला मैच इन्दिरा गाँधी के मारे जाने के ठीक 2 महीने बाद खेला था। इन्दिरा गाँधी को उनके ही अंगरक्षकों ने गोली मार दी थी और इसके बाद देश की राजधानी में सिख विरोधी दंगे शुरू हो गये थे जिसमें 3000 सिख मार दिये गये थे। एक तरफ़ अज़हर अपना पहला मैच खेल रहे थे और दूसरी तरफ़ देश विभाजन के बाद सबसे बुरी त्रासदी से गुज़र रहा था। 1984 में इंग्लैण्ड का वो दौरा जिसमें अज़हर ने रातों–रात शोहरत हासिल कर ली थी, लगभग कैंसिल होने वाला था और भयानक सुरक्षा इन्तज़ामों के बीच खेला गया था। 1980 का दशक पूरी तरह से साम्प्रदायिक दुर्भावना की आग में जल रहा था। भिवंडी से भागलपुर और मेरठ से मुरादाबाद, हर जगह यही आलम था। एक क्रिकेटर के तौर पर अज़हर ने ख़ुद को इस साम्प्रदायिक टेंशन से बचाया हुआ था लेकिन एक धार्मिक मुस्लिम होने के नाते उन्माद के अपने चरम पर होने वाले समय में वो भारतीय मुसलमान की आकांक्षाओं के सूचक बन गये थे। ''मैंने कभी भी ख़ुद को इण्डिया के लिए खेलने वाले एक मुस्लिम के तौर पर नहीं देखा। मैं हर उस आम लड़के के जैसा था जिसने अपने देश के लिए क्रिकेट खेलने का सपना देखा हुआ था।''

भारतीय क्रिकेट अपने बचपने से ही देश के तमाम धार्मिक और जातीय समीकरणों से पटरी नहीं खा पाया। 1947 के पहले 'फूट डालो और राज करो' के फ़ॉर्मूला को अपनाते हुए इस खेल को धर्म और जाति के आधार पर टीमों को बाँट कर खेला जाता था। टीमें हिन्दुओं, मुस्लिमों, पारसियों और बाकियों में बँटी होती थीं। इन टीमों के आपस में टूर्नामेण्ट होते थे। हालाँकि राष्ट्रीय एकादश के तौर पर भारतीय टीम हमेशा ही इन सभी से दूर रही है। विभाजन से पहले के समय की पहली भारतीय टेस्ट टीम में 4 मुस्लिम, 4 हिन्दू, 2 पारसी थे और एक सिख मौजूद था। विभाजन के बाद कई मुस्लिम खिलाड़ी पाकिस्तान चले गये। इनमें से तीन थे–गुल मोहम्मद, आमिर इलाही और ए एच कारदार। इस तरह से इन्होंने दोनों देशों के लिए क्रिकेट खेला। और फिर भी आज़ाद भारत 'हिन्दू पाकिस्तान' नहीं था। और यहाँ के क्रिकेट ने देश की सेक्युलर संस्कृति का प्रतिनिधित्व किया। यहाँ आपकी आस्था आपके लिए देश की

कैप पहनने के रास्ते में रोड़ा नहीं बनती थी। इण्डियन टीम को अज़हर से पहले तीन मुस्लिम कप्तान मिले। इनमें पटौदी बाप–बेटे की जोड़ी थी और हैदराबाद के ही गुलाम अहमद थे। लगभग हर पीढ़ी ने देश को कम से कम मुस्लिम क्रिकेट सुपरस्टार तो दिया ही है। बाद के दिनों में पाकिस्तान चले जाने वाले मोहम्मद निसार से लेकर 30 के दशक में मुश्ताक़ अली, फिर 1950 में गुलाम अहमद, 60 के दशक में पटौदी और सलीम दुरानी, सैयद किरमानी और आबिद अली 70 के दशक में और 80–90 में अज़हरुद्दीन रहे। नयी सदी आयी तो टीम में मोहम्मद कैफ और ज़हीर खान थे। आज के वक़्त में मोहम्मद शमी दिखायी दे रहे हैं। हैदराबाद को देखा जाये तो 40 प्रतिशत मुस्लिम आबादी वाले शहर में क्रिकेट के प्रति दीवानगी देखी गयी और इसने खेल में हर सम्भव रूप से भाग लिया। कई प्लेयर्स इण्डिया के लिए खेले। मसलन अज़हर के स्कूल में उनके सीनियर सैयद आबिद अली 1970 के दशक की शुरुआत में हीरो थे। वो एक शेरदिल ऑल राउण्डर थे।

लेकिन इन सभी के बावजूद, हमेशा ऐसा लगा करता था कि अज़हर की धार्मिक पहचान उनके भारतीय क्रिकेटर होने के साथ बार–बार उनके सामने आकर खड़ी हो जाती थी। ऐसा भाई हो सकता था कि इंग्लैण्ड के ख़िलाफ़ सीरीज़ से ठीक पहले पाकिस्तान के ख़िलाफ़ होने वाली सीरीज़ में ही उनका डेब्यू हो जाता। लेकिन सेलेक्टर्स को ऐसा लगा कि शायद उस नये क्रिकेटर पर काफ़ी दबाव आ जायेगा। दबी ज़ुबान में इसका मतलब यही था कि पाकिस्तान के ख़िलाफ़ खेलते हुए हर बार एक भारतीय मुस्लिम को राष्ट्रभक्ति की परीक्षा से गुज़रना पड़ता था। 1991 में पाकिस्तान के ख़िलाफ़ वो 2 बार लगातार बिना रन बनाये आउट हो गया और लोग फुसफुसाने लगे कि अज़हर इसलिए असफल हो रहे हैं क्यूँकि वो मुस्लिम हैं। ये एक परेशान कर देने वाली, निहायत ग़ैर–ज़रूरी और बेहद डरावनी बातें थीं लेकिन इन्हें शिव सेना जैसी पॉलिटिकल पार्टियों ने ऊँची आवाज़ में कहने से पहले दो बार भी नहीं सोचा। अज़हर कहते हैं, ''मैंने पाकिस्तान के ख़िलाफ़ रन बनाये थे। लेकिन फिर भी जितनी भी बार मैं उनके ख़िलाफ़ खेलने जाता था, मुझे अपने आप को नये सिरे से साबित करना होता था।''

अज़हर एक धार्मिक मुसलमान हैं। वो दिन में पाँच बार नमाज़ अदा करते हैं। शराब और सिगरेट को हाथ नहीं लगाते। सिर्फ़ 'हलाल' मीट ही खाते हैं। ''उनके होटल के कमरे में राल्फ़ लॉरेन और रीबॉक के अलावा कुछ ही दूरी पर हमेशा एक चौकी, एक मैट, एक टोपी और एक लुंगी मौजूद रहता है। ये एक आम आदमी के नमाज़ की 'किट' है,'' हर्षा भोगले ने अज़हर की जीवनी में लिखा है। धर्म अज़हर का सेफ्टी वॉल्व था। वो उनका खोल था जिसमें घुसकर वो अपने आसपास की भड़भड़ से बच सकते थे।

एक दशक से पनपती साम्प्रदायिक दुर्भावना ने अयोध्या में 1992 में बाबरी मस्जिद का विध्वंस करवा दिया। देश भर में जगह–जगह दंगे हुए। जब मस्जिद गिराई गयी, अज़हर इण्डिया के कप्तान थे और टीम साउथ अफ़्रीका में थी। भोगले याद करते हैं कि बाबरी विध्वंस के ठीक बाद खेले गये मैच में अज़हर ने दो कैच छोड़े थे। भोगले कहते हैं, ''उन्हें फ़र्क़ तो पड़ा होगा लेकिन उन्होंने दिखाने की कोशिश कतई नहीं की।''

दो हफ़्ते बाद ही मैं साउथ अफ़्रीका में था और उस ऐतिहासिक टूर को कवर कर रहा था जिसमें साउथ अफ़्रीका पर लगे बैन के हटने के बाद पहली बार कोई भी देश वहाँ

क्रिकेट खेलने के लिए गया हुआ था। वहाँ मैंने अज़हर से भारत में चल रही गतिविधियों पर उनकी राय जानने की कोशिश की। उनका परेशानी से भरा जवाब था, ''क्या हम क्रिकेट के बारे में बात कर सकते हैं, प्लीज़?'' मैंने बार–बार उनसे पूछा तो उन्होंने एक लाइन में बात निपटा दी, ''जो हुआ अच्छा नहीं हुआ।'' बाद में मुझे खुद से पूछना पड़ा कि क्या मैं किसी और भारतीय कप्तान से बाबरी मस्जिद के विध्वंस के बारे में सवाल करता? क्या मैं भी अज़हर को हिन्दू–मुस्लिम के चश्मे से देख रहा था? मैं शायद ऐसा ही कर रहा था। लेकिन उस वक़्त जब मेरे शहर मुम्बई में दंगे भड़के हुए थे और सैकड़ों लोग मारे जा रहे थे, मुझे अज़हर में सही मायने में सेक्युलर भारत की तस्वीर दिखायी दी। ये वो भारत था जो धार्मिक पहचानों से ऊपर उठकर नयी ऊँचाइयों पर पहुँचा हुआ था।

और ये बात सच है कि जब फ़रवरी 1993 में अज़हर ने कोलकाता में सेंचुरी मारी थी, मैंने टाइम्स ऑफ़ इण्डिया में एक कॉलम लिखा था जिसमें मैंने भारतीय कप्तान की काफ़ी तारीफ़ की थी। ''अज़हरुद्दीन होने की ज़रूरत इसलिए है क्यूँकि वो हमें इस आशा से भर देता है कि हम सभी एक दिन अपने मूल्यों को समझ सकेंगे। साथ ही हम अपने भारतीय होने को एक जाति, एक धर्म तक ही सीमित नहीं कर देंगे बल्कि इस बारे में बात करेंगे कि हम इस देश में क्या–क्या कर सकते हैं। हम वो बन सकेंगे जो हम बनना चाहते हैं। हर बार जब अज़हरुद्दीन बाउण्ड्री मारता है, वो हम सभी के लिए रन बना रहा होता है। उस वक़्त वो कट्टरता के ख़िलाफ़ खेल रहा होता है। उन सभी के ख़िलाफ़ खेल रहा होता है जो कहते हैं कि इस देश के मुसलमान राष्ट्र विरोधी हैं।'' उसी महीने मुम्बई टेस्ट में एक दर्शक हाथ में एक पोस्टर लेकर खड़ा था जिसपे बड़े ही कम शब्द लिखे थे लेकिन उन शब्दों का वज़न काफ़ी था–''मोहम्मद अज़हरुद्दीन। मेड इन इण्डिया!''

एक ये वजह भी थी कि जब अज़हरुद्दीन का नाम मैच फिक्सिग में आया तो मुझे काफ़ी बुरा लगा। ऐसा लगा जैसे किसी ने एक क्रिकेटर और उसके इर्द–गिर्द जो भी कहानियाँ अपने मन में बुनी थीं, सभी झूठी साबित हुईं। इससे भी बुरा ये हुआ कि इस ख़बर ने शिव सेना और संघ परिवार जैसों के उस ऐंटी–मुस्लिम प्रोपोगेंडा को और भी हवा दे दी जिसके हिसाब से भारतीय मुस्लिम भरोसे के लायक नहीं हैं और वो देशविरोधी हैं।

चूँकि देश में 1980 और 1990 की कम्युनल राजनीति से देश का उदारवादी और बहुसांस्कृतिक चरित्र, जो हताशा से भर गया था, हमने सोचा था कि अज़हर उसे उबारेगा। लेकिन शायद हमने एक क्रिकेटर पर काफ़ी भार डाल दिया था। अज़हर भी एक इनसान था और उसकी अपनी कमजोरियाँ थीं जिन्होंने हमें भी प्रभावित किया। क्रिकेट फ़ील्ड पर कमाल के काम करने के बाद वो शायद अब भी अपने फैन्स के लिए मिस्टर इण्डिया था। लेकिन उसे उसकी आत्मा को झकझोरड़ने वाले थपेड़े खाने का भी श्राप मिला हुआ था। क्रिकेट में कोई भी बल्लेबाज़ दूसरा मौक़ा नहीं पाता है। जीवन में शायद अज़हरुद्दीन को एक ब्रेक की ज़रूरत है। 1984–85 की ठण्ड में और 1992–93 में वो सिर्फ़ इण्डियन क्रिकेट टीम को ही नहीं बल्कि साम्प्रदायिकता से थर्रायी देश की सामूहिक चेतना को भी बचाने आया था। जिन्होंने उस वक़्त को करीब से देखा है, शायद बता पायें कि एक अज़हरुद्दीन होने का क्या महत्त्व था।

मैं हैदराबाद की एक बहुमंज़िला इमारत में अज़हर के किराये पर लिए अपार्टमेंट में अक्टूबर 2016 में बैठा हूँ। अज़हर अभी–अभी जिम में दो घण्टे बिता कर आये हैं। अपने पाँचवें दशक में भी अज़हर पूरी तरह से फ़िट हैं। उनका बड़ा बेटा असदुद्दीन घर पर ही है और खालिद हुसैनी का उपन्यास पढ़ रहा है। अपने पापा से लम्बा और अच्छी देह वाला असदुद्दीन उत्तर प्रदेश की वन–डे टीम के लिए चुना गया था लेकिन उसे मैच खेलने को नहीं मिले। सितम्बर 2011 में अज़हर का दूसरा बेटा 19 साल का मोहम्मद अयाजुद्दीन हैदराबाद में एक बाइक एक्सीडेण्ट में चल बसा। अज़हर के लिए ये दुगनी दर्दनाक ख़बर थी क्यूँकि जिस बाइक से उसका एक्सीडेण्ट हुआ था, वो अज़हर ने ही उसे गिफ्ट में दी थी। अज़हर का भतीजा अजमल–उर–रहमान जो पीछे बैठा हुआ था, की भी उसी एक्सीडेण्ट में मौत हो गयी थी। अजमल के पिता खलीक–उर– रहमान कहते हैं कि परिवार के सबसे बुरे वक़्त में अज़हर ने ही सभी को सँभाला। ''जब हम रोते थे तो अज़हर ही हमें समझाता था,'' उन्होंने कहा। जब मैं अज़हर से दुख प्रकट करने के लिए मिला था तो वो बेहद उदास थे। उनकी आँखें ग़ीली थीं और वो बुदबुदाने के अन्दाज़ में बोले, ''क्या करें, सब अल्लाह की मर्ज़ी है।'' क्रिकेट की ही तरह, ऐसा मालूम देता था, बाक़ी जगहों पर भी अज़हर को लगता था कि सब कुछ पहले से ही लिखा हुआ आया है।

घर बड़ा–सा है और कमरे में मौजूद टीवी ने काफ़ी जगह घेर रखी है। दीवार पर मीर वजीहुद्दीन की तस्वीर लगी हुई है। अज़हर अभी भी अपने नाना के बेहद करीब और उनसे ही सब कुछ सीखते हुए मालूम देते हैं। राजस्थान के टोंक में अपना निर्वाचन क्षेत्र शिफ्ट करने के बाद 2014 में वो चुनाव हार गये। वो अपनी पत्नी संगीता से अलग रहते हैं। उनके बिज़नेस को थोड़ी बहुत सफलता मिली है। 2017 में उन्हें हैदराबाद क्रिकेट एसोसिएशन का चुनाव लड़ने से मना कर दिया गया। आज भी उनके ज़्यादातर टीम के साथियों ने उनसे दूरी बनायी हुई है। लेकिन अज़हर के मुँह से कभी भी किसी के भी बारे में कुछ भी कड़वा सुनने को नहीं मिला। ''मेरे नाना ने हमेशा मुझसे एक बात कही, आप किसी से कुछ भी अपेक्षा न रखो तो आपको कभी भी बुरा नहीं लगेगा।'' फिलहाल वो अपने जूते के फीतों से खेल रहे थे।

अज़हर का छोटा भतीजा आया। मैंने उससे कहा, ''तुम चाचा की तरह ही बैटिंग करना। बेहतरीन बैट्समैन था ये।'' हैदराबादी नफ़ासत को अभी भी अपने अन्दर लेकर चलने वाले अज़हर मुझे मेरी कार तक छोड़ने आये। अपने पुराने अन्दाज़ में सर हिलाते हुए बोले, ''आने के लिए बहुत शुक्रिया। कुछ अच्छा लिखना।''

2016 में अज़हर पर एक फ़िल्म रिलीज़ हुई। किसी भी इण्डियन क्रिकेटर पर रिलीज़ हुई ये अपने आप में पहली फ़िल्म थी और जिस तरह का जीवन अज़हर का गया है, इसमें कोई आश्चर्य भी नहीं था। फ़िल्म फ्लॉप हुई। फ़िल्म बिना किसी तैयारी के बनायी गयी थी और मैच फिक्सिंग के मुद्दे पर ही सारा ध्यान केन्द्रित था। शायद प्रोड्यूसर्स को नाम कुछ और रखना चाहिए था। उन्हें एक और हिट हिन्दी फ़िल्म से सीखना चाहिए था और उस फ़िल्म का नाम 'कहानी किस्मत की' रखना चाहिए था। फ़िल्मों के ही सन्दर्भ में बात करूँ तो अज़हर को मुकद्दर का सिकन्दर कहा जाना चाहिए जो अन्त में ट्रेजेडी से भरा हीरो निकलता है।

7

सचिन तेंदुलकर

वाह! उस्ताद

1988 में दुनिया एक इतिहास का अन्त कर नया इतिहास रचने जा रही थी। बर्लिन की दीवार, साम्यवाद और पूँजीवाद के बीच खड़ी एक दीवार, टूटती दिखायी दे रही थी। भारत में भी उथल–पुथल मची हुई थी। बोफ़ोर्स के घोटाले से थर्रायी राजीव गाँधी की सरकार से छुटकारा दिलाने के भ्रष्टाचार के ख़िलाफ़ लड़ाई लड़ने आये वीपी सिंह। भाजपा और विश्व हिन्दू परिषद की अगुवाई में भगवा सेना अपनी हिन्दूवादी सोच को लेकर रामजन्मभूमि आन्दोलन को ज़ोर देने की शुरुआत कर रही थी। धीरे–धीरे अशान्ति की एक चादर चढ़ने वाली थी। ख़ून–ख़राबे और अराजकता को फैले एक दशक होने को आ गया था। देश को एक आशा की किरण चाहिए थी। एक ऐसा चेहरा जो देश को तमाम ख़ुशियों से भर दे और ऐसे कई मौक़ों का वादा भी करे। देश को बदलने के लिए, और कई मायनों में मेरी ज़िन्दगी भी बदलने के लिए, हमारे बीच आया पन्द्रह साल का एक लड़का।

मैंने मुम्बई में अक्टूबर 1988 में टाइम्स ऑफ़ इण्डिया में काम करना शुरू किया था। मैं बहुत नया था और बोरीबन्दर में मेरा संघर्ष चल रहा था। ऑक्सफ़ोर्ड से कानून की पढ़ाई करके वापस आने के बाद बॉम्बे हाई कोर्ट में कुछ बेहद अफ़सोसजनक महीने बिताने के बाद मैं एक 23 साल का लड़का था जो दुनिया में बने रहने के लिए पत्रकारिता का मुँह ताक रहा था। ये ब्रेकिंग न्यूज़ वाले वक़्त से ठीक पहले का वक़्त था और टाइम्स ऑफ़ इण्डिया असल में कछुए की चाल से चलता था। एक ट्रेनिंग पर आये असिस्टेंट एडिटर की हैसियत से मेरा काम था किसी मुद्दे पर अपनी राय रखते हुए दोपहर 1 बजे से पहले एक आर्टिकल लिखना होता था जो कि बहुत कठिन काम नहीं था। मैं दोपहर आते–आते लंच के प्लान बनाने लगता था। मैं बड़ी शिद्दत से रिपोर्टिंग की और पहले पन्ने पर बाई–लाइन मिलने की तलाश में था। न्यूज़पेपर के रूढ़िवादी सिस्टम और पुरानी परम्पराओं की वजह से ऐसा हो पाना लगभग असम्भव था। और फिर मेरी नौकरी के छठे हफ़्ते में ही कमाल हो गया।

11 दिसम्बर, 1988 को दफ़्तर की एडिटोरियल मीटिंग दोपहर तक ख़त्म हो गयी। मैं असमंजस में था। वानखेड़े के मैदान में मुम्बई रणजी ट्रॉफ़ी में गुजरात के ख़िलाफ़ खेल रही थी। ये मेरे ऑफ़िस से कुछ ही किलोमीटर दूर था। सामान्य दिनों में एक डोमेस्टिक क्रिकेट मैच शायद किसी का ध्यान खींचता। लेकिन ये वो रेगुलर मैच नहीं था। मुम्बई के लिए एक पन्द्रह साल का लड़का पहला मैच खेलने जा रहा था। ये लड़का सबसे एक ऐसे शहर के लिए सबसे कम उम्र में क्रिकेट के लिए खेलने जा रहा था जिसकी क्रिकेट में अपनी ही एक परम्परा है। इसीलिए मैंने अपने एडिटर डेरिल डीमोंटे को पहले ही ये सुझाव दे दिया था कि मुझे इस मैच को कवर करने के लिए भेजा जाये। उन्होंने मुझे याद दिलाया, ''लेकिन पहले से हमारा एक स्पोर्ट्स रिपोर्टर मैदान पर है।'' मैंने धीरे– से कहा, ''लेकिन ऐसा भी तो हो सकता है कि मैं उस लड़के के बारे में कलर स्टोरी लिख दूँ जो 15 साल की उम्र में अपना पहला मैच खेलने जा रहा है।'' डेरिल हालाँकि क्रिकेट के बारे में इस कदर उत्साह नहीं दिखाता था लेकिन वो अन्त में तैयार हो गया। उसे शायद मेरे ऊपर दया आ गयी थी क्यूँकि मैं पश्चिम अफ़्रीका में पड़ते सूखे पर सम्पादकीय लिखते खीज चुका था।

जब मैं वानखेड़े स्टेडियम पहुँचा, सचिन रमेश तेंदुलकर पहली बार फ़र्स्ट–क्लास क्रिकेट में बैटिंग करने के लिए पिच की ओर क़दम बढ़ा रहा था। सभी स्टैण्ड्स खाली थे। लेकिन फिर भी हवा में कुछ उत्साह भरी सुगबुगाहट सी थी। प्रेस बॉक्स के ठीक बगल में वीआईपी बैठते हैं। वहाँ उस वक़्त कई पूर्व मुम्बई और इण्डियन क्रिकेटर्स बैठे थे। सुनील गावस्कर स्टैण्ड्स में बैठे हुए थे। वो पिछले दो दशकों से मुम्बई क्रिकेट के मसीहा बने हुए थे लेकिन अब वो भारतीय क्रिकेट के नये भगवान का जन्म होता देखने वाले थे। शारदाश्रम विद्यामन्दिर से तेंदुलकर के दोस्त आये हुए थे जिन्हें उस दिन स्कूल ने छुट्टी दी हुई थी जिससे वो अपने दोस्त की हौसलाअफ़जाई कर सकें। हर कोई यही कह रहा था, ''सचिन नक्की शंभर करणार। (सचिन पक्का हंड्रेड मारेगा)'' मराठी में सौ को शंभर कहते हैं। मुम्बई के हर मैदान में शंभर की गूँज सुनायी दी है और किसी बल्लेबाज़ के लिए शंभर क्रिकेट के खेल में सबसे बड़ी कला का सूचक होता है।

गुजरात की बॉलिंग कोई बहुत ख़ास नहीं थी। लेकिन वो सचिन को हल्के में भी नहीं लेने वाले थे। पहले ही ओवर में तेंदुलकर के पैड पर गेंद लगी। करीबी एलबीडब्लू फ़ैसला जो सचिन के पक्ष में गया। शायद अम्पायर ख़ुद एक इतने से छोटे खिलाड़ी को खेलते देखने का चांस मिस नहीं करना चाहता था। जैसे ही तेंदुलकर की आँखें जमीं, तेंदुलकर ने बॉलिंग की धज्जियाँ उड़ानी शुरू कीं। तेंदुलकर वैसे ही खेलने लगा जैसे खेलते हुए उसने स्कूल रिकॉर्ड्स में तबाही मचा दी थी। वो गेंद को मैदान के हर कोने में पहुँचा रहा था। ऐसा लग रहा था जैसे एक छोटे–से मैदान में खेलते हुए इतने बड़े स्टेज पर खेलना दुनिया का सबसे आसान काम था। ऐलेन सिप्पी, तेंदुलकर के उस वक़्त बैटिंग पार्टनर एक मज़ेदार बात याद करते हैं, ''मुझे याद है कि मैच के ठीक एक दिन पहले मैं अपने पापा से कह रहा था कि न जाने क्यूँ सेलेक्टर्स ने एक पन्द्रह साल के लड़के को सेलेक्ट कर लिया है। उसे चोट लग जायेगी। अगले दिन मुझे मालूम चला कि सचिन दूसरे ग्रह से आया हुआ है।''

जब सचिन बैटिंग करने के लिए आया, सिप्पी ने बतौर सीनियर प्लेयर सचिन के पास

जाकर सलाह दी, ''रिलैक्स। आराम से। मुझे लगा था सचिन शुरुआत में थोड़ा बेचैन तो होगा ही लेकिन सचिन ने मुझे एक ही शब्द में जवाब दे दिया, 'बिन्दास।' और फिर वो जाकर गेंद को इतनी ज़ोर से मारने लगा कि मेरी बोलती बन्द हो गयी।'' सच में, एक लड़का जिसके घुँघराले बाल दूर से ही उसकी पहचान ज़ाहिर कर देते थे और जिसने शायद अभी तक एक भी बार दाढ़ी भी नहीं बनायी थी और जो सच में बिन्दास था। बिन्दास यानी मुम्बई का शब्द जिसका मतलब होता है बिना डरे ज़िन्दगी को जीना। उसके हर शॉट के साथ उसके दोस्तों की तालियाँ और तेज़ होती जा रही थीं। और जैसे–जैसे स्कोर बढ़ रहा था, स्टैण्ड्स भरते जा रहे थे।

दिन का खेल ख़त्म होने के ठीक पहले तेंदुलकर शंभर पर पहुँचा। उम्र–पन्द्रह साल, सात महीने और सत्रह दिन। फ़र्स्ट क्लास मैचों में सेंचुरी मारने वाला सबसे कम उम्र का बैट्समैन। वो अपने जीवन का पहला फ़र्स्ट क्लास मैच खेल रहा था। गावस्कर और मैदान में मौजूद कुछ हज़ार दर्शक सचिन के लिए तालियाँ बजा रहे थे। उस दिन ऐसा लग रहा था जैसे सचिन के हाथ में बल्ला नहीं किसी कुशल तलवारबाज़ के हाथ में एक तलवार थमा दी गयी थी। वो उस वक़्त हवा में तलवार लहरा रहा था जब उसके जिगरी दोस्त क्लास में पढ़ाई जा रही मैथ्स के सवालों में जूझ रहे थे। ऑस्ट्रेलिया को कभी दूसरा ब्रैडमैन नहीं मिला लेकिन इण्डिया को गावस्कर के रिटायर होने के सालभर के भीतर ही एक नया बैटिंग का सितारा मिल गया था। और इन सबके बावजूद, जब हम सभी तेंदुलकर की बैटिंग की तारीफ़ करते नहीं थक रहे थे, वो लड़का इन सभी से बहुत दूर सिर्फ़ अपने खेल की ओर ध्यान देर रहा था। शिशिर हत्तंगडी, उस वक़्त सचिन के कप्तान, बताते हैं कि जब सचिन वापस पवेलियन में आया तो उसके चेहरे पर बस एक हल्की सी शर्म से भरी मुस्कान थी। ''तेंदुलकर के लिए वो एक आम दिन था। ऐसा लग रहा था जैसे उसे मालूम था कि उसे सेंचुरी बनानी थी। क्यूँकि वो अपने स्कूल क्रिकेट के दिनों से हर दिन यही एक काम करता आ रहा था।'' ये सच भी था। मैंने उस दिन जब सचिन के कोच रमाकान्त आचरेकर को फ़ोन मिलाया तो उन्होंने बिना किसी ख़ुशी के इज़हार के कहा, ''उसे बहुत आगे जाना है। ये तो बस शुरुआत है।''

मैं ऑफ़िस आ गया और मुझसे मेरे एडिटर ने पूछा, ''एक क्रिकेट का गेम देखते हुए तुम्हारा दिन कैसा गुज़रा?'' उसकी आवाज़ में तंज़ था। मैंने उनसे सिर्फ़ इतना ही कहा, ''सर, मुझे लगता है मैं क्रिकेट के अगले स्टार को खेलते देखकर आ रहा हूँ।'' अगली सुबह अख़बार के पहले पन्ने पर मुझे तेंदुलकर के बारे में मेरा आर्टिकल दिखा। उसकी हेडिंग थी–'इण्डियन क्रिकेट की एक नयी सुबह!' ये मेरा पहला पहले पन्ने पर छपने वाला आर्टिकल था। मुझे शायद ये नहीं मालूम था कि जिस नयी सुबह की बात मैं कर रहा था वो सूरज एक दिन दुनिया भर को अगले पच्चीस सालों के लिए रोशनी से भर देगा।

हमें ठीक से ये मालूम नहीं है कि सचिन ने पहली बार कब क्रिकेट का हाथ थामा था लेकिन हम सभी को उनकी एक तस्वीर याद है जिसमें वो 3 साल की उम्र में अपने घुँघराले बालों और फूले हुए गालों के साथ बल्ला थामे खड़े दिखते हैं। छह साल की उम्र तक आते–आते

वो बान्द्रा की साहित्य सहवास कॉलोनी में लड़कों के साथ खेलने लगा था। 11 साल की उम्र में सचिन की रमाकान्त आचरेकर के शिवाजी पार्क स्थित कैम्प में ट्रेनिंग शुरू हुई। 12 साल की उम्र में शारदाश्रम विद्यामन्दिर के लिए पहली बार जूनियर क्रिकेट मैच खेला। और पन्द्रह साल की उम्र में सचिन मुम्बई के लिए रणजी ट्रॉफ़ी खेल रहा था। बड़े आराम से इण्डियन क्रिकेट में सचिन को बचपन से ही विलक्षण प्रतिभा का मालिक कहा जा सकता है। मेरे ख़याल में दुनिया भर के खेलों में सचिन से बड़ी ऐसी कोई हस्ती नहीं मौजूद रही।

हाँ, हमें मालूम है कि कुछ पाकिस्तानी प्लेयर्स ऐसे हैं जिन्होंने इतनी ही उम्र में क्रिकेट खेला है लेकिन उनमें से ज़्यादातर के जन्म प्रमाणपत्र शक के दायरे में आते हैं। (जैसे, क्या शाहिद अफ़रीदी ने जब पाकिस्तान के लिए क्रिकेट खेलना शुरू किया तो वो सच में 16 साल थे थे?) हाँ, हमने नाडिया कोमानेची जैसे जिम्नास्ट देखे हैं जिसने 14 साल की उम्र में 1976 के मोंट्रियल ओलंपिक्स में 10 में 10 नम्बर लाकर दुनिया को सकते में डाल दिया था। हालाँकि जिम्नास्टिक एक ऐसा खेल है जिसमें छोटे, लचीले पैर असल में आपको मदद करते हैं। लेकिन क्रिकेट में ऐसा कुछ भी नहीं होता। इसे 'बड़ों का खेल' कहा जाता है जहाँ आपको एक ठोस गेंद का सामना करना होता है जो आपको काफ़ी चोट पहुँचा सकती है। टेनिस में एक नाम हुआ है—बोरिस बेकर। बोरिस ने जब 17 साल की उम्र में विम्बलडन जीतकर इतिहास रचा था, उस वक़्त एक गेंद से उन्हें जो ख़तरा था उससे कहीं ज़्यादा ख़तरा सचिन दुनिया के सबसे तेज़ गेंद फेंकने वालों के सामने खड़े होकर उठा रहे थे। घर पर सचिन एक महाशैतान बालक थे जो पेड़ों से आम तोड़ा करता था और अपनी माँ के हाथ की बनी मछली को चावल के साथ खाता था। मैदान पर सचिन एक विनाशकारी बल्लेबाज़ था।

मैंने कोशिश की है कि सचिन के कमाल के रिकॉर्ड्स की वजहों को तलाश सकूँ। सचिन के बड़े भाई, दोस्त और गाइड अजीत मुझे बताते हैं कि कैसे सचिन के पास सात वर्ष की उम्र से ही आँखों और पैरों के बीच कमाल का तालमेल था, एक सुकून भरी बैकलिफ्ट थी और खेलने का तरीक़ा बहुत ही शान्त और सौम्य था। ''जब वो कॉलोनी में टेनिस बॉल मारता था तो ज़्यादा ताकत नहीं लगाता था, कोई झंझट नहीं करता था।'' लेकिन ऐसी बातें तो हज़ारों लोगों के बारे में कही जा सकती थीं जो मैदानों, गलियों में खेल रहे थे। सचिन में ऐसा क्या ख़ास था जिसने उसे दुनिया के सबसे बड़े स्टेज पर ला खड़ा कर दिया जहाँ उस वक़्त वो क्रिकेट खेल रहा था? अजित एक और मज़ेदार चीज़ बताते हैं। वो बताते हैं कि सचिन के पास बचपन से ही बॉल को मारने की अद्‌भुत ताकत थी। सचिन की कॉलोनी के दोस्त याद करते हैं कि कैसे सचिन अपनी उम्र से दोगुने बड़े लड़कों से तेज़ गेंद को मार देता था। ''रजनी, मेरी माँ, 60 के दशक में तलवालकर जिम में जाती थीं जहाँ महिलाओं के लिए वेट–ट्रेनिंग का कोई कॉन्सेप्ट ही नहीं था। उनके भाई भारोत्तोलक थे जबकि उनके एक चाचा तैराक थे। शायद शुरुआती वक़्त में सचिन को इतनी ताकत उनकी माँ की साइड से मिली होगी।'' देखने वाली बात ये है कि जूनियर क्रिकेट खेल चुके अजीत काफ़ी दुबले–पतले थे। वो टेक्निकली बेहतरीन बैट्समैन थे लेकिन ताकत से गेंद को मारने में उन्हें काफ़ी मशक्कत करनी पड़ती थी।

सच्चाई ये है कि जब एक जीनियस टैलेण्ट के सामने तर्कों को रख दिया जाये तो

तर्क कपूर की तरह हवा में उड़ते हुए मालूम देते हैं। ये कहना कि टैलेण्ट 'भगवान की देन है', बेहद बक़वास है और इन जैसी बातों से एक खिलाड़ी की मेहनत, उसके परिश्रम और उसकी लगन को दरकिनार कर दिया जाता है। लेकिन फिर भी सचिन के बारे में कुछ कहने के लिए ये ही बात कही जा सकती है। कुछ ऐसे लोग जिन्होंने सचिन को शुरुआती दौर में खेलते देखा, वो ये ठीक से नहीं कह सकते हैं कि सचिन को टैलेण्ट गिफ्ट में मिला था। वो तो बेशक ये कहेंगे कि सचिन किसी पारलौकिक शक्ति के वश में खेला करते थे। जो कोई भी सचिन को खेलते देखता था यही कहता था कि वो इण्डिया के लिए खेलने के लिए पैदा हुआ है। जब तेंदुलकर अण्डर–15 नेशनल कैम्प में गया तो कोच वासु परांजपे ने सचिन की मुलाक़ात बेहतरीन इण्डियन क्रिकेटर मुश्ताक़ अली से ये कहते हुए कराई, ''इस छोटे से लड़के से मिलिए जो इण्डिया में गावस्कर के बाद सबसे बेहतरीन बैट्समैन है।'' सचिन इस वक़्त मात्र 14 साल के थे।

मिलिन्द रेगे, पूर्व मुम्बई कप्तान याद करते हैं कि कैसे ब्रेबोर्न स्टेडियम में सचिन ने क्रिकेट क्लब ऑफ़ इण्डिया के लिए अपने पहले ही मैच में प्रदीप सुन्दरम को बाहर निकल कर छक्का मार दिया था। सुन्दरम कोई औसत गेंदबाज़ नहीं था। उसने एक बार राजस्थान के लिए खेलते हुए एक ही इनिंग्स में 10 विकेट ले लिए थे। रेगे कहते हैं, ''वो किसी भी खिलाड़ी के लिए विश्वास न करने वाला शॉट था। यहाँ तो एक 14 साल का लड़का मार रहा था।''

अजित याद करते हैं कि कैसे उनके कम उम्र से ही ये लगभग तय हो गया था कि उनका छोटा भाई क्रिकेट खेलेगा। जब तेंदुलकर को पहली बार अण्डर–15 टीम के लिए चुना गया था, 13 साल के सचिन को स्टेशन पर छोड़ने के लिए उनके पिता रमेश तेंदुलकर आये। रमेश एक मराठी कवि और प्रोफ़ेसर थे। रमेश तेंदुलकर ने क्रिकेट के कारण सचिन की छूटने वाली पढ़ाई पर चिन्ता व्यक्त की तो वहाँ मौजूद एक और अण्डर–15 खिलाड़ी के पिता विलास गोडबोले बोले, ''रमेश बाबू, आपको इन सब के बारे में चिन्ता करने की कोई ज़रूरत नहीं है। आपका बेटा एक दिन इण्डिया के लिए खेल रहा होगा। वो तो हम लोग हैं जिन्हें बच्चों के भविष्य की चिन्ता करनी होगी।'' इत्तेफ़ाक से, तेंदुलकर को ग्यारहवीं के बाद पढ़ाई छोड़नी पड़ी।

इन सबके बावजूद, हर टैलेण्ट को एक सहारा चाहिए होता है। उसे एक ऐसा माहौल चाहिए जिसमें वो बढ़ सके और फल सके। इण्डियन क्रिकेट में ऐसी कितनी ही कहानियाँ हैं जिसमें स्कूल क्रिकेट के दौरान रनों का अम्बार लगाने वाले खिलाड़ी समय आने पर न जाने कहाँ ग़ायब हो गये। तेंदुलकर को ऐसी समस्या नहीं आयी क्यूँकि उसकी देखरेख एक बेहद संवेदनशील परिवार में हो रही थी और साथ ही उनका कोच एक ऐसा इनसान था जो सचिन पर पूरी तरह से ध्यान दे रहा था और आगे चलकर वो सचिन के लिए पिता–तुल्य हो गया। तेंदुलकर ने किसी भी तरह से इण्डिया के लिए क्रिकेट खेल ही लिया होता लेकिन उसकी शुरुआती बेहतरीन और धमाकेदार शुरुआत के पीछे पिता रमेश और भाई अजित और कोच रमाकान्त आचरेकर का धन्यवाद कहा जाना चाहिए। इन सभी ने तेंदुलकर को क्रिकेट के मैदान पर सब कुछ अपने हिसाब से करने की छूट दी और तेंदुलकर की मदद

करने के लिए बैठ गये। सचिन जहाँ गड़बड़ी करते थे तो ये सभी उन्हें गाइड करते थे और जब सचिन को कोई झटका मिलता था तो ये सभी उसके लिए मौजूद रहते थे।

रमेश तेंदुलकर साहित्य के विद्वान् थे। उन्हें खेलों में ज़्यादा दिलचस्पी नहीं थी। वो अपने बेटे को पढ़ाई में ध्यान देने को कह सकते थे लेकिन फिर भी उन्होंने उसे अपने सपने के पीछे भागने दिया। ''मेरे पापा ने कभी भी मुझपर पढ़ने के लिए दबाव नहीं डाला। वो मुझे खेलने देते थे,'' तेंदुलकर श्रद्धाभाव से इस बात को स्वीकारते हैं। वो कहते हैं, ''वो बस मुझे ये याद दिलाते रहते थे कि मैं भले ही क्रिकेट में कितना कुछ भी हासिल कर लूँ लेकिन अगर मैं एक अच्छा इनसान नहीं बना तो सब बेकार कहलायेगा।''

एक बाप के तौर पर उनके अपने बेटे को बाहर भेजने की असली परीक्षा तब आयी जब सचिन 12 साल का था और शारदाश्रम विद्यामन्दिर में पढ़ने लगा था जहाँ उसे क्रिकेट ही खेलना होता था। सचिन का स्कूल उसके बान्द्रा के घर से दूर था और शिवाजी पार्क से नज़दीक था। इसलिए ये फ़ैसला लिया गया कि सचिन अपने एक चाचा–चाची के साथ स्कूल से नज़दीक रहेंगे। उस वक़्त के बारे में याद करते हुए अजित कहते हैं, ''मुझे लगता है कि घर में सबसे ज़्यादा सचिन को कोई याद करता था तो वो हमारे पिता थे। लेकिन उन्हें ये मालूम था कि घर से सचिन का दूर रहना उसके भविष्य के लिए अच्छा होगा।'' शायद अपने पिता से ही सचिन को शान्त बने रहने की आदत लग गयी थी। ''यहाँ तक कि जब सचिन को पहली बार इण्डियन टीम में जगह मिली थी या उसने जब पहली बार सेंचुरी मारी थी, घर में कोई ख़ास खुशियाँ नहीं मनायी गयी थीं। पिताजी नहीं चाहते थे कि सचिन शुरुआती वक़्त में ही इन सब के चक्कर में पड़ जायें और ग़लत रास्ते पर चल पड़ें,'' अजीत बताते हैं।

जो काम सचिन के पिता घर पर कर रहे थे, कोच आचरेकर वही काम क्रिकेट के मैदान में सुनिश्चित कर रहे थे। तेंदुलकर पहली बार आचरेकर के पास 11 साल की उम्र में 1984 में आये थे। उस वक़्त गरमी की छुट्टियों में क्रिकेट कैम्प लगा हुआ था और ये पहला मौक़ा था जब सचिन टर्फ के विकेट पर कड़ी गेंद से खेल रहे थे। ''मैं बहुत उत्साहित था लेकिन मुझे बड़े लड़कों के साथ खेलने में थोड़ा डर भी लग रहा था। ये एक तरीक़ा था मुझे छुट्टी के दिनों में कहीं व्यस्त बनाये रखने का,'' सचिन बताते हैं। ये एक प्रेम प्रसंग की शुरुआत थी जो आजीवन बने रहने वाला था।

शुरुआत बहुत अच्छी नहीं रही। सचिन ने अपने पहले प्रैक्टिस मैच में एक भी रन नहीं बनाये। तीसरे मैच में सचिन ने दहाई के अंकों तक अपनी पहुँच बनायी। उस वक़्त भी सचिन गेंद को उतनी ही ताकत से मार रहा था जितनी ताकत से वो अपनी कॉलोनी में मारा करता था। सचिन को अब भी याद है कि उस दिन उनसे उनके कोच ने क्या कहा था। कोच ने कहा, ''यही तुम्हारा नेचुरल–गेम है और तुम्हें ऐसे ही खेलना चाहिए–आक्रामक क्रिकेट।'' उन्होंने ये भी तय कर दिया कि तेंदुलकर सिर्फ़ नम्बर 4 पर बैटिंग करेगा।

आचरेकर ने 11 साल के सचिन में ऐसा क्या देखा जो उसपर औसत से ज़्यादा ध्यान देने लगे? आचरेकर की सबसे बड़ी बेटी विशाखा बताती हैं, ''पापा के लिए सभी प्लेयर्स एक जितने ही प्यारे थे। सचिन कुछ ज़्यादा ही प्यारा था।'' विशाखा याद करती हैं जब सचिन

ने पहली बार स्कूल की ओर से खेलते हुए 50 रन बनाये थे तो मैच की शाम उस मैच में अम्पायरिंग कर रहे शख़्स ने आचरेकर के पास फ़ोन किया और बताया कि उन्होंने भविष्य के स्टार प्लेयर को खेलते देखा। टैलेण्ट को पहचानना एक ऐसी शय है जिसे स्पोर्ट्स में उतनी तवज्जो नहीं दी जाती। लेकिन आचरेकर जी की नज़रें पारखी थीं। शायद इसीलिए उनकी कोचिंग से निकलने वाले इतने सारे लड़के इण्डिया के लिए खेले। एसबीआई के लिए काम करने वाले रमाकान्त आचरेकर एक कामचलाऊ क्लब क्रिकेटर थे। कोचिंग में उन्हें ख़ासी दिलचस्पी थी। उनके नेट्स पूरे साल खुले रहते थे जहाँ हर महीने का 7 रुपये लिया जाता था। (कालान्तर में ये रकम 11 रुपये कर दी गयी।) बैंक भी उनका भरपूर साथ देता था। वो 6 बजे नेट्स में आ जाते थे। उसके बाद वो ऑफ़िस जाते थे, दस्तख़त करते, 2 बजे तक वापस मैदान में पाये जाते। ''पापा के लिए पैसा कभी मायने नहीं रखता था। वो बस छोटे बच्चों को सिखाने में ख़ुश रहते थे,'' आचरेकर की दूसरी बेटी कल्पना ने बताया।

आचरेकर की कोचिंग में तकनीक को सुधारने से ज़्यादा ज़ोर इस बात पर दिया जाता था कि सबसे अच्छे क्रिकेटर को मैच खेल–खेल के मज़बूत बनना चाहिए। उदाहरण के तौर पर, आचरेकर ने शुरुआत में सचिन की मज़बूत बॉटम–हैण्ड ग्रिप को बदलना चाहा। सचिन क्रिकेट की बुनियादी बल्ला पकड़ने की टेक्नीक के विपरीत हैण्डल को एकदम नीचे से पकड़ते थे। लेकिन जब आचरेकर ने देखा कि ये लड़का अपनी इस ग्रिप के साथ ही रन बनाये जा रहा था तो उन्होंने उसकी फिर ग्रिप बदलवाने का ख़याल त्याग दिया। सचिन बताते हैं, ''मैंने शुरुआत में अपने भाई का बैट इस्तेमाल करना शुरू किया था जो बहुत भारी था। इस वजह से मुझे उसको नीचे से ही पकड़ना पड़ता था।'' तेंदुलकर याद करते हैं कि साल 1985–86 में उन्होंने एक सीज़न में 100 से ज़्यादा मैच खेले। कई बार वो एक ही दिन में दो–दो बार बैटिंग करते, पहले सुबह वाले मैच में फिर दोपहर बाद वाले मैच में। अक्सर सचिन एक ही दिन में चार से पाँच नेट्स में प्रैक्टिस कर रहे होते थे। कई बार वो तब तक बैटिंग करते रहते थे जब तक अँधेरे की वजह से गेंद दिखना बन्द नहीं हो जाती थी और फिर इसके बाद वो पैड्स पहन कर शिवाजी पार्क के 2 चक्कर लगाते थे जिससे उनके पैर मज़बूत होते जा रहे थे। ''हम शाम को 7 बजे तक प्रैक्टिस ख़त्म कर लेते थे और उसके बाद शिवाजी पार्क की बेंच पर बैठ कर वड़ा पाव खाते थे, गाने गाते थे और पूरे वक़्त क्रिकेट की बातें करते थे,'' तेंदुलकर बताते हैं।

वो एक खुशनुमा वक़्त था लेकिन इस वक़्त में शॉर्ट–कट्स लेने की कोई जगह मौजूद नहीं थी। तेंदुलकर अपनी शुरुआती कोचिंग को याद करते हुए कहते हैं, ''मुझे आचरेकर सर ने कई बार थप्पड़ मारे। एक बार मैं प्रैक्टिस छोड़कर सीनियर स्कूल का मैच देखने चला गया था। सर ने मुझे देखा और सब के सामने इतनी ज़ोर का थप्पड़ मारा कि मेरे हाथ से मेरा टिफिन बॉक्स नीचे गिर गया। उस दिन उन्होंने मुझसे बोला, 'तुम्हें दूसरों को खेलते देखने की ज़रूरत नहीं है। कुछ ऐसा करो कि दुनिया तुम्हें खेलता हुए देखे।' एक और बार जब मैंने प्रैक्टिस में एक कैच छोड़ दिया था तो उन्होंने थप्पड़ मारा था।'' मैच के दौरान आचरेकर नोट्स बनाते रहते थे और मैच ख़त्म होने पर उन पॉइंट्स पर सचिन के साथ बात करते थे और दिक्कतों को दूर करने की कोशिश करते थे। इस कठोर कोच के

अन्दर एक शान्त और प्रेम से भरी हुई शख़्सियत भी थी। अपने शिष्य को लम्ब्रेटा स्कूटर पर मैच खेलने के लिए ले जाते थे। सचिन जब भी सेंचुरी मारता था तो वापस आते वक़्त वो भेलपुरी के स्टॉल पर रुकते थे और भेलपुरी खिलाते थे। सचिन कहते हैं कि ये शायद उनका 'वेल प्लेड' कहने का एक तरीक़ा था।

सचिन ने 1986 में डॉन–बॉस्को स्कूल के ख़िलाफ़ पहली सेंचुरी मारी थी। तेंदुलकर को वो अच्छे से याद है। दिन का खेल ख़त्म होने पर वो 94 रन पर खेल रहे थे और अगली सुबह पहले ही ओवर में 2 चौके मार कर अपनी सेंचुरी पूरी की। उस दिन सर पहली बार सचिन के घर आये। तेंदुलकर बताते हैं, ''मैं हमेशा सर से घर आने को कहता रहता था और वो हमेशा यही कहते थे कि जब मैं सेंचुरी मारूँगा तो वो आयेंगे। इसलिए वो मेरे लिए एक ख़ास मौक़ा था।'' उस दिन मैच से पहले सचिन ने एक मन्दिर में जाकर भगवान गणेश से अपनी सफलता के लिए प्रार्थना की थी। यहाँ से एक रीति का चलन शुरू हुआ जो हर सीरीज़ से पहले होता रहा–मन्दिर के दर्शन और फिर कोच के घर उनसे मुलाक़ात करने जाना। 1993 में आचरेकर को पेरालिसिस का दौरा पड़ा और वो चलने–फिरने में असमर्थ हो गये। इस अटैक का असर उनके दिमाग़ पर भी पड़ा। अब वो तेंदुलकर को उनके खेल के बारे में कोई सलाह नहीं दे पा रहे थे और इसकी अब कोई बहुत ज़रूरत भी नहीं रह गयी थी। आचरेकर के शिष्य ने, जो कि उस वक़्त तक इण्डिया का चैम्पियन बल्लेबाज़ बन चुका था, ढेर सारे रन बनाकर अपने गुरु को सबसे बड़ी गुरुदक्षिणा दे दी थी।

अगर रमेश तेंदुलकर सचिन की प्रेरणा थे और रमाकान्त आचरेकर उनके गुरु तो अजीत निश्चित ही सचिन को राह दिखाने वाले और सलाह देने वाले का काम कर रहे थे। अजीत इस बात की देखरेख कर रहे थे कि सचिन का ध्यान पूरी तरह से क्रिकेट और सिर्फ़ क्रिकेट पर ही रहे। मैं अजीत को बहुत अच्छे से जानता था। हम क्लब और अपनी उम्र के क्रिकेट के मैचों में साथ खेल रहे थे। जॉली क्रिकेट क्लब के लिए खेलते हुए मेरी और अजीत की एक मौक़े पर सेंचुरी पार्टनरशिप भी हुई। अजीत के पास डिफेन्स के लिए अच्छी तकनीक थी लेकिन स्ट्रोक्स के मामले में वो थोड़ा पीछे थे। हालाँकि उसके पास शान्त दिमाग़ और खेल के प्रति बेतहाशा प्यार था जो उसने अपने भाई सचिन में कूट–कूट के भर दिया था। सचिन 10 साल छोटा था। उम्र के इस अन्तर ने इन दोनों के बीच के रिश्ते को परिभाषित किया। सचिन ने कहा, ''मैं अजीत पर पूरी तरह से भरोसा करता था। कभी भी उसके फ़ैसले पर सवाल नहीं उठाया। उसने जो कहा, मैंने किया।''

मैंने कई बार सोचा है कि सचिन और अजीत एक–दूसरे को जान से प्यारे हैं। ऐसा लगता है जैसे दो जुड़वाँ बच्चे हों जिनकी एक ही मंज़िल है। अजीत असल में सचिन के बल्ले के दम पर ज़िन्दगी जी रहे थे। उनके छोटे भाई की सफलता ही उनके जीवन को आगे बढ़ने की ताकत दिये जा रही थी। अजीत कहते हैं, ''मुझे अहसास हुआ कि इसमें (सचिन में) स्पेशल टैलेण्ट है और मैं चाहता था कि मेरा भाई उस फ़ील्ड में सफल हो जहाँ मैं असफल रहा।'' इसलिए अजीत, सचिन को ग्यारह साल की उम्र में आचरेकर के कैम्प में ले गया, शारदाश्रम विद्यामन्दिर में दाखिला दिलवाया, हर मैच के बाद सचिन के साथ बैठ मैच के बारे में बात की और हर सवाल का जवाब देने की कोशिश की। सचिन की बहन

सविता ने सचिन को उसका पहला कश्मीर विलो बल्ला लाकर दिया और सबसे बड़ा भाई नितिन सचिन को अक्सर बस स्टेशन या रेलवे स्टेशन तक छोड़ने जाता था।

और भी काफ़ी लोग थे जो सचिन की मदद किया करते थे। हेमन्त केंकरे, एक ठीक–ठाक क्लब क्रिकेटर, को मालूम चला कि अण्डर–15 कैम्प के दौरान सचिन के पैड्स खो गये हैं। हेमन्त के पास वो बेहद हल्के पैड्स थे जो गावस्कर ने 1979 के ओवल टेस्ट में डबल सेंचुरी मारने के दौरान पहने थे। सचिन को हेमन्त ने वो पैड्स दिये। माधव आप्टे जो कि उस वक़्त क्रिकेट क्लब ऑफ़ इण्डिया के प्रेसिडेण्ट थे और भूतपूर्व इण्डियन क्रिकेटर भी थे, ने क्रिकेट क्लब के नियम को बदला जिसके बाद 14 साल के सचिन को क्लब से खेलने की मेम्बरशिप मिली। इसके साथ ही क्रिकेट क्लब के एक और क्रिकेटर हेमन्त वैनगंकर ने सचिन को सनग्रेस मफतलाल से स्पॉन्सरशिप दिलायी। हेमन्त केंकरे कहते हैं, ''जब आप अपने सामने कोई जादू होता हुआ देख रहे होते हैं तो आप उसका हिस्सा बन जाना चाहते हैं। हम सभी किसी न किसी तरह से तेंदुलकर की उस जादुई यात्रा का हिस्सा बनना चाहते थे।''

और अन्त में क्रिकेट में सचिन के उदय के पीछे एक महा प्रतिभावान लड़के की इच्छाशक्ति और उसका कौशल था। तेंदुलकर याद करते हैं कि कैसे 13 साल की उम्र में एक मैच के दौरान कीपिंग करते हुए उनके नाक में चोट लग गयी थी और नाक से ख़ून बह रहा था। चूँकि उस वक़्त सचिन के पास बदलने को टीशर्ट नहीं थी और न ही बस से जाने के पैसे थे, वो अपने एक दोस्त के साथ उसकी साइकिल के पीछे बैठे और किट बैग सँभालते हुए चल पड़े। उन्हें शिवाजी पार्क से बान्द्रा जाना था जो कि साइकिल और चोट के हिसाब से ठीकठाक दूरी कही जा सकती है। रास्ते भर सचिन अपने किट बैग को सँभाल रहे थे और आसपास के लोगों से अपनी चोट खायी हुई नाक को छुपा रहे थे। वो कहते हैं, ''मुझे लगता है कि बस और ट्रेन के भीड़–भाड़ भरे सफ़र ने मुझे मज़बूत बना दिया था।''

अजीत याद करते हैं कि कैसे 12 साल की उम्र में सचिन रात को नींद से उठकर अपने स्ट्रोक्स प्रैक्टिस करने लगता था। उसने एक गोल्फ की बॉल ली और उसके किनारे काटकर उसे अण्डे का आकार दे दिया। अपनी ताई से वो इस गेंद को उसकी ओर फेंकने को कहता। इससे उसके अन्दर गेंद को फॉलो करने की क्षमता बढ़ती। ''जब गेंद को किनारे से काट दो तो वो किसी भी दिशा में घूम जाती थी। और मैं कोशिश करता था कि बैट के बीचों–बीच से मारूँ। घर का कोई सामान भी नहीं टूटता था,'' सचिन याद करते हुए बताते हैं। सचिन के ही साथ खेलने वाले जतिन परांजपे याद करते हुए बताते हैं कि एक बार 14 साल की उम्र में सचिन अण्डर–17 की टीम की कप्तानी कर रहे थे और वो मैनेजर के पास गये और मैच न खेलने की धमकी दी। सचिन अपनी पसन्द की टीम चाहते थे। परांजपे कहते हैं कि शुरुआत से ही सचिन को अपना दिमाग़ इस्तेमाल करने की आदत थी और उसके अपने अलग विचार होते थे।

पूर्व रणजी प्लेयर कैलाश गट्टानी उस टूर को याद करते हैं जब वो 14 साल के सचिन को पहली बार इंग्लैण्ड के टूर पर ले गये थे। ये सचिन की पहली विदेशी ट्रिप थी। ''अपने पहले ही मैच में एक घास से भरी पिच पर सचिन उछली गेंद को खेलने के चक्कर

में आउट हो गये। जब मैंने उसे समझाया कि उसने कहाँ ग़लती की थी तो उसने मुझसे वादा किया कि वो उस ग़लती को नहीं दोहरायेगा। फिर उसने उसके बाद वो ग़लती नहीं की,'' गट्टानी बताते हैं। उस टूर पर जब वो बैटिंग नहीं कर रहा था तो वो खुशी–खुशी स्कोरिंग कर रहा था। ये बताता था कि वो खेल से हर तरीक़े से जुड़ा रहना चाहता था। पूर्व इण्डियन कप्तान दिलीप वेंगसरकर ने 15 साल के सचिन को इण्डिया के नेट्स में बुलाया और कपिल देव से बॉलिंग करवाई। वेंगसरकर उस मौक़े को याद करते हुए बताते हैं, ''उसे कतई फ़र्क़ नहीं पड़ा कि सामने कपिल देव गेंद फेंकने के लिए खड़ा था। वो तो मेरे पास आया और पूछने लगा कि क्या वो अगले दिन भी बैटिंग कर सकता है।''

सचिन ने जबसे चलना शुरू किया, लगने लगा कि वो शायद क्रिकेट ही खेलने के लिए पैदा हुए थे। हत्तंगडी कहते हैं, ''एक क्रिकेटर को अपनी कला में पारंगत होने में सालों लगते हैं। लेकिन सचिन हमेशा से ही बड़े स्टेज पर खेलने के लिए तैयार थे। वो पहले ही दिन से एक फ़रारी की तरह थे जिसमें कोई कमी ही नहीं होती है।''

''जब मैं 12 साल का था और अपना पहला स्कूल मैच खेल रहा था, मुझे मालूम था कि एक दिन मैं इण्डिया के लिए खेलूँगा,'' तेंदुलकर कहते हैं। ये सचिन की कही हुई ऐसी बात थी जिसमें अहंकार का रत्ती भर भी भाव नहीं शामिल था। इस वाक्य में आत्मविश्वास कूट–कूट कर भरा हुआ था। लेकिन फिर भी वो ये नहीं सोच सकते थे कि वो इण्डिया के लिए अपना पहला टेस्ट मैच 16 साल की उम्र में पाकिस्तान की टीम के ख़िलाफ़ खेलेंगे जिसकी अगुवाई इमरान खान कर रहे होंगे। ये उस बप्तिस्मा जैसा था जिसमें पानी की जगह आग का इस्तेमाल किया गया था। जिस सेलेक्शन कमिटी ने सचिन का नाम लिया था उसकी अगुवाई कर रहे थे राज सिंह डूंगरपुर। डूंगरपुर इण्डियन क्रिकेट में भयानक बदलाव लाने की आशा के साथ काम कर रहे थे। मीटिंग के दौरान एक सेलेक्टर ने चेताया कि सचिन को पाकिस्तान के टूर पर भेजना ख़तरे से खाली नहीं होगा। ''वो सिर्फ़ 16 साल का है। पाकिस्तानी फ़ास्ट बॉलर्स के आगे वो चोटिल हो सकता है। और ये उसके आगे के कॅरियर के लिए ख़राब होगा।'' इस पर वेस्ट ज़ोन के सेलेक्टर और पूर्व इण्डियन विकेटकीपर नरेन तम्हाने ने दलील दी, ''चिन्ता मत करो। सचिन कभी फेल नहीं होता।''

वो सही थे। हालाँकि सचिन ने सिन्धु नदी की तलहटी में विस्फोट नहीं कर दिया लेकिन दो ऐसे मौक़े दिये जिन्होंने भविष्य की झलक दिखायी। पहला ऐसा मौक़ा आया चौथे टेस्ट में जो सियालकोट में खेला जा रहा था। तेंदुलकर ने दूसरे ही टेस्ट में पचासा तो मार लिया था लेकिन वो अब भी पाकिस्तान के बॉलर्स की गति से तालमेल नहीं बिठा पाये थे। वसीम अकरम इस पेस–अटैक के नेता थे और वक़ार यूनिस की एक गेंद सचिन को जाकर नाक पर लगी। बॉल सचिन के हेलमेट के किनारे से टकरा कर नाक पर जाकर लगी। जब तेंदुलकर ज़मीन पर गिरे तो लगा कि सेलेक्टर की चेतावनी मान ली जानी चाहिए थी। सचिन की शर्ट पर ख़ून ही ख़ून था और बड़बोले जावेद मिआंदाद ने ये कहकर माहौल लूटने की कोशिश की सचिन को अस्पताल ले जाया जाये क्यूँकि वो अभी बच्चा ही था। लेकिन सचिन बताते हैं, ''मुझे ऐसा लगा कि अगर मैंने मैदान छोड़ दिया और बाहर चला गया तो मैं एक कायर कहलाऊँगा। शाम की टी होने में बस कुछ ही मिनट बाक़ी थे और

मुझे रुककर ख़ुद को प्रूव करना था।'' अजीत, जो कि मैदान में बैठे हुए मैच देख रहे थे, याद करते हुए बताते हैं कि उन्होंने सचिन को ब्रेक के दौरान ड्रेसिंग रूम के पास देखा। ''उसने मेरी ओर देखा और मुझसे कहा, 'मैं ठीक हूँ। चिन्ता मत करो।' मेरे लिए इतना काफ़ी था।'' बाउंसर से लगी एक चोट किसी प्लेयर के आत्मविश्वास की धज्जियाँ उड़ा सकती है। लेकिन सचिन की नाक पर लगी चोट ने उसे और भी साहसी बना दिया था। पहली बार जब उसने बल्ले से गेंद पर चोट की थी, उसने गेंद से डरना छोड़ दिया था। उसने टी के बाद बैटिंग की और अपनी इनिंग्स को अगले दिन तक ले गया और मैच बचाने वाली हाफ–सेंचुरी मारी। 16 साल की उम्र में सचिन इण्डिया के लिए मैच बचा रहे थे।

एक हफ़्ते बाद ही तेंदुलकर ने एक और बेहतरीन इनिंग्स खेली। इस बार सचिन के हाथों पाकिस्तान के बेहतरीन लेग–स्पिनर अब्दुल क़ादिर चढ़ गये। सचिन ने पेशावर में खेले जा रहे प्रदर्शनी मैच में क़ादिर को एक ओवर में 4 छक्के मारे। इस ओवर के ठीक पहले सचिन ने पाकिस्तान के एक और लेग–स्पिनर मुश्ताक़ अहमद को छक्का मारा था। मुश्ताक़ उम्र में क़ादिर से 15 साल जूनियर थे। मुश्ताक़ को मार खाता देख क़ादिर ने तेंदुलकर की ओर आवाज़ लगायी, ''बच्चे को क्यूँ मारता है? दम है तो मुझे मार।'' इण्डियन कैप्टन क्रिस श्रीकान्त उस वक़्त दूसरे छोर पर खड़े हुए थे। सचिन के दूसरे छक्के के बाद वो सचिन के पास गये और उसे शान्त हो जाने को कहा। श्रीकान्त को सब कुछ वैसा का वैसा ही याद है। वो बताते हैं, ''उसने कुछ नहीं कहा। बस सिर हिलाया और अगली दो गेंदों पर फिर 2 छक्के मार दिये। प्योर जीनियस।'' क्रिकेट के खेल में उस वक़्त के सबसे ख़तरनाक बॉलर के एक ओवर में 28 रन बन रहे थे। और इसी के साथ सचिन ने मैदान से बड़े स्टेज पर खेलने की अपनी यात्रा को अन्तिम स्वरूप दे दिया था।

पाकिस्तान के ख़िलाफ़ खेलना किसी भी इण्डियन प्लेयर के लिए सबसे बड़ा टेस्ट होता है। ये बिना हथियार के युद्ध लड़ने जैसा होता है। इन दो देशों के बीच के क्रिकेट को इन दोनों देशों की राजनीति और प्रतिस्पर्धा से भरे राष्ट्रवाद से दूर नहीं रखा जा सकता। उदाहरण के तौर पर मेरे पिता और पटौदी ने 60 के दशक में इण्डिया के लिए खेला लेकिन उन्हें कभी भी पाकिस्तान के ख़िलाफ़ खेलने को ही नहीं मिला क्यूँकि इन दो देशों के बीच 1961 से 1978 के बीच कोई भी मैच ही नहीं खेला गया। दोनों देशों के बीच ये बेहद ऊहापोह से भरा समय था और इस समयावधि में दो लड़ाइयाँ लड़ी गयीं। 1980 का दशक इण्डिया और पाकिस्तान के बीच क्रिकेट के लिहाज़ से एक बेहतर वक़्त था। इस दौरान दस सालों में कुल 6 टेस्ट सीरीज़ खेली गयीं। 1988 में राजीव गाँधी और बेनज़ीर भुट्टो की इस्लामाबाद में आमने–सामने बैठकर मीटिंग हुई। ये दो दूसरी पीढ़ी के चेहरे जिनकी ऊर्जा में एक बेहतर भविष्य की आस छिपी हुई थी। दो साल में ही पाकिस्तान ने कश्मीर में आतंकवाद को दाना–पानी पहुँचाने का काम शुरू कर दिया और इसी ने शान्ति की कैसी भी सम्भावनाओं पर पानी उलट दिया। क्रिकेट सम्बन्ध भी टूटते नज़र आने लगे।

1989 के पाकिस्तान का टूर सचिन के लिए पहला और अगले दस सालों के लिए आख़िरी टूर होने वाला था। तेंदुलकर कहते हैं, ''मुझे पाकिस्तान के ख़िलाफ़ खेलने में बहुत मज़ा आता था। हाँ, इसमें बहुत दबाव होता था लेकिन ये एक मौक़ा था कि आप अपना गेम

बेहतर कर खेलें और हमेशा के लिए याद किये जायें।'' वो चाहे चेन्नई की गर्मी में क्रैम्प्स के बीच जूझते हुए मारी गयी सेंचुरी हो या 2003 के वर्ल्ड कप में मैच जिताऊ इनिंग्स हो, पाकिस्तानी टीम के ख़िलाफ़ सचिन का खेल हमेशा उभर कर आया है।

तेंदुलकर के शुरुआती दौर में 3 बेहद शानदार इनिंग्स रही हैं जिन्होंने तेंदुलकर के असाधारण बल्लेबाज़ होने की बात पर मुहर लगा दी। पहली ऐसी इनिंग्स थी 1990 में जब सचिन ने इंग्लैण्ड में अपनी पहली सेंचुरी मारी थी। ओल्ड ट्रैफर्ड के मैदान में सचिन ने हारे हुए टेस्ट मैच को ड्रॉ करवाया था। न केवल उस दिन सचिन सबसे कम उम्र में सेंचुरी मारने वाले भारतीय बल्लेबाज़ बने बल्कि उन्होंने ये भी बताया कि समय आने पर वो एक डिफेंसिव इनिंग्स भी खेल सकते हैं। तेंदुलकर को उस सेंचुरी की शायद एक–एक गेंद याद है। वो बताते हैं, ''वो मेरे लिए एक ज़रूरी इनिंग्स थी क्यूँकि अटैक करते हुए खेलना मेरा नेचुरल खेल था। इस इनिंग्स के बाद मैं टेस्ट क्रिकेट में ख़ुद को स्थापित कर पाने में सफल हुआ था।''

उस इंग्लैण्ड के टूर पर जिस बात को सभी ने संज्ञान में लिया वो था कि कैसे एक 17 साल का लड़का हर बार बैटिंग पर जाते वक़्त ख़ुद से कई साल बड़े प्लेयर्स से लोहा लेता था। बिशन सिंह बेदी, जो उस वक़्त टीम के कोच थे, बताते हैं कि जब वो टीम से कहते थे कि मैदान के बारह राउण्ड मारो तो तेंदुलकर तेरहवाँ राउण्ड मारने के लिए सबसे ज़्यादा उत्साहित रहते थे। बेदी याद करते हुए कहते हैं, ''वो एक ईमानदार और ऊर्जा से भरा हुआ लड़का था जो कम बोलता था और सारे जवाब अपने बल्ले से देने की कोशिश करता था।'' डर्बीशायर के ख़िलाफ़ एक काउंटी गेम में सचिन को आराम दिया जा रहा था। उस मैच में वेस्ट इण्डीज़ के पेस बॉलर इयान बिशप खेल रहे थे। मैच से एक रात पहले सचिन टीम के मैनेजर माधव मन्त्री के पास गये और बोला कि उन्हें खेलने दिया जाये। ''मैं ख़ुद को बिशप की पेस के ख़िलाफ़ टेस्ट करना चाहता हूँ,'' सचिन का कहना था। उनकी आवाज़ में दृढ़ता थी। अगले दिन सचिन ने बैटिंग की और सेंचुरी मारी।

तेंदुलकर की दूसरी स्पेशल इनिंग्स आती है ऑस्ट्रेलिया में एक लम्बी और मुश्किलों से भरी 1991–92 की सीरीज़ से। पर्थ का विकेट अपनी तेज़ी के लिए जाना जाता है। साथ ही वहाँ पर गेंद बाउंस भी काफ़ी करती है। भारतीय बल्लेबाज़ों के लिए ये विकेट मुश्किल था। इन सब के बावजूद, 19 साल से कुछ दिन कम की उम्र के तेंदुलकर ने वहाँ सेंचुरी मारी जिसे वो आज भी अपनी सबसे अच्छी सेंचुरी मानते हैं। ''मुझे लगता है कि पिछले इतने सालों से कॉलोनी के दोस्तों के साथ बाउंस करने वाली रबर गेंदों से खेलना काम आया,'' सचिन का मानना था। ऑस्ट्रेलिया सचिन के लिए अच्छा साबित हो रहा था। ऑस्ट्रेलियाई फैन्स भी सचिन के कायल हो रहे थे। वो सचिन और ब्रैडमैन की आपस में तुलना कर रहे थे। रवि शास्त्री उस सीरीज़ को याद करते हुए कहते हैं, ''मैंने कभी भी ब्रैडमैन को खेलते नहीं देखा। लेकिन मैं ये यक़ीन के साथ कहता हूँ कि उस टूर पर वो भी सचिन से बेहतर नहीं खेल पाते। वो अपनी क्रीज़ के बाहर खड़ा होकर बैटिंग कर रहा था और क्रेग मेकडर्मट और मर्व ह्यूज़ को मार रहा था।'' शास्त्री ने सिडनी टेस्ट में सचिन के साथ मिलकर एक बड़ी पार्टनरशिप बनायी।

तेंदुलकर की तीसरी शानदार इनिंग्स कुछ अलग है। 1993 का कोलकाता में खेला गया हीरो कप सेमी फाइनल। सामने थी साउथ अफ़्रीका। आख़िरी ओवर और साउथ अफ़्रीका को जीतने के लिए मात्र 6 रन की दरकार थी। जैसा कि पिछले चैप्टर में भी बताया था, अज़हर इस पसोपेश में थे कि आख़िरी ओवर फेंकेगा कौन जब सचिन ख़ुद चलकर उनके पास आये और ओवर माँगा। "मैं तो बस इतना ही सोच पाया कि अगर कोई ख़ुद आकर बॉलिंग माँग रहा है तो उसे एक मौक़ा दिया जाना चाहिए। हमारे पास खोने को कुछ नहीं था।" बचपन से ही तेंदुलकर को बॉलिंग करने का बहुत शौक़ था। चेन्नई में तो एक बार डेनिस लिली फ़ास्ट बॉलिंग कैम्प में सचिन ने ट्रायल भी दिया था। यहाँ सचिन के पास अपनी बॉलिंग का हुनर दिखाने का एक असली मौक़ा था। "मैंने उस ओवर में ज़्यादातर स्लो लेग कटर डाली थीं। इससे गेंद को स्पीड नहीं मिलती थी। साउथ अफ़्रीकी बैट्समैन मुझे मार नहीं पा रहे थे क्यूँकि उन्हें मालूम नहीं था कि मैं क्या फेंकूँगा," तेंदुलकर कहते हैं। उस ओवर में मात्र 2 रन आये और इण्डिया मैच जीत गया। तेंदुलकर ने बताया कि न सिर्फ़ बल्ले के साथ, वो गेंद के साथ भी निडर होकर खेल सकते हैं। अपने 21वें जन्मदिन के ठीक पहले तेंदुलकर ने बताया था कि उनके पास एक बेहद मेच्योर दिमाग़ था। हम सभी जीवन भर मेच्योरिटी की आशा में जीते हैं, सचिन तेंदुलकर ने अपना बचपन क्रिकेट के मैदान में ख़र्च कर वयस्कता में प्रवेश किया था।

सचिन तेंदुलकर क्रिकेट के खेल में महान बनने के लिए ही पैदा हुए थे। लेकिन फिर भी मैं ये मानता हूँ कि 1994 में न्यूज़ीलैण्ड के ख़िलाफ़ मैच ने उनकी क्रिकेटीय ज़िन्दगी को बदल के रख दिया। ये पहला मौक़ा था जब सचिन पहली बार ओपेनिंग करने उतरे। इण्डिया के रेगुलर ओपनर नवजोत सिंह सिद्धू चोटिल थे और तेंदुलकर ने ओपेनिंग के लिए अपना हाथ उठाया। "मैं कोच अजित वाडेकर और कप्तान अज़हर के पास गया और उनसे एक मौक़ा माँगा। मैंने कहा कि अगर मैं फेल हो गया तो दोबारा ऐसा नहीं कहूँगा," सचिन ने बताया। उस दिन मैच के पहले 15 ओवरों में नियमों के मुताबिक़ 30 गज के घेरे के बाहर मात्र दो फ़ील्डर्स के होने की शर्त का सचिन ने भरपूर फ़ायदा उठाया। तेंदुलकर ने 48 गेंद में 82 रन बनाये। उसका खेलने का नेचुरल तरीक़ा क्रिकेट के इस छोटे फॉर्म के लिए मुफ़ीद था। टेस्ट क्रिकेट में तेंदुलकर थोड़ा आराम से, बिना रिस्क लिए, बिना इनिंग्स की शुरुआत में गेंद हवा में मारे खेलते थे। लेकिन वन–डे में उन्हें पहली ही बॉल से आसपास के फ़ील्डर्स के सर से ऊपर मारने का लाइसेंस मिला हुआ था। सचिन उस वक़्त को याद करते हुए कहते हैं, "ऐसा लग रहा था जैसे मैं स्कूल के दिनों में वापस पहुँच गया था। जहाँ पहली ही गेंद से अटैक करना होता था।" इण्डिया का टेस्ट मैचों में परमानेंट नम्बर 4 अब वन–डे में स्टार ओपनर बन गया था।

ये बदलाव सिर्फ़ मैदान तक ही सीमित नहीं था। 90 के दशक के मध्य तक वन–डे और टेस्ट क्रिकेट के बीच के समीकरण में भारी बदलाव हो रहे थे। खिलाड़ी और बुद्धिजीवी अभी भी टेस्ट क्रिकेट को भारी तौल रहे थे लेकिन दर्शकों की भीड़ 50 ओवर के क्रिकेट में जुट रही थी। वन–डे में ओपेनिंग करने के बाद सचिन को अपने कौशल का नयी और युवा भीड़ के सामने सरे–आम प्रदर्शन करने का मौक़ा मिला। वो ब्रायन लारा के साथ टेस्ट

क्रिकेट में पहले से ही नम्बर 1 बैट्समैन बना हुआ था। अब वो लिमिटेड ओवर के क्रिकेट का बादशाह बन गया था। सफ़ेद कपड़ों में खेलता सचिन संजीदा था तो नीली जर्सी का सचिन उस भीड़ के लिए एक हीरो बन कर उभरा था जिसके समय की कीमत बहुत ज़्यादा थी, जिसे आक्रामक खेल की प्यास थी।

तेंदुलकर के वन–डे में ओपेनिंग करने की शुरुआत के ठीक एक साल बाद केबल और सेटेलाइट टेलीविज़न ने देश में तेज़ी से पैर फैलाने शुरू किये। 1993 में खेले गये हीरो कप के राइट्स कैब (बंगाल क्रिकेट एसोसिएशन) ने प्राइवेट ब्रॉडकास्टर स्टार टीवी को दे दिये। ऐसा पहली बार हो रहा था कि सरकारी दूरदर्शन के सिवा मैच के प्रसारण के अधिकार किसी प्राइवेट नाम को दे दिये गये हों। दूरदर्शन ने विरोध जताया जिसपर सुप्रीम कोर्ट ने 1995 में एक अभूतपूर्व फ़ैसला सुनाया। सुप्रीम कोर्ट ने कहा कि मैच के प्रसारण के अधिकार सरकार के ही पास सुरक्षित नहीं हो सकते और वायु–तरंगों पर सरकार का एकछत्र अधिकार नहीं है। अचानक, हर मैच पूरे देश में सेटेलाइट टीवी से देखा जा सकता था। ये वो धक्का था जो क्रिकेट को तेज़ी से बढ़ रहे बाज़ार के बीच ला खड़ा कर देने वाला था। मनमोहन सिंह के 1991 के बजट ने पहले से ही विदेशी ब्राण्ड्स को इण्डियन मार्केट तक लाने के लिए पुल तैयार कर दिया था। "ये एक मज़ेदार इत्तेफ़ाक है कि जब क्रिकेट सेटेलाइट टीवी के युग में आया, हमारे देश के पास पहले से ही एक हीरो मौजूद था जिसने करोड़ों दिलों को अपने कब्ज़े में किया हुआ था। और अब विदेशी ब्राण्ड्स के पास एक हथियार था जो उनके ब्राण्ड्स को लोगों तक पहुँचा सकता था। सचिन सही जगह पर एकदम सही टाइम पर मौजूद था," क्रिकेट कमेंट्रेटर हर्षा भोगले कहते हैं।

ब्राण्ड तेंदुलकर के साथ क्रिकेट और व्यापार का गठजोड़ हो चुका था। 1990 में जब सचिन ने खेलना शुरू किया था, हर प्लेयर को एक टेस्ट मैच के लिए 10,000 रुपये प्रति दिन और वन–डे मैच के लिए 6,500 रुपये मिलते थे। जब सचिन 2013 में रिटायर हुए, टेस्ट मैच के 7 लाख और एक वन–डे खेलने के 4 लाख रुपये मिल रहे थे। मेरे पिता के वक़्त में जब क्रिकेटर्स बहुत ही ज़्यादा नौसिखिये माने जाते थे, हर खिलाड़ी को हर टेस्ट मैच का 250 रुपया बग़ैर किसी एक्स्ट्रा भत्ते के मिलता था। वो दौर अब ख़त्म हो चला था। बीसीसीआई के एक समारोह के दौरान मेरे पिता ने मज़ाक़ में कहा, "अगर हम रंगीन टीवी के दौर में खेल रहे होते तो हम भी करोड़पति होते। लेकिन हम तो रेडियो स्टार बन कर रह गये।"

अगर तेंदुलकर की बैटिंग ने मैदान पर बदलाव किये, तो 1996 का वर्ल्ड कप क्रिकेट जगत में मैदान से बाहर की क्रान्ति का सबब बना। बीसीसीआई सेक्रेटरी जगमोहन डालमिया की मारवाड़ी बुद्धि और पंजाब के आई एस बिंद्रा की तड़क भड़क ने काम करना शुरू कर दिया था। इस मिश्रण ने वर्ल्ड कप को एक जलसे में तब्दील कर दिया जहाँ उदारीकरण के बाद के भारत की प्रदर्शनी लगी हुई थी। इस वर्ल्ड कप में विदेशी कोला ब्राण्ड्स और देसी महँगी कम्पनियाँ जैसे आईटीसी और हीरो एक साथ आयीं। दिल्ली में बसे लोकेश शर्मा जो उस वक़्त पेप्सी के क्रिकेट अकाउण्ट को सँभालते थे, उस वक़्त को याद करते हैं और बताते हैं कि कैसे एक वर्ल्ड कप के लिए दो बड़े कोला ब्राण्ड्स में युद्ध छिड़ गया

राजदीप सरदेसाई

शर्मिला टैगोर

ऊपर, बायें से दायें : 1971 में इंग्लैण्ड में मिली भारत की पहली विदेशी जीत के बाद एस. वेंकटराघवन, पी. कृष्णमूर्ति, एकनाथ सोलकर, दिलीप सरदेसाई और के. जयन्तीलाल एक खुली छत वाली बुइक में चलते हुए। सरदेसाई ने कहा था, ''जैकेट पहनने वाले अंग्रेज़ ये समझ ही नहीं पाये कि हमने उनका ही खेल सीखकर उन्हीं के घर में कैसे हरा दिया।''

नीचे : अप्रैल 1969 में मुम्बई में होने वाले एक कार्यक्रम में चीफ़ गेस्ट के तौर पर मंसूर अली खान पटौदी। 1962 में जब कप्तान नारी काण्ट्रेक्टर को वेस्ट इण्डीज़ में सर पर चोट लगी थी जिससे उनका कॅरियर भी ख़त्म हो गया था, 21 साल के पटौदी को कप्तान बना दिया गया था। वो सबसे कम उम्र के कप्तान थे। उन्होंने कहा, ''मुझे पहले ही दिन पानी से भरी सबसे गहरी खाई में धकेल दिया गया और तैरने को कहा गया।''

अंजु बेदी

अंजु बेदी

द हिन्दू आर्काइव

बायें : मार्च 1982 में मुम्बई और कर्नाटक के बीच खेले जा रहे रणजी ट्रॉफ़ी सेमी फाइनल मैच में बायें हाथ से बल्लेबाज़ी करते हुए सुनील गावस्कर। उन्होंने ऐसा लेफ़्ट–आर्म स्पिनर रघुराम भट्ट से निपटने के लिए किया। गावस्कर लेफ़्ट हैण्ड से बैटिंग करते हुए भी आउट नहीं हुए।

नीचे : 90 के दशक की शुरुआत में निप्पो बैट्री के विज्ञापन में कपिल देव। कपिल देव भारत के पहले छोटे शहर से आने वाले हीरो थे। अंग्रेज़ी न बोल पाने के लिए उन्होंने कभी भी शर्मिन्दा महसूस नहीं किया। 1983 में वर्ल्ड कप जीतने वाले भारतीय कप्तान का कहना था, "मुझे भारतीय टीम में अंग्रेज़ी बोलने के लिए नहीं चुना गया था।"

सामने वाले पन्ने पर, ऊपर : 1971 में इंग्लैण्ड विकेटकीपर एलेन नॉट को योग का पोज़ दिखाते भारतीय स्पिनर बिशन सिंह बेदी। बेदी उस समय भारतीय क्रिकेटर्स के हितों की बात खुलकर रखते थे जब खिलाड़ियों के अधिकारों को तरजीह नहीं दी जाती थी। 1975 में अपनी कप्तानी के दौरान उन्होंने बोर्ड के एक अधिकारी पर चिल्ला दिया था, "भीड़ हमें खेलते हुए देखने आती है, तुम्हें बोर्ड चलाते हुए देखने नहीं।"

सामने पन्ने पर, बायें से दायें : ज़श्न मनाते हुए गुंडप्पा विश्वनाथ, सईद किरमानी, चन्द्रशेखर और बेदी। चन्द्रशेखर ने 1977–78 में अपनी शानदार बॉलिंग के दम पर इण्डिया को ऑस्ट्रेलिया के ख़िलाफ़ शानदार जीत दिलाई। चन्द्रा, बेदी, वेंकटराघवन और इरापल्ली प्रसन्ना, इस चौकड़ी ने मिलकर आपस में 800 टेस्ट विकेट लिए।

रोमी देव

रोमी देव

मिड–डे इन्फोमीडिया लिमिटेड

ऊपर, बायें से दायें : चेतन चौहान, दिलीप वेंगसरकर, कर्सन घावरी, कपिल देव, यशपाल शर्मा और कप्तान गावस्कर साल 1980 में पाकिस्तान के ख़िलाफ़ चेन्नई में पहली सीरीज़ की जीत की खुशियाँ मनाते हुए। भारत–पाकिस्तान क्रिकेट मैचों को बिना गोलीबारी के युद्ध की संज्ञा दी जाती रही है।

नीचे, बायें से दायें : क्रिकेट लेखक हर्षा भोगले, कप्तान अज़हरुद्दीन और सेलेक्टर्स के चेयरमैन राज सिंह डूंगरपुर साल 1990 में हर्षा भोगले की किताब 'द जॉय ऑफ़ लाइफ़टाइम' की रिलीज़ पर। वो डूंगरपुर ही थे जिन्होंने अज़हरुद्दीन से पूछा था, ''मियाँ, कप्तान बनोगे?''

प्रकाश पर्सेकर

1989 में क्रिकेट क्लब ऑफ़ इण्डिया में युवा सचिन तेंदुलकर। सचिन ने 16 साल की उम्र में 1989 की पाकिस्तान सीरीज़ के दौरान भारत के लिए पहला मैच खेला। सियालकोट में चौथे टेस्ट के दौरान वक़ार यूनिस की एक छोटी गेंद उनकी नाक पर लगी और ख़ून बहने लगा। 'तेंडल्या' ने मैदान से जाने से मना कर दिया। वो कहते हैं, ''मैं नहीं चाहता कि किसी को भी ये लगे कि मैं डर गया था।''

© दिलीप बनर्जी / इण्डिया टुडे

इन्द्रानिल मुखर्जी / एएफपी / गेट्टी इमेजेज़

ऊपर : सौरव गांगुली, नयी दिल्ली, अक्टूबर 1997। 18 साल के गांगुली को पहली बार 1991–92 में ऑस्ट्रेलिया दौरे के लिए रिज़र्व बैट्समैन के रूप में चुना गया था। लेकिन 'महाराज' को तब सुस्त और उद्दण्ड कहा जाने लगा, जो बारहवें खिलाड़ी के बतौर ड्रिंक्स–ट्रॉलियाँ ले जाने के इच्छुक नहीं थे और उन्हें टीम से बाहर कर दिया गया। 1996 में उन्होंने सनसनीखेज वापसी की।

नीचे, बायें से दायें : सचिन तेंदुलकर, सौरव गांगुली, राहुल द्रविड़, वी.वी.एस. लक्ष्मण और वीरेन्द्र सहवाग जून 2004 में बेंगलुरु में एक फिटनेस कैम्प के दौरान। भारतीय बैटिंग के इन पाँच पाण्डवों के सिर पर 21वीं सदी के 50,000 टेस्ट रनों का सेहरा है।

डेक्कन हेराल्ड

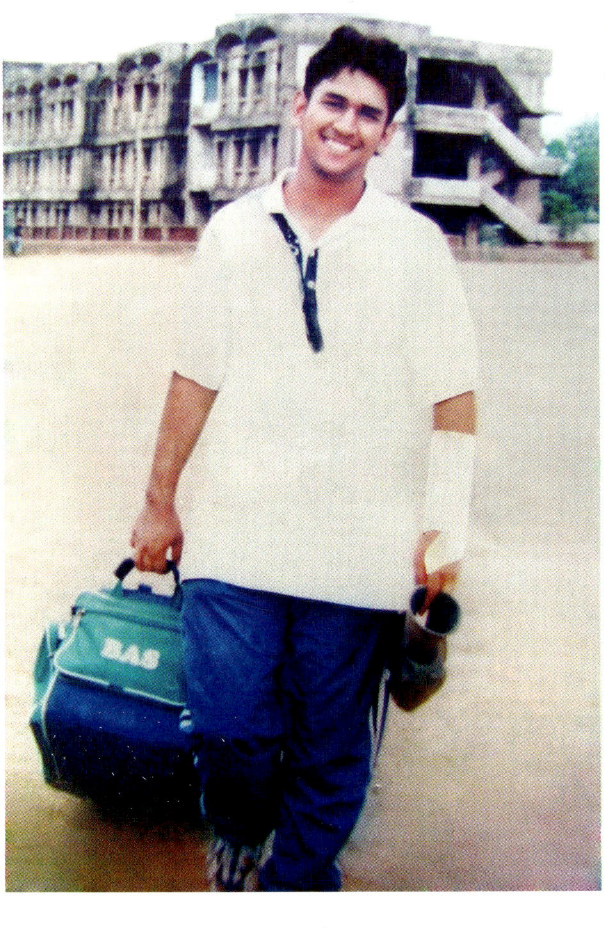

सुनील कुमार

ऊपर : कर्नाटक के लोकप्रिय आइकन्स अनिल कुंबले (बायें) और द्रविड़ (दायें) बेंगलु/ में मई 2006 में अभिनन्दन समारोह के दौरान। भारतीय क्रिकेट को लेकर उनके सपने में खेल और अकादमिक दुनिया के बीच एक सन्तुलन दिखता है। कुंबले ने इंजीनियरिंग की है और द्रविड़ ने पत्राचार से एक साल का एमबीए किया है।

बायें : महेन्द्र सिंह धोनी, 1995 के आसपास, पीछे राँची विश्वविद्यालय दिखाई दे रहा है। 1981 में जब धोनी का जन्म हुआ था, उनके पिता सार्वजनिक क्षेत्र की एक फर्म मेकॉन में एक पम्प ऑपरेटर थे और राँची में एक बेडरूम वाले कमरे में रहा करते थे। धोनी की पहली तनख़्वाह 625 रुपये प्रतिमाह की थी, जो उन्हें सेल की टीम के लिए खेलते हुए हासिल हुई थी।

द हिन्दू आर्काइव

विलियम वेस्ट/एएफपी/गेट्टी इमेजेज़

ऊपर : थोड़े मोटे विराट कोहली (बीच में), जो तब अण्डर–19 टीम के कप्तान हुआ करते थे। उनके साथ हैं उनके कोच राजकुमार शर्मा (बायें) और वेस्ट दिल्ली क्रिकेट एकेडमी के सुरेश बत्रा (दायें)। तस्वीर मार्च 2008 की। 2006 में जब एक रात कोहली के पिता का देहान्त हो गया जबकि एक टेस्ट मैच चल रहा था, कोहली ने शर्मा को फ़ोन किया। आख़िरकार उन्होंने खेल पूरा किया। 'मेरे पिता भी चाहते कि मैं ऐसा ही करूँ,' कोहली कहते हैं।

नीचे : कोहली (बायें) और धोनी (दायें) मार्च 2015 में बांग्लादेश के ख़िलाफ़ विश्व कप क्वार्टरफाइनल के पहले थोड़े हल्के–फुल्के पलों में। धोनी 2014 में टेस्ट क्रिकेट से रिटायर हो गये और 2017 में एकदिवसीय और ट्वेंटी–20 की कप्तानी भी छोड़ दी। कोहली अब तीनों फॉर्मेटों में भारतीय कप्तान हैं और दुनिया के बेहतरीन बल्लेबाज़ भी हैं।

था। "वर्ल्ड कप के ऑफ़िशियल स्पॉन्सर बनने के लिए कोक ने पेप्सी से ज़्यादा की बोली लगा दी। इस पर पेप्सी ने अपनी ही कैम्पेन शुरू कर दी–नथिंग ऑफ़िशियल एबाउट इट। क्रिकेट में ऐसा इससे पहले कभी देखा ही नहीं गया था।"

बोर्ड ने इस वर्ल्ड कप के प्रसारण के अधिकार वर्ल्डटेल को बेचे। ये एक प्राइवेट कम्पनी थी जिसका मालिक मार्क मसकेरेन्हस नाम का भारतीय मूल का कनेक्टिकट में बसा एक शख़्स था। ये सौदा 10 मिलियन डॉलर में तय हुआ जिसमें ढाई मिलियन डॉलर डाउन पेमेण्ट के तौर पर दिये गये। मार्क ने वर्ल्ड कप को एक भव्य रूप से कवर करने का प्लान बनाया। आठ टीवी कैमरे, चार वीडियो टेप मशीन और ओबी वैन जो समूचे उपमहाद्वीप में इधर से उधर घूम रही थीं। रवि शास्त्री याद करते हुए कहते हैं, "मार्क एक बड़ी सोच रखने वाला इनसान था जो सब कुछ बड़ी स्केल पर करना चाहता था।" रवि शास्त्री उस वर्ल्ड कप के दौरान ग्लोबल कमेण्ट्री के पैनल में थे।

वो मार्क मसकेरेन्हस ही था जिसने उसी साल तेंदुलकर को इतने रुपयों का ऑफ़र दिया कि भारतीय खिलाड़ी को उतना पैसा मिलना सोचा ही नहीं जा सकता था। सचिन को 5 साल का कॉन्ट्रैक्ट मिल रहा था। 25 करोड़ रुपयों में। क्रिकेट इण्डिया में एक करोड़पति खेल बन चुका था और तेंदुलकर इसके पहले लाभार्थी थे। रवि शास्त्री कहते हैं, "मसकेरेन्हस हमेशा सबसे पहले भविष्य देख लेता था।" साल 2002 में मसकेरेन्हस की नागपुर में एक रोड एक्सीडेण्ट में मौत हो गयी। एक साल पहले ही उसने सचिन के कॉन्ट्रैक्ट को रिन्यू किया था। इस बार उसकी कीमत 100 करोड़ बतायी जा रही थी।

इन सब के बावजूद, तेंदुलकर कहते हैं कि वो पैसे के लिए नहीं खेल रहे थे। "आपको मालूम है, 1996 के वर्ल्ड कप में मैं अकेला ऐसा भारतीय बल्लेबाज़ था जिसके बैट पर किसी स्पॉन्सर का नाम नहीं था। बाक़ी की टीम के बल्लों पर विल्स या फोर–स्क्वायर का नाम था लेकिन मैंने अपने पिता से शराब और तम्बाकू प्रॉडक्ट्स के विज्ञापन न करने का वादा किया हुआ था," सचिन बताते हैं। ये वो वादा है जो सचिन ने हमेशा निभाया है। सचिन ने तमाम एडवर्टाइज़िंग कैम्पेन में हिस्सा लिया है लेकिन कभी भी शराब और तम्बाकू उत्पादों के साथ खड़े नहीं दिखे। हालाँकि उन्हें बाज़ार में अपनी कीमत के बारे में अच्छी जानकारी है। सचिन के एजेण्ट्स रगड़ कर मोलभाव करते हैं और एक टीवी के विज्ञापन के लिए सचिन की फ़ीस अक्सर फ़िल्म स्टार्स की फ़ीस के बराबर होती है। (2013 में जब सचिन रिटायर हुए, वो दुनिया में सबसे ज़्यादा पैसा कमा रहे एथलीट्स में 51वें नम्बर पर थे। उस वक़्त उनकी कीमत 160 मिलियन डॉलर बतायी जा रही थी।)

सच ये है कि सचिन कभी भी क्रिकेट खेलते वक़्त पैसे के पीछे भागे ही नहीं, असल में पैसा सबसे ज़्यादा देखे जाने वाले खेल के सबसे बड़े सुपरस्टार के पीछे ख़ुद ही भाग रहा था। सचिन असल में सबसे बेहतर, एकदम आम सा रहने वाला, मिडल क्लास का लड़का था जिसे पूरी दुनिया में पहचान मिल रही थी। एक नयी ऊर्जा से बढ़ रहे भारत की सबसे बड़ी आशा। ऐड–फ़िल्म्स बनाने वाले प्रह्लाद कक्कड़ ने कभी सचिन के साथ पहला पेप्सी का ऐड बनाया था। उन्हें एकदम ठीक से याद है कि सचिन कैमरे के सामने आते वक़्त किस कदर शर्मा रहे थे और असहज थे। "मुझे याद है कि मैंने मज़ाक़ में सचिन को बोला

कि उसे ऐड में एक लड़की के कन्धे पर हाथ रखना होगा। वो तुरन्त नर्वस हो गया था। मुझे बताना पड़ा कि मैं मज़ाक़ कर रहा था। एक और ऐड के दौरान उसने देखा कि हमारा पूरा क्रू पेप्सी पी रहा था, वो आया और उसने पूछा कि क्या उसे भी एक मिल सकती है!''

कक्कड़ के हिसाब से तेंदुलकर की ब्राण्ड वैल्यू उसके बनाये रन्स के साथ–साथ बढ़ रही थी। वो बताते हैं, ''हमारे समय में सचिन की कहानी महानतम कहानियों में से एक है। एक मिडल क्लास का लड़का, बिना किसी की छत्रछाया के, अपने टैलेण्ट के दम पर दुनिया नाप देता है और करोड़ों लोगों को ज़िन्दगी में सफल होने का सपना दिखाता है। इसके साथ ही वो 20–22 की उम्र में बेहद क्यूट और प्यारा लगता था कि हर भारतीय माँ उसे गले लगा लेना चाहती थी। देश में हर माँ सचिन जैसा बेटा चाहती थी जो अपने काम में कठोर और आक्रामक हो लेकिन काम के बाद शान्त और सहज रहे।''

सचिन के कॅरियर के अन्त में पैसे की जगह उनके बनाये रनों की बात हुई। 1996 से 2003 के वर्ल्ड कप के बीच में तेंदुलकर क्रिकेट के खेल पर राज कर रहे थे। दोनों टूर्नामेण्ट में सचिन ने सबसे ज़्यादा 523 और 673 रन बनाये। 1993 से 2002 के बीच खेले गये टेस्ट मैचों में शानदार 27 सेंचुरी मारीं और 60 से ज़्यादा के ऐवरेज से रन बनाये। इस सब के दौरान सचिन के खाते में एक रिकॉर्ड–तोड़ साल आया। साल 1998। नौ वन–डे सेंचुरी लगायीं, जिसमें शारजाह में ऑस्ट्रेलिया के ख़िलाफ़ सनसनीखेज बैटिंग शामिल थी। बाद में वो इनिंग्स डेज़र्ट–स्टॉर्म के नाम से विख्यात हुईं जिसमें ऑस्ट्रेलिया के टॉप–क्लास बॉलिंग अटैक की धज्जियाँ उड़ाई गयी थीं। इस सीरीज़ ने सचिन के खेल को न जाने कहाँ पहुँचा दिया। ''एक इण्टरनेशनल क्रिकेटर के रूप में आपको अक्सर ऐसे मौक़े मिलते हैं जहाँ आपको लगता है कि आप कुछ भी ग़लत नहीं कर सकते। मैं शायद उसी ज़ोन में था,'' सचिन कहते हैं।

तेंदुलकर ने अपना वन–डे कॅरियर 2012 में ख़त्म किया। 463 मैच, 44.83 के ऐवरेज से 18,426 रन, 49 सेंचुरी जिसमें दुनिया का पहला दोहरा शतक शामिल था। इन रिकॉर्ड्स को समझने के लिए, सचिन के बाद विराट कोहली की बात करनी होगी। कोहली अगले सेंचुरी–बाज़ हैं जिनके (किताब लिखे जाने तक) 32 शतक हैं। अगले नम्बर पर 30 सेंचुरी के साथ रिकी पोंटिंग हैं। सचिन के बाद रनों के मामले में संघकारा 14,234 रनों के साथ दूसरे नम्बर पर आते हैं। ये सम्भव है कि आने वाले वक़्त में विराट कोहली सचिन के वन–डे रिकॉर्ड्स को ध्वस्त कर दें लेकिन सचिन वो पहली शख़्सियत होगी जिसने रनों के माउण्ट एवरेस्ट पर चढ़ाई की। और ये सब कुछ बस एक ओपेनिंग करने के फ़ैसले का फल था। (तेंदुलकर वन–डे मैचों में ओपनर के तौर पर 48 का ऐवरेज रखते हैं जबकि और जगहों पर बैटिंग करते हुए ये ऐवरेज गिरकर 33 का हो जाता है।) तेंदुलकर कहते हैं, ''मैं हमेशा ही नम्बर 4 वाला बैट्समैन रहा। इसलिए ओपेनिंग पर जाने के लिए मुझे अपनी बैटिंग में काफ़ी बदलाव करने पड़े। नयी बॉल से खेलने के लिए मैंने शायद सफलतापूर्वक वो बदलाव कर डाले।'' अब और क्या सबूत दें कि वो सारे बदलाव सफल रहे।

17 अक्टूबर, 2008 को मोहाली में ऑस्ट्रेलिया के ख़िलाफ़ सचिन तेंदुलकर ने ब्रायन लारा का टेस्ट क्रिकेट में सबसे ज़्यादा रन बनाने का रिकॉर्ड तोड़ा और 12,000 रन पार करने

का रिकॉर्ड बनाया। तेंदुलकर ने मुझसे वादा किया था कि इस मौक़े पर वो मुझे इण्टरव्यू देगा। हमने सुनील गावस्कर से एक्सपर्ट कॉमेंट्स के लिए बात की हुई थी। इसी तरह एक शाम मुझे क्रिकेट का निर्वाण प्राप्त हुआ जब मेरे साथ सचिन और गावस्कर दोनों मौजूद थे। गावस्कर कॉलर वाली शर्ट पहने हुए थे और तेंदुलकर ज़्यादा कैजुअल थे। उन्होंने गोल गले वाली टीशर्ट पहन रखी थी। पीढ़ी का फ़र्क़ साफ़ नज़र आ रहा था।

गावस्कर और तेंदुलकर, दो छोटे क़द के खिलाड़ी, आपस में 85 टेस्ट शतक और लगभग 26,000 टेस्ट रन बाँट रहे थे। ये इण्डिया की बैटिंग के ट्विन टॉवर थे। एक क्लास में सबसे आगे तो दूसरा सब कुछ कर जाने में सक्षम। दोनों महान खिलाड़ी। सिर्फ़ रनों का अम्बार ही नहीं, दोनों खिलाड़ी इसलिए भी महान थे क्यूँकि दो अलग–अलग पीढ़ियों के क्रिकेट फैन्स को उन्होंने कितना कुछ दिया था। अगर गावस्कर ने इण्डियन क्रिकेट को आत्म–सम्मान और गौरव दिया तो तेंदुलकर ने इण्डिया में एक नयी ऊर्जा भर दी। जब गावस्कर ने तेंदुलकर को पहली बार बैटिंग करते हुए देखा था तो तुरन्त अपनी पत्नी को फ़ोन लगाया था और कहा था कि उन्होंने कुछ अद्‌भुत देखा था। जब तेंदुलकर बड़े हो रहे थे तो गावस्कर, विव रिचर्ड्स के साथ तेंदुलकर के रोल मॉडल थे। "मैं विव रिचर्ड्स का बहुत बड़ा फैन था लेकिन गावस्कर के 10,000 रन और 34 सेंचुरी टेस्ट क्रिकेट में सभी के लिए मील का पत्थर थे। ये मेरा कोई टार्गेट नहीं था लेकिन हाँ ये ज़रूर कह सकता हूँ कि कहीं न कहीं ये मेरे दिमाग़ में था तो ज़रूर," तेंदुलकर कहते हैं।

तेंदुलकर भले ही गावस्कर के रिकॉर्ड्स तोड़ उनसे आगे निकल गये लेकिन नम्बरों के आधार पर दोनों के बीच किसी भी तरह की तुलना न्यायसंगत नहीं होगी। दोनों टेस्ट क्रिकेट में 50 के ऊपर रखने वाले प्लेयर थे लेकिन गावस्कर ओपेनिंग बैट्समैन थे जबकि तेंदुलकर नम्बर 4 पर खेलते थे। एक उस वक़्त बैटिंग करता था जब हेलमेट नहीं इस्तेमाल होते थे जबकि दूसरा जब आया तो सुरक्षा के लिए काफ़ी कुछ मौजूद था। गावस्कर जब बैटिंग करते थे तो उन्हें मालूम होता था कि सब कुछ उनके ही ऊपर निर्भर कर रहा था जबकि तेंदुलकर को अपने कॅरियर के दूसरे हिस्से में इस बात से थोड़ी राहत मिली जब टीम इण्डिया में लक्ष्मण और द्रविड़ की दैवी मौजूदगी रहने लगी। गावस्कर उस समय में खेल रहे थे जब डिफेंसिव बैटिंग सराही जाती थी जबकि सचिन का समय वो था जब खेल डिफेंसिव से अटैकिंग क्रिकेट में तब्दील हो रहा था। सीमित ओवर के क्रिकेट में गावस्कर ने मात्र 1 सेंचुरी मारी जबकि सचिन ने 49 वन–डे सेंचुरी मारी हैं। हर महान खिलाड़ी की तरह ये दोनों भी किसी स्थिति के अनुरूप ढल जाने वाले खिलाड़ी रहे। तेंदुलकर ने सिडनी में 2004 में ढिठाई के साथ 600 मिनट से ज़्यादा बैटिंग की, डबल सेंचुरी मारी और पूरी इनिंग्स में गुस्से के चलते एक भी ऑन–ड्राइव नहीं खेली। जबकि 1979 में गावस्कर ने ओवल में मारी सेंचुरी के दौरान गियर बदले और इंग्लैण्ड के बॉलर्स को मारना शुरू कर दिया और इण्डिया को एक बेहतरीन जीत दिलायी।

तेंदुलकर ने 24 साल के पूरे इण्टरनेशनल कॅरियर के दौरान कुल 1500 दिनों का वक़्त क्रिकेट खेलते हुए बिताया। गावस्कर ने 16 साल में सचिन का आधा खेला। दोनों अपनी पीढ़ी के बेहतरीन प्लेयर्स के ख़िलाफ़ शानदार चुनौती पेश करने वाले प्लेयर्स थे। इस क्रम

में गावस्कर ने वेस्ट इण्डीज़ के भयानक पेस अटैक के सामने 13 टेस्ट सेंचुरी मारीं जबकि तेंदुलकर ने ऑस्ट्रेलिया के ख़िलाफ़ 11 सैकड़े ठोंके। गावस्कर के समय में वेस्ट इण्डीज़ का पेस अटैक किसी के भी दिल में क्रिकेट के लिए ख़ौफ़ भर सकता था और सचिन के समय में ऑस्ट्रेलिया की टीम सबसे टॉप पर चल रही थी। टेस्ट मैच की चौथी इनिंग्स में गावस्कर का ऐवरेज तेंदुलकर के ऐवरेज से कहीं ज़्यादा है। ये बताता है कि गावस्कर के पास मैच बचाने की स्थिति के लिए अच्छी टेक्नीक्स थीं लेकिन स्ट्राइक रेट कम था। इस लिहाज़ से सचिन ज़्यादा मैच जिताऊ बैट्समैन थे।

दोनों ही बैट्समेन के पास अलग–अलग टेक्नीक्स थीं। मसलन, गावस्कर ज़्यादा सधे हुए स्टांस के साथ, हल्का बल्ला इस्तेमाल करते हुए, दोनों पैरों को करीब रखकर खड़े होते थे और बॉलर के गेंद फेंकने के ठीक वक़्त हल्का सा क्रीज़ में अन्दर घुसकर खेलते थे। जबकि सचिन भारी बल्ले को नीचे से पकड़ते थे, थोड़ा झुकते ज़्यादा थे और पैरों को ज़्यादा खोलकर रखते थे। गावस्कर शायद ज़्यादा बेहतर कट खेलते थे जबकि सचिन पुल में माहिर थे। तेंदुलकर की पिछले पैरों पर जाकर मारी कवर ड्राइव उतनी ही ख़ूबसूरत दिखती थी जितना गावस्कर का मारा लेट कट। दोनों ही स्ट्रेट ड्राइव, लेग में फ्लिक और सिंगल निकालने में माहिर थे। यहाँ तक कि सर का स्थिर रहना, शरीर का हिलना, बल्ले का सीधा होना, और रनों के लिए खूँटा गाड़ देने की फ़ितरत दोनों को ही कनेक्ट करती थी। जैसे गावस्कर से पिछली पीढ़ी ने गावस्कर को उत्तराधिकारी बनाया था, उन्होंने बेटन सचिन को पास कर दिया था। "मुझे याद है जब गावस्कर ने मुझे अपने पैड्स दिये थे। मैं उन्हें अपने बगल में रखकर सोया था क्यूँकि वो मेरे लिए किसी ख़ज़ाने के मिल जाने से कम नहीं था," तेंदुलकर याद करते हैं।

नयी शताब्दी आते–आते तेंदुलकर को वो सुनने को मिला जिससे बड़ा कुछ नहीं हो सकता। ऑस्ट्रेलिया के महान बैट्समैन सर डॉन ब्रैडमैन, जिन्हें शायद दुनिया का सबसे बेहतरीन बैट्समैन कहा जाता है, अपनी और सचिन की खेलने की तकनीक में काफ़ी समानता पाते हैं। ब्रैडमैन के कमेण्ट के कुछ दिनों बाद ही मैंने उनसे बात की थी। वो इस तुलना से फूले नहीं समा रहे थे। "मुझे नहीं लगता कि मैं एक बैट्समैन होने के नाते इससे ज़्यादा कुछ भी माँग सकता हूँ," सचिन गर्व से कहते हैं। 2001 में ब्रैडमैन की दी हुई आल–टाइम–इलेवेन में सचिन एकमात्र भारतीय शामिल थे। लेकिन चूँकि उस टीम में 7 ऑस्ट्रेलिया के ही प्लेयर्स थे इसलिए उस लिस्ट की ईमानदारी पर सवाल उठाये जा सकते हैं।

दोनों प्लेयर्स की बैटिंग को सूक्ष्मता से देखने के लिए मैं रेगे के पास पहुँचा। रेगे मुम्बई क्रिकेटर हैं जिन्होंने गावस्कर के साथ स्कूल के वक़्त से क्रिकेट खेला था और जिसने तेंदुलकर नाम के टैलेण्ट को शुरुआती दिनों में स्पॉट किया था। रेगे कहते हैं, "दो अलग–अलग पीढ़ी के दो महान प्लेयर्स की तुलना करना बहुत टेढ़ा काम है। लेकिन मैं ये ज़रूर कहूँगा कि सचिन में विलक्षण प्रतिभा थी, गावस्कर में नहीं। गावस्कर ने अपनी बैटिंग पर ख़ूब काम किया और अपनी बैटिंग पर फोकस जमाये रखा। जबकि सचिन 15 साल की उम्र में ही बेहतरीन बैट्समैन बन चुके थे। गावस्कर एक बार सेट हो जाते थे आपको कोई भी मौक़ा नहीं देते थे लेकिन सचिन चूँकि अटैकिंग प्लेयर थे, इसलिए अक्सर ख़तरे में दिखते थे। एक तरीक़े से सचिन विव रिचर्ड्स की तरह थे जो बॉलिंग पर हावी हो जाना

चाहता था। जबकि गावस्कर गलतियों की गुंज़ाइश को हटाते हुए खेलने वाले बल्लेबाज़ थे।'' मैं रेगे से पूछता हूँ कि इन दोनों में से किस बैट्समैन को आप अपनी टीम में रखना चाहेंगे। रेगे कहते हैं, ''मैं चाहूँगा कि सचिन मेरी टीम में रहे लेकिन मैं ये कतई नहीं चाहूँगा कि गावस्कर मेरी विरोधी टीम में मौजूद हो।''

कपिल देव ने इन दोनों बल्लेबाज़ों को गेंद फेंकी है। वो कहते हैं कि गावस्कर को आउट करना ज़्यादा मुश्किल था लेकिन सचिन ज़्यादा टैलेण्टेड था। ''गावस्कर हमेशा बुरी गेंदों पर चौका मार देता था। लेकिन सचिन अच्छी गेंदों को भी बाउण्ड्री के पार पहुँचा देता था।'' इण्डिया का सफलतम ऑल राउण्डर इस बात को मज़बूती से कहता है कि सचिन ने जितने रन बनाये, वो उससे कहीं ज़्यादा बना सकता था। ''जिस तरह की बैटिंग वो करता था, टेस्ट क्रिकेट में उसे ट्रिपल सेंचुरी और 400 रन बना देने चाहिए थे। सचिन इतना बेहतरीन खेलता था।'' तेंदुलकर ने अपना 248 रन का सर्वोच्च स्कोर बांग्लादेश के ख़िलाफ़ बनाया। ये काफ़ी हद तक सचिन की बैटिंग के साथ न्याय नहीं करता है; ख़ासकर तब, जब सचिन के ही काल में खेलने वाले सहवाग ने दो–दो ट्रिपल सेंचुरी मारी हैं। शायद सचिन की बल्लेबाज़ी की शैली में ही गेंदबाज़ों के थक जाने के बाद भी ख़तरों से बचे रहने के लिए ज़्यादा जगह थी। जब मैंने तेंदुलकर से इस बारे में पूछा तो उन्होंने कहा, ''आपको जीवन में सब कुछ नहीं मिल जाता है। लेकिन लगभग 16,000 रन भी कुछ ख़ास बुरे नहीं हैं न?''

गावस्कर के पास एक चीज़ सचिन से काफ़ी बेहतर है–कप्तानी। लेकिन आप ये भी कह सकते हैं कि घरेलू मैदान पर तेंदुलकर को कप्तानी के उतने मौक़े भी नहीं मिले जितने गावसकर को मिले। तेंदुलकर ने एक बार मुझसे कहा था, ''हाँ, अच्छी तरह से कप्तानी न कर पाना मुझे थोड़ा अखरता है।'' गावस्कर ज़्यादा वाचाल रहे और उन्होंने समय–समय पर लोगों के सामने अपने मन की बात कही है। दूसरी तरफ़ सचिन ज़्यादातर चुप ही रहे। यहाँ तक कि उन्होंने मैच फिक्सिग के बारे में भी कुछ नहीं कहा। वो कहते हैं, ''मुझे जब सही लगा है, मैंने बोला है। लेकिन मुझे सिर्फ़ कुछ आरोपों के कारण सतही बातें करना ठीक नहीं लगता।''

मोहाली में गावस्कर और सचिन के एक साथ इण्टरव्यू के दौरान जब मैंने दोनों से पूछा कि दोनों में से बेहतर बैट्समैन कौन है, दोनों ही प्लेयर्स ने तुरन्त ही एक–दूसरे की तरफ़ इशारा किया। ''मैं सचिन को बैटिंग करते हुए देखने के लिए लम्बा सफ़र करके पहुँचूँगा। लेकिन शायद ख़ुद को बैटिंग करते देखने के लिए इतनी ज़हमत नहीं उठाऊँगा,'' गावस्कर ने कहा। वो कहते हैं कि तेंदुलकर के शरीर का बैलेंस असल में उनकी सफलता की वजह है। ''मैदान पर बैलेंस और जीवन में बैलेंस।'' तेंदुलकर ने कहा कि गावस्कर ने जिस तरह से अपने काम में ईमानदारी दिखायी है और जिस तरह से उसे निभाया है, ये सभी के लिए एक मिसाल है।

दोनों में एक–दूसरे के प्रति जो सम्मान है, महाराष्ट्र की मिडल–क्लास पृष्ठभूमि से आने वालों की पहचान है। ये उस मुम्बई क्रिकेट की निशानी है जिसे मुम्बई के मैदानों ने पाला और जिसे बसों के धक्कों और ट्रेनों की भीड़ ने सख़्त बनाया। गावस्कर ने दक्षिण–केन्द्रीय मुम्बई की एक घनी बसी कॉलोनी की सँकरी–सी गली में क्रिकेट खेलना शुरू किया। यहाँ हर प्लेयर का फोकस इस बात पर होता था कि गेंद को ज़्यादा से ज़्यादा ज़मीन पर ही

मारा जाये जिससे कोई भी काँच की खिड़की न टूटे। मुम्बई की हरी–भरी साहित्य सहवास कॉलोनी में क्रिकेट खेलने वाले तेंदुलकर को गावस्कर से कुछ ज़्यादा छूट मिली हुई थी। ये शायद सचिन की आक्रामक बैटिंग के पीछे की वजह बताता है। तेंदुलकर शुरुआत से ही गेंद को हवा में मार सकते थे। गेंद किसी पेड़ पर लगती और सचिन आउट नहीं होते।

शायद तेंदुलकर और गावस्कर को एक साथ तौलते वक़्त देश के उदारीकरण के दौर को एक पैमाने की तरह इस्तेमाल किया जा सकता है। गावस्कर 1960 के दशक के दौरान बड़े हुए जब देश को इस बारे में कोई ख़ास आइडिया नहीं था कि दुनिया में उसकी जगह क्या है। गावस्कर की पहली सीरीज़ 1971 में थी जब क्रिकेट के खेल में देश के भविष्य के बारे में एक नयी उम्मीद जागी। लेकिन गावस्कर के पूरे कॅरियर के दौरान इण्डिया धीमी हिन्दू वृद्धि दर के साथ बढ़ रहा था और क्रिकेट उस सस्ते दौर की परछाईं बना हुआ था। ये वो भारत नहीं था जिसमें शाहख़र्ची की कोई जगह थी। जब तेंदुलकर ने क्रिकेट में अपने पैर जमाने शुरू किये, इण्डिया तरक्की की राह पकड़ चुका था। 1991 में अर्थव्यवस्था ने जिन रास्तों को खोला उसने देश में व्यवसायों को खुलने–बढ़ने की खुली छूट दे दी। तेंदुलकर की बैटिंग भी ठीक इसी तरह से खुले साँड़ की माफ़िक आज़ादी से अपना रास्ता बना रही थी।

दोनों ही प्लेयर मुम्बई से आते हैं और ये बताता है कि कैसे आज़ादी के बाद शुरुआती 60 वर्षों तक मुम्बई ही इण्डियन बैटिंग का केन्द्र रहा। हालाँकि पिछले कुछ वक़्त में इण्डियन बैटिंग में आयी विविधता ने मुम्बई क्रिकेट के स्वर्णकाल पर एक छोटा–सा विराम लगा दिया है। इण्डियन बैटिंग लाइन–अप में अब दूसरे इलाकों से आने वाले बैटिंग हीरो शामिल हो गये हैं। (2016 में, तेंदुलकर के रिटायरमेण्ट के बाद वानखेड़े स्टेडियम में खेले गये पहले टेस्ट मैच में एक भी मुम्बई से खेलने वाला प्लेयर नहीं था।) लेकिन फिर भी देश की असल क्रिकेटीय राजधानी से आने वाली गावस्कर–तेंदुलकर की विरासत को कोई भी हिला नहीं सकता। मेरी पीढ़ी के लिए गावस्कर क्रिकेट के भगवान थे। 90 की पीढ़ी के लिए वही जगह तेंदुलकर की है। मुम्बई के दिल में बसे सिद्धिविनायक मन्दिर में लाखों श्रद्धालु आते हैं। हाजी अली दरगाह में भी। इन दोनों जगहों पर तमाम धर्म समूहों के लोग आते हैं। लेकिन क्रिकेट में कोई धार्मिक सीमाएँ नहीं हैं। मुम्बई में हम सचिन और गावस्कर को एक ही नज़र से देखते हुए उन्हें सम्मानित करते हैं।

तेंदुलकर के लम्बे और शानदार कॅरियर में गिने–चुने ऐसे मौक़े हैं जहाँ उन्हें निराशा हाथ लगी है। पहला ऐसा मौक़ा आया 1998 में जब उन्हें मात्र एक साल के भीतर ही कप्तानी के पद से हटा दिया गया। ''बीसीसीआई ने मुझे कप्तानी से हटा दिया और मुझे बताना भी उचित नहीं समझा। मुझे इसके बारे में मीडिया से मालूम पड़ा। इसने मुझे बहुत दुखी किया था,'' उस वक़्त को याद करते हुए तेंदुलकर कहते हैं। क्या सचिन सफल कप्तान बनने के लिए अपनी बैटिंग को और पैना बनाने में मशगूल थे, मैंने उनसे पूछा। ''नहीं, मैं कप्तानी को एन्जॉय कर रहा था। मुझे लगता है मैंने कप्तान के तौर पर मुम्बई की उस टीम के साथ अच्छा काम किया था जिसमें कई सीनियर प्लेयर्स भी शामिल थे।'' मदन लाल सचिन की कप्तानी के बारे में कहते हैं, ''वो एक लम्बे समय तक कप्तान बने रहने का अधिकारी था।

वो उस वक़्त 25 साल का था और धीरे–धीरे अपने काम को समझने लगा था।'' मदन लाल उस वक़्त सचिन की कप्तानी वाली टीम के कोच थे जब 1998 में इण्डिया की टीम वेस्ट इण्डीज़ दौरे पर गयी थी। उस टूर पर बारबाडोस में इण्डिया 120 रन का पीछा करते हुए 81 रन पर आउट हो गयी थी। वो हार सचिन को आज भी सालती है। ''मैं उस हार के बाद कई रातों तक सो नहीं पाया था। वो एक बहुत बुरे सपने जैसा था।''

वेस्ट इण्डीज़ में सचिन को आगे भी काफ़ी निराशा हाथ लगी। 2007 में टीम इण्डिया वर्ल्ड कप से ग्रुप स्टेज में ही बाहर हो गयी। 34 साल के तेंदुलकर को ऐसा लग रहा था कि उनका वर्ल्ड कप जीतने का सपना अधूरा रह जायेगा। तेंदुलकर न केवल डिप्रेशन से घिर गये थे बल्कि उनमें ग़ुस्सा भर गया था। कोच ग्रेग चैपल ने ओपेनिंग स्लॉट में युवा बल्लेबाज़ों को लाने के लिए तेंदुलकर को हटा दिया था। वर्ल्ड कप की उस हार के ठीक बाद मैं तेंदुलकर के घर उनका इण्टरव्यू करने के लिए गया था। उस शाम मुझे ऐसा लग रहा था कि तेंदुलकर की पर्याय उनकी शान्त छवि धीरे–धीरे उनका साथ छोड़ रही है। वो एक ज्वालामुखी में बदल चुके थे जो फट पड़ने को तैयार था। हमारी बातचीत के दौरान तेंदुलकर ने ये साफ़ किया कि चैपल ने साफ़–सुथरे तरीके नहीं अपनाये और यही वो वक़्त था जब टीम में फूट के बीज पड़े थे। ''ड्रेसिंग रूम में जो भी बातें हो रही थीं, ग्रेग चैपल ने मीडिया में वो बातें लीक करना शुरू कर दी थीं। ये पूरी तरह से अनैतिक था,'' सचिन ग़ुस्से में मुझे सब कुछ बता रहे थे। 2014 में अपनी आत्मकथा में सचिन ने इससे भी ज़्यादा गाढ़ा आरोप लगाते हुए बताया था कि 2006 में ग्रेग सचिन के घर आये और कहा कि वो द्रविड़ को हटाकर उन्हें टीम का कप्तान बनाना चाहते थे। चैपल ने इन आरोपों से इनकार कर दिया था लेकिन सचिन अपनी इस बात पर टिके रहे। वो कहते हैं, ''मेरी पत्नी अंजली वहाँ मौजूद थी। उसने सब कुछ सुना था। वो टीम में फूट डालना चाहता था।''

2007 में मेरा सचिन के साथ इण्टरव्यू वीडियो कैमरा पर नहीं बल्कि ऑडियो टेप पर रिकॉर्ड हुआ था। तेंदुलकर, जो ज़्यादातर अपने शब्दों के साथ पूरी सावधानी बरतते थे, अगली सुबह मुझसे उस ऑडियो में से कुछ हिस्सा एडिट करने के लिए कह रहे थे। लेकिन इन सबके बावजूद वो जो कुछ भी कह रहे थे, वो अगली सुबह के अख़बारों की हेडलाइन बनने के लिए काफ़ी था–''चैपल ने हमारे साथ ठीक बर्ताव नहीं किया, टीम इण्डिया को बाँटा जा रहा है।'' अपनी आत्मकथा में तेंदुलकर इससे भी एक क़दम आगे बढ़े और चैपल को उस रिंगमास्टर की तरह बताया ''जो अपने आइडिया को दूसरे खिलाड़ियों पर लाद देता था और इस बात की फ़िक्र नहीं करता था कि वो उन फ़ैसलों के साथ सहज हैं भी या नहीं।''

ये वो दौर था जब सचिन ने पहली बार संन्यास लेने के बारे में सोचा। इसके पीछे उनका ग्रेग के लिए ग़ुस्सा था। 2005 में वो पहली बार 5 महीनों के लिए क्रिकेट से दूर रहे थे। वजह थी उनकी टेनिस एल्बो इंजरी। भारी बल्ले से इतने सालों तक खेलते रहना अब भारी पड़ रहा था। इण्टरव्यू में सचिन ने ये भी कहा कि शायद वर्ल्ड कप जीतना उनके नसीब में ही नहीं था। 10 साल की उम्र में जबसे सचिन ने कपिल देव को लॉर्ड्स के मैदान पर वर्ल्ड कप उठाये देखा था तब से वर्ल्ड कप ही सचिन का एक सपना था। ''ये वो मौक़ा था जब मैंने सोच लिया था कि मुझे क्रिकेट ही खेलना है। और कुछ नहीं करना है।'' 1992 के वर्ल्ड

कप में 19 साल के सचिन के पास कुछ अच्छे मौक़े ज़रूर आये लेकिन फिलहाल वो इन्तज़ार कर सकते थे। 1996 में वो अपनी फॉर्म के चरम पर थे लेकिन कोलकाता में एक ख़राब दिन और सेमी फाइनल में श्रीलंका से मिली हार ने उनके सपने को वहीं ख़त्म कर दिया। 1999 में सचिन ने अपने पिता की मौत से वापस आकर अगले ही दिन सेंचुरी मारी। ''व्यक्तिगत तौर पर, मेरे लिए वो सबसे मुश्किल वक़्त था। लेकिन मुझे मालूम है कि मेरे पिता यही चाहते कि मैं वापस जाकर मैच खेलता,'' सचिन कहते हैं। उस दिन के बाद से हर सेंचुरी के बाद सचिन अपने पिता का धन्यवाद अदा करते हुए आसमान में देखते थे। इसके बावजूद, उनके जीवन की सबसे इमोशनल सेंचुरी वर्ल्ड कप जितवाने के लिए काफ़ी नहीं थी।

चार साल बाद, 2003 में सचिन साउथ अफ़्रीका गये और वर्ल्ड कप उठाने से मात्र 1 मैच दूर रह गये। पूरे टूर्नामेण्ट के दौरान सचिन ने रन बनाये हुए थे लेकिन फ़ाइनल में ऑस्ट्रेलिया के ख़िलाफ़ चूक गये। एक यादगार मैच में, पाकिस्तान के ख़िलाफ़ उन्होंने वर्ल्ड कप के इतिहास की सबसे शानदार इनिंग्स में से एक इनिंग्स खेली। इण्डिया बनाम पाकिस्तान हमेशा एक बड़ा मैच होता है। लेकिन 2003 में माहौल कुछ अलग ही था। 1999 में हुए कारगिल युद्ध के बाद ये पहला मौक़ा था जब इण्डिया और पाकिस्तान की टीमें आमने–सामने थीं। हरा और नीला रंग दोनों देशों की एक अजीब सी बौखलाहट और मैदान में मौजूद शोर–शराबे के बीच एक–दूसरे के सामने थे। वो मैच तेंदुलकर की याद्दाश्त में वैसा का वैसा ही मौजूद है। वो कहते हैं, ''मुझे नहीं लगता है कि उस दिन जैसा प्रेशर मुझे कभी भी और महसूस हुआ था। उस दिन मैदान में मुझे हर तरफ़ तिरंगा लिए इण्डियन सपोर्टर्स दिखायी दे रहे थे।'' तेंदुलकर के ओपेनिंग पार्टनर वीरेन्द्र सहवाग वसीम अकरम का पहला ओवर नहीं खेलना चाहते थे। वो उस दिन कुछ नर्वस थे। उन्होंने तेंदुलकर से पहली गेंद खेलने को कहा। सहवाग बताते हैं, ''मैं नर्वस था और पाकिस्तान के ख़िलाफ़ इनिंग्स की पहली गेंद पर आउट नहीं होना चाहता था। मैंने पाजी से कहा कि वो स्ट्राइक ले लें। वो बस मेरी तरफ़ देखकर मुस्कुराये और कुछ भी नहीं कहा। जब हम क्रीज़ पर पहुँच गये तो वो गार्ड लेने लगे। वो मुझे चिढ़ा रहे थे।''

सहवाग को चिन्ता करने की ज़रूरत ही नहीं पड़ी। अकरम के फेंके पहले ओवर में सचिन ने एक बाउण्ड्री मारी। उस शॉट में आत्मविश्वास भरा हुआ था। अगले ओवर में पाकिस्तान के सबसे तेज़ बॉलर शोएब अख्तर को 18 रन मारे। इसमें एक अपर कट भी शामिल था जो बैकवर्ड पॉइण्ट के सर के ऊपर से बाउण्ड्री पार जा गिरा था। ये वो शॉट था जिसने इण्डियन बैटिंग लाइन–अप में मौजूद पाकिस्तानी तेज़ गेंदबाज़ी के डर को मिटा कर रख दिया था। ''शायद उस दिन मैं कुछ ज़्यादा ही चार्ज हो गया था और कुछ कर देना चाहता था,'' तेंदुलकर कहते हैं। उस दिन तेंदुलकर ने 75 गेंद में 98 रन बनाये। ये उन सभी आलोचकों को जवाब था जो कह रहे थे कि तेंदुलकर ज़रूरत पड़ने पर और मुश्किल हो चुके मैचों में फेल हो जाते हैं।

और इन सबके बावजूद बेहद आक्रामक तेंदुलकर वर्ल्ड कप जीतने के लिए काफ़ी नहीं थे। फाइनल मैच में ऑस्ट्रेलिया इण्डिया के ऊपर भारी पड़ गयी। तो क्या इतनी तारीफ़ों के हक़दार सचिन तेंदुलकर क्रिकेट के खेल के सबसे बड़े पुरस्कार के बिना ही रह जाने वाले

थे? "मैंने तेंदुलकर को 2007 के डिप्रेशन के दौरान यही बताया। मैंने उसे उस तस्वीर के बारे में बताया जिसमें वानखेड़े में खेले गये 2011 वर्ल्ड कप फाइनल के बाद सचिन तेंदुलकर वर्ल्ड कप पकड़े दिखायी दे रहा था," सचिन के भाई अजीत तेंदुलकर बताते हैं। तेंदुलकर ने अपने भाई पर आँख बन्द कर के विश्वास किया था। उन्होंने इस मौक़े पर भी वैसा ही किया। तेंदुलकर कहते हैं, "मैं एक हारने वाले के तौर पर रिटायर नहीं होना चाहता था।"

2007 के उस बुरे दौर के 12 महीनों बाद सचिन वापसी कर रहे थे। वो निराशा वापस जा चुकी थी। वर्ल्ड कप की हार के बाद चैपल को हटाया जा चुका था और गैरी कर्स्टन टीम के कोच की भूमिका में आ चुके थे। कर्स्टन तेंदुलकर की ही तरह थे। शान्त रहने वाले लेकिन लोगों को उत्साहित रखने वाले। दबाव हट चुका था और सचिन एक बार फिर से ख़ुद को आज़ाद महसूस कर रहे थे। 2008 में तेंदुलकर वो इनिंग्स खेलते हैं जिसे वो अपनी सबसे महत्त्वपूर्ण टेस्ट इनिंग्स कहते हैं। 26/11 को मुम्बई में हुए आतंकी हमले के कुछ हफ़्ते बाद चेन्नई में खेली मैच जिताऊ इनिंग्स जिसमें उन्होंने सेंचुरी मारी थी। "वो एक ख़ास मौक़ा था जहाँ मुझे लगा कि मेरी वजह से बेगुनाहों के मारे जाने के गम से लदे मेरे शहर को मुस्कुराने की एक वजह मिल पायी थी।"

मैं उन तमाम लोगों में से एक था जो मुम्बई हमलों से परेशान हो गये थे जिसमें 166 लोग मारे गये थे। मैं अब भी साउथ मुम्बई का ही था। हमेशा जागा रहने वाला लियोपोल्ड कैफ़े और उसके पास ही कोलाबा कॉज़वे ही वो जगह थी जहाँ मुझे पहली बार शराब का स्वाद मालूम चला था। मेरे माता–पिता जहाँ रहते थे, ताज होटल उस बिल्डिंग से कुछ क़दमों की दूरी पर ही था। वो जगहें जो मेरे ज़हन में कॉलेज की अच्छी यादों के साथ जुड़े हुए थे, उस रोज़ एक हमले का शिकार बन रहे थे। नरीमन हाउस में होती गोलीबारी की आवाज़ मेरी माँ को हमारे घर से सुनायी दे रही थी। ये वही जगह थी जहाँ एक यहूदी परिवार को गोली मार दी गयी थी। साउथ मुम्बई उदार मुम्बई का पर्याय है जो उस दिन आतंकियों का निशाना था। लेकिन फिर भी, 24 घण्टों के अन्दर वो शहर वापस अपने पैरों पर आ खड़ा हुआ था। मुम्बई की यही फ़ितरत तेंदुलकर भी अपने साथ लेकर चलते थे। एक शोकाकुल देश के लिए सचिन की सेंचुरी सान्त्वना लेकर आयी थी। तेंदुलकर का रन बनाना, देश के लिए हमेशा एक गर्म काढ़े सा आराम लेकर आता था।

वो ख़ुशी उस दिन अपने चरम पर पहुँच गयी थी जब 2011 के अप्रैल के महीने में सचिन ने अपने वर्ल्ड कप जीतने के सपने को पूरा कर लिया। ये टूर्नामेण्ट भी उस वक़्त खेला जा रहा था जब देश में अफरातफरी का माहौल था–केन्द्र में स्थापित कांग्रेस शासित यूपीए की सरकार पर भ्रष्टाचार के भयानक आरोप लगे हुए थे। लोग राजनीतिक पार्टियों में अपना विश्वास खो रहे थे और ऐसे में क्रिकेट के मैदान पर मिल रही सफलता निराशा के वक़्त उनके लिए ख़ुशी के कुछ पल ला रही थी। यहाँ तक कि वर्ल्ड कप के एक हफ़्ते पहले ही दिल्ली के एक ऐक्टिविस्ट अरविन्द केजरीवाल ने हमारे न्यूज़रूम में आकर भ्रष्टाचार से देश को बचाने के लिए एक नयी राजनीतिक पार्टी शुरू करने की बात कही थी। अरविन्द की मदद के लिए महाराष्ट्र से आने वाले एक बूढ़े और मुखर गाँधीवादी अन्ना हज़ारे मौजूद थे। मैंने अरविन्द से कहा था, "देखो अरविन्द, तुम्हें अपने इस आन्दोलन को

थोड़ा आगे बढ़ा देना चाहिए। वर्ल्ड कप शुरू होने वाला है और मुझे नहीं लगता कि इस वक़्त देश को वर्ल्ड कप जीतने से ज़्यादा किसी भी और चीज़ में इन्ट्रेस्ट होगा।'' ये मेरी अरविन्द को एक सलाह थी। और सच में, अरविन्द का वो आन्दोलन जिसने उन्हें आगे चलकर दिल्ली के मुख्यमन्त्री की कुर्सी पर लाकर बिठा दिया, इण्डिया के वर्ल्ड कप जीतने के कुछ दिन बाद ही शुरू हुआ।

तेंदुलकर ने वर्ल्ड कप का आख़िरी शॉट तो नहीं मारा लेकिन ये एक बेहतरीन पटकथा थी। मुम्बई के फैन्स के सामने वर्ल्ड कप की जीत एक हमेशा चमकते रहने वाले कॅरियर के लिए सबसे बेहतर क्लाइमेक्स थी। तेंदुलकर उस जीत के बारे में बताते हैं, ''जब धोनी ने आख़िरी शॉट लगाया तो सबसे पहले तो मैं चीखा, फिर ड्रेसिंग रूम के एक कोने में जाकर थोड़ी देर रोया। फिर मैंने ख़ुद को सँभाला और भागकर मैदान में पहुँचा। हाँ, मैं रोया था।''

''ये सचिन पाजी के लिए है।'' मैन ऑफ़ द टूर्नामेण्ट युवराज सिंह ने ट्रॉफ़ी प्रेज़ेण्टेशन के वक़्त कहा। विराट कोहली और यूसुफ़ पठान ने तेंदुलकर को अपने कन्धों पर उठाकर मैदान के चक्कर लगाये। मुम्बई की हवा तिरंगे को लहरा रही थी। युवराज 11 साल का था जब तेंदुलकर ने अपना पहला वर्ल्ड कप खेला था जबकि कोहली मात्र 4 साल का था। तेंदुलकर ने 38 साल की उम्र में वर्ल्ड कप जीतने के लिए उम्र को भी हराया था। कोहली ने एकदम सटीक बात कही, ''सचिन पाजी ने देश को 24 सालों तक अपने कन्धों पर ढोया है। ये वो समय है जब हम उन्हें अपने कन्धों पर बिठाएँ।'' हाँ, वो बच्चों सी शक्ल वाला जिसने अपना क्रिकेट 'तेंडल्या' नाम से शुरू किया था, आज 'पाजी' बन गया था। पंजाबी में बड़े भाई को 'पाजी' कहते हैं।

तेंदुलकर बताते हैं, ''हरभजन ने मुझे सबसे पहले इस नाम से बुलाना शुरू किया था। फिर सभी ने ऐसा ही बुलाना शुरू कर दिया।'' जब सचिन ने इण्डिया के लिए पहला मैच खेला था, हरभजन सिंह मात्र 9 साल के थे। वो तेंदुलकर को अपनी पीढ़ी के क्रिकेटर्स के लिए पिता समान बताते हैं। वो कहते हैं कि सचिन तेंदुलकर मैदान पर भगवान है लेकिन मैदान के बाहर एक दोस्त जैसा है। वो ड्रेसिंग रूम में एक शरारत से भरा खिलाड़ी है जो ज़रूरत पड़ने पर हमेशा मदद के लिए तैयार खड़ा मिलता है। ''मुझे याद है 2001 में जब हमने ऑस्ट्रेलिया के ख़िलाफ़ सीरीज़ जीती थी तो सचिन पाजी ने कहा था कि वो मुझे जो कहूँगा वो गिफ्ट करेंगे। मैंने उनसे 2 जोड़ी स्पाइक वाले नये जूते माँगे थे और उन्होंने मुझे वो लाकर दिये। मुझे शायद उनसे फ़रारी माँग लेनी चाहिए थी!'' (2003 में सचिन को फिएट कम्पनी ने सर डॉन ब्रैडमैन की 29 सेंचुरी के रिकॉर्ड को तोड़ने के बाद एक फ़रारी गिफ्ट की थी। इस गिफ्ट को इम्पोर्ट करने पर लगने वाले टैक्स को माफ़ करवाने के लिए सचिन विवाद में घिर गये थे।)

तेंदुलकर के लिए भी अपने साथियों से मिलने वाला सम्मान उन्हें हमेशा याद रहेगा। तेंदुलकर के घर पर उनके बार में सबसे ज़्यादा सम्मानित जगह उस शैम्पेन की बोतल को मिली है जिसपर वर्ल्ड कप जीतने वाली टीम के साइन हैं। वो याद करते हुए बताते हैं, ''ये पहली बोतल थी जो हमने वर्ल्ड कप जीतने के बाद खोली थी।'' वो बोतल उन्हें मुम्बई की उस सुनहरी शाम की याद दिलाती है जब बचपन में देखा गया एक ख़्वाब क्रिकेट के

सबसे बड़े स्टेज पर पूरा हुआ था। वो ख़्वाब जो एक छोटे से बच्चे ने अपने जादुई बल्ले को हाथ में पकड़े हुए देखा था।

तेंदुलकर को अप्रैल 2011 की उस रात के बाद रिटायर हो जाना चाहिए था। अब उनके पास फतह करने को कोई क़िला नहीं बचा था। लेकिन फिर भी वो खेलते रहे। ये एक ऐसा फ़ैसला था जिसपर कई सवाल उठे। हाँ, उन्होंने इसके बाद भी सैकड़े मारे। इसमें 100वीं सेंचुरी मारने वाली सेंचुरी भी शामिल थी जो सचिन ने बांग्लादेश के ख़िलाफ़ 2012 में मारी थी। लेकिन इस वक़्त तक वो ऐसे बूढ़े हो चुके शेर की याद दिला रहे थे जो अपनी फुर्ती की बजाय अपनी याद्दाश्त के बूते शिकार कर रहा था। 2011 में जब जिमी एण्डरसन ने उन्हें परेशान करना शुरू किया तो ऐसा भी कहा जा रहा था कि तेंदुलकर की तकनीक में सेंध मारी जा चुकी है। और जब बैलेंस की कमी के चलते वो बोल्ड हुए, उनके आलोचकों ने वो सवाल पूछना शुरू कर दिया जिसके अस्तित्व की कल्पना करना भी मुश्किल था–''सचिन रिटायर कब होंगे?''

''देखिये, रिटायर कब होना है, ये एक ज़्यादती मसला है। मुझे याद है कि मैं एक बार इस बारे में अपने बचपन के हीरो विव रिचर्ड्स से बात कर रहा था और उन्होंने मुझे बताया कि मेरे लिए कोई और ये फ़ैसला नहीं ले सकता है। मैं अब भी अपने खेल को बख़ूबी एन्जॉय कर रहा था और खेलते रहना चाहता था। मैं क्यों खेलना बन्द कर देता?'' तेंदुलकर पूछते हैं। वो बताते हैं कि 2013 में उन्हें ये अहसास हुआ कि अब शायद वो थोड़ा–सा शिथिल हो रहे हैं। ''दिल्ली में चैम्पियंस लीग का ट्वेंटी–20 गेम खेला जा रहा था और पहली बार मुझे ऐसा लगा कि मुझे जिम नहीं जाना चाहिए। मुझे ट्रेनिंग करने का मन नहीं कर रहा था। मैं प्रैक्टिस सेशन भी मिस कर रहा था और मुझे इसका दुःख नहीं हो रहा था। ये वो मौक़ा था जब मुझे लगा कि अब मुझे क्रिकेट के खेल से ख़ुद को अलग कर लेना चाहिए।''

तेंदुलकर ने दो लोगों से इस बाबत बात की। ये दो वो लोग थे जिनपर तेंदुलकर को सबसे ज़्यादा विश्वास था–उनकी पत्नी अंजली और भाई अजीत। शुरुआती प्लान में साउथ अफ़्रीका में आख़िरी सीरीज़ खेलना शामिल था। इसी दौरान सचिन 200वाँ टेस्ट मैच खेलते। लेकिन बीसीसीआई ने अन्तिम समय पर वेस्ट इण्डीज़ के साथ एक सीरीज़ प्लान कर ली और उसका दूसरा टेस्ट वानखेड़े में खेला जाना था। ऐसा मालूम दे रहा था जैसे एक साज़िश के तहत सचिन को उनके घर में 200वाँ और आख़िरी मैच खेलने को मजबूर किया जा रहा था। आलोचकों का कहना था कि एक प्लेयर के रिकॉर्ड और उसके आख़िरी मैच के लिए एक सीरीज़ करवाना कतई जायज़ नहीं ठहराया जा सकता था। लेकिन तेंदुलकर भी तो कोई साधारण खिलाड़ी नहीं था। वो एक ऐसा अनोखा प्लेयर था जो समय और उम्र को हरा अब क्रिकेट के पन्नों में अमर हो चुका था। तेंदुलकर के पहले और आख़िरी टेस्ट मैच के दौरान ये देश आठ प्रधानमंत्रियों को देख चुका था।

मैं उस मैच के लिए मुम्बई गया हुआ था। करोड़ों भारतीयों के लिए ये एक भावुक यात्रा थी। ये मौक़ा था इस यात्रा का हिस्सा बनने का। ये मौक़ा था पूरे स्टेडियम के एक आख़िरी बार सचिन! सचिन! के शोर को सुनने का। करना, वो शोर जिसने देश को उसके अच्छे और बुरे वक़्त में एक साथ जोड़े रखा और हमें एक ख़ास अहसास दिया। पहले

दिन के अन्त में सचिन 38 रन बनाकर नॉट आउट थे। आख़िरी इनिंग्स में एक सेंचुरी की आशा की जा रही थी। लेकिन ऐसा नहीं हो सका। 74 रन पर सचिन आउट हो गये। नरसिंह देवनारायण की गेंद पर डैरेन सैमी ने उन्हें कैच लिया। ये वो नाम थे जो क्रिकेट के इतिहास में शायद ही कोई ख़ास छाप छोड़ पायेंगे। जब सचिन वापस जा रहे थे, उनका सर झुका हुआ था, वो तालियों का अभिवादन स्वीकार कर रहे थे और लोगों को मालूम था कि वो आख़िरी बार पवेलियन की ओर वापस जा रहे थे। 25 साल पहले, इसी मैदान पर सचिन ने मुझे मेरी पहली फ्रण्ट–पेज की बाय–लाइन दी थी। वो आज मुझे मेरे भरे हुए गले के साथ छोड़कर जा रहे थे। सबसे अन्त में सचिन ने वानखेड़े की पिच से घास के कुछ टुकड़े निकाले और फिर डूबते सूरज के साथ क्रिकेट को अलविदा कह दिया। मैं एक बार फिर से गीली आँखें लिए खड़ा था। ''सचिन के जाने के बाद अब शायद मैं जल्दी बूढ़ा हो जाऊँगा,'' मैंने अपने एक दोस्त से कहा। जब मैंने पहली बार तेंदुलकर को खेलते हुए देखा था, मेरे बाल एकदम काले थे। अब मैं पूरी तरह से सफ़ेद बालों वाला बन गया था।

और फिर भी, आख़िरी गेम में सबसे अनोखा पल बल्ले से नहीं आया बल्कि उस वक़्त आया जब सचिन ने शानदार थैंक यू स्पीच दी। सचिन ने बेहद संजीदगी से उन सभी लोगों को शुक्रिया कहा जिन्होंने उनके उत्थान के समय में उनका साथ दिया था। ''मैंने कोलकाता से मुम्बई आते वक़्त एक काग़ज़ पर वो सारे नाम और पॉइंट्स लिख लिए थे जिनके बारे में मुझे बात करनी थी। मैं किसी भी नाम को मिस नहीं करना चाहता था।'' जब वो बोल रहे थे, ये समझ में आ रहा था कि अपनी क्रिकेट की यात्रा में वो कितनी दूर निकल आये थे। जब मैं सचिन से पहली बार मिला था, वो शर्मीला था और बात करने में कुछ असहज भी। उस वक़्त उसे मराठी में बात करनी थी। अब वो अंग्रेज़ी में एक बेहतरीन स्पीच दे रहा था जिसमें झिझक की मात्रा ज़रा भी नहीं थी। जब वो अपनी पत्नी अंजली और बच्चों सारा और अर्जुन के साथ फ़ोटो खिंचवा रहा था, तो ये अहसास हुआ कि जादू से भरा एक लड़का कितना बड़ा हो चुका था और दो किशोर हो चुके बच्चों का बाप था। कई मायनों में ये सभी सचिन के साथ ही बड़े हुए थे। तेंदुलकर की कहानी में परिवार अहम रोल निभाता है। वो अपनी डॉक्टर पत्नी से 17 साल की उम्र में मिला था और तबसे वो लगातार सचिन के साथ थी। यहाँ तक कि अंजली ने अपना मेडिकल कॅरियर भी त्याग दिया था। अगर शुरुआती वक़्त में सचिन के भाई ने उसे लगातार रास्ता दिखाया तो आने वाले समय में अंजली ने सचिन को पूरी तरह से सपोर्ट किया। वो कहते हैं, ''अंजली मेरी पत्नी ही नहीं बल्कि मेरी बेस्ट फ्रेंड भी है।''

सचिन का परिवार बान्द्रा ईस्ट की एक शान्त सी गली में बने 4 माले के बँगले में रहता है। बड़े, ऊँची छत वाला ये बँगला एक पारसी परिवार से ख़रीदा गया था। इसमें कई पेंटिंग्स, गणेश की मूर्तियाँ और स्टाइलिश फ़र्नीचर मौजूद है। पूजा घर के साथ में एंटरटेनमेंट रूम है। सचिन के गराज में कई कार हैं। उन्हें कारों का बहुत शौक़ है और वो कई बार ख़ुद ही गाड़ी लेकर ड्राइव पर निकल पड़ते हैं। ''ड्राइविंग मुझे आराम देती है। अगर मैं क्रिकेटर नहीं होता तो शायद फ़ॉर्मूला वन या गो–कार्ट ड्राइवर होता,'' वो हँसते हुए कहते हैं। सचिन का लन्दन में भी एक घर है। हर साल वो विम्बलडन में दिखायी देते हैं जहाँ उनका ख़ूब सम्मान होता है।

ये आलीशान ज़िन्दगी बताती है कि कैसे आज के क्रिकेटर्स पुराने दौर के क्रिकेटर्स की सोच से भी ज़्यादा शान–ओ–शौक़त में जी सकते हैं। साथ ही ये भी मालूम चलता है कि कैसे क्रिकेट ने सामाजिक और आर्थिक समीकरणों को नये सिरे से परिभाषित किया है। लेकिन फिर भी इतनी भौतिक सुविधाओं के बावजूद सचिन के अन्दर बसे मिडल–क्लास के संस्कार आज भी वैसे ही बरकरार हैं। उदाहरण के तौर पर, पुरानी दोस्ती आज भी उतनी ही पक्की हैं। सचिन के स्कूल के दोस्त अतुल रानाडे बताते हैं कि उनके गैंग के लिए वो आज भी 'आपला सचिन' (अपना सचिन) ही है। "स्कूल में हम शिवाजी पार्क में वड़ा पाव शेयर करते थे और अब लन्दन में डोनर कबाब शेयर करते हैं।" जब मैं 2005 में एक न्यूज़ चैनल सेट–अप कर रहा था तो मैंने सचिन से टीवी पर उसके एण्डोर्समेंट के लिए कहा। सचिन ने बिना सवाल पूछे तुरन्त हामी भर दी। स्वर्गीय राज सिंह डूंगरपुर पर जब मुम्बई में एक किताब लॉन्च की जा रही थी, सचिन की फ्लाइट हैदराबाद में अटकी हुई थी। उन्होंने मुझे बताया, "प्लीज़ फंक्शन को ख़त्म मत होने देना। मैं राज भाई के लिए वहाँ मौजूद रहना चाहता हूँ।" थोड़ी ही देर में, फंक्शन ख़त्म होने से ऐन पहले, वो वहाँ आ गये।

रिटायरमेण्ट के बाद भी सचिन के लिए क्रिकेट काफ़ी मायने रखता है। मुम्बई में सचिन के घर के गार्डन में एक क्रिकेट की पिच है जिस पर फ्लडलाइट्स लगी हुई हैं। उनका बेटा अर्जुन क्रिकेट का प्रेमी है और जूनियर क्रिकेट खेलता है। वो लेफ़्ट हैण्डेड बैटिंग और बॉलिंग करता है। सचिन इस बात को समझते हैं कि उसपर कितना सारा प्रेशर है। "मैं उससे बस वही कहना चाहता हूँ जो मेरे पिता ने मुझसे कहा था–खेल को एन्जॉय करो लेकिन पहले एक अच्छे इनसान बनो।" सर डॉन ब्रैडमैन का बेटे होने के नाते पड़ने वाले प्रेशर के चलते जॉन ब्रैडमैन को अपना नाम बदलकर ब्रैडसन रखना पड़ा था। आशा करता हूँ कि एक लड़का जिसे क्रिकेट का सबसे ख्यातिवान सरनेम मिला है, शान्ति से क्रिकेट खेल पायेगा।

जिस वक़्त पूरा देश सचिन को विदाई दे रहा था, एक इनसान जो सचिन को शायद सभी से बेहतर जानता था, वानखेड़े स्टेडियम के एक कोने में चुपचाप बैठा हुआ था। कई सालों तक विनोद काम्बली को सचिन के लेफ़्ट–हैण्ड बैटिंग पार्टनर और स्कूल के दोस्त के रूप में जाना जाता रहा। ये फ़रवरी 1988 में एक स्कूल मैच के दौरान बनी इन दोनों की रिकॉर्ड पार्टनरशिप का ही नतीजा था जो इन दोनों का नाम नेशनल हेडलाइन बन गया था। उस वक़्त सचिन और विनोद ने शारदाश्रम विद्यामन्दिर के लिए खेलते हुए 664 रन की पार्टनरशिप की थी। एक साल बाद ही सचिन इण्डिया के लिए खेल रहा था और काम्बली कुछ वक़्त के बाद टीम में आये। 1993 में काम्बली ने अपने 21वें जन्मदिन के पहले टेस्ट मैचों में लगातार दो डबल सेंचुरी और तीन सेंचुरी मार दी थी। वो कहते हैं, "मैंने सफलता के लिए सीढ़ियाँ चढ़ीं लेकिन सचिन तो लिफ्ट से चला गया।" सचिन ने 200 टेस्ट खेले और काम्बली को 17 टेस्ट मैचों के बाद ड्रॉप कर दिया गया। जिस वक़्त तेंदुलकर क्रिकेट में इतिहास रचते जा रहे थे, काम्बली शराब और विवाद में धँसते चले गये।

एक इतवार की सुबह सचिन की किताब के लिए उनका इण्टरव्यू करने से ठीक पहले मैं काम्बली से मिलने चला गया। वो बान्द्रा के एक ब्लॉक में, सचिन के घर से कुछ ही दूर रहते हैं। मैंने दरवाज़े पर घण्टी बजाई और दो प्यारी बच्चियों को मुझे वेलकम करते

हुए पाया। ''योहाना क्रिस्टियानो और जीसस क्रिस्टियानो से मिलिए,'' काम्बली की पत्नी आन्द्रेआ ने मुझसे कहा। दोपहर के 12 बज रहे थे और काम्बली अभी बस जागे ही थे। कुछ मिनट में काली स्लीवलेस टीशर्ट और शॉर्ट्स में काम्बली बाहर आते हैं। वो 40 की उम्र में चल रहे थे लेकिन चेहरे पर मौजूद सफ़ेद दाढ़ी की वजह से वो कुछ ज़्यादा बूढ़े दिख रहे थे। मुझसे काफ़ी ख़ुश होकर मिले। ''मेरे साम्राज्य में आपका स्वागत है!'' वो हँसे और अपनी टीशर्ट की ओर इशारा करते हुए एक पुराना हिन्दी गाना गुनगुनाने लगे, ''हम काले हैं तो क्या हुआ, दिलवाले हैं।'' एक बात तो साफ़ है, बीते हुए वक़्त ने काम्बली के सेन्स ऑफ़ ह्यूमर को बरकरार रखा है। लेकिन मुझे काम्बली से शराब की गन्ध आ रही है। मुझे उसकी लाल आँखों में उदासी नज़र आ रही है। एक तरह की करुणा ने जगह ले ली है।

मैं उनसे 1988 के उस मशहूर मैच की याद दिलाने को कहता हूँ। काम्बली के चेहरे पर तुरन्त ही एक मुस्कान आ गयी। ''सचिन और मैं उस मैच को एन्जॉय कर रहे थे। हम चाहते तो 1000 रन की पार्टनरशिप कर लेते और हम दोनों 500–500 रन बना लेते। मज़ेदार रिकॉर्ड होता वो,'' वो हँसते हुए कहते हैं। अगर उस दिन कोच रमाकान्त आचरेकर ने जबरदस्ती इनिंग्स डिक्लेयर न करवाई होती तो ये रिकॉर्ड बन भी सकता था। काम्बली का आलम ये था कि एक बार उसने स्कूल क्रिकेट खेलते हुए बॉलर को बीच रन–अप में रुकवा दिया था क्यूँकि मैदान में एक पतंग आ गिरी थी और काम्बली को उसे उड़ाना था। ''पतंग आकर पिच के बीचों–बीच गिरने वाली थी। इसलिए मैंने सोचा कि इससे पहले पतंग मैच रुकवाए, मैं जाकर उसे थोड़ा–सा उड़ा लेता हूँ। मज़ेदार था वो।''

वो मज़ा चलता रहा। सचिन और काम्बली बचपन में एक साथ बॉलिंग को तहस–नहस कर रहे थे। ''हम भाई की तरह थे। और जब हम बैटिंग कर रहे होते थे तो हमें रन लेने के लिए कॉल नहीं करना पड़ता था। हमारे बीच एक टेलीपैथी चल रही होती थी,'' काम्बली कहते हैं। तो ऐसा क्या हुआ कि इतने टैलेण्ट के बावजूद काम्बली कभी भी अपने स्कूल के दोस्त की कामयाबी के करीब भी नहीं फटक सके? इसके बारे में काम्बली कहते हैं, ''आपको किसी की भी तुलना सचिन के साथ नहीं करनी चाहिए। वो अपनी अलग ही लीग बना चुका है। वो जीनियस है।''

इसके साथ काम्बली एक दुःख लेकर घूमते हैं। अपने देश के लिए और देर न खेल पाने का दुःख। वो बताते हैं, ''मैंने टीम में 9 बार कम–बैक किये। टेस्ट मैचों में 50 से ऊपर का एवरेज रहा। 100 से ज़्यादा वन–डे मैच खेले। और फिर भी, जब भी मैं ड्रॉप होता था, किसी भी सेलेक्टर के पास मुझे टीम से निकालने का कोई कारण नहीं होता था। एक बार मुझे बताया गया कि मुझे अनुशासनहीनता के लिए टीम से निकाला जा रहा था। सिर्फ़ इसलिए कि मैच ख़त्म होने के बाद मुझे अपने विपक्षी खिलाड़ियों के साथ ड्रिंक्स पीना पसन्द था, मैं अनुशासन में नहीं था?''

सच ये भी है कि 1993 की शुरुआती सफलता के बाद काम्बली की परफॉरमेंस गिरने लगी थी। टेस्ट क्रिकेट में फ़ास्ट बॉलर्स उसके सामने छोटी गेंदें फेंकने लगे थे और वो उसके लेग स्टम्प को निशाना बना रहे थे। काम्बली गेंदबाज़ों के इस सवाल का जवाब नहीं ढूँढ़ पा रहे थे। मिडल ऑर्डर में नये बल्लेबाज़ आ रहे थे। इसमें राहुल द्रविड़, वीवीएस

लक्ष्मण और सौरव गांगुली का नाम था जो 90 के दशक के उत्तरार्ध में इण्डियन बैटिंग में क्रान्ति लाने को आ रहे थे। काम्बली को छोड़ा जा चुका था। तेंदुलकर की टेक्नीक ने उन्हें कभी भी शिकायत का मौक़ा नहीं देने दिया और काम्बली कभी भी अपनी कमज़ोरियों पर ठीक से काम नहीं कर पाये।

इन सभी के बीच, काम्बली की सफलता को न पचा पाने के पीछे एक सामाजिक वजह है। तेंदुलकर एक मिडल क्लास महाराष्ट्र पृष्ठभूमि से आये थे जबकि काम्बली का जन्म ग़रीब दलित परिवार में हुआ था, वो मुम्बई के कन्जुर्मर्ग की बस्ती में रहता था। शिवाजी पार्क के पास अपने स्कूल जाने के लिए विनोद को सुबह 6 बजे की ट्रेन पकड़नी होती थी। वो देर रात 1:30 बजे तक घर वापस आ पाता था क्यूँकि रात की ट्रेनें एक भारी किट बैग टाँगे छोटे बच्चे के लिए बहुत भीड़ भरी होती थीं। चार भाइयों में सबसे बड़ा विनोद अपने क्लब क्रिकेटर पिता से 12 साल की उम्र में लड़ाई कर वर्ली की चॉल में अपने दोस्त के घर रहने चला गया। इधर तेंदुलकर की सफलता उसके पूरे परिवार का मिशन था। उधर काम्बली ख़ुद से और अपने आसपास के माहौल से एक ऐसी लड़ाई लड़ रहा था जिसमें वो पूरी तरह से अकेला था। आचरेकर शायद एकमात्र ऐसी शख़्सियत थे जिसने काम्बली के जीवन में कुछ शान्ति पहुँचाने में मदद की। काम्बली कहते हैं, "सचिन के जीवन में स्थिरता थी। मैं तो हमेशा उथल–पुथल में रहता था।"

ये उथल–पुथल भरी ज़िन्दगी ही एक वजह है कि काम्बली को सबसे ज़्यादा भटकना पड़ा है। पहली शादी सफल नहीं रही, दिल की बीमारी जो अचानक से आ गयी और काम्बली को अस्पताल में रहना पड़ा, राजनीति में असफल कोशिश और फिर शराब की आदत। इन सबका मतलब ये था कि 2000 में रिटायरमेण्ट के बाद काम्बली के लिए जीवन आसान नहीं होने वाला था। 2014 में काम्बली ने एंड्रिया से शादी की, क्रिश्चियन धर्म में परिवर्तित हुए और अब धार्मिक हो गये हैं। ईसा मसीह की एक बड़ी–सी पेंटिंग उनके मुख्य कमरे में मौजूद है। एंड्रिया कहती हैं, "यहाँ के लोकल प्रीस्ट आते हैं और विनोद के साथ टाइम बिताते हैं। अच्छी बात ये है कि विनोद अब बहुत बेहतर स्थिति में हैं।"

मैं उनसे पूछता हूँ कि क्या वो सचिन से मिलते हैं। 2009 में आये एक टीवी शो में काम्बली ने कहा कि सचिन ने उनके ख़राब दिनों में उनका साथ छोड़ दिया था। ख़बरें ये थीं कि तबसे इन दोनों के बीच सम्बन्ध ख़राब चल रहे थे। "मुझे वो नहीं कहना चाहिए था। वो मेरी एक ग़लती थी। हम ज़्यादा मिलते नहीं हैं लेकिन एसएमएस के जरिये जुड़े रहते हैं," काम्बली ने बताया। तेंदुलकर ने अपनी अन्तिम स्पीच में काम्बली का ज़िक्र नहीं किया। सचिन के स्कूल के दोस्त को ये बात खटकी थी। काम्बली दोबारा वही बात कहते हैं, "वो शायद मेरी ही ग़लती थी।" काम्बली दुःख से भरे मालूम देते हैं। ऐसा लगता है जैसे वो घड़ी की सूइयाँ वापस मोड़कर वही ख़ुशी से भरा वक़्त वापस ला देना चाहते थे। कुछ वक़्त के लिए काम्बली ने क्रिकेट कमेण्ट्री में भी हाथ आजमाया लेकिन वो भी कुछ ख़ास जमा नहीं। वो कहते हैं, "अगर मैं अभी भी क्रिकेट खेल रहा होता तो मैं आईपीएल में होता और करोड़ों रुपये कमा रहा होता। मुझे मेरे भविष्य के बारे में इतना नहीं सोचना पड़ता।"

2008 में काम्बली ने ख़ुद को आईपीएल के लिए फ़िट करना शुरू किया लेकिन पैर

के एक ऑपरेशन ने सारे सपनों को तोड़ कर रख दिया। काम्बली टी–20 क्रिकेट के लिए बना था। एक आक्रामक बल्लेबाज़, एक बढ़िया फ़ील्डर और सबसे बड़ी बात–रंगों से भरा इनसान, एक बढ़िया सिंगर और उससे भी बढ़िया डांसर। क्रिकेट और एंटरटेनमेंट के इस मिलाप में काम्बली हिट साबित हो सकते थे। काम्बली कहते हैं, ''मालूम है, मैं पहला इण्डियन क्रिकेटर था जिसने कानों में बालियाँ पहनीं और टैटू बनवाया था। अब हर कोई करता है। उस वक़्त पर मुझे इन सभी के लिए झिड़का जाता था। लेकिन मैंने ही ये सब कुछ शुरू किया।''

जब मैं घर से निकलने को हुआ, मैं काम्बली के तीन साल के बेटे को लेफ़्ट हैण्ड से गेंद फेंकते हुए देखता हूँ। ''ये भी अपने पापा की तरह लेफ़्टी है,'' काम्बली बताते हैं। ज़िन्दगी ने काम्बली के साथ शायद इन्साफ़ नहीं किये लेकिन कम से कम काम्बली के बच्चों को कन्जुर्मर्ग से शिवाजी पार्क की यात्रा एक लोकल ट्रेन में नहीं करनी पड़ेगी। काम्बली ने शायद अपने अन्दर मौजूद सम्भावनाओं के साथ न्याय नहीं किया, वो शायद इस बात के भी दोषी होंगे कि उन्होंने अपने टैलेण्ट की क़द्र नहीं की, लेकिन एक दलित लड़का, एक झुग्गी–झोंपड़ी वाली बस्ती से निकलकर इण्डिया के लिए खेल सकता है, इस बात का सबूत है कि इण्डियन क्रिकेट का सपना अभी जीवित है। विदा लेते वक़्त काम्बली मुट्ठी भींच के ज़ोर से कहते हैं, ''जय भीम!'' ये डॉक्टर भीमराव अम्बेडकर के सिद्धान्तों पर चलने वाले राजनीतिक समूहों का जयघोष है।

कुछ दिनों बाद काम्बली का मेरे पास फ़ोन आया, ''सचिन से जब भी मिलो तो उसको ये बात ज़रूर बोलना कि मैं अब भी उससे बेहद प्यार करता हूँ।'' मैं उससे वादा करता हूँ कि मैं ऐसा ज़रूर करूँगा। हाँ, हम सभी मैदान पर मिलने वाले सुख के कारण सचिन से प्यार करते हैं। लेकिन हमें काम्बली को भी इसमें शामिल करना चाहिए। उसकी कहानी बेहद मार्मिक कहानी है। लेकिन साथ ही ये हमें खेल से जुड़े जीवनों के खालीपन से आगाह कराती है। और इन सभी के साथ ही ये बताता है कि कैसे एक खिलाड़ी एक इनसान अपने टैलेण्ट के दम पर जाति और आर्थिक सीमाओं को तोड़कर देश का प्रतिनिधित्व कर सकता है। क्रिकेट जो एक समय पर अभिजात वर्ग का खेल हुआ करता था, अब अम्बेडकर के सिद्धान्त वाली योग्यता के आधार पर चलने वाले समाज का एक हिस्सा बन रहा था। ''जय भीम!'' मैं ख़ुद से चुपचाप कहता हूँ।

नवम्बर 2013 के इण्टरनेशनल क्रिकेट में उस आख़िरी दिन सचिन को भारत का सर्वोच्च नागरिक सम्मान भारत रत्न मिला। मैं मैच ख़त्म होने के बाद वानखेड़े स्टेडियम से एयरपोर्ट जा रहा था। मुझे राष्ट्रपति भवन से मेरे सोर्स ने एसएमएस किया, ''सचिन के लिए भारत रत्न!'' मैंने गाड़ी चलाते–चलाते ही ख़ुशी में सचिन को फ़ोन किया। फ़ोन अंजली ने उठाया। उसने पूछा, ''तुम पक्का हो?'' कुछ ही देर में इसकी आधिकारिक घोषणा कर दी गयी–40 साल की उम्र में भारत रत्न पाने वाला सचिन रमेश तेंदुलकर इण्डिया का सबसे कम उम्र में ये सम्मान पाने वाला नागरिक था। इसके साथ ही वो पहला खिलाड़ी था जिसे ये सम्मान मिला। सालों तक ध्यान चंद को ये सम्मान दिलाने के लिए बातें होती रहीं। लेकिन सचिन को ये सम्मान मिला। मेरे हिसाब से ये एकदम सही फ़ैसला था। ध्यान चंद

एक कमाल के हॉकी खिलाड़ी थे। वो देश के पहले ग्लोबल स्टार थे। लेकिन उनकी मौत 1979 में हो चुकी थी और मरणोपरान्त ऐसे सम्मान कम ही मायने रखते हैं। तेंदुलकर, दूसरे हाथ पर, देश में सबसे ज़्यादा देखे गये, सबसे ज़्यादा भरोसेमन्द और सबसे ज़्यादा इंस्पायर करने वाले खिलाड़ी थे। भूत में जीने वालों ने शायद ध्यान चंद के ही बारे में सोचा होगा लेकिन सेटेलाइट टेलीविज़न के दौर के देश ने सचिन के लिए नारा बुलन्द किया हुआ था।

अगर लता मंगेशकर और एमएस सुब्बुलक्ष्मी जैसे भारत रत्न संगीतज्ञों ने हमारी आत्मा को छुआ था तो तेंदुलकर हमारे दिलों पर राज कर रहे थे। 25 लम्बे सालों के लिए सचिन ने हमें एंटरटेन किया था। लेकिन इन सबसे ज़्यादा उसने देश को आशा से भरा और बेहद निराशा से भरे समयों में आने वाले बेहतर वक़्त की उम्मीद की मशाल जलाई। एक बिहार के मुज़फ़्फ़रपुर से आया नौजवान सुनील गौतम जो पूरी देह को तीन रंगों में रंग लेता है और सचिन के नाम को छाती पर लिखवाकर चलता है, सचिन के क़द को परिभाषित करता है। वो कहता है, "जब सचिन खेलता है, हम सारे दुःख–दर्द भूल जाते हैं।" सचिन के हर जन्मदिन पर वो अपने गाँव की मशहूर लीचियों का एक डब्बा सचिन को गिफ्ट करता है। तेंदुलकर कहते हैं, "वो हमारे परिवार का हिस्सा है।"

मेरा एक आर्किटेक्ट दोस्त, अनीश शाह मुझे बताता है कि वो हर मैच में इण्डिया के दो विकेट गिरते ही सचिन की बैटिंग देखने के लिए चुपचाप ऑफ़िस से निकल जाता था। शाह कहता है, "वो बस ऐसा आदमी था जो हमारे जीवन का हिस्सा था। उसकी वजह से हमें इण्डियन होने पर गर्व होता था।" सचिन की समकालीन हस्तियों में इस तरह का अभूतपूर्व स्नेह शायद सिर्फ़ अमिताभ बच्चन को ही नसीब हुआ है। बच्चन की फैन फॉलोविंग तो स्क्रीन पर दिखने वाली चमक–दमक और सिनेमा के स्टार्स की उस अपील के दम पर बढ़ी। सचिन के लिए देश में हर किसी के मन में श्रद्धा जैसे भाव हैं जिसने उन्हें सही मायनों में देश की लोक कथाओं का नायक बना दिया है और भारतीय होने पर गर्व करने का मौक़ा दिया। हम जब उसका नाम लेकर चीख रहे होते थे, हम सभी एक–दूसरे से जुड़कर, सिर्फ़ भारतीय होते थे। जब बच्चन किसी फ़िल्म में बेहतरीन काम करते हैं, हम तालियाँ बजाते हैं और वाहवाही करते हैं। जब तेंदुलकर सेंचुरी मारता था तो हम अपना झण्डा लहराना चाहते थे। बच्चन के साथ अगर प्रसिद्धि को जोड़ा जाता है तो सचिन के साथ महिमा शब्द का इस्तेमाल होना चाहिए। इन दोनों को, इनकी अपनी–अपनी विधाओं में दूसरों से एक बात जो बहुत अलग करती है, वो है इनका अपने काम को करते रहने का समय। 25 सालों तक बिना फैन्स और विरोधियों के दबाव में आये हुए बेहतरीन क्रिकेट खेलते रहना सचमुच दिमाग़ को फेर देता है। अमिताभ ने भी 50 सालों तक सिनेमा में ऐसा ही किया है। "मेरे लिए क्रिकेट के मैदान में हर दिन एक नया दिन था। नयी चुनौती थी। क्रिकेट के लिए मेरे अन्दर इतना प्यार था कि मैं कभी भी फ़ील्ड पर बोर ही नहीं हुआ," तेंदुलकर ने कहा।

मज़ेदार बात ये है कि बच्चन पॉलिटिक्स में फेल हुए। और सचिन भी राज्य सभा में मनोनीत किये गये मेम्बर के रूप में कोई ख़ास छाप नहीं छोड़ पाये। सचिन ने शायद ही कभी संसद में समय बिताया हो। उन्होंने अपना पहला सवाल सदस्यता मिलने के 3 साल बाद पूछा। उन्हें 2012 में एमपी बनाना एक ग़लत फ़ैसला था जबकि उस वक़्त तक तो वो

क्रिकेट खेल ही रहे थे। शायद पहले के और भी सदस्यों की तरह सचिन ने भी एक ग़लती की और राज्य सभा की सदस्यता को ज़िम्मेदारी के बजाय सम्मान समझ बैठे। सचिन की ग़ैरमौजूदगी के बारे में सबसे पहले सवाल उठाने वाले थे समाजवादी पार्टी के एमपी नरेश अग्रवाल। उन्होंने कहा, ''संसद कोई ऐसी जगह नहीं है जहाँ लोगों का हालचाल लेने के लिए आपको बुलाया जाये। ये एक गम्भीर विचार–विमर्श करने की जगह है। अगर मशहूर हो चुके लोगों को यहाँ आने का मन नहीं करता तो हम उन्हें सदस्यता देते ही क्यूँ हैं?''

तेंदुलकर के सपोर्टर्स ये बतलाते हैं कि सचिन ने अपने पूरे एमपी फण्ड को अलग–अलग सामाजिक कार्यों में ख़र्च किया है। सचिन ने कई सोशल प्रोजेक्ट्स शुरू करवाये और बाढ़ जैसी प्राकृतिक आपदाओं से ग्रसित जगहों की मदद की। सचिन ने प्रधानमन्त्री की कौशल विकास योजना और स्वच्छ भारत योजना में मदद की और महाराष्ट्र में टॉयलेट बनाने की मुहिम में सरकार का साथ दिया। प्रधानमन्त्री की आदर्श ग्राम योजना के तहत सचिन ने महाराष्ट्र और आन्ध्र प्रदेश में गाँव गोद लिए हैं। ''उसे सिर्फ़ इस बात से मत आँकिये कि उसने कितनी बार जाकर संसद में बोला है। आप ये भी तो देखिये कि एक एमपी के तौर पर उसने कितने प्रोजेक्ट शुरू करवाये हैं,'' सचिन का एक दोस्त कहता है। सचिन अपनालय को भी सपोर्ट करते हैं। अपनालय एक एनजीओ है जो झुग्गियों में पल रहे बच्चों को पढ़ाने का काम करती है। सचिन 'मेक अ विश' समूह से जुड़कर कैंसर से पीड़ित बच्चों से मिलने जाते हैं।

और फिर भी, एक भारत रत्न के तौर पर सचिन से की जाने वाली आशाएँ काफ़ी बड़ी हैं। मसलन ऐसा सोचा जाता है कि सचिन कभी और विदेशी खिलाड़ियों की तरह अपनी एक चैरिटी करने वाली संस्था खोलेंगे जो बड़े–बड़े सामाजिक मसलों पर लोगों की मदद के लिए आगे आयेगी। ''मैं चुपचाप बहुत सारा चैरिटी का काम करता हूँ। लेकिन अगर मैं एक संस्था बनाकर काम करने लगूँ तो उसका ये मतलब होगा कि मेरे पास किसी भी और काम के लिए वक़्त नहीं रहेगा,'' तेंदुलकर का ऐसा मानना है। रिटायरमेण्ट के बाद भी ब्राण्ड तेंदुलकर एक बड़ी शय है। वो विज्ञापनों में दिखते हैं, फुटबॉल और बैडमिण्टन फ्रेंचाइज़ी में उनकी हिस्सेदारी है, आईपीएल में मुम्बई इण्डियंस के मार्गदर्शक हैं और उनके ऊपर एक बायोपिक फ़िल्म बन चुकी है। क्या एक ऐसा आदमी जिसके पास करोड़ों लोगों की ज़िन्दगी बदलने की ताकत हो, इससे ज़्यादा और कर सकता है? या तेंदुलकर ख़ुद के नाम में, चकाचौंध में और पैसे कमाने में फँस गये हैं?

हम शायद अपने खेल के सितारों से कुछ ज़्यादा ही अपेक्षाएँ रखते हैं। जीवन की पहली इनिंग्स को इतने बेहतरीन तरीक़े से खेलने वाले एक खिलाड़ी से हम ये अपेक्षा कर रहे हैं कि खेल से रिटायर हो जाने के बाद जीवन की दूसरी इनिंग्स में वो पहले से भी ज़्यादा भव्य तरीक़े से प्रदर्शन करे। जिस तरह से तेंदुलकर ने हमें घण्टों एंटरटेन किया है, हमें ख़ुश होने के हज़ारों मौक़े दिये हैं, हमें भारतीय होने पर गर्व करवाया है, तेंदुलकर शायद अपनी बाक़ी की ज़िन्दगी अपनी शर्तों पर, अपने तरीक़े से जीने के हक़दार हैं। तेंदुलकर के आख़िरी मैच के दौरान मैदान में एक पोस्टर दिखायी दे रहा था जिस पर लिखा था–''थैंक यू गॉड!'' जैसा कि मेरा एक दोस्त मुझसे कहता है, आप भगवान से ज़्यादा सवाल नहीं पूछ सकते। सच है, सचिन रमेश तेंदुलकर आशा से भर देने वाला भगवान है।

8

सौरव गांगुली

बंगाल के दादा

इतिहास की किताबों में भले ही इसे एक मिथ्या क़रार दिया गया हो लेकिन अप्रैल 1994 में मुझे बंगाली अपवाद के बारे में जानने को मिला। एक कट्टर मुम्बईकर यानी मेरी अभी–अभी शादी हुई थी और अचानक मैं उस दुनिया में था जिसका बंगाल से दूर का मगर काफ़ी बड़ा रिश्ता था। मेरी सास, चित्रा घोष बंगाल की आब–ओ–हवा की कायल थीं। वो बेहद स्वादिष्ट खाना पकाती थीं। उन्होंने अपने जमाई बाबू यानी मेरी मुलाक़ात अव्वल दर्जे के खाने से करवाई। हिलसा, माछर–झोल और प्रॉन मलाई करी। वो मुझे लगभग चिढ़ाते हुए पूछती थीं, "ये जो भी तुम मुम्बई में खाते हो उससे तो कितना अच्छा लगता होगा ये, नहीं?" मैं देश के पूर्वी और पश्चिमी तटों के बीच कोई जंग नहीं चाहता था इसलिए चुप ही रहता था। लेकिन इसके साथ–साथ मैंने बंगाली थाली में मिलने वाली वेरायटी और उनके मन में बंगाल को लेकर एक अलग गर्व को पसन्द करना शुरू किया। एक औसत बंगाली के मन को अगर पढ़ें तो मालूम पड़ेगा कि मिष्टी–दोई श्रीखण्ड से बेहतर होता है, पार्क स्ट्रीट कोलाबा के फुटपाथ से कहीं ज़्यादा कॉस्मोपॉलिटन है, सत्यजित रे वी. शान्ताराम से काफ़ी ऊपर थे, सुचित्रा सेन नूतन से ज़्यादा ख़ूबसूरत थीं और टैगोर अम्बेडकर से बड़े बुद्धिजीवी थे।

लेकिन एक ऐसा क्षेत्र था जिसमें मेरी सास को महाराष्ट्र को बेहतर कहे जाने पर कोई ऐतराज़ नहीं था–क्रिकेट। वो एक क्रिकेट फैन थीं और हमेशा ये कहती थीं कि मुम्बई देश के क्रिकेट की राजधानी है। आज़ादी के बाद पहले 70 सालों में मुम्बई ने देश को 60 टेस्ट क्रिकेटर दिये हैं। देश का टेस्ट क्रिकेट में प्रतिनिधित्व करने वाले लोगों में 20% से ज़्यादा। दूसरी तरफ़ बंगाल ने मात्र 16 टेस्ट प्लेयर दिये जिसमें से मात्र चार प्लेयर्स ने दस से ज़्यादा टेस्ट खेले। ये चार प्लेयर थे–पी सेन, पंकज रॉय, सौरव गांगुली और रिद्धिमान साहा। इनमें से सौरव गांगुली और रिद्धिमान साहा ने इण्डिया के लिए मेरी शादी के बाद खेलना शुरू किया था। दो और बंगाली प्लेयर थे दत्तू फाड़कर और अरुण लाल। इन्होंने

भी दस से ज़्यादा टेस्ट मैच खेले थे लेकिन इनमें दत्तू की क्रिकेट की तालीम मुम्बई में और अरुण लाल की दिल्ली में हुई थी। इनके अलावा एक तीसरे भी थे–दिलीप दोशी। दिलीप गुजराती परिवार से आते थे जो कोलकाता में आकर रहने लगे थे। ये सच था कि ईडेन गार्डन में एक लाख क्रिकेट फैन्स एक साथ मैच देख सकते थे लेकिन क्रिकेट के मैदान पर तो मुम्बई ही राज कर रही थी। मुम्बई ने 41 बार रणजी ट्रॉफ़ी जीती है जबकि बंगाल ने मात्र दो बार।

बंगाल कैसे और कहाँ मुम्बई से पीछे रह गया? कलकत्ता क्रिकेट क्लब दुनिया में दूसरा सबसे पुराना क्रिकेट क्लब है। इसकी स्थापना एमसीसी की स्थापना के मात्र छह साल बाद 1792 में हुई थी। शुरुआती 19वीं सदी से ही कोलकाता के जिमखाना और क्लबों में लगातार क्रिकेट खेला जाता रहा। लेकिन फिर भी भारत में इण्डियन क्रिकेट का पहला ढाँचा मुम्बई में तैयार हुआ। यहाँ पारसी समाज अगुवाई कर रहा था। एक तरफ़ जहाँ व्यापार पर आँख लगाये अँग्रेज़ीदाँ पारसी समाज ने क्रिकेट को अपने सामाजिक ओहदे को बढ़ाने के साधन के रूप में देखा, बंगाल ने फुटबॉल को अपने खेल के रूप में अपनाया। रोनोजॉय सेन ने अपनी किताब 'नेशन ऐट प्ले : अ हिस्ट्री ऑफ़ स्पोर्ट्स इन इण्डिया' में बताया कि बंगालियों ने फुटबॉल को इसलिए अपनाया क्यूँकि अंग्रेज़ उन्हें आलसी और सुस्त मानते थे। वो अपने ऊपर लगाये इस आरोप से पीछा छुड़वाना चाहते थे। क्रिकेट एक संजीदा, महँगा दिखने वाला और अपर क्लास वालों का खेल था जबकि फुटबॉल वर्किंग क्लास का। सेन ने होरेशियो स्मिथ के 1850 में कलकत्ता रिव्यू में छपे लेख की लाइनें लेते हुए कहा, "बंगालियों को जानने–समझने वालों को ये मालूम होना चाहिए कि उनके खेल बहुत ही सुस्त हैं। वहाँ के सिद्धान्त के मुताबिक़, चलना दौड़ने से बेहतर है, खड़े रहना चलने से बेहतर है और लेटे रहना सबसे बेहतर है।" मज़ेदार बात ये है कि बंगाली हिन्दू राष्ट्रवाद की प्रेरणा के स्रोत स्वामी विवेकानन्द ने कहा था, "गीता पढ़ने के बजाय आप फुटबॉल के जरिये स्वर्ग के नज़दीक पहुँच सकते हैं।"

1911 में मोहन बागान ने फ़ैज़ाबाद की ईस्ट यॉर्कशायर रेजिमेंट को हराया था और इण्डियन फुटबॉल एसोसिएशन शील्ड जीती थी। ये भारतीय खेलों के लिए एक बहुत बड़ा मौक़ा था। इसने खेलों में बंगाली कल्चर की लहर शुरू कर दी थी। द बंगाली अख़बार में इस उत्सव के बारे में सबसे मारक चीज़ छपी थी–"बंगाली अब उस सुस्त और ढीली जमात में नहीं गिने जायेंगे जैसा कि उन्हें मैकाले ने बहुत ही आसानी से लेबल कर दिया था।" इसके साथ ही एक दूसरे अख़बार 'द इंग्लिशमैन' ने लिखा था, "मोहन बागान ने वो कर दिखाया है जो इतने वक़्त से कांग्रेस और स्वदेशी का राग अलापने वाले नहीं कर पा रहे थे। उन्होंने इस मिथ्या को तोड़ कर रख दिया था जिसके अनुसार किसी भी क्षेत्र में अंग्रेज़ों को हराया नहीं जा सकता था।"

मोहन बागान ने जो कोलकाता के फुटबॉल के मैदान में कमाया वो मुम्बई में इण्डिया के पहले क्रिकेट सुपरस्टार सीके नायडू ने अपने बल्ले से कर दिखाया। दिसम्बर 1926 में एमसीसी और हिन्दूज़ के बीच बॉम्बे जिमखाना में खेले जा रहे एक मैच में नायडू ने 116 मिनट में 13 चौके और 11 छक्कों के साथ 153 रन बनाये। वहाँ इस इनिंग्स को सैकड़ों

लोग देख रहे थे। इन देखने वालों में एक थे 15 साल के विजय मर्चेंट जो आगे चलकर इण्डिया के पहले महान ओपनिंग बैट्समैन बने। वो कहते हैं कि उन्होंने नायडू की इनिंग्स से अच्छी इनिंग्स और कहीं नहीं देखी थी। उस वक़्त से नायडू एक नये देश के लिए नयी ताकत बन गये। वो भी उस समय में जब लोगों में अंग्रेज़ी हुकूमत के ख़िलाफ़ गुस्सा कूट–कूट के भरा था। अब सब कुछ साफ़ हो गया था–कोलकाता देश की फुटबॉल की और मुम्बई क्रिकेट की राजधानी बन चुकी थी। अगर मुम्बई रणजी ट्रॉफ़ी में राज कर रही थी तो कोलकाता के पास फुटबॉल की सन्तोष ट्रॉफ़ी थी। इसके साथ ही अगर दादर यूनियन बनाम शिवाजी पार्क मुम्बई में क्रिकेट के मैदान की सबसे बड़ी जंग थी तो ईस्ट बंगाल बनाम मोहन बागान देश में फुटबॉल की सबसे बड़ी लड़ाई थी।

फिर भी ये पूरा मामला बंगाली क्रिकेटप्रेमियों को अपने मन में शिकायत का भाव रखने से नहीं रोक पाया। इसलिए जब बंगाल के ओपनिंग बैट्समैन गोपाल बोस को 1970 के दशक के मध्य में टीम में नहीं चुना गया, बंगाली फैन्स ने क्रिकेट में बंगाल के ख़िलाफ़ पक्षपात का आरोप लगाया। कोलकाता के क्रिकेट कमेंटेटर किशोर भीमानी मज़ाकिया लहजे में कहते हैं, ''हम बंगालियों को नेताजी बोस से लेकर गोपाल बोस में साजिशों की मौजूदगी का अहसास होता रहता है।'' भीमानी 1982 में वानखेड़े स्टेडियम में मुम्बई और बंगाल के बीच खेले गये एक रणजी मैच के बारे में बताते हैं कि उसमें गावस्कर ने अपने फ़र्स्ट क्लास कॅरियर का सर्वाधिक स्कोर बनाया था। गावस्कर ने 342 रनों की पारी खेली थी लेकिन सभी बंगाली खिलाड़ी एक ही बात कह रहे थे कि गावस्कर अपनी इनिंग्स की शुरुआत में ही एलबीडब्लू पर आउट थे मगर उन्हें आउट दिया नहीं गया। भीमानी कहते हैं, ''मैं कमेण्ट्री बॉक्स में था और तैश में आकर मैंने ये तक कह दिया कि शायद मुम्बई में किसी भी अम्पायर की इतनी हिम्मत नहीं है कि वो गावस्कर को आउट दे सके।'' गावस्कर उसे याद करते हुए कहते हैं, ''वो एक नज़दीकी मामला था लेकिन मैं आउट नहीं था। लेकिन मुझे ये भी मालूम था कि सारे बंगाली बाक़ी के दिन इसी के बारे में बात करते रहेंगे और इस चक्कर में वो खेल पर ध्यान ही नहीं देंगे।'' ये कहते हुए वो ख़ूब हँसते हैं। बंगाली क्रिकेट को इस बात ने बहुत वक़्त तक परेशान किया। उन्हें ऐसा लगने लगा था कि पूरा विश्व बंगालियों के ख़िलाफ़ खड़ा था।

विकेट्स इन द ईस्ट नाम की किताब में इतिहासकार रामचन्द्र गुहा बंगाल के क्रिकेट और वहाँ की राजनीति के बीच में तुलना करते हैं। 70 के दशक के मध्य में वहाँ मार्क्सिज़म पनपने लगा था और वहाँ के क्रिकेट की क्वालिटी में गिरावट आने लगी। बेहद सम्मानित एफ्रो–त्रिनिदादियन मार्क्सिस्ट सी.एल.आर. जेम्स ने वेस्ट इण्डीज़ के क्रिकेट के बारे में भावुक होकर ख़ूब लिखा लेकिन जैसा कि ब्रिटिश राजनेता वुडरो वायट कहते हैं, कोई भी ऐसा देश जो क्रिकेट खेलता आया हो, कम्युनिस्ट नहीं बन सका। कई कम्युनिस्ट लेखकों के अनुसार क्रिकेट एलीट क्लास के पतन का रूपक था। क्रान्ति से भरे हुए बंगाली कम्युनिस्टों का एक बड़ा हिस्सा क्रिकेट को अंग्रेज़ी हुकूमत की परम्परा मानता था। लेकिन इसी वक़्त पूर्व लोकसभा स्पीकर सोमनाथ चटर्जी जैसे बंगाली कम्युनिस्ट नेता भी थे जो इस खेल की भरपूर वकालत करते थे। हम एक बार स्पीकर के चैम्बर में गये थे

और वहाँ उनके दरवाज़े पर 'डू नॉट डिस्टर्ब' का साइन देखा। उनके असिस्टेंट ने बताया, ''बॉस एक ज़रूरी मीटिंग में हैं।'' हमें बाद में मालूम चला कि वो टीवी पर एक मज़ेदार वन–डे मैच देख रहे थे!

सीपीआई (एम) लेफ़्ट से गठबन्धन के बाद पश्चिम बंगाल में 1977 में ज्योति बसु की सरकार बनी। इस बात से इनकार ही नहीं किया जा सकता है कि इस दौरान ये पश्चिम बंगाल राष्ट्रीय मेनस्ट्रीम से दूर जा रहा था और 'एकला चलो रे' को चरितार्थ करता जा रहा था। एक पूरी युवा पीढ़ी की ऊर्जा सालों पुरानी सोच से लड़ने में जाया हो रही थी और खेल के मैदान में उन्हें हार का सामना करना पड़ रहा था। और ठीक इसी समय सच्चाई ये भी थी कि बंगाली जो ईडेन गार्डन में हर इण्टरनेशनल मैच को देखने के लिए हज़ारों की संख्या में इकट्ठे हो रहे थे, अपने लिए एक लोकल हीरो की तलाश में थे। कोई ऐसा जो क्रिकेट का सुभाष चन्द्र बोस बन सके, कोई ऐसा जो क्रिकेट के मैदान में उनके आत्मसम्मान की मशाल जलाये रखे। ''हम तो बस आग लगाने के लिए एक चिंगारी का इन्तज़ार कर रहे थे,'' भीमानी ने कहा।

सौरव गांगुली का क्रिकेट में उदय इसी वजह से बंगाली आत्मसम्मान के लिए काफ़ी ज़रूरी था। जब गांगुली ने अपने पहले ही मैच में लॉर्ड्स में सेंचुरी मारी, मेरी सास की प्रतिक्रिया मुझे कभी नहीं भूलेगी। ''मैंने तुमसे कहा था न? हम बंगाली क्रिकेट में भी अच्छे हैं। बस हमें ख़ुद को साबित करने का मौक़ा नहीं मिला है।'' बाद में जब गांगुली को टीम से ड्रॉप कर दिया गया था, वो परेशान हो गयी थीं, ''तुम्हें इन सेलेक्टर्स से बात करनी चाहिए। इन्हें फ़ोन लगाओ। ये साज़िश है। वो बंगाल के सम्मान के साथ ऐसा कैसे कर सकते हैं?''

बंगाल का सम्मान। ये सच है कि गांगुली से बड़े इण्डियन क्रिकेटर्स हुए हैं लेकिन उनमें से किसी ने भी अपने समुदाय को इतनी मज़बूती और पूरी कर्मठता के साथ आशा और विश्वास से नहीं भर दिया। इस मामले में 'कलकत्ता का प्रिंस' सभी से आगे हैं। इसे बंगाली राष्ट्रवाद कह लीजिए लेकिन जब भी गांगुली मैदान पर होते थे वो सिर्फ़ देश के सम्मान के लिए नहीं बल्कि हर बंगाली क्रिकेट प्रेमी के लिए उससे भी ज़्यादा मज़बूती से खेल रहे होते थे। गांगुली के आने से पहले बस पंकज रॉय की यादें बंगाली क्रिकेट के दिये को ईंधन दे रही थीं। अब उनके पास अपना एक हीरो था। वो सिर्फ़ एक खिलाड़ी नहीं था बल्कि क्रिकेट में उनके पुनर्जन्म का कारण था। एक बार तेंदुलकर–गांगुली की एक ओपनिंग पार्टनरशिप के दौरान कमेंटेटर सचिन की बैटिंग की तारीफ़ किये जा रहा था। मेरी सास ने अपनी झल्लाहट को छुपाते हुए कहा, ''मुझे लगता है कि सौरव भी सचिन जितना ही अच्छा खेल रहा है।'' बंगाली अपवाद जाग्रत था।

दक्षिण पश्चिमी कोलकाता में मौजूद बेहाला ऐसी जगह नहीं है जिसके बारे में काफ़ी कुछ कहा–सुना जाता रहा हो। इसके उलट अलीपुर में सड़क किनारे लगे भरे पेड़ और फिर शुरू होते हुए बँगले और फैंसी अपार्टमेण्ट दिखायी देते हैं जिनमें से ज़्यादातर के मालिक मारवाड़ी बिज़नेस कम्युनिटी से जुड़े लोग हैं। बेहाला पुराना कोलकाता है। एक भीड़ से भरी जगह जिसकी बाज़ार में ताज़ा मछली की गन्ध घुली होती है और जहाँ बंगाली मिठाई की दुकानें मिलती हैं। वहाँ की गलियों में घूमते वक़्त हर टैक्सी ड्राइवर आपको सौरव गांगुली

का घर दिखायेगा। लाल रंग की चार तीन–तीन माले की बिल्डिंग आपस में मिलकर उनका घर बनाती हैं। इस घर में तीन पीढ़ियाँ रही हैं। गांगुली के परबाबा ने वहाँ एक प्रिंटिंग का बिज़नेस शुरू किया था जो अभी तक चलता आ रहा है।

गांगुली कहते हैं, "हमारा एक बड़ा परिवार था और हम बड़े आराम से रह रहे थे।" ये बातें करते वक़्त हम सौरव के घर में ग्राउण्ड फ़्लोर पर उनकी 'गुफ़ा' में बैठे थे। सौरव की गुफ़ा इसलिए क्यूँकि पूरा कमरा ट्रॉफ़ी और गांगुली के क्रिकेट कॅरियर के दौरान ली गयी तस्वीरों से भरा हुआ था। गांगुली को क्रिकेट खेलने की प्रेरणा अपने पिता चंडीदास से मिली जो आगे चलकर बंगाल क्रिकेट में पदाधिकारी बने। "मेरे पिता एक अच्छे क्लब क्रिकेटर थे और क्रिकेट को लेकर बहुत जुनूनी थे। इसलिए घर पर हमेशा क्रिकेट की बातें होती रहती थीं।" सौरव के पिता के तीन भाई थे। इसलिए कभी भी टीम बनाकर घर के गार्डन में क्रिकेट खेलने में कोई दिक्कत ही नहीं हुई। "असल में परिवार में हम छह भाई थे और सभी क्रिकेट खेलते थे। सबसे मज़े की बात ये थी कि हम सभी बायें हाथ से बैटिंग करते थे।" गांगुली ख़ुद दायें हाथ से सारे काम करते थे लेकिन अपने परिवार के क्रिकेटर्स को देखते हुए उनकी नकल करते हुए वो लेफ़्ट हैण्ड से बैटिंग करने लगे।

इन सभी में स्नेहाशीष सबसे बेहतरीन प्लेयर था। सौरव से पाँच साल सीनियर स्नेहाशीष ने बंगाल के लिए 6 फ़र्स्ट क्लास सेंचुरी मारी हैं। अगर सचिन के परिवार में अजीत ने अपने टैलेण्ट से भरे छोटे भाई से अपने क्रिकेट खेलने के सपने को पूरा करवाया तो दूसरी तरफ़ दोनों गांगुलियों के बीच कम्पटीशन की स्थिति रहती थी। "मुझे लगता है कि बाद में हमारे बीच में कुछ कम्पटीशन शुरू हो गया था वरना मेरा भाई परिवार में पहला फ़र्स्ट क्लास क्रिकेटर था और इसलिए हम सभी उसकी काफ़ी इज़्ज़त करते थे। यहाँ तक कि सेंट ज़ेवियर कोलकाता कॉलेज में मैं फुटबॉल खेलता था और वो क्रिकेटर था।" गांगुली जब 13 साल की उम्र के थे तब उनके पिता ने उन्हें समर क्रिकेट कैम्प में जबरन भेजा और तब उन्हें इस खेल में मज़ा आने लगा। सौरव को पहला बड़ा मौक़ा तब मिला जब उन्हें बंगाल बनाम उड़ीसा के एक फ्रेण्डली अण्डर–15 मैच में ईडेन गार्डन में खेलने का मौक़ा मिला। ये मौक़ा भी इत्तेफ़ाकन आया था क्यूँकि बंगाल की टीम में एक प्लेयर की कमी थी। सौरव कहते हैं, "मैंने अपने पहले ही मैच में सेंचुरी मारी और तबसे फुटबॉल की जगह क्रिकेट ने ले ली।"

क्रिकेट के प्रति समर्पित पिता ने पहले से ही सौरव के बड़े भाई के देबू मितरा को कोच के तौर पर रखा हुआ था। अब मितरा को दो लड़के कोच करने को मिल गये थे। घर में एक जिम बनवाया गया और घर के ही पास 2 कंक्रीट की पिचें ढलवाई गयीं जहाँ दोनों भाई प्रैक्टिस किया करते थे। स्नेहाशीष बंगाल की रणजी टीम में जगह बना रहा था और दूसरी तरफ़ सौरव जूनियर क्रिकेट में नाम बना रहा था। राहुल द्रविड़, सचिन तेंदुलकर और अनिल कुंबले उस वक़्त इसी ग्रुप में थे। इण्डिया में जूनियर क्रिकेट को आकार देने के लिए एक अच्छा ढाँचा तैयार किया गया था। सभी जूनियर क्रिकेटर्स इसका लाभ उठा रहे थे। गांगुली 1972 में पैदा हुए, तेंदुलकर 1973 में। ये दोनों पहली बार 1987 में इन्दौर में नेशनल कैम्प में एक साथ आये। एक साल बाद राजस्थान के पूर्व क्रिकेटर कैलाश गट्टानी

द्वारा आयोजित एक प्राइवेट क्रिकेट टूर पर दोनों एक साथ इंग्लैण्ड गये। गांगुली इसके बारे में बताते हैं, "सचिन, राहुल, अनिल और मेरे बीच दोस्ती बहुत ही शुरुआत में हो गयी थी और हम जैसे–जैसे इण्टरनेशनल क्रिकेट खेलते गये, हमारी दोस्ती गाढ़ी होती गयी।"

उस टूर पर तेंदुलकर और गांगुली ने पहली बार किसी मैच में ओपनिंग की थी। कैलाश गट्टानी को वो टूर बॉल–दर–बॉल याद है। वो बताते हैं, "ससेक्स की जूनियर टीम बहुत तगड़ी थी। उन्होंने 270 रन बनाये थे और हमें 30 ओवर में उसका पीछा करना था। सचिन और गांगुली ने ओपनिंग करने के लिए अपने हाथ उठाए। वो गये और ससेक्स की बॉलिंग की धज्जियाँ उड़ा दीं। उनकी ओपनिंग के दम पर हम मैच जीत सके।" ये आने वाले समय की एक झलक मात्र थी।

जब तेंदुलकर 16 साल की उम्र में 1989 में अपना पहला टेस्ट मैच खेल रहे थे, गांगुली जूनियर लेवल में खुद को साबित करने की कोशिश में लगे हुए थे। 1990 में पाकिस्तान के ख़िलाफ़ अण्डर–19 टीम के लिए गांगुली को चुना गया। उन्होंने मुम्बई में चौथे टेस्ट में सेंचुरी मारी। "हमारे तीन विकेट बहुत जल्दी गिर गये थे और फिर मैं बैटिंग करने गया। मुझसे पहले वाले बैट्समैन को मुँह पर गेंद लगी थी और मैं उसके पिच पर गिरे हुए ख़ून को देख सकता था। पाकिस्तान की जूनियर साइड में वक़ार यूनिस खेल रहा था। उनके ख़िलाफ़ खेलना आसान नहीं था। लेकिन मेरी उस सेंचुरी ने बताया कि मैं बड़े लेवल पर अच्छा खेल सकता था।"

कुछ ही हफ़्तों में गांगुली बंगाल के लिए अपना पहला फ़र्स्ट क्लास मैच खेल रहे थे। मैच दिल्ली के ख़िलाफ़ था। बंगाल फाइनल में पहुँच गया था और दूसरी बार रणजी ट्रॉफ़ी जीतने के सपने देख रहा था। स्नेहाशीष ने पूरे टूर्नामेण्ट बंगाल के लिए खेला था। लेकिन फाइनल में उन्हें आराम दिया गया और उनकी जगह सौरव को लाया गया। "फाइनल मैच में मुझे टीम में नहीं लिया गया और इसने मुझे काफ़ी निराश किया। मुझे इससे उबरने में कुछ वक़्त लगा। लेकिन ये कहना कि टीम में मेरी जगह मेरे भाई के जाने पर मैंने उससे महीनों तक बात नहीं की, सरासर ग़लत ख़बर थी," स्नेहाशीष बताते हैं।

फाइनल मैच में सौरव ने दिल्ली की मज़बूत बॉलिंग के ख़िलाफ़ 22 रन बनाये और बिना एक भी विकेट लिए 6 ओवर फेंके। बंगाल ने मैच और ट्रॉफ़ी दोनों जीते लेकिन पहले फ़र्स्ट क्लास मैच के लिहाज़ से ये वो मैच नहीं था जिसके लिए बंगाल ज़श्न में डूब जाता। हालाँकि सभी क्रिकेट विशेषज्ञ इस नये टैलेण्ट को लेकर काफ़ी आशान्वित थे। "एक लेफ़्ट हैण्डर के बारे में कुछ तो ऐसा होता है जो उसे ख़ास बना देता है। सौरव के पास गेंद मारने की कमाल की तकनीक थी जो उन्हें बाकियों से एकदम अलग खड़ा कर देती थी। छोटी उम्र से ही वो मनमाने छक्के जड़ता रहता था," अरुण लाल, जिन्होंने इस पूरे दौरान बंगाल क्रिकेट को अपने कन्धे पर रखकर ढोया, सौरव गांगुली के बारे में कहते हैं।

साल भर बाद ही फ़र्स्ट क्लास क्रिकेट में सौरव गांगुली ने अपनी पहली सेंचुरी मारी। वो ईस्ट ज़ोन के लिए एक मज़बूत वेस्ट ज़ोन की टीम के ख़िलाफ़ खेल रहे थे। इसी मैच में सौरव ने अपनी मीडियम पेस से 4 विकेट भी लिए। अब उन्हें एक ऑल राउण्डर बताया जा रहा था। (वो कहते हैं, "मुझे बॉलिंग करना बहुत पसन्द है।") सौरव की वन–डे फॉर्म

बहुत अच्छी चल रही थी। विल्स ट्रॉफ़ी के एक वन–डे मैच में वेस्ट ज़ोन के ख़िलाफ़ सौरव ने इण्डिया टेस्ट प्लेयर रवि शास्त्री को ऐसा छक्का मारा कि गेंद मुम्बई के ब्रेबोर्न स्टेडियम में ऊँचाई पर लगी घड़ी पर जाकर लगी। शास्त्री उसकी बैटिंग से इतने प्रभावित हुए कि टाटा ग्रुप, जहाँ वो ख़ुद काम करते थे, को जाकर उसके बारे में बताया। टाटा ग्रुप अपनी टीम मज़बूत करने के लिए हमेशा नये लड़कों की तलाश में रहता था। शास्त्री कहते हैं, "उसकी सबसे अच्छी बात ये थी कि उसका बल्ला एकदम स्वच्छन्द तरीक़े से घूमता था।" आने वाले सालों में सौरव गांगुली लेफ़्ट आर्म स्पिनर्स को तहस–नहस करते हैं। ये वो एक शय थी जो शास्त्री ने सौरव में बहुत पहले ही देख ली थी।

इस सबके बावजूद, जब गांगुली को 1991–92 में इण्डिया के ऑस्ट्रेलिया दौरे के लिए चुना गया, काफ़ी सवाल उठे। क्या एक फ़र्स्ट क्लास सेंचुरी के दम पर एक 18 साल के लड़के को इतने मुश्किल टूर पर भेज दिया जाना उचित था? ऐसा भी कहा जाने लगा कि इण्डियन टीम में अनकहा कोटा सिस्टम चल रहा है और गांगुली को ईस्ट ज़ोन के कोटा की भरपाई करने के लिए टीम में रखा जा रहा था। इस बारे में गांगुली बहुत ही रूखे होकर जवाब देते हैं, "जब ईस्ट ज़ोन से एक टैलेण्टेड प्लेयर को लिया जाता है तो पूरा मीडिया कोटा सिस्टम का शोर मचाने लगता है। बाक़ी जगहों से जब भी कोई टीम में लिया जाता है, कोई कुछ नहीं कहता है।"

चार महीने का वो टूर एक बुरा सपना था। गांगुली एक रिज़र्व बैट्समैन के तौर पर गये थे। लिहाज़ा उन्हें ज़्यादा क्रिकेट खेलने को ही नहीं मिला। उन्हें बस एक इण्टरनेशनल मैच खेलने को मिला। इसके साथ ही ये भी अफ़वाह उड़ी कि वो बारहवें खिलाड़ी का काम जैसे ड्रिंक्स ले जाना वग़ैरह नहीं कर रहे थे उनका रवैया ठीक नहीं लग रहा था। सौरव को महाराज बुलाया जाता था। ये भी एक चीज़ थी जो उनके पक्ष में नहीं जा रही थी। कहा जाने लगा कि वो सुस्त और अहंकारी खिलाड़ी हैं। 1992 की वर्ल्ड कप की टीम से उन्हें ड्रॉप कर दिया गया। वो वापस बंगाल के लिए क्रिकेट खेलने आ गये। गांगुली इसके जवाब में कहते हैं, "ये बकवास है कि मैं टीम के साथ घुलमिल के नहीं रह रहा था या उनके लिए ड्रिंक्स नहीं ले जा रहा था। वो एक बेहतरीन इण्डियन बैटिंग लाइन–अप था और उसमें मेरे लिए कोई जगह नहीं थी। मुझे बस ये समझना था।"

ऐसा लग रहा था जैसे एक और नया बंगाली क्रिकेटर बदकिस्मती का शिकार होने वाला था। क्या ये भी ख़ुद से पहले के तमाम बंगाली क्रिकेटरों की तरह 'पारा दादा' से आगे बढ़ पाने में सफल नहीं हो पायेगा? अरुण लाल के हिसाब से सौरव को ड्रॉप किया जाना उसके लिए काफ़ी फ़ायदेमन्द रहा। "जब सौरव ने खेलना शुरू किया तो वो अपने आप पर उतना भरोसा नहीं करता था। दिमाग़ी तौर पर वो थोड़ा कमज़ोर था। इण्डिया के लिए खेलने के लिए जब उसने ख़ुद से और दूसरों से लड़ना शुरू किया तो उसके अन्दर काफ़ी परिपक्वता आयी और वो एक बेहतर इनसान और क्रिकेटर बना।" सौरव ने निश्चय किया हुआ था कि वो अगले गोपाल बोस नहीं बनेंगे। गोपाल बोस निहायती टैलेण्टेड थे। उन्होंने इण्डियन टीम के साथ टूर किये लेकिन कभी भी इण्डिया के लिए खेल नहीं पाये। सौरव वो बने जिसका सपना बंगाल न जाने कबसे देखता आ रहा था। क्रिकेट का नेताजी

जो इण्डियन क्रिकेट में अपनी अलग ही जगह बना लेगा, इण्डियन टीम का 21वीं सदी की आज़ाद हिन्द फ़ौज की तरह नेतृत्व करेगा।

सौरव गांगुली का वनवास लगभग 4 साल तक चला। 1990 की शुरुआत में जब सौरव असफल होकर वापस आये थे, नये खिलाड़ी, जैसे मुम्बई के विनोद काम्बली चल पड़े थे। ऐसा लग रहा था जैसे इण्डियन टीम में वापसी के लिए सौरव को किसी चमत्कार की ज़रूरत पड़ेगी। गांगुली एक बात पर ज़ोर देकर कहते हैं, ''मैंने कभी भी हिम्मत नहीं हारी। मुझे मालूम था कि मैं इण्डिया में खेलने लायक क्रिकेटर था।'' यही आत्म–विश्वास आगे चलकर सौरव गांगुली की निशानी बना। 1995–96 के बेहतरीन डोमेस्टिक सीज़न के बाद सौरव गांगुली को दोबारा टीम इण्डिया में बुलाया गया। इस बार इंग्लैण्ड दौरे के लिए। एक बार फिर उनके सेलेक्शन पर कई सवाल खड़े हुए। इस बार कहा जा रहा था कि क्रिकेट बोर्ड के सेक्रेटरी होने के नाते जगमोहन डालमिया ने अपनी ताकत का इस्तेमाल करके सौरव को टीम में घुसाया है। अरुण लाल का कहना है कि इससे सवाल पूछने वालों का पूर्वी भारत के क्रिकेटरों के प्रति नज़रिया बता रहा था। ''मुझे बहुत अच्छे से याद है कि इंग्लैण्ड दौरे से ठीक पहले मैं एक कमेण्ट्री पैनल में था। वहाँ मुझसे पूछा गया कि इंग्लैण्ड दौरे के लिए मैं किसे चुनूँगा। मैंने कहा सौरव। वहाँ मौजूद सभी लोग मुझपर हँस रहे थे। मुझे ख़ुशी है कि सौरव ने अपने सभी आलोचकों को ग़लत साबित किया,'' लाल का कहना था।

1991–92 के ऑस्ट्रेलिया टूर की तरह 1996 में भी इंग्लैण्ड टूर पर सौरव एक रिज़र्व बल्लेबाज़ की तरह ही पहुँचे थे। इस बार किस्मत उनके साथ थी। संजय मांजरेकर को चोट लग गयी और सीनियर बैट्समैन नवजोत सिंह सिद्धू कप्तान अज़हरुद्दीन से लड़ाई कर सीरीज़ शुरू होने से ठीक पहले टीम से ख़ुद ही निकल गये थे। इण्डिया पहले टेस्ट में बुरी तरह से हार गयी। अब टीम में नयी पीढ़ी के बल्लेबाज़ लाये जा रहे थे। लॉर्ड्स टेस्ट में राहुल द्रविड़ और सौरव गांगुली अपने टेस्ट कॅरियर की शुरुआत करने जा रहे थे। अज़हर दो नये खिलाड़ियों को चुनने के बारे में कहते हैं, ''मैंने सीरीज़ शुरू होने से पहले इन दोनों को खेलते देखा था। दोनों के पास टैलेण्ट तो था लेकिन वो इतने बड़े लेवल पर कैसा खेलेंगे इस बारे में तो कोई भी नहीं कह सकता था।''

वैसे भी अज़हर को चिन्ता करने की इतनी ज़रूरत नहीं थी। 1984–85 में ख़ुद अज़हर ने इंग्लैण्ड के ख़िलाफ़ अपने पहले ही मैच में सेंचुरी मार के क्रिकेट की दुनिया में हंगामा खड़ा कर दिया था। अब सौरव वही करने वाले थे। इस बार परिस्थितियाँ ज़्यादा मुश्किल थीं। वो एक हरा विकेट था। इंग्लैण्ड ने अपनी पहली इनिंग्स में 344 रन बनाये थे और इण्डियन ओपनर्स को सस्ते में आउट कर दिया था। ''मैं जब बैटिंग करने गया था तो दिन का खेल ख़त्म होने में बस एक ही घण्टा बाक़ी था। मैंने शुरुआत से ही गेंद को अच्छे से मारना शुरू कर दिया था। ऐसा लग ही नहीं रहा था कि वो मेरी पहली इनिंग्स थी। मुझे ख़ुद पर कोई दबाव ही नहीं महसूस हो रहा था। मुझे ऐसा लग रहा था जैसे मेरे पास खोने को कुछ था ही नहीं,'' गांगुली को अपनी पहली इनिंग्स कुछ ऐसे याद है।

दिन ख़त्म होने पर गांगुली का स्कोर था 26 रन। होटल से उसने अपने घर पर बात की, जल्दी डिनर कर लिया और ख़ुद पर और भी कम दबाव पाया। अगली सुबह इण्डिया

ने तेंदुलकर और अज़हर को खो दिया और 202 पर 5 विकेट हो गये। अब गांगुली का साथ देने उनके जूनियर क्रिकेट और इण्डिया–ए के साथी राहुल द्रविड़ आये। दो पहला मैच खेल रहे खिलाड़ियों के कन्धों पर इण्डिया की इज़्ज़त बचाने का भार था। ये सब कुछ लॉर्ड्स के मैदान पर चल रहा था। इसके बाद जो हुआ उसे इण्डियन बैटिंग का नया अध्याय कहा जा सकता है। गांगुली की ऑफ़ साइड में बेहद करीने से मारी गयी ड्राइव्स और राहुल द्रविड़ का मज़बूत डिफेन्स और लेग साइड का गेम इण्डिया के लिए वो पार्टनरशिप बना रहा था जिसने न केवल उस मैच को बचाया बल्कि भारतीय क्रिकेट को आशा और विश्वास से भर दिया। गांगुली उसे याद करते हुए कहते हैं, "कुछ दिन ऐसे होते हैं जहाँ आप ज़ोन में होते हैं। मेरे लिए वो वैसा ही एक दिन था। मुझे तो याद ही नहीं है कि उस मुश्किल पिच पर मैं एक बार भी बीट भी हुआ था," गांगुली ने कहा।

1992 के उस ऑस्ट्रेलिया वाले बुरे सपने के बाद 1996 का इंग्लैण्ड दौरा सौरव के लिए अच्छी ख़बरें लेकर आया था। 'महाराज' अब 'दादा' बन गये थे। शनिवार को लन्दन की एक धूप से खिली दोपहर में सौरव ने 17वीं बाउण्ड्री लगाकर अपने पहले ही मैच में अपना शतक पूरा किया। जब वो अपने हाथ हवा में उठा रहे थे, उन्हें शायद मालूम नहीं था कि वो दुनिया में मात्र तीसरे ऐसे बल्लेबाज़ थे जिसने लॉर्ड्स पर अपना पहला मैच खेलते हुए शतक जमाया और ऐसा करने वाले वो एकमात्र ग़ैर–इंग्लिश खिलाड़ी थे। उनसे पहले हैरी ग्राहम, जॉन हैम्पशायर और उनके बाद 2007 में मैट प्रायर ने ये काम किया है। गांगुली कहते हैं, "मैं खुश था। साथ ही ये सन्तोष भी था कि मैंने ख़ुद को साबित कर दिया था। मैंने ये जता दिया था कि मुझमें एक अच्छा टेस्ट प्लेयर बनने के लिए सभी ज़रूरी चीज़ें थीं।"

सौरव से पहले 9 इण्डियन बल्लेबाज़ों ने अपने पहले ही टेस्ट में सेंचुरी मारी हुई थी। लेकिन सिर्फ़ अज़हर और सौरव ही वो ऐसे प्लेयर्स थे जिन्होंने उस पहली सेंचुरी के बाद भी शतक लगाये। उनसे पहले दो इण्डियन लेफ़्ट हैण्डर दीपक शोधन और सुरिन्दर अमरनाथ के टेस्ट कॅरियर काफ़ी छोटे रहे। गांगुली इतिहास के इस पन्ने के दबाव में नहीं जी रहे थे। उन्होंने अपने दूसरे टेस्ट में भी सेंचुरी लगायी। ये कारनामा भी टेस्ट के इतिहास में मात्र 8 लोगों ने ही किया था। गांगुली के तत्कालीन कप्तान अज़हरुद्दीन ने तो अपने पहले तीन मैचों में तीन शतक ठोंके थे। वो कहते हैं कि सौरव की परफॉरमेंस उनसे भी बेहतर थी। "मैंने अपने शतक घर पे लगाये थे। उसने जब सेंचुरी मारी तो वो विदेशी पिच थी जहाँ बॉल काफ़ी स्विंग करती थी और लोग लगातार उसके ख़िलाफ़ लिख रहे थे। ऐसी स्थितियों में ऐसा कुछ कर जाना बहुत हिम्मत का काम होता है," अज़हर गांगुली के शुरुआती मैचों के बारे में कहते हैं।

घर पर उसके घरवाले ख़ुशी में झूम रहे थे। बंगाली अख़बार सौरव गांगुली के नाम से अटे पड़े थे। कोलकाता के पास एक क्रिकेटर आ गया था जो उनके हिस्से की खुशियाँ लेकर आया था। "मैं वापसी की फ्लाइट पर था जो नीदरलैण्ड्स होकर आ रही थी। मेरे भाई का फ़ोन आया कि मेरी वापसी पर ज़श्न का इन्तज़ाम हो रहा है और मेरे लिए गाड़ियों का काफ़िला निकलेगा। मैंने उनसे ऐसा करने को मना किया क्यूँकि ये सब मुझे ठीक नहीं लग रहा था। लेकिन जब मैं कोलकाता एयरपोर्ट पर उतरा तो मेरे पास कोई रास्ता ही

नहीं था। एयरपोर्ट से लेकर बेहाला तक लोगों की भयानक भीड़ थी। लोग मुझसे मिलने के लिए आ रहे थे,'' मुस्कुराते हुए सौरव गांगुली बताते हैं।

उस साल गांगुली विस्डन की 'साल के क्रिकेटर्स' की लिस्ट में शामिल हुए। लेकिन इससे भी बड़ी बात, वो उस चीज़ के लिए ज़िम्मेदार थे जिसे अरुण लाल ऐतिहासिक पल बताते हैं। ''सौरव की सफलता ने ये पक्का कर दिया था कि अब पूर्व से आने वाले क्रिकेटर्स को भी गम्भीरता से लिया जायेगा। ये हमारे लिए क्रिकेट का पुनर्जागरण था।'' बंगाल ने राजा राममोहन रॉय जैसे कई समाज सुधारक पैदा किये, अमर्त्य सेन और रवीन्द्रनाथ टैगोर जैसे नोबेल विजेता दिये, उत्तम कुमार, सुचित्रा सेन और सौमित्र चटर्जी जैसे ऐक्टर दिये, सत्यजित रे जैसे महान फ़िल्मकार दिये, सुभाष चन्द्र बोस जैसे आज़ादी के नायक दिये लेकिन अभी भी उसके पास कोई भी ऐसा खिलाड़ी नहीं था जो बंगाल को विश्व के मानचित्र पर चिन्हित कर सके। सौरव के उत्थान का सीधा मतलब ये था कि एक खिलाड़ी की अथाह कमी को पूरा किया जा सकता था। अब उस खाली जगह में सौरव का नाम लिखा जा चुका था।

मज़ेदार बात ये है कि गांगुली के उद्भव के साल देश में पहली बार एक बंगाली को प्रधानमन्त्री बनते हुए भी देखा जा सकता था। 1996 में हुए जनरल इलेक्शन के बाद ग़ैर–कांग्रेसी और ग़ैर–भाजपाई थर्ड फ्रण्ट के प्रधानमन्त्री उम्मीदवार के तौर पर तब के बंगाल के मुख्यमन्त्री ज्योति बसु का नाम जा रहा था। लेकिन फिर दिल्ली में केन्द्रित सीपीआई (एम) की राष्ट्रीय कार्यकारिणी ने इस फ़ैसले पर रोक लगा दी क्यूँकि उनके मुताबिक़ पार्टी गठबन्धन की हालात में अपने एजेण्डा पर काम नहीं कर पाती। बसु बाद में कहते पाये गये थे, ''वो एक ऐतिहासिक भूल थी।'' उस वक़्त जब एक ताकतवर बंगाली दिल्ली पर अपनी पकड़ नहीं बना पाया, बंगाल के नये क्रिकेट हीरो को किसी भी मुश्किल का सामना नहीं करना पड़ा। मैदान पर कोलकाता और बाक़ी के देश के बीच जो खाली जगह बनी हुई थी, अब भर दी गयी थी।

साल 1996 सिर्फ़ एक शुरुआत भर था। अगले एक दशक में सौरव गांगुली अपने समय के सबसे क़ाबिल क्रिकेटरों में से एक, सबसे करिश्माई और विवादित क्रिकेटरों में से एक बन जाने वाले थे जो आगे चलकर इण्डियन क्रिकेट को एक कमाल की उतार–चढ़ाव भरी यात्रा पर ले जाने वाले थे।

रामचन्द्र गुहा अपनी किताब 'एन एन्थ्रोपोलॉजिस्ट अमंग द मार्क्सिस्ट एण्ड अदर एसेज़' में बंगाली एलीट क्लास के मार्क्सिस्ट के प्रेम के बारे में बताते हुए कहते हैं कि ब्रिटिश बंगालियों की शारीरिक सुस्ती का इस कदर ढोल पीटते थे कि सभी बंगाली राजनीतिक रूप से उग्र हो गये। एक ब्रिटिश उपनिवेशक ने एक दफ़ा कहा भी था कि बंगालियों के पास ''ग्रीक जैसी बुद्धि और खरगोश जैसा धैर्य होता है।'' बंगालियों की इमेज एक खाँचे में बँध गयी थी। बंगालियों के बारे में सीधे–सादे, फ़ाइल सरकाते बाबू या फिर सिगरेटों के दौर पर दफ़्तर के बाहर चलती बातचीत पॉपुलर कल्चर में देखे जा रहे थे। बंगालियों को काम करने से ज़्यादा बात करते हुए देखा जा रहा था।

13 जुलाई, 2002 को ये सब कुछ बदल गया। इण्डिया ने नेटवेस्ट ट्रॉफ़ी जीत ली थी।

लॉर्ड्स में क्रिकेट के सबसे ऐतिहासिक वन–डे मैचों में से एक मैच खेला गया था जिसे इण्डिया ने जीता। दो युवा बल्लेबाज़ों युवराज और मोहम्मद कैफ की साहसिक पार्टनरशिप के बाद इण्डिया को ये जीत मिली थी। वो जीत जिसे टीम के कप्तान सौरव गांगुली के लॉर्ड्स की बालकनी में शर्ट उतार कर अंग्रेज़ खिलाड़ियों को दिखाते हुए लहराने के लिए याद रखा जाता है। लॉर्ड्स ने ये सब इससे पहले नहीं देखा था। उस घटना के बाद भी वहाँ ऐसा कुछ कभी नहीं हुआ। लेकिन इस घटना ने भारतीय क्रिकेट की बदलती कहानी और उसके बदलते हाव– भाव की ओर इशारा कर दिया था। एक भारतीय कप्तान जेंटलमेन्स गेम कहलाने वाले क्रिकेट के संस्कारों को किनारे रखकर शर्ट उतारे सलमान खान की राह पर चल पड़ा था। "देखिये, उस दिन मैंने जो किया, मुझे उसका अफ़सोस है। लेकिन ये शायद मेरे अन्दर था क्यूँकि मैं कोलकाता के फुटबॉल कल्चर में बड़ा हुआ था," सौरव ने अपनी सफ़ाई के रूप में कहा। इसके बाद वो शर्माते हुए कहते हैं, "मेरे पास तो सलमान खान की तरह सिक्स पैक भी नहीं है।"

सच ये है कि सौरव ने मौक़ा देखकर अंग्रेज़ खिलाड़ियों से बदला लिया था। कुछ ही महीने पहले इंग्लैण्ड के ऑल राउण्डर एण्ड्रयू फ़्लिंटॉफ़ ने मुम्बई के वानखेड़े स्टेडियम में इंग्लैण्ड के वन–डे सीरीज़ बराबर कर लेने पर ऐसे ही टीशर्ट उतारी थी। 2000 में लंकाशायर के लिए काउंटी क्रिकेट खेलने के दौरान भी गांगुली और फ़्लिंटॉफ़ के बीच रिश्ते कुछ अच्छे नहीं बने थे। अपनी किताब में फ़्लिंटॉफ़ लिखते हैं, "गांगुली जब आये तो ऐसा लगा कोई राजा आया है। गांगुली का टीम में होना ऐसा था जैसे टीम में प्रिंस चार्ल्स खेल रहे हों। सौरव लगभग कुबूलते हुए कहते हैं, "शायद मेरे दिमाग़ में बदला लेने की भी भावना थी। मैं दिखाना चाहता था कि हम हमेशा दबे हुए नहीं रहेंगे।"

एक साल पहले, 2001 में घरेलू पिच पर ऑस्ट्रेलिया के ख़िलाफ़ उस ऐतिहासिक सीरीज़ में इण्डिया को लीड करते हुए सौरव ने कुछ ऐसे ही रंग दिखाए थे। स्टीव वॉ को टॉस के लिए इन्तज़ार करता छोड़ते वक़्त सौरव गांगुली दुनिया की सबसे बेहतरीन टीम के कप्तान से माइण्ड–गेम्स खेल रहे थे। एक बौखलाये हुए स्टीव ने कहा, "ये जो भी था, क्रिकेट नहीं था।" सौरव इसके बारे में बताते हैं, "दूसरे टेस्ट से ठीक पहले, मैं ग्राउण्ड्समेन से मोबाइल पर बात कर रहा था और उन्हें बता रहा था कि वो ऐसा विकेट बनायें जो हमारे स्पिनर्स को फ़ायदा पहुँचाए। स्टीव ने वो बात सुन ली थी और अगले दिन मेरी बुराई करते हुए अख़बार में एक कॉलम लिख दिया। मैंने उसी वक़्त सोच लिया था कि अगर ये मुझे ऐसे परेशान करेगा तो मैं भी उसे टॉस के वक़्त परेशानी में डालूँगा।"

यही कभी पीछे न हटने की आदत, जैसे को तैसा देने की फ़ितरत ने सौरव गांगुली को आगे चलकर नयी परिभाषा दी। ऐसा सिर्फ़ मैदान पर ही नहीं था। सौरव अपने व्यक्तिगत जीवन में भी बाग़ी प्रवृत्ति के थे। अपनी पहली सेंचुरी मारने के कुछ महीनों के अन्दर ही उन्होंने अपने बचपन की दोस्त डोना रॉय से शादी कर ली। ये वो शादी थी जिसकी स्क्रिप्ट रोमियो–जूलियट की तर्ज पर लिखी गयी थी, बस अन्तर ये था कि इसका अन्त ख़ुशनुमा था। गांगुली और रॉय परिवार शुरुआती दिनों में बिज़नेस पार्टनर हुआ करते थे। घनिष्ठता इस कदर थी कि दोनों परिवारों ने एक–दूसरे के बगल में ही प्लॉट्स ख़रीद लिए थे।

बाद में दोनों परिवारों में खटास आ गयी। दोनों घरों के बीच एक लम्बी दीवार बन गयी। लेकिन ये दीवार डोना और सौरव को एक–दूसरे से मिलने से नहीं रोक पायी। जब सौरव अचानक से मशहूर हो गये और दुनिया भर में घूमने लगे, डोना ने अपना डर ज़ाहिर किया कि सौरव उन्हें भूल जायेंगे। सौरव कहते हैं, ''हमने उसी वक़्त चुपचाप कानूनन शादी करने का फ़ैसला कर लिया। क्यूँकि हमें मालूम था कि हमारे घर वाले राज़ी नहीं होंगे।''

लेकिन जब आप बंगाल के इकलौते क्रिकेट सुपरस्टार हैं, मीडिया की नज़रों से कुछ भी नहीं बच सकता। ''मेरे एक दोस्त ने जाकर ये कहानी बंगाली प्रेस को बता दी और हमारे ऊपर पहाड़ टूट पड़ा। मेरे घरवाले बहुत नाराज़ हुए लेकिन बाद में फिर शान्त हो गये। मुझे लगता है जब आप अपने दूसरे दशक में होते हैं तो आपके अन्दर एक बाग़ी छुपा ही होता है,'' सौरव ने कहा।

भारतीय क्रिकेट कितने वक़्त से एक ऐसा ही कठोर कप्तान चाह रहा था। सौरव ने जब शुरुआती 2000 में कप्तानी सँभाली थी, मैच फिक्सिंग का भूत बस उसी वक़्त बाहर निकला ही था। कुछ ही वक़्त पहले तेंदुलकर ने दोबारा कप्तान बनाये जाने के बाद कप्तानी छोड़ी थी। कहा जा रहा था कि ड्रेसिंग रूम में अच्छा माहौल नहीं था। अज़हर और जडेजा को अभी–अभी बैन किया गया था और भारतीय क्रिकेट के फैन्स इसी भारतीय क्रिकेट में अपना विश्वास खो चुके थे। इस महासंकट में गांगुली को कप्तानी सौंपी गयी। भारतीय क्रिकेट के भविष्य का कुछ अता–पता नहीं था। सौरव उस वक़्त के बारे में बताते हैं, ''वो एक मुश्किल समय था। लेकिन मैंने टीम से कहा, 'हमें ये याद रखना होगा कि मुश्किल वक़्त में वही आगे जा पाते हैं जो मुश्किलों से लड़ना जानते हैं।' ''

नया कप्तान किस्मती था। उसके पास टीम में कुछ ऐसे सीनियर प्लेयर्स थे जो ऐसी ही सोच रखते थे और उन सबने टीम इण्डिया को मुश्किल से उबारने की ठानी। ''राहुल, सचिन, वी.वी.एस., अनिल, श्रीनाथ ये सभी लोग कमाल के लोग हैं। अगर ये नहीं होते तो मैं कुछ भी हासिल नहीं कर पाता,'' सौरव ने बताया। इण्डिया पेस अटैक को लीड करने वाले श्रीनाथ बताते हैं कि पूरी टीम मैच–फिक्सिंग की चोट के दर्द से गुज़र रही थी। वो कहते हैं, ''उस दर्द ने हम सभी को ख़ुद को दुनिया के सामने साबित करने के लिए ख़ूब इंस्पायर किया।'' इस सीनियर फ़ौज के साथ एक टुकड़ी थी युवा क्रिकेटर्स की जिसमें ज़हीर खान, हरभजन सिंह, युवराज सिंह और वीरेन्द्र सहवाग शामिल थे। ये सभी छोटे शहरों से आये सफलता के भूखे खिलाड़ी थे जो अपनी छाप छोड़ने में कोई कसर नहीं बाक़ी रहने देने वाले थे।

ये वो संगम था जो भारतीय क्रिकेट की तस्वीर कुछ ही सालों में पलट कर रख देने वाला था। 2001 से 2005 के बीच, सौरव की कप्तानी में इण्डिया ने न केवल अपनी ज़मीन पर टेस्ट सीरीज़ जीतीं बल्कि विदेशी पिचों पर भी इंग्लैण्ड और ऑस्ट्रेलिया की दिग्गज टीमों को हराया। 2004 में पाकिस्तान में पाकिस्तान को हराया। ये एक ऐतिहासिक जीत थी। यही टीम साउथ अफ़्रीका में 2003 के वर्ल्ड कप फाइनल में भी पहुँची। कप्तान के तौर पर गांगुली ने 49 में से 21 टेस्ट जिताए। टेस्ट में जीत के मामले में बस महेन्द्र सिंह धोनी उनसे आगे हैं। अहम बात ये है कि विदेशी पिचों पर खेले गये टेस्ट मैचों में गांगुली का रिकॉर्ड धोनी से बेहतर

है। सौरव ने 11 टेस्ट जीते हैं और 10 हारे हैं जबकि धोनी ने 15 हारकर 6 टेस्ट जीते हैं।

सौरव के हिसाब से ऑस्ट्रेलिया के ख़िलाफ़ 2001 में इण्डिया में खेली गयी सीरीज़ वो मौक़ा था जिसने सब कुछ बदल के रख दिया था। हम एक अजेय टीम के ख़िलाफ़ खेल रहे थे जिसने लगातार 16 टेस्ट मैच जीते थे। मुम्बई में पहला टेस्ट हारने के बाद टीम कोलकाता में खेले जा रहे दूसरे टेस्ट में फॉलो–ऑन खेल रही थी। इसके बाद सौरव की टीम ने एक ऐतिहासिक जीत की कहानी लिखी। राहुल द्रविड़ और लक्ष्मण के बीच एक इण्डियन क्रिकेट की महानतम पार्टनरशिप बनी जिसने मैच का तो रुख बदला ही, साथ ही इण्डियन क्रिकेट को भी हमेशा के लिए बदल के रख दिया। इसके बाद जालन्धर से आने वाले 21 साल के हरभजन सिंह ने अपनी करिश्माई गेंदबाज़ी से ऑस्ट्रेलिया को धूल चटा दी। सौरव ने जीत के बाद ड्रेसिंग रूम का माहौल बताया, "जिस दिन हमने ऑस्ट्रेलिया को हराया, हम में ये विश्वास आ गया था कि हम किसी को भी हरा सकते हैं। और हाँ, हमने ये अपनी पिच पर किया था और आगे बाहर जाकर भी ऐसा करने का ख़ुद से वादा किया था।" हरभजन के उस फ़ायदेमन्द स्पेल में कप्तान के शरारती दिमाग़ का भी हाथ था। "वो अच्छी बॉलिंग कर रहा था लेकिन अम्पायर उसके गेंदों पर एलबीडब्लू आउट ही नहीं दे रहा था क्यूँकि बैट्समैन पैर आगे निकल कर खेल रहे थे। मैंने उसका बॉलिंग करने का छोर ही बदल दिया और उसके बाद वो मैच विनर बॉलर हो गया।"

हरभजन सौरव की कप्तानी में फलने वाले नये क्रिकेटर्स में से एक थे। टीम में एक नयापन आ रहा था। नये क्रिकेटर्स ख़ासकर युवराज और सहवाग अब टीम की मशाल लेकर आगे चल रहे थे और नया, आक्रामक क्रिकेट खेल रहे थे जो देश और दुनिया में लोगों का दिल भी जीत रहा था। ज़हीर खान, जिसने धीरे–धीरे श्रीनाथ की जगह ले ली और टीम के पेस अटैक की अगुवाई करने लगा, ने सौरव गांगुली की ही कप्तानी में केन्या में खेली जा रही 2001 की आईसीसी नॉक–आउट ट्रॉफ़ी में अपना पहला वन–डे मैच खेला था। "मैं उस टीम में सबसे जूनियर बॉलर था और सौरव ने पहले ओवर के लिए अजीत अगरकर और वेंकटेश प्रसाद की बजाय मुझे गेंद दे दी। सोचिये उनके उस एक फ़ैसले ने मेरे आत्मविश्वास को कितना बढ़ा दिया होगा। ये सौरव गांगुली थे। एक बार वो आप पर भरोसा करने लगें तो वो अन्त तक आपका साथ देंगे।"

सौरव की कप्तानी से और उनकी टैलेण्ट को ताड़ जाने की कला से सबसे ज़्यादा फ़ायदा सहवाग को पहुँचा। सहवाग को टीम में पार्ट–टाइम स्पिनर और निचले क्रम में खेलने वाले हार्ड–हिटिंग बल्लेबाज़ के रूप में टीम में लाया गया था। लेकिन सहवाग को सौरव ने तब नया रास्ता दिखाया जब उन्हें बैटिंग में ओपनिंग करने के लिए भेजा गया। "मुझे ऐसा लग रहा था कि इसमें पहली गेंद से ही बॉलर्स को अटैक करने की क्षमता है," सहवाग को ओपनिंग पर भेजने के बारे में सौरव ने बताया। ये एक्सपेरिमेण्ट श्रीलंका में 2001 में हुई एक त्रिकोणीय श्रृंखला के दौरान किया गया। "मुझे याद है कि मैच से पहले सहवाग ने मुझसे पूछा था कि अगर वो फेल हो गया तो क्या होगा। मैंने बस उससे इतना ही कहा कि वो चिन्ता न करे। अगर वो सफल नहीं हुआ तो भी पूरा टूर्नामेण्ट खेलेगा।" इसके तीन मैच बाद ही सहवाग ने 69 गेंदों में अपनी पहली सेंचुरी बनायी।

एक साल बाद ही सौरव ने सहवाग को टेस्ट मैच में ओपनिंग करने भेज दिया। इस बार इंग्लैण्ड के हरे विकेट पर। "हर कोई मुझे पागल समझ रहा था। लेकिन मुझे वीरू में पूरा विश्वास था और मालूम था कि वो हर फॉर्मेट में मैच–विनर बन सकता है।" एक बार फिर सहवाग लौटकर सौरव के पास आये और असफल होने पर टीम से निकाले जाने की चिन्ता ज़ाहिर की। सौरव ने फिर से वही जवाब दिया। "तुम चिन्ता मत करो। तुम पूरा टूर्नामेण्ट खेलोगे।" इसके बाद जो हुआ वो इतिहास है। सहवाग देश के बेहतरीन टेस्ट ओपनर्स में से एक बने। वो एकमात्र भारतीय बल्लेबाज़ हैं जिसने 2–2 बार तिहरा शतक बनाया।

सहवाग अपने बेहतरीन कॅरियर के पीछे सौरव का हाथ मानते हैं। वो कहते हैं, "क्रिकेट में आत्मविश्वास बहुत ही ज़रूरी होता है। एक कप्तान के तौर पर सौरव ने हमेशा मेरा हौसला बढ़ाया। इस वजह से मैं बिना असफलता के बारे में सोचे अपना नेचुरल गेम खेल पाया।" और ये सच था। 2004 की पाकिस्तान सीरीज़ के ठीक पहले मैंने सौरव का इण्टरव्यू लिया और उन्होंने मुझे बताया कि वो पाकिस्तान में इण्डियन टीम की कप्तानी का काम निभाना चाहते थे। उनका जवाब काफ़ी मज़ेदार था, "जब आपकी टीम में सहवाग जैसे प्लेयर हों जो टेस्ट मैच की पहली ही गेंद पर छक्का मार देते हैं तो आपके ऊपर प्रेशर आने की तो बात ही नहीं उठती है।" सौरव इस मामले में एकदम ठीक थे। उस सीरीज़ में सहवाग ने ट्रिपल सेंचुरी मारी जिसने उन्हें 'मुल्तान का सुल्तान' बनवा दिया।

सौरव ने टीम में जो सबसे बड़ा बदलाव किया वो था सीनियर और जूनियर के बीच में बन चुकी एक खाई को पाट देना। "मैंने 18 साल की उम्र में अपने पहले मैच में इसी के चलते काफ़ी कुछ झेला था, मैं नहीं चाहता था कि मेरी टीम में कोई और नया क्रिकेटर वही सब झेले। मेरे हिसाब से आप जैसे ही टीम इण्डिया के सदस्य बन जाते हैं, आप 11 क्रिकेटर्स में से एक होते हैं। कोई भी सीनियर या जूनियर नहीं रह जाता है," सौरव टीम के बारे में बड़ी ही सीधी बात कहते हैं।

ज़रूरी बात ये है कि सौरव को जब बंगाली फैन्स भरपूर प्यार दे रहे थे, उन्होंने कभी भी 'पिछड़े वर्ग' से आने वाला कार्ड नहीं खेला। कांग्रेस के उतार की वजह से बनी खाली जगह को क्षेत्रीय नेताओं ने भरने की कोशिश की। इसने 1990 के दशक में काफ़ी राजनीतिक उथल–पुथल मचाई। कई छोटे नेताओं ने जाति और संकीर्ण मानसिकता का सहारा लेते हुए वोट बटोरने और अपनी पहचान बनाने की कोशिश की। एच.डी. देवगौड़ा 1996 में प्रधानमन्त्री बने। ये सौरव गांगुली के क्रिकेट कॅरियर की शुरुआत का साल था। लालू यादव और मुलायम सिंह यादव ने जातिवाद का सहारा लेते हुए अपनी नींव भरनी शुरू कर दी थी। द्रविड़ पार्टी के लीडर दिल्ली से ज़्यादा चेन्नई में ख़ुश थे। और शरद पवार केन्द्र में आकर भी अपने अन्दर के महाराष्ट्र से बाहर नहीं आ पा रहे थे। इन सभी से उलट, सौरव गांगुली ने बंगाल से ऊपर देश को रखा। ये क्रिकेट में कायम हो रहे लोकतन्त्र की निशानी था।

सौरव का काम आसान करने में जॉन राइट का भी बहुत बड़ा हाथ था। जॉन राइट अपने काम में माहिर कोच थे जो न्यूज़ीलैण्ड से आये थे। ये दो प्रतिकूल व्यक्तित्वों का लयबद्ध तरीक़े से साथ काम करने का अनोखा उदाहरण था। जॉन राइट चुपचाप काम करने

में विश्वास रखते थे। वो हमेशा मुस्कुराते रहने वाले और पर्दे के पीछे से अपना योगदान देते रहने वाले शख़्स थे जो जब क्रिकेट की बात नहीं कर रहे होते थे तो अपने गिटार के साथ समय बिताया करते थे। जबकि सौरव मुखर और जुनूनी बंगाली थे जिसे ऐक्शन का केन्द्र बनना पसन्द था और जो हमेशा एक अच्छा कम्पटीशन चाहता था। सौरव के शब्दों में, दोनों के बीच आपसी सम्मान की भावना थी। ''मुझे याद है कि नेटवेस्ट ट्रॉफ़ी फाइनल के ठीक एक दिन पहले हमारा बहुत बड़ा झगड़ा हुआ था। जॉन सहवाग के ऊपर चीख़ पड़े थे क्यूँकि सहवाग टीम मीटिंग में कुछ मिनट लेट पहुँचा था। मैंने जॉन से कहा कि कोई भी मेरे प्लेयर्स पर चीख़ नहीं सकता है। हमने 4 घण्टे एक–दूसरे से बात नहीं की। जब हमने फाइनल जीता तो जॉन आये हमने एक–दूसरे को गले लगाया। हम दोनों एक ही बात के लिए तो लड़ रहे थे। हमें इण्डियन क्रिकेट को और मज़बूत बनाना था।''

और फिर भी सौरव के पल–'पल बदलने वाले मूड को जॉन राइट जैसा कोई भी और सँभालने वाला नहीं था। जब 2005 में जॉन राइट को दोबारा कोच की गद्दी दी गयी थी, एक तबके को ऐसा लगता था कि दूसरी बार चीज़ें बदलेंगी। अच्छे ओपनर्स की ही तरह कैप्टन और कोच को भी एक अच्छी पार्टनरशिप की ज़रूरत होती है। राइट ने सौरव को ख़ुद को अभिव्यक्त करने की पूरी छूट दी, खेल में कभी–कभार उग्र भी होने दिया और लॉर्ड्स में तो टीशर्ट भी उतारने दी। राइट की जगह जो लेने वाला था, वो इतना मिलनसार नहीं था। भारतीय क्रिकेट का एक बेहद भयावह काल उसका इन्तज़ार कर रहा था।

ग्रेग चैपल एक महान खिलाड़ी हैं–पूर्व ऑस्ट्रेलिया कप्तान जो विव रिचर्ड्स और सुनील गावस्कर के साथ मिलकर 1970 के दौरान दुनिया के सर्वश्रेष्ठ बल्लेबाज़ों की तिकड़ी बनाता था। जॉन राइट ने भी अपने हिस्से की मेहनत की हुई थी। उन्हें सफलता क़दम दर क़दम चलते हुए हासिल हुई। इसके उलट चैपल वो इनसान था जिसने अपने पहले ही मैच में सेंचुरी मारते ही सफलता की ओर दौड़ लगा दी थी। वो अपने स्वैग के साथ मैदान पर उतरते थे, ऐसे शॉट्स खेलते थे जैसे उनमें ताकत कूट–कूट के भरी हो और ऐसे रिकॉर्ड्स अपने नाम किये हुए थे कि कोई भी उनकी क़ाबिलियत पर उँगली न उठा सके। खेल में उनका ओहदा वो पहली चीज़ थी जिसने सौरव का ध्यान अपनी ओर खींचा था। ''मैंने 2003 के ऑस्ट्रेलिया के दौरे के ठीक पहले उनके साथ ट्रेनिंग की थी। खेल के बारे में उनके पास जो भी ज्ञान मौजूद था, उसने मुझे बहुत ही ज़्यादा प्रभावित किया। इसलिए जब जॉन राइट की जगह किसी और को लाने की बात हुई, मैंने ग्रेग चैपल का नाम दिया,'' सौरव ने कहा।

आगे चलकर ये एक बुरा फ़ैसला साबित होने वाला था। चैपल काफ़ी अलग ख़यालों के इनसान थे जो भारतीय क्रिकेट में क्रान्ति लाना चाहते थे। सौरव इससे प्रभावित नहीं होने वाले थे। सौरव और चैपल, दोनों ही बेहद कठोर व्यक्तित्व वाले इनसान थे। इन दोनों में बैलेंस बैठ पाना मुश्किल ही था। इस रिश्ते की शुरुआत ही काफ़ी ग़लत ढंग से हुई। 2005 के सितम्बर महीने में ज़िम्बाब्वे में हो रहे टेस्ट के ठीक पहले ग्रेग ने सौरव से अपनी बैटिंग पर ध्यान देने के लिए कप्तानी छोड़ने को कहा। सौरव ने इसके बारे में कहा, ''मुझे झटका लगा था। मैं पिछले पाँच साल से इण्डिया का सफल कप्तान था और मेरा नया कोच, मेरा साथ देने की बजाय मुझे बिना किसी वजह के पीछे हटने को कह रहा था।''

एक नाराज़ और गुस्से से भरे सौरव ने वापस एक तमाचा जड़ा। उस टेस्ट मैच में सेंचुरी मारी और फिर मैच के बाद प्रेस कॉन्फ्रेंस में कहा कि वो सफलता के लिए पूरा ज़ोर लगा रहे थे क्यूँकि चैपल उनसे कप्तानी छीनना चाहते हैं। अब सारा मामला पब्लिक में आ गया था और बद से बदतर ही होने वाला था।

कुछ ही दिनों में ग्रेग चैपल का एक विवादित ई–मेल जो बीसीसीआई को भेजा गया था और जिसमें सौरव गांगुली को काफ़ी भला–बुरा कहा गया था। कहा गया था कि सौरव गांगुली सनकी था और ड्रेसिंग रूम में राजनीति कर रहा था। ''वो जो भी करता है, अपने फ़ायदे को ध्यान में रखते हुए करता है और इस क्रम में दूसरों को अक्सर नुक़सान पहुँचता है। ये टीम डरपोक बना दी गयी है और इसमें आपसी विश्वास ख़त्म हो चला है। और इसके पीछे सौरव गांगुली की 'फूट डालो, राज करो' की पॉलिसी है। सौरव ने कई प्लेयर्स की तरफ़दारी की है। इनमें सभी बॉलर्स हैं। जबकि बाक़ी सभी को बैटिंग ऑर्डर में ऊपर–नीचे किया जा रहा है या फिर उन्हें सौरव की मनमर्ज़ी के मुताबिक़ बाहर रखा जा रहा है,'' चैपल ने उस ख़त में लिखा था। ये लड़ाई की शुरुआत थी। इससे पहले कभी भी किसी भी इण्डियन कैप्टन को किसी भी कोच ने इस तरह से पब्लिक में लताड़ा नहीं था। सौरव को लगता था कि उस ई–मेल को ख़ुद चैपल ने एक जर्नलिस्ट और बीसीसीआई के एक अधिकारी की मिलीभगत के साथ लीक किया था। ''मेरे पास किसी के भी ख़िलाफ़ कोई भी सबूत नहीं था। लेकिन मुझे इसमें कोई भी शक नहीं था कि चैपल मुझे टीम से बाहर चाहता था,'' सौरव ने कहा।

लगभग एक महीने में ही सौरव टीम के कप्तान नहीं रहे, उन्हें वन–डे टीम से ड्रॉप कर दिया गया और उनकी जगह कप्तान बने राहुल द्रविड़। 2006 की शुरुआत आते–आते उन्हें टेस्ट टीम से भी हटा दिया गया था। भारतीय कप्तानों का साज़िश और कुर्सी छीने जाने से गहरा नाता रहा है, ख़ासकर 1950 में। (जैसा कि पहले बताया गया है कि 1958–59 की सीरीज़ में इण्डियन ने 5 मैचों में 4 कप्तान देखे थे।) 80 के दशक में भी कपिल और गावस्कर ने बारी–बारी से अजीब–ओ–ग़रीब स्थिति में इण्डिया की कप्तानी की थी और एस. वेंकटराघवन को तो कप्तानी से हटाये जाने के बारे में इंग्लैण्ड से वापस आते हुए फ्लाइट में मालूम पड़ा था। 2005 तक ज़्यादातर क्रिकेट देखने–समझने वाले इस नतीजे पर पहुँच गये थे कि इण्डियन क्रिकेट में स्थिरता आ गयी थी और कोई भी कप्तान हर वक़्त राडार में नहीं था। और फिर गांगुली के इस मुद्दे के शुरू हो जाने से मालूम चला कि इण्डियन क्रिकेट कल्चर में पारदर्शिता की कोई जगह कभी रही ही नहीं। आज तक किसी ने भी गांगुली के हटाये जाने की ठीक–ठीक वजह नहीं बतायी है।

सौरव को टीम से हटाये जाने की क्रिकेटीय वजह हो सकती है–साल 2005 इण्टरनेशनल क्रिकेट में सौरव का अच्छा साल नहीं था। न्यूज़ीलैण्ड के ख़िलाफ़ सेंचुरी सौरव की उस साल की एकमात्र सेंचुरी थी। एक एथलीट के तौर पर सौरव अव्वल नहीं थे। उनकी फ़ील्डिंग के बारे में बातें हो रही थीं और उनकी बैटिंग कुंद हो चली थी। वो 5 साल के लिए कप्तान रह चुके थे और इतना ही वक़्त उस समय के इण्टरनेशनल क्रिकेट में कप्तान बने रहने का समय था। लेकिन अगर उन्हें बाहर करना ही था तो यक़ीनन उस जैसे प्लेयर के लिए

एक बेहतर अन्त सोचा जा सकता था। सालों बाद जब मैंने चैपल से इस सब के बारे में पूछा तो उन्होंने फिर से वही सब कुछ 'भारतीय क्रिकेट के भले के लिए' करने की बात दोहराई। एक सेलेक्टर के अनुसार चैपल भविष्य को ध्यान में रखते हुए नये क्रिकेटर्स को ज़्यादा मौक़ा देना चाहते थे। ये वो समय था जब युवराज सिंह जैसे लेफ़्ट हैण्डर क्रिकेटर टेस्ट टीम में आना चाहते थे। "ग्रेग हमसे कहते थे कि अगर उन्हें टीम के स्टैण्डर्ड को बढ़ाना है तो उन्हें टीम में नये और फ़िट खिलाड़ी चाहिए। और इस काम में सौरव कोई मदद नहीं कर सकते," सेलेक्टर ने कहा। सौरव की फ़िटनेस पर भी कई बार सवालिया निशान लगाये गये। ये भी कहा गया कि वो अपने प्रतिद्वन्द्वी ख़ुद चुनना चाहते थे। कहा जाता है कि 2004 में नागपुर टेस्ट में ऑस्ट्रेलिया के ख़िलाफ़ खेलने से उन्होंने मना कर दिया था क्यूँकि विकेट पर काफ़ी घास थी। इसके बारे में सौरव काफ़ी कठोरता से मुझे जवाब देते हैं, "सब बकवास है। मैं चोटिल था। आप ये मत भूलिए कि एक साल पहले ही ब्रिसबेन से और भी मुश्किल विकेट पर मैंने ऑस्ट्रेलिया के ख़िलाफ़ सेंचुरी मारी थी। मैं कभी भी डर के पीछे नहीं हटा हूँ।"

ये भी सम्भव है कि अन्य कप्तानों की तरह सौरव भी बोर्ड की राजनीति का शिकार हुए हों। सौरव का कप्तानी के पद से हटाया जाना जगमोहन डालमिया के मुम्बई के राजनेता शरद पवार से हारने के आसपास हुआ। सौरव और डालमिया का साथ काफ़ी गहरा था। सौरव का उत्थान भी 2000 के शुरुआती दौर में डालमिया के दबदबे के शुरुआत के साथ हुआ था। ये बीसीसीआई में सत्ता के पश्चिम से पूर्व में अर्थात मुम्बई से कोलकाता शिफ्ट होने का सूचक था। लेकिन भले ही शुरुआती वक़्त में डालमिया ने सौरव को भरपूर समर्थन दिया लेकिन 2005 आते–आते इनके बीच के समीकरण में कुछ बदलाव आया। एक बंगाल क्रिकेट के अधिकारी ने बताया, "देखिये, आप एक ही जगह दो–दो दादा नहीं रख सकते। 2005 तक डालमिया को समझ में आ गया था कि बंगाल और इण्डियन क्रिकेट के लिए सौरव गांगुली काफ़ी बड़े हो चुके थे।" डालमिया की छत्रछाया के बिना सौरव गांगुली खुले में आ गये थे और उनपर लगातार प्रहार हो रहे थे। जब सौरव को कप्तानी से हटाया गया, डालमिया ने इस बारे में कुछ भी नहीं किया। 2006 आते–आते पवार बीसीसीआई की बागडोर अपने हाथ में ले चुके थे और ईडेन गार्डन से सत्ता उठकर फिर से मुम्बई पहुँच चुकी थी।

एक साल के वनवास के दौरान एक बेचैन सौरव ने कई बार फ़ोन करके ये जानना चाहा कि जो भी क्रिकेट के गलियारों में चल रहा था, क्या मुझे उसके बारे में विस्तार से जानकारी थी। वो जानना चाहता था कि नयी ताकतों के दिमाग़ में उस वक़्त क्या चल रहा था। मैंने बदले में सौरव से पूछा था कि क्या वो संन्यास लेने के बारे में सोच रहे हैं। वो बहुत ही स्पष्ट कहते, "कतई नहीं। आप क्या ये कह रहे हैं कि मैं इस देश के टॉप के छह बल्लेबाज़ों में से एक नहीं हूँ?" ये काफ़ी अजीब था। टीम से उन्हें हटाये जाने ने उन्हें ताकतवर बना दिया था। ये एकदम वैसा था जैसे उन्हें 90 के दशक में पूरी तरह से खारिज कर दिये जाने के बाद उन्होंने मेहनत से अपनी जगह वापस बनायी थी। कभी न पीछे हटने वाली फ़ितरत सौरव की सबसे बड़ी ताक़त थी। इस बार भी यही काम आया।

यहाँ तक कि उन्होंने एक पेप्सी का ऐसा ऐड भी किया जिसमें वो कहते नज़र आये, ''मेरा नाम सौरव गांगुली है। आशा करता हूँ कि आप मुझे भूले नहीं होंगे।''

वो भुलाये नहीं जा सकते थे। वो साउथ अफ़्रीका के एक मुश्किल दौरे के लिए 2006–07 में वापस आये। इस वक़्त तक टीम के कोच ग्रेग चैपल ही थे। वापसी के बाद अपनी पहली इनिंग्स में ही सौरव ने एक मैच जिताऊ पारी खेली और हाफ सेंचुरी लगायी। ये जोहनेस्बर्ग की एक मुश्किल पिच थी। सीरीज़ ख़त्म होने पर सौरव गांगुली सबसे बेहतरीन इण्डियन बैट्समैन थे जिसने कुल 214 रन बनाये थे और जिसका 42.8 का एवरेज था। अचानक से सौरव के भविष्य पर लगे सभी सवालिया निशान मिट चुके थे। ''मैं सफल होने के जिस दृढ़ निश्चय के साथ उस सीरीज़ में उतरा था, उतना कभी भी और नहीं था। मुझे लगता है कि मुझे अपने आप को अपने फैन्स के सामने साबित करना था। और मिस्टर चैपल को भी कुछ जवाब देने थे।''

एक महीने के आसपास ही चैपल को वापस भेज दिया गया। 2007 वर्ल्ड कप से इण्डिया के जल्दी रुखसत होने के एवज़ में उनका कोच का पद गया था। अब और भी खिलाड़ी जिसमें सचिन भी शामिल थे, पुराने कोच के बारे में खुलकर बातें कहने लगे। वो कोच के टीम को बाँटने और उनके तानाशाही रवैये के बारे में खुलकर बोल रहे थे। सौरव की बातें सही साबित हो रही थीं। ''वो एक अच्छा इनसान नहीं था,'' सौरव अन्तिम मुहर लगाते हुए कहते हैं। शायद चैपल का ये कड़ा रुख भारतीय आरामपसन्द स्टाइल के लिए नहीं बना हुआ था। वो शायद जूनियर टीम के लिए एक अच्छे कोच हो सकते थे। सीनियर टीम शायद अपने आराम को छोड़कर उस ज़ोन से बाहर आने के लिए उस वक़्त तैयार नहीं थी। शायद सौरव को नये कोच के अनुसार अपने आप को ढाल लेना चाहिए था। व्यक्तिगत तौर पर मैं सौरव को चैपल के उस भसड़ से भरे दौर के लिए नहीं याद रखना चाहूँगा बल्कि मैं सौरव को उस कप्तान के तौर पर याद रखूँगा जिसने इण्डिया को मैच फिक्सिंग के दलदल से सम्मान किये जाने योग्य स्थिति में ला खड़ा किया। भारतीय क्रिकेट को आगे बढ़ाने में ये सौरव गांगुली का सबसे बड़ा योगदान होगा।

सौरव गांगुली इण्टरनेशनल क्रिकेट से 2008 में रिटायर हुए। आख़िरी टेस्ट में वो एक कारनामा करने से चूक गये। अगर वो 15 रन और बना लेते तो अपने पहले और आख़िरी टेस्ट में सेंचुरी मारने वाले खिलाड़ी बन जाते। (नागपुर में सौरव ने ऑस्ट्रेलिया के ख़िलाफ़ पहली इनिंग्स में 85 और दूसरी में 0 रन बनाये।) ऐसा नहीं था कि उन्हें बहुत कुछ साबित करना था। उनका कम–बैक उम्मीदों के उलट काफ़ी बेहतरीन गया था। पाकिस्तान के ख़िलाफ़ सौरव ने दो सेंचुरी मारीं। इसमें से एक उनके कॅरियर का सर्वश्रेष्ठ स्कोर था–238। इसके बावजूद उनमें इस खेल की भूख ख़त्म नहीं हुई। सौरव ने आईपीएल के अगले 4 सीज़न खेले। पहले वो कोलकाता नाइट राइडर्स के कप्तान थे। बाद में सहारा पुणे फ्रेंचाइज़ी के लिए खेलने लगे। सौरव के कोलकाता के साथ कनेक्शन को ध्यान में रखते हुए कोलकाता शहर की टीम को सौरव के बिना सोचना भी असम्भव था। मुझे याद है कि जब मैंने बॉलीवुड सुपरस्टार और कोलकाता नाइट राइडर्स के मालिक शाहरुख खान का इण्टरव्यू किया था तो उनका जवाब कतई चौंकाने वाला नहीं था, ''क्या दादा के सिवा और कोई हमारा कप्तान हो सकता है?''

अपने कॅरियर के उतार पर आईपीएल टीम की कप्तानी की ज़िम्मेदारी ले लेना शायद सौरव की एक छोटी–सी ग़लती थी। साल भर के अन्दर ही उन्हें आईपीएल टीम के एक 'मल्टिपल कैप्टन' प्रोग्राम का हिस्सा बना दिया गया। इसके बाद उन्हें टीम में जगह ही नहीं मिली। ('मल्टिपल कैप्टन' सिस्टम के तहत टीम में कई कप्तान होंगे जो अलग–अलग मैचों में कप्तानी करेंगे। ये फ़ैसला भी एक ऑस्ट्रेलियाई कोच जॉन बुकनन ने लिया था।) सौरव और शाहरुख के बीच मनमुटाव की ख़बरें आने लगीं। केकेआर के एक अधिकारी ने बताया, "सौरव नये और युवा खिलाड़ियों के साथ जुड़ने में कोई ख़ास रुचि नहीं दिखाते थे। उनके साथ भी जो बाहर से आये थे। वो टीम होटल में भी नहीं रुकते थे। अपने घर चले जाते थे।" ऐसा लग रहा था जैसे चैपल के दौर में उठी बातों का भूत फिर से जाग उठा था। 2011 की नीलामी में जब सौरव को केकेआर ने छोड़ दिया तो उन्हें पुणे की टीम में जाना पड़ा। अब और भी ख़बरें आने लगी थीं। बताया जाने लगा कि टीम में मौजूद खिलाड़ी ऐसा महसूस कर रहे थे कि सौरव के खेल में अब वो बात नहीं थी और सौरव उस टीम में किसी भी तरह से जगह पाने के हक़दार नहीं थे। इसके साथ ही टीम के मालिक सुब्रत रॉय सौरव को देर रात फ़ोन लगाकर टीम सेलेक्शन के बारे में जवाब तलब कर रहे थे।

"आप मेरे आईपीएल के स्टैट्स देख लीजिए। मैं केकेआर फ्रेंचाइज़ी के लिए सबसे ज़्यादा रन बनाने वालों में से हूँ," सौरव अपने आईपीएल में खेलने के फ़ैसले को सही ठहराते हुए कहते हैं। हमेशा की तरह सौरव में आत्मविश्वास की कोई कमी नहीं थी और वो पूरी तरह से इस बात के पक्षधर थे कि वो अब भी ट्वेंटी–20 क्रिकेट खेलने लायक हैं। लेकिन यहाँ सिर्फ़ क्रिकेट ही नहीं था। एक आइकॉनिक प्लेयर होने की वजह से सौरव को 6 हफ़्ते के क्रिकेट सीज़न के लिए करोड़ों रुपये मिल रहे थे। इतने पैसे को कोई भी कैसे न कह सकेगा। 1991–92 के ऑस्ट्रेलिया दौरे से ठीक पहले सौरव ने 10,000 रुपये में एक बैट कॉन्ट्रैक्ट साइन किया था और 4 महीने के टूर की एवज़ में मात्र 50,000 रुपये मिले थे। दुनिया भयानक तरीक़े से बदल चुकी थी और सौरव इसमें पीछे नहीं रहना चाहते थे। वो कहते हैं, "हाँ, पैसा वो एक चीज़ थी जिसके बारे में मैंने खेलना शुरू करते वक़्त नहीं सोचा था। लेकिन याद रखियेगा कि मैं एक अमीर घर से आता था इसलिए मैं पैसे की चाह में नहीं खेल रहा था। प्रेशर में परफॉर्म कर पाना ही हमेशा सबसे बड़ा चैलेन्ज रहा है।"

और ये सच भी है। बहुत ही कम क्रिकेटर्स ऐसे हैं जिन्होंने लाइमलाइट में रहना सौरव जितना रास आया है। कई बार ऐसा लगता था जैसे उन्हें विवादों में रहने में भी मज़ा आता था। ऐसा लगता था जैसे वो सभी से कह रहे हों, "मुझे प्यार करो या मुझे धिक्कारो। मेरे बिना कुछ नहीं चल सकता।" वो कहते हैं, "मुझे नहीं लगता है कि मुझे विवादों में रहना पसन्द था। विवाद ख़ुद मेरा पीछा करते थे।"

वो विवादों में रहते होंगे लेकिन एक बल्लेबाज़ के तौर पर सौरव गांगुली कैसे थे? नम्बरों के हिसाब से सौरव को इण्डिया के सबसे बेहतरीन टेस्ट बल्लेबाज़ों में गिना जाना चाहिए। सौरव के खाते में 113 टेस्ट मैचों में 42.17 के एवरेज के साथ 16 टेस्ट सेंचुरी लिखी हैं। सौरव के अलावा बाक़ी भारतीय लेफ़्ट हैण्डेड बल्लेबाज़ों ने मिलकर 33 सेंचुरी बनायी हैं। सौरव के बाद गौतम गम्भीर आते हैं जिन्होंने 9 सेंचुरी बनायी हैं। मुद्दे की बात ये

है कि सौरव का एवरेज पूरे कॅरियर भर 40 से नीचे कभी गिरा ही नहीं। ये उनके लगातार परफॉर्म करते आने के बारे में काफ़ी कुछ कहता है। हाँ, कप्तानी ने उनकी बैटिंग को ज़रूर कुछ प्रभावित किया। 16 में से मात्र 5 सेंचुरी बतौर कप्तान बनायीं। इसके अलावा 49 मैचों में कप्तानी करते हुए सौरव का एवरेज भी 37.66 हो गया। सौरव का टेस्ट एवरेज भारतीय क्रिकेट के उन पाँच बल्लेबाज़ों से कम है जिन्होंने इण्डिया को दुनिया की सर्वश्रेष्ठ बैटिंग लाइन–अप दी। (सौरव के अलावा सचिन, लक्ष्मण, द्रविड़ और सहवाग) ये शायद विदेशी पिचों पर शॉर्ट पिच गेंदों का असर था। लेकिन वो छिटकते हुए कहते हैं, "मैंने ऑस्ट्रेलिया में और इंग्लैण्ड में सेंचुरी मारीं। साउथ अफ़्रीका में रन बनाये। आप कैसे कह सकते हैं कि मैं फ़ास्ट बॉलिंग नहीं खेल पाता।"

हाँ, सौरव के वन–डे मैचों में रन वाकई बेहतरीन हैं। 11,221 रन और 22 सेंचुरी। सचिन को हटा दें ये रिकॉर्ड सौरव के समकालीन क्रिकेटर्स से कहीं आगे थे। रवि शास्त्री सौरव के कॅरियर के बारे में कहते हैं, "वो एक अच्छे टेस्ट प्लेयर थे और बेहतरीन लिमिटेड ओवर के क्रिकेटर थे।" अपने कॅरियर में उन्हें 31 बार मैन–ऑफ़–द–मैच का अवॉर्ड मिला जो सचिन के बाद दूसरे नम्बर पर आता है। सचिन–सौरव की पार्टनरशिप अक्सर मैच जिताऊ पार्टनरशिप होती थी। इन दोनों ने एक साथ बैटिंग करते हुए कुल 8227 रन बनाये हैं और 26 बार एक शतकीय साझेदारी की है। सचिन कहते हैं, "मुझे सौरव के साथ बैटिंग करना बहुत पसन्द था। वो अपनी इनिंग्स को गति देने में माहिर था। उसे मालूम होता था कि किस बॉलर को टार्गेट करना है और कब अटैक करना है।" एक क्लासिकल बायें हाथ के बल्लेबाज़ के तौर पर वो डेविड गोवर के आसपास भी नहीं फटकते होंगे लेकिन सौरव के पास कमाल की टाइमिंग और शॉट मारने की क्षमता थी। जब वो अपनी फॉर्म में होते थे, सौरव के हाथ, उनका पैर और आँखें लयबद्ध तरीक़े से काम करते थे। द्रविड़ ने एक बार गांगुली की बैटिंग को बड़े ही ख़ूबसूरत लहजे में समझाया था, "ऑफ़ साइड में पहले भगवान है फिर सौरव गांगुली है।"

सौरव के योगदान को नम्बरों से नापना उनके साथ ज़्यादती कही जायेगी। एक दशक से ऊपर सौरव 'मिस्टर बंगाल' थे जो हर बार इण्डिया की कैप पहनते ही पूरे प्रदेश को अपने कन्धे पर लेकर मैदान में उतर पड़ता था। देश भर में युवाओं ने भले ही सचिन को अपना सब कुछ बनाया होगा लेकिन बंगाल में वो जगह दादा की थी। दादा ने एक पूरी इनसानी खेप को क्रिकेट के मैदान में उतारा। अरुण लाल जो कोलकाता में एक कोचिंग सेंटर चलाते हैं, बता रहे थे कि कैसे सौरव के क्रिकेट में अपनी पहचान बनाने के बाद बंगाल में कितने ही लड़कों ने क्रिकेटर बनने के सपने देखने शुरू कर दिये। अरुण बताते हैं, "हमारे यहाँ एक टूर्नामेण्ट होता है जिसमें अब 150 से ज़्यादा कोचिंग एकेडमी भाग लेती हैं। वहाँ दूर–दराज से लोग खेलने आते हैं। कम्पटीशन में आये बच्चे दादा बनना चाहते हैं।"

इस बात से ज़्यादा आश्चर्यचकित नहीं होना चाहिए कि दादा के रिटायरमेण्ट के बाद एकमात्र क्रिकेटर जो कोलकाता से टीम इण्डिया तक पहुँचा है, वो है छोटे से शहर से आने वाला रिद्धिमान साहा। साहा उत्तरी बंगाल के सिलीगुड़ी में पैदा हुआ था। बहुत ही मृदुल स्वभाव के इण्डियन टेस्ट विकेटकीपर साहा कहते हैं, "बेशक दादा को बैटिंग करते हुए

देखने से मुझे शुरुआती दिनों में बहुत ताकत मिलती थी।'' साहा 1997 में 13 साल की उम्र में एक क्रिकेट एकेडमी में जाने से पहले अपने स्कूल में फुटबॉलर थे। क्रिकेट ने कोलकाता में वहाँ के क्लब्स के एकछत्र राज को चुनौती दी और उसे ख़त्म किया। कोलकाता में क्रिकेट एकेडमी बन रही थीं। बंगाल की क्रिकेट क्रान्ति के पीछे ये एक बड़ी वजह थी। कोलकाता से सम्बन्ध रखने वाले क्रिकेट इतिहासकार बोरिया मजूमदार कहते हैं, ''आज आप बंगाल के किसी भी ज़िले में चले जाइए और आपको जितने लड़के फुटबॉल खेलते मिलेंगे, उतने ही क्रिकेट खेलते मिलेंगे। सौरव की सफलताओं और कोलकाता नाइट राइडर्स की लोकप्रियता ने इस नाटकीय बदलाव में बड़ी भूमिका अदा की है।''

भले ही साहा वो लेटेस्ट बंगाली प्लेयर हैं जिन्होंने इण्डियन क्रिकेट में अपना नाम बनाया है, सौरव अब भी बंगाल के दादा हैं। 2016 में जब इण्डिया ने अपना 500वाँ टेस्ट मैच खेला, मुझे एक टीवी शो में सर्वकालीन भारतीय टेस्ट एकादश चुनने को कहा गया। मैंने सौरव को अपनी टीम में नहीं रखा था। मेरे नम्बर 5 के लिए मैं लक्ष्मण, विश्वनाथ और कोहली के बीच कन्फ्यूज़ था। एक गुस्साये बंगाली ने मुझे एक लम्बा ई–मेल लिख कर भेजा जिसमें उसने मुझे पक्षपाती और देशद्रोही करार दिया था। मैं राजनीतिक शो करते हुए ऐसी बातें सुनने का आदी हो चुका हूँ लेकिन मुझे कभी भी नहीं लगा था कि क्रिकेट की वजह से भी ऐसा कुछ सुनने को मिलेगा। इंग्लैण्ड के ओपनिंग बैट्समैन सर ज्योफ बॉयकॉट सही कहते थे–सौरव गांगुली कोलकाता का प्रिंस था, और हमेशा रहेगा।

सितम्बर 2015 में सौरव गांगुली कैब (CAB) के अध्यक्ष बने। जगमोहन डालमिया की हाल ही में मृत्यु हुई थी और सौरव गांगुली जो उस समय जॉइण्ट सेक्रेटरी थे, उनके उत्तराधिकारी चुने गये। एक बार फिर, विवाद ने सौरव गांगुली को तलाश लिया था। सौरव गांगुली को किसी आधिकारिक चुनाव के बाद ये पद नहीं दिया जा रहा था बल्कि तृणमूल कांग्रेस की मुखिया और बंगाल की चीफ़ मिनिस्टर ममता बनर्जी ने इसकी घोषणा कर दी थी। ''किसी ग़लतफ़हमी में मत रहिएगा। मैं कैब के लिए एक फ़ैसला ले रही हूँ। ये क्रिकेट को सपोर्ट करने का मेरा तरीक़ा है,'' ममता बनर्जी ने ज़ोर देते हुए कहा। बंगाल को पास से देखने वाले लोग कहते हैं कि इसमें ममता का पॉलिटिकल एजेण्डा छिपा हुआ था। वो चाहती थीं कि 2016 के आने वाले चुनावों में सौरव उनकी साइड में खड़ा दिखे। ''वहाँ तृणमूल कांग्रेस में कुछ महत्त्वाकांक्षी लोग थे जो उस पद को पाने की लालसा रखते थे लेकिन ममता उन्हें दूर ही रखना चाहती थीं। सौरव को कैब का अध्यक्ष बनाने से उन्होंने एक तीर से दो शिकार किये।''

अपने ज़्यादातर साथियों से उलट, सौरव को क्रिकेट के प्रशासकीय कामकाज में काफ़ी इन्ट्रेस्ट है। सौरव की टीम से ही उनके एक साथी के अनुसार, ''वो हमारी पीढ़ी का एक ऐसा इनसान है जिसे ये बहुत कायदे से मालूम है कि बोर्ड के अधिकारियों और उनकी राजनीति से कैसे निपटना है।'' जब मैं मार्च 2016 में इण्डिया–पाकिस्तान के बीच वर्ल्ड टी–20 गेम देखने गया था, वहाँ नये कैब अध्यक्ष की मौजूदगी साफ़ तौर पर देखी जा सकती थी। एकदम नये कवर्स और पानी की निकासी का बेहतर हो चुका सिस्टम इस बात की तैयारी का गवाह था कि भारी बारिश के बावजूद मैच हो सकेगा। लगभग डेढ़ साल पहले

ही कोलकाता में एक मैच हल्की बारिश की ही वजह से धुल गया था। बोरिया मजूमदार उस मैच के बारे में कहते हैं, ''मैं उस दिन सौरव के साथ बैठा था और उसने मुझसे वादा किया कि वो ऐसा दोबारा नहीं होने देगा। उसने अपना वो वादा निभाया।''

इण्डिया–पाकिस्तान के मैच के पहले सौरव ने मुझे फ़ोन किया और पूछा कि क्या मैं उनकी बात ए.आर. रहमान से करवा सकता हूँ। असल में सौरव चाहते थे कि मैच से पहले गाये जाने वाले राष्ट्रगान को रहमान गायें। हमारी उस दिन रहमान से बात नहीं हो पायी लेकिन सौरव ने अमिताभ बच्चन से बात की और वो मैच बच्चन साहब की आवाज़ में 'जन गण मन' के साथ शुरू हुआ। सौरव कहते हैं, ''मैं बंगाल को सबसे अच्छी क्रिकेट की सुविधाएँ देना चाहता हूँ। और चाहता हूँ कि ईडेन गार्डन्स दुनिया में क्रिकेट देखने की सबसे अच्छी जगह बन जाये।''

सौरव की आकांक्षाएँ क्रिकेट की 2 गज़ की पट्टी से भी आगे तब बढ़ती दिखायी दीं जब जस्टिस लोढ़ा ने 2016 में इण्डियन क्रिकेट प्रशासन की 'देख–रेख' करने के लिए एक पैनल बनाया। जैसे–जैसे पैनल काफ़ी वक़्त से बोर्ड को अपनी सेवाएँ दे रहे कई बड़े नामों को खारिज करता जा रहा था, सौरव के बोर्ड अध्यक्ष बनने के कयास लगाये जाने लगे। कई बार जब लोढ़ा पैनल के बारे में कोई भी बड़ी ख़बर आती, सौरव डीटेल लेने के लिए फ़ोन करते। मैं जब उनसे एक बार मिला तो मैंने उन्हें चिढ़ाया, ''तैयार हो जाइए पहला टेस्ट क्रिकेटर जो बोर्ड का अध्यक्ष बना, कहलाये जाने के लिए।'' उन्होंने अपना सर हिलाया लेकिन फिर एक हल्की मुस्कान को छुपाते हुए बोले, ''अरे! लेकिन मैं थोड़ा नया हूँ इसके लिए, नहीं?''

बोर्ड की राजनीतिक पहेलियाँ शायद सौरव की परीक्षा लें। लेकिन उनमें भविष्य के राजनेता की झलकियाँ दिखायी देती हैं। ऐसा बताया जाता रहा है कि लेफ़्ट और तृणमूल कांग्रेस, दोनों ही किसी न किसी वक़्त पर सौरव गांगुली को राज्य सभा में एक सीट ऑफ़र कर चुके हैं। जबकि भाजपा सौरव को 2014 के लोक सभा चुनावों में बंगाल से चुनाव लड़वाना चाहती थी। एक भाजपा नेता ने मुझसे कहा, ''वो बंगाल में नये वोटर्स को लाने के लिए हमारे लिए सबसे मुफ़ीद चेहरा होंगे।'' एक वक़्त पर बंगाल में लेफ़्ट का दबदबा होता था जो अब कम होता ही जा रहा है। इसी माहौल में भाजपा मुख्य विपक्षी पार्टी की जगह घेर लेना चाहती है। ममता बनर्जी जिन्होंने लेफ़्ट को बड़ी ही सफ़ाई से किनारे कर दिया, इस जुगत में भी लगी हुई हैं कि गांगुली उन्हीं के कैम्प के मेम्बर बने रहें। ममता ने लोकप्रिय बंगाली खिलाड़ियों और अन्य व्यक्तित्वों को बंगाली अस्मिता की ख़ातिर सपोर्ट किया है और इसमें से कुछ संसद का मुँह भी देख चुके हैं। ''अगर सौरव किसी राजनीतिक पार्टी के नेता बन जाते हैं तो ये उनकी अपनी गति से चलती हुई प्रगति होगी। उनकी लोकप्रियता उनके रिटायरमेण्ट के बाद भी कतई कम नहीं हुई है,'' बंगाली दैनिक अख़बार प्रतिदिन के एडिटर गौतम भट्टाचार्य कहते हैं। इस बात पर गांगुली बहुत ही ज़्यादा ज़ोर देकर कहते हैं, ''नहीं नहीं। मैं इस सब राजनीति में कतई इंट्रेस्टेड नहीं हूँ।'' लेकिन हाँ, जब मैं उनसे ये कहता हूँ कि वो भविष्य में बंगाल के मुख्यमन्त्री बन सकते हैं तो उनकी आँखों में एक चमक सी आ जाती है।

सौरव का बंगाल का मुख्यमन्त्री बनना असम्भव सा ज़रूर है मगर इसके बारे में सोचना ही अपने आप में मज़ेदार है। आख़िर वही तो हैं जो इस मिट्टी के सबसे बड़े बेटे हैं। अपनी सारी सफलताओं के बावजूद वो अब भी बेहाला के बेटे हैं जिसने दुनिया की सबसे बेहतरीन टीमों की आँखों में झाँका और उन्हें नाकों चने चबवा दिये। अपने अन्दर के बंगाल को वो अपने दिल में लेकर चलते हैं। उनके घर जाने पर चाय के साथ फ़िश कटलेट्स और मटन चाप परोसा जाता है। उन्हें कोलकाता का निज़ाम काठी रोल पसन्द है और शहर के फ़ेमस अर्सलान रेस्टोरेण्ट से बिरयानी खानी पसन्द है। हर दुर्गा पूजा में धोती–कुर्ता पहन दादा अपने पास के पंडाल में सपरिवार मौजूद रहते हैं और पूजा करते हैं। उन्होंने एक बंगाली टीवी क्विज़ शो 'दादागिरी अनलिमिटेड' और बंगाली में कौन बनेगा करोड़पति भी होस्ट किया है। अब वो एटलेटिको डि कोलकाता नाम की फुटबॉल फ्रेंचाईज़ के मालिकों में से एक हैं। इसके साथ ही सौरव ने कई इन्वेस्टर्स को बंगाल में इन्वेस्ट करने के लिए प्रेरित किया है। कोलकाता एयरपोर्ट से शहर के लिए आने वाली सड़क पर अलग–अलग प्रॉडक्ट्स के लिए सौरव के कितने ही विज्ञापन दिख जायेंगे। सिर्फ़ मुख्यमन्त्री ममता बनर्जी की बड़ी–बड़ी तस्वीरें ही सौरव के विज्ञापनों को टक्कर देती दिख सकती हैं। सौरव की बंगाली में हैसियत के बारे में बोरिया मजूमदार कहते हैं, "दुनिया में तीन बंगाली हैं जो ग्लोबल ब्राण्ड्स हैं और जो आने वाले समय में भी हमेशा मौजूद रहेंगे–रवीन्द्रनाथ टैगोर, सत्यजित रे और सौरव गांगुली।"

ये सच है कि जिस प्रदेश को पिछले कई सालों में अच्छी ख़बरें नाम मात्र की मिली हों, जहाँ सामाजिक और राजनीतिक उथल–पुथल बेहद आम हो चुका हो, उसके फेफड़ों में भविष्य को सुरक्षित रखने के लिए सौरव ताज़ा हवा भरते मालूम देते हैं। विवादित मगर साहसिक सौरव की सफलताओं ने उन सभी बातों को भी खारिज कर दिया है जिनके अनुसार बंगाली चुप रहने वाले और सुस्त बाबू होते हैं। और शायद इसलिए जब 2016 चुनाव से ठीक पहले क्रिकेट खेल रहे कुछ लड़कों से मैंने शरारत भरा सवाल किया था तो मुख्यमन्त्री के लिए उनमें दो दल बन गये थे। एक ममता बनर्जी के साथ था और एक दल सौरव को सीएम बनता देखना चाहता था। एक लड़के ने सधा सा जवाब देने की कोशिश करते हुए कहा, "पॉलिटिक्स में दीदी और खेल में दादा हमारे नेता है।" सौरव 'दादा' और बंगाल को कोई भी ताकत अलग नहीं कर सकती।

9

राहुल द्रविड़
भारतीय क्रिकेट के विवेक का रखवाला

साल 1999। दिल्ली का फ़िरोज़ शाह कोटला मैदान। इण्डिया और पाकिस्तान के बीच एक टेस्ट मैच खेला जा रहा है। इस मैदान में एक और ख़ास बात चल रही थी। ये वो मैदान था जहाँ देश के दो ज़माने एक–दूसरे के सामने थे। जहाँ फ़िरोज़ शाह तुगलक के शाही महलों के अवशेष और कंक्रीट का स्टेडियम दिखायी दे रहा था।

1883 में बना ये स्टेडियम ईडेन गार्डन के बाद देश का सबसे पुराना स्टेडियम है। इस स्टेडियम ने बेहतरीन मैचों की मेज़बानी की है। ये वही मैदान है जहाँ साल 1983 में सुनील गावस्कर ने डॉन ब्रैडमैन के सबसे ज़्यादा शतकों के रिकॉर्ड की बराबरी की थी। और यहीं साल 2005 में सचिन ने सुनील गावस्कर को इसी मामले में पीछे छोड़ा था। और आज मेरा चार साल का बेटा ईशान और मैं एक टेस्ट मैच देख रहे हैं और हम इतिहास बनते हुए देखने वाले हैं।

इण्डिया और पाकिस्तान के बीच सभी मुक़ाबले हमेशा कुछ एक्स्ट्रा लेकर आते हैं और क्रिकेट इन दोनों देशों के बीच पिसता हुआ मालूम देता है। लेकिन 1999 की ये सीरीज़ कुछ अलग थी। पाकिस्तान ने एक रोंगटे खड़े कर देने वाले पहले टेस्ट मैच में जीत हासिल की थी और मैदान में मौजूद दर्शकों ने उनके लिए खड़े होकर तालियाँ बजाई थीं। दूसरी तरफ़ दिल्ली के लोग चूँकि विभाजन से ज़्यादा प्रभावित हुए थे, लिहाज़ा पाकिस्तान से मिली हार को क्षम्य नहीं मानते हैं।

हमें वीआईपी पास मिला हुआ था। ये 'तू जानता है मैं कौन हूँ?' वाले शहर में रसूख का गवाह था। फ़रवरी की हल्की ठण्डी हवा और सूरज की हल्की गर्मी ने सब कुछ काफ़ी ख़ुशनुमा कर दिया था। चौथी इनिंग्स चल रही थी और टीम इण्डिया अपने पराक्रमी स्पिनर अनिल कुंबले की अगुवाई में मौक़े की तलाश में थी। पाकिस्तानी ओपनर्स ने सुबह की शुरुआत बेहतरीन बैटिंग से की और 100 रन से ऊपर की पार्टनरशिप बनायी। पाकिस्तान

420 रनों के लक्ष्य का पीछा कर रहा था। लंच तक पूरा मैदान सन्नाटे से भर गया था और सभी के चेहरे पर टेंशन साफ़ दिखायी दे रही थी।

ईशान ने मुझसे पूछा, ''पाकिस्तान जीत जायेगा क्या?'' उसके हाथ में तिरंगा था। मैंने उसे दिलासा देते हुए कहा, ''नहीं नहीं। वो नहीं जीतेंगे। उन्हें आउट करने के लिए कुंबले है हमारे पास।'' और मैं सही साबित हुआ। लंच और चाय के बीच गेंद को टप्पा खिलाने के बाद जम्बो जेट की तरह उठाने की क्षमता रखने की वजह से जम्बो के नाम से मशहूर कुंबले ने विकेट के बाद विकेट गिराने शुरू कर दिये। कुंबले ने इनिंग्स में सभी 10 विकेट लिए और इण्डिया को जीत दिलायी। क्रिकेट के इतिहास में ये पहली बार हुआ था जब एक बॉलर ने एक इनिंग्स में 10 के 10 विकेट निकाले थे। (इंग्लैण्ड के जिम लेकर ने 1956 में पहली बार ऐसा कारनामा किया था।)

मेरा उत्साह से भरा हुआ बेटा अब कुंबले का ऑटोग्राफ़ लेना चाहता था। लेकिन भयानक भीड़ ने कुंबले को घेर रखा था और उनका ऑटोग्राफ़ मिलना एक नामुमकिन काम लग रहा था। मुझे भी ऑफ़िस वापस जाना था। हम एक स्पेशल शो कर रहे थे जिसमें हम इस ऐतिहासिक जीत के बारे में बातें करने वाले थे। कुंबले के दोस्त और उनके ही जैसे बेंगलुरु से आने वाले इण्डियन क्रिकेटर राहुल द्रविड़ को हमने शाम के शो में एक्सपर्ट के तौर पर बुलाया हुआ था। हमने उन्हें लाने के लिए होटल एक कार भी पहुँचाई थी। लेकिन कार इन्तज़ार कर रही थी और मुझे एक फ़ोन आया। द्रविड़ उस ओर से बात कर रहे थे। बोले, ''देखिये मुझे नहीं लगता है कि आज मुझे आपके शो में होना चाहिए। एक बॉलर एक इनिंग्स में 10 विकेट ले ले, ऐसा रोज़–रोज़ नहीं होता है। ये अनिल कुंबले का दिन है। आपको उनका इण्टरव्यू लेना चाहिए, मेरा नहीं।''

''लेकिन हम अनिल तक कैसे पहुँचें? हम एक घण्टे में लाइव हो जायेंगे और उनका नम्बर लगातार बिजी जा रहा है,'' मैं लगभग घबराया हुआ बात कर रहा था।

वो मुझे बताते हैं, ''आप परेशान न हों, मैं कुछ इन्तज़ाम करता हूँ।''

उस शाम हमारे स्टूडियो में अनिल कुंबले मौजूद थे। हमें उनका एक्सक्लूज़िव इण्टरव्यू मिला और मेरे बेटे को बेशकीमती ऑटोग्राफ़। कुंबले एक स्टार हैं लेकिन अपनी सौम्य और बेहद ज़मीनी सीमाओं के अन्दर। द्रविड़ हमारे परदे के पीछे छिपे हीरो हैं। वो ऐसे दुर्लभ क्रिकेटर हैं जो लाइमलाइट से दूर रहने में और अपने साथियों की कामयाबी में ख़ासी ख़ुशी पाते हैं।

इस मैच के कुछ ही दिन बाद मैं एक बहुत ही अलग तरीक़े के इण्डो–पाक मुक़ाबले की रिपोर्टिंग कर रहा था। प्रधानमन्त्री अटल बिहारी वाजपेयी लाहौर के लिए बस यात्रा शुरू करने में लगे हुए थे। पड़ोसी मुल्क से रिश्ते सुधारने की दिशा में शायद ही इससे बड़ा और इससे साहसिक क़दम उठाया गया था। ये एक राजनेता के तौर पर किसी के भी द्वारा उठाया गया एक बहुत बड़ा क़दम था। इस एक सद्भावना से भरे फ़ैसले को दोनों देशों की जनता ने बराबरी से प्यार दिया। हालाँकि पाकिस्तानी आर्मी को ये बहुत रास नहीं आया और उसने भारत के साथ फिर से विश्वासघात किया। जून 1999 में लाइन ऑफ़ कण्ट्रोल के पास कारगिल पर कब्ज़ा करने के लिए पाकिस्तान ने अपने सैनिक भेजे। दोनों देशों के

बीच जंग छिड़ गयी और कुंबले के 10 विकेट इस रक्तपात में भुला दिये गये।

जल्दी ही कारगिल की जंग जीतने के बाद वाजपेयी ने मुझे इण्टरव्यू दिया। मैंने उनकी लाहौर यात्रा के बारे में पूछा और जानना चाहा कि क्या वो उस यात्रा के बारे में पछताते हैं। वो कहते हैं, ''नहीं नहीं। हमने शान्ति के लिए पूरी कोशिश की।'' मैंने उन्हें उनकी सफलता के लिए बधाई दी। वो बोले, ''मुझे बधाई मत दीजिए। ये सब हमारे सैनिकों ने किया।'' मैं इस बार उसी तरह से महसूस कर रहा था जैसा मैंने द्रविड़ की नम्रता को देखकर किया था। ये दोनों ही वो लोग थे जिनकी प्रशंसा करते हुए मैं आगे बढ़ रहा था। ये दोनों ही उस मानवीय मूल्य को लेकर आगे चल रहे थे जो अब विलुप्तप्राय था–पब्लिक में शिष्टाचार। समकालीन भारत में जहाँ राजनीति और क्रिकेट ईगो की लड़ाई और विवादों से भरे रहते हैं, जहाँ शिष्टता को अहंकार ने पीछे छोड़ दिया है, 1999 की वो यादें किसी और दुनिया की मालूम देती हैं।

मैंने पूछा, ''कर्नाटक के सभी हीरो, वो चाहे बिज़नेस हो या खेल, इतने सौम्य और शिष्ट कैसे होते हैं?'' इनफ़ोसिस के संस्थापक नारायणमूर्ति बताते हैं, ''ये शायद बेंगलुरु के मौसम का कमाल है।'' मैं एक टीवी शो के लिए इनफ़ोसिस कैम्पस में ऑल इंग्लैण्ड बैडमिण्टन चैम्पियन प्रकाश पादुकोणे और नारायणमूर्ति के साथ बातें कर रहा था।

हमेशा मुस्कुराते रहने वाले प्रकाश पादुकोणे भी यही कहते हैं। ''हमारे यहाँ सबसे अच्छा मौसम होता है। इससे हमें शान्त रहने में मदद मिलती है।'' मेरे प्रोड्यूसर मुझे ये याद दिलाते हैं कि विजय माल्या जो विवादों और तड़क–भड़क से घिरे रहे, भी बेंगलुरु से ही हैं और उनमें ये सभी गुण अनुपस्थित पाये जाते हैं जो मुझे बाक़ी कन्नड़ हस्तियों में दिख रहे थे। लेकिन सभी को एक नज़र से देखने वाले मेरे इस नज़रिए में कुछ अपवाद होने के बावजूद अच्छे स्वभाव के पीछे अच्छे मौसम का हाथ होने की सम्भावना से इनकार नहीं किया जा सकता है। कई कन्नड़ हस्तियाँ इस लिस्ट में शामिल हैं और इस विचार को कतई ग़लत नहीं ठहराया जा सकता है।

इस नियम से क्रिकेट भी अछूता नहीं रहा है। हालाँकि देश की आज़ादी के ठीक बाद कर्नाटक (पहले मैसूर) को तुरन्त ही कोई ख़ास सफलता नहीं मिली थी। बॉम्बे और मद्रास से अलग मैसूर राज्य के पास क्रिकेट की वो विरासत नहीं थी। यहाँ तक कि उन दिनों में दक्षिण भारत में मद्रास को क्रिकेट की राजधानी कहा जाता था। बेंगलुरु (उस वक़्त का बैंगलोर) एक सोया हुआ छावनी वाला शहर था जहाँ एक पेंशन पाने वाला शख़्स अपनी ज़िन्दगी गुज़ारना चाहेगा और जहाँ क्रिकेट के खेल की सम्भावनाएँ काफ़ी कम थीं। सालों तक शहर में सेण्ट्रल कॉलेज में एकमात्र टर्फ विकेट था और 1974 में पहली बार नये बने चिन्नास्वामी स्टेडियम में टेस्ट मैच खेला गया था। 60 के दशक में मैसूर ने रणजी ट्रॉफ़ी में जगह बनानी शुरू की। इस क्रम में ये टीम वी सुब्रमन्या की कप्तानी में दो बार सेमी–फाइनल तक पहुँची। दोनों ही बार मुम्बई ने उन्हें हराया। तजुर्बेदार स्पोर्ट्स जर्नलिस्ट वेदम जयशंकर कहते हैं, ''सुब्बू ने कर्नाटक क्रिकेट को पैना किया और नये टैलेण्ट को बाहर निकाला। उससे पहले तो क्रिकेट को सामन्ती और छिछली सोच ही चला रही थी। ऐसा लग रहा था जैसे महाराजा अभी भी खेल रहे थे।''

ये वो समय था जब कर्नाटक ने पहली बार इण्डियन क्रिकेट को बड़े सितारे दिये थे। ये थे भारत के दो महान स्पिन गेंदबाज़ इरापल्ली प्रसन्ना और भगवत चन्द्रशेखर। ये दोनों ही बेहद सहज खिलाड़ी थे जो एक प्लेट इडली और फिल्टर कॉफ़ी के साथ लोकल जनता के साथ दिन भर क्रिकेट पर बातें कर सकते थे। प्रसन्ना की ही कप्तानी में कर्नाटक 1974 में पहली बार रणजी ट्रॉफ़ी जीत पाया। मुम्बई का 15 साल का राज ख़त्म हुआ था। प्रसन्ना कहते हैं, "वो मेरी ज़िन्दगी का सबसे ख़ुशनुमा पल था।"

60 के दशक के अन्त में एक और हीरो आया। गुंडप्पा विश्वनाथ। एक छोटे क़द का ये क्रिकेटर देश की कलाइयों के जादू को सभी के सामने पेश करने आया था। इसके पास कमाल का टैलेण्ट और कहीं भी और न पायी जाने वाली टेक्नीक थी। 'विशी' मैदान पर एक बहुत बड़ा नाम था लेकिन मैदान के बाहर वो बेहद सज्जन पुरुष थे। वो इण्डियन क्रिकेट के भद्र पुरुषों की लिस्ट में पहला नाम थे। वो इतने भद्र थे कि एक दफ़ा उन्होंने 1980 के इंग्लैण्ड के ख़िलाफ़ खेले गये टेस्ट मैच में बॉब टेलर को ग़लत आउट दिये जाने पर वापस बुला लिया था। इतिहासकार रामचन्द्र गुहा कहते हैं, "लगभग बीस साल तक, उनके खेलने और उसके भी बाद भी, कर्नाटक के लिए खेलने वाले लोग उनके जैसा बन जाना चाहते थे।" रामचन्द्र गुहा ख़ुद लम्बे अरसे से कर्नाटक क्रिकेट के बहुत बड़े फैन रहे।

1983 वर्ल्ड कप जीतने वाले दो इण्डियन क्रिकेटर रॉजर बिन्नी और सैयद किरमानी ने विश्वनाथ की खेल की भावना को हमेशा संज्ञान में ले कर चलने की फ़ितरत को दोहराने का प्रयास किया। किरमानी के चेहरे पर हमेशा एक मुस्कान काबिज़ रहती थी जबकि बिन्नी विकेट लेने के तुरन्त बाद ऐसे दिखते थे मानो बल्लेबाज़ से जाकर उसे आउट करने के लिए माफ़ी माँग लेंगे। गेंदबाज़ों की अगली पीढ़ी जिसमें कुंबले और श्रीनाथ शामिल थे, मैदान पर अपनी भावनाओं को सामने लाने वाले खिलाड़ी ज़रूर थे लेकिन उन्होंने कभी भी इस क्रम में सीमाओं को नहीं लाँघा। कुंबले कहते हैं, "हमने पूरी जान लगाकर क्रिकेट खेला लेकिन हमेशा साफ़ क्रिकेट खेला। क्रिकेट की परम्पराओं के लिए हमारे दिल में पूरा सम्मान है।" कुंबले और श्रीनाथ आगे चलकर कर्नाटक क्रिकेट में प्रशासक बने और इन्होंने क्रिकेट को कर्नाटक में फैलाने की दिशा में काफ़ी काम किया। इनके प्रयासों से ही हर प्रदेश के हर ज़िले में टर्फ विकेट बनवाये जा सके।

लेकिन इन सभी बातों के साथ इस बात को भी सभी की रज़ामन्दी मिलती है कि कर्नाटक के बेहतरीन क्रिकेट कल्चर और कैरेक्टर के लिए राहुल द्रविड़ से बेहतर और कोई उदाहरण मिल सकता है। द्रविड़ के लिए ऑस्ट्रेलियाई इतिहासकार गिडियन हेई लिखते हैं, "इतने ऊँचे लेवल पर 15 साल क्रिकेट खेलने के दौरान द्रविड़ क्रिकेट के सबसे बेदाग क्रिकेटर रहे। एक ऐसा क्रिकेटर जो बेहद ग़ैरमामूली शान्ति और पवित्रता से भरा रहा। वो एक शान्त बहती नदी की माफ़िक बैटिंग करता था। आप उसकी किसी भी इनिंग्स के किसी भी हिस्से को देखने लगें और आपको मालूम ही नहीं चलेगा कि वो पिछले 6 मिनट से बैटिंग कर रहा था या 6 घण्टे से। उसने ख़ुद को हार और जीत में एक ही तरह का बनाये रखा।"

मैं पहली बार द्रविड़ से तब मुखातिब हुआ जब हम 1999 वर्ल्ड कप के ठीक पहले एक

टीवी सीरीज़ की शुरुआत में लगे हुए थे। ये उसकी भयानक तेज़ी से बदल रही इलेक्ट्रॉनिक मीडिया से पहली मुलाक़ात थी। लिहाज़ा द्रविड़ की जिज्ञासा और सब कुछ समझ लेने की कोशिश कोई आश्चर्य की बात नहीं थी। यहाँ तक कि शूट से पहले उसने ये भी पूछा कि वो कितने कपड़े लेकर आये और उसे कितनी देर तक बोलना होगा और किस तरह के सवाल पूछे जायेंगे। हर शो के बाद वो एक बात ज़रूर पूछता था–''क्या सब ठीक गया?'' उसने अब तक जो कुछ भी मैदान में किया था, द्रविड़ वो सब कुछ टीवी स्टूडियो में करने की कोशिश कर रहा था–अपने टैलेण्ट का इस्तेमाल करते हुए कड़ी मेहनत से ख़ुद को उत्कृष्ट बनाना।

द्रविड़ के रिटायर होने के 2 साल बाद 2014 में उसे फिर से न्योता दिया। इस बार दिलीप सरदेसाई मेमोरियल लेक्चर के लिए। द्रविड़ अपने लेक्चर को लिख कर और उसकी पूरी तैयारी कर के आये थे। वो गुरु और शिष्य की उस परम्परा के बारे में बात करने वाले थे जिसमें क्रिकेट का ज्ञान एक पीढ़ी से दूसरी पीढ़ी तक महज़ बातों के ज़रिये जा रहा था, ठीक वैसे जैसे किसी दौड़ में एक धावक दूसरे को बेटन पकड़ा रहा हो। हमेशा की तरह टाई और कोट पहने द्रविड़ ने अपनी बुद्धिमत्ता भरी बातों से ऑडियंस को जकड़ लिया। जब द्रविड़ ने अपना लेक्चर ख़त्म किया, लोग तालियाँ बजा रहे थे। वो शर्माते हुए मुस्कुरा भर रहे थे। उन्होंने कुछ तस्वीरें खिंचवाईं और तुरन्त मेरी माँ के पास पहुँचे और बोले, ''मुझे न्योता देने का शुक्रिया। आशा करता हूँ कि मैंने जो किया, आपको ठीक लगा होगा।'' ये उस ईमानदारी के साथ कहा गया था जिस ईमानदारी से एक स्टूडेण्ट अव्वल आने पर भी बेहतर होने की चाह रखता है। ये सदाबहार द्रविड़ था। एक बेहद सज्जन इनसान जो अपनी ज़िम्मेदारियों को पूरी ईमानदारी से निभाता है। जिसकी मृदुलता, सौम्यता और मामूली सा दिखने वाला तेज़ ख़ुद को आगे रखने और मार्केटिंग से भरी इस दुनिया में भी एकदम अलग और अनोखा दिखता है। द्रविड़ की कहानी मेहनत और अनुशासन की कहानी है, भूख और महत्त्वाकांक्षा की कहानी है। लेकिन इस सब से ऊपर उसकी कहानी इस बात में हमारा विश्वास मज़बूत करती है कि इस दुनिया में भले लोग भी जीत सकते हैं।

1973 में पैदा हुए द्रविड़ ने अपना बचपन बेंगलुरु के एक अपर–मिडल–क्लास घर में बड़े होते हुए बिताया। द्रविड़ के पिता किसान में फूड साइंटिस्ट थे। द्रविड़ को जैमी इसीलिए कहा जाता था क्यूँकि किसान जैम, स्क्वॉश और केचअप बनाने की एक मशहूर कम्पनी थी। द्रविड़ की माँ पुष्पा एक बड़े कॉलेज में आर्ट लेक्चरर थीं। बेंगलुरु की इन्दिरानगर कॉलोनी में दो लोगों के कमाने वाले परिवार को मुम्बई में गावस्कर के परिवार के समानान्तर रखा जा सकता है। लेकिन जहाँ महाराष्ट्र की कॉलोनियों में भारतीय क्रिकेट की जान बस रही थी और गावस्कर के पास माधव मन्त्री नाम के रिश्तेदार के रूप में एक गाइड था जो इण्डिया के लिए खेल रहा था, बेंगलुरु का मिडल–क्लास कुछ–कुछ क्रिकेट नर्सरी के जैसा था। 1970 के दशक में इन्दिरानगर असल शहर से कुछ दूरी पर था, जहाँ खुली जगह थी और जो कि टेनिस बॉल क्रिकेट के लिए काफ़ी मुफ़ीद था। आगे चलकर ये बेंगलुरु के कंस्ट्रक्शन बूम का केन्द्र बन गया। पड़ोस में ही पूर्व इण्डियन विकेटकीपर सदानन्द विश्वनाथ और

प्रसन्ना रहते थे। द्रविड़ याद करते हुए कहते हैं, "बचपन में सिर्फ़ प्रसन्ना को अपना कुत्ता टहलाते हुए देखना ही हमारे लिए एक ख़ास बात हुआ करती थी।"

परिवार में खेल को लेकर बहुत ज़्यादा बातें तो नहीं होती थीं लेकिन शरद ज़रूर ही क्रिकेट प्रेमी थे। "मेरे पापा क्रिकेट से प्यार करते थे और रेडियो कमेण्ट्री सुनते हुए न जाने कितने घण्टे गुज़ार सकते थे। जब भी बेंगलुरु में मैच होते थे तो वो कोशिश करते थे कि कम से कम हफ़्ते के अन्त में उन्हें टिकट मिल जायें और वो मुझे और मेरे भाई को क्रिकेट दिखाने ले जा सकें। शायद ऐसे ही मेरे अन्दर क्रिकेट के बीज बोये गये थे और गावस्कर और विश्वनाथ मेरे शुरुआती हीरो बन गये थे," द्रविड़ कहते हैं। साथ ही ये भी बताते हैं कि द्रविड़ भाइयों की गावस्कर के साथ एक तस्वीर उनकी सबसे खुशनुमा यादों में से एक है। लेकिन परिवार में क्रिकेट हमेशा पढ़ाई के बाद आता था। वो कहते हैं, "मेरे घरवाले इस मामले में एकदम साफ़ थे। पहले पढ़ाई फिर क्रिकेट।"

गावस्कर की ही तरह द्रविड़ ने भी एक बड़े एलीट कॉलेज में पढ़ाई की। सेंट जोसेफ़ ब्वॉयज हाईस्कूल। उस स्कूल के कल्चर में खेल सिर्फ़ क्रिकेट तक ही सीमित नहीं था। "हमारा नम्बर वन स्पोर्ट हॉकी हुआ करता था। संदीप सोमेश और अनिल एल्ड्रिन हमारे साथ खेलते थे जो आगे चलकर इण्डिया के लिए खेले और मैं खुद को कर्नाटक जूनियर हॉकी टीम में पाकर खुशनसीब महसूस कर रहा था। क्रिकेट मौसमी खेल था। मुम्बई में ये साल भर चलता था लेकिन वहाँ सिर्फ़ दो महीनों में ही खेला जाता था। मैं मज़ाक़ में कहता था कि जब 13 साल का सचिन मुम्बई में हर रोज़ 7 घण्टे प्रैक्टिस कर रहा होता था, मैं हफ़्ते में तीन दिन पन्द्रह मिनट की नेट प्रैक्टिस करता था और बाक़ी वक़्त हॉकी, बैडमिण्टन खेलते हुए या पढ़ाई करते हुए गुज़ार देता था।"

बेंगलुरु में स्कूल क्रिकेट भी उस कदर कम्पटीशन से भरा नहीं था। जैसा पहले बताया, सिर्फ़ चिन्नास्वामी स्टेडियम में ही एक टर्फ विकेट था। इसलिए द्रविड़ को शहर में मौजूद मैटिंग विकेट्स पर ही प्रैक्टिस करते हुए बड़े होना पड़ा। इस प्रैक्टिस ने द्रविड़ को शुरुआत से ही एक तगड़ा बैकफुट प्लेयर बना दिया। लेकिन जिस वक़्त वो कर्नाटक में अण्डर–15 लेवल पर काफ़ी रन बना रहा था, उसकी उम्र के खिलाड़ी देश के बाक़ी हिस्सों में उससे कहीं ज़्यादा आगे थे। 1987 में 14 साल का द्रविड़ साउथ ज़ोन की तरफ़ से वेस्ट ज़ोन के ख़िलाफ़ खेलने के लिए एक विकेटकीपर–बल्लेबाज़ की हैसियत से कटक गया था। "ये पहला मौक़ा था जब मैंने सचिन को खेलते हुए देखा और मैं उसे खेलता देखकर सन्न रह गया था। वो हमारी ही उम्र का था लेकिन किसी और ही लेवल पर बैटिंग कर रहा था।"

एक साल बाद जब द्रविड़ कोलकाता में नेशनल जूनियर कैम्प में हिस्सा ले रहे थे, उन्हें एक बार फिर बेंगलुरु के क्रिकेट और मुम्बई के मँझे हुए लड़कों के बीच का अन्तर समझ में आया। "हमारे कोच का नाम वासु परांजपे था और मुझे कतई यक़ीन नहीं होता कि अगर आप उनसे पूछते कि 30 लड़कों में कौन इण्डिया के लिए खेलेगा तो वो कभी भी मेरा नाम लेते। मैं बेंगलुरु नाम के एक बड़े से तालाब की एक बेहद छोटी मछली था और मुझे अभी बहुत सफ़र तय करना था," द्रविड़ कहते हैं।

द्रविड़ के स्कूल और क्लब कोच केकी तारापोर उनके शुरुआती गुरु बने। ये दोनों

पहली बार तब मिले थे जब द्रविड़ 13 साल के बालक थे। द्रविड़ के पापा उन्हें कर्नाटक स्टेट क्रिकेट एसोसिएशन के समर कैम्प में ले गये थे। टॉप क्रिकेटर्स के कोचों की तरह तारापोर भी एक औसत क्रिकेटर ही थे। 1940 के दशक में कुछ वक़्त के लिए उन्होंने मैसूर की टीम में हिस्सा लिया था। लेकिन उन्हें क्रिकेट सिखाने का जुनून था। ''वो पुराने ज़माने के क्लासिकल कोच थे जिन्होंने मुझमें ढेर सारा अनुशासन और मेहनत करने की आदत भर दी। उन्होंने मुझे खेल के बेसिक्स समझाये। मुझे ख़ासकर ये समझाया कि मुझे सीधा मारना चाहिए और हर बार गेंद को ज़मीन पर ही रखना चाहिए,'' द्रविड़ अपने कोच के बारे में बताते हैं। एमसीसी के मैन्युएल से निकली हुई एकदम परम्परागत ट्रेनिंग के लिए शैडो प्रैक्टिस में घण्टों मेहनत की जाती थी। अक्सर सीधा शॉट मारने के लिए एक रस्सी से बॉल को बाँधकर लटका दिया जाता था। दूसरी तरफ़ तारापोर इस बात पर भी ज़ोर देते थे कि उनके स्टूडेण्ट्स दिखने में भी पूरी तरह से परफ़ेक्ट रहेंगे। यहाँ तक कि वो उनके सफ़ेद पॉलिश किये हुए जूतों पर भी ध्यान देते थे।

द्रविड़ के साथ फज़ल खलील पढ़ते थे। फज़ल ने आगे चलकर कर्नाटक के लिए भी खेला। वो कहते हैं, ''मुझे राहुल के बारे में जो पहली ख़ास बात दिखी वो थी अपनी टीन–एज में भी वो कितना फ़ोकस्ड था। जब वो बैटिंग करने जाता था तो लगता था कि उसके लिए बैटिंग करना और रन बनाने के सिवा और कुछ दुनिया में बचा ही नहीं होता था। उसकी बैटिंग शायद देखने के लिहाज़ से बोरिंग कही जाये लेकिन अण्डर–15 लेवल तक भी उसकी रनों की भूख लाजवाब थी। मुझे याद है एक बार उसने केरल के ख़िलाफ़ डबल सेंचुरी मारी थी और ऐसा लग रहा था कि वो कभी आउट ही नहीं होगा।''

गावस्कर और राहुल द्रविड़ के बीच में समानता कमाल की हैं। अगर गावस्कर एक भीड़ भरी ट्रेन में बैठकर आराम से किताब पढ़ सकते थे तो द्रविड़ यही काम प्रैक्टिस के लिए जाते वक़्त बस में कर सकते थे। ''वो एक बेहतरीन स्टूडेण्ट था। ऐसा स्टूडेण्ट जो अपने जीवन को व्यवस्थित रखता था। वो क्रिकेट और पढ़ाई के बीच बेहद आसानी से बैलेंस बना के रखता था। हम लोग तो जूझते रहते थे,'' खलील याद करते हुए कहते हैं। जब बाक़ी के लड़के बाहर होते थे और पार्टी कर रहे होते थे तो द्रविड़ उस शाम जल्दी विदा लेते थे जिससे अगली सुबह वो नेट्स में आधा घण्टा जल्दी पहुँच सकता था। खलील कहते हैं, ''एक दिन राहुल ने मुझसे कहा 'मैं अगले पाँच साल में जितना हो सकता है, एक अच्छा क्रिकेटर बनने की कोशिश करूँगा।' वो सबसे टैलेण्टेड जूनियर क्रिकेटर तो नहीं था लेकिन क्रिकेट के प्रति वो पूरी तरह से समर्पित था।''

फ़ादर डेनिस कोएल्हो, द्रविड़ के स्कूल प्रिंसिपल द्रविड़ को एक आदर्श स्टूडेण्ट मानते थे। ''हम उसे कई बार क्लासेज़ भी मिस करने देते थे क्यूँकि हमें मालूम था कि वो छूटी हुई पढ़ाई कवर कर ही लेगा।'' हालाँकि द्रविड़ के लिए ये आसान नहीं था। ख़ासकर ऐसे परिवार में जहाँ माँ और बाप दोनों ही नौकरीशुदा थे। द्रविड़ को तड़के उठकर बस लेनी होती थी या साइकिल से पाँच–छह किलोमीटर दूर कर्नाटक स्टेट क्रिकेट एसोसिएशन के नेट्स में जाना पड़ता था। 8.30 बजे प्रैक्टिस निपटा कर नाश्ता ख़त्म कर अपना किट बैग, किताबें और लंच उठाकर उसे अपने स्कूल भागना होता था। द्रविड़ कहते हैं, ''मैं शायद

क्रिकेट ही खेलना चाहता था इसलिए इस सारी मेहनत के बारे में सोचता ही नहीं था।''

लेकिन उसकी क्रिकेट लाइफ़ में पहला बड़ा बदलाव सेंट जोसेफ़ के दौरान तब आया जब राहुल को एक मोटरसाइकिल मिली। ''स्कूल में मैं बस लेता था या साइकिल से जाता था। ये काफ़ी मुश्किल काम होता था और क्यूँकि मैं एक भारी किटबैग लेकर जा रहा होता था। जूनियर कॉलेज में ये थोड़ा–सा आसान हो गया था क्यूँकि अब मेरे पास एक मोटरसाइकिल आ गयी थी।''

द्रविड़ के घरवालों ने उसका एडमिशन कॉमर्स में करवा दिया था। ये एक कठिन फ़ैसला था क्यूँकि बेंगलुरु में ज़्यादातर क्रिकेटर बनने की चाह रखने वाले लड़के इंजीनियरिंग कोर्स में शामिल होते हैं। द्रविड़ ने बताया, ''इंजीनियरिंग कॉलेज क्रिकेट को काफ़ी सपोर्ट करते थे क्यूँकि वहाँ साल में सिर्फ़ एक ही इग्ज़ाम देना होता था और आप आख़िरी दो महीनों में पढ़ाई करके बाक़ी के पूरे साल क्रिकेट खेल सकते थे।'' कर्नाटक के कई क्रिकेटर्स जिसमें कुंबले भी शामिल हैं, इंजीनियरिंग ही पढ़ कर आये थे। द्रविड़ ने कॉमर्स ये सोच कर लिया था कि अगर बी.कॉम. के दूसरे साल तक क्रिकेट का सपना नहीं पूरा हुआ तो वो चार्टर्ड अकाउण्टेण्ट की डिग्री के लिए या फिर एमबीए के लिए तैयारी शुरू कर देगा।

लेकिन उसके घरवालों को चिन्ता नहीं करनी पड़ी। 17 साल की उम्र में, कॉलेज के पहले ही साल में द्रविड़ को कर्नाटक के लिए फ़र्स्ट क्लास क्रिकेट में खेलने का मौक़ा मिला। उस मैच में द्रविड़ ने 88 रन बनाये और अगले तीन मैचों में 3 सेंचुरी मारीं। उसके बचपन का हीरो विश्वनाथ रिटायर हो चुका था और अब सेलेक्टर था। उसका पहला कप्तान किरमानी उसकी ख़ूब मदद करता था और द्रविड़ ख़ुद बेहद प्रतिभाशाली लोगों से घिरे रहते थे। इनमें कुंबले, श्रीनाथ और वेंकटेश प्रसाद शामिल थे। ये सभी सफल होने की महत्त्वाकांक्षा से भरे हुए थे। ''मुझे लगता है कि क्लब में काफ़ी सारे सीनियर क्रिकेटर्स के आसपास होने से और उनके हमारी मदद करते रहने से हमें काफ़ी फ़ायदा मिला,'' कुंबले ने कहा। ''जब मैं पहली बार 19 साल की उम्र में कर्नाटक के लिए खेल रहा था, मेरे कैप्टन रॉजर बिन्नी ने मुस्कुराते हुए बुलाया और कहा 'मुझे रॉजर बुलाया करो'।''

कर्नाटक में एक स्वर्णिम काल शुरू होने वाला था। एक दशक में 3 रणजी टाइटल आये। 1998–99 सीज़न में प्रदेश के 8 क्रिकेटर्स इण्डिया के लिए खेल रहे थे। कर्नाटक अभी तक मुम्बई के तेज़ में छिपा रहा था लेकिन अब वो क्रिकेट का नया पॉवरहाउस बनने की राह पर था। कुंबले एक बेहद अहम बात कहते हैं, ''द्रविड़ का हमारी सफलता में एक बड़ा हाथ था क्यूँकि उसने हमारी बैटिंग को काफ़ी मज़बूती दी और हमारे बॉलिंग अटैक को हमेशा अच्छा सपोर्ट मिला।''

1990 के दौर में सत्ता की ताकत सिर्फ़ मैदान पर ही नहीं शिफ्ट हुई थी। मुम्बई को देश की आर्थिक राजधानी घोषित किया जा चुका था जबकि बेंगलुरु को रिटायरमेण्ट की उम्र के लिए मुफ़ीद बताकर उसे अलग रख दिया गया था। लेकिन इस पूरे दशक के दौरान, जैसे–जैसे आईटी सेक्टर ने पैर जमाने शुरू किये, मद्धम चाल से चलने वाला शहर नौजवानों की तेज़ गति से ताल मिलाने लगा। इण्डिया की सिलिकॉन वैली से इनफ़ोसिस और विप्रो स्टॉक मार्केट पर मुम्बई के एकछत्र राज को चुनौती देने के लिए ठीक उसी तरह

से तैयार थे जैसे कर्नाटक के खिलाड़ी मुम्बई को मैदान पर ललकार रहे थे। क्रिकेट की ही तरह व्यवसाय भी बेंगलुरु को इण्डिया की नयी स्टार्ट–अप कैपिटल में तब्दील कर रहा था।

असली बात ये थी कि इण्डियन टीम में आना द्रविड़ के लिए कोई आसान काम नहीं था। द्रविड़ ने 5 साल में 50 से ज़्यादा फ़र्स्ट क्लास मैच खेले और 15 से ज़्यादा शतक जमाये तब जाकर वो इण्डियन कैप पहनने के मौक़े के पास पहुँचा था। इण्डियन टीम में न आ पाने की सूरत में बैक–अप के तौर पर उसने एक साल का पत्राचार वाला एमबीए कोर्स भी कर लिया था। लेकिन उसकी खुद को बेहतर करने की चाह इतनी ज़्यादा थी कि उसने कहीं भी कोई भी कसर ही नहीं छोड़ी हुई थी। 90 के दशक के मध्य में दो गर्मियाँ द्रविड़ ने चेन्नई में गुज़ारीं जहाँ वो एक किराये के घर में पाँच और क्रिकेटर्स के साथ रहता था। इस दौरान वो इण्डियन सीमेण्ट्स के लिए खेल रहा था। ये सब वो इसलिए कर रहा था जिससे उसे टर्फ विकेट पर खेलने का एक्सपीरियंस मिल सके। द्रविड़ कहते हैं, "मुझे लगता है कि फ़र्स्ट क्लास क्रिकेट में चले रगड़े ने मुझे मानसिक तौर पर काफ़ी मज़बूत बनाया और मेरे गेम को काफ़ी मदद मिली। मैं इस दौरान काफ़ी मेच्योर हुआ। मैं 23 साल की उम्र में इण्डिया के लिए खेलने के लिए तैयार था। इतना मैं 4 साल पहले नहीं था।"

ये लम्बा इन्तज़ार तब ख़त्म हुआ जब द्रविड़ को इण्डियन टीम में 1996 के इंग्लैण्ड दौरे के लिए जगह मिली। लेकिन उस बेंगलुरु से आये शर्मीले, पढ़ाकू लड़के को अपने सबसे कठिन इम्तहान में अभी पास होना था।

हर क्रिकेट फैन की तरह द्रविड़ के पापा शरद ने लन्दन की यात्रा पर लॉर्ड्स के दर्शन किये। पवेलियन के सामने अपनी एक तस्वीर भी ली। छोटे द्रविड़ ने 1983 की जीत के बारे में कहानियाँ सुनते हुए अपना बचपन काटा था। इसके साथ ही उन्हें दुनिया के सबसे ख़ूबसूरत और मशहूर मैदान के बारे में भी कितना कुछ सुनने को मिला था। द्रविड़ उस वक़्त को याद करते हैं और कहते हैं, "मैं लॉर्ड्स गया और मुझे मालूम था कि यही वो गेट्स हैं जहाँ से ब्रैडमैन और गावस्कर चलकर आये थे। यही वो मैदान था जो क्रिकेट के न जाने कितने ही बेहतरीन मौक़ों का गवाह बन चुका था।"

खेल के इतिहास को पढ़ने वाले द्रविड़ को अपना पहला मैच खेलने के लिए लॉर्ड्स से उपयुक्त जगह मिल ही नहीं सकती थी। उसका पहला मैच किस्मत की बात थी। मैच से ठीक एक शाम पहले संजय मांजरेकर को टखने में चोट लग गयी और उन्हें टीम में जगह नहीं मिलने वाली थी। द्रविड़ उस मौक़े को याद करते हुए कहते हैं, "अगर उस मैच में संजय अन–फिट नहीं होते तो मुझे नहीं लगता है कि मुझे लॉर्ड्स टेस्ट में खेलने का मौक़ा मिलता। मुझे असल में सीरीज़ के किसी भी मैच में खेलने का मौक़ा नहीं मिलता। क्यूँकि मैं एक रिज़र्व बैट्समैन के तौर पर गया था।"

जब द्रविड़ पहली बार बैटिंग करने के लिए गये, इण्डियन टीम भारी संकट में थी। 202 रन पर 5 विकेट। इण्डिया अभी भी इंग्लैण्ड से 100 रन पीछे थी। द्रविड़ आख़िरी बैट्समैन थे। इसके बाद टीम की पूँछ शुरू होने वाली थी। द्रविड़ के लिए अगर कोई बात हौसला दिलाने वाली थी तो वो ये थी कि दूसरे एण्ड पर भी वो बल्लेबाज़ खड़ा था जो

अपना पहला मैच खेल रहा था। द्रविड़ से छह महीने सीनियर सौरव गांगुली अपने शतक की ओर बढ़ रहे थे। द्रविड़ और गांगुली आपस में एक–दूसरे को अण्डर–15 के दिनों से जानते हैं। ये दोनों इण्डिया ए के लिए साथ बैटिंग भी कर चुके थे। द्रविड़ कहते हैं, "मुझे लगता है कि दूसरे एण्ड पर सौरव बड़े आराम से बैटिंग कर रहा था इसलिए मुझे उतना ज़्यादा प्रेशर महसूस नहीं हो रहा था और शुरुआती नर्वसनेस काफ़ी जल्दी ख़त्म हो गयी।"

अगले कुछ घण्टों तक दोनों पहला मैच खेल रहे बल्लेबाज़ इण्डिया का सम्मान बचाते रहे। सौरव ने 131 रन बनाये और दोनों ने मिलकर 94 रन की पार्टनरशिप की। द्रविड़ ख़ुद पहले ही मैच में सेंचुरी से चूके और 95 रन पर विकेट के पीछे कैच आउट हो गये। जब उनका कैच लिया गया तो द्रविड़ बिना अम्पायर के इशारे का इन्तज़ार किये ही वापस मुड़ गये और पवेलियन की ओर चल पड़े। द्रविड़ के सिद्धान्तों की ये पहली निशानी थी। वो इतिहास लिखने से बस थोड़ा–सा ही चूक गया था। कॅरियर के पहले ही मैच में लॉर्ड्स पर सेंचुरी बनाने का रिकॉर्ड। लेकिन फिर भी 95 रन कोई बुरी शुरुआत नहीं थी। द्रविड़ उस इनिंग्स के बारे में कहते हैं, "मुझे थोड़ा दुख तो हुआ था कि मैं सेंचुरी नहीं बना पाया लेकिन मुझे ये मालूम चल गया था कि मैं पहला क़दम बढ़ा चुका हूँ और मुझे अच्छा लग रहा था।" वो इनिंग्स ट्रेडमार्क द्रविड़ इनिंग्स थी। रक्षात्मक बैटिंग जिसमें ऑन साइड पर शॉट्स खेले गये थे और पूरी इनिंग्स के दौरान अडिग रहने के मिजाज़ की नुमाइश हुई। संदीप पाटिल इस वक़्त इण्डिया के कोच थे। उन्होंने कहा, "मुझे लगता है कि हर किसी ने राहुल द्रविड़ के बारे में जो बात सबसे पहले नोटिस की वो थी कि पूरी इनिंग्स के दौरान वो कितना शान्त था। ऐसा लग रहा था जैसे वो टेस्ट मैच ही खेलने के लिए पैदा हुआ था।"

द्रविड़ ने लॉर्ड्स की उस इनिंग्स के बाद कभी पीछे मुड़कर नहीं देखा। द्रविड़ ने भले ही अपने पहले ही मैच में इंग्लैण्ड के ख़िलाफ़ शतक नहीं मारा था लेकिन वहाँ से उसका इंग्लैण्ड के प्रति एक अजीब प्रकार का आकर्षण शुरू हुआ जो आगे चलकर प्रगाढ़ प्रेम में तब्दील हो गया। इंग्लैण्ड के ख़िलाफ़ अगले 15 सालों में 4 सीरीज़ में बँटे कुल 13 टेस्ट मैचों में द्रविड़ ने 6 टेस्ट शतक लगाये, 4 पचासे लगाये। ये सब 70 रन प्रति इनिंग्स की दर से। ये किसी भी भारतीय बल्लेबाज़ के द्वारा क्रिकेट के सबसे पवित्र फॉर्मेट में सबसे अच्छी परफॉरमेंस है।

अगर वेस्ट इण्डीज़ दौरे पर गावस्कर ने अपना नाम चमका लिया था तो द्रविड़ ने इंग्लैण्ड के उस गर्मी के सीज़न में क्रिकेट विशेषज्ञों के बीच अपनी जगह बना ली थी। इंग्लैण्ड की स्विंग और सीम होने वाली कंडीशन में राहुल की आगे आकर डिफेंड करने वाली और सॉलिड बैक–फुट की टेक्नीक एकदम मुफ़ीद थी। वो गेंद को लेट खेल रहा था और उसे भली तरह से मालूम था कि उसका ऑफ़ स्टंप कहाँ था। वो शायद ही कभी क्रीज़ में क़ैद पाया गया हो।

इंग्लैण्ड के ख़िलाफ़ सफलता के बारे में बात करते हुए द्रविड़ कहते हैं, "मुझे लगता है मैं शुरुआत से ही इंग्लैण्ड के प्यार में पड़ गया था।" अंग्रेज़ीदां लाइफ़स्टाइल उसके स्वभाव और अकेले छोड़ दिये जाने की चाहत से मेल खाती थी। वो खेल में डूब जाता था या फिर पार्क में देर तक टहला करता था और कई बार लन्दन की सांस्कृतिक विरासत को निहारा

करता। 2000 में राहुल ने इंग्लिश काउंटी टीम केंट से जुड़ने का फ़ैसला किया और तीन साल बाद स्कॉटलैण्ड में क्रिकेट खेलते हुए अपना हनीमून मनाया।

केंट के उसके साथियों के पास उससे जुड़ी कुछ अच्छी यादें हैं। द्रविड़ के रिटायरमेण्ट पर भेंट स्वरूप द्रविड़ के केंट के टीममेट एड स्मिथ ने लिखा, ''एक ठण्डी सुबह जब केंटरबेरी के सेंट लॉरेंस ग्राउण्ड के ड्रेसिंग रूम में राहुल द्रविड़ दाखिल हुआ तो आप साफ़ बता सकते थे कि वो बाकियों से कितना अलग है। वो किसी भी तरह से अपने रुतबे की नुमाइश नहीं लगा रहा था और न ही बनावटी प्रतिस्पर्धा में लोगों को शामिल कर रहा था। वो चुपचाप कमरे भर में सभी के साथ हाथ मिलाता रहा। कप्तान से लेकर सबसे जूनियर खिलाड़ी तक। ये किसी मँझे हुए खिलाड़ी की निशानी नहीं थी बल्कि एक बेहद संजीदा इनसान की तमीज़ थी। हमें सबसे पहले एक कमाल का इनसान मिला, बेहतरीन क्रिकेटर कुछ देर बाद।''

अपने पहले मैच के एक साल बाद उसने साउथ अफ़्रीका के 'बुलरिंग' यानी वांडरर्स स्टेडियम में मुश्किल हालातों में कॅरियर की पहली टेस्ट सेंचुरी मारी। दिमाग़ी तौर पर मज़बूत रहना हमेशा से ही उसका सबसे बड़ा हथियार रहा है। उसी 1997 के साउथ अफ़्रीका के टूर पर ही एक वन–डे गेम के दौरान उस वक़्त के सबसे तेज़ गेंदबाज़ एलेन डोनाल्ड को राहुल द्रविड़ ने उनके सर के ऊपर से छक्के के लिए मार दिया। ये शॉट एक बिना स्ट्रोक वाले बल्लेबाज़ के लिए बेहद साहस से भरा शॉट था। इसके बाद जब डोनाल्ड द्रविड़ की ओर कुछ कड़े शब्दों को फेंक रहे थे, द्रविड़ बस उनकी तरफ़ ऐसे देखे जा रहे थे जैसे उसे उस छक्के के सिवा न कुछ दिखायी दे रहा था न सुनायी दे रहा था। ये वो मौक़ा था जब पूरी दुनिया को मालूम चल रहा था कि आने वाला समय कुछ अनोखा लेकर आयेगा।

''क्या आपको मालूम है कि जब वो मैच साउथ अफ़्रीका में खेला जा रहा था, राहुल द्रविड़ के पापा का चेन्नई में ऑपरेशन चल रहा था। लेकिन उसका फोकस ऐसा था कि न केवल उसने मैच खेला बल्कि वो टीम का सबसे ज़्यादा स्कोर करने वाला खिलाड़ी बना। मैच के बाद उसने शाम को चेन्नई की फ्लाइट पकड़ी। उस वक़्त हमें मालूम पड़ा कि मुश्किल समय में असली ताकत क्या होती है,'' श्रीनाथ, राहुल के कर्नाटक के साथी और सीनियर उस मैच को याद करते हुए बताते हैं।

द्रविड़ की साउथ अफ़्रीका में परफॉरमेंस ने इण्डियन क्रिकेट में नये पैमाने गढ़े। ये शानदार बल्लेबाज़ी के युग की शुरुआत थी जो अब किसी एक व्यक्ति विशेष पर टिकी नहीं रहने वाली थी बल्कि पार्टनरशिप के दम पर बढ़ने वाली थी। 1990 का दशक वो समय दिखा रहा था जब केन्द्र में मिली–जुली सरकार बन रही थी। कोई भी एक पार्टी पूर्ण बहुमत नहीं हासिल कर पा रही थी। क्रिकेट के मैदान पर सचिन तेंदुलकर वो अकेला शख़्स था जो इण्डिया को ढो रहा था। लेकिन अब उसे भी एक साथी मिल गया था जो उसका बोझ कुछ हल्का कर सकता था। एक खिलाड़ी जिसके पास सचिन जितनी ही ताकत थी और जो उतनी ही प्रतिबद्धता से इस खेल को खेलने उतरता था। जैमी न दोबारा नामकरण हो गया था–'दीवार'। ठोस, मज़बूत, अडिग और अभेद्य।

अपने पहले टेस्ट के पाँच साल के अन्दर द्रविड़ का कॅरियर एक चौराहे पर खड़ा था।

शुरुआत में टेस्ट बैट्समैन का लेबल लगवा चुके द्रविड़ को बिना किसी ठोस वजह दिये 1998 में वन–डे टीम से ड्रॉप कर दिया गया। इसके बाद द्रविड़ ने साल 1999 के वर्ल्ड कप में लगभग 500 रन बनाये। द्रविड़ ने आधा दर्जन टेस्ट सेंचुरी मारीं जिसमें न्यूज़ीलैण्ड के ख़िलाफ़ एक टेस्ट की दोनों इनिंग्स में एक–एक सेंचुरी शामिल थी। वो 50 रन से ज़्यादा के एवरेज से हर इनिंग्स में रन बना रहा था और ख़ुद को इण्डिया के नम्बर तीन पर आने वाले बल्लेबाज़ के रूप में स्थापित कर चुका था। इतना सब कुछ हो जाने के बाद भी क्रिकेट के पण्डित उसके पक्ष में नहीं बोल रहे थे। उनका मानना था कि इतना डिफेंसिव खेल और कछुए की गति से रन बनाने की आदत द्रविड़ को अच्छी क्वालिटी के बॉलिंग अटैक के सामने कमज़ोर बना देती है। 2001 में जब स्टीव वॉ के नेतृत्व में दुनिया जीत चुकने वाली ऑस्ट्रेलिया की टीम इण्डिया आयी तो द्रविड़ को टीम से हटा देने की बातें कही जा रही थीं। 1999–2000 में द्रविड़ का ऑस्ट्रेलिया दौरा कुछ ठीक नहीं गया था। मुम्बई में हुए पहले टेस्ट में भी वो कुछ ख़ास नहीं कर पाये थे। उनके आलोचक आख़िरी वार करने की फिराक में थे।

ये सब कुछ दूसरे टेस्ट के दौरान ईडेन गार्डेन में दो–ढाई दिनों में बदल गया। इण्डिया फॉलो–ऑन खेल रही थी और लगातार 16 टेस्ट जीत चुकी ऑस्ट्रेलिया की टीम के सामने टिकने की स्थिति में नहीं दिख रही थी। फिर तीसरे दिन का खेल ख़त्म होने से कुछ वक़्त पहले वीवीएस लक्ष्मण का साथ देने राहुल द्रविड़ उतरे। द्रविड़ पहली इनिंग्स में जल्दी आउट हो गये थे और दूसरी इनिंग्स में उन्हें नीचे भेजा गया था जबकि लक्ष्मण अपने रेगुलर नम्बर तीन के स्पॉट पर खेलने आये थे। "मुझे याद है कि जब मैं बैटिंग करने के लिए आ रहा था तो स्टीव वॉ ने मुझसे कहा–'नम्बर तीन से नम्बर छह? एक और ख़राब इनिंग्स और तुम्हें टीम से निकाल दिया जायेगा,' " राहुल द्रविड़ को वो शब्द अक्षरशः याद हैं। वॉ उस दिन माइण्ड–गेम खेल रहे थे जिसमें ऑस्ट्रेलिया पूरी तरह से पारंगत थी लेकिन अपने शब्दों से एक सोये हुए शेर को जगाने के लिए वो इससे बुरा वक़्त नहीं ढूँढ़ सकते थे।

आगे पूरे दिन और उससे कुछ ज़्यादा देर तक द्रविड़ और लक्ष्मण इण्डियन क्रिकेट के इतिहास की सबसे यादगार पार्टनरशिप पर काम कर रहे थे। उन्होंने मिलकर 376 रन बनाये, पूरे चौथे दिन बैटिंग की और इण्डिया को मुसीबत से निकाला। इसके बाद हरभजन सिंह ने आख़िरी दिन के आख़िरी सेशन में ऑस्ट्रेलिया के बल्लेबाज़ों को नचाया और एक यादगार जीत दिलायी। द्रविड़ ने 353 गेंदें खेलीं, 446 मिनट बैटिंग की और 20 चौके मारे। वो 180 रन बनाकर रन–आउट हो गये। लक्ष्मण ने 452 गेंदें खेलीं, 631 मिनट बैटिंग की और 281 रन बनाये। लक्ष्मण ने 44 चौके मारे। ये एक बैटिंग मैराथन थी जिसने दुनिया के उस सबसे अच्छे पेस अटैक को धूल चटा दी थी जिसकी अगुवाई मैक्ग्रा और शेन वॉर्न कर रहे थे।

द्रविड़ और लक्ष्मण ने एक साथ सालों–साल बैटिंग की है। दक्षिण भारत के दो हमउम्र, बेहद ज़मीनी क्रिकेटर जो लगभग एक जैसे मिडल क्लास बैकग्राउण्ड से आये थे। लक्ष्मण के माँ–बाप हैदराबाद में डॉक्टर थे और द्रविड़ की तरह लक्ष्मण के सामने भी वो स्थिति आयी थी जब उन्हें पढ़ाई और क्रिकेट के बीच में से एक को चुनना था। लक्ष्मण ने द्रविड़

को पहली बार एक अण्डर–19 मैच में खेलते हुए देखा था और तबसे कर्नाटक के इस बल्लेबाज़ के फ़ोकस कर पाने की क्षमता के कायल हैं। ''मुझे लगता है कि हम दोनों दूर के भाई हैं जिनकी मशीनरी एक जैसी है लेकिन जब हम साथ बैटिंग कर रहे होते हैं तो सिर्फ़ रन बनाना और आउट न होना ही मायने रखता है,'' कहना था लक्ष्मण का।

कोलकाता टेस्ट के चौथे दिन इन दोनों की पार्टनरशिप का मुख्य आकर्षण प्रतिकूल परिस्थितियों में पीछे न हटने का दृढ़ संकल्प था। शुरुआत में द्रविड़ को कुछ समस्या ज़रूर हुई लेकिन लक्ष्मण अपने कॅरियर की सबसे अच्छी फॉर्म में खेल रहे थे। उनकी लचक खाती कलाइयों वाले हाथ में बल्ला सितार के एक तार जैसा मालूम पड़ रहा था। द्रविड़ उस इनिंग्स को याद करते हुए कहते हैं, ''मुझे लय में आने में वक़्त लगा लेकिन दूसरे एण्ड पर लक्ष्मण बेहतरीन टाइमिंग के साथ गेंद को मार रहा था और शुरुआत से ही ऐसे खेल रहा था जैसे वो किसी और ही विकेट पर खेल रहा हो।''

लक्ष्मण आगे कहते हैं, ''मालूम है, राहुल ऐसा ही करता है। वो हमेशा अपने रोल को छोटा बतायेगा।'' सच तो ये है कि इन दोनों ने उस दिन क्रिकेट के खेल को एक आध्यात्मिक संगत में बदल कर रख दिया था। लक्ष्मण बताते हैं, ''हमने ख़ुद को छोटे–छोटे टार्गेट दिये थे। हम आपस में कहते थे कि एक ओवर बैटिंग करते हैं। फिर एक घण्टा। फिर एक पूरा सेशन। हमने बहुत बातें नहीं कीं। हमारा सारा ध्यान बस इस बात पर था कि हम आउट नहीं होंगे।''

एक ध्यान में लीन साधु की तरह द्रविड़ अपनी कला में खोये हुए थे। जैसे–जैसे ख़ूबसूरत बैटिंग अपने चरम पर पहुँच रही थी, समय अपना महत्त्व खो चुका था, स्टैण्ड्स में शोर मचाती जनता शून्य में एक हल्की– सी चमक में तब्दील हो चुकी थी। जब उसने अपना सौवाँ रन बनाया तो कुछ ऐसा हुआ जिसकी किसी ने भी अपेक्षा नहीं की थी। उसने हवा में एक मुक्का चलाया, हिंसात्मक लहजे में बल्ले को प्रेस बॉक्स की ओर दिखाया। ऐसा करते हुए उसकी आँखों में गुस्सा साफ़ झलक रहा था। शारीरिक तौर पर वो निचुड़ चुका था उसके अन्दर क़ैद ऊर्जा को निकलना था। वो ऊर्जा अब निकल रही थी। उसने अपनी फॉर्म के बारे में चल रही सभी बहसों पर अन्तिम विराम लगा दिया था। द्रविड़ कहते हैं, ''मुझे नहीं लगता है कि मुझे वैसे करना चाहिए था लेकिन मैं एक ख़तरनाक टीम के ख़िलाफ़ लड़ाई जीतकर काफ़ी सन्तुष्ट महसूस कर रहा था।''

चौथे दिन जब ये दोनों खिलाड़ी बिना आउट हुए वापस पवेलियन पहुँचे तो उन्हें इस बात का अहसास होना शुरू हुआ कि वो क्या कर के आये थे। ''उस दिन हमने जो लड़ाई लड़ी वो जितनी शारीरिक थी, उतनी ही मानसिक भी। मुझे पीठ में दर्द था और मैं लगभग मैच से बाहर होने ही वाला था। राहुल को भी मैच से पहले हल्का बुख़ार था। इसलिए बैटिंग के दौरान हमें ख़ुद को मानसिक तौर पर काफ़ी सधा हुआ रखना पड़ा,'' लक्ष्मण बताते हैं। ऑस्ट्रेलियन खिलाड़ियों को भी ये मालूम था कि वो जो देख रहे थे, कतई आम नहीं था। यही वजह थी कि उन्होंने अपनी मैदान पर बोलते रहने की आदत के विपरीत चुप रहना ही ठीक समझा। लक्ष्मण बताते हैं, ''दिन के अन्त में तो एडम गिलक्रिस्ट हमसे कुछ कहने से ज़्यादा हमारे शॉट्स को आँख भर के देख लेने में इंट्रेस्टेड हो गया था।''

दोनों खिलाड़ियों ने, अपने स्वभावानुसार किसी भी तरह के ज़श्न में समय नहीं गँवाया। अपनी पार्टनरशिप की शाम दोनों सौरव गांगुली के घर गये और डिनर किया। अगले दिन उस ऐतिहासिक जीत के ठीक बाद टीम ने फ्लाइट पकड़ी और चेन्नई के लिए चल पड़े जहाँ अगला और आख़िरी टेस्ट खेला जाना था। लक्ष्मण को एक बात ज़रूर याद है, ''राहुल और मैं फ्लाइट में चढ़े और जैसे ही हम पहुँचे, वहाँ मौजूद सभी पैसेंजर्स खड़े हुए और हमारे लिए तालियाँ बजाने लगे। वो काफ़ी स्पेशल था।'' ये बताते हुए लक्ष्मण की मुस्कान साफ़ दिख रही थी।

लगभग सभी क्रिकेट विशेषज्ञ ये कहते हैं कि लक्ष्मण और द्रविड़ की पार्टनरशिप इण्डियन क्रिकेट में एक निर्याणक मोड़ था। गांगुली उसके बारे में कहते हैं, ''उस पार्टनरशिप ने हमें गज़ब का आत्मविश्वास दिया था और हमारी टीम और टीम के हर खिलाड़ी को बदल के रख दिया था।'' इस सीरीज़ के ठीक पहले इण्डिया ने न्यूज़ीलैण्ड के जॉन राइट को अपना कोच नियुक्त किया था। जॉन इण्डियन टीम के पहले विदेशी कोच थे। एक साल पहले ही टीम इण्डिया के ऊपर मैच फिक्सिंग के काले बादल मँडरा रहे थे और फैन्स भारतीय क्रिकेट में विश्वास खोते जा रहे थे। ईडेन गार्डन्स में बनी इस पार्टनरशिप ने दोबारा से फैन्स को वापस खींचा और इण्डियन क्रिकेट में नयी साँस भरी। द्रविड़ कहते हैं, ''मुझे लगता है कि वो जीत बहुत ज़रूरी थी क्यूँकि अगर हम हारते तो लोगों का हममें और नये कोच के साथ हमारी नयी सोच में विश्वास नहीं रह जाता।''

इसीलिए 1971 में मिली दो जीतों और 83 के वर्ल्ड कप के बाद कोलकाता में खेले गये इस टेस्ट मैच को इण्डियन क्रिकेट को बदल देने वाली घटनाओं में शामिल करना ही चहिए। इसने इण्डियन क्रिकेट में उस वक़्त नयी जान डाली जब उसके भविष्य पर भ्रष्टाचार की वजह से तलवार अटकी हुई थी। 2001 में एक स्टिंग ऑपरेशन के बाद भाजपा अध्यक्ष बंगारू लक्ष्मण का एक टेप आया जिसमें वो किसी डिफेन्स डील में रिश्वत लेने की बात करते हुए पकड़े गये। इस खुलासे ने इस संशय पर मुहर लगा दी कि भारतीय राजनीति गर्त में जा रही थी। खिलाड़ियों को प्यार मिलता था क्यूँकि फैन्स ये मानते थे कि वो नेताओं जैसे नहीं थे। लेकिन मैच फिक्सिंग ने इण्डियन क्रिकेट के शुद्ध और पवित्र होने के दावे को झूठा साबित कर दिया था। खेल की इज़्ज़त तार–तार हो रही थी और लोगों की आँखें खुल रही थीं। जिस एक शय को इस मैच फिक्सिंग ने 2000 में धूल में मिला दिया था, कोलकाता में 48 घण्टों में उसे दोबारा ज़िला दिया गया था–एक बेहतरीन खेल और उसके हुनरमन्द खिलाड़ी।

ईडेन गार्डन ने न सिर्फ़ इण्डियन क्रिकेट को ताज़गी से भर दिया बल्कि इसके दो नायकों के कॅरियर को एक नयी दिशा दे दी। वीवीएस लगातार टीम इण्डिया से अन्दर और बाहर हो रहे थे, लेकिन इसके बाद उन्हें एक 'वेरी वेरी स्पेशल' क्रिकेटर का तमगा मिल गया था। द्रविड़ की सफलताएँ एक अलग ही दुनिया में चली गयीं। अप्रैल 2002 से जुलाई 2006 के बीच द्रविड़ ने 49 टेस्ट मैच खेले और हर इनिंग्स में लगभग 70 रन के हतप्रभ कर देने वाले एवरेज से 4720 रन बनाये। इस दौरान राहुल ने 14 सैकड़े और 22 बार हाफ सेंचुरी बनायी। इस पूरे दौरान इण्डिया ने ऑस्ट्रेलिया, पाकिस्तान, साउथ अफ़्रीका, इंग्लैण्ड

और वेस्ट इण्डीज़ में टेस्ट जीते। बिना शक ये इण्डियन क्रिकेट का सबसे शानदार काल था और राहुल द्रविड़ इसके सबसे मज़बूत स्तम्भ थे जिसके इर्द–गिर्द सारा ताना–बाना बुना जा रहा था। "2001 तक हम मैच जीतने के लिए सचिन पर निर्भर करते थे। अगले 5 सालों में वो राहुल द्रविड़ था जो इण्डियन बैटिंग को एक और धरातल पर ले गया," सौरव गांगुली ने कहा।

इस स्वर्णकाल में हेडिंग्ले के हरे विकेट पर पहले बैटिंग करते हुए द्रविड़ ने मैच जिताऊ सेंचुरी बनायी, फिर एडिलेड में ऑस्ट्रेलिया के ख़िलाफ़ एक डबल सेंचुरी और एक हाफ़ सेंचुरी। इसके बाद कॅरियर का सर्वश्रेष्ठ स्कोर बनाया रावलपिंडी में पाकिस्तान के ख़िलाफ़। उन 270 रनों ने इण्डिया को पाकिस्तान में पहली सीरीज़ जितवाई। आकाश चोपड़ा, पूर्व इण्डियन ओपनर और अभी के क्रिकेट कमेण्ट्रेटर और राइटर कहते हैं, "उन चार–पाँच सालों में, मुझे नहीं लगता है कि इण्डियन क्रिकेट में किसी भी बल्लेबाज़ ने राहुल द्रविड़ से बेहतर बल्लेबाज़ी की थी। उसने अपने खेल को बार–बार बढ़ाया और जब भी टीम को उसकी ज़रूरत महसूस हुई, ख़ुद को बेहतर किया।"

तो द्रविड़ की बैटिंग में ऐसा क्या बदलाव आया जिसने उन्हें उस वक़्त का नम्बर एक टेस्ट बैट्समैन बना दिया था? "मुझे लगता है कि मैं ज़्यादा मेच्योर हो गया था और अपने गेम पर मेरा कण्ट्रोल था। सबसे ज़रूरी बात ये थी कि मैं दिमागी तौर पर बहुत शान्त था।" लक्ष्मण, जिन्होंने राहुल को उनके अण्डर–19 क्रिकेट के दिनों से देखा है, कहते हैं, "देखिये, राहुल के पास काम करने का एक अच्छा सिस्टम है और वो सब कुछ बहुत ही अच्छे से करता है लेकिन एक वक़्त ऐसा आता है जब वो अपने ऊपर काफ़ी दबाव डाल लेता है। लेकिन इंग्लैण्ड में सफलता मिलने के बाद मुझे ऐसा महसूस हुआ कि वो और ज़्यादा खुलकर खेलने लगा और ख़ुद में ज़्यादा सुरक्षित महसूस कर रहा था।" मुख्यतः ऑन–साइड में खेलने वाला राहुल द्रविड़ कुछ वक़्त में सम्पूर्ण बल्लेबाज़ बन गया। वो टेस्ट और वन–डे मैचों में बराबर तरीक़े से बॉलिंग अटैक्स को कुंद करता जा रहा था। वो समान रूप से रन बनाते जा रहा था मानो कोई प्लेयर नहीं रोबोट बैटिंग कर रहा हो। द्रविड़ कहते हैं, "मुझे लगता है कि उस दौर में मैं अपने चरम पर खेल रहा था।"

जॉन राइट की मौजूदगी ने भी काफ़ी मदद की। केंट में इन दोनों की मुलाक़ात हुई थी और तुरन्त ही इनमें तालमेल बैठ गया था। द्रविड़ की ही तरह राइट ने भी अपने खेल पर काफ़ी काम किया था। जॉन एक पुराने ज़माने के क्रिकेट की वकालत करते आये थे और खेल के प्रति जुनूनी थे। द्रविड़ जॉन के बारे में कहते हैं, "जॉन के क्रिकेट ज्ञान और उनकी क्रिकेट के प्रति चाह ने टीम का मनोबल बढ़ाया और टीम में काफ़ी आत्म–विश्वास जगाया। इस दौरान वो टीम को नये टार्गेट सेट करने को कह रहे थे और साथ ही हर किसी को उसकी निजी ताकतों पर काम करने को कह रहे थे। इस दौरान कोई भी प्लेयर अपने रोल को लेकर न ही कन्फ्यूज़न में था और न ही उसे किसी भी तरह की असुरक्षा का भाव था।"

हालाँकि इस पूरे वक़्त इण्डियन टीम में द्रविड़ वो अकेला सितारा नहीं था जो चमक रहा था। इण्डियन क्रिकेट एक बैटिंग की क्रान्ति के दौर से गुज़र रहा था–द्रविड़, लक्ष्मण,

तेंदुलकर, गांगुली और वीरेन्द्र सहवाग अब नये फैब फाइव थे। ये इण्डियन क्रिकेट की सबसे शानदार बैटिंग करने वाली टोली थी। आपस में इन्होंने 50 हज़ार से ज़्यादा टेस्ट रन बनाये थे। ''हमें एक–दूसरे का साथ ख़ूब पसन्द आता था। हम आपस में कम्पटीशन करते थे लेकिन हमने कभी भी उसे मुक़ाबले में नहीं बदला। हमने एक–दूसरे को अपनी–अपनी परफॉरमेंस से इंस्पायर किया,'' द्रविड़ ने कहा।

लक्ष्मण इस बारे में कहते हैं, ''सचिन ने नेतृत्व की शुरुआत की। उन्होंने बेंचमार्क सेट किये और धीरे–धीरे हमने ये अहसास करना शुरू किया कि हमें अपने खेल को बड़ा कर ज़िम्मेदारियों को बाँटना होगा।'' सौरव गांगुली कहते हैं, ''मुझे लगता है कि चूँकि हम सभी अलग–अलग तरीक़े के प्लेयर्स थे, हमें काफ़ी फ़ायदा मिला। इससे हुआ ये कि हम सभी बिना एक–दूसरे को कॉपी किये अपने तरीक़े से खेल सकते थे।'' द्रविड़ इस मामले में ज़्यादा ज़मीनी होते हुए कहते हैं, ''हम पाँच में से शायद एक मैं ही वो था जिसके पास नेचुरल टैलेण्ट नहीं था। ऐसा इसलिए क्यूँकि ज़्यादातर टैलेण्ट को स्ट्रोक मारने की क्षमता से ही मापा जाता है। लेकिन शायद मेरे पास अलग चीज़ें थीं–जैसे बहुत देर तक एक ही चीज़ पर ध्यान केन्द्रित करने की ताकत और ख़ुद को उस हद तक धकेल देने की हिम्मत जहाँ से मैं ख़ुद को बेहतर बना सकता था।''

खेल पर लिखने वाले लेखक रोहित ब्रिजनाथ द्रविड़ के रिटायरमेण्ट पर अपने एक बेहतरीन लेख में लिखते हैं, ''लक्ष्मण में मुझे कला देखने को मिलती है। सहवाग में मुझे आज़ादी दिखती थी, तेंदुलकर में जीनियस लेकिन द्रविड़ मुझे सिखाता था कि बार–बार खुद में विश्वास दिलवा पाना एक गिफ्ट है। ऐसा इनसान होते हुए भी वो बदसूरत बला से प्यार कर बैठा था। भले ही वो ढीले तरीक़ों से रन बना रहा होता था लेकिन वो लगातार खेलता जाता था। एक गेंद छोड़ी, एक ब्लॉक की, फिर एक ब्लॉक की और फिर एक छोड़ी। ये काफ़ी बोरिंग लग सकता था, कभी–कभी लगता भी था। लेकिन फिर अन्त में आप देखते थे कि वो या तो लीड दिलवा चुका होता था या बुरी स्थिति से बाहर निकाल चुका होता था या इण्डिया को जीत के नज़दीक ले आया होता था। आप ऐसे में शर्ट को पसीने से भिगा चुके, एकाग्रचित्त इस खिलाड़ी को देखते हैं और सोचते हैं–ब्लडी हेल! हर तरीक़े का स्ट्रगल उसका गीत बन चुका था।''

जैसे एक समझदार बल्लेबाज़ बाउंसर्स से बचता रहता है, द्रविड़ ने अपने पूरे कॅरियर भर विवादों से ख़ुद को बचाए रखा। 2004 में बॉल–टेम्परिंग पर मैच फ़ीस की 50% की कटौती वो एकमात्र मौक़ा था जब राहुल को उनके मैदान पर किये गये किसी काम की वजह से सज़ा मिली हो। वो जो गम चबा रहे थे उसका चिपचिपा तरल सफ़ेद गेंद की चमकीली सतह पर पाया गया था। द्रविड़ ने उसके बारे में कहा, ''वो अनजाने में हुई एक ग़लती थी। गेंद को चमकाने के लिए थूक का इस्तेमाल किया ही जाता रहा है। मैं किसी भी तरह से ग़लत काम करते हुए ख़ुद को फ़ायदा नहीं पहुँचाना चाहता था।'' आप द्रविड़ पर विश्वास कर लेते हैं क्यूँकि आप जानते हैं कि उसके उसूल उसकी ईमानदारी का प्रतीक चिह्न रहे हैं।

सबसे हास्यास्पद बात ये है कि द्रविड़ की साख पर पहला बट्टा तब लगा जब द्रविड़ को 2005 की ठण्ड में टीम इण्डिया का कप्तान बनाया गया। गांगुली को विवादास्पद स्थितियों

में हटाया गया था और उनकी जगह द्रविड़ ने ली थी। बंगाली मीडिया चीख़ रहा था कि दादा को साज़िश का शिकार बनाया गया है। ग्रेग चैपल अभी–अभी इण्डिया के कोच बने थे और उनपर आरोप था कि उन्होंने ही गांगुली को पद से हटाया था।

द्रविड़ इस पूरे मसले में फँस गये थे और सबसे ज़्यादा उनकी बेदाग इज़्ज़त को झटका लगा। सालों बाद गांगुली ने एक टीवी शो में ये भी कहा कि "द्रविड़ को सब कुछ मालूम था कि क्या चल रहा था लेकिन वो चैपल को कण्ट्रोल करने की स्थिति में नहीं थे।" तेंदुलकर ने अपनी आत्मकथा में चैपल पर हमला बोला। सचिन ने कहा कि चैपल रिंगमास्टर बनना चाहते थे और चाहते थे कि द्रविड़ की जगह सचिन को कप्तान बना दिया जाये।

द्रविड़ ने चैपल के मुद्दे पर हमेशा ही चुप्पी साधी रही और कभी भी कुछ नहीं कहा। "देखिये, मैं किसी भी इनसान के बारे में कुछ नहीं कह सकता। मुझे लगता है कि ग्रेग चैपल ने कुछ ऐसा सोचा होगा जिसके कारण वो चीज़ों को बदलना चाहते होंगे। शायद मैं भी चीज़ों को कुछ और तरीक़े से कर सकता था। हमें ख़ुद को देखना चाहिए और एक बेहतर इनसान बनना चाहिए," द्रविड़ एक दार्शनिक की तरह किसी भी बहस को छेड़े बग़ैर जवाब देते हैं।

द्रविड़ और चैपल की पार्टनरशिप कुछ वक़्त के लिए ज़रूर फली–फूली। एक कप्तान के तौर पर द्रविड़ ने इण्डिया को इंग्लैण्ड और वेस्ट इण्डीज़ में सीरीज़ जितवाई। इसके साथ ही हमें साउथ अफ़्रीका और पाकिस्तान में मैच जीतने को मिले। द्रविड़ की कप्तानी में ही टीम इण्डिया ने स्कोर का पीछा करते हुए सबसे ज़्यादा मैच जीतने का रिकॉर्ड सेट किया। द्रविड़ की कप्तानी कल्पनाशील थी और उसमें आगे बढ़ने की आस थी। साथ ही युवा खिलाड़ियों को तैयार करने की चेष्टा थी और जिसमें फ़ील्डिंग स्टैण्डर्ड को बेहतर करने पर ज़ोर दिया जा रहा था। ये सब कुछ भविष्य को ध्यान में रखते हुए किया जा रहा था। इण्डियन क्रिकेट के एक उठापटक से भरे वक़्त को याद करते हुए द्रविड़ कहते हैं, "मुझे लगता है कि ग्रेग सहित हम सभी इण्डियन क्रिकेट को बहुत आगे ले जाना चाहते थे। उनके पास भी कुछ अच्छे आइडिया थे। कुछ ने काम किया, कुछ ने नहीं किया। लेकिन कहीं से भी किसी भी तरह की मेहनत में कोई कसर नहीं छोड़ी गयी थी।"

दुख की बात ये थी कि द्रविड़ की कप्तानी का अन्त 2007 वर्ल्ड कप में पहले ही राउण्ड में बाहर होने के साथ हुआ। इण्डिया एक चौंकाने वाले मैच में बांग्लादेश से हार गया था। पवेलियन में फक्क पड़ चुके चेहरे के साथ नाख़ून चबाते द्रविड़ की तस्वीर पहले ही राउण्ड में मिली करारी हार के बाद बाहर निकल चुकी हताश इण्डियन टीम की तस्वीर बन चुकी थी। "हमने वर्ल्ड कप से ठीक पहले अच्छी–ख़ासी तैयारी की थी। लेकिन सही समय पर हम सब कुछ नहीं कर पाये। मुझे लगता है आप वर्ल्ड कप में कैसा करते हैं, इस पर आपको मापा जाता है और हम काफ़ी ख़राब खेले," वो कहते हैं। एक बार फिर, राहुल द्रविड़ ने न ही कोई बहाना बनाया, न किसी के ऊपर दोष मढ़ा, न किसी को दोषी ठहराया, न ही गुस्सा किया। आप इनसान के इस शान्त, दार्शनिक स्वभाव में पाते हैं कि अमुक इनसान किस तरह से अन्दरूनी शान्ति से भरा हुआ है। ये सब कुछ शायद उसके ध्यान लगाने की वजह से मुकम्मल हो सका है।

उस हार की वजह से ग्रेग चैपल को कोच के पद से हटाया गया लेकिन द्रविड़ ने इण्डिया को इंग्लैण्ड के 2007 के दौरे पर लीड किया। 1986 के बाद ये पहला इंग्लैण्ड का दौरा था। द्रविड़ अपनी लय में नहीं दिख रहे थे लेकिन फिर भी उन्होंने 2007 वर्ल्ड कप के घावों से बच निकलने की हर मुमकिन कोशिश की। जीत के कुछ ही दिनों में द्रविड़ ने कप्तानी छोड़ने के अपने फ़ैसले को सभी के सामने पेश किया। "मुझे लगता है कि मैं अपनी कप्तानी के काम को उतने अच्छे से एन्जॉय नहीं कर पा रहा था। या शायद ये लगातार कप्तानी किये जाने का असर था। मुझे लगता है कि एक सफल इण्डियन कप्तान बनने के लिए आपको रोज़ सुबह उठना होता है और चुनौतियों का सामना करने के लिए ऊर्जा से भरे होना होता है। शायद इंग्लैण्ड के उस टूर पर मुझे ऐसा लगना बन्द हो गया था," द्रविड़ उस पूरे मसले पर कहते हैं।

ये कई मायनों में एक अजीब मगर साहसिक फ़ैसला था। इण्डिया में किसी भी पद को बिना चीखे–चिल्लाये छोड़ने का कोई रिवाज नहीं था। ख़ासकर तब जब वो इण्डियन टीम के कप्तान का पद हो। ख़ासकर तब जब आप अभी–अभी सीरीज़ जितवा कर आये हों। आख़िरी बार ये काम सुनील गावस्कर ने साल 1985 में ऑस्ट्रेलिया में वन–डे सीरीज़ जीतकर किया था लेकिन उस वक़्त वो भी अपने कॅरियर के अन्तिम पड़ाव पर थे। द्रविड़ ने जब कप्तानी छोड़ी, उनपर कोई भी दबाव नहीं था। उस वक़्त वो आसानी से अगले कुछ साल और कप्तानी कर सकते थे। शायद ड्रेसिंग रूम की राजनीति उन्हें कष्ट दे रही थी, या शायद वो कभी भी चैपल अध्याय को भुला नहीं पाये या शायद उन्हें उनकी गिरती फॉर्म परेशान कर रही थी। या शायद उस वक़्त वो एक आदर्श राहुल द्रविड़ की भाँति काम कर रहे थे–वो जो एक नये नाम को टीम का नेता बनने की राह दे रहा था। क्यूँकि हम सभी जानते हैं कि द्रविड़ ने हमेशा ही खुद से आगे टीम को रखा है।

शायद द्रविड़ का कप्तानी छोड़ने का फ़ैसला उसी वक़्त के एक और उन्हीं के जैसे शख़्स द्वारा अपनाया जा सकता था। द्रविड़ की ही तरह मनमोहन सिंह भी कमाल की गरिमा और प्रतिष्ठा वाले शख़्स थे। 2009 में दोबारा चुने जाने के बाद उन्हें गठबन्धन के दबाव में आकर परिस्थितियों से समझौता करते हुए दागी मंत्रियों को अपनी कैबिनेट में जगह देनी पड़ी थी। वो चाहते तो उस वक़्त इस्तीफ़ा दे सकते थे। द्रविड़ की तरह वो चाहते तो अपनी साख बचाते हुए सीधे बच निकल सकते थे। लेकिन अगले 5 साल तक टिके रहकर वो पॉलिटिकल सर्वाइवर बन कर रह गये और आदर्श नेता नहीं बन सके। डॉक्टर सिंह की इमेज चमक सकती थी अगर उन्होंने द्रविड़ की किताब का एक अध्याय अपना लिया होता।

2004 में क्रिकेट के खेल के प्रति द्रविड़ का बिना शर्त प्रेम और सम्मान उस वक़्त दिखायी दिया जब मुल्तान टेस्ट में उन्होंने सचिन के 194 नॉट आउट के स्कोर पर इनिंग्स डिक्लेयर कर दी। एक ऐसे देश में जहाँ नम्बरों को अलग ही तरह की तरजीह दी जाती है और जहाँ सचिन को भगवान का दर्जा दिया जाता है, किसी भी कप्तान के लिए सचिन की डबल सेंचुरी से 6 रन पहले ही इनिंग्स डिक्लेयर कर देना आसान नहीं होता। इस फ़ैसले ने सचिन को नाराज़ कर दिया, उनके फैन्स गुस्से से भरे हुए थे और मीडिया बस अटकलबाज़ी कर रहा था। लेकिन कप्तान को ख़ुद पर विश्वास था कि उसने टीम के

हित में सही फ़ैसला लिया था। "हम तीसरे दिन के अन्त की ओर बढ़ रहे थे पाकिस्तानी फ़ील्डर पूरे दिन फ़ील्डिंग के बाद बेहद थके हुए थे हमारे पास एक बॉलर कम था (ज़हीर को चोट लग गयी थी) और हमें पाकिस्तान को दोबारा आउट करने के लिए वक़्त चाहिए था। अगर मुझे मालूम होता कि मैच चौथे दिन ही ख़त्म हो जायेगा तो मैं कतई ऐसे मौक़े पर डिक्लेयर नहीं करता और आगे भी बैटिंग करता। लेकिन उस वक़्त टीम की ख़ातिर मुझे ये सही फ़ैसला लगा," द्रविड़ ने कहा।

हालाँकि सचिन और द्रविड़ ने अगली सुबह लगभग घण्टे भर बात कर के अपने बीच इस मामले को लगभग ख़त्म कर दिया था लेकिन बाहर ये कण्ट्रोवर्सी सालों तक चली। कोच जॉन राइट ने कप्तान पर से दबाव हटाने की ख़ातिर लोगों को बताया कि ये पूरी टीम का सामूहिक फ़ैसला था। हालाँकि एक कप्तान के तौर पर द्रविड़ ने हमेशा यही कहा कि ये उनका अकेले का ही फ़ैसला था। "देखिये, सब कुछ कप्तान की ही रज़ामन्दी से होता है और मैं मुल्तान में इनिंग्स डिक्लेयर करने के उस फ़ैसले की पूरी ज़िम्मेदारी लेता हूँ," द्रविड़ ने कहा। इण्डिया में बड़े पदों पर काबिज़ ताकतवर लोगों का अपनी ज़िम्मेदारियों को एक–दूसरे पर डाल देना आम बात है। ऐसे में राहुल द्रविड़ ख़ुद को बाकियों से अलग साबित करते हैं। उस वक़्त जब द्रविड़ के कितने ही समकालीन खिलाड़ियों ने शॉर्ट–कट लेने की कोशिश की, द्रविड़ ने पूरे होश–ओ–हवास में लम्बा रास्ता चुना और इण्डियन क्रिकेट की चेतना बन गये।

द्रविड़ ने 41वें साल में प्रवेश करने के कुछ हफ़्तों बाद ही 9 मार्च, 2012 को संन्यास लेने की घोषणा की। वो ऑस्ट्रेलिया के एक मुश्किल दौरे से वापस आये थे। इस दौरान उन्हें रन बनाने में मुश्किलें हुई थीं और उनका आठ में से छह इनिंग्स में बोल्ड आउट होना ज़्यादा चिन्ता का विषय था। ऐसा लग रहा था कि 16 साल से लगातार क्रिकेट खेलने की वजह से अब उनकी धार कुछ कुंद हो रही थी। (द्रविड़ ने लगातार 93 टेस्ट मैच खेले थे।) "मैं अभी भी अपने गेम को एन्जॉय कर रहा था लेकिन एक बार अपनी लेट–थर्टी में पहुँच जाते हो तो उम्र असर करने लगती है। मैं अपनी टीम पर एक बोझ नहीं बनना चाहता था।" ऑस्ट्रेलिया में ख़राब प्रदर्शन से उन्हें लगने लगता था कि उनका समय अब आ गया था। द्रविड़ ने 2011 के इंग्लैण्ड टूर के बाद संन्यास लेने के बारे में सोच रखा था। "मैं सीरीज़ दर सीरीज़ खेल रहा था और अपनी पत्नी विजेता को कह रखा था कि वो इंग्लैण्ड में आख़िरी टेस्ट में आने के लिए तैयार रहे। लेकिन हुआ ये कि मैंने सीरीज़ में अच्छा किया। दिया बुझने से पहले एक बार और फड़का था। इसने मुझे एक साल और खेलने के लिए प्रेरित कर दिया," वो कहते हैं।

उस टेस्ट सीरीज़ में जहाँ सभी इण्डियन बैट्समेन परेशान थे, द्रविड़ ने 4 टेस्ट में 3 संेचुरी मारीं और लॉर्ड्स में शतक मारकर अपने भारी सीवी में और भी वज़न जोड़ दिया। "मैं अपने पहले टेस्ट मैच में लॉर्ड्स के ऑनर बोर्ड पर अपना नाम लिखवाने से चूक गया था लेकिन वो मैंने अपने आख़िरी मैच में कर लिया।"

द्रविड़ ने बिना किसी तामझाम के एक प्रेस कॉन्फ्रेंस में अपने रिटायरमेण्ट की घोषणा की। हमेशा की तरह वो एक सूट पहने हुए थे। कुछ महीने बाद जब इण्डिया ने बेंगलुरु

में टेस्ट मैच खेला, द्रविड़ को बीसीसीआई ने सम्मानित किया। द्रविड़ ने मैदान में मौजूद दर्शकों की ओर हाथ हिलाया, कुछ फ़ोटो खिंचवाए और चले गये। इसे तेंदुलकर के आख़िरी टेस्ट के सामने रखकर देखिये जब उन्होंने एक साल बाद अपना आख़िरी और 200वाँ मैच मुम्बई में हज़ारों फैन्स के सामने खेला।

इण्डियन टीम में तेंदुलकर का रोल 1970 के दशक की अमिताभ बच्चन की फ़िल्मों जैसा था। उन फ़िल्मों में बाक़ी एक्टर्स बस अमिताभ बच्चन को सपोर्ट करने के लिए होते थे। द्रविड़ के अपने फैन्स थे लेकिन वो ख़ुद पब्लिक में बहुत ज़्यादा दिखना नहीं चाहते थे। राहुल के स्कूल फ्रेंड खलील बताते हैं, ''राहुल एक बहुत ही प्राइवेट शख़्स हैं जो अपने कुछ एक दोस्तों के साथ ही रहना चाहते हैं। उनमें कभी भी बाहर दिखने की इच्छा नहीं रही।''

द्रविड़ को चकाचौंध से दूर रहना हमेशा रास आया। वो पूरे दौरान अपने खेल को सुधारने में ही लीन रहे। ''देखिये, सचिन अपनी तरह का अलग ही खिलाड़ी है। जब हम सभी जूनियर क्रिकेट में अपनी जगह पक्की करने के लिए जूझ रहे थे, सचिन वक़ार यूनिस और वसीम अकरम जैसों का टेस्ट मैच में सामना कर रहा था। वो अपने आप में एक घटना था,'' द्रविड़ का कहना था। वो कहते हैं कि एक बार उन्होंने सचिन की पत्नी अंजलि से कहा था कि उनके बेटे अर्जुन को अपने पिता जैसा बनने के लिए बहुत लम्बा सफ़र तय करना होगा, ''उसके लिए उसे सिर्फ़ स्कूल क्रिकेट में ही नहीं खेलना होगा बल्कि पन्द्रह साल की उम्र में डेल स्टेन का सामना करना पड़ेगा।''

द्रविड़ का कॅरियर रिकॉर्ड तेंदुलकर के बाद दूसरे नम्बर पर आता है और किसी भी दूसरे इण्डियन बैट्समैन से कहीं बेहतर है। 13,228 रन। 36 सैकड़े और 63 पचासे। ये सब कुछ 52.31 के एवरेज से। तेंदुलकर ही इस सबसे आगे मिलते हैं। किसी भी क्षेत्र में सिल्वर मेडल एक चुके हुए मौक़े की ओर इशारा करता है लेकिन द्रविड़ के केस में उनका एक–एक रन सोने के मेडल के बराबर था। टेस्ट मैचों में द्रविड़ के नम्बर टीम में उनके मूल्य के बारे में बताते हैं–सबसे ज़्यादा सेंचुरी पार्टनरशिप (88), सबसे ज़्यादा गेंदें खेलीं (31,258) और तीसरे नम्बर की ज़रूरी पोज़ीशन पर खेलते हुए सबसे ज़्यादा 10,524 रन बनाये। तीसरे नम्बर पर खेलते हुए द्रविड़ से ज़्यादा रन किसी भी और ने नहीं बनाये और ये बताता है कि अगर तेंदुलकर वो राजा थे जिसने अपने फैन्स को मोहित कर दिया था, राहुल द्रविड़ वो सेनापति थे जिसने क़िले को अभेद्य बना कर रखा हुआ था।

द्रविड़ की विदेशी पिचों पर परफॉरमेंस देखने लायक है। द्रविड़ एकमात्र बड़े इण्डियन बैट्समैन हैं जिनका विदेशी पिचों पर एवरेज ज़्यादा है। बाहरी टेस्ट सीरीज़ में वो अक्सर इण्डिया के संकटमोचक बने। इण्डिया ने द्रविड़ के कॅरियर के दौरान 15 टेस्ट मैच जीते। इस दौरान उन्होंने 65.77 के एवरेज से 1577 रन बनाये। सचिन भी इस मामले में पीछे रहे। ''मुझे याद है कि मेरे कॅरियर की शुरुआत में श्रीनाथ ने बताया था कि एक बल्लेबाज़ के लिए सबसे बड़ी परीक्षा होती है बाहरी पिचों पर रन बनाना। मुझे लगता है कि मैं जिस भी देश में खेलने गया, हर उस देश के कल्चर को मैंने पढ़ने की कोशिश की, वहाँ की कला को समझना चाहा, वहाँ के खाने, इतिहास और समाज के बारे में जितना जान सकता था, जाना। इण्डिया में ज़्यादातर ऐसा होता था कि आप होटल में बैठे हैं और रूम सर्विस से

खाना मँगवाते रहते हैं क्यूँकि बाहर फैन्स आपको घेर लेंगे। टूर करते वक़्त आप ये सब बन्द करके बाहर निकल सकते हैं और काफ़ी कुछ नये एक्सपीरियंस कर सकते हैं।''

द्रविड़ के कॅरियर में जो एक और ख़ास बात दिखायी देती है वो है उनका एक इनसान और खिलाड़ी के तौर पर उनमें आया बदलाव। उन्होंने अपने कॅरियर की शुरुआत एक औसत फ़ील्डर के तौर पर की लेकिन जब वो रिटायर हुए तो द्रविड़ का नाम क्रिकेट के इतिहास में आये सबसे बेहतरीन फ़ील्डर में से एक था। द्रविड़ ने 200 से ज़्यादा कैच लिए। इसमें से ज़्यादातर कैच स्लिप में लिए गये थे जहाँ हर खिलाड़ी को भरपूर ध्यान केन्द्रित करने की ज़रूरत होती है। ''मुझे लगता है कि मेरे लम्बे हाथों ने मेरी काफ़ी मदद की,'' वो ये कहते हुए धीमे स्वर में ये भी बताते हैं कि कर्नाटक के लिए खेलते हुए उन्होंने घण्टों स्लिप में खड़े होकर कैच लेने की प्रैक्टिस की थी।

कॅरियर की शुरुआत में राहुल द्रविड़ को एक बोरिंग क्रिकेटर कह कर खारिज कर दिया जा रहा था। अपने कॅरियर के अन्त तक द्रविड़ ने 344 वन–डे मैच खेल लिए थे, 10,899 रन बनाये थे, 12 सेंचुरी और 83 हाफ–सेंचुरी मारी थीं। एक हाफ–सेंचुरी तो 22 गेंदों में मारी थी। खुद को परिस्थितियों के हिसाब से ढालने की ऐसी क्षमता थी कि टी–20 मैच के आने पर एक धीमी शुरुआत के बाद आईपीएल में राजस्थान रॉयल्स के लिए खेलते हुए वो एन्जॉय करने लगे और काफ़ी सफल भी हुए। हँसते हुए वो कहते हैं, ''मुझे लगता है कि मैंने वक़्त के साथ–साथ कुछ नये शॉट्स सीखे। मैं स्पिनर्स को रिवर्स स्वीप तो मार सकता हूँ लेकिन नये क्रिकेटर्स की तरह फ़ास्ट बॉलर्स को स्कूप नहीं मार सकता।''

इस पूरे उतार–चढ़ाव के दौरान भी द्रविड़ क्रिकेट के लिए पूरी तरह डटे रहे। इसका सुबूत तब मिला जब 73 मैचों के लिए द्रविड़ ने कीपिंग तक कर डाली। बेंगलुरु में जब जूनियर लेवल के पहले कैम्प में राहुल पहुँचे तो वहाँ एक विकेटकीपर की जगह खाली थी। द्रविड़ ने वो जगह भरी और कीपिंग करनी शुरू कर दी। बाद में बैटिंग पर ध्यान देने के लिए कीपिंग छोड़ दी। लेकिन सालों बाद जब कोच जॉन राइट और कैप्टन गांगुली ने एक एक्स्ट्रा प्लेयर को टीम में शामिल कर पाने के लिए राहुल से कीपिंग करने को कहा तो वो तुरन्त राज़ी हो गये। एक मुख्य बल्लेबाज़ होने के साथ विकेटकीपिंग करने के लिए अव्वल दर्जे की फ़िटनेस चाहिए होती है, द्रविड़ ने ये सब कुछ टीम हित में करने का फ़ैसला किया। ''क्रिकेट एक कमाल का खेल है। ये एक टीम वाला गेम है जिसमें पर्सनल परफॉरमेंस काफ़ी ज़रूरी होती हैं। आप अच्छा खेलें लेकिन टीम को भी साथ लेकर चलना सीखें। इसलिए शायद मैंने इस खेल को इतना प्यार किया।''

शायद इसीलिए द्रविड़ को हमने कैच लेने पर सेंचुरी मारने से ज़्यादा खुश होते देखा। इस बारे में वो कहते हैं, ''मेरी पत्नी कहती है कि उसने मुझे अच्छा कैच लेने पर सबसे ज़्यादा खुश होते देखा है। शायद इसलिए क्यूँकि जब आप कैच लेते हैं तो वो सिर्फ़ आपके बारे में नहीं होता है बल्कि इस बारे में भी होता है कि आपने बॉलर और टीम की सफलता के लिए क्या किया। आपको ऐसा करके ख़ूब ख़ुशी मिलती है।''

शायद इसलिए जब मैं द्रविड़ से पूछता हूँ कि एक क्रिकेटर के तौर पर वो क्या चाहेंगे कि आने वाले समय में उन्हें कैसे याद किया जाये तो वो एक मज़ेदार जवाब देते हैं, ''मैं

नम्बर में विश्वास रखने वाला इनसान नहीं हूँ। अच्छा लगता है जब आप अच्छे रिकॉर्ड बनाते हैं लेकिन मैं यहाँ बैठे–बैठे ये नहीं कह सकता कि मैं इण्डिया की सर्वकालीन एकादश में सबसे अच्छा नम्बर तीन बल्लेबाज़ हूँ। हो सकता है आने वाले समय में और भी प्लेयर्स ऐसे आयें जो मुझसे कई गुना अच्छा खेलेंगे। मुझे जो एक बात हमेशा सन्तुष्ट करती रहेगी वो ये है कि मैंने अपने पूरे कॅरियर के दौरान अपना 100 प्रतिशत दिया और अपनी क्षमताओं का पूरा उपयोग करते हुए मैं जितना अच्छा क्रिकेटर हो सकता था, बना।''

द्रविड़ की ऐसी ही सोच की वजह से उन्हें उनके साथी काफ़ी इज़्ज़त देते हैं। आकाश चोपड़ा ये सभी को बता चुके हैं कि वो द्रविड़ के फैन हैं। ''राहुल द्रविड़ की महानता यही है कि उन्होंने कभी अपने गेम पर काम करना बन्द नहीं किया।'' वो बताते हैं कि कैसे द्रविड़ ने अपने पूरे कॅरियर के दौरान अपनी तकनीक में बदलाव किये और एक दीवार से भी कहीं ज़्यादा कितना कुछ बन गये। शुरुआत में उनके बल्ला पकड़ने के तरीक़े में एक खामी थी। उनका निचला हाथ ज़ोर से बल्ले को पकड़ता था जिसकी वजह से उन्हें कई शॉट्स मारने में दिक्कत होती थी। चोपड़ा एक लाइन में सचिन और द्रविड़ के बीच की तुलना के बारे में बताते हैं, ''सचिन क्रिकेट खेलने के लिए पैदा हुआ था। द्रविड़ ने खुद को इस क़ाबिल बनाया कि वो इस लेवल पर इतना अच्छा कर सके। इसलिए मैं इस खिलाड़ी का इतना बड़ा फैन हूँ।'' संजय मांजरेकर जो एक समय पर द्रविड़ की ही तरह अपनी तकनीक में लीन रहते थे, कर्नाटक के इस खिलाड़ी की उपलब्धियों के बारे में कहते हैं, ''ये खेल में दिमाग़ की सबसे बड़ी जीत है।''

कुंबले ने पहली बार द्रविड़ को बेंगलुरु में जूनियर क्रिकेट खेलते हुए देखा था और वो ये दावे के साथ कहते हैं कि किसी भी और क्रिकेटर ने ख़ुद को बेहतर बनाने की ख़ातिर इस कदर मेहनत नहीं की जैसी द्रविड़ ने की। कुंबले कहते हैं, ''मुझे याद है एक टेस्ट मैच में जब शोएब अख़्तर ने इसे बोल्ड कर दिया था तो ये तुरन्त ही नेट्स में गया और वहाँ चेक करने लगा कि इसका बल्ला सही टाइम पर नीचे आ रहा था या नहीं। मुझे इसे समझाना पड़ा कि इसे ख़ुद को थोड़ा आराम देना चाहिए और साथ ही ये भी बताना पड़ा कि पिछले ही मैच में इसने सेंचुरी मारी थी। यहाँ तक कि नेट्स में भी राहुल को आउट होना पसन्द नहीं था। वो तो नेट्स में ख़राब शॉट खेलने पर ख़ुद से नाराज़ हो जाता था।'' जब राहुल अपने पहले रणजी मैच में 82 रन पर आउट हो गया था, श्रीनाथ याद करते हुए बताते हैं, ''एक 17 साल का लड़का 82 रन बनाता है तो अच्छा माना जाता है लेकिन ये दुखी था क्यूँकि ये सेंचुरी नहीं बना पाया था। वो लगातार ख़ुद को कोस रहा था। राहुल द्रविड़ ऐसा है। वो जब तक सब कुछ परफ़ेक्ट नहीं कर लेता, ख़ुश नहीं होता है।''

कुछ साल पहले एक क्रिकेट कॉन्क्लेव में मैंने स्टीव वॉ से पूछा कि उन्हें किस इण्डियन क्रिकेटर से सबसे ज़्यादा सीखने को मिला है। राहुल द्रविड़ ख़ुद कहते हैं कि स्टीव की खुदगर्ज़ी और उनके जज़्बे से उन्हें काफ़ी कुछ सीखने को मिला। स्टीव ने मेरे सवाल के जवाब में कहा, ''देखिये, सचिन इण्डियन क्रिकेट के इतिहास में आने वाले महानतम क्रिकेटर हैं। लेकिन अगर आप मुझसे कहेंगे कि मैं अपने जीवन को किस खिलाड़ी के खेल पर दाँव पर लगा सकता हूँ तो मैं राहुल द्रविड़ का नाम लूँगा। मैं उसकी बहुत इज़्ज़त करता हूँ।''

जब मैंने राहुल को ये बात बतायी तो उनके चेहरे पर हल्की शर्म में डूबी मुस्कान आ गयी।

मैं जब उनसे ये कहता हूँ कि वो क्रिकेट के 'अन्तिम जेण्टलमैन' हैं और जिसने कभी भी मैदान में या मैदान से बाहर शिकायत का कोई मौक़ा नहीं दिया, वो फिर से शरमा जाते हैं। वो मुझे याद दिलाते हुए कहते हैं, ''मैं ग़ुस्सा हुआ हूँ। मैंने ड्रेसिंग रूम में अपना बल्ला फेंका है। मैं एक बार मुम्बई में मेरी कप्तानी के वक़्त इंग्लैण्ड के ख़िलाफ़ टेस्ट हारने के बाद टीम पर चिल्ला पड़ा था। एक बार जब राजस्थान रॉयल्स मैच हार गयी और नॉक–ऑफ़ के लिए क्वालीफाई नहीं कर पायी तो मैंने अपनी टोपी उतार कर ज़मीन पर फेंक दी थी।'' मैं उनसे सिर्फ़ इतना ही कहता हूँ कि जेण्टलमैन को भी कभी–कभार ग़ुस्सा हो जाने का हक़ होता है। द्रविड़ को हमेशा उस खिलाड़ी के रूप में याद रखा जायेगा जिसने हमेशा अपने विवेक से काम लिया, आपा नहीं खोया और वो हमेशा क्रिकेट के उस युग की याद दिलाते रहेंगे जब क्रिकेट सन्तुलित तरीक़े से और एक–दूसरे के साथ इज़्ज़त से पेश आते हुए खेला जाता था।

भारतीय क्रिकेट की क़ाबिल शख़्सियतों के पास मीडिया में जाकर कमेण्ट्री करते हुए और कॉलम लिखते हुए ख़ुद को व्यस्त रखने का एक ऑप्शन रहता है। रिटायर हो चुके क्रिकेटर्स को क्रिकेट के पण्डित बनकर टीवी पर आने के एवज़ में काफ़ी पैसा मिलता है। द्रविड़ के ओरिजिनल हीरो सुनील गावस्कर ने तो इस मामले में नये कीर्तिमान स्थापित किये हैं। इस लिहाज़ से क्रिकेटर्स के लिए आसान सी लगने वाली राह को राहुल द्रविड़ भी पकड़ सकते थे लेकिन शुरुआत में इस सब में हाथ डालने के बाद उन्होंने इससे दूरी बना ली। अपनी सफाचट रहने वाली ख़ूबसूरत शक्ल के साथ वो किसी भी ब्राण्ड के लिए एक आदर्श चेहरा हो सकते थे लेकिन वो किसी भी ब्राण्ड को एण्डोर्स करते वक़्त ख़ासी सावधानी बरतते हैं। खेल में उनके ओहदे को देखते हुए ऐसा भी लगता है कि वो क्रिकेट प्रबन्धन में भी जाने की सोच सकते थे। वो इससे भी दूर रहे। शायद इसलिए क्यूँकि वो क्रिकेट में होने वाली राजनीति से ख़ुद को दूर रखना चाहते थे।

इन सबसे दूर द्रविड़ अपने कम्फर्ट ज़ोन से बाहर आकर वो कर रहे हैं जो उन्हें सुकून से भरता है। द्रविड़ बेंगलुरु में केन्द्रित नॉन–प्रॉफिट ग्रुप गो स्पोर्ट्स फ़ाउण्डेशन से जुड़े हुए हैं जहाँ वो ओलम्पिक और पैरालम्पिक के लिए खिलाड़ियों को तैयार करने में और इसी काम के लिए पैसा भी इकट्ठा करने में मदद करते हैं। इस फाउण्डेशन के संस्थापक नन्दन कामत कहते हैं, ''राहुल इन युवा खिलाड़ियों को उनके सपने पूरे करने में हर सम्भव मदद करते हैं।''

2014 में राहुल द्रविड़ की एक सलाह ने बेंगलुरु के पैरा एथलीट शरत गायकवाड़ को एशियन गेम्स में 6 मेडल जीतने में मदद की थी। गायकवाड़ बताते हैं, ''मैंने निराश होकर खेल छोड़ने के बारे में सोच रहा था जब राहुल सर ने मुझे ई–मेल भेजकर और बातें करके हिम्मत न हारने को कहा और मुझे मेहनत करने के लिए उत्साहित करना शुरू किया। उन्होंने मुझे फ़ोकस बनाये रखने को कहा।'' राहुल ने रोड्स स्कॉलर्स के सेलेक्शन बोर्ड की अगुवाई भी की है। वो इस प्रतिष्ठित पैनल को लीड करने वाले पहले क्रिकेटर थे।

वो कुछ ऐड में काम ज़रूर करते हैं लेकिन ज़्यादातर उसमें पब्लिक–सर्विस का काम

ज़रूर होता है। हालिया उदाहरणों में तम्बाकू विरोधी कैम्पेन मुख्य है। वो मैनेजमेण्ट सीख रहे स्टूडेण्ट्स को लीडरशिप स्किल्स पर लेक्चर देते हैं। वो शायद क्रिकेट के इतने बड़े खिलाड़ी बनने की बजाय एक बेहतरीन कॉर्पोरेट सीईओ भी बन सकते थे।

लेकिन इन सभी से ज़्यादा वो उस काम को कर पा रहे हैं जिसे करने का उनके पास पिछले 20 सालों में कतई वक़्त नहीं था–परिवार के साथ टाइम बिताना। "मेरी पत्नी विजेता ने अपना मेडिकल कॅरियर छोड़ दिया क्यूँकि उसे मेरे दोनों बेटों के साथ रहना पड़ता था। मैं तो पूरे वक़्त बाहर रहता था। अब मेरी बारी है। मैं कोशिश करता हूँ कि अपने बेटों को स्कूल छोड़ने और लेने जाऊँ और उनके साथ क्रिकेट खेलूँ।" उनकी ये बातें इस बात का सुबूत है कि उनके दिमाग़ पर उनकी प्रसिद्धि ने कोई भी असर नहीं डाला है। वो हमेशा अपने परिवार को सबसे आगे रखते हैं।

हालाँकि 2013 में राजस्थान रॉयल्स के कुछ खिलाड़ियों के स्पॉट फिक्सिंग में शामिल होने पर उनके परिवार को लेकर चलने वाली बात पर चोट पहुँची थी। उस वक़्त राहुल टीम के कप्तान–कोच थे। वो लगभग कुबूलते हुए कहते हैं, "मुझे उस बात ने हिला कर रख दिया था। आप अपने ही प्लेयर्स के द्वारा ऐसी सिचुएशन में नहीं पहुँचना चाहते।" ये वो समय था जिसने उनकी आँखों को खोल दिया था लेकिन उसने उन्हें बौखलाहट से नहीं भर दिया। उन्होंने लोगों को ये समझाना शुरू किया कि खेल के मॉडर्न होने की वजह से जो आसानी से पैसा मिलने लगा है उसे सँभालने के लिए प्लेयर्स को नैतिक शिक्षा का पाठ पढ़ाना होगा।

मुम्बई के पूर्व फ़र्स्ट क्लास प्लेयर और राजस्थान रॉयल्स के साथ परदे के पीछे काम करने वाले जुबिन भरूचा बताते हैं, "राहुल और टीम के मालिक मनोज बदाले ने टीम को बताया कि सभी खिलाड़ी फ्रेंचाइज़ी छोड़कर जाने के लिए मुक्त हैं और उन्हें उनका पूरा पैसा दे दिया जायेगा। असल में वो सिर्फ़ वैसे ही खिलाड़ी चाहते थे जो टीम के साथ रहने आये थे न कि सिर्फ़ पैसे के लिए। द्रविड़ ने लगभग हर खिलाड़ी के साथ अलग से घण्टों बिताये और उनका टीम में वापस विश्वास जगाया। इससे अच्छा गुरु और क्या ही होगा?" इस सब ने असर दिखाया। विवाद के बाद भी राजस्थान रॉयल्स की टीम आईपीएल के नॉक आउट फेज़ में पहुँची थी।

शायद क्रिकेट और जीवन से जुड़ा ज्ञान देने में द्रविड़ पारंगत हैं। वो दिल्ली डेयरडेविल्स के मेंटर–कोच हैं और इसके ही साथ इण्डिया की अण्डर–19 और इण्डिया–ए टीम के कोच भी हैं। उन्हें सीनियर टीम को कोच करने का बड़ा पद भी मिल सकता था लेकिन वो फिलहाल अभी लम्बे समय तक घर से दूर नहीं रहना चाहते। "क्रिकेट की नयी जमात के साथ काम करना बहुत अच्छा अनुभव है। वो काफ़ी टैलेण्टेड हैं और मैं उन्हें ख़ुद को व्यक्त करने का पूरा मौक़ा देता हूँ," द्रविड़ अपना कोचिंग मन्त्र बताते हैं। द्रविड़ के असिस्टेण्ट भरूचा बताते हैं कि द्रविड़ हर बारीक चीज़ पर ध्यान देते हैं और इसीलिए वो नये खिलाड़ियों के साथ इतने सफल हुए हैं। "वो एक साथ चलने वाले कोच हैं। उनके लिए प्लान का कोई मतलब नहीं होता लेकिन उन्हें प्लानिंग करने के पूरे क्रम में काफ़ी विश्वास है। अगर उनकी टीम ऐसी टीम के ख़िलाफ़ खेल रही है जिसके पास लेफ़्ट–आर्म बॉलर ख़ूब हैं तो

वो अपनी टीम को लेफ़्ट–आर्म बॉलर्स के ख़िलाफ़ बैटिंग करवाते हैं और उन्हें तैयार करते हैं। वो कुछ भी किस्मत पर नहीं छोड़ते।''

उन्हें नये खिलाड़ियों के साथ मैदान में पसीना बहाते हुए देख एक बात समझ में आती है कि उनकी प्रतिबद्धता पर सवाल नहीं उठाया जा सकता है। ''आपको युवा क्रिकेटर्स के साथ काम करने के लिए बहुत सारी ऊर्जा चाहिए। हम जितने फ़िट और ताकतवर होते थे, वो उससे काफ़ी ज़्यादा काफ़ी फ़िट रहते हैं, काफ़ी ताकतवर होते हैं,'' वो कहते हैं। वो जूनियर क्रिकेटर्स के साथ जिम में वर्क–आउट तो करते हैं लेकिन उन्हें ये भी मालूम है कि उनकी सीमाएँ कहाँ हैं। वो हँसते हुए कहते हैं, ''चाहे कुछ भी हो जाये, आप मुझे बाँह पर टैटू करवाये हुए या कान में छेद करवाये हुए नहीं देखोगे।''

और जब राहुल द्रविड़ क्रिकेट के बारे में बात करते हुए थक जाते हैं, वो अपने किताबों के कलेक्शन की ओर चल पड़ते हैं। उनके पास किताबों की एक अलग ही दुनिया है। 2012 में कैनबरा में उनका दिया ब्रैडमैन ओरेशन उनकी किताबों से नज़दीकी का सुबूत था। अपनी आदतानुसार राहुल द्रविड़ ने उसके लिए भी हफ़्तों पहले से तैयारी करनी शुरू कर दी थी। वो किताबें पढ़ रहे थे और नोट्स बना रहे थे। उन्होंने वहाँ बैठी ऑस्ट्रेलियन बाहुल्य जनता को याद दिलाया था कि भारतीय और ऑस्ट्रेलियाई सैनिक पहले विश्व युद्ध में गेलीपोली की लड़ाई में एक साथ लड़ चुके हैं। मेरा एक ऑस्ट्रेलिया का वकील दोस्त कहता है, ''वो हिस्ट्री, स्पोर्ट्स, जीवन दर्शन, सभी के बारे में लेक्चर था। मुझे नहीं लगता है कि आधुनिक क्रिकेटरों में कोई भी उस प्रवाह के साथ वहाँ कुछ बोल सकता था।''

तो वो अभी कौन–सी किताब पढ़ रहे हैं? ''मैं एरिक वीनर की लिखी द जियोग्रफी ऑफ़ जीनियस पढ़ रहा हूँ। ये एक कमाल की किताब है। ये आपको इतिहास में डुबो देती है और प्राचीन ग्रीस को सिलिकॉन वैली से जोड़ देती है। ये किताब बताती है कि कैसे प्लेटो और स्टीव जॉब्स जैसे क्रिएटिव जीनियस एक क्षेत्र और काल में ही फलीभूत हुए।'' मैं ख़ुद से पूछता हूँ कि कौन दूसरा क्रिकेटर प्लेटो के बारे में सोचने की हिम्मत भी करता होगा। द्रविड़ बाक़ी खिलाड़ियों से वाकई में काफ़ी अलग हैं। उनके पास एक दार्शनिक का सा दिमाग़ है।

बेंगलुरु यूनिवर्सिटी ने 2017 में राहुल द्रविड़ को डॉक्टरेट से सम्मानित करने का फ़ैसला किया था। लेकिन द्रविड़ ने उसे ससम्मान ठुकरा दिया था। एक अलग प्रकार का भद्रपुरुष शायद इसे ही कहा जाता है। इस बारे में वो कहते हैं, ''मुझे इससे पहले भी ऐसी डॉक्टरेट ऑफ़र की गयी हैं। बस ये पहला मौक़ा था जब बात पब्लिक के बीच पहुँच पायी है। मेरे कारण बहुत सिम्पल हैं। मेरी पत्नी डॉक्टर हैं जिन्होंने अपने जीवन के कई साल मेहनत करते हुए ये डिग्री कमाई है। मेरी माँ ने आर्ट में अपनी डॉक्टरेट पचास की उम्र के बाद ली। मैंने उन्हें दिन–रात इसके लिए काम करते हुए देखा था। मुझे नहीं लगता है कि ऐसे में मैं डॉक्टरेट सिर्फ़ इसलिए ले सकता हूँ क्यूँकि मैं एक महशूर क्रिकेटर हूँ। मुझे उसे पाने के लिए कुछ तो करना होगा।''

एक अच्छे जवाब के रूप में आप बस ये सोच सकते हैं कि राहुल द्रविड़ क्या कमाल की शख़्सियत है। क्रिकेट का महान चेहरा। एक बेहतर दिमाग़। एक बेशकीमती रोल मॉडल जिसकी जितनी इज़्ज़त की जाये कम होगी।

10

महेन्द्र सिंह धोनी

छोटे शहर का क्रान्तिकारी

कभी खड़गपुर रेलवे स्टेशन पर मुसाफ़िरों के टिकट चेक करने वाला वह नौजवान महेन्द्र सिंह धोनी एक दिन भारतीय क्रिकेट के इतिहास की नयी इबारतें लिखने वाला था। एक छोटे–से शहर राँची से आये धोनी के क्रिकेट के सरताज बनने की कहानी मशहूर पत्रकार राजदीप सरदेसाई की ज़ुबानी।

भारतीय क्रिकेट हमेशा के लिए बदल गया। साल था 2007। उस वक़्त ललित मोदी बीसीसीआई के उपाध्यक्ष पद पर थे। 13 सितम्बर को एक चमक–दमक से भरे समारोह में ललित मोदी ने अपने नये और भारतीय क्रिकेट इतिहास में अब तक के सबसे साहसिक और महत्त्वाकांक्षी विचार को सामने रखा। उस विचार का नाम था–'इण्डियन प्रीमियर लीग' (आईपीएल)। जब इस कॉन्सेप्ट की घोषणा की गयी, स्टेज पर भारतीय क्रिकेट के सबसे बड़े नाम खड़े थे। इनमें सचिन तेंदुलकर, अनिल कुंबले, राहुल द्रविड़ और सौरव गांगुली शामिल थे। इनके साथ ही विदेशी खिलाड़ियों में ग्लेन मैक्ग्राथ, स्टीफेन फ्लेमिंग भी थे। कुछ 48 घण्टे पहले ही बीसीसीआई के अध्यक्ष शरद पवार ने भारतीय क्रिकेट के पहले ट्वेंटी–20 फ्रेंचाइज़ी टूर्नामेण्ट की तैयारी करने के लिए ललित मोदी को 25 मिलियन (ढाई करोड़) डॉलर का चेक दिया था। मोदी जब उस वक़्त को याद करते हैं तो बताते हैं, "मुझे इतना तो विश्वास था ही कि मैं ये सब कर ले जाऊँगा। लेकिन शरद पवार को छोड़कर बीसीसीआई में शामिल कोई भी शख़्स मुझमें विश्वास नहीं दिखा पा रहा था। ज़्यादातर लोगों को ऐसा लगता था कि आईपीएल पैसों की बर्बादी साबित होगा।"

स्टाइल और शानोशौकत से भरे ललित मोदी जिस रात आईपीएल नाम के इस महँगे कार्यक्रम को मैनेज करने वाले की भूमिका में पूरी तरह से उतर चुके थे, उसी रात की अगली सुबह, बेहद युवा क्रिकेटर्स से लैस इण्डियन क्रिकेट टीम पहले वर्ल्ड टी–20 टूर्नामेण्ट के लिए साउथ अफ़्रीका की ओर कूच कर रही थी। उस टीम की अगुवाई कर रहा था 26

साल का एक लड़का जो पहली बार इण्डियन क्रिकेट टीम की कप्तानी करने जा रहा था। धोनी के लम्बे लहरदार बालों की वजह से ये कतई नहीं लग रहा था कि वो किसी अधपकी टीम की वर्ल्ड कप में कप्तानी करने जैसे बड़े काम को अपने कन्धे पर सँभाले हुए हैं। उन्हें देखकर ऐसा ज़्यादा लग रहा था कि वो किसी रॉक बैंड के गिटारिस्ट हैं।

धोनी के कप्तान बनने के पीछे असल में एक संयोग था। कोई भी सीनियर प्लेयर टी–20 क्रिकेट खेलने के विचार को लेकर ज़्यादा उत्साहित नहीं था। इनमें से कई प्लेयर्स ने इस क्रिकेट को 'मिकी–माउस क्रिकेट' कहकर झिड़क दिया था। इन प्लेयर्स ने खुद अपनी मर्ज़ी से इस टूर्नामेण्ट में खेलने से इनकार कर दिया था। सेलेक्टर्स के पास इण्डियन टीम की कप्तानी के लिए युवराज और धोनी में से एक को चुनने का पेचीदा काम था। इस मौक़े पर टीम के सेलेक्टर दिलीप वेंगसरकर ने धोनी को बतौर कप्तान चुना। उनके इस फ़ैसले के पीछे सचिन तेंदुलकर और राहुल द्रविड़ की सलाह भी थी। वेंगसरकर कहते हैं, "मुझे उसका आक्रामक रवैया अच्छा लगता था। हमेशा ऐसा लगता था कि उसे गेम की अच्छी समझ है और सबसे बड़ी बात ये थी कि ड्रेसिंग रूम में उसकी मौजूदगी एक शान्त माहौल लेकर आती थी।"

टूर्नामेण्ट का पहला मैच इण्डिया और पाकिस्तान के बीच खेला गया। ये एक ऐसा मुक़ाबला था जिसे हमेशा करोड़ों की संख्या में दर्शक मिलते हैं। मज़ेदार बात ये हुई कि मैच टाई हो गया। इण्टरनेशनल टी–20 मैचों में ये पहला मौक़ा था जब किसी मैच के टाई होने की वजह से बॉल–आउट होने जा रहा था। बॉल–आउट क्रिकेट की दुनिया में एक नया और एकदम अनोखा प्रयोग था। किसी भी टी–20 मैच के टाई हो जाने की स्थिति में दोनों टीमों को पाँच–पाँच प्लेयर्स चुनने होते थे जिन्हें बॉलिंग करते हुए स्टम्प्स पर निशाना लगाना होता था। किसी ने भी अब तक बॉल–आउट को टीवी पर नहीं देखा था और पाकिस्तान की टीम ने तो इसकी तैयारी भी नहीं की थी। इसके ठीक उलट, इण्डियन टीम ने मैच टाई होने की इस सम्भावना को ध्यान में रखते हुए इसकी तैयारी की हुई थी। धोनी जब इसके बारे में याद करते हैं तो बताते हैं, "हमने नियम पढ़े हुए थे। जब हमें इस बॉल–आउट के बारे में मालूम चला तो हमने तीन टीमें बनायीं, और मज़े करते हुए प्रैक्टिस सेशन्स करवाये। इन सेशन्स से हमें मालूम चल गया था कि कौन स्टम्प्स को कितने अच्छे से हिट कर सकता है और ऐसे हमने मैच के पहले ही अपने पाँच बेस्ट बॉलर चुन रखे थे।" जब इण्डिया ने आसानी से बॉल–आउट जीत लिया, क्रिकेट की दुनिया ये देख रही थी कि धोनी क्या नया लाने वाला है। एक चालाक क्रिकेटर जो हमेशा एक मुश्किल स्थिति में अपने प्रतिद्वन्द्वी से एक क़दम आगे रहता था।

पाकिस्तान पर मिली जीत ने टीवी के दर्शकों को ख़ूब ख़ुश किया और इसके बाद वो ऐसे और पलों का इन्तज़ार कर रहे थे। इसी बीच एक बेहद ऊर्जावान ललित मोदी साउथ अफ़्रीका पहुँच चुके थे। वहाँ उन्हें आईपीएल के पहले सीज़न के लिए विदेशी प्लेयर्स को साइन करना था। अपने जाने–पहचाने मस्ती भरे अन्दाज़ में वो इण्डियन ड्रेसिंग रूम में आये और एक भारी–भरकम अनाउन्समेंट किया। उन्होंने कहा, "जो भी एक ओवर में 6 छक्के मार के दिखाएगा उसे उसकी पसन्द का गिफ्ट दिया जायेगा।" जिस वक़्त टीम के

प्लेयर्स रोलेक्स की घड़ी का सुझाव दे रहे थे, मोदी ने कहा, "मैं एकदम नयी, चमचमाती पोर्शे कार दूँगा।"

बस दो गेम बाद ही इण्डियन टीम एक ऐसी स्थिति में थी जहाँ उसे इंग्लैण्ड के ख़िलाफ़ मैच जीतना ही जीतना था। युवराज सिंह ने अपनी पूरी ताकत लगाते हुए फ़ास्ट बॉलर स्टुअर्ट ब्रॉड पर हमला बोल दिया। युवराज ने ओवर का छठा छक्का डरबन के क्षितिज पर जड़ा, और वो उसी तरफ़ दौड़े जिधर ललित मोदी खड़े होकर अपने हाथों में कार की चाभी लहराते हुए युवराज को दिखा रहे थे। "मैं मानता हूँ कि भगवान ने मेरी प्रार्थना सुन ली थी। मेरी प्रार्थना थी कि किसी को ऐसा कुछ कर लेने दो जो अब तक किसी और ने नहीं किया था। और हमें एक ओवर में 6 छक्के देखने को मिले। हर घर में टीवी स्क्रीन चमक रहे थे। ऐसी चीज़ें पैसों से नहीं ख़रीदी जा सकतीं। इस एक घटना ने टी–20 क्रिकेट को उस जगह पहुँचा दिया जहाँ इसे हर कोई देखने वाला था," ललित मोदी बेहद उत्साह से बोले।

जब युवराज अपने इस कारनामे का ज़श्न मना रहे थे, कप्तान धोनी हमेशा की तरह शान्त बने हुए थे। उस वक़्त टीम के कोच लालचन्द राजपूत बताते हैं, "एमएस धोनी के बारे में सबसे बेहतरीन बात ये है कि वो ज़िन्दगी को हर दिन जीते हैं। इसलिए उन्हें जीत का दम्भ नहीं होता और हार का गम नहीं।" डर्बन के उस ऐतिहासिक मैच के बाद टीम इण्डिया फाइनल में खड़ी थी। फाइनल मैच किसी भी टीवी ब्रॉडकास्टर का सच हुआ सपना था। जोहानसबर्ग में इण्डिया बनाम पाकिस्तान। सारे टिकट बिक चुके थे। इस बड़े मैच के पहले फिर से धोनी को एक महत्त्वपूर्ण फ़ैसला लेना पड़ा। उनके सबसे ज़्यादा अनुभवी प्लेयर वीरेन्द्र सहवाग को हल्की–सी चोट लगी थी। उन्हें फ़ैसला लेना था कि वो उन्हें खिलाने का ख़तरा उठायें या किसी युवा खिलाड़ी को मौक़ा दें। लालचन्द उस वक़्त को याद करते हैं, "हमने मैच की एक रात पहले ये डिस्कस किया और मैंने आख़िरी फ़ैसला धोनी पर छोड़ दिया।" अगली सुबह धोनी ने बताया कि मैच में सहवाग की जगह एकदम नया प्लेयर युसूफ पठान खेलेगा। ये धोनी की एक और निशानी थी–मुश्किल वक़्त में शान्त मन से कड़े फ़ैसले लेने की फ़ितरत।

24 सितम्बर को खेला गया फाइनल एक भयानक रोमांचक मैच था। इण्डिया ने पहले बैटिंग करते हुए 157 रन बनाये। गौतम गम्भीर ने सबसे ज़्यादा 75 रन बनाये। पाकिस्तान 104 रन पर 7 विकेट के साथ मैच हारता हुआ दिख रहा था लेकिन तभी मिस्बाह–उल–हक ने गियर बदले और इण्डियन बॉलिंग को मैदान के हर कोने में मारना शुरू किया। पाकिस्तान को आख़िरी ओवर में 13 रन चाहिए थे। उनके पास मात्र 1 विकेट बचा था। अनुभवी हरभजन का एक ओवर बचा हुआ था लेकिन धोनी ने इसी वर्ल्ड कप में सामने आये जोगिन्दर शर्मा को तरजीह दी। इण्डिया के लिए जोगिन्दर पहली बार कोई टूर्नामेण्ट खेल रहे थे।

"मैंने जोगिन्दर को इसलिए बॉलिंग दी क्योंकि भज्जी अपने पिछले ओवर में काफ़ी रन दे चुका था। इसके अलावा एक फैक्टर ये भी था कि सामने वाली टीम ने जोगिन्दर का बहुत ज़्यादा सामना नहीं किया है। उसके पास अच्छी स्लोअर बॉल थी और वो अपनी गेंद

की गति में बहुत अच्छे से बदलाव ला सकता था। मुझे लगता है ऐसे मौक़े पर इसी की ज़रूरत थी," धोनी ने बताया। जोगिन्दर शर्मा से जब उस मौक़े के बारे में पूछा तो उन्होंने बताया, "माही ने मुझसे कहा कि सब कुछ एकदम सिम्पल रखो। और इस बात में विश्वास रखो कि अन्त में हम ही विजेता होंगे।"

पहली गेंद वाइड गयी और दूसरी को मिस्बाह ने बाउण्ड्री पार छक्के के लिए भेज दिया। पाकिस्तान अब इण्डिया के स्कोर से मात्र 5 रन दूर था। "जब मैंने एक गेंद वाइड फेंक दी और अगली पर छक्का खा गया, फिर भी माही ने मुझसे थोड़ी–सी भी शिकायत नहीं की। उसने बस कहा कि मैं अपने हिसाब से करता रहूँ।" तीसरी बॉल फिर से एक स्लोअर बॉल थी जिसे मिस्बाह ने स्कूप खेलना चाहा। श्रीसन्त ने गेंद को कैच किया। इण्डिया 5 रन से जीत चुका था। जोगिन्दर शर्मा रातों–रात एक स्टार बन चुके थे और अन्ततः धोनी के चेहरे पर एक बड़ी–सी मुस्कान देखने को मिल रही थी। धोनी ने अभी–अभी अपनी एक और खासियत दिखायी थी–दबाव भरी स्थिति में भी वो शान्त बने रहते थे।

"टी–20 क्रिकेट के लिए इससे अच्छी कोई भी स्क्रिप्ट नहीं हो सकती थी। पाकिस्तान से बॉल–आउट में जीत, फिर 6 छक्के और फिर पहले ही वर्ल्ड टी–20 को नयी टीम के साथ और पुराने अनुभवी प्लेयर्स के बिना जीतना। मैं इस ख़ुशी में अपने हाथों को रगड़ रहा था कि अब यहाँ से सब कुछ बदलने वाला था। हम टी–20 जीत चुके थे और हमें कोई रोक नहीं सकता था," मोदी उस जीत को याद करते हुए कहते हैं। लालचन्द राजपूत ने आगे बताया, "वो एक नये कप्तान के नेतृत्व में नयी और युवा टीम थी जिससे आशाएँ लेशमात्र की थीं। सबसे अच्छी बात ये थी कि धोनी खिलाड़ियों को पूरी तरह से सपोर्ट करते थे और उसमें विश्वास दिखाते थे। वो टीम में काट–छाँट नहीं करना चाहते थे बल्कि हर प्लेयर को बराबर मौक़ा देने के पक्षधर थे।" इसने धोनी की एक और विशेषता दिखायी–वो ऐसा कप्तान बना जिसपर सभी प्लेयर्स भरोसा कर सकते थे।

जिस वक़्त टीम मैदान पर ज़श्न मना रही थी, धोनी ने एक बार फिर से ऐसा कुछ किया जिसने सभी को चौंका दिया। उसने अपनी इण्डिया की टीशर्ट उतारी और एक बच्चे को दे दी और और ख़ुद उघाड़े बदन मैदान में चलने लगा। उसका गठीला शरीर लम्बे बाल ऊर्जा और आत्मविश्वास से भरे देश के साहस की बानगी लिख रहे थे। पाँच साल पहले जब गांगुली ने लॉर्ड्स में शर्ट उतार कर हवा में लहराई थी, उन्हें खेल भावना के विरुद्ध जाने की वजह से काफ़ी आलोचना का सामना करना पड़ा था। इसके उलट धोनी को अपनी इस दरियादिली के लिए भरपूर शाबाशी मिली थी और इण्डियन फैन्स के ज़हन में वो एक तस्वीर हमेशा के लिए दर्ज हो गयी। धोनी ने मुझे बताया, "वो बहुत ही अचानक से हो गया। मुझे लगा कि मुझे वैसा करना चाहिए।"

इधर ललित मोदी का मार्केटिंग वाला दिमाग़ अपना रंग दिखाने को तैयार था। उन्होंने एक आख़िरी दाँव खेला। टीम अगली सुबह मुम्बई के लिए उड़ने वाली थी। मोदी ने शरद पवार को फ़ोन किया और ये सुझाव दिया कि टीम को एयरपोर्ट से वानखेड़े ले जाया जाये और इसके लिए बड़ी खुली गाड़ियों का इन्तज़ाम करवाया जाये। वानखेड़े पर टीम का भव्य स्वागत हो और उन्हें सम्मानित किया जाये। "पवार ने मुझसे कहा कि मुम्बई में बारिश हो

रही थी और ये ज़श्न शायद फीका पड़ सकता था लेकिन मुझे लगा कि ये एक ऐसी चीज़ थी जिसके लिए ख़तरा उठाया जा सकता था,'' मोदी ने बताया।

आईपीएल के पीछे का दिमाग़ यानी ललित मोदी सारी तैयारियों की पड़ताल करने सुबह 4 बजे मुम्बई आ गये। टीम ने 6 बजे मुम्बई एयरपोर्ट पर लैण्ड किया और उसे बेस्ट (BEST) की एक खुली छत वाली बस में बिठाया गया और वो बस पूरे शहर में घूमी। उस वक़्त बारिश हो रही थी। लेकिन फिर भी हज़ारों की संख्या में लोग आये और गाड़ी के पीछे नाचते हुए चल रहे थे। कुछ ही वक़्त पहले गणेश चतुर्थी का ज़श्न ख़त्म हुआ था। लेकिन टी–20 फैन्स के लिए एक ऐसा मौक़ा था जो उतना ही ख़ास था। टीम की पूरी यात्रा टीवी पर लाइव दिखायी जा रही थी। सड़क पर टीम की बस के साथ जुटती भीड़ का असर ये था कि एयरपोर्ट से वानखेड़े की एक घण्टे की यात्रा 8 घण्टे लम्बी हो गयी। ''सड़क पर चल रही उस टीम बस ने हमें बताया कि इण्डियन क्रिकेट के लिए इसके क्या मायने हैं। उससे पहले तो हम लड़कों का एक झुण्ड थे जो मज़े कर रहा था,'' धोनी कहते हैं। उस वक़्त के बारे में मोदी एक बहुत ज़रूरी चीज़ बताते हैं, ''मेरे मन में जो भी शक–शुबहा थे, उस एक रोड शो ने सब ख़त्म कर दिये थे।''

आईपीएल नाम का सपना अब धीरे–धीरे अमली जामा पहन रहा था। और उसे सच बनाने के लिए इससे बेहतर टाइमिंग नहीं हो सकती थी। देश की अर्थव्यवस्था तेज़ी से बढ़ रही थी। 2007 में विकास दर 9% तक पहुँच गया था। ऐसा पहली बार हो रहा था। निवेशक, देसी और विदेशी, नये मौक़े तलाश रहे थे। इण्डियन क्रिकेट अरबों डॉलर की अन्तरराष्ट्रीय एंटरटेनमेंट इण्डस्ट्री में घुसपैठ करने जा रहा था।

बस की छत पर एक शख़्स जो ट्रॉफ़ी पकड़े खड़ा था, दिखने में किसी रॉक मेटल बैण्ड का मेम्बर लग रहा था। यही शख़्स इण्डियन क्रिकेट की इस नयी रथयात्रा का सारथी बनने वाला था। महेन्द्र सिंह धोनी की छवि एक ऐसे क्रिकेटर की बनी हुई थी जो क्रिकेट के रूढ़िवादी संस्कारों से दूर था। और यही छवि उस वक़्त इण्डियन क्रिकेट की नयी दुनिया के लिए तुरुप का इक्का साबित होने जा रही थी। लगभग 25 साल पहले लॉर्ड्स के मैदान पर साल 1983 में इण्डियन क्रिकेट को ऐसी ही एक तस्वीर कपिल देव ने दी थी और तभी इण्डियन क्रिकेट के आने वाले भविष्य की एक झलक भी दिखायी दी थी। अब एक और छोटे शहर का लड़का रातों–रात सुपरस्टार बन गया जिसने क्रिकेट की दुनिया को अपनी धुरी पर घुमा के रख दिया था। फिलहाल वो एक धमाका करने जा रहा था। इक्कीसवीं सदी के क्रिकेट का सबसे बड़ा धमाका।

साधारण और बेहद नीरस दोपहरों में राँची की गलियाँ धूप से भरी होती हैं। शहर के मुख्य बाज़ार को जाने वाली सड़क भीड़–भड़क्के वाली होती है जिसपर प्लास्टिक के इश्तेहार वाले कार्ड ही कार्ड लटके हुए दिखते हैं। उपभोक्तावाद के सूचक मॉल और मल्टीप्लेक्स भी धीरे–धीरे इस शहर में सेंध मारने लगे हैं। लेकिन फिर भी ये शहर सीमित संसाधनों और आकांक्षाओं वाला शहर बना हुआ है।

सभी रुकावटों के बावजूद एक टैलेण्ट अपनी पूरी ताकत के साथ इस शहर से बाहर

निकल दुनिया के सामने आने की कोशिश करता है और राँची को एक धूल और खालीपन से भरे शहर से एक महान शख़्सियत के शहर में बदल देता है।

कुछ साल पहले मेरे राँची के एक स्ट्रिंगर दोस्त ने मुझे अपने घर बुलाया। उसके पूजाघर में तमाम देवी–देवताओं की तस्वीरें लगी हुई थीं। उन्हीं तस्वीरों के बीच धोनी की भी तस्वीर दिखी। उसने मुझे बताया, "सर, माही की ही वजह से नेशनल न्यूज़ झारखण्ड में कुछ दिलचस्पी दिखाने लगी है। ये हमारी रोज़ी–रोटी हैं। वरना बस नक्सल हमले में मरने वालों की ख़बरें ही आया करती थीं।" दुनिया को इस अलसाये राँची शहर के बारे में ज़्यादा कुछ भी नहीं मालूम। मालूम है तो बस इतना कि धोनी इसी शहर से आता है। अगर गांगुली कोलकाता के प्रिंस हैं तो धोनी राँची का राजा।

धोनी के परिवार की जड़ें उत्तराखण्ड में हैं। उनके पिता पान सिंह 1964 में मीकॉन में जूनियर पद पर नौकरी मिलने के बाद राँची आये। जिस वक़्त 1981 में तीन बच्चों में सबसे छोटा महेन्द्र सिंह धोनी पैदा हुआ उस वक़्त पान सिंह एक पम्प ऑपरेटर थे और उनका परिवार मीकॉन की कॉलोनी में बने एक बेडरूम वाले घर में रहता था। धोनी के पिता पान सिंह और माँ देवकी सिंह प्रतिष्ठित लोग हैं और उनके चेहरे पर कठिनाइयों से उपजी लकीरें और मेहनत की कमाई करने वालों की तनी पीठ नज़र आती थी। वो मुझसे उस वक़्त की बातें करते हैं जब सब कुछ कठिनाइयों से भरा हुआ था। उनका घर कम्पनी के स्पोर्ट्स ग्राउण्ड से 50 मीटर की दूरी पर ही था और डीएवी श्यामली स्कूल से 100 मीटर की दूरी पर। "मेरे लिए सब कुछ बहुत ही आसान था। स्कूल से लेकर खेल–कूद तक सब कुछ बस बगल में था। और तो और मुझे कॉलोनी में ही अपने साथ खेलने के लिए काफ़ी लड़के मिल जाते थे," धोनी ने कहा।

बहुत ही छोटी उम्र से ही धोनी ने अपनी कॉलोनी में टेनिस बॉल से क्रिकेट खेलना शुरू कर दिया था। उस वक़्त साथ खेलने वाले लड़के उससे उमर में बड़े हुआ करते थे। उस वक़्त को याद करते हुए धोनी बताते हैं, "मैं बहुत छोटा और दुबला–पतला था इसलिए उन्होंने मुझे विकेटकीपर बना दिया।" 12 साल की उम्र में पहली बार धोनी की मुलाक़ात ठोस गेंद वाले क्रिकेट से हुई। "तब तक मैं फुटबॉल, बैडमिण्टन खेलता था और ख़ूब दौड़ता था। मैं फ्लैट फुटेड (सपाट पंजों वाला) था लेकिन मैं इतना दौड़ता था कि कम उम्र में ही मेरे पैरों में ख़ूब ताकत आ गयी।" हमेशा की तरह हर बात के पीछे की वजह बताते हुए धोनी कहते हैं। आज भी इण्डियन टीम के फ़िटनेस ट्रेनर्स आपको ये बताते हुए मिल जायेंगे कि बहुत ही कम प्लेयर्स ऐसे हैं जो छोटी रेसों में धोनी की स्पीड के आसपास भी पहुँच सकते हैं।

धोनी के स्पोर्ट्स टीचर केशव बनर्जी ने जूनियर स्कूल में धोनी को फुटबॉल में गोलकीपिंग करते हुए देखा और उसे क्रिकेट में कीपिंग करने के लिए बुलाया। "मैंने उसे फुटबॉल कैच करने के लिए डाइव मारते हुए देखा और मुझे लगा कि ये एक अच्छा विकेटकीपर बन सकता है। इसके अलावा हमारा सीनियर कीपर बारहवीं क्लास में था और हमें एक बैक–अप चाहिए ही था। मैंने महेन्द्र से पूछा कि क्या वो कीपिंग में हाथ आजमाना चाहेगा तो उसने तुरन्त मुझसे पूछा, 'चांस दोगे?' " धोनी उस वक़्त छठी क्लास में था। "मैंने एक मैच खेला लेकिन उसमें मुझे ज़्यादा मौक़े नहीं मिले क्योंकि उसके ठीक बाद सीनियर कीपर

वापस आ गया था। जब मैं दूसरे साल भी उस टीम में रहा तो मुझे रेगुलर खेलने को मिला क्योंकि तब वो प्लेयर जा चुका था।'' धोनी कीपिंग से अपनी शुरुआती मुलाक़ातों के बारे में याद करते हुए कहते हैं।

''धोनी के बारे में सबसे अच्छी बात उसका उत्साह था। वो एक भी प्रैक्टिस सेशन मिस नहीं करता था। और हाँ, उसमें बचपन से ही छक्के मारने की नेचुरल ताकत थी।'' ये कहना है कोच बनर्जी का जिन्होंने छोटे से धोनी को फुटबॉल में कीपिंग करते देखा था।

धोनी के पिता स्पोर्ट्स पसन्द तो करते थे मगर क्रिकेट के बारे में उनकी जानकारी बहुत ही सीमित थी। लोवर–मिडल–क्लास परिवार के लिए पढ़ाई हमेशा पहले आती है। ''मेरे घरवालों ने कभी भी मुझे खेलने से रोका नहीं लेकिन वो चाहते थे कि मैं अनुशासित तरीक़े से स्कूल में पढ़ाई भी करूँ जहाँ किताबें मेरे खेल से पहले आती थीं,'' धोनी याद करते हैं। अमूमन स्कूल की शुरुआत 7 बजकर 40 मिनट पर असेम्बली में होने वाली प्रार्थना से शुरू होती थी और 3 बजे स्कूल ख़त्म होता था। इसके बाद धोनी तुरन्त भागकर मैदान में पहुँच जाते थे जहाँ वो कम से कम 3 घण्टे खेला ही करते थे। ''स्कूल के क्रिकेट नेट्स में मुझे बैटिंग करने के लिए बमुश्किल 15 मिनट मिलते थे। बाक़ी वक़्त मैं कीपिंग कर रहा होता था, कैचिंग प्रैक्टिस कर रहा था या फिर दौड़ रहा होता था।'' धोनी को वो सब कुछ वैसा का वैसा याद है।

मुम्बई या किसी दूसरे मेट्रो शहर से उलट राँची में रेगुलर क्रिकेट खेलने के कम मौक़े मिलते हैं। झारखण्ड में हॉकी खेलने की पुरानी परम्परा थी और वहाँ से कई नामचीन ओलम्पिक प्लेयर्स आये लेकिन अब तक कोई भी क्रिकेट में नाम नहीं कमा पाया था। (1928 में भारत को पहला ओलम्पिक स्वर्ण दिलाने वाली हॉकी टीम के कप्तान जयपाल सिंह मुंडा एक झारखण्डी थे जो बाद में आदिवासी अधिकारों के लिए लड़ने वाली प्रमुख आवाज़ बने।) शहर के मुख्य स्टेडियम में सिर्फ़ एक टर्फ विकेट था इसलिए सभी इण्टर–स्कूल मैच मैटिंग विकेट पर खेले जाते थे। ये मैच ज़्यादातर 25–25 ओवर के होते थे।

''यहाँ तक कि हमारे स्कूल की प्रैक्टिस पिच मैटिंग की थी जिसे बार–बार हटाया और लगाया जाता था। हमें उसे हर सुबह स्कूल के ऑडिटोरियम से निकालना पड़ता था। मैट ऊबड़–खाबड़ थी और पिच स्कूल बिल्डिंग के ठीक बगल में थी। अक्सर मुझसे किसी खिड़की का काँच टूट जाता था और जब गार्ड हमसे पूछता था तो हम उसे बताते थे कि किसी ने पत्थर फेंक के मारा होगा,'' धोनी खिलखिलाते हुए उन दिनों को याद करते हैं।

ये बात है 1997 की जब इण्टर–स्कूल टूर्नामेण्ट के फाइनल में 16 साल के धोनी ने अपनी दावेदारी ठोंकी। धोनी ने 378 रन की पार्टनरशिप के दौरान डबल सेंचुरी ठोंककर एक हार्ड–हिटिंग बैट्समैन के रूप में अपना परिचय दिया। उनके साथ पार्टनरशिप करने वाला बैट्समैन था धोनी के स्कूल का दोस्त शब्बीर हुसैन। कोच बनर्जी उस मैच को याद करते हैं तो उन्हें एक बारीक बात याद आती है। ''मैंने धोनी को उस मैच में ओपेनिंग करने के लिए परमिशन दी थी लेकिन मेरी एक शर्त थी। शर्त ये थी कि वो पूरे 40 ओवर बैटिंग करेगा। मज़ाक़ में ये भी कहा था कि अगर वो आउट हो गया तो टीम में कोई भी नम्बर 3 पर बैटिंग करने के लिए नहीं था।''

धोनी से जब उस दिन के बारे में पूछा तो उन्होंने कहा, ''हमारी टीम मज़बूत थी और कोच सिर्फ़ जीतना नहीं बल्कि कम से कम टाइम में जीतना चाहते थे। मुझे लगता है इसी तरह से मैं एक अटैकिंग प्लेयर बन गया जो मैच की शुरुआत से ही गेंद को उठा कर मारने की फिराक में रहता है।'' बनर्जी, जो कि ख़ुद को एक पीटी टीचर ज़्यादा और क्रिकेट कोच कम मानते हैं, कहते हैं कि उन्होंने धोनी की बल्लेबाज़ी में कभी भी कोई भी बदलाव नहीं किये। ''मैंने उसकी विकेट कीपिंग पर काम किया क्योंकि वो गेंद को ऐसे कैच करता था जैसे एक मछली मुँह खोले गेंद पकड़ने की कोशिश कर रही हो। उसकी बैटिंग स्टाइल उसकी ख़ुद की है। मुझे लगता है ये उसने ख़ूब सारा टेनिस–बॉल क्रिकेट खेल कर कमाया है। वहाँ से ही उसकी बाजुओं में गेंद को ज़ोरदार हिट करने की ताकत आयी है।'' धोनी के हिसाब से राँची में कोचिंग के मन्त्र क्लासिक क्रिकेट ट्रेनिंग से बहुत अलग थे। ''हमारे लिए कोई एमसीसी या मुम्बई स्टाइल कोचिंग नहीं होती थी। हमारे लिए सीधे बल्ले से खेले शॉट से ज़्यादा गेंद को ज़ोर से मारना मायने रखता था।''

स्कूल में मारी डबल सेंचुरी का फल ये मिला कि धोनी ए–डिवीज़न लीग में एक जाना–माना नाम बन गया था। ''मैं और शब्बीर, दोनों सबसे पहले मीकॉन क्रिकेट क्लब गये क्योंकि वहाँ हम दोनों के पिता काम करते थे। उन्होंने हमें स्टाफ़ कोटा तो देने की पेशकश की लेकिन ये भी कहा कि हमें अपनी किट शेयर करनी पड़ेगी और हमें टीम में जगह मिलेगी, इसकी कोई गारण्टी नहीं थी। फिर किसी ने बताया कि स्टील अथॉरिटी ऑफ़ इण्डिया लिमिटेड (सेल) की लोकल टीम में 625 रुपये का वेतन मिलेगा और प्रैक्टिस मिस करने पर 25 रुपये की कटौती होगी। हम वहीं चले गये। 625 रुपये मेरी पहली कमाई थी।''

एक साल बाद धोनी सेण्ट्रल कोलफ़ील्ड्स लिमिटेड (सीसीएल) के क्लब में चले गये। ये कोल इण्डिया लिमिटेड का एक हिस्सा था। धोनी वहाँ इसलिए गये क्योंकि वहाँ नया टर्फ विकेट बनाया गया था और–2000 रुपये मिल रहे थे। धोनी को 200 रुपये का बोनस भी दिया जा रहा था क्योंकि वो एक 'मैच विनर' थे। सीसीएल में धोनी के कप्तान रहे आदिल हुसैन बताते हैं कि धोनी एक शर्मीला लड़का था जो क्रिकेट के मैदान पर उतरते ही ज़िन्दा हो जाता था। ''धोनी की दो बातें मुझे बहुत ख़ास लगती थीं। उसका डेडिकेशन और उसका आत्मविश्वास। हमारा ये नियम था कि प्रैक्टिस सुबह 6 बजे से शुरू हो जायेगी। इसमें एक भी मिनट की देरी नहीं होनी थी। धोनी पाँच साल हमारे साथ रहा और वो एक भी दिन प्रैक्टिस में लेट नहीं पहुँचा। मैदान के बाहर वो एक शब्द नहीं बोलता था लेकिन खेलते वक़्त उसके अन्दर जान आ जाती थी। उसे एक सीनियर प्लेयर को भी उसकी गलतियाँ बताने में कोई संकोच नहीं होता था। जब मैंने उससे पूछा कि वो किस पोज़ीशन पर बैटिंग करना चाहता है तो उसने तुरन्त कहा कि वो ओपनिंग करना चाहता है।''

हुसैन लखनऊ में चल रही शीशमहल ट्रॉफ़ी के एक मैच को याद करते हैं जहाँ सीसीएल की टीम जिसके ख़िलाफ़ खेल रही थी उसमें इण्डिया के लिए खेलने वाले दो बॉलर्स थे, टी. कुमारन और देबाशीष मोहन्ती। ''वो इण्डिया के लिए खेलने वाले बॉलर थे, इस बात से किशोरवय महेन्द्र को कोई फ़र्क़ नहीं पड़ा। उसने दोनों को छक्के मारे। उसका आत्मविश्वास उसकी सबसे बड़ी ताकत थी।'' मैंने उनसे पूछा कि खेल को लेकर धोनी के

रवैए में तब से अब तक कोई अन्तर दिखायी दिया तो वो बताते हैं, "नहीं। कोई अन्तर नहीं। बस जब मैं उसे मैच के बाद दिये गये इण्टरव्यू में देखता हूँ तो सोचता हूँ वो इतने आराम से कैसे बातें कर लेता है। मैं सोचता हूँ कहाँ गया वो किशोर जो कभी अपना मुँह भी नहीं खोलता था।"

सीसीएल और बिहार के लिए अण्डर–19 में अच्छी परफॉरमेंस का इनाम साल 2000 में धोनी को रणजी ट्रॉफ़ी में जगह मिलने के रूप में मिला। उसी साल धोनी को ईस्ट ज़ोन के लिए भी चुना गया लेकिन घटिया व्यवस्था, लापरवाही और क्रिकेट के मामले में राँची के पिछड़ा शहर होने के कारण धोनी को इस बात की जानकारी ही नहीं मिली। यहाँ बात करनी होगी परमजीत सिंह की। इन्हें प्यार से छोटू भैया कहा जाता है। एक बेहद मीठा बोलने वाले सरदार जिनकी बोली में झारखण्ड टपकता है, राँची की भीड़ भरी मेन–रोड पर स्पोर्ट्स की दुकान चलाते हैं, जिसकी पहचान धोनी के दोस्त की दुकान के रूप में है। परमजीत ने 1995 में धोनी के साथ क्लब क्रिकेट खेला था। उन्हें विश्वास था कि धोनी के पास स्पेशल टैलेण्ट है। परमजीत ने ही धोनी को जालन्धर की कम्पनी बीएएस के साथ पहला बैट कॉन्ट्रैक्ट दिलवाया था। "जब मैं पहली बार जालन्धर गया और वहाँ राँची के लड़के धोनी के बारे में बताया तो कोई मुझपर विश्वास नहीं कर रहा था। मैंने उनसे बोला, मुझे दुकान के लिए एक भी सामान मत दो लेकिन इतना ज़रूर कर दो कि मेरे दोस्त को सबसे अच्छी किट मिले। दर्जनों फ़ोन कॉल्स और काफ़ी मान–मनौती के बाद वो सभी तैयार हुए।"

परमजीत को ही कोलकाता के एक दोस्त से मालूम चला कि धोनी ईस्ट ज़ोन टीम के लिए सेलेक्ट हो गया था। लेकिन जब तक मालूम चला था, तबतक शायद बहुत देर हो चुकी थी। राँची से कोलकाता के लिए आख़िरी ट्रेन जा चुकी थी। लेकिन परमजीत ने एक टाटा सूमो किराये पर ली और धोनी और दो दोस्तों (जिसमें से एक गौतम गुप्ता था जिसने आगे धोनी की बहन से शादी की) के साथ रात में ही कोलकाता के लिए निकल पड़े। धोनी उस दिन को याद करते हुए बताते हैं, "वो पागलपन था। हमारी कार जमशेदपुर के पास ख़राब हो गयी। हमें दो घण्टे लगे उसे ठीक कराने में। लेकिन हमें पूरे रास्ते बहुत मज़ा आया। हम गाने गाते हुए जा रहे थे।" धोनी जब तक कोलकाता एयरपोर्ट पहुँचे, टीम अगरतला के लिए निकल चुकी थी और धोनी ने ईस्ट ज़ोन के लिए पहला मैच मिस कर दिया। "मुझे नहीं लगता उस दिन मेरे साथ जो हुआ वो किसी भी नये क्रिकेटर के साथ आज के वक़्त में हो सकता है। आज कल चीज़ें ज़्यादा व्यवस्थित हैं," ऐसा धोनी का मानना है।

एक साल बाद यानी 2001 में धोनी फिर से चल पड़े। इस बार जगह थी पड़ोसी राज्य बंगाल का खड़गपुर जहाँ उन्हें स्पोर्ट्स कोटा में दक्षिण पूर्वी रेलवे में नौकरी मिली। डिवीज़नल मैनेजर अनिमेष कुमार गांगुली क्रिकेट के दीवाने थे और उन्हें नये टैलेण्ट की दरकार थी। उन्होंने अपने बँगले में एक क्रिकेट पिच बनवा रखी थी और धोनी से लगभग 45 मिनट गेंद फेंकने के बाद ही वो सन्तुष्ट हुए और धोनी को क्लास 3 की टिकट चेकर की नौकरी मिली। "जिस दिन रेलवे में मेरी नौकरी लगी मेरे पापा को लगा कि मेरा क्रिकेट खेलना सफल हो गया है। मेरी पगार मात्र तीन हज़ार रुपये ही थी लेकिन बेटे के पास एक सुरक्षित नौकरी होने का अहसास ही उनके लिए काफ़ी था। वो काफ़ी ख़ुश थे," धोनी बताते हैं।

खड़गपुर में ज़िन्दगी आसान नहीं थी। पहली बार धोनी घर से दूर थे और एक होस्टल में पाँच और रेलवे कर्मचारियों के साथ रह रहे थे। "मुझे शुरुआत के कुछ दिन तो भूलते ही नहीं। अपनी माँ के हाथ के बने खाने की याद आती थी। मैं जिनके साथ रहता था वो सभी उम्र में 40 पार के लोग थे। मुझसे कहीं ज़्यादा बड़े। वो प्रमोशन पाकर क्लास 3 में आये थे और मुझे अपने बेटे की तरह समझते थे," वो बताते हैं। देश के सबसे व्यस्त स्टेशनों में से एक खड़गपुर स्टेशन पर टिकट कलेक्टर होना भी कोई आसान काम नहीं था। धोनी को ज़्यादातर सुबह 6 से दोपहर 2 बजे वाली शिफ्ट करनी पड़ती थी। "जब सुबह कोलकाता से लोकल ट्रेन आती थी, भीड़ बहुत होती थी और मुझे बिना धक्का और चोट खाए टिकट चेक करने होते थे। लेकिन मैंने सब कुछ सीखा। यहाँ तक कि ये भी कैसे टिकट को अलग–अलग रखना है और कैसे उन्हें सेक्शन के हिसाब से लगाना है," धोनी बताते हैं। किस्मत ने साथ दिया और धोनी को तीन महीने के भीतर ही स्पोर्ट्स डिपार्टमेण्ट में भेज दिया गया। वहाँ ठण्ड के मौसम में इण्टर–रेलवे क्रिकेट खेलना मुख्य उद्देश्य था। मानसून के समय धोनी फुटबॉल खेलते दिखते थे और अपनी फ़िटनेस पर काम करते थे।

कई सालों बाद 2016–17 रणजी सीज़न में धोनी ने फिर से ट्रेन की यात्रा की। इस बार झारखण्ड टीम के मेम्बर के तौर पर। जूनियर क्रिकेटर के तौर पर वो कई बार बिना रिज़र्वेशन वाले डिब्बों में सफ़र कर चुके थे। यहाँ तक कि धोनी को कई बार टॉयलेट के आसपास वाली जगहों में सोना पड़ता था। अब वो उस जगह पहुँच गये थे जहाँ उन्हें एसी के फ़र्स्ट क्लास डब्बे में सीट दी जा रही थी और साथ में फैन्स से बचने के लिए सिक्योरिटी भी मुहैया करवाई गयी थी। "ट्रेन में वापस सफ़र करना और जूनियर प्लेयर्स के साथ देर रात तक बातें करना मज़ेदार था," धोनी बताते हैं। मैंने पूछा कि क्या उन्होंने खड़गपुर स्टेशन क्रॉस किया था तो उनका जवाब मिला, "मैं शायद सो रहा था जब वो क्रॉस हुआ।" ऐसा कहने के बाद वो मुस्कुराते हैं।

समय को पीछे ले जाता हूँ और सोचता हूँ कि क्या कभी खड़गपुर स्टेशन पर टिकट कलेक्ट करने वाले लड़के ने सोचा होगा कि वो भारत का सफलतम कप्तान बन जायेगा। "मेरा ऐसा कोई सपना नहीं था। जहाँ से मैं आता हूँ वहाँ जीवन को एक–एक दिन करके जीते हैं। इसलिए सफ़र में उठाया हर छोटा क़दम मेरे लिए मायने रखता था न कि सिर्फ़ मंज़िल। ईमानदारी से कहूँ तो मैं जब स्टेशन पर टिकट अलग–अलग कर उन्हें सही से लगा रहा था तो मैं बस इतना सोचता था कि अब मैं प्रमोशन पाकर अगले ग्रेड में कैसे जाऊँ।" धोनी दार्शनिक अन्दाज़ में कहते हैं। कोलकाता के ईडेन गार्डेन्स से खड़गपुर स्टेशन मात्र 150 किलोमीटर दूर होगा, लेकिन राँची से आने वाले क्रिकेटर को उस दूरी को तय करने में जो मशक्कत करनी थी वो उस दूरी को और भी लम्बा बना देती है।

एक प्रोफ़ेशनल खिलाड़ी का कॅरियर कभी भी एक सीधी रेखा में नहीं चलता। ऐसे कई मौक़े आते हैं जब कुछ कड़े फ़ैसले लेने पड़ते हैं और जब टैलेण्ट, किस्मत और मौक़ों को मिलकर एक परफ़ेक्ट कॉम्बिनेशन बनाना पड़ता है। कामयाबी तभी मिलती है। धोनी के लिए 2003 की गर्मियाँ ऐसा ही एक मौक़ा थीं। दक्षिण पूर्वी रेलवे के खड़गपुर डिवीज़न में काम करते

हुए धोनी को दो साल हो गये थे। वो अब भी क्लास 3 कैटेगरी में ही था। वो रेलवे की रणजी टीम में भी जगह नहीं बना पाये थे। ट्रायल्स में उन्हें कीपिंग के लिए सिर्फ़ 3 गेंदें और बैटिंग के लिए 5 मिनट मिले। इसके बाद उनसे जाने को कह दिया गया। ''उस वक़्त उनकी टीम काफ़ी मज़बूत थी और शायद उन्हें मेरी ज़रूरत नहीं थी,'' धोनी बेपरवाही से कहते हैं। हालाँकि धोनी बिहार के लिए खेलने में ख़ुश थे लेकिन उनकी शुरुआती पारियाँ कुछ ख़ास नहीं थीं। ऐसा भी हो सकता था कि वो एक ऐसा नाम बनकर रह जाते जो क्रिकेट में पिछड़े प्रदेश से आता था और जो हर दूसरे रणजी खिलाड़ी जैसा खेलता था। लेकिन धोनी अपना रास्ता ख़ुद ही बनाने में लगे हुए थे। धोनी ने खड़गपुर छोड़ने का कठिन फ़ैसला लिया। अब वो राँची जा रहे थे। अपने हिसाब से क्रिकेट खेलने।

22 साल के लड़के के लिए रेलवे की नौकरी छोड़ देना आसान नहीं था। ये नहीं भूलना चाहिए कि वो अपने लिए ही नहीं अपने घर के लिए भी कमा रहे थे। लेकिन जैसा कि धोनी आगे चलकर ये बता भी देते हैं कि उन्हें कठिन रास्तों पर सफ़र करने से कोई परहेज़ भी नहीं था। ''आपको मालूम होगा कि ऐसा कहा जाता है कि सरकारी नौकरी मिलना काफ़ी मुश्किल होता है और उससे भी मुश्किल होता है उस नौकरी को छोड़ना। इसलिए मैंने ये नहीं कहा कि मैं नौकरी छोड़ रहा हूँ। मैंने बस इतना कहा कि मैं राँची में अपने गेम पर काम करने के लिए जा रहा हूँ। मज़े की बात ये है कि किसी ने भी इतना ध्यान नहीं दिया कि मैंने नौकरी छोड़ ही दी है।'' धोनी इस बात को बताने के दौरान ख़ूब हँसते हैं।

2003 के मानसून के दौरान धोनी ने अपनी फ़िटनेस पर और भी काम किया, अपनी कीपिंग को सुधारा और लोकल टेनिस बॉल टूर्नामेण्ट में खेलकर अपनी गेंद को तोड़ कर रख देने वाली ताकत को बनाये रखा। ''वो बहुत मज़ेदार था। हमें शुरुआत में एक टूर्नामेण्ट के 750 रुपये मिलते थे। बाद में ये 5000 रुपये और साथ में ट्रैवेल तक पहुँच गया। मुझे टेनिस बॉल क्रिकेट में बहुत मज़ा आता था क्योंकि उसमें मुझे बैटिंग और बॉलिंग दोनों मिलती थी।''

2003–2004 का सीज़न धोनी के लिए करो या मरो वाली स्थिति लेकर आया। किस्मत धोनी के पक्ष में खड़ी थी। 1960 के दशक में बंगाल के कप्तान रहे प्रकाश पोद्दार झारखण्ड और असम के मैच में धोनी की बैटिंग देखने के लिए आये हुए थे। पोद्दार को ईस्ट ज़ोन के लिए टैलेण्ट रिसोर्स डेवलपमेंट ऑफ़िसर बनाया गया था। ये इण्डियन क्रिकेट बोर्ड के एक नये प्लान का हिस्सा था जिसका मकसद अच्छे दिख रहे नये टैलेण्ट्स को और भी बढ़ावा देना था। पोद्दार बताते हैं, ''मुझे ईस्ट ज़ोन के सेलेक्टर रूसी जीजीभॉय ने जमशेदपुर में जाकर मैच देखने को कहा। वहीं पर मैंने पहली बार धोनी को खेलते देखा। ईमानदारी से कहूँ तो पहली बार जब मैंने उसे देखा तो वो क्रिकेटर से ज़्यादा हिन्दी फ़िल्म का हीरो लग रहा था।'' धोनी ने उस मैच में मात्र 29 रन बनाये। लेकिन वो रन जिस तरह से बनाये गये थे, पोद्दार को देखकर बड़ा मज़ा आया। ''उसके स्ट्रोक में एक ग़ज़ब का आत्म–विश्वास था। उसकी विकेटकीपिंग 50–50 लग रही थी लेकिन उसकी बैटिंग में बहुत एग्रेशन था।''

कोलकाता वापस आने के बाद पोद्दार ने अपनी रिपोर्ट नेशनल टैलेण्ट स्कीम के चेयरमैन

दिलीप वेंगसरकर को भेजी। वेंगसरकर के पास से वो रिपोर्ट तत्कालीन सेलेक्शन कमिटी के चेयरमैन किरन मोरे के पास पहुँची। मोरे जो ख़ुद वड़ोदरा से थे, हमेशा कहते थे कि टैलेण्ट ढूँढ़ने के लिए मेट्रो शहरों से बाहर जाना पड़ेगा। "चूँकि मैं ख़ुद एक छोटे शहर से आता हूँ इसलिए मुझे मालूम था कि देश में हर तरफ़ टैलेण्ट है जो ढूँढ़े जाने की आस में हमारा इन्तज़ार कर रहा है। इसीलिए मैं अपने साथी सेलेक्टर्स से कहता था कि वो अपने ज़ोन के बाहर जायें और ऐसे क्रिकेटर्स को देखें," मोरे उस वक़्त को याद करते हुए बताते हैं। मोरे ख़ुद भी एक विकेटकीपर थे। उन्होंने जमशेदपुर जाकर धोनी नाम के एक कीपर को झारखण्ड की ओर से उड़ीसा के ख़िलाफ़ खेलते देखने की सोची। उस मैच में धोनी ने सेंचुरी मारी, बेहतरीन कीपिंग की और सेलेक्शन कमिटी के मुखिया के सामने दावेदारी ठोंक दी। "आप उसकी पहली बॉल से ही रन बनाने की क्षमता को दूर से देख सकते थे। उसकी टेक्नीक शायद क्लासिकल नहीं थी लेकिन उसका सोचा–समझा आक्रामक रवैया बेहद सटीक था।"

ये वो वक़्त था जब भारत के पास विकेटकीपर नहीं था। 2000–2001 में नयन मोंगिया ने हाथ पीछे खींच लिए थे। 3 साल में इण्डिया ने दर्जनों विकेटकीपर आजमा लिए थे लेकिन कुछ हासिल नहीं हो रहा था। विकल्पों की इस कदर कमी थी कि वन–डे क्रिकेट में राहुल द्रविड़ को कीपिंग करनी पड़ रही थी। ये एक ऐसा क़दम था जिसने थोड़ी राहत तो ज़रूर दी थी लेकिन अपने आप में ये एक खानापूर्ति मात्र था। धोनी के बनाये ये रन और नामी लोगों के मुँह से उसके लिए निकलती अच्छी बातें एकदम ठीक समय पर आ रही थीं। किरन मोरे कहते हैं, "धोनी हमारे सामने लगभग सभी ज़रूरतें पूरी करता दिख रहा था। ख़ासकर वन–डे मैचों में। मुझे ऐसा लग रहा था कि वो एकदम सही समय में सही जगह मौजूद था।"

सारी कसर पूरी की मार्च 2004 के मोहाली में नॉर्थ ज़ोन और ईस्ट ज़ोन के बीच खेले गये दिलीप ट्रॉफ़ी फाइनल ने। सारा सेलेक्शन पैनल मैदान में मौजूद था। किरन मोरे ने ईस्ट ज़ोन के प्रणब रॉय से कहा कि वो अपने रेगुलर कीपर दीप दासगुप्ता की जगह धोनी को पूरे मैच में कीपिंग करने दें। ख़बर फैला दी गयी कि दासगुप्ता के हाथ में चोट लगी है और वो सिर्फ़ एक बैट्समैन के तौर पर खेलेंगे। झारखण्ड का एक लड़का उस रोज़ अपने जीवन के सबसे बड़े स्टेज पर ख़ुद को साबित करने के लिए उतरने जा रहा था।

धोनी ने विकेट के पीछे पाँच कैच लिए लेकिन उनके लिए असली मौक़ा आया मैच के चौथे दिन जब ईस्ट ज़ोन को जीतने के लिए 409 रन चाहिए थे और ओपनिंग के लिए महेन्द्र सिंह धोनी को भेजा जा रहा था। उनके सामने एक ऐसा अटैक था जिसमें तेज़ गेंदबाज़ आशीष नेहरा समेत तीन इण्डियन बॉलर्स थे। धोनी ने 47 गेंद में 8 चौके और 1 छक्के की मदद से 60 रन बनाये। नेहरा की पहली गेंद को धोनी ने हुक कर चौका मारा और दूसरी गेंद पर छक्का जड़ दिया। मोरे को वो मैच वैसा का वैसा याद है। वो बताते हैं, "मुझे लगता है कि वही एक पल था जब हमें इस बात का अहसास हो गया था कि हमें इण्डिया के लिए एक हार्ड–हिटिंग विकेटकीपर मिल गया है।"

धोनी को जुलाई 2004 में इण्डिया–ए टीम के लिए रिज़र्व विकेटकीपर के तौर पर चुना गया जिसे केन्या और ज़िम्बाब्वे के टूर पर जाना था। ये धोनी के लिए पहला विशुद्ध

विदेशी टूर था। (इसके पहले उसे सेवेन–अ–साइड क्रिकेट टूर्नामेण्ट के लिए हॉन्ग–कॉन्ग जाने को मिला था।) एक छोटे शहर से आने वाले क्रिकेटर से इण्डिया के लिए खेलने वाले प्लेयर के रूप में धोनी का विकास एक धीमी रफ़्तार से हुआ था। उसका हर क़दम उस मौक़े की ओर बढ़ रहा था जो उसे ऊँचाई पर ही ले जाने वाला था। कोई गॉडफादर नहीं। कोई बड़ा बैक–अप नहीं। बस धोनी ने कभी भी मेहनत में कमी नहीं आने दी। वो कहते हैं, "मुझे जो भी मिला आसानी से नहीं मिला। इसलिए मुझे हर एक चीज़ की कद्र है।"

हर एक क्षेत्र की तरह इण्डियन क्रिकेट में भी मुक़ाबला बढ़ रहा था। चोटी पर पहुँचने की लड़ाई और भी ज़्यादा क्रूर हो चली थी। ऐसे में एक ऐसे लड़के के लिए अपना नाम बना पाना और भी मुश्किल हो जाता है जो 2000 में जन्मे झारखण्ड नाम के प्रदेश से आता हो। देश में बच्चों के लिए जितनी भी प्रतियोगी परीक्षाएँ होती हैं उनमें बस एक ही चीज़ मायने रखती है–अगर आप में टैलेण्ट है और आपके पास अच्छे मार्क्स हैं तो आपको कोई नहीं रोक सकता। धोनी ने उसी एक बच्चे की माफ़िक ख़ुद को साबित किया। एक ओर धोनी की तरक्की मद्धम और एहतियात से भरी रही, वहीं इण्डिया–ए टूर पर उसका असर तुरन्त हुआ। इंग्लैण्ड में खेलने के लिए इण्डिया–ए के विकेटकीपर दिनेश कार्तिक को वापस बुला लिया गया। धोनी ने उसकी जगह ली। केन्या में तीन देशों की सीरीज़ में पाकिस्तान–ए के ख़िलाफ़ शानदार सेंचुरी मारी। ये उनका पहला इण्टरनेशनल सैकड़ा था। इसी टूर पर पाकिस्तान की उसी टीम के ख़िलाफ़ उन्होंने एक सेंचुरी और ठोंकी। नैरोबी के ख़ूबसूरत जिमखाना मैदान में धोनी के छक्के देखने के लिए भीड़ आ रही थी।

इस टूर पर धोनी के रूम–मेट थे आकाश चोपड़ा। उनके पास धोनी के इस टूर से जुड़ी बेहतरीन यादें हैं। "वो एक बेहद शर्मीला और अपने में सीमित रहने वाला लड़का था जो शायद ही कभी कुछ बोलता था। मैं रूमसर्विस ऑर्डर करता था और वो चुपचाप ख़ुद ही जाकर मिल्क–शेक और पेस्ट्री ले आता था। मैंने उससे पूछा था कि वो कब सोएगा तो वो बोला, 'आप परेशान मत हो। आप जब भी लाइट बन्द करोगे, मैं सो जाऊँगा'।" धोनी इसके बारे में बात करते हुए कहते हैं, "मैं तो बस इसी बात में ख़ुश था कि मुझे इण्डिया–ए टीम में ट्रैवेल करने को मिल रहा है और खेलने को मिल रहा है। आप ज़िन्दगी से बहुत कुछ उम्मीद न लगायें तो आप निराश नहीं लौटेंगे।"

वर्ल्ड कप विजेता टीम का हिस्सा रह चुके संदीप पाटिल उस वक़्त इण्डिया–ए टीम के कोच थे और वो धोनी के टीम में आते ही उसके फैन हो गये थे। "मुझे उसके बारे में जो चीज़ सबसे ज़्यादा अच्छी लगी वो थी उसकी मैच को कुछ ही ओवर में अपने बूते पर बदल कर रख देने की ताकत।" पाटिल ने ये बात धोनी के बारे में कही और पाटिल ख़ुद भी गेंद को पूरी ताकत से मारने के लिए जाने जाते थे। लेकिन पाटिल के पास सिर्फ़ क्रिकेट ही वो एक वजह नहीं थी जिसकी वजह से वो धोनी के फैन थे। "माही में एक सिंगर भी था। वो हमेशा अमिताभ की मुकद्दर का सिकन्दर और शराबी के गाने गुनगुनाया करता था। वो ऐसी एक्टिंग करता था जैसे फ़िल्म में अमिताभ वही हो।" इस बात के बावजूद कि उस टूर पर महेन्द्र सिंह धोनी एक 'खोज' साबित हुए थे, उस लड़के को इस बात ने रत्ती भर नहीं बदला। "जो बात मुझे दिखायी दी वो ये कि धोनी कितना भोला और मासूमियत

से भरा था। वो दिल से बेहद साधारण इनसान है। मैं उसे दस सालों से ज़्यादा वक़्त से जानता हूँ और जो एकमात्र बदलाव मुझे दिखायी दिया है वो हैं उसके बाल। लम्बे बालों की जगह हलके सफ़ेद होते छोटे बालों ने ले ली है।''

अफ़्रीकी ज़मीन पर धोनी की इनिंग्स उन्हें इण्डियन टीम में जगह दिलवाने के लिए काफ़ी थी। दिसम्बर 2004 के एक वन–डे गेम में बांग्लादेश के ख़िलाफ़ धोनी ने अपना पहला मैच खेला। शुरुआत अच्छी नहीं रही। पहली ही गेंद जो खेली उसपर रन–आउट हो गये। इण्डिया के लिए पहली 4 इनिंग्स में धोनी का सबसे ज़्यादा स्कोर था 12 रन का। धोनी का वक़्त आया एक धमाकेदार इनिंग के साथ। बैटिंग ऑर्डर में धोनी को ऊपर नम्बर 3 पर भेजा गया। धोनी ने विशाखापट्टनम में पाकिस्तान के ख़िलाफ़ 148 रन मार दिये। 12 चौके और 4 छक्के। इस इनिंग के साथ धोनी पहले ऐसे रेगुलर विकेटकीपर बन गये थे जिसने वन–डे में सेंचुरी मारी थी। उस मैच के बारे में धोनी को सब कुछ साफ़–साफ़ याद है–''वो मेरे लिए करो या मरो वाली स्थिति थी। वो मेरा पाँचवाँ मैच था और अगर उस मैच में मैं अच्छा नहीं कर पाता तो शायद सेलेक्टर्स मुझे ड्रॉप कर देते। सेंचुरी मारने से ये तो पक्का हो गया कि मैं इण्डिया के लिए कम से कम दस मैच तो और खेलूँगा ही।'' धोनी को उस मैच में ऊपर भेजने का फ़ैसला कोच जॉन राइट और कप्तान सौरव गांगुली ने मिलकर लिया था। गांगुली ने कहा, ''मैंने उसकी बैटिंग देखी थी। वो ईस्ट ज़ोन के लिए वन–डे खेल रहा था। मुझे लगा था कि उसके आक्रामक तेवरों को एक बड़े प्लेटफॉर्म की ज़रूरत है। उसे हमने ऊपर भेजा और इससे धोनी का आत्मविश्वास बढ़ा और साथ ही पाकिस्तानी भी चौंक गये।''

चौंकने वाले सिर्फ़ पाकिस्तानी टीम में ही नहीं थे। ये पहला मौक़ा था जब पूरा देश भविष्य में आने वाले धोनी नाम के तूफ़ान की शुरुआत देख रहा था। अचानक ही इण्डियन क्रिकेट के नक़्शे पर झारखण्ड चमक उठा था। मज़ेदार बात ये थी कि अगला ही मैच जमशेदपुर के कीनन मैदान में था जहाँ धोनी ने अपने ज़्यादातर फ़र्स्ट–क्लास क्रिकेट के मैच खेले थे। मैदान खचाखच भरा हुआ था। लोग अपने लोकल हीरो को देखने के लिए आये हुए थे। हालाँकि धोनी ने ये गुज़ारिश की थी कि उनके परिवार को इस सबसे दूर रखा जाये क्योंकि वो नहीं चाहते थे कि उन्हें कोई तकलीफ़ हो या उनपर कोई दबाव आये। राँची में रहने वाले उनके दोस्तों के लिए ये उनकी ज़िन्दगी का एक बहुत बड़ा मौक़ा था। 'उनका' माही अब इण्डिया का नया स्टार था। ''धोनी ने हमें जो गौरव दिया है उसकी कोई सीमा नहीं है। आज भी जब माही कोई गेम खेलता है तो हमारी दुकान में टीवी लगता है और सभी आकर मैच देखते हैं।'' ये कहने वाले थे धोनी के दोस्त परमजीत। परमजीत की दुकान इण्डिया के मैच के दौरान चाय और सिंघाड़े (समोसे) के अड्डे में तब्दील हो जाती है।

धोनी अब शोहरत और सफलता के रास्ते पर चल पड़े थे। कुछ ही महीनों बाद अगस्त 2005 में श्रीलंका के ख़िलाफ़ नाबाद 183 रन बनाकर इण्डिया के लिए अधिकतम पर्सनल स्कोर बनाने के रिकॉर्ड की बराबरी कर ली। उस इनिंग में धोनी ने 10 छक्के मारे थे। इसी टीम के ख़िलाफ़ टेस्ट मैच में डेब्यू किया और अगले साल की शुरुआत में ही पाकिस्तान

के ख़िलाफ़ पहली टेस्ट सेंचुरी जड़ी। उनके द्वारा बनाये गये रन नहीं, बल्कि जिस तरह से वो रन बना रहे थे लोग उसकी बातें ज़्यादा कर रहे थे।

वी.वी.एस. लक्ष्मण जब धोनी के बारे में बात करते हैं तो बताते हैं, ''आमतौर पर इण्टरनेशनल क्रिकेट में पहले साल में आप या तो फूँक–फूँक कर पैर रख रहे होते हैं या फिर एकदम बेधड़क खेल रहे होते हैं। लेकिन धोनी को कुछ ही मैच के बाद देख के ऐसा लग रहा था जैसे वो कितना सीनियर खिलाड़ी हो। वो शुरुआत में ज़्यादा बोलता तो नहीं था लेकिन उसके अन्दर आत्मविश्वास दिखता था जो मुझे उसके बारे में सबसे अच्छी बात लगती थी।'' धोनी इस बात को आगे बढ़ाते हैं, ''मेरे पहले मैच के बाद सीनियर्स ने मुझे एक स्टूल पर खड़ा किया और मुझसे एक भाषण दिलवाया। मुझे याद नहीं है कि मैंने क्या कहा लेकिन हाँ मैं ज़्यादा कुछ कह नहीं पाया। मैं आज भी इस बात में विश्वास रखता हूँ कि ज़रूरत से ज़्यादा कभी भी नहीं बोलना चाहिए। बेहतर ये होगा कि मेरे शब्द नहीं मेरे रन बातें करें।''

असल में ऐसा ही हुआ भी। एक ऐसी टीम में जिसमें स्टार्स भरे हुए थे, एम.एस. धोनी ने अपनी अलग ही पहचान बना ली थी और वो भीड़ के चहेते बन गये थे। बैटिंग के लिए उतरते वक़्त उसकी तेज़ चाल बताती थी कि उसमें कितनी आक्रामकता भरी थी। विकेट्स के बीच में उसकी दौड़ उसमें मौजूद सकारात्मकता को दिखाती थी। और उसके लम्बे–लम्बे छक्के ये बताते थे कि बैटिंग में एक नया सूरमा आ चुका था। और अन्त में दिखते थे उसके लम्बे बाल।

वो बाल इतने आकर्षक थे कि उस वक़्त पाकिस्तान के राष्ट्रपति परवेज़ मुशर्रफ़ ने एक प्राइज़ डिस्ट्रीब्यूशन सेरेमनी में कहा, ''मैंने एक जगह लिखा देखा कि तुम्हें अपने बाल कटवा लेने चाहिए लेकिन अगर तुम मेरी सलाह मानो तो ऐसा मत करना। तुम इन बालों में अच्छे लगते हो।'' हालाँकि धोनी को इन सभी बातों से कोई ख़ास फ़र्क़ नहीं पड़ रहा था। ''असल में मैं लम्बे बालों में रन बना रहा था इसलिए इन बालों के साथ थोड़ा अन्धविश्वास भी जुड़ा था। और वैसे मैंने जब बाल कटवाए, उसके कुछ ही वक़्त बाद मुशर्रफ़ को उनकी गद्दी से हटा दिया गया था।'' एक शरारती भरी मुस्कान के साथ धोनी बताते हैं।

अगर बालों की स्टाइल से किसी के बारे में कोई बात मालूम चलती है तो धोनी के कन्धों तक लम्बे बाल एक ऐसी अलग शख़्सियत की बानगी लिख रहे थे जिसने हमेशा ज़िन्दगी को अपनी शर्तों पर जीया। जब आकाश चोपड़ा ने एक बार धोनी से कहा कि लम्बे बाल इण्डियन क्रिकेटर के पारम्परिक लुक्स में फ़िट नहीं बैठेंगे तो धोनी ने जवाब दिया, ''आकाश भाई, कोई बात नहीं। मुझे मेरे लम्बे बाल पसन्द हैं। हो सकता है एक दिन बाक़ी प्लेयर्स मेरी स्टाइल कॉपी करें।'' एक ऐसी टीम में जहाँ हर कोई अपने साथ एक ढर्रे पर चल रहा था, धोनी एकमात्र ऐसा खिलाड़ी था जिसे उसकी बैटिंग और जीवन को देख सही अर्थों में इण्डियन क्रिकेट में 'बाहरी' कहा जा सकता था। टीम में एक ऐसा ही क्रिकेटर और था–वीरेन्द्र सहवाग। बैटिंग करते वक़्त आक्रामक सोच और बाक़ी जीवन में एकदम शान्त और सौम्य। पॉवर–हिटिंग और टी–20 फॉरमैट के साथ जैसे–जैसे क्रिकेट एक आक्रामक खेल बनता जा रहा था, महेन्द्र सिंह धोनी इस बदलते खेल के लिए सबसे आदर्श खिलाड़ी

बनते जा रहे थे। विशाखापत्तनम की धुआँधार इनिंग के बाद विज्ञापन कम्पनियों ने लाइन लगानी शुरू कर दी थी। गेमप्लान नाम की एजेंसी ने सबसे पहले धोनी को मैनेज किया था। उससे ताल्लुक रखने वाले जीत बनर्जी बताते हैं, ''मुझे पेप्सी ने फ़ोन किया और पूछा, ये लड़का अभी तक कहाँ था? अपनी बेहद अलग लुक और आक्रामक क्रिकेट की वजह से विज्ञापन की दुनिया धोनी में एक्स–फैक्टर देखने लगी थी।''

2007 में वर्ल्ड टी–20 की जीत ने धोनी को इण्डियन क्रिकेट का उभरता सितारा बना दिया था। लगभग एक साल में ही धोनी को वन–डे और टेस्ट टीमों का कप्तान बना दिया गया। अभी वो मात्र 27 साल के ही थे लेकिन ऐसी टीम के कप्तान थे जिसमें 4 पूर्व कप्तान खेल रहे थे जो उससे काफ़ी सीनियर थे। तेंदुलकर सबसे ज़्यादा सीनियर थे। तेंदुलकर ने जब अपना पहला मैच खेला था, धोनी मात्र सात साल के बच्चे थे। बचपन में जब देर रात कोई मैच चलता था या सुबह जल्दी शुरू हो जाता था तो धोनी अपने पापा से कहते थे कि जब सचिन बैटिंग करने आयें तो उन्हें उठा दिया जाये। सचिन की बात आती है तो धोनी कहते हैं, ''वो मेरे लिए सबसे बड़े हीरो थे। मैं उनका बहुत बड़ा फैन था और किशोरावस्था तक उनकी कोई भी इनिंग मैंने मिस नहीं की।'' 2000–01 में सचिन से पहली बार धोनी की मुलाक़ात हुई। ईस्ट ज़ोन और वेस्ट ज़ोन के बीच दिलीप ट्रॉफ़ी का मैच था। ''मैं एक्स्ट्रा में था और मैदान पर ड्रिंक्स लेकर गया था। उस वक़्त सचिन और विनोद कांबली एक बड़ी पार्टनरशिप बना रहे थे। मुझे याद है कि एक ड्रिंक्स ब्रेक के दौरान सचिन ने मुझसे पानी पिलाने को बोला और मैंने उन्हें पानी दिया। वो पहली बार था जब मैंने उनसे हाथ मिलाया। मुझे नहीं लगता मैंने अगले कई दिनों तक अपने हाथ धोये थे,'' धोनी हँसते हुए कहते हैं।

तेंदुलकर भी अपने इस फैन के बारे में बड़ाई करते हुए ही बात करते हैं। ''हम जब पहली बार मिले थे, तबसे लेकर अब तक माही मुझसे पूरी इज़्ज़त के साथ पेश आया है। शायद वो हर बार मुझे मेरे पिता की याद दिलाता है। चाहे वो जीत की बात हो या हार की, धोनी हमेशा वैसे ही शान्त रहता है जैसे मेरे पिता मुझे शान्त रहने को कहते थे।'' धोनी के लिए अपने बचपन के हीरो की कप्तानी करना एक सपने के सच होने जैसा था। लेकिन इस दौरान भी कामयाबी उसके सर नहीं चढ़ सकी। ''आपको पता है जे. पी. यादव (मध्य प्रदेश और रेलवे की तरफ़ से खेलने वाला क्रिकेटर जिसने इण्डिया के लिए 12 वन–डे मैच खेले।) एक मज़ेदार बात बताता है। वो कहता है कि सचिन पाजी की वजह से टीम में आने वाले कुछ नये प्लेयर्स के कॅरियर ख़राब हो गये। क्योंकि नये प्लेयर्स अपने गेम से ज़्यादा इस बात में इंट्रेस्टेड रहते थे कि सचिन पाजी खाते क्या हैं, पीते क्या हैं, और पहनते क्या हैं। वो सभी ये भूल जाते थे कि उन्हें ख़ुद भी रन बनाने होते थे,'' धोनी हँसते हुए ऐसा बताते हैं।

धोनी अपने बचपन के हीरो के साथ ड्रेसिंग रूम शेयर करते हुए ख़ुद को किस्मतवाला समझते थे। बस सात साल पहले ही धोनी बिना टिकट सवारियों को पकड़ने के लिए खड़गपुर रेलवे स्टेशन पर जद्दोज़हद में लगे हुए थे। अब वो एक सुपरस्टार थे जो इण्डियन टीम को मैदान में लीड कर रहा था। ये एक कमाल का बदलाव था। धोनी को शायद ये मालूम ही नहीं था कि इससे भी बेहतर काफ़ी कुछ होने को था।

भारत, बांग्लादेश और श्रीलंका में खेला जाने वाला 2011 का वर्ल्ड कप कोई आम टूर्नामेण्ट नहीं था। ये लॉर्ड्स के मैदान से भारतीय उपमहाद्वीप में ट्रांसफ़र हुई क्रिकेट शक्ति का प्रतीक था। सारा खेल पश्चिम से पूर्व में आ रहा था। पश्चिम यानी मन्दी का मारा यूरोप और पूर्व यानी क्रिकेट का उभरता बाज़ार। महाराष्ट्र के जानेमाने नेता और तत्कालीन आईसीसी प्रेसिडेण्ट शरद पवार कहते हैं, "हमारे लिए टूर्नामेण्ट की मेज़बानी करना ही सब कुछ नहीं था। हम उसे जीतना चाहते थे। हम ये दिखाना चाहते थे कि इण्डिया क्रिकेट की दुनिया की नयी महाशक्ति है।"

जीत की ज़रूरत एक और वजह से थी। ये टूर्नामेण्ट उस वक़्त खेला जा रहा था जब मनमोहन सिंह के नेतृत्व वाली संप्रग सरकार के ऊपर एक के बाद एक भ्रष्टाचार के आरोप लग रहे थे। प्रधानमन्त्री एक कमज़ोर नेता साबित हो रहे थे। देश की जनता भ्रष्टाचार के ख़िलाफ़ सड़कों पर उतर आयी थी (जैसा चैप्टर 7 में चर्चा की गयी है) और उस भीड़ की अगुवाई कर रहा था एक वृद्ध, अन्ना हज़ारे। एक निराश देश को एक हीरो की ज़रूरत थी। धोनी में उन्हें एक बलिष्ठ और चहेता हीरो मिला जो राजनीति में मशगूल नहीं था और उसकी नेतृत्व क्षमता पर सवाल ही नहीं उठाए जा सकते थे।

2008 में धोनी को ऑस्ट्रेलिया में खेली जाने वाली तीन देशों की वन–डे सीरीज़ के लिए कप्तान बनाया गया। उस सीरीज़ में राहुल द्रविड़ और सौरव गांगुली जैसे दिग्गजों को बाहर रखा गया। यहीं से वर्ल्ड कप की तैयारियाँ शुरू हो गयी थीं। ये एक आसान फ़ैसला नहीं था और इसके चलते धोनी और सेलेक्शन कमिटी को काफ़ी खरी–खोटी सुनने को मिली थी। उस वक़्त सेलेक्शन मीटिंग में वेंगसरकर मुखिया का काम कर रहे थे। उन्होंने बताया कि ऐसे फ़ैसले लिए जाने बेहद ज़रूरी थे क्योंकि टीम को 2007 वर्ल्ड कप में मिली अपमानजनक हार के बाद नये टैलेण्ट की ज़रूरत थी। 2007 वर्ल्ड कप में टीम इण्डिया पहले ही राउण्ड में बांग्लादेश के हाथों हारने के बाद बाहर हो गयी थी। लेकिन इस पूरे प्रकरण से धोनी के फ़ैसले लेने की क्षमता, उनके निर्मोही होने के बारे में सभी को मालूम चला। उदाहरण के तौर पर गांगुली को एक पत्रकार से मालूम चला कि उन्हें ऑस्ट्रेलिया टूर के लिए ड्रॉप किया गया है। कुछ महीनों बाद हमने पाया कि एक नयी इण्डियन टीम ने ताकतवर ऑस्ट्रेलिया की टीम को हरा दिया। वर्ल्ड कप के लिए मंच यहीं से सजना शुरू हो गया था। "मुझे लगता है वो जीत हमारे लिए बेहद ज़रूरी थी। उस एक जीत ने हमें ये बता दिया कि हम दुनिया जीत सकते हैं," धोनी का कहना था।

2011 के मिशन में साथ देने के लिए आये टीम इण्डिया के नये कोच और पूर्व साउथ अफ़्रीकी ओपेनिंग बैट्समैन गैरी कर्स्टन। धोनी की ही तरह कर्स्टन भी कम बोलने में विश्वास रखते थे। लेकिन धोनी अपने दिल की सुनने वाले कप्तान थे और कर्स्टन ऐसे कोच थे जो प्रक्रिया में विश्वास रखते थे और उनके लिए तैयारियाँ मायने रखती थीं। ग्रेग चैपल के बुरे सपने से भी बुरे दौर के बाद गैरी ने टीम को एक शान्त माहौल दिया और टीम को अनुशासित किया। धोनी के मुताबिक़, "गैरी के बारे में सबसे अच्छी बात ये थी कि वो एक बढ़िया मैनेजर थे जिसे इण्डियन वर्क कल्चर की समझ थी। हम हिन्दुस्तानी काम आँकते वक़्त भावनाओं को काफ़ी तरजीह देते हैं और यही वजह है कि हम शायद एकमात्र देश हैं

जिसके पास देशभक्ति से जुड़े लगभग 5000 गाने होंगे। हम रोबोटों की तरह काम करने में विश्वास नहीं रखते। हम एक ऐसे इनसान की ज़रूरत समझते हैं जो हमें इमोशनली सपोर्ट करेगा और हमें आराम देगा। हमें ये भी नहीं भूलना चाहिए कि टीम में मौजूद हर खिलाड़ी की अपनी खासियत है, उसका अपना तरीक़ा है और उसका अपना अलग स्वभाव है। कोई ऐसा होता है जिसे हर वक़्त चिन्ता करने वाला एक साथी चाहिए होता है जबकि कोई ऐसा होता है कि उसे गाली भी दे दो तो उसे फ़र्क़ नहीं पड़ेगा।''

मैंने 2013 में एक टीवी शो किया था जहाँ गैरी कर्स्टन से लीडरशिप के बारे में बात हो रही थी। वहाँ कर्स्टन ने सफलता का मन्त्र बताया, ''देखिए, मैं सचिन या द्रविड़ को बैटिंग के बारे में क्या सिखा सकता था? मेरा काम था ये सुनिश्चित करना कि वो सभी जैसे भी हैं, ख़ुश रहें और मैच में अपनी क्षमता के हिसाब से अच्छा परफॉर्म करें। वैसे इण्डिया से ज़्यादा किस देश में किसी क्रिकेटर पर प्रेशर डाला जाता है?''

ये तरीक़ा धोनी के स्वभाव के लिए भी मुफ़ीद था क्योंकि वो भी लोगों को उनकी ज़रूरत के हिसाब से ढाले जाने में विश्वास रखते थे। ''एमएस के बारे में सबसे अच्छी चीज़ ये है कि वो प्रेशर में भी एकदम शान्त रहते हैं। और ऐसा मैं ही नहीं कहता हूँ, उनके आसपास रहने वाला हर शख़्स ऐसा कहता है। उसकी लाइफ़ बहुत से भागों में बँटी है। इसलिए अगर एक जगह प्लान के हिसाब से काम नहीं होता है तो वो विचलित नहीं होता है,'' कर्स्टन धोनी के बारे में बताते हैं।

इस बुद्ध जैसे शान्त स्वभाव को हर उस बार परीक्षा से गुज़रना पड़ा जब हज़ारों की संख्या में उत्साहित भीड़ के सामने इण्डिया की टीम खेल रही थी। 1975 में खेले गये पहले वर्ल्ड कप से लेकर अब तक, कोई भी मेज़बान देश वर्ल्ड कप नहीं जीत पाया था।

1983 में इण्डिया की वर्ल्ड कप की जीत ने सभी को चौंका के रख दिया था। दुनिया की सबसे ताकतवर टीम वेस्ट इण्डीज़ की नाक के नीचे से कपिल देव ने वर्ल्ड कप निकाल लिया था। देश में अभी भी वन–डे क्रिकेट को पैर जमाने के लिए मशक्कत करनी पड़ रही थी और वर्ल्ड कप की जीत एक लॉटरी लगने जैसा अहसास दे रही थी। 28 साल बाद इण्डिया की टीम वर्ल्ड कप की सबसे बड़ी दावेदार मानी जा रही थी और विजय से नीचे कोई भी चीज़ शर्मनाक हार कहलाने वाली थी। धोनी को वो सब कुछ वैसा का वैसा ही याद है। ''अगर मैं कहूँ कि मुझपर दबाव नहीं था, तो मैं झूठ बोल रहा होऊँगा। हम किसी भी होटल में जाते थे, कोई भी फ्लाइट लेते थे, लोग हमें बताते थे कि उन्हें हमसे कितनी आशाएँ हैं और मेज़बान के तौर पर ये जीत उनके लिए कितनी ज़रूरी है। मैं हर बार माहौल को हल्का करने के लिए उनसे वापस पूछता था कि अगर हम मेज़बान हैं तो हमें जीतना ज़रूरी क्यों हैं? अच्छे मेज़बान तो वो होते हैं जो दूसरों को जीतने दें।''

1983 में मीडिया इतना बड़ा नहीं था कि जीत का प्रचार हो सके। न ही उस वक़्त का बाज़ार इस कदर बड़ा था कि क्रिकेट को वापस कुछ दे पाता। इण्डिया में कलर टीवी ने घुसपैठ बस अभी–अभी शुरू की थी। दूरदर्शन का एकछत्र राज था। हालत तो ये थी कि 1983 फाइनल के दौरान एक वक़्त के लिए टीवी ब्लैंक हो गये थे क्योंकि लन्दन से आ रहे सिग्नल में कुछ बाधा पड़ गयी थी। हिन्दी फ़िल्मों के गीतों का प्रोग्राम छाया गीत और

रविवार को आने वाली हिन्दी फ़िल्म मनोरंजन के मुख्य साधन थे। हम लोग, ऐतिहासिक डेली–सोप 1984 में शुरू हुआ था। उस वक़्त मल्टीप्लेक्स या डांस बार या रेस्टोरेण्ट जैसी चीज़ें मौजूद नहीं थीं। मोबाइल क्रान्ति अभी भी दो दशक दूर थी। विदेश में की जा सकने वाली ट्रंक कॉल्स के लिए पहले से बुकिंग करनी पड़ती थी और लाइनमैन को अपनी ही लाइन सही करवाने के लिए घूस देनी पड़ती थी। आसमान में एयर इण्डिया और इण्डियन एयरलाइंस की बादशाहत कायम थी जबकि दिसम्बर 1983 में मारुति सुजुकी ने एंट्री मारी थी। इन्दिरा गाँधी देश की प्रधानमन्त्री थीं, देश की अर्थव्यवस्था 'हिन्दू वृद्धि दर' में फँसी हुई थी, लाइसेंस परमिट राज ने बाज़ार को जकड़ा हुआ था और सेंसेक्स मात्र 212 पॉइण्ट पे चल रहा था। क्रिकेट के खिलाड़ी भी समाजवाद के चक्कर में पछाड़ खा रहे थे जहाँ पैसे की कमी थी और लग्ज़री की सभी चीज़ें उस वक़्त अस्तित्व में ही नहीं हुआ करती थीं। 1983 में वर्ल्ड कप जीतने वाली टीम के कुछ खिलाड़ी उस वक़्त एक कार या घर के भी मालिक नहीं थे।

2011 आते–आते इण्डिया जी–20 का हिस्सा था। वो दुनिया की अर्थव्यवस्था के ढाँचे में अहम रोल अदा कर रहा था। फ़ोर्ब्स मैगज़ीन में अरबपतियों की लिस्ट में भारतीयों के नाम आ रहे थे, सेंसेक्स 20,000 पॉइण्ट छू चुका था, दुनिया की हर बड़ी कम्पनी इण्डिया के देसी मल्टीप्लेक्स में एक दुकान पाने को बेताब थी, प्राइवेट हवाई जहाज़ की कम्पनियों ने डोमेस्टिक ट्रैवेल में क्रान्ति ला दी थी, मल्टीप्लेक्स आ चुके थे, तेज़ चलने वाली विदेशी गाड़ियाँ और विदेशी रेस्टोरेण्ट की चेन हर ओर दिखायी पड़ने लगी थीं, और देश के हर नागरिक के जीवन पर असर डाल रही थीं। इस सबके साथ मोबाइल फ़ोन की क्रान्ति ने ये तो ज़ाहिर कर ही दिया था कि ये देश दुनिया में सबसे तेज़ गति के साथ आगे बढ़ रहा था। इस हर वक़्त बढ़ रहे बाज़ार का हिस्सा क्रिकेट भी बना और लगभग 500 ऐसे चैनलों के बीच जो 24 घण्टे चलते हैं, विज्ञापन से कमाई के मामले में सिनेमा को टक्कर देने लगा। सभी क्रिकेटर करोड़पति थे और दर्जनों प्रोडक्ट्स के विज्ञापन कर रहे थे। और इन सबके बीच करोड़ों रुपये लगाकर टूर्नामेण्ट के ब्रॉडकास्टिंग राइट्स ख़रीदने वाला चैनल इण्डिया की जीत की चाहत रखे हुए बैठा था। टीम के ऊपर अच्छा परफॉर्म करने का ऐसा दबाव कभी भी नहीं आया था। गैरी कर्स्टन बताते हैं, "हमने भरपूर कोशिश की हम टीवी और अख़बारों से दूर रहें। हम नहीं चाहते थे कि प्लेयर्स का ध्यान किसी भी तरीक़े से कहीं और भटके। ये दो महीने तक ख़ुद को एक बन्द कमरे में क़ैद रखने जैसा था।"

एक ऐसे कप्तान के तौर पर जो ख़ुद को मीडिया से दूर रखता है, धोनी हमेशा की तरह काम करते जा रहे थे, "मैंने अपना मोबाइल बन्द कर दिया (वो अब अक्सर अपना फ़ोन लेकर ही नहीं चलते हैं) और प्लेयर्स से बोला कि एक बार में एक ही मैच के बारे में सोचते हुए खेलो।" धोनी बताते हैं कि वो अख़बार नहीं पढ़ते हैं और खेल वाले पन्ने से सबसे ज़्यादा बचते हैं। न्यूज़ चैनल्स सुबह 5 मिनट के लिए देखते हैं और दिन भर में क्या हुआ ये जानने के लिए देर रात 5 मिनट के लिए न्यूज़ चैनल देखते हैं। मगर एक समय ऐसा आया जब टीम को दबाव महसूस होने लगा। मौक़ा था पाकिस्तान के ख़िलाफ़ मोहाली में सेमी–फाइनल का। देश के लिए इण्टरनेशनल क्रिकेट में ये सबसे बड़ा मुक़ाबला

था। अपनी ही ज़मीन पर पाकिस्तान के ख़िलाफ़ मैच। पूरे उपमहाद्वीप की निगाहें इस एक मुक़ाबले पर। देश का हर वीआईपी मैदान में मैच देखने पहुँचा हुआ था। इन सबके बीच देश का नेतृत्व कर रहा टीम का कप्तान अपने होटल के कमरे में बैठा वीडियो गेम खेल रहा था। धोनी इसके बारे में बात करते हुए बताते हैं, ''ये बाहरी शोर से निकलने का सबसे अच्छा तरीक़ा है। मैं ये मानता हूँ कि इण्डिया और पाकिस्तान कट्टर दुश्मन हैं आपको उनसे मैच जीतना ही जीतना होता है लेकिन अगर देखा जाये तो फ़र्क़ ही नहीं पड़ता सामने कौन है। आपको हर मैच जीतना होता है।''

लेकिन ऐन मौक़े पर आप सब कुछ स्विच–ऑफ़ कर लें, ऐसा किसी के लिए भी मुमकिन ही नहीं है। वर्ल्ड कप 2011 के फाइनल में वानखेड़े मैदान पर जिस वक़्त धोनी अपने परिचित अन्दाज़ में तेज़ी से चलते हुए बैटिंग के लिए आ रहे थे, मैच बीच में लटका हुआ था। 21 ओवर में 114 रन पर इण्डिया 3 विकेट खो चुका था। जीतने के लिए कुल 275 रन चाहिए थे। धोनी बैटिंग के लिए ख़ुद युवराज से आगे आये। युवराज सिंह उस वक़्त कमाल की फॉर्म में चल रहे थे। उस वक़्त पूरा देश सोच रहा था कि शायद कप्तान ने बेवजह एक दाँव खेला है जो बाद में भारी पड़ सकता है, लेकिन धोनी के लिए वो एक सोचा समझा फ़ैसला था। ''मैंने दूसरा विकेट गिरते ही पैड्स पहन लिए थे। सच कहूँ तो मैं थोड़ा बेचैन भी हो रहा था। उसी वक़्त विराट आउट हुआ और मेरे अन्दर से आवाज़ आयी कि अब मुझे ही बैटिंग के लिए जाना चाहिए। लंका की टीम में दो स्पिनर्स थे–मुरली और सूरज रांडीव। दोनों ही मेरे साथ चेन्नई सुपर किंग्स में खेल चुके थे। मैं उनका दूसरा पढ़ सकता था इसलिए मुझे ख़ुद पर विश्वास था कि उस वक़्त मुझे ही जाना चाहिए। उस वक़्त मैदान पर थोड़ी ओस भी गिरी हुई थी। मुझे लगा कि उन हालातों में अगर मैंने स्पिनर्स को पीट दिया तो मैं गेम को कण्ट्रोल कर सकता हूँ। गैरी भी मुझसे सहमत थे।'' कुछ ही देर में ये एक परफ़ेक्ट रणनीति साबित हुई। इसके साथ ही यहाँ ये भी मालूम चला कि धोनी वो जनरल है जो आदेश देने के बजाय अपने सिपाहियों के साथ बंकरों में घुसकर दुश्मन से लोहा ले सकता है।

धोनी मैच को एक छक्के के साथ ख़त्म करते हैं। लॉन्ग–ऑन के ऊपर बाँहें फैलाकर मारा गया एक शॉट जिसे उन्होंने तब तक निहारा जब तक गेंद स्टैण्ड्स में जाकर गिर नहीं गयी। धोनी ने इस शॉट को राँची से लेकर अब तक न जाने कितनी बार खेला होगा लेकिन ये स्ट्रोक कुछ ख़ास था। पूरा स्टेडियम ज़श्न में 'इण्डिया...' चीख़ रहा था और धोनी ने दुनिया के सबसे बड़े स्टेज पर अपने जीवन की सबसे बेहतरीन इनिंग्स खेली थी।

भारतीय टेलीविज़न के इतिहास में कोई भी एक शॉट इतनी बार नहीं दिखाया गया होगा जितनी बार धोनी का मारा वो विजयी छक्का दिखाया गया। उस एक शॉट ने धोनी और पूरे देश को एक कर दिया था। एक देश जो मन्दी के दौर से गुज़र रहा था, विकास की राह पर रेंग रहा था और राजनीतिक उलझनों में क़ैद था, धोनी के उस शॉट की तस्वीर ने देश को आनन्द और आशा से भर दिया। सालों के बाद सुनील गावस्कर कई क्रिकेट फैन्स की भावनाओं को स्वर देते हुए कहते हैं, ''मरने से ठीक पहले मैं वो शॉट देखना चाहूँगा जो धोनी ने वर्ल्ड कप जीतने के लिए मारा था।'' धोनी बताते हैं, ''मैंने पहले से

कुछ भी नहीं सोचा था कि मैं मैच जितवाने के लिए छक्का मारूँगा। मैं उस ज़ोन में था और बस वो हो गया।''

जब धोनी ने स्टम्प उखाड़ा और पहले के उछलते युवराज ने फिर बाक़ी टीम ने उन्हें गले लगा लिया, धोनी चाह कर भी ख़ुद को इमोशनल होने से नहीं रोक सके। ''हाँ, मैं रोया था लेकिन कैमरे पर वो दिखायी नहीं दिया। मैं पहले बहुत ही ज़्यादा ख़ुश था लेकिन रोया नहीं था। फिर रोते हुए हरभजन ने मुझे गले लगा लिया और उस वक़्त मेरे आँसू निकल पड़े। मैंने अपना सर नीचे कर लिया जिससे कोई मुझे रोता न देखे,'' धोनी ने राज खोला। हाँ, निष्ठुर और परिपक्व हो चुके पुरुष भी रोने के और इमोशनल हो जाने के अधिकारी होते हैं। लेकिन टीम इण्डिया के उस सबसे ख़ुशनुमा पल में भी एक निःस्वार्थ–भाव की झलक देखने को मिली। टीम ने कप्तान धोनी को नहीं बल्कि सचिन को कन्धे पर बिठाकर मैदान के चक्कर लगाये। कप्तान ऐसा ही चाहता था। ''आप ये मत भूलिए कि सचिन ही वो एकमात्र वजह है जिसे बैटिंग करता देख मैंने क्रिकेट खेलने के बारे में सोचा था।''

अपनी ही ज़मीन पर वर्ल्ड कप जीतकर धोनी ने एक समूचे देश को क्रिकेट में देखे गये सबसे बड़े सपने को जीने का मौक़ा दे दिया था। गौतम गम्भीर, जिन्होंने उस दिन धोनी का शानदार साथ दिया, याद करते हुए बताते हैं कि कैसे जब उनकी टीम बस स्टेडियम से मुम्बई के ताज होटल की ओर जा रही थी तो उन्होंने बस से फुटपाथ पर खड़े एक परिवार को देखा। उस परिवार में तीन बच्चे थे और वो सभी लोग बस की ओर देखकर तिरंगा लहरा रहे थे। ''मुझे नहीं लगता है कि उन्हें ये भी मालूम था कि उनके पास अगले दिन कुछ खाने को होगा या नहीं लेकिन वो ज़श्न ऐसे मना रहे थे जैसे उनकी लॉटरी लगी हो। मुझे ऐसा पहली बार लग रहा था कि देश में हर किसी के पास चाहे अमीर हो या ग़रीब हो को ज़श्न मनाने की एक वजह थी।'' धोनी और उसकी टीम ने पूरे देश को क्रिकेट में मौजूद राष्ट्रप्रेम के जरिये एक कर दिया था।

साल 2011 की जीत ने धोनी को एक देश का लोकनायक बना दिया। धोनी पहले कप्तान थे जिसने अपनी टीम को वर्ल्ड टी–20 और 50 ओवर के वर्ल्ड कप में जीत दिलवायी थी। 2009 में जब इण्डिया दुनिया की नम्बर एक टेस्ट टीम बनी थी, धोनी ही उस वक़्त टीम के कप्तान थे। 2013 में धोनी ने अपने खाते में चैम्पियंस ट्रॉफ़ी भी जोड़ ली थी। इस बीच चेन्नई सुपर किंग्स ने दो बार आईपीएल भी जीता। एक कप्तान के तौर पर धोनी ने जो कुछ भी हासिल किया है, कोई और कप्तान उसके आसपास भी नहीं देखा जा सकता।

तो क्या धोनी की जीत के पीछे, ख़ासकर खेल के छोटे संस्करणों में, कोई सीक्रेट फ़ॉर्मूला है? मैंने इस सवाल का जवाब पाने के लिए स्टीफन फ़्लेमिंग की मदद लेने की सोची। स्टीफन आईपीएल में चेन्नई सुपर किंग्स के कोच के तौर पर काम कर चुके हैं। स्टीफन ने कहा, ''जब आप धोनी को जानने लग जाते हैं तो जो चीज़ आपको सबसे पहले नज़र आती है वो ये है कि धोनी किस तरह से अपने जीवन को व्यवस्थित रखता है। वो बहुत कम बोलता है और मैंने उसे परेशान होते हुए या ज़रूरत से ज़्यादा ख़ुश होते हुए

बहुत ही कम देखा है। वो कभी भी अपने अहम् को इस बात पर हावी नहीं होने देता कि उसे मैदान में क्या करना है। धोनी को समझने के लिए उसके अन्दर मौजूद शान्ति को देखिए और इसलिए वो इतना सफल बना। धोनी की ये क्वालिटी ख़ासकर लिमिटेड ओवर क्रिकेट में उसके लिए अच्छा काम करती है क्योंकि यहाँ आपको संयम के साथ चलना होता है और अनुशासन में रहना पड़ता है।''

मैंने धोनी से पूछा कि वो ये कमाल की स्थिरता कहाँ से लाता है, तो वो कहता है, ''मैं ऐसा ही हूँ। मैं ज़िन्दगी को बहुत उलझाना नहीं चाहता और आज में जीता हूँ। आप एक दिन ऊपर हो सकते हो और अगले ही दिन आप धड़ाम से नीचे गिर सकते हो। आपको ज़िन्दगी जो भी दे रही है, ख़ुशी से अपनाना चाहिए और हमेशा अपना बेस्ट देते रहना चाहिए। अगर आपके सामने एक गिलास पानी है तो आप उसी में खुश रहिये। अगर एक गिलास पानी से आपकी प्यास बुझ सकती है तो बोतल भर पानी की चाह क्यों?'' कुछ देर के लिए धोनी एक महान कप्तान की बजाय एक आध्यात्मिक गुरु की तरह मालूम देने लगते हैं।

मैदान पर अपने हाव–भाव से उन्हें कैप्टन–कूल कहा जाने लगा लेकिन एक और बात है जो धोनी के लिए कही जाती है–स्ट्रीट स्मार्ट। ये एक इनसान की अपने कॉमन सेंस को संसाधन की तरह इस्तेमाल करने की क्षमता को कहते हैं। किरण मोरे बताते हैं कि महज़ कुछ ही मैचों के बाद कोच ग्रेग चैपल ने धोनी की स्ट्रीट–स्मार्ट हरकतों को नोटिस किया और धोनी से कहा कि वो आगे चलकर इण्डिया का कैप्टन बनेगा। ''चैपल ने धोनी के बारे में कहा था कि इसका दिमाग़ हर वक़्त चलता रहता है,'' मोरे बताते हैं।

फ़्लेमिंग धोनी के बारे में बताते हैं, ''वो मैदान पर ऐसी चीज़ें करता है कि आप ख़ुद से पूछने लगते हैं कि ये धोनी आख़िर करना क्या चाह रहा है? वो क्यों ये बॉलिंग चेंज कर रहा है या वो क्यों ऐसी फ़ील्डिंग लगा रहा है? और अचानक आपको समझ में आता है कि उसने जो किया सही किया।'' सामने वाली टीम से एक क़दम आगे रहने की क्षमता ही धोनी की सबसे बड़ी ताकत है। लिमिटेड ओवर के खेल में ये एक बहुत अहम हथियार बन जाता है क्योंकि वहाँ तो आपको तुरन्त फ़ैसले लेने होते हैं। ''मैं ज़्यादातर जो दिमाग़ में आता है, करता हूँ। इसके पीछे मेरा अनुभव ही है। मुझे लगता है कि कप्तान के तौर पर मेरा विकेटकीपर होना मुझे फ़ायदा देता है। कीपिंग करते हुए मुझे एक–एक गेंद पर नज़र रखनी होती है और साथ ही मैं बैट्समैन की नज़र से सारे ऐंगल देख सकता हूँ। ये भी मालूम रहता है कि पिच क्या कर रही है। यक़ीन मानिये, विकेटकीपर अच्छे कप्तान बन सकते हैं,'' धोनी कहते हैं।

सुरेश रैना जो धोनी के साथ इण्डिया और चेन्नई सुपर किंग्स में साथ खेल चुके हैं, 2013 में इण्डिया की चैम्पियंस ट्रॉफ़ी जीत के बारे में बताते हैं। ''मैच की आख़िरी गेंद थी और इंग्लैण्ड को जीतने के लिए 6 रन चाहिए थे। इंग्लैण्ड के आख़िरी खिलाड़ी बैटिंग कर रहे थे। हम सभी ख़ुशी मना रहे थे जबकि धोनी फ़ील्डिंग सेट कर रहा था। उसने हम सभी से कहा, 'ये मत भूलो कि जावेद मियाँदाद ने चेतन शर्मा को आख़िरी गेंद पर छक्का मार के मैच जीता था।' धोनी ऐसे सोचते हैं। उसके लिए कोई भी गेम तब तक नहीं जीता होता जब तक वो ख़त्म न हो जाये।''

धोनी के लिए कप्तानी कभी भी नियमों में बँधी नहीं रही। धोनी के लिए कप्तानी दिमाग़ का खेल रही। उसकी प्री–मैच टीम मीटिंग हमेशा छोटी और एक मुद्दे पर केन्द्रित रहती थीं। ''जब आप इण्डिया के लिए काफ़ी समय के लिए खेल रहे होते हो तो आपको प्लानिंग से ज़्यादा प्लान को अमल में लाने की ज़रूरत होती है। आप कितने भी प्लान बना लीजिये लेकिन अन्त में मैदान पर आपकी परफॉरमेंस ही काम आती है।'' शायद यही वजह रही कि टेस्ट मैचों में धोनी को वो कामयाबी हासिल नहीं हुई क्योंकि वहाँ घण्टों के धैर्य और सधी हुई आक्रामकता की ज़रूरत होती है। मैंने धोनी से पूछा कि क्या उन्हें भी ऐसा लगता है कि उनकी टेस्ट कप्तानी में, ख़ासकर विदेशी दौरों पर, कुछ कसर रह जाती थी। वो इस बात पर कहते हैं, ''देखिए, अन्त में तो हमें जीतने के लिए 20 विकेट चाहिए होते हैं। जब आपके बॉलर्स परफॉर्म कर जायेंगे तो आप जीत जायेंगे। शायद हमारे पास हर बार विदेशी पिचों पर ऐसे बॉलर्स नहीं रहे कि हम हमेशा मैच जीत जायें।''

लेकिन धोनी इस बात को भी मानते हैं कि सभी बातें कप्तान धोनी पर ही आकर रुकती थीं। ''जब मैंने पहली बार इण्डिया की टेस्ट में कप्तानी की तो टीम में काफ़ी सीनियर प्लेयर्स थे। मैदान पर खेलते हुए मुझे उनकी मौजूदगी का अहसास था और ये भी मालूम था कि मेरा काम क्या है। मैं सीनियर्स से सलाह ज़रूर माँगता था लेकिन अन्तिम निर्णय मेरा ही होता था। उन्हें मुझे यक़ीन दिलाना पड़ता था कि उनकी सलाह काम की है और उन्हें ये बख़ूबी मालूम भी था। मैदान के बाहर मैं उनका फैन बना रहता था। उन्हें अपनी मर्ज़ी से सब कुछ करने की छूट थी। ये परस्पर सम्मान वाली बात थी। ऐसे ही एक टीम की आत्मा बनती है। ये भारतीय माहौल में बहुत ज़रूरी थी क्योंकि यहाँ लोगों को बुरा बहुत जल्दी लगता है।''

अपनी उम्र के लोगों और जूनियर्स के साथ धोनी एक दोस्त और एक ख़याल रखने वाले साथी की तरह थे। आर. अश्विन, जिनका कॅरियर चेन्नई सुपर किंग्स में धोनी की कप्तानी में ही चमका था, कहानी के जरिये बताते हैं कि कैसे धोनी ने उन्हें उभरते हुए खिलाड़ी के रूप में प्रोत्साहित किया। ''हम साउथ अफ़्रीका में चैम्पियंस लीग खेल रहे थे। मैच सुपर ओवर में गया और मुझे एक ओवर में 23 रन पड़े। हम मैच हार गये। मुझे बुरा लग रहा था लेकिन धोनी ने मुझपर भरोसा बनाये रखा। अगले मैच में उसने मुझसे इनिंग्स का पहला ओवर फिंकवाया। मैंने अहम विकेट्स लिए और चेन्नई को मैच जितवाया। अगर धोनी तुम पर भरोसा करता है तो वो पूरी तरह करता है।''

धोनी का खेल को देखने का अनोखा नज़रिया है जिसमें उनके स्वाभाविक तर्क हैं और बहुत ही ज़मीनी देसीपन है। इसकी मिलावट ने उन्हें इतना सफल कप्तान और टीम–लीडर बनाया है। ये तो मानना ही पड़ेगा कि धोनी ने अपने शुरुआती जीवन का एक बड़ा हिस्सा टेनिस बॉल क्रिकेट खेलते हुए बिताया है जिसमें दक्षिण एशियाई गलियों का निचोड़ मिलता है। यहाँ तक कि इसी टेनिस बॉल क्रिकेट के ही दौरान धोनी ने एक शॉट सीखा जिसे उन्होंने अपना बना लिया। धोनी का हेलीकॉप्टर शॉट उनकी अनोखी प्रतिभा का सबसे बड़ा उदाहरण है। इस शॉट में उनकी आँखों और बाजुओं के बीच सटीक तालमेल की ज़रूरत होती है। इसके साथ ही शॉट को ऐन मारते वक़्त बाजुओं में ताकत, बल्ले की स्पीड और

अन्त समय पर सटीक चोट की ज़रूरत होती है। यॉर्कर गेंद पर धोनी अपनी जगह पर ही खड़े रहते हैं और फिर एकदम अन्त में लम्बी बैक–लिफ्ट के साथ अपनी ताकतवर कलाइयों और बाजुओं की ताकत से वो गेंद को हवा में मीटरों ऊपर मार देते हैं।

"ये शॉट मैंने अपने दोस्त सन्तोष लाल से समोसे के बदले में सीखा था। उसने टेनिस बॉल क्रिकेट में ये शॉट ईजाद किया था। पहले हम इसे थप्पड़ शॉट कहते थे क्योंकि ऐसा लगता था जैसे मारने वाले ने बॉल को थप्पड़ मारा हो। छक्के मारने लिए ये एक बेहतरीन शॉट था।" सन्तोष लाल की 32 साल की उम्र में पेंक्रियेटाइटिस से मौत हो गयी थी। धोनी ने इमरजेंसी में उनके इलाज के लिए एक हवाई एम्बुलेंस मँगवाई थी लेकिन राँची से दिल्ली जाते वक़्त प्लेन ख़राब मौसम के कारण वाराणसी में अटक गया। सन्तोष को नहीं बचाया जा सका।

'हेलीकॉप्टर' शॉट धोनी की उस ताकत का एक नमूना मात्र है जिसने धोनी को इण्टरनेशनल क्रिकेट में सबसे ख़तरनाक वन–डे बैट्समैन और सबसे बेहतरीन फिनिशर बना दिया है। "आख़िरी ओवर है और जीतने के लिए 15–16 रन चाहिए तो धोनी की मौजूदगी आपको जीत के लिए आश्वस्त कर देती है।" ये कहना था चेन्नई सुपर किंग्स के कोच स्टीफन फ़्लेमिंग का। वो आगे कहते हैं, "उसे अपनी क्षमता पर पूरा विश्वास है। उसने ये काम इतनी बार किया है कि उसे मालूम है वो फिर से कर सकता है।" तो ऐसा है क्या जो बार–बार उससे ये कारनामा करवा लेता है? "लोगों को ऐसा लगता है कि रन बनाने के लिए सिर्फ़ बैट्समैन ही दबाव में होता है। ये मत भूलिए कि बॉलर भी मुझे छक्का न मारने देने के लिए उतना ही दबाव महसूस कर रहा होता है," धोनी कहते हैं।

लेकिन ऐसा क्या है जो वो बार–बार मैच को अन्तिम मौक़े तक ले जाकर जिताना चाहते हैं जबकि वो उसे पहले भी ख़त्म करने की कोशिश कर सकते हैं। धोनी इसके बारे में खुल के बात करते हैं, "मैं नहीं चाहता कि मैच लास्ट ओवर तक जाये लेकिन कई बार ऐसा ही हो जाता है। याद रखिए कि मैं नम्बर 6 पर बैटिंग करने आता था। इसलिए मैं अक्सर जब आता था तो कम ओवर बचे होते थे और रन नेट बढ़ा हुआ होता था। अगर आप ऊपर खेल रहे होते हैं तो आप रिस्क ले सकते हैं क्योंकि आपको मालूम होता है कि अभी बल्लेबाज़ बचे हुए हैं। नम्बर 6 पर आने वाले बैट्समैन को मालूम होता है कि उसे आराम से खेलना है और मैच को जितना पास ले जा सकते हैं, ले जाना चाहिए। इससे सामने वाली टीम भी प्रेशर महसूस करती है। आपको एक टार्गेट को टुकड़ों में तोड़ना होता है और फिर समय आने पर अटैक करना होता है। ज़्यादातर मैं 49वें ओवर में अटैक करता हूँ। आप एक बार उस ज़ोन में पहुँच जायें तो एक ओवर में 10–15 रन बनाना कोई बड़ी बात नहीं होती।" धोनी यहाँ जो कहते हैं, भयानक आत्मविश्वास और दिमाग़ी तौर पर ख़ुद को ऐसे ही ढाल लेने के बाद कहते हैं। फिनिशर धोनी को समझने के लिए आपको एक ऐसे इनसान को समझना होगा जिसने ये कला घोंट के पी हुई है। धोनी की लास्ट ओवरों में घमासान की कला के पीछे सोची–समझी तैयारी है।

यहाँ से ही ये भी समझ में आता है कि क्यों धोनी को एक विकेटकीपर के तौर पर इतनी सफलता मिली। हालाँकि उन्हें इसके लिए उतनी शाबाशी नहीं मिली जितनी मिलनी चाहिए थी। धोनी ये मानते हैं कि उनके शुरुआती दिनों में वो तकनीकी रूप से बहुत अच्छे

कीपर नहीं थे लेकिन उन्होंने अपने ऊपर काफ़ी काम किया। ''लोगों को शुरुआत में लगता था कि मैं गेंद को फुटबॉल के गोलकीपर की तरह पकड़ता था। मैं उनसे एक ही बात पूछता था, 'आउट किया कि नहीं?' '' वो बताते हैं। किरन मोरे, इण्डिया के अच्छे विकेटकीपरों में से एक, बताते हैं कि धोनी की कीपिंग, उसकी बैटिंग की तरह उसकी मौक़े पर सब कुछ करने की वजह से बेहतर लगती है। ''आप उसे कैच छोड़ते हुए नहीं देखोगे। लेकिन आप ये देखो कि वो एक तेज़ रन–आउट या एक अलर्ट स्टम्पिंग से उसने कितने मौक़े ख़ुद बनाये हैं। यही बातें धोनी को स्पेशल बनाती हैं,'' मोरे ऐसा मानते हैं। इण्डिया के लिए एक बेहतरीन ऑल–राउण्डर के रूप में खेल चुके रवि शास्त्री मानते हैं कि एक विकेटकीपर की असल परीक्षा तब होती है जब वो स्पिनर्स की गेंदों पर विकेटकीपिंग करता है। ''मुझे नहीं लगता है कि मैंने किसी भी और कीपर को धोनी जितनी तेज़ स्टम्पिंग करते देखा है,'' रवि शास्त्री हमेशा कहते हैं। धोनी दिमाग़ी तौर पर मैच में इतने मशगूल रहते हैं कि ग्लव्स उतार कर जब वो विकेट्स पर मारते हैं तो भी वो मिस नहीं करते। वो मज़ाक़ में कहते हैं, ''मैं बचपन में पिट्ठू और कंचे में बहुत अच्छा नहीं था। लेकिन क्रिकेट के मैदान में मुझे मालूम होता है कि मुझे क्या करना है।''

धोनी की सफलता का श्रेय असल में जुगाड़ कल्चर को भी दिया जा सकता है। जुगाड़ कल्चर के दम पर ही आधुनिक भारत तरक्की की राह पर चल रहा है। जुगाड़ को तो अब मैनेजमेण्ट की एक स्थायी इकाई के रूप में पहचान मिल चुकी है क्योंकि इसमें कम से कम लागत में ज़्यादा से ज़्यादा उत्पाद मिलता है। धोनी के पास जुगाड़ से जुड़ी अपनी एक कहानी है जिससे हमें मालूम पड़ता है कि किसी स्थिति में पड़ने पर किस जुगाड़ के दम पर कैसे वो उस मुसीबत का हल निकाल लेते हैं। ''हम एक बार हाईवे पर थे जब हमारी गाड़ी का बम्पर लगभग निकल गया। मैंने पहाड़ पर चढ़ने वाले जूते पहने थे जिनमें लम्बे–लम्बे फीते होते हैं। मैंने अपने जूते के फीतों से उस बम्पर को बाँधा और एक मिनट के अन्दर उस टूटे बम्पर का जुगाड़ निकाल लिया।''

अगर एक ऑल–टाइम इण्डियन टीम बनायी जाये तो क्या धोनी को ही विकेटकीपर बैट्समैन की जगह मिलेगी? कुछ लोग ऐसे होंगे जिन्हें टीम में अपनी बेहतरीन तकनीक के लिए सैयद किरमानी चाहिए होंगे या मज़ेदार खेल के लिए फ़ारुख इंजीनियर चाहिए होंगे। लेकिन सच्चाई ये है कि धोनी असल में एक बेहतर ऑल राउण्डर हैं। उन्हें खारिज करने वाले अक्सर विदेशी पिचों पर उनकी असफलता के बारे में बात करते हैं–उनके सभी 16 शतक एशियाई पिचों पे ही बने हैं–और ये भी कहते हैं कि फुटवर्क की कमी और गेंद को तेज़ मारने की वजह से उन्हें स्विंग और स्पिन के ख़िलाफ़ परेशानी होती है। लेकिन फिर हम देखते हैं कि उनके कॅरियर में कितनी ही ऐसी बेहतरीन मैच जिताऊ इनिंग्स हैं जिनकी वजह से वो इण्डिया के महानतम विकेटकीपर बैट्समैन बन जाते हैं (जीतने वाले मैचों में उनका एवरेज सर्वोत्तम है)। ''धोनी के बारे में सबसे अच्छी बात ये है कि धोनी ने कभी भी किसी को भी कॉपी नहीं किया। उसकी ख़ुद की एक स्टाइल है। अगर उसका दिन हुआ तो वो दिन को रात और रात को दिन में बदल सकता है,'' कहना था सहवाग का।

अगर सहवाग ने अपने कमाल के स्ट्रोकप्ले से इण्डिया की ओपेनिंग बैटिंग को दूसरा

जन्म दिया तो धोनी की निडर बैटिंग ने इण्डिया को किसी भी टीम से भिड़ जाने की ताकत दी जिसने उसे दुनिया की सबसे बेहतरीन टीम बना कर रख दिया। कैप्टन कूल छोड़िए, धोनी मिस्टर इण्डिया बने हुए हैं। एक सुपरहीरो जो मुसीबत के समय में आयेगा। उसने ये मुकाम बिना अपनी आवाज़ ऊँची किये या ख़ुद को स्पॉटलाइट में लाये हासिल किया है। मैदान के अन्दर और बाहर वो सही मायनों में एक आदर्श नेता हैं जो चुपचाप अपना काम कर रहा होता है। मैंने जब उनसे पूछा कि वो अपने फैन्स के बीच कैसे याद रखे जाना चाहते हैं और उनकी कौन–सी जीत पसन्दीदा है तो उन्होंने कहा, ''क्रिकेट के आँकड़े और रिकॉर्ड्स मुझे ज़्यादा ख़ुशी नहीं देते। मैं चाहता हूँ लोग मुझे एक अच्छे इनसान की तरह देखें।''

ये सब कुछ इतने सहज भाव से कहा जाता है कि आप उनपर पूरी तरह से विश्वास कर लेते हैं। ये मत भूलिए कि निर्मम लड़ाई वाले ज़माने में भी धोनी आउट होने पर तुरन्त चल पड़ते हैं। वो अम्पायर या अपील का इन्तज़ार नहीं करते। वो कहते हैं, ''हमारे कोच ने स्कूल में हमें ये सबसे पहले सिखाया था।'' खेल भावना इस खेल के सबसे शातिर दिमाग़ में बचपन से ही बसी हुई थी।

30 दिसम्बर, 2014 को धोनी ने मेलबर्न में चुपचाप टेस्ट मैचों से संन्यास की घोषणा की। ये घोषणा तीसरे टेस्ट के बाद ही कर दी। धोनी ने अभी–अभी मैच ड्रॉ करवाने वाली जुझारू इनिंग्स खेली थी और सीरीज़ में एक मैच अभी भी बचा हुआ था। रवि शास्त्री जो कि उस वक़्त टीम के कोच थे, बताते हैं कि उन्हें भी कुछ नहीं मालूम था, ''मुझे कोई आइडिया नहीं था कि धोनी के दिमाग़ में क्या चल रहा था। वैसे धोनी ऐसा ही है। वो जो भी करता है उसमें कोई भी कोताही नहीं बरतता है।''

धोनी, 90 टेस्ट मैचों के एक्सपीरियंस वाला प्लेयर जिसकी उम्र महज़ 32 साल थी, ने क्रिकेट बोर्ड के सेक्रेटरी को फ़ोन घुमाया और उन्हें अपने फ़ैसले के बारे में बताया। तुरन्त ही एक टीम मीटिंग बुलायी गयी। बताया जाता है कि कुछ प्लेयर्स रो रहे थे जबकि कुछ अभी भी इस ख़बर पर विश्वास कर पाने की स्थिति में नहीं थे। एक छोटी–सी प्रेस रिलीज़ जारी की गयी। कोई धूम धड़ाका नहीं। एक दिग्गज के लिए कोई फेयरवेल टेस्ट नहीं। अपने आसपास कोई भी ड्रामा न करवाने की धोनी की पुरानी आदत है, ''मुझे लगा कि वो सही वक़्त था ऐसा करने का। विराट टीम को लीड करने के लिए तैयार था और रिद्धिमान साहा भी अच्छी कीपिंग कर रहा था। मुझे लगने लगा था कि साहा को मौक़ा मिलना चाहिए था।'' धोनी ने मुझे बताया कि रिटायरमेण्ट के फ़ैसले से पहले उन्होंने किसी से भी बात नहीं की। घरवालों से भी नहीं।

लेकिन बीच टेस्ट सीरीज़ में क्यों रिटायर हुए और टेस्ट मैचों की सेंचुरी क्यों नहीं पूरी की? ख़ासकर उस समय में जब लोगों ने 30 की उमर के आसपास रिटायर होना बन्द कर दिया था। ''देखिए, हम सीरीज़ पहले ही हार चुके थे इसलिए खेलते रहने का कोई पॉइण्ट नहीं था। विराट बेहतरीन फॉर्म में था और उसे मौक़ा मिलना चाहिए था। जहाँ तक कि 100 मैचों की बात है, ईमानदारी से कहूँ तो ऐसी बातें बहुत मायने नहीं रखतीं। अगर

मैंने 99 टेस्ट खेले होते तो मैं शायद कुछ सोचता। लेकिन मैंने अब तक जो भी किया था, मैं उससे ख़ुश था।''

टेस्ट से रिटायर होने के 2 साल बाद, जनवरी 2017 में धोनी ने ट्वेंटी–20 और वन–डे मैचों की कप्तानी भी छोड़ दी और विराट को तीनों फॉर्मेट में कप्तानी का रास्ता दे दिया। ''मुझे नहीं लगता इण्डिया में दो–दो या उससे ज़्यादा कप्तान चल सकते हैं। आपको एक लीडर की ज़रूरत होती है जो रास्ता दिखा सके। इसके अलावा, मैं 2019 वर्ल्ड कप तक खेलना चाहता हूँ और मुझे लगता है कि कप्तानी से ब्रेक लेकर मैं खुलकर खेल सकता हूँ।'' धोनी का ये बताना कि वो 2019 तक खेलना चाहते हैं, ये भी बताता है कि अपनी शर्तों पर जीना जानते हैं। वो तब रिटायर होंगे जब उन्हें सही वक़्त लगेगा न कि जब क्रिकेट के पण्डित कहेंगे।

धोनी जो बात नहीं कहते हैं, वो ये है कि लगभग 10 साल खेल लेने के बाद दिमाग़ और शरीर, दोनों थक रहे हैं। 2007 और 2017 के बीच धोनी ने 374 मैच खेले (दूसरे नम्बर पर 284 मैचों के साथ विराट कोहली हैं) ''मुझे नहीं याद है कि इण्टरनेशनल क्रिकेट खेलने के बाद कब मैंने एक हफ़्ते से ज़्यादा घर पर टाइम बिताया। ऐसा लग रहा है जैसे मैं लगातार, नॉन–स्टॉप एक ट्रेडमिल पर दौड़ रहा हूँ।'' विकेटकीपर, बैट्समैन और कप्तान का ट्रिपल रोल अदा कर रहे धोनी कभी भी मैदान पर थके हुए नहीं दिखे। ये धोनी की नेचुरल फ़िटनेस का सबूत है। ''मुझे लगता है एकमात्र मौक़ा जब मुझे थोड़ी थकान होती थी, वो था टेस्ट मैच का पहला दिन जब मुझे 90 ओवर कीपिंग करनी होती थी। उस दिन शरीर को एडजस्ट करने में थोड़ा–सा वक़्त लगता था लेकिन एक बार वो हो जाता था तो फ़िटनेस को लेकर मुझे कोई समस्या नहीं थी।'' धोनी जब ये बताते हैं तो साथ में मुझे ये भी बताते हैं, ''मत भूलिए कि मेरा परिवार उत्तराखण्ड से आता है। हम पहाड़ी लोग बहुत ही फ़िट होते हैं।''

लेकिन एक बात जो धोनी छोड़ देते हैं वो ये कि लगातार मीडिया से आ रही ख़बरें और उनकी परफॉरमेंस की आलोचना धीरे–धीरे उनपर असर डाल रही थीं। अभी भी वो वन–डे में 50 से ऊपर का ऐवरेज लेकर खेल रहे थे, 2014 के बाद से उनका टेस्ट ऐवरेज काफ़ी तेज़ी से नीचे गिरा। (इस समयावधि में एशिया के बाहर धोनी का ऐवरेज मात्र 29.8 ही था।)

धोनी की सिर्फ़ ऑन–फ़ील्ड परफॉरमेंस ही वो चीज़ नहीं थी जिसपर सभी की निगाहें थीं। 2013 में सामने आयी आईपीएल में हुई स्पॉट फिक्सिंग ने धोनी को कठघरे में खड़ा कर दिया। कहा जा रहा था कि धोनी चेन्नई सुपर किंग्स के मालिक और उस वक़्त बीसीसीआई प्रेसिडेण्ट एन श्रीनिवासन के दामाद गुरुनाथ मेइयप्पन को बचाने की कोशिश कर रहे थे। गुरुनाथ को सट्टेबाज़ी के आरोप में गिरफ़्तार कर लिया गया था। धोनी भी श्रीनिवासन की कम्पनी इण्डिया सिमेंट्स में वाइस–प्रेसिडेण्ट बने हुए थे। इसकी वजह से हितों के टकराव (कॉन्फलिक्ट ऑफ़ इण्टरेस्ट) का मामला बन रहा था। क्या एक भारतीय कप्तान के लिए बीसीसीआई के प्रेसिडेण्ट के दामाद के ख़िलाफ़ बयान देना मुश्किल नहीं होगा जब वो ख़ुद उसी की कम्पनी के वाइस प्रेसिडेण्ट के पद पर बैठा हो?

मेइयप्पन लगभग हमेशा चेन्नई सुपर किंग्स के मैच के दौरान डग–आउट में मौजूद

रहता था। धोनी पर ये आरोप थे कि उसने सुप्रीम कोर्ट द्वारा नियुक्त किये गये पैनल के सामने ये सच–सच नहीं बताया कि मेइयप्पन टीम के साथ किस हद तक जुड़ा हुआ था। ''मैं बता रहा हूँ, ये एक बहुत बड़ा झूठ है कि मैंने जाँच करने वाले पैनल के सामने ऐसा बोला कि मेइयप्पन मात्र एक क्रिकेट में रुचि रखने वाला इनसान (इंथूसिएस्ट) है। मैंने सिर्फ़ इतना कहा था कि मैदान पर लिए जाने वाले फ़ैसलों में उसका कोई भी हस्तक्षेप नहीं था। मैं तो इंथूसिएस्ट शब्द का ठीक से उच्चारण भी नहीं कर सकता।'' सुप्रीम कोर्ट की कमिटी ने मेइयप्पन को सुपर किंग्स से जुड़ा हुआ पाया। 2015 में टीम को आईपीएल से दो साल के लिए सस्पेंड कर दिया गया। मेइयप्पन के किसी भी तरह के क्रिकेट में शामिल होने पर आजीवन बैन लगा दिया गया।

धोनी, श्रीनिवासन के साथ अपने सम्बन्धों का पूरी तरह से बचाव करते हैं और ये भी दावा करते हैं कि पूर्व बीसीसीआई चीफ़ सही मायनों में इण्डियन क्रिकेट के सपोर्टर थे। ''मुझे कोई फ़र्क़ नहीं पड़ता कि लोग क्या कह रहे हैं। मुझे श्रीनिवासन एक ऐसे इनसान दिखे जो क्रिकेटर्स की मदद के लिए हर वक़्त मौजूद रहते थे,'' ये धोनी का पक्ष था। धोनी ने जिस तरह से हमेशा श्रीनिवासन का पक्ष लिया है, ये उनके बारे में बहुत कुछ कहता है। ये बताता है कि धोनी किस हद तक अन्दर से मज़बूत हैं और अपनी बातों पर अडिग रहने वाले इनसान हैं। उनपर आलोचना का ज़्यादा फ़र्क़ नहीं पड़ता है। लेकिन यही एक बात धोनी के ऊपर राजनीति करने के आरोप भी लगवाती है। ''ये मत भूलिएगा कि धोनी को हवा का रुख मालूम रहता है। उसे ये मालूम है कि उसे बीसीसीआई के गलियारे में अपना रास्ता कैसे बनाना है,'' एक बोर्ड का अधिकारी बताता है।

धोनी और श्रीनिवासन की जोड़ी आईपीएल की शुरुआत से जमी। धोनी को चेन्नई सुपर किंग्स ने चुना था। ये एक असाधारण जोड़ लग रहा था–हिन्दी भाषी जगह से आने वाला एक बड़ा प्लेयर चेन्नई का सबसे प्रिय चेहरा बन गया था। चेन्नई के टीम सॉग–व्हिसल पोडू ने विन्ध्य की पहाड़ियों के आसपास कितने ही धोनी फैन्स पैदा कर दिये थे। ये बता रहा था कि कैसे भारत भाषाई बाउण्ड्री को तोड़ रहा था। तमिल भाषी शहर में एक हिन्दी बोलने वाले के पोस्टर चिपकाए जा रहे थे।

''ये हिन्दी फ़िल्मों की तरह था। नॉर्थ का एक लड़का एक साउथ की लड़की से मिलता है और उसे प्यार हो जाता है,'' धोनी समझाते हैं। टीम सॉग की तरह, चेन्नई का क्रिकेट भी सुपरहिट था। चेन्नई की टीम ने दो बार आईपीएल ट्रॉफ़ी जीती। टूर्नामेण्ट के पहले 6 साल में चेन्नई की टीम 3 बार फाइनल में पहुँची। ''चेन्नई के लोग क्रिकेट के सच्चे दीवाने हैं। धोनी ने हमारे क्रिकेट कल्चर को बहुत आसानी से अपना लिया। वो सच में हमारी टीम की जीत का केन्द्र था। जब उसने टीम ज्वाइन की थी तो हमने उसे एक बाइक गिफ्ट की थी। वो उसे ले जाता था, ट्रैफ़िक लाइट्स पर रुकता था और आसपास मौजूद लोगों को देखकर उनकी ओर मुस्कुराता था,'' श्रीनिवासन याद करते हैं। पूर्व बोर्ड प्रेसिडेण्ट बताते हैं कि एक बार जब धोनी ने उन्हें राँची में अपने घर बुलाया था तो उसने खाने में मसाला डोसा बनवाया था। ''हम उसके खेल के दीवाने थे, बदले में वो हमें इज़्ज़त से नवाजता था। इसमें ग़लत क्या है?'' श्रीनिवासन पूछते हैं।

लेकिन लगातार ऐसे आरोप लगते जा रहे थे कि चेन्नई प्लेयर्स को आईपीएल के दौरान विशेष सुविधाएँ दी जा रही थीं। ललित मोदी आरोप लगाते हुए बताते हैं कि श्रीनिवासन ने 2010 में उनसे जबरदस्ती करते हुए धोनी को चेन्नई की टीम में बतौर आइकन प्लेयर रहने दिया और धोनी को नीलामी में नहीं जाना पड़ा। ये आईपीएल के नियमों के ख़िलाफ़ था क्योंकि एक खिलाड़ी का आइकन स्टेटस सिर्फ़ पहले तीन सालों के लिए था। श्रीनिवासन ने अपनी मनमर्ज़ी दिखायी और फिर भी वो बच निकले।

पूर्व क्रिकेटर मोहिन्दर अमरनाथ मुझे बताते हैं कि नेशनल सेलेक्टर के तौर पर 2012 में वो बतौर कप्तान, धोनी को ड्रॉप करना चाहते थे। लेकिन धोनी को श्रीनिवासन ने बचा लिया। "हमें बताया गया कि सेलेक्टर्स नहीं बल्कि बोर्ड प्रेसिडेण्ट ये फ़ैसला करेंगे कि टीम का कप्तान कौन होगा," अमरनाथ ने कहा। इस बाबत श्रीनिवासन ने कहा, "हाँ ये सच है कि मैंने धोनी को कप्तानी से हटाये जाने के फ़ैसले को रद्द किया। आप किसी को वर्ल्ड कप जिताने के साल भर के अन्दर ही कप्तानी से कैसे हटा सकते हो?"

श्रीनिवासन का ये कबूलना कि उन्होंने ही धोनी को कप्तानी से हटाये जाने से रोका ये बताता है कि इन दोनों के बीच कितने गाढ़े सम्बन्ध हैं। ये सम्बन्ध एक नॉर्मल खिलाड़ी–अधिकारी के बीच नहीं होते। एक वक़्त था जब सभी प्लेयर्स बोर्ड के अधीन होते थे। लेकिन अब भारतीय क्रिकेट एक ऐसे समय में पहुँच चुका था जहाँ स्टार प्लेयर अपने मनमुताबिक़ काम कर रहे थे और बोर्ड के आला अधिकारी उन्हें दुलार रहे थे। "आप जिसे पक्षपात करना कह रहे हैं, मैं उसे टॉप–क्लास क्रिकेटर की उपलब्धियों का सम्मान करना कहता हूँ," श्रीनिवासन जवाब में तिखाई से कहते हैं।

धोनी और श्रीनिवासन की 'दोस्ती' पैसों के मामले में मैदान के बाहर भी दिखायी देती है। 2013 में सामने आया कि कैसे ऋति स्पोर्ट्स, एक स्पोर्ट्स मैनेजिंग कम्पनी जिसमें धोनी का एक बड़ा हिस्सा था, चेन्नई सुपर किंग्स और इण्डियन प्लेयर्स के कॉन्ट्रैक्ट की देख–रेख कर रही थी। ये हितों के टकराव का गम्भीर मसला था। एक कप्तान जो टीम सेलेक्शन को प्रभावित कर सकता था, एक ऐसी कम्पनी का मालिक था जो प्लेयर्स को मैनेज करती थी, ये बताता है कि कैसे स्टार प्लेयर्स नियमों में सेंध लगाकर बच निकल सकते हैं। ऋति स्पोर्ट्स को बतौर मार्केटिंग एजेण्ट, चेन्नई सुपर किंग्स की इण्डोर्समेण्ट डील में भी हिस्सा मिला हुआ था।

धोनी ने ऋति स्पोर्ट्स अरुण पाण्डे के साथ पार्टनरशिप में शुरू की थी, जो उनके बिहार रणजी ट्रॉफ़ी के समय से दोस्त हैं। पाण्डे एक हट्टे–कट्टे पान चबाने वाले ठेठ बनारसी हैं जो धोनी के गोलकीपर की तरह रहते हैं और धोनी का सारा बिज़नेस सँभालते हैं। 2014 में धोनी का बिज़नेस इतना ज़्यादा बड़ा हो गया था कि धोनी को पाँच सबसे बड़े स्पोर्ट्स ब्राण्ड में जगह मिली। धोनी की कमाई 30 मिलियन डॉलर और उसके इण्डोर्समेण्ट 26 मिलियन डॉलर थे। "प्लेयर्स को मैनेज करने के अलावा अब हमारा ख़ुद का जूते का ब्राण्ड है जिसका नाम है 7; इसके अलावा कपड़े, जिम और जिम का सामान, फुटबॉल, हॉकी और सुपर–बाइक में इन्वेस्टमेण्ट किया हुआ है," पाण्डे का कहना है।

इतना विकराल पोर्टफोलियो बताता है कि धोनी एक मँजे हुए बिज़नेसमैन हैं लेकिन वो

ये भी कहते हैं कि उन्हें पैसा नहीं चलाता है। ''मेरे पास इतना है कि मुझे इस ज़िन्दगी में कोई कमी नहीं पड़ने वाली है। सारे इन्वेस्टमेण्ट अरुण देखता है और इसमें मेरा कोई रोल नहीं है।'' लेकिन कोलकाता में रहने वाले स्पोर्ट्स मार्केटिंग कंसल्टेण्ट जीत बनर्जी, जो एक वक़्त पर क्रिकेट्स के कॉन्ट्रैक्ट मैनेज करते थे और जिनके ऊपर धोनी की मुक़दमेबाज़ी चली, कुछ अलग बात कहते हैं, ''धोनी के मीठे बोलों पर मत जाइए। बात जब पैसों की और डील्स की आती है तो धोनी खूँखार हो जाता है। जब हमारी लड़ाई हुई तो उसने मेरे और मेरे परिवार के पीछे राँची की पुलिस लगा दी।''

इण्डियन क्रिकेट में प्लेयर–एजेण्ट की ये जोड़ियाँ हाल ही में शुरू हुई हैं। फ़ारुख इंजीनियर ने जब 1960 के दशक में ब्रिलक्रीम के लिए विज्ञापन किये थे, उन्होंने 2000 पाउण्ड की डील के बारे में खुद ही बात की थी। यहाँ तक कि सत्तर के दशक के दो बड़े स्टार गावस्कर और कपिल देव भी एजेण्ट नहीं रखते थे जो उन्हें फैंसी डील दिलवाएँ। ये सारा बदलाव तेंदुलकर के साथ 1990 के दशक में शुरू हुआ। यहाँ से तेंदुलकर ब्राण्ड की शुरुआत हुई। धोनी ने उस ब्राण्ड को एक अलग ही धरातल पर जाकर रख दिया। बोर्ड का एक अधिकारी मुझे बताता है, ''इण्डियन क्रिकेट में प्लेयर एजेण्ट्स आजकल सत्ता के नये केन्द्र हैं। ये लोग कई बार खिलाड़ियों के नाम पर अपनी शर्तें थोप देते हैं।''

लेकिन शायद धोनी के लिए सबसे मुश्किल वाला वक़्त आया 2013–14 में जब ऐसी खुसफुसाहट होने लगी कि धोनी मैच फिक्सिंग में शामिल हैं। ''यहाँ पर मुझे एक लकीर खींचनी पड़ी। आप मेरी आलोचना कर सकते हैं लेकिन ये आरोप कैसे लगा सकते हैं कि मैंने मैच फिक्सिंग की है। मुझे जो कुछ भी मिला है अपनी क्रिकेट की वजह से ही मिला है। जो मीडिया वाले ये कहते हैं कि अगर धुआँ है तो आग भी होगी, ये पागलपन है। इसलिए मैं मीडिया से बात करना नहीं पसन्द करता,'' धोनी कहते हैं।

धोनी और मीडिया के बीच सम्बन्ध जैसे भी रहे, अच्छे नहीं कहे जा सकते। सचिन को छोड़कर कोई भी क्रिकेटर ऐसा नहीं है जिसे 21वीं सदी में धोनी जितना मान–सम्मान मिला हो लेकिन कोई और क्रिकेटर ऐसा भी नहीं था जिसने मीडिया से इस तरह दूरी बनायी रखी हो। कोई इण्टरव्यू नहीं, प्रेस कॉन्फ्रेंस में एक–एक लाइन के जवाब, मज़ाकिया लहजा, इन सभी की मदद से धोनी ने मीडिया को एक किनारे रखा है। ''आप इसे मेरा मीडिया के ख़िलाफ़ सत्याग्रह कह सकते हैं। जब मैं ख़राब खेलता हूँ तो मैं बात नहीं करना चाहता। जब मैं अच्छा करता हूँ, मैं तब भी बात नहीं करना चाहता हूँ। मीडिया जो चाहे लिख सकती है,'' धोनी कहते हैं। 2016 वर्ल्ड टी–20 के सेमी–फाइनल में मिली हार के बाद जब एक ऑस्ट्रेलियाई पत्रकार ने धोनी से रिटायरमेण्ट के बारे में पूछा तो धोनी ने उसे अपने बगल में बिठाया और बोला, ''अगर तुम एक हिन्दुस्तानी होते तो मैं तुमसे पूछता कि क्या तुम्हारा कोई बेटा या भाई है जो विकेटकीपिंग करता है और मेरी जगह ले सकता है।'' धोनी मुस्कुरा रहे थे और वहाँ बैठे सभी लोग ठहाके मार रहे थे। ''कई बार ये अच्छा होता है कि आलोचना का मुक़ाबला आप हास्य से कर लें,'' धोनी का मानना है।

ये खरी–खरी सुनाने वाला तरीक़ा क्या असली धोनी को छुपाने का जुगाड़ है या ये एक बहुत ही सोची–समझी तकनीक है अपने फैन्स को अपने पाले में बनाये रखने के लिए।

धोनी एक रहस्य से भरी शख़्सियत हैं। लेकिन ये बात भी माननी पड़ेगी कि उनके इतनी आसानी से उपलब्ध न होने के कारण उनकी पूछ काफ़ी है। ये क्रिकेट का सुपरस्टार ऐसे रहता है जैसे वो अस्तित्व में ही नहीं है। कम से कम वक़्त अपने पास मोबाइल रखता है। जब मोबाइल रखता भी है तो कॉल या एसएमएस का जवाब नहीं देता। (वर्ल्ड कप 2015 के ठीक पहले जब धोनी पिता बने थे, धोनी के पास मोबाइल फ़ोन नहीं था। इसलिए उनकी पत्नी साक्षी ने उनके करीबी दोस्त सुरेश रैना को एसएमएस किया और रैना ने धोनी को उनके बेटी के बाप बनने की जानकारी दी!) धोनी के कई फैन्स का मानना है कि 2007 में जब इण्डिया वर्ल्ड कप में हार गया था और धोनी के राँची वाले घर पर तोड़फोड़ हुई थी, वहाँ से सारी कहानी पलटी है। ''असल में वो हमारा नया घर था जिसे हम उस वक़्त बस बनवा रहे थे इसलिए वहाँ कोई रहता नहीं था। कुछ लोग आये और वहाँ रखी ईंटों को इधर–उधर फेंक दिया। बस इतना सा ही हुआ। लेकिन मेरे परिवार को ये बहुत बुरा लगा। अब अगर आप मेरे घर आयें तो मेरे माँ–बाप आपको चाय ज़रूर पिलायेंगे मगर प्रेस से बात नहीं करेंगे,'' धोनी कहते हैं।

2016 में पहली बार धोनी के बारे में उस वक़्त काफ़ी चीज़ें मालूम चलीं जब धोनी के जीवन पर बनी फ़िल्म रिलीज़ हुई। इस फ़िल्म ने धोनी की मज़ेदार और प्रेरणा देने वाली यात्रा को करोड़ों घरों तक पहुँचा दिया और फ़िल्म हिट साबित हुई। लेकिन वो ये बताते हैं कि अपने बारे में सब कुछ बताकर उसे पर्दे पर दिखाने का फ़ैसला उनका नहीं था। ''ये सब कुछ अरुण और मेरी ऋति की टीम का काम था। सच कहूँ तो मैं इसमें ज़्यादा इंट्रेस्टेड नहीं था और मुझे थोड़ी शर्म भी आ रही थी। मुझे लगा था कि फ़िल्म बनने में तो कितने ही साल लग जायेंगे इसलिए मैंने ज़्यादा सोचा नहीं।'' धोनी तो फ़िल्म के प्रमोशन में भी ये कहते हुए बहुत शामिल नहीं हुए कि ''टीवी पर आकर अपनी लाइफ़ के बारे में मुझसे नहीं बताया जायेगा।'' फ़िल्म में ऐसी बहुत–सी बातें थीं जिनके बारे में किसी को भी नहीं मालूम था। इसमें धोनी के शुरुआती दिनों में उनकी एक लड़की के साथ रोमांटिक रिलेशनशिप थी जिसकी एक कार एक्सीडेण्ट में मौत हो गयी थी। ''ये सब कुछ सच है। मैं चाहता था कि फ़िल्म पूरी ईमानदारी से बने और जितनी सच्ची हो सके, बने,'' धोनी ने कहा।

ये फ़िल्म ही वो एक चीज़ है जो हमें थोड़ा ही सही, धोनी की ज़ाती ज़िन्दगी में ले जाती है। 2010 में जब धोनी और एक होटल मैनेजमेण्ट ग्रेजुएट साक्षी रावत की शादी हुई, कैमरों को पूरे कार्यक्रम से दूर रखा गया। धोनी के सिर्फ़ कुछ दोस्त ही देहरादून गये जहाँ एकदम चुपचाप शादी हुई। ''अगर मुझे धूमधाम से शादी करनी होती तो मुझे हज़ारों लोगों को बुलाना पड़ता और मुझे समझ में नहीं आता कि किसे न बुलाऊँ। इस तरह से शादी करने पर मैं जिन्हें आख़िरी समय पर बता पाया, वो लोग आ गये और बाक़ी लोगों ने मेरे शादी को एक छोटा कार्यक्रम रखने की मजबूरी को समझ लिया,'' धोनी मुझे समझाते हुए कहते हैं।

ये फ़ैसला भी धोनी के लिए एक आम फ़ैसले जैसा ही था। धोनी हमेशा ही अपने में सीमित रहते हैं और पेज थ्री के पूरे गैंग से दूरी बनाये रखते हैं। लेट नाइट पार्टी भी नहीं पसन्द और शराब तो छूते भी नहीं हैं। वर्ल्ड कप जीतने के बाद धोनी ने शैम्पेन तक नहीं पी।

बस कभी–कभी बिन तम्बाकू वाला हुक्का पी लेते हैं। वो कहते हैं कि बड़े शहरों की चमचमाती पार्टी में रहने से अच्छा वो अपने परिवार वालों और यारों–दोस्तों के साथ रहना पसन्द करेंगे। राँची उनका इलाका है और उन्हें ज़मीन पर रखता है। यहीं से सब कुछ शुरू हुआ और अब यहीं शहर से कुछ दूर धोनी ने एक फार्महाउस लिया है। ''मैं राँची में इसलिए रहना पसन्द करता हूँ क्योंकि मैं अपने घर 10 बार आ–जा सकता हूँ। लेकिन मेट्रो शहरों में एक बार आप निकल गये तो घण्टों तक वापस नहीं आ सकते,'' वो बताते हैं।

तो फिर धोनी कैसे रिलैक्स करते हैं? ''अपने परिवार वालों के साथ बैठकर, अपने दोस्तों से मिलता हूँ जहाँ हम क्रिकेट छोड़कर सब बातें करते हैं, वीडियो गेम्स खेलता हूँ, किशोर कुमार के ख़ुशी वाले गाने सुनता हूँ, अपने कुत्तों के साथ खेलता हूँ (धोनी के पास छह कुत्ते हैं) और फिर मेरी (50 से ऊपर) पुरानी बाइक्स हैं,'' धोनी बताते हैं। ये बाइक के लिए इतनी दीवानगी कहाँ से आयी ? ''मेरे एक सीनियर थे जो यामाहा की बाइक पर आते थे। वो हमें अपनी बाइक के सामने मुश्किल कैचिंग प्रैक्टिस करवाते थे। हमें चेतावनी मिलती थी कि गेंद अगर बाइक पर लगी तो टूट–फूट के पैसे देने पड़ेंगे। उस दिन से मुझे लगता है मेरे अन्दर ये आ गया था कि मुझे अपनी गाड़ी लेनी है।'' आज भी जब मन करता है तो वो अपनी बाइक उठाते हैं और एक–आध चक्कर मार आते हैं। कोई आपको पहचानता नहीं है? ''नहीं। हेलमेट के साथ कौन पहचान लेगा?'' वो अब भी कभी–कभी अपने स्कूल के स्पोर्ट्स कॉम्प्लेक्स में बैडमिण्टन खेलने पहुँच जाते हैं। ''वो शाम को देर से आता है जब ज़्यादातर लोग चले गये होते हैं। पहले आ गया तो यहाँ हल्ला कट जायेगा,'' धोनी के कोच बनर्जी बताते हैं जो अभी भी उस स्कूल में स्पोर्ट्स टीचर हैं।

चेन्नई सुपर किंग्स के बैन हो जाने के बाद धोनी राइजिंग पुणे सुपरजायंट्स में चले गये। उसके सीईओ रघु अय्यर बताते हैं, ''धोनी अपने मुताबिक़ चलने वाले लोगों में से हैं। वो एक कहानी बताते हैं जब 2017 में पुणे की टीम ने हैदराबाद से हारा हुआ मैच जीत लिया था। टीम में हर प्लेयर बहुत ख़ुश था लेकिन धोनी अपने कमरे में चुपचाप बैठा हुआ था और एक नये प्लेयर के साथ वीडियो गेम खेल रहा था। उसने अपने कमरे का दरवाज़ा खुला हुआ रखा था जिससे कोई भी आ–जा सके।'' आईपीएल के मैच के बाद धोनी सुबह 3 बजे सोते हैं और फिर अगली दोपहर तक उठते नहीं हैं। ''एक बढ़िया नींद आराम करने का सबसे अच्छा तरीक़ा है,'' धोनी बताते हैं।

धोनी के लिए जीवन के बहुत बड़े हिस्से में क्रिकेट ही सब कुछ रहा है। लेकिन पिछले कुछ वक़्त में सेना ने उनका ध्यान खींचा है। इस एक चीज़ ने धोनी को काफ़ी हद तक परिभाषित भी कर दिया है। नवम्बर 2011 में, वर्ल्ड कप जीतने के कुछ ही महीनों बाद, धोनी को प्रादेशिक सेना में लेफ़्टिनेंट कर्नल का मानद पद दिया गया। ''जब मैंने पहली बार वो वर्दी पहनी थी, मैं कमाल का महसूस कर रहा था। मुझे वर्ल्ड कप जीतने जितनी ख़ुशी मिल रही थी,'' धोनी बताते हैं। बताया तो ये भी जाता है कि उस दिन धोनी यूनिफॉर्म पहने–पहने ही सो गये थे। अब भी वो अक्सर आर्मी के कपड़े और मिलिट्री बूट पहन लेते हैं। धोनी अपने पास एक लाइसेंसी बन्दूक रखते हैं और ख़ुद एक बढ़िया निशानेबाज़ हैं। धोनी हर साल की शुरुआत अपने आसपास की शूटिंग रेंज जाकर करते हैं। ''शूटिंग मुझे

बहुत सुकून देती है। वहाँ सिर्फ़ आप, आपका निशाना होता है। बाक़ी सन्नाटा पसरा रहता है। ये एक ऐसा माहौल है जहाँ मैं बहुत ही सहज महसूस करता हूँ।''

धोनी ने एयरफोर्स के साथ पैराजम्पिंग का कोर्स भी किया है और सेना के जवानों के साथ वक़्त बिताने के लिए लाइन–ऑफ़–कण्ट्रोल भी गये हैं। ''वो एक कभी न भूलने वाला एक्सपीरियंस था। हम लाइन–ऑफ़–कण्ट्रोल पर लगभग एक दर्जन पोस्ट्स पर गये, सैनिकों के साथ टाइम बिताया और आर्मी मेस में 'बड़ा खाना' खाया। मुझे ये सब कुछ बहुत अच्छा लगा,'' धोनी ने बताया। वो कहते हैं कि आर्मी देश की सबसे अच्छी चीज़ों में से एक लगती है। उसमें अनेकता में एकता है जो धोनी को बेहद आकर्षित करती है। ''आप देखोगे कि एक सरदार किसी मद्रास रेजिमेण्ट का कमाण्डिंग ऑफ़िसर होगा और तमिल में बात कर रहा होगा। ऐसा आपको कहाँ देखने को मिलेगा?'' वो पूछते हैं। क्रिकेट फ़ील्ड पर, मैं धीमे से उनसे कह देता हूँ।

अगर वो क्रिकेटर नहीं होते तो क्या वो सेना में होते? ''शायद। आख़िरी एक सैनिक को भी क्रिकेटर की तरह वर्दी पहननी पड़ती है। यूनिफार्म का मतलब होता है अनुशासन, वीरता और त्याग। मुझे लगता है कि हमें अपनी आर्मी के लिए और भी बहुत कुछ करना चाहिए। जब एक आम आदमी मारा जाता है, हम उसके लिए मोमबत्ती जलाकर सड़क पर मार्च निकालते हैं लेकिन जब एक जवान मारा जाता है तो कुछ क्यों नहीं करते हैं? मुझे एक बात बहुत अच्छी लगी कि आज के वक़्त में हर कोई भगत सिंह को देखना चाहता है लेकिन अपने बेटे को भगत सिंह नहीं बनाना चाहता।''

ऐसी लाइनें ज़्यादातर किसी जनरल के मुँह से एक टीवी की गरम बहस में सुनी जाती हैं। अपने तक सीमित रहने वाले धोनी शायद ही कभी–कभी किसी टीवी चैनल पर बात करते हुए दिखेंगे लेकिन मैं उन्हें सीमा पर सेना की एक टुकड़ी को कमाण्डो ऑपरेशन के दौरान लीड करते हुए देख सकता था। आख़िर धोनी ने अपने पूरे कॅरियर के दौरान सभी चुनौतियों का आगे बढ़कर सामना किया है।

मेरा इण्टरव्यू बस ख़त्म ही होने वाला था (मेरी 2011 में धोनी से मुलाक़ात के बाद उन्होंने याद दिलाया कि ये किसी भी पत्रकार को दिया गया उनका पहला इण्टरव्यू था) और मैं जाने के लिए तैयार था कि धोनी के मैनेजर अरुण पाण्डे ने मुझसे कहा, ''आपको धोनी का एक टीवी प्रोग्राम जवानों के साथ करना चाहिए। धोनी उसके लिए कभी मना नहीं करेगा।'' मैंने अपने दिमाग़ में इस बात को नोट कर लिया है। इस देश के सबसे गूढ़ क्रिकेटर को समझना हो और उसके दिल को छूना हो तो उससे सेना की बातें करिए।

2008 में मैनेजमेण्ट कन्सल्टेन्सी की एक कम्पनी इवाए ने एक रिपोर्ट निकाली जिसका शीर्षक था–'द धोनी अफेक्ट : राइस ऑफ़ स्माल टाउन इण्डिया'। रिपोर्ट में बताया गया था कि भारतीय अर्थव्यवस्था के चढ़ाव के साथ पैसे वाले और मिडल क्लास लोग सिर्फ़ मेट्रो शहरों तक ही सीमित नहीं हो रहे थे बल्कि टियर II, टियर III और टियर IV शहरों की ओर भी रुख कर रहे थे। देश के टॉप ब्राण्ड्स की मार्केटिंग स्ट्रेटेजी में जब देश के छोटे शहरों को केन्द्र में रखा जाने लगा तो उस पूरी परिघटना को 'धोनी इफ़ेक्ट' कहा जाने लगा।

एक मैनेजमेण्ट कम्पनी ने बाज़ार के ट्रेंड की एक रिपोर्ट बनायी और उसमें छोटे शहरों में धोनी की लोकप्रियता और आत्मीयता को मुख्य जगह मिली। ऐड गुरु पीयूष पाण्डे उन शुरुआती लोगों में से एक थे जिन्हें धोनी ब्राण्ड की ताकत का अन्दाज़ा हो गया था। उस वक़्त वो धोनी और शाहरुख के साथ एक टीवी का विज्ञापन बना रहे थे। ''ख़ासकर मेट्रो शहरों के बाहर, उपभोक्ताओं के बीच, धोनी तुरन्त ही हिट हो रहा था। वो एक ऐसा इनसान था जो कुछ वक़्त पहले तक कुछ भी नहीं था लेकिन आज वो राज कर रहा था। यहाँ तक कि सचिन भी मुम्बई से थे जो कि क्रिकेट का ग्लैमर वाला शहर है। धोनी वो था जो अनजान जगह से आया था और जिसके सफल होने के बारे में किसी ने भी नहीं सोचा था,'' पीयूष पाण्डे कहते हैं।

अपनी अभूतपूर्व सफलता के दौरान धोनी हिन्दुस्तान के छोटे शहरों की उस ताकत का प्रतिनिधित्व कर रहे थे जो कब से किनारे कर दी गयी थीं। मगर अब नहीं। साल 2005 की हिट फ़िल्म बंटी और बबली में इसी थीम पर एक लड़का और लड़की को परिस्थितियों से लड़ते हुए बेहतरीन ढंग से दिखाया गया था। फ़िल्म लगभग उसी वक़्त रिलीज़ हुई थी जब धोनी का इण्टरनेशनल क्रिकेट में आना हो रहा था। ये यक़ीनन एक इत्तेफ़ाक ही होगा और कुछ नहीं। लेकिन छोटे शहरों से आने वाले नये इण्डिया के उत्थान को कोई नकार नहीं सकता था।

आईआईटी, मेडिकल कॉलेज, सिविल सर्विस के लिए प्रतियोगी परीक्षाएँ पहली वो चीज़ थीं जिन्होंने छोटी जगहों से आने वाले लोगों को दुनिया के सामने ला खड़ा किया। अब ऐसा क्रिकेट में भी काफ़ी तेज़ी से हो रहा था। समाजशास्त्री दीपांकर गुप्ता बताते हैं, ''इस सदी की शुरुआत से ही ऐसा हो रहा है कि छोटे शहरों में ही अब असली काम हो रहे हैं। यही वो जगह है जहाँ नया व्हाइट–कॉलर मिडल क्लास अपने पैर जमा रहा है। यहीं स्टॉक मार्केट की जड़ें मज़बूत हो रही हैं। यहीं एटीएम लग रहे हैं, मॉल खुल रहे हैं, हर जगह मोबाइल स्टोर दिखने लगे हैं, मॉल, मल्टीप्लेक्स सिनेमा और उपभोग की वस्तुओं का विस्तार हो रहा है।''

इस क्लास के लिए धोनी एक पोस्टर ब्वॉय था। पब्लिक सेक्टर में काम करने वाले एक बेहद ज़मीनी बाप का बेटा, जिसने सारी विषमताओं को धता बताते हुए उस खेल में सफलता पायी जिसमें सबसे ज़्यादा प्रतिस्पर्धा देखने को मिलती है। देश में छोटे शहरों ने हॉकी और कुश्ती के खिलाड़ी दिये हैं लेकिन इन खेलों को वो लोकप्रियता नहीं मिली जो क्रिकेट को मिली। कबड्डी एक ग्रामीण खेल है लेकिन पिछले कुछ सालों में इसके स्टार प्लेयर्स को ग्लैमर मिला है क्योंकि टीवी पर प्रो कबड्डी लीग आने लगी है। धोनी से पहले सिर्फ़ कपिल देव ही थे जो अपनी देसी छवि के लिए जाने जाते थे। कपिल देव हालाँकि जब चरम पर पहुँचे तब देश 1980 के दशक के उदारीकरण से ठीक पहले के समय में था। उस वक़्त बाज़ार सिर्फ़ मेट्रो शहरों के उपभोक्ताओं तक सीमित था। कमेण्टेटर हर्षा भोगले कहते हैं, ''आप ये भी कह सकते हैं कि सचिन की ही तरह धोनी भी सही वक़्त पर सही जगह मौजूद थे। अगर सचिन ने 90 के शुरुआती दौर में ही बाज़ार के उदारीकरण की पहली खेप में तरक्की की तो धोनी ने बड़े शहरों के इतर बढ़ रहे उपभोक्ताओं की आकांक्षाओं को एक आयाम दिया।''

बदलते मार्केट में क्रिकेट ख़ुद एक बदलाव की तस्वीर दिखा रहा था। और ये बदलाव

भौगोलिक था। जब 1971 में इण्डिया जीता था, टीम में 6 बड़े मेट्रो से ही खिलाड़ी थे। कपिल देव की 1983 की टीम में सिर्फ़ 2 ऐसे प्लेयर्स थे–यशपाल शर्मा और ख़ुद कपिल देव–जिन्होंने किसी बड़े शहर की रणजी टीम के लिए नहीं खेला था। जब धोनी ने 2011 में वर्ल्ड कप उठाया तो टीम में छह खिलाड़ी छोटी रणजी टीमों से आ रहे थे जबकि सातवें ज़हीर खान ने अपना शुरुआती क्रिकेट महाराष्ट्र के एक सुदूर गाँव श्रीरामपुर में खेलना शुरू किया था। आठवें, वीरेन्द्र सहवाग थे जो नजफ़गढ़ से आते थे। नजफ़गढ़ दिल्ली–हरयाणा बॉर्डर पर स्थित एक गाँव है। "युवराज, हरभजन और सहवाग, ये तीनों गाँव से आने वाले प्लेयर्स हालाँकि धोनी से पहले ही टीम में मौजूद थे लेकिन धोनी बदलाव के मुख्य कारक बनकर सामने आये," भोगले कहते हैं।

छोटे शहरों से आने वाले कई क्रिकेट हीरो ताकतवर और रसूखदार बने रहने के चक्कर में आर्थिक और सामाजिक लड़ाइयाँ लड़ते दिखायी दिये। हरभजन सिंह जालन्धर के दिनों की याद करते हुए कहते हैं कि जब वो बड़े हो रहे थे तो उनके घर में एक साइकिल हुआ करती थी। "मुझे मालूम था कि मैं जब–जब प्रैक्टिस करने के वक़्त साइकिल ले जाता था, मेरे पापा, जिनका एक छोटा–सा बिज़नेस था, काम पर पैदल जाते थे।" जब हरभजन ने पहली बार पंजाब अण्डर–16 के लिए मैच खेला था तो भज्जी के पास मात्र एक जोड़ी फटे हुए स्पाइक जूते थे जिनकी कीमत 250 रुपये थी और एक ही जोड़ी सफ़ेद शर्ट और पाजामा था। "मुझे लगता है मेरे पास खेलने के लिए इतना जुनून था कि ये मैटर ही नहीं करता था कि मैं एक छोटी जगह से आया था," उन दिनों को याद करते हुए एक भावुक हरभजन बताते हैं।

ज़हीर खान खुद एक क़स्बाई इलाके से आते हैं और इन्होंने कम से कम साज–ओ–सामान के साथ अपना क्रिकेट शुरू किया। मुम्बई आकर सीरियस क्रिकेट खेलने से पहले, 17 साल की उमर तक श्रीरामपुर के तालुका क़स्बे में टेनिस बॉल क्रिकेट खेला करते थे। "मैंने जब 1996 का वर्ल्ड कप देखा तो मैं अपनी बारहवीं के एग्ज़ाम दे रहा था। उस वक़्त टीवी पर जो भी देखा उससे इतना प्रभावित हुआ कि तय कर लिया कि मुझे क्रिकेट खेलना था। मैंने अपने इंजीनियरिंग कॉलेज में जाने के सपने पर वहीं ब्रेक लगा दिया।" ज़हीर अपने एक रिश्तेदार के साथ मुम्बई के एक स्टूडियो अपार्टमेण्ट में तीन साल रहे। वो ये मानते हैं कि बड़े शहर के अनुसार ढलना उनके लिए बहुत आसान नहीं था। "वहाँ लोग बहुत सारे थे लेकिन खुली जगहों की अथाह कमी थी। छोटे शहर के इनसान के लिए भीड़ से भरी लोकल ट्रेन्स में सफ़र करना आसान नहीं था। मुझे ये भी मालूम था कि जो मैं चाह रहा था वो अरबों में से सिर्फ़ 11 लोगों को मिलती है–इण्डियन कैप।"

आज इण्डियन टीम में बड़े शहरों से ज़्यादा छोटे शहरों के खिलाड़ी हैं। ज़्यादातर एक बेहद सुलझे और नम्र परिवार से आते हैं। ये इण्डियन क्रिकेट के एक नये आयाम को दिखाता है जो पूरी तरह से लोकतन्त्र के ढर्रे पर चल रहा था। मोहम्मद शमी उतर प्रदेश के अमरोहा ज़िले में पले बढ़े और वहाँ से कोलकाता में अपने क्रिकेट को आगे बढ़ाने के लिए एक किराये के कमरे में रहने लगे। तेज़ गेंदबाज़ी से शमी के पार्टनर उमेश यादव नागपुर के पास रहने वाले एक मामूली से कोयला लोड करने वाले के बेटे हैं। उमेश की शारीरिक बनावट ने उन्हें क्रिकेट में ला छोड़ा जबकि इससे पहले वो पुलिस कांस्टेबल के रूप में खुद को देख रहे थे। रवीन्द्र जडेजा की माँ जामनगर के एक सरकारी अस्पाल में एक नर्स का काम करते हुए परिवार

की ज़रूरतों को पूरा कर रही थीं। अजिंक्या रहाने मुम्बई के पास थाने ज़िले के डोंम्बिवली में रहते थे। उन्हें प्रैक्टिस पर जाने के लिए हर सुबह 5 बजे ट्रेन पकड़नी होती थी। रहाने कहते हैं, ''मुझे लगता है कि मुम्बई में टर्फ क्रिकेट के लिए जाने की वो लम्बी रेल यात्रा (इसमें उन्हें लगभग दो घण्टे का सफ़र तय करना पड़ता था) ने मुझे मज़बूत बना दिया।''

मैं धोनी से पूछता हूँ कि छोटे शहरों से, सीमित भौतिक सुविधाओं के साथ कम आय वर्ग से आने वाले खिलाड़ी सफलता के लिए ज़्यादा भूखे रहते हैं क्या? इस पर धोनी कहते हैं, ''आप सभी को एक जैसा नहीं कह सकते। ऐसा नहीं है कि टैलेण्ट से भरा हर छोटे शहर का लड़का इण्डियन टीम के लिए खेलने लगेगा। हाँ, अब शायद पुराने वक़्त से ज़्यादा मौक़े मिलने लगे हैं लेकिन मैंने छोटे शहर से आते खिलाड़ियों को बहुत आसानी से भटकते हुए देखा है। आप विराट को देखिए। वो दिल्ली से आता है और आज के वक़्त में सभी के लिए रोल मॉडल बना हुआ है। जीत की उसकी भूख किसी भी दूसरे खिलाड़ी जैसी है।''

समाजशास्त्री गुप्ता छोटे शहरों के क्रिकेटरों के ऊपर और प्रकाश डालते हुए बताते हैं, ''मुझे लगता है कि उनकी सफलता की एक बहुत बड़ी वजह है इन खिलाड़ियों को मिलने वाले मैदान। बड़े शहरों में बच्चों को खेलने के लिए जगह ही कहाँ मिल रही है? आपको उन तक पहुँचने के लिए मीलों लम्बे ट्रैफ़िक से गुज़र कर जाना होता है। इसी वजह से बच्चे एक कमरे में क़ैद रहते हैं और मोबाइल पर वीडियो गेम खेलना पसन्द करते हैं। धोनी भी ऐसा ही कुछ सोचते हैं, ''मुझे लगता है कि बड़े होते वक़्त इतने मोबाइल फ़ोन न होने से मुझे काफ़ी मदद मिली। मेरे लिए मैदान में जाकर कोई खेल खेलना एंटरटेनमेण्ट का एकमात्र साधन था। घर पे बैठे रहना तो मैं सोच भी नहीं सकता था।''

शायद बड़े–बड़े स्कूलों में मार्क्स लाने की रेस में बच्चों के पास खेलने के लिए बहुत ही कम टाइम बचता है। छोटे स्कूल अब भी अपने स्टूडेण्ट्स के अच्छे खेल को दिखाने की कोशिश करते हैं। सहवाग कहते हैं, ''मैं जब बड़ा हो रहा था, घरवाले पूछा करते थे कि लड़का पास हो गया या नहीं। आज कल वो पूछते हैं 95 परसेंट आये या नहीं।'' सहवाग ने हाल ही में हरयाणा के झज्जर ज़िले में एक इण्टरनेशनल स्कूल की शुरुआत की है जहाँ खेल और पढ़ाई एक साथ चलते हैं।

शायद इन सबके लिए हर दम आलोचना का सामना करने वाली बीसीसीआई भी बधाई का पात्र है। उन्नतिशील स्टेट क्रिकेट बोर्ड्स ने लगभग हर ज़िले में टर्फ विकेट्स बिछाए हुए हैं और टैलेण्ट को ढूँढ़ने के सिस्टम के अन्तर्गत दूर–दराज की जगहों पर भी क्रिकेट एकेडमी शुरू करवाई जा रही हैं। इस छोटी–मोटी क्रान्ति के लिए आईपीएल भी ज़िम्मेदार है। पूर्व मुम्बई कप्तान शिशिर हट्टंगड़ी कहते हैं, ''मुझे लगता है कि आईपीएल ने सब कुछ बदल दिया। क्रिकेट हमेशा लोकप्रिय था लेकिन आईपीएल ने छोटे शहरों के माँ–बाप को ये आश्वासन दिया कि उससे उनके बच्चों का जीवन सँवर सकता है।''

खेल के अरबपति हीरो धोनी कई मायनों में मिडल क्लास इण्डिया के लिए आशा की एक किरण साबित हुए हैं। ये इण्डिया जल्द से जल्द आर्थिक तरक्की चाहता है। 2017 में झारखण्ड सरकार ने 'मोमेण्टम झारखण्ड' की शुरुआत की। इसमें प्रदेश में निवेश करने के लिए लोगों को आमन्त्रित किया गया। धोनी को ब्राण्ड अम्बेसडर चुना गया। कोट–टाई और मिलिट्री के जैसे हेयरकट में धोनी ने मज़बूती से झारखण्ड में निवेश करने की दलीलें

दीं और उनसे प्रदेश की नाजुक राजनीति से इतर झारखण्ड को विकास के इंजन के रूप में देखने को कहा। इवेण्ट में धोनी के भाषण को सुनकर पत्रकारों में सुगबुगाहट फैल गयी कि वो राजनीति में आने वाले हैं। ''राजनीति में रहने के लिए आपको झूठ बोलना होता है और मुझे नहीं लगता कि मैं ये कर सकता हूँ,'' धोनी का कहना था जब उनसे राजनीतिक कॅरियर के बारे में पूछा गया। फिर भी झारखण्ड के सबसे ज़्यादा जाने माने चेहरे के चुनाव लड़ने की सम्भावना के बारे में सोच कर ही मज़ा आ जाता है। एक ऐसे प्रदेश में जहाँ की राजनीति भ्रष्टाचार और नक्सली हिंसा से हमेशा प्रभावित रही, धोनी की शान्त उपस्थिति शायद झारखण्ड को अँधेरे में रोशनी की एक चमक दिखा सके। आख़िरकार वो धोनी ही हैं जिसने छोटे से शहर से आकर इण्डियन क्रिकेट में क्रान्तिकारी बदलाव कर दिये। क्या एक दिन वो झारखण्ड की राजनीति को भी बदल देंगे?

परिशिष्ट : धोनी को इण्टरव्यू के लिए पकड़ना सबसे मुश्किल काम हो सकता है। वो किसी जंगल में मौजूद चीते की तरह है–एक हाथ न आने वाला जानवर जिसे हर कोई देखना चाहता है लेकिन वो छुपा रहता है। 2006 में एक बड़े न्यूज़ एडिटर ने धोनी के साथ प्राइम टाइम शो करने की सोची लेकिन धोनी मना करते रहे। एडिटर ने बीसीसीआई चीफ़ शरद पवार को फ़ोन लगा दिया और उसके बाद झारखण्ड के सीएम अर्जुन मुंडा से भी बात की। लेकिन धोनी नहीं माने। उल्टे, मामला ख़ुद एडिटर पर भारी पड़ गया। धोनी ने एडिटर के असिस्टेण्ट से कहा, ''अपने बॉस से कहना कि चूँकि तुमने मुझे बुलाने के लिए वीवीआईपी ताकत का इस्तेमाल किया है, अब मैं तुम लोगों से कभी भी बात नहीं करूँगा।''

मैं थोड़ा बच–बच के क़दम रख रहा था। धोनी के मैनेजर को लगातार ई–मेल किये। इसका फल ये मिला कि मुझे धोनी का नम्बर मिल गया। लेकिन धोनी को भेजे एसएमएस का कोई जवाब नहीं आया। मेरी किस्मत को ब्रेक तब मिला जब पुणे की टीम के मालिक संजीव गोयनका ने मई 2017 में मुझे डिनर के लिए और अपनी टीम से मिलवाने के लिए बुलाया। रघु अय्यर, पुणे टीम के सीईओ ने मुझे मदद करने की कोशिश करते हुए बताया कि मैं थोड़ा जल्दी आ जाऊँ तो धोनी से मिल सकता हूँ। मैंने पूछा, ''आप पक्का हैं कि वो वहाँ होगा?'' अय्यर ने मुझे भरोसा दिलाया कि धोनी वहाँ होगा। मुझे भरोसा था नहीं क्योंकि गोयनका ने धोनी को सीज़न की शुरुआत में कप्तानी से हटा दिया था। कहा जा रहा था कि इसके पीछे की वजह ये थी कि टीम के मालिकों को ऐसा लग रहा था कि धोनी के दिल में अभी भी चेन्नई सुपर किंग्स ही बसी हुई थी। इस फ़ैसले की वजह से काफ़ी बातें हुई थीं। (बाद में धोनी ने मुझे बताया कि उन्हें ख़ुद को कप्तानी के पद से हटाये जाने का ये फ़ैसला समझ में आ गया था क्योंकि पुणे की टीम ने पिछले साल अच्छा परफॉर्म नहीं किया था। ''फ्रेंचाइज़ी क्रिकेट में आना जाना लगा रहता है,'' वो निश्चिन्त होकर कहते हैं।)

जिस शाम की वादाबन्दी थी, मैंने अपने प्राइम टाइम शो की पहले ही रिकॉर्डिंग करवा ली जिससे मैं वक़्त पर पहुँच जाऊँ। मैं रात 9 बजे जब पहुँचा तो दिल्ली की वज़नदार क्लास एंट्री ले रही थी। एमपी, मिनिस्टर, बिज़नेसमैन वग़ैरह। ये सभी वो लोग थे जिनकी मर्ज़ी के बिना लुटियन दिल्ली में पत्ता भी नहीं हिल सकता। बाक़ी टीम समय पर पहुँच गयी थी

लेकिन धोनी कहीं नहीं दिखायी दे रहे थे। अय्यर ने मुझे बताया, "चिन्ता मत करो। धोनी किसी स्पॉन्सर के साथ है। अभी आ जायेगा।" लगभग साढ़े नौ बजे घर में कुछ हलचल शुरू हुई। बताया गया कि धोनी आने वाला है। मैं दरवाज़े के पास खड़ा हुआ था कि उसकी नज़रों में आ जाऊँ। उसी वक़्त वो ढीली सी टी–शर्ट में कार से उतरा। वो बहुत फ़िट लग रहा था और दाढ़ी में आयी हल्की–सी सफ़ेदी उसकी बढ़ती उम्र की एकमात्र मुखबिर थी। वो छोटे शहरों के असली और पहले क्रिकेट हीरो कपिल देव के गले लगा और फिर मेरी ओर मुस्कुराते हुए मुड़ा। "हाँ, मुझे मालूम है आप मुझसे मिलने की कोशिश में लगे हुए हैं लेकिन क्या करें, आईपीएल में वक़्त ही नहीं मिलता," धोनी ने कहा।

"लेकिन मैं आपसे महीनों से मिलने की कोशिश कर रहा हूँ और मुझे आपके वक़्त से सिर्फ़ एक घण्टा चाहिए," मैंने वादा करने के मूड में कहा। धोनी ने कहा, "कोई बात नहीं, हम मिलते हैं। आपके पिता एक बहुत बड़े क्रिकेटर थे और मैं एक पत्रकार के तौर पर आपकी बहुत इज़्ज़त करता हूँ।" "लेकिन कब?" मैंने जल्दबाज़ी दिखाते हुए पूछा। उसने कहा, "मैच के अगले दिन मेरे होटल आ जाइए। दोपहर 12 बजे। अभी मैं क्रिकेट ज़ोन में रहना चाहता हूँ।"

इण्टरव्यू हुआ और उसने मुझे मेरे माँगे एक घण्टे से भी ज़्यादा दिया। उसने हमारी बातचीत के दौरान होटल के फ़ोन पर 'डू नॉट डिस्टर्ब' का बटन भी दबा दिया था। लेकिन इधर गोयनका के घर पर डिनर के दौरान कुछ ऐसा हुआ था जो मेरी याद्दाश्त में दर्ज हो गया। धोनी बस अभी–अभी घर में आया ही था कि वो ग़ायब हो गया। थोड़ी देर में उसे गार्डेन में एक प्लास्टिक के बैट और बॉल लेकर गोयनका के पोते के साथ खेलते देखा गया। जैसे ही उनका खेल ख़त्म हुआ, सभी ड्राइवर्स और स्टाफ़ के लोग उसकी ओर सेल्फी खिंचवाने के लिए लपके। जिस वक़्त सभी वीवीआईपी आपस में गिलास खनका रहे थे, एक मुस्कुराता हुआ धोनी बड़े आराम से, बिना चेहरे पर शिकन लाये एक–एक के साथ फ़ोटो खिंचवा रहा था। उसने किसी को भी मना नहीं किया। पूरा स्टाफ़ ख़ुश था। मेरे ड्राइवर रमेश मण्डल जो कि बिहार के दरभंगा से आते हैं, धोनी के साथ फ़ोटो खिंचवा के बहुत ख़ुश थे। "सर अपने धोनी जी बहुत अच्छे हैं। हमारे बिहार के बगल के ही हैं और बिलकुल आम आदमी की तरह हैं," उन्होंने कहा। उनकी चढ़ी हुई साँस मुझे बता रही थी कि देश के लिए धोनी क्या मायने रखता है। उसमें वो आकर्षण है जो एक बड़े मगर ज़मीनी आदमी में होता है। राँची जैसे छोटे शहर से आने वाला लड़का 1947 में देश आज़ाद करवाने वालों के दुनिया फतह करने के सपने को साकार करने की छोटी–सी कोशिश कर रहा था। "धोनी उस देश का प्रतिनिधित्व करते हैं जिसके सपने को किसी बड़ी रियासत का कोई राजकुमार साकार नहीं कर रहा था बल्कि ये सब करने वाला एक ऐसा इनसान था जिसके पैर मेहनत कर–कर के कड़े हो चुके थे और जिसके कठोर हाथों के हवा में उछलते ही ऐसे कैच देखने को मिले जिसके बारे में शायद ही किसी ने सोचा था। और जब वो गेंद मारता था तो वो कहाँ गिरेगी, ये सोचना इनसानी ताकत के परे था। ये धोनी का जादू है। वो धोनी जिसे देखकर हर भारतीय ख़ुद से कह सकता है, "हाँ! हम सब कुछ कर सकते हैं।"

11

विराट कोहली

नयी सदी का शहंशाह

आप मुश्किल परिस्थितियों में क्या करते हैं, कैसे करते हैं, ये आपको परिभाषित करता है। दिल्ली के लिए अपना चौथा फ़र्स्ट क्लास मैच खेल रहे एक 18 साल के लड़के के लिए 19 दिसम्बर, 2006 का दिन बैटिंग पिच पर एक नॉर्मल दिन होना चाहिए था। अपने टैलेण्ट के दम पर झण्डे गाड़ने की ख़ुशी के साथ विराट कोहली फ़िरोज़ शाह कोटला से अपने घर वापस आ रहा था। उसके अन्दर क्रिकेट कूट–कूट कर भरा हुआ था। कर्नाटक ने 446 रन बनाये थे और दिल्ली दूसरे दिन का खेल ख़त्म होने तक 103 रन पर 5 विकेट खोकर मुश्किल में थी। विराट अभी भी 40 रन बनाकर खेल रहा था। पिछले कुछ गेम्स में वो अपनी फॉर्म में नहीं दिख रहा था लेकिन यहाँ ऐसा मालूम दे रहा था कि वो एक बड़े स्कोर के लिए सेट हो चुका था। हालाँकि दिल्ली अभी भी फॉलो–ऑन बचाने की जद्दोजहद में थी।

जब वो वेस्ट दिल्ली की विकासपुरी कॉलोनी के पहले माले पर मौजूद अपने घर की सीढ़ियाँ चढ़ रहा था, विराट सिर्फ़ अपनी टीम को बचाने के बारे में ही सोच रहा था। वो अपने पहले रणजी शतक के बारे में सोच रहा था। वो टीम में अपनी जगह मज़बूत करने के बारे में सोच रहा था।

कुछ ही घण्टों में सारी ख़ुशी मातम में बदल गयी। उस रात विराट कोहली के पिता, जिन्होंने विराट में क्रिकेट के बीज भरे थे, की दिल के दौरे से मौत हो गयी। 18 साल के लड़के के सामने दो रास्ते थे–घर पर ग़मज़दा परिवार के साथ रुके या अगली सुबह कोटला के लिए निकले और अपनी इनिंग्स खेले। विराट के ख़ुद के शब्दों में–

"मुझे अपनी बैटिंग से ख़ुशी हो रही थी और मैं यही ख़ुशी लेकर घर लौटा था। मैं 40 रन पर नॉट आउट था। मैं उस विकेट को बहुत अच्छी तरह से जानता था। मुझे लग रहा था कि मैं अपने ज़ोन में था और इस मौक़े का फ़ायदा उठाना चाहता था। ये और भी ज़्यादा ज़रूरी इसलिए था क्योंकि मैंने पिछले कुछ मैचों में ज़्यादा अच्छा नहीं किया था।

मुझे मालूम था कि मेरे पापा की तबीयत कुछ गड़बड़ चल रही थी। परिवार की देखभाल करते हुए वो अपने बिज़नेस को लेकर थोड़ा परेशान रह रहे थे। (विराट के पापा क्रिमिनिल लॉ प्रैक्टिस करते थे और वो अपना बिज़नेस शुरू करने की सोच रहे थे।) वो जिस तनाव से गुज़र रहे थे, उसी की वजह से उन्हें दिल का दौरा पड़ा और उनके शरीर के लेफ़्ट हिस्से को लकवा मार गया। उन्होंने जीवन भर सब कुछ अपने दम पर ही किया, इसलिए उन दिनों में हर काम के लिए दूसरों पर आश्रित रहने ने उनपर काफ़ी ज़्यादा दबाव डाल दिया था शायद। जब रात के तीन बजे उन्हें अटैक पड़ा, वो काफ़ी परेशान थे। मेरी माँ को लगा था कि कुछ गड़बड़ तो है लेकिन हमारे पास इतने साधन नहीं थे कि हम उन्हें बचा पाते और उनकी तुरन्त ही मौत हो गयी। मैं 18 साल का था और मेरा दिमाग़ अचानक से खाली हो गया। मुझे कुछ भी समझ में नहीं आ रहा था। सभी रिश्तेदारों को बता दिया गया था और पूरा घर एक अजीब सन्नाटे से भर गया था।

सुबह, लगभग 6 बजे के आसपास मुझे याद आया कि मुझे बैटिंग करने जाना है। मुझे फ़ैसला करना था। मैंने अपने कोच राजकुमार शर्मा को फ़ोन किया। वो उस वक़्त ऑस्ट्रेलिया में थे। मैंने उन्हें सब कुछ बताया। उन्होंने मुझसे पूछा कि मैं क्या करना चाहता हूँ। मैंने उन्हें बताया कि मेरा न खेलना मुझे सही नहीं लग रहा क्योंकि मेरे पापा भी चाहते थे कि मैं खेलूँ। तो मैं खेलने गया। मैं बदहवासी की हालत में ख़ुद गाड़ी चलाकर फ़िरोज़ शाह कोटला के मैदान में पहुँचा। मुझे याद है कि मैंने अपने टीम–मेट इशान्त शर्मा को सब कुछ बताया। इशान्त और मैं एक साथ ग्राउण्ड आते थे। उसे विश्वास ही नहीं हुआ। जब मैं पहुँचा तो मैंने किसी से कोई बात नहीं की। मैं जितना हो सकता था, नॉर्मल रहना चाहता था। इशान्त ने टीम के बाक़ी लोगों को सब कुछ बता दिया। सब कुछ ठीक था लेकिन जब सभी टीम–मेट्स मेरे पास आकर दुःख ज़ाहिर करने लगे और मुझे हौसला देने लगे तो मैं फूट कर रो पड़ा। ये वो समय था जब मुझे अहसास हुआ था कि असल में हुआ क्या–मेरे पापा चले गये थे। सीनियर प्लेयर्स ने मुझे समझाया कि मुझे जाकर बैटिंग करने की कोई ज़रूरत नहीं थी लेकिन मैंने मना कर दिया। मुझे बैटिंग करने जाना था क्योंकि मुझे वो करना था जिसकी ज़िम्मेदारी मेरे ऊपर थी। मैंने बैटिंग की। 90 रन बनाये और मुझे अम्पायर के एक ख़राब फ़ैसले के चलते आउट दे दिया गया। मुझे विकेट्स के पीछे कैच आउट दे दिया गया जबकि गेंद मेरे बल्ले पर लगी भी नहीं थी। मैं थोड़ा निराश हुआ था लेकिन विकेटकीपर पुनीत बिष्ट के साथ हमने 150 रन की एक पार्टनरशिप बनायी थी जिससे हमारा फ़ॉलो ऑन बच गया था। पुनीत ने 150 रन बनाये लेकिन पूरी इनिंग्स के दौरान मैंने उससे कोई बातचीत नहीं की। मेरा सारा ध्यान टीम को बचाने और रन बनाने पर था। और कुछ मायने नहीं रखता था। मैदान से मैं सीधा अपने पापा के अन्तिम संस्कार के लिए गया।

मैंने अपनी माँ को बताया ही नहीं था कि मैं मैच खेलने के लिए जा रहा हूँ। मेरे बड़े भाई ने बहुत वक़्त के बाद उन्हें बताया। मुझे लगता है कि घर पर सभी काफ़ी शॉक में थे और उन्हें इस बात का अहसास ही नहीं हो रहा था कि उनके आसपास क्या चल रहा था। हम सभी परेशान थे। अगर आप आज मुझसे पूछें तो मुझे नहीं लगता कि अब मैं फिर से

वैसा ही कर पाऊँगा जहाँ मैं पापा की मौत के अगले दिन मैच खेलने के लिए चला जाऊँ। लेकिन उस दिन मुझे यही ठीक लग रहा था।''

विराट ने ये पूरी कहानी बिना बहुत ज़्यादा इमोशनल हुए बतायी। उसकी ये हिम्मत ही उसकी पहचान है। शोक के समय में भी उसने खेल के मैदान में हिम्मत दिखायी। अपने खेल को ही उसने अपनी ढाल बनायी।

उसकी टीम वालों को वो दिन बहुत अच्छे से याद है। ''वो मेरा अच्छा दोस्त था। मैं उसके साथ कार में बैठा था और मुझे समझ में ही नहीं आ रहा था कि मैं उससे क्या कहूँ। लेकिन वो मैच खेलने के लिए पूरी तरह से तैयार था,'' इशान्त शर्मा ने बताया। उस मैच में दिल्ली के कप्तान मिथुन मन्हास ने बताया कि उन्हें आँसुओं से लाल आँखों के साथ ड्रेसिंग रूम में बैठा विराट कोहली एकदम अच्छे से याद है। ''मैं उसके पास गया और मैंने उससे पूछा कि क्या हुआ। उसने धीरे–से बताया कि उसके पापा की मौत हो गयी थी। मुझे पहले तो समझ में नहीं आया कि मैं उससे कहूँ तो क्या कहूँ। लेकिन फिर बाद में मैंने उससे कहा कि उसे बैटिंग करने की ज़रूरत नहीं है। वो घर जा सकता है। उसने ज़ोर देकर कहा कि वो खेलेगा। मैं भौचक्का रह गया था।'' पूर्व भारतीय खिलाड़ी आकाश चोपड़ा भी उस गेम में खेल रहे थे। वो कहते हैं कि पूरी टीम विराट की बहादुरी देखकर हिल गयी थी। ''तुमने अभी–अभी अपने पिता को खोया है। तुम सिर्फ़ 18 साल के हो और तुमने अभी भी अपना फोकस क्रिकेट पे बनाये रखा है। ऐसे इनसान से कोई क्या कह सकता है?''

विराट के कोच राजकुमार शर्मा के पास भी उस वाकये की यादें हैं। ''जब विराट ने मुझे फ़ोन किया और सारी बात बतायी और मुझसे पूछा कि वो क्या करे तो मेरे पास कोई जवाब नहीं था। मैं उसके पापा को जानता था तो ज़ाहिर सी बात है कि मुझे झटका लगा था। मैंने उसे 10 मिनट बाद फ़ोन लगाया और कहा कि अगर वो जाकर खेलना चाहता है तो ये एक अच्छा फ़ैसला था,'' कोच शर्मा बताते हैं। युवा विराट के लिए पिता समान कोच बताते हैं कि विराट ने उस दिन उन्हें लंच ब्रेक में दोबारा फ़ोन किया था और फ़ोन पर ही वो ख़ूब रोया। ''उसने सबसे पहली चीज़ जो मुझसे कही वो थी, 'सर, मुझे ग़लत आउट दे दिया जबकि मैं अपनी सेंचुरी से सिर्फ़ 10 रन दूर था।' वो क्रिकेट से इतना प्यार करता था।''

विराट अब गुरुग्राम की हाई सोसायटी में बने एक घर में रहता है। उस घर के मुख्य दरवाज़े से आप जैसे ही अन्दर आयें, विराट के पापा की एक बड़ी–सी तस्वीर लगी दिखती है। ''मैं हमेशा ये सोचता हूँ कि काश मेरे पापा मेरे आसपास होते और मेरी सफलता देख पाते। लेकिन मुझे उनकी मौजूदगी का अहसास हमेशा होता है। वो मुझे सपोर्ट करने के लिए हमेशा मौजूद हैं। मैं जब भी कुछ हासिल करता हूँ, मैं आसपास होने के लिए उनका धन्यवाद अदा करता हूँ,'' विराट कहते हैं। प्रेम कोहली, जिनके लिए उनके बेटे का क्रिकेटर बनने का ख़्वाब एक पर्सनल मिशन बन चुका था, अक्सर अपने बेटे को स्कूटर पर बिठाकर मैच के लिए ले जाते थे। फ़ोटो एल्बम में एक प्यारी सी तस्वीर दिखती है। एक बच्चा अपने पापा के कन्धे पकड़े लगभग उनपर चढ़ा हुआ है। उसके चेहरे पर शरारत से भरी मुस्कान है। प्रेम कोहली ने उस तस्वीर में अभी भी हेलमेट पहन रखा है। वो शायद अभी–अभी घर से वापस आये होंगे। तस्वीर में उनके चेहरे पर मौजूद चमक साफ़ पता चलती है। विराट

के बड़े भाई कहते हैं, ''आपको पता है एक दिन पापा अस्पताल में एडमिट थे और टीवी पर क्रिकेट मैच देख रहे थे। वो अचानक से हमारी ओर मुड़े और कहने लगे देख लेना एक दिन मेरा बेटा भी इण्डिया के लिए खेलेगा और बहुत बड़ा प्लेयर बनेगा।'' प्रेम कोहली का छोटा बेटा आज दुनिया का क्रिकेट सुपरस्टार और बेशक वो दुनिया का सबसे बेहतरीन बल्लेबाज़ है।

ये एक यात्रा थी जो दिसम्बर की ठण्डी रात में शोक की एक लहर के साथ शुरू हुई थी। वो रात जो विराट कभी भी नहीं भूल सकेगा। उस रात ने विराट को अपने पापा के सपने को पूरा करने के लिए और मज़बूती दी। कई बार जब वो विकेट्स पर गार्ड ले रहा होता है वो किसी और के सपने को भी गार्ड कर रहा होता है। उसे अपने कान में एक आवाज़ सुनायी देती है, अपने कन्धे पर एक थपकी मालूम देती है, उसके पापा की आवाज़ गूँजती है, ''मेरा बेटा इण्डिया के लिए खेल रहा है।''

वेस्ट दिल्ली कभी देश की राजधानी का एक कोना हुआ करती थी। ये वो इलाका था जहाँ बँटवारे के वक़्त आये पंजाबी शरणार्थी बस गये थे। दिल्ली मेट्रो के विस्तार और फ्लाइओवर्स के जाल ने क्रान्तिकारी रूप से दूरियों को कम किया है। वेस्ट दिल्ली की मिडल क्लास कॉलोनी अब भी उतनी ही घनी हैं लेकिन सड़क किनारे चलने वाले व्यापार की जगह अब बड़े–बड़े शॉपिंग मॉल ने ले ली है।

''यहाँ सफल होने की भूख ने एक ऐसा सिस्टम बनाया है जो तेज़ी से आगे की ओर ही बढ़ता जा रहा है। हम कभी दिल्ली के अभिजात वर्ग के ग़रीब भाई समझे जाते थे, आज हम सभी को राह दिखा रहे हैं। ख़ासकर क्रिकेट में।'' ये कहना था देश के वित्तमन्त्री और क्रिकेट प्रेमी अरुण जेटली का जो 13 साल तक दिल्ली क्रिकेट एसोसिएशन के अध्यक्ष रहे और वेस्ट दिल्ली में ही पले–बढ़े।

एक रोल मॉडल मिल जाने के कारण और काम करने के तगड़े तौर–तरीक़ों की वजह से वेस्ट दिल्ली धीरे–धीरे राजधानी में क्रिकेट का गढ़ बन गया है। दिल्ली से खेलने वाले वो खिलाड़ी जो इण्डिया के लिए खेले, उनमें से ज़्यादातर वेस्ट दिल्ली से ही आते हैं। सहवाग, आशीष नेहरा, इशान्त शर्मा, शिखर धवन, आकाश चोपड़ा, गौतम गम्भीर और विराट, ये सभी उस क्रिकेट कल्चर से आते हैं जो शायद मुम्बई के दादर यूनियन–शिवाजी पार्क के 60 के दशक के दबदबे को चैलेन्ज कर सके।

चोपड़ा इसे पंजाबी आक्रामकता की जीत कहते हैं। ''मुझे लगता है कि जैसे–जैसे इण्डियन क्रिकेट आगे बढ़ा, साथ ही और भी ज़्यादा आक्रामक हुआ, हमारे पंजाबी स्वभाव के हिसाब से चलता चला गया।'' गौतम गम्भीर ऐसे ही इलाके के एक धनी परिवार से आते हैं। नामचीन मॉडर्न स्कूल से पढ़े हुए हैं। वो कहते हैं कि उनका बचपन नाना से बँटवारे की भयावह कहानियाँ सुनते हुए बीता। इन कहानियों ने गम्भीर को प्रभावित किया। ''मेरे परिवार को पाकिस्तान से भाग कर यहाँ आना पड़ा। जो कहानियाँ मैंने बचपन में सुनीं उन्होंने मुझे लड़ने के लिए मज़बूत बनाया जो कि एक खिलाड़ी के लिए बहुत ज़रूरी होता है।''

गम्भीर के ओपेनिंग जोड़ीदार सहवाग कहते हैं कि जाट बाहुल्य नजफ़गढ़ इलाके में

पले–बढ़े होने की वजह से वो बचपन से ही दिमाग़ी तौर पर काफ़ी कठोर हो गये थे। नजफ़गढ़ वेस्ट दिल्ली और हरयाणा के बॉर्डर पर पड़ता है। "हमारा इलाका गैंग वॉर और लड़ाइयों के लिए जाना जाता था। यहाँ तक कि मैंने अपने घर के सामने दो बिज़नेसमेन का क़त्ल होते हुए देखा है। एक बार आप मर्डर देख लो फिर फ़ास्ट बॉलर से कौन डरता है?" सहवाग कहते हैं। अपने आसपास क्रिकेट के संसाधनों की कमी के चलते सहवाग को हर दिन लगभग 2 घण्टे सफ़र कर के वेस्ट दिल्ली की एक और कॉलोनी में क्रिकेट खेलने के लिए पहुँचना पड़ता था। वो याद करते हुए बताते हैं, "मैं सुबह 5 बजे उठकर 7 बजे स्कूल पहुँचता था। फिर 1 बजे जब स्कूल ख़त्म होता था तो 1 घण्टा मैं स्कूल में ही सोता था। फिर मैं अपने स्कूल के क्रिकेट ग्राउण्ड पहुँचता था जहाँ मैटिंग बिछाता था और पिच पर पानी डालता था। फिर 3 से 6 तक प्रैक्टिस करता था और घर 8.30 तक पहुँचता था। घर पहुँचकर तुरन्त ही सो जाता था।" आज नजफ़गढ़ में 10 क्रिकेट एकेडमी हैं जहाँ छोटे बच्चे अपने हीरो की तरह बनने के सपने को पूरा करने की कोशिश में लगे हुए हैं। वो नजफ़गढ़ के नये नवाब बनना चाहते हैं। हालाँकि 1980 के दशक में वहाँ एक भी ढंग का मैदान नहीं था इसलिए सहवाग का शुरुआती वक़्त पथरीली सड़क पर टेनिस बॉल के साथ क्रिकेट खेलते बीता।

दिल्ली के पास रमाकान्त आचरेकर के लिए एक जवाब था–उस्ताद तारक सिन्हा का 1969 में शुरू किया गया सॉनेट क्रिकेट क्लब। तारक सिन्हा आचरेकर की ही तरह ये दावा कर सकते थे कि उन्होंने एक पूरी इण्डियन टीम को कोच किया है। इस क्लब को दिल्ली के ग़ैर एलीट युवा जमात के लिए क्रिकेट में और भी ज़्यादा सम्भावनाएँ बनाने के लिए अस्तित्व में लाया गया था।

इण्डिया के लिए खेलने वाले फ़ास्ट बॉलर अतुल वासन याद करते हैं कि कैसे बिना अपने ख़ुद के क्रिकेट मैदान वाले सॉनेट क्लब के लड़के गुज़र करते थे। उनके पास विकेट नहीं था इसलिए वो मैटिंग का इस्तेमाल करते थे। अक्सर मैटिंग को एक लड़का अपनी साइकिल पर लेकर चल रहा होता था। "हम मुश्किल हालातों में बड़े हुए। इसने हमें और भी मज़बूत बना दिया था और हम सफल होने के लिए और ज़्यादा आतुर थे। हम लड़ाई के लिए तैयार किये गये पंजाबी लड़के थे जो हमेशा नेशनल स्टेडियम से आने वाले एनआईए के एलीट बच्चों को हराना चाहते थे। हम मज़ाक़ में कहते थे कि उनकी कारें और हमारा दिल बड़ा है," वासन कहते हैं।

1980 के दशक के बीच तक दिल्ली की टीम में 9 खिलाड़ी सॉनेट क्लब से आये थे। इनमें राजकुमार शर्मा का नाम भी शामिल था। राजकुमार एक ऑफ़–स्पिनर थे जिन्होंने 6 सालों में दिल्ली के लिए मात्र दर्जन भर मैच ही खेले। इन मैचों में एक मैच इमरान खान की पाकिस्तानी टीम के ख़िलाफ़ साल 1987 में खेला गया था। उस मैच को याद करते हुए राजकुमार शर्मा कहते हैं, "मुझे सलीम ईलाही ने लगातार छक्के मारे थे।" शर्मा ने 200 बच्चों के साथ सेवियर कॉन्वेंट स्कूल क्रिकेट ग्राउण्ड में मई 1998 में वेस्ट दिल्ली क्रिकेट एकेडमी शुरू की। विराट उस एकेडमी में आने वाले शुरुआती बच्चों में से एक था। उस वक़्त विराट साढ़े नौ साल का था। राजकुमार शर्मा को अभी भी सब कुछ वैसा ही याद

है, "मुझे याद है एक सुबह इसके पापा इसे और इसके भाई विकास को स्कूटर से लेकर आये थे और बड़े प्यार से मुझसे बोले, 'इसे क्रिकेट खेलना बहुत पसन्द है। प्लीज़ इसका ख़याल रखियेगा।' "

इस वक़्त तक विराट का क्रिकेट पश्चिम विहार इलाके में एक मिडल–क्लास कॉलोनी में अपनी से बड़ी उम्र के लड़कों के साथ ही सीमित था। "मैं टीवी पर सचिन को खेलते देखता था और उनके कुछ शॉट्स को कॉपी करने की कोशिश करता था। मेरी कॉलोनी के दोस्त मुझसे उतने इम्प्रेस हो गये थे कि वो मुझसे कहते थे कि मुझे एक ऐसी जगह जाना चाहिए जहाँ मुझे और सीखने को मिले। वो मैं अपने पापा के पास गया और उनसे कहा कि मुझे खेलना था। तभी पापा मुझे शर्मा सर के पास ले गये," कोहली याद करते हुए कहते हैं।

200 रुपये प्रति महीने की रजिस्ट्रेशन फ़ीस देकर विराट कोहली वेस्ट दिल्ली क्रिकेट एकेडमी के मेम्बर बन गये। कोच साहब कहते हैं, "जब मैंने पहले दिन इसे खेलते देखा, मैं समझ गया था कि इसमें कुछ स्पेशल है। मुझे सबसे पहले जो बात दिखायी दी वो थी इसकी ताकत और इसके शरीर की हरकत। मुझे याद है एक बार हम कोई प्रैक्टिस मैच खेल रहे थे और विराट थर्ड मैन पर फ़ील्डिंग कर रहा था। वो 10 या 11 साल का ही रहा होगा। उस वक़्त वो हल्का सा मोटा हुआ करता था। लेकिन 75 यार्ड्स से उसने एक सपाट थ्रो फेंका और बैट्समैन को रन–आउट कर दिया।"

शर्मा को विराट की एक और क्वालिटी ख़ासी अच्छी लगी–उसकी निडरता। "वो मात्र 11 साल का था और अण्डर–12 नेट्स में बैटिंग करता था। लेकिन वो बार–बार 'बड़े और तेज़' बॉलर्स को अण्डर–15 नेट्स में खेलने के लिए कहता रहता था। वो उनके सामने टिका रहा और आराम से बैटिंग की। एक बार उसे हाथ पर चोट लग गयी तो उसकी माँ मेरे पास आयीं और मुझसे बोलीं, 'प्लीज़ इसे अभी बड़े बच्चों के साथ मत खेलने दीजिए,' " शर्मा याद करते हुए कहते हैं।

ऐसा कतई नहीं होने वाला था कि एक छोटी–सी चोट विराट कोहली के क्रिकेट के प्रति अगाध प्रेम को रोकने वाली थी, ख़ासकर बैटिंग के लिए। एकेडमी गुरुवार से इतवार तक चलती थी और मैच साल भर खेले जाते थे। "मैं विराट को हर हफ़्ते 3 से 4 मैच खिलाता था। ज़्यादातर 40 ओवर के गेम होते थे। इसके बाद हम नेट्स में वापस प्रैक्टिस करने आते थे। मुझे हमेशा ये देखकर हैरानी होती थी कि विराट अपने खेल के साथ कितना ज़्यादा जुड़ा रहता था। यहाँ तक कि मैं उसे चौथे नम्बर पर बैटिंग करने के लिए भेजता था तो भी वो शुरुआत से ही पैड पहने बैठा रहता था। जब वो बैटिंग करने जाता था, वो कभी भी आउट नहीं होना चाहता था। वो अक्सर ओवर की आख़िरी गेंद अपर सिंगल लेता था जिससे उसे अगले ओवर की पहली गेंद खेलने को मिले। वो इनिंग्स को अपने कण्ट्रोल में रखना चाहता था। और जब वो बैटिंग नहीं कर रहा होता था, वो बॉलिंग करना चाहता था या फिर कैच लेना चाहता था। वो खाली नहीं बैठता था। उसमें इतनी सारी ऊर्जा भरी हुई थी," शर्मा बताते हैं।

विराट कोहली इसी बारे में कहते हैं, "हमारा क्लब उस वक़्त इतना बड़ा क्लब नहीं था। उसमें इतने बड़े प्लेयर्स नहीं थे जैसे दिल्ली के बड़े–बड़े क्लब्स में होते थे। इसलिए

मुझे ऐसा लगता था कि मुझे हर मैच में ज़्यादा से ज़्यादा रन बनाने चाहिए जिससे मैं भी पहचाना जाऊँ और मेरी टीम जीते। इससे ये हुआ कि मुझे इतनी कम उम्र में भी इतनी सारी मैच प्रैक्टिस मिली और साथ ही मेरी पूरी टीम मुझपर डिपेंड करने लगी तो मुझे शुरुआत से ही अपने दिमाग़ को मैच जिताने के लिए लगाना पड़ा। इससे मैं दबाव झेलने लगा और प्रेशर की स्थिति में भी मैं शान्त रहने लगा।''

सचिन के साथ कोहली की कितनी ही समानता हैं। बहुत ही छोटी उम्र से खेल के प्रति जुनून। एक ऐसा कोच जिसने बाप की तरह उसे पाला और साथ ही शान्त और जुड़ा हुआ मिडल–क्लास परिवार। और अगर आचरेकर कभी सचिन को गड़बड़ी करने पर थप्पड़ मारने से नहीं झिझके तो शर्मा जी ने भी कोई कसर नहीं छोड़ी। ''हाँ, जब भी मुझे लगा है उसने कोई गड़बड़ी की है, मैंने उसे मारा है। जब उसने कोई ख़राब शॉट खेला या फिर 60–70 रन बनाये जिसकी वजह से उसकी टीम हार गयी। लेकिन इसने कभी भी हमारे बीच के रिश्ते पर कोई असर नहीं डाला। वो मेरे बेटे जैसा ही था।'' कोहली के कोच राजकुमार शर्मा भी रमाकान्त आचरेकर की ही तरह सुबह कुछ देर के लिए बैंक जाते हैं और फिर मैदान में जाकर नये लड़कों को क्रिकेट सिखाते हैं। इस काम से उन्हें सबसे ज़्यादा प्यार है।

गुरु–शिष्य के इस समीकरण ने जल्द ही फलीभूत होना शुरू कर दिया। 14 साल की ही उम्र में विराट ने दिल्ली की ए–डिवीज़न लीग में खेलना शुरू कर दिया जहाँ उसकी दोगुनी उम्र के लोग खेल रहे थे। लेकिन अभी भी वो दिल्ली की अण्डर–14 टीम के लिए नहीं चुना गया था। कोहली को जब ये ख़बर मिली तो वो ख़ूब रोया। ''हाँ मैं इसलिए रोया था क्योंकि मुझे मालूम था कि मैं इतना तो अच्छा खेलता ही था कि उस टीम का हिस्सा बन सकता था। लेकिन इसने मुझे मज़बूत भी बनाया क्योंकि मुझे मालूम था कि मुझे अब और भी ज़्यादा रन बनाने होंगे और अपनी छप छोड़नी होगी,'' विराट कहते हैं। बहुत वक़्त तक दिल्ली के क्रिकेट ने दिल्ली में चलने वाली काँइयाँपन से भरी राजनीति की तस्वीर दिखायी है। मसलन सहवाग को ट्रायल्स के दौरान मात्र 4–4 गेंदें खिलाकर दो बार दिल्ली की अण्डर–19 टीम में मौक़ा नहीं दिया गया। सहवाग उसे याद करते हुए कहते हैं, ''मुझे याद है कि मैंने उनमें से 2 गेंदों पर छक्का मारा था लेकिन चूँकि मेरा कोई गॉडफादर नहीं था इसलिए मुझे नहीं चुना गया।'' आकाश चोपड़ा को इसलिए दिल्ली के कप्तान के पद से हटा दिया गया था क्योंकि उन्होंने एक बड़े अधिकारी के बेटे को टीम में रखने से इनकार कर दिया था। वो बताते हैं, ''जब मैंने दिल्ली के लिए अपना पहला गेम खेला था तो मैं जब बैटिंग करने के लिए बस जा ही रहा था, मुझसे एक अधिकारी ने कहा था कि वो मेरा आख़िरी मैच भी हो सकता था। लेकिन सिस्टम में इतनी खामियाँ होने के बावजूद दिल्ली का क्रिकेट ख़ूब फला–फूला है।''

लेकिन विराट का टैलेण्ट बहुत दिनों तक छुपा नहीं था। अण्डर–15 नेशनल टूर्नामेण्ट में खेलते हुए उसने डबल सेंचुरी मारी। इसी के साथ जूनियर क्रिकेट में लगातार कई बड़े स्कोर बनाने की वजह से उसे अपने जन्मदिन के कुछ ही दिनों बाद नवम्बर 2006 में दिल्ली रणजी टीम के लिए चुन लिया गया। विराट बताते हैं, ''मैं पहले ही दिन से एकदम क्लियर था। मैं दिल्ली के लिए 1 या 2 गेम ही नहीं खेलना चाहता था। मैं इण्डिया का सबसे अच्छा

बैट्समैन बनना चाहता था और जितना अच्छा बन सकता हूँ, बनना चाहता था।'' कोच शर्मा भी ऐसा ही कुछ कहते हैं, ''विराट की सबसे बड़ी ताकत उसका ख़ुद में विश्वास है। उसे किसी भी चीज़ से डर नहीं लगता है। वो हमेशा मैदान पर आक्रामक रहता है। आज भी जब वो मेरे कैम्प के और लड़कों के साथ फुटबॉल या वॉलीबॉल का कोई गेम खेल रहा होता है तो हमेशा जीतना चाहता है।'' इशान्त शर्मा, जिसके साथ विराट बड़ा हुआ है, का कहना है, ''जैसा कि हमारे वेस्ट दिल्ली में बोलते हैं—बन्दे में दम है!''

क्रिकेट में आगे बढ़ने के लिए टाइमिंग ने बहुत अहम रोल निभाया है। अप्रैल 2008 में विराट के नेतृत्व में अण्डर–19 वर्ल्ड कप जीतने के कुछ दिनों बाद ही आईपीएल शुरू हो गया। कुआलालंपुर में हुआ अण्डर–19 फाइनल मैच टीवी पर लाइव दिखाया जा रहा था। अचानक क्रिकेट की अगली पीढ़ी सभी के सामने आ गयी थी। आईपीएल के मुखिया ललित मोदी ने कभी भी कोई भी मार्केटिंग के मौक़े को हाथ से जाने नहीं दिया था, तुरन्त ही जूनियर वर्ल्ड कप जीतने वाले खिलाड़ियों के लिए एक स्पेशल ड्राफ्ट के तहत नीलामी की सुविधा उपलब्ध करवाई। सभी आठ आईपीएल फ्रेंचाइज़ी के पास 2 जूनियर प्लेयर को चुनने का मौक़ा था। हर प्लेयर को 30 हज़ार डॉलर (उस वक़्त के 15 लाख रुपये) मिलने थे। ''मैं बताना चाहता था कि आईपीएल सिर्फ़ बड़े इण्डियन प्लेयर्स और इण्टरनेशनल प्लेयर्स के लिए ही नहीं था बल्कि ये एक ऐसा टूर्नामेण्ट था जिसके लिए नये खिलाड़ी ख़ुद को तैयार कर सकते थे। आईपीएल से पहले कब ऐसा हुआ था जब 19 साल के लड़के मात्र 7 हफ़्ते क्रिकेट खेलने के बदले 15 लाख रुपयों का सपना देख सकते थे?'' ललित मोदी एक सवाल पूछते हैं।

मोदी का ये फ़ैसला विराट कोहली समेत कितने ही नये खिलाड़ियों की ज़िन्दगी बदलने वाला था। अण्डर–19 और स्कूल क्रिकेट ने इस पहले न जाने कितने ही टेस्ट सितारों को जन्म दिया था लेकिन उससे पहले खिलाड़ियों को फ़र्स्ट–क्लास या यूनिवर्सिटी क्रिकेट के तप से होकर गुज़रना पड़ता था। लेकिन यहाँ अचानक ही बच्चों ने ख़ुद को उस स्थिति में पाना शुरू कर दिया जहाँ उन्हें कॉलेज न जाने की कोई ख़ास ज़रूरत नहीं थी क्योंकि क्रिकेट से उन्हें तुरन्त ही पैसे मिलने लगे थे। विराट ने बारहवीं क्लास में पढ़ाई छोड़ दी थी क्योंकि उसे मालूम था कि क्रिकेट उसे अच्छा प्रोफ़ेशनल कॅरियर दे रहा था। विराट कहते हैं, ''हमारे समय में कम्पटीशन काफ़ी ज़्यादा हो गया है। आपको बहुत शुरुआती उम्र से ही अपना नाम बनाना पड़ता है वरना छाप छोड़ने में बहुत वक़्त लगता है। सिर्फ़ मेरे लिए ही नहीं बल्कि कई और खिलाड़ियों के लिए भी अण्डर–19 प्लेयर से इण्डिया खेलने का माद्दा रखने वाले प्लेयर्स में हमारी तब्दीली बहुत जल्दी हुई थी। जैसे युवराज, कैफ़, रोहित शर्मा और पीयूष चावला।''

मज़ेदार बात ये है कि दिल्ली डेयरडेविल्स की फ्रेंचाइज़ी को जूनियर प्लेयर्स में से चुनने का मौक़ा सबसे पहले मिला और उन्होंने प्रदीप सांगवान को चुना न कि विराट कोहली को। अण्डर–19 का कप्तान बेंगलुरु टीम में चुना गया। ये एक ऐसा रिश्ता था जो बहुत वक़्त तक चलने वाला था। विजय माल्या कहते हैं, ''मुझे वो देखते ही पसन्द आ गया था। विजय माल्या रॉयल चैलेंजर्स बेंगलुरु का ओरिजिनल मालिक और भागा हुआ शराब का

व्यापारी है। ''वो मेरे ब्राण्ड के लिए एकदम सटीक था। युवा, महत्त्वाकांक्षी, आक्रामक और असली विजेता।''

सच्चाई तो ये है कि विराट इस बड़ी लीग के पहले सीज़न में फ्लॉप हो गया। 12 इनिंग्स में उसने मात्र 165 रन बनाये जिसमें 38 उसका अधिकतम स्कोर था। क्रिकेट के खेल के महान नामों राहुल द्रविड़, अनिल कुंबले, जैक्स कालिस और डेल स्टेन के साथ ड्रेसिंग रूम शेयर करने वाले विराट को शुरुआती स्टारडम पची नहीं। एक सीनियर आरसीबी अधिकारी बताता है, ''ईमानदारी से कहूँ तो जब मैंने इसे पहले देखा था तो ये बदतमीज और घमण्डी लगा था। ये ऐसे चलता था और बात करता था जैसे इसे ऐसा लगने लगा था कि ये इण्टरनेशनल स्पोर्ट्स में अभी से ही आ गया है।''

एक बार तो कोहली ने सीनियर प्लेयर्स की तरह बिज़नेस क्लास में ट्रैवेल करने के लिए अपना टिकट अपग्रेड करने की माँग कर दी थी। इसके साथ ही उसे होटल में एक बड़ा कमरा चाहिए था। आईपीएल को एक ऐसे लिफ़ाफ़े में पैक करके परोसा गया था जिसपर लिखा हुआ था क्रिकेटेनमेण्ट। यानी क्रिकेट और एण्टरटेन्मेण्ट का मिश्रण। इसमें चियरलीडर्स से लेकर लेट–नाइट पार्टीज़ तक, सब कुछ खेल का हिस्सा था। और इधर विराट को मिडल क्लास दिल्ली के लड़के से इस चकाचौंध भरी दुनिया की रोशनी में ख़ुद को एडजस्ट करने में दिक्कत आ रही थी। इसके साथ ही एक लड़के की शराब को लेकर दीवानगी और मैच के पहले मिलने वाली कम नींद ख़बरों में आने लगीं। कोहली लगभग सरेंडर करते हुए कहते हैं, ''मुझे लगता है शायद मैंने पहले सीज़न में सब कुछ बहुत ही हलके में ले लिया था और इसलिए मैं फेल हुआ।''

अपने घटिया प्रदर्शन के बावजूद विराट को जुलाई 2008 में होने वाले इमर्जिंग प्लेयर्स टूर्नामेण्ट में इण्डिया–ए के लिए चुना गया। पहले कुछ मैचों में कोहली को बेंच पर बिठाए रखा गया। फिर एक गेम में कोहली को ओपेनिंग के लिए भेज दिया गया क्योंकि ये एकमात्र जगह थी जहाँ भेजकर उसे टीम में रखा जा सकता था। न्यूज़ीलैण्ड के ख़िलाफ़ 280 रन का टार्गेट चेज़ करते वक़्त कोहली ने मौक़े पर चौका मारा और 120 रन बनाये। वो कहता है, ''मैंने अपने जीवन में कभी भी उस दिन से पहले ओपेनिंग नहीं की थी लेकिन मैं अपने जीवन के ऐसे मोड़ पर था जहाँ मैं अपनी मर्ज़ी के मुताबिक़ सब कुछ नहीं कर सकता था।''

उस मैच को देखने वालों के बीच दिलीप वेंगसरकर भी थे जो अभी–अभी इण्डिया से आये ही थे। ''असल में उस दिन दिलीप सर थोड़ी देर से पहुँचे थे। वो तब पहुँचे थे जब हमारी बैटिंग शुरू होने ही वाली थी। अगर हम पहले बैटिंग करते तो वो मेरी बैटिंग मिस कर जाते। शायद वो मेरे लिए सही वक़्त पर सही जगह पर मौजूद थे। यही ज़िन्दगी है। आईपीएल में मेरे लिए एक दरवाज़ा बन्द हो गया था और अचानक ही दूसरा खुलता हुआ दिखायी दे रहा था।''

वेंगसरकर विराट की बैटिंग से इतना प्रभावित हुए कि उसे अगस्त 2008 में होने वाली वन–डे सीरीज़ के लिए चुन लिया। ''मुझे जो चीज़ सबसे पहले प्रभावित कर गयी वो थी ऑस्ट्रेलियन पिच पर विराट की शॉर्ट बॉल को खेलने की सहजता। ये हमेशा ही इण्टरनेशनल प्लेयर्स के लिए एक अच्छा संकेत होता है,'' वेंगसरकर ने बताया। उसे टीम में सेलेक्ट करना

आसान नहीं था। कई सेलेक्टर्स उसकी जगह तमिलनाडु के सुब्रमनियम बद्रीनाथ को सेलेक्ट कर रहे थे। लेकिन वेंगसरकर ने सभी पर ज़ोर डाल दिया। "जब बोर्ड के तत्कालीन खज़ांची और तमिलनाडु क्रिकेट के कण्ट्रोलर एन श्रीनिवासन को ये मालूम पड़ा कि मैंने तमिलनाडु के एक प्लेयर को हटाकर विराट कोहली को लिया है, वो आगबबूला हो गये और जाकर बीसीसीआई प्रेसिडेण्ट शरद पवार को शिकायत कर दी। अगले दिन उन्होंने मुझे सेलेक्टर्स के चेयरमैन के पद से हटा दिया। लेकिन अच्छी बात ये है कि वो अब भी मेरे विराट को टीम में लेने के फ़ैसले को बदल नहीं सकते थे," वेंगसरकर कहते हैं।

अण्डर–19 वर्ल्ड कप ट्रॉफ़ी जीतने के 6 महीने के अन्दर ही विराट कोहली इण्टरनेशनल क्रिकेटर बन गया था। तीन साल के कुछ भीतर ही वो वर्ल्ड कप जीतने वाली सीनियर टीम का मेम्बर था। लेकिन फिर भी विराट के इण्डिया के लिए शुरुआती दिन बहुत उतार–चढ़ाव से भरे थे। एक नये लड़के के अन्दर चल रहे तूफ़ान को हर कोई देख सकता था।

विराट की पहली बड़ी सीरीज़ मुम्बई में हुए 26/11 के हमलों की वजह से बीच में ही रुक गयी थी। "मैं पहले पाँच मैचों के लिए रिज़र्व में रखा गया था लेकिन मुझसे कहा गया था कि आख़िरी दो मैचों में मुझे खिलाया जायेगा। लेकिन अचानक ही वो आतंकी हमले हो गये और सीरीज़ उन आख़िरी दो मैचों के ठीक पहले ही बन्द हो गयी। इसलिए मुझे खेलने का मौक़ा ही नहीं मिला। और फिर अचानक ही मुझे टीम से ड्रॉप कर दिया गया और अगले 12 महीनों तक मैं बाहर बैठ के यही सोचा करता था कि मुझे फिर से इण्डिया के लिए खेलने का मौक़ा मिलेगा भी या नहीं," कोहली याद करते हुए बताते हैं।

उस वक़्त का एक सेलेक्टर बताता है कि विराट असल में अपनी ही छवि का क़ैदी बन गया था। "हमें लगातार ये कहानियाँ सुनायी जा रही थीं कि कैसे 2009 आईपीएल के दौरान साउथ अफ़्रीका में विराट कोहली शराब पर शराब पिए जा रहा था। और वो क्रिकेट से ज़्यादा अपनी हेयरस्टाइल और टैटू में दिमाग़ खपा रहा था," ये कहना था उसी सेलेक्टर का। क्रिकेट की कम्पटीशन से भरी दुनिया में फिलहाल तो ऐसा ही लग रहा था कि विराट को मैदान के बाहर की जा रही गड़बड़ियों की सज़ा दी जा रही थी। विराट इन सभी बातों को नकारते हुए कहता है कि उसके बारे में ऐसे लोग बातें कर रहे थे जो उसे जानते तक नहीं थे। विराट 2008–09 के समय को डिप्रेसिंग समय कहते हैं और उसमें विराट ने वही किया था जो उसके पहले कितने ही खिलाड़ी कर चुके थे–घरेलू मैचों में इतने रन बनाओ कि सेलेक्टर्स तुम्हें नज़रअन्दाज़ ही न कर पायें। वो कहता है, "खेल में आप रो–गा नहीं सकते हैं। आप जाइए और अपनी पूरी ताकत लगाकर काम कीजिए और कुछ हासिल कीजिए। अन्त में आप ही ख़ुद की मदद कर सकते हैं।"

विराट के मुश्किल वक़्त में जिन लोगों ने उसे ताकत देते हुए उससे बात की उनमें युवराज सिंह भी थे। युवराज को भी क्रिकेट में अच्छा न कर पाने पर हर बार उनके काफ़ी चमकीले तौर–तरीक़ों और बॉलीवुड लाइफ़स्टाइल के कारण उनकी आलोचना की जाती थी। "मुझे याद है एक बार मैंने विराट को बहुत सीरियसली ये बात बोली थी कि अगर उसे अच्छा क्रिकेटर बनना है तो उसे मुझे कॉपी नहीं करना चाहिए बल्कि सचिन को अपना आदर्श बनाना चाहिए। उसे सचिन की तरह अनुशासन में रहना चाहिए, मेरी तरह लापरवाह नहीं," युवराज बताते हैं।

मज़े की बात ये है कि विराट को अगला बड़ा ब्रेक युवराज की इंजरी की बदौलत मिला। 2009 में साउथ अफ़्रीका में खेली जा रही चैम्पियंस ट्रॉफ़ी के लिए। ''जब मैं बेंगलुरु के कैम्प में प्रैक्टिस कर रहा था, मुझे बताया गया था कि मैं अपना पासपोर्ट और बैग तैयार रखूँ। वहाँ से मैं सीधे साउथ अफ़्रीका पहुँचा, पहुँचते ही एक दिन प्रैक्टिस की और पाकिस्तान के ख़िलाफ़ मैच खेलने लगा जिसमें मैंने मात्र 16 रन बनाये और एक ख़राब शॉट की वजह से आउट हो गया। हम वो मैच हार गये और मैंने स्टैण्ड्स में दोनों देशों के फैन्स को आपस में लड़ते देखा। मैं डिप्रेस हो गया और पूरी रात सो नहीं पाया। मैं एमएस (धोनी) के पास गया और उसे बताया कि मैं एक साल इण्डिया के लिए न खेलने की वजह से प्रेशर में था और अब पाकिस्तान के ख़िलाफ़ इतनी जल्दी आउट हो गया था। उसने मुझे बोला कि मैं परेशान न होऊँ और अपने तरीक़े से गेम खेलूँ। धोनी के सपोर्ट की वजह से मेरे ऊपर से कुछ दबाव तो हटा। अगले मैच में मैंने बिना आउट हुए 18 रन बनाये और वेस्ट इण्डीज़ के ख़िलाफ़ कठिन विकेट पर टिका रहा। थोड़ा अच्छा लग रहा था। मुझे लगता है परेशानी का वो शुरुआती वक़्त मेरे लिए बहुत अच्छा रहा। अभी तक एज–ग्रुप वाला क्रिकेट में मैं सभी पर हावी होकर क्रिकेट खेल रहा था लेकिन यहाँ आने पर मुझे अहसास हो रहा था कि सबसे बड़े लेवल पर क्रिकेट खेलने के क्या मायने होते हैं।''

2011 वर्ल्ड कप शुरू होने में अभी 15 महीने बाक़ी थे। इन दिनों में विराट कोहली ने अपने आप को इण्डियन क्रिकेट के महत्त्वपूर्ण नम्बर तीन बैट्समैन के रूप में स्थापित किया। न केवल कोहली ने सेंचुरी मारीं बल्कि ख़ुद को ऐसे बैट्समैन के रूप में साबित किया जो टीम को जीतने की स्थिति में ले जाता था। स्कोर का पीछा करने के दौरान कोहली और भी बेहतर खेल रहा था। ''मुझे लगता है कि स्कोर का पीछा करने वाले मैचों में मेरी जीतने की भूख और भी बढ़ जाती है। आपके पास एक लक्ष्य होता है। आप उसके बारे में प्लान कर सकते हैं और फिर उस प्लान के हिसाब से अपनी इनिंग्स आगे बढ़ाते हैं और टीम को जितवाते हैं,'' कोहली कहते हैं।

साल 2009 में श्रीलंका के ख़िलाफ़ कोहली की पहली वन–डे सेंचुरी आयी। कोहली ने अपने दिल्ली के सीनियर प्लेयर गौतम गम्भीर के साथ एक बड़ी पार्टनरशिप बनायी। कुछ सालों बाद इन दोनों को आईपीएल के एक मैच के दौरान मैदान पर भिड़ते हुए देखा गया लेकिन उस दिन गम्भीर कोहली की बैटिंग से इतने इम्प्रेस हुए थे कि विराट को अपनी मैन ऑफ़ द मैच ट्रॉफ़ी और चेक दे डाली। गम्भीर उसे याद करते हुए कहते हैं, ''मैं अपने कॅरियर में कई बार ऐसे वक़्त से गुज़रा जहाँ मुझे ख़ुद पर भरोसा नहीं था। मैं कोहली के साथ ऐसा नहीं होने देना चाहता था। वो कोहली को ख़ुद में भरोसा दिलाने का मेरा तरीक़ा था। मैंने उस दिन जो किया, मुझे उस पर गर्व है।''

उस इनिंग्स में उस दिन वो सभी चीज़ें दिखीं, जो आगे चलकर विराट कोहली की पहचान बन जाने वाली थीं। दबाव में होने के बावजूद दिमाग़ को शान्त रखते हुए अपनी इनिंग्स को बढ़ाने वाला बैट्समैन विराट कोहली। वो विकेट्स के बीच में भयानक तेज़ी से दौड़ रहा था, हाथ खोलकर अपने शॉट्स खेल रहा था और मनमर्ज़ी से फ़ील्डर्स के बीच जगह ढूँढ़ रहा था। दबाव सोख लेने की आदत होने के कारण विराट इण्डिया की 2011

वर्ल्ड कप जीत का बड़ा हिस्सा बन गया था। विराट कहते हैं, ''ईमानदारी से कहूँ तो मुझे इतने बड़े स्टेज पर गेम खेलने का कोई दबाव नहीं था क्योंकि उस वक़्त मैं मात्र 21 साल का था। मेरे पास खोने को कुछ नहीं था। मुझे मालूम था कि मेरे पास आगे भी समय होगा और वो मेरा आख़िरी वर्ल्ड कप नहीं था। हाँ, मैं बहुत अच्छा करना चाहता था लेकिन मेरी स्थिति सचिन के बिलकुल उलट थी जिनके पास वर्ल्ड कप जीतने का वो आख़िरी मौक़ा था।''

श्रीलंका के 275 रनों का पीछा करते हुए सचिन के आउट होने के बाद जब वानखेड़े में विराट बैटिंग करने आये तो हमें भविष्य की एक झलक मिलने वाली थी। जब सचिन आउट हुए तो इण्डिया का स्कोर था 20 रन पर 2 विकेट। ''जब मैं बैटिंग करने मैदान में उतर रहा था, मुझे लग रहा था जैसे मैं क़ब्रिस्तान में आ गया था। मैदान में सन्नाटा भरा हुआ था। सचिन पूरे टूर्नामेण्ट में बेहतरीन बैटिंग कर रहे थे लेकिन अब वो आउट हो चुके थे। जब मैं गार्ड ले रहा था, मैं सच में काँप रहा था। लेकिन गम्भीर और मैंने पार्टनरशिप शुरू की और धीरे–धीरे मेरे अन्दर सब ठीक होता गया। हमारी वो पार्टनरशिप जीत की ओर हमारा पहला क़दम था। उस इनिंग्स से मुझे बहुत ताकत मिली। मैं ख़ुद में विश्वास करने लगा कि मैं किसी भी सिचुएशन में बैटिंग कर सकता था,'' उस मैच को याद करते हुए कोहली कहते हैं।

उसके बाद जो हुआ उसने इस 'आवारा लड़के' में परिपक्वता की पहली झलक दिखायी। सचिन को युसूफ़ पठान के साथ मिलकर कन्धे पर लादने के बारे में जब विराट से पूछा गया तो उसने कहा, ''सचिन ने देश के भार को 21 सालों तक अपने कन्धे पर ढोया है। अब वक़्त आ गया था कि हम उन्हें अपने कन्धों पर लेकर घूमें।'' ये बात एक बहुत ही आम तरीक़े से कही गयी थी। यहीं से मालूम चला कि विराट सचिन की विरासत को सँभालने के लिए पूरी तरह से तैयार है। वो अपने हीरो को सम्मान तो दे रहा था लेकिन उसे खेल से बड़ा बताकर उसे पूज नहीं रहा था। अगर वर्ल्ड कप जीतने के लिए धोनी का मारा गया छक्का 2011 की उस जीत की सबसे बड़ी निशानी है तो विराट का वो कथन जीत के समय में किसी भी सीनियर क्रिकेटर के सम्मान में कही गयी सबसे बेहतरीन बात है।

''मैं कहने के लिए कुछ भी तैयार नहीं किया था। उस पूरे टूर्नामेण्ट के दौरान मेरा फ़ोकस सिर्फ़ और सिर्फ़ क्रिकेट पर ही था। मैं अच्छा करना चाहता था। मुझे तो ड्रेसिंग रूम में इतनी सारे इमोशन देखकर इस बात का एहसास हुआ कि मैं किस महान चीज़ का हिस्सा बन चुका था। जब आप सचिन, युवराज, वीरू जैसे सीनियर प्लेयर्स को रोते हुए देखते हो, यहाँ तक कि धोनी को भी जो सभी परिस्थितियों में एकदम शान्त और सौम्य रहते हैं, तो आपको ये मालूम पड़ता है कि इन सभी के लिए इस जीत के क्या मायने थे। मतलब, सचिन इतने सारे सालों से खेल रहे थे और अब जाकर उनका सपना पूरा हुआ था। मुझे लगा कि हम सभी किसी शानदार चीज़ के हिस्सेदार बन चुके थे। ऐसे पल ज़िन्दगी में बस एक ही बार आते हैं।''

इस जीत के एक साल बाद सचिन ने विराट कोहली को एक बेहतरीन तोहफ़ा दिया। मार्च 2012 में एक प्रोग्राम के दौरान सचिन से पूछा गया कि क्या उन्हें लगता है कोई उनके रिकॉर्ड्स तोड़ सकेगा तो उन्होंने कहा, ''जो लोग तोड़ सकते हैं वो इसी कमरे में बैठे हैं।

मुझे लगता है ये नये प्लेयर्स विराट और रोहित ऐसा कर सकते हैं। जब तक एक इण्डियन इन रिकॉर्ड्स को तोड़ता है, मुझे कोई दिक्कत नहीं होगी।''

सचिन ने जो कहा वो उस वक़्त दूर की कौड़ी ज़्यादा मालूम दे रहा था। विराट कहते हैं कि उस वक़्त उन्हें आश्चर्य ज़्यादा हो रहा था लेकिन फिर भी इसे सर पर हावी नहीं होने दिया। ''उन्होंने सिर्फ़ मेरा नाम ही नहीं लिया था। रोहित शर्मा के बारे में भी ऐसा ही कहा था।'' ये सच भी था लेकिन जिस तरह से उनका क्रिकेट कॅरियर बढ़ा है, ये साफ़ हो गया है कि विराट आज की पीढ़ी के सचिन हैं। वो एक क्रिकेटर हैं जिसकी अपनी आभा है और जो खेल का महान बल्लेबाज़ बनने की राह पर चल चुका है। शायद 20 साल की उम्र में अपने हीरो को कन्धे पर रखकर घुमाने वाला क्रिकेटर अपनी आने वाली पीढ़ी के कन्धों पर ऐसे ही दिखेगा।

भारतीय बल्लेबाज़ी को टेस्ट क्रिकेट की बल्लेबाज़ी हमेशा से परिभाषित करती हुई आयी है। शुरुआती दौर के महान हिन्दुस्तानी बल्लेबाज़ रक्षात्मक बल्लेबाज़ी के लिए जाने जाते थे। विजय मर्चेण्ट और विजय हज़ारे वो ख़ास नाम थे जिन्होंने भारतीय बल्लेबाज़ी के भविष्य को राह दिखायी। वो कई घण्टों तक बैटिंग करते थे और परम्परागत तरीक़े से अपने सामने के 'वी' में खेलते थे। उनके विकेट की ख़ासी कीमत हुआ करती थी और वो शायद ही कभी गेंद को हवा में मारते थे। सुनील गावस्कर वो बल्लेबाज़ बनकर उभरे जो सारी तकनीकों में माहिर थे। वो ऐसे बल्लेबाज़ थे जिनपर आप उस वक़्त भरोसा कर सकते थे जब आपकी जान दाँव पर लगी हुई हो। सचिन तेंदुलकर अपनी पिछली जमात से काफ़ी ज़्यादा आक्रामक रुख रखते थे लेकिन उन्हें भी मुम्बई क्रिकेट की उस भट्ठी में तपाया गया था जहाँ विपक्षी को धूल चटा देना एक खिलाड़ी का अन्तिम लक्ष्य होता था। वहाँ भी पाँच दिनों तक खेले जाने वाले टेस्ट मैच को ही कसौटी माना गया था और गावस्कर की 34 सेंचुरी को क्रिकेट के खेल का अन्तिम पड़ाव।

इन सभी से इतर, विराट कोहली नये, बदले हुए क्रिकेट का फल है जहाँ टेस्ट क्रिकेट को कम ओवर वाले क्रिकेट से कड़ा कम्पटीशन मिल रहा है। अपने वक़्त के कई क्रिकेटर्स की तरह कोहली ने भी पहले लिमिटेड–ओवर्स क्रिकेट में अपनी पहचान बनायी और फिर टेस्ट क्रिकेट में आगाज़ किया। वेस्ट इण्डीज़ के ख़िलाफ़ जुलाई 2011 में पहला टेस्ट मैच खेलने से पहले विराट 59 वन–डे मैच खेल चुके थे और पाँच सेंचुरी मार चुके थे। वो वर्ल्ड कप जीतने वाला खिलाड़ी था लेकिन उसे अहसास हुआ कि आने वाले वक़्त में उसे उसकी टेस्ट मैचों में मिली कामयाबी के दम पर ही आँका जायेगा। ''मेरा मकसद हर तरह के क्रिकेट में कड़ी मेहनत करना और सामने वाले को कड़ा कम्पटीशन देना है। लेकिन मुझे ये भी मालूम है कि अगर सही मायने में मेरी इण्डियन क्रिकेटर के तौर पर तभी पहचान बनेगी जब मैं टेस्ट में अच्छा प्रदर्शन करूँगा,'' कोहली का ऐसा मानना है।

ये सब कुछ कहना आसान था। जब विराट ने टेस्ट क्रिकेट की दुनिया में क़दम रखा तो इण्डियन मिडिल ऑर्डर टैलेण्ट से भरा पड़ा था। द्रविड़, तेंदुलकर और लक्ष्मण की त्रिमूर्ति तो थी ही जबकि रोहित शर्मा और सुरेश रैना भी जगह बनाने को आतुर थे।

विराट की खेलने की तकनीक पर सभी की नज़र जमी हुई थी। कोहली की बल्ले को कड़े निचले हाथ से पकड़ने की आदत और गेंद को आड़े बल्ले से विकेट के स्क्वायर से मारने की वजह से क्रिकेट के पण्डित उसके टेस्ट में सफल होने को लेकर सवाल उठाते रहते थे। के श्रीकान्त, जो कि सेलेक्टर्स के पूर्व चेयरमैन भी रह चुके हैं, कहते हैं, "सच कहूँ तो जब मैंने विराट को पहली बार खेलते हुए देखा था तो मुझे लगा था कि ये टेस्ट का नहीं बल्कि वन–डे का खिलाड़ी है।"

आकाश चोपड़ा इस बारे में एक मज़ेदार बात बताते हैं। वो विराट के कॅरियर के ग्राफ को युवराज के साथ तौलते हैं। विराट की ही तरह युवराज भी पहले वन–डे स्पेशलिस्ट के तौर पर सीमित कर दिये गये थे। लेकिन विराट के उलट युवराज कभी भी टेस्ट में अपनी जगह ठोस तरीक़े से नहीं बना पाये। आकाश बताते हैं, "युवराज गेंद को इतने नेचुरल तरीक़े से मारता था कि वो वन–डे और टेस्ट को एक ही तरह से खेलता था। विराट को रन बनाने के लिए पारम्परिक तरीक़ों का सहारा लेना पड़ा जिसकी वजह से वो टेस्ट में सफल हुआ।"

2014 में हुआ इंग्लैण्ड का दौरा शायद सब कुछ बदल के रख देने वाला मौक़ा था। विराट उस मैच में वो शै बन के गया जो आगे चलकर इण्डियन क्रिकेट में बहुत बड़ी बनने वाली थी। वो सचिन के उत्तराधिकारी की हैसियत से गया था। लेकिन जब सीरीज़ ख़त्म हुई तो उसके टेस्ट में भविष्य पर सवाल उठ रहे थे। पाँच टेस्ट और दस इनिंग्स में कोहली ने सिर्फ़ 134 रन बनाये थे। उनका ऐवरेज 13.4 का था। इंग्लैण्ड की सीमिंग कण्डीशन में हवा में तैरती गेंदों ने विराट की एक बहुत बड़ी कमी को उजागर कर दिया था। हर कोई जानने लगा था कि ऑफ़ स्टम्प के बाहर की गेंद पर वो भारी हाथों के साथ जाते हैं। जिमी एण्डरसन को कोहली को गेंद फेंकना रास आ रहा था। कोहली बताते हैं, "मैं उस पूरी सीरीज़ के दौरान ख़ुद पर ख़ूब सारा शक कर रहा था। मुझे लगता है कि मेरे दिमाग़ में ये बस गया था कि मैं अब रन बना ही नहीं पाऊँगा।"

लेकिन जब ये सीरीज़ ख़त्म हुई, विराट बताते हैं कि उनमें एक स्विच दब गया। विपरीत परिस्थिति आने पर एक बार फिर विराट में ख़ुद को बेहतर करने की चाह जागी। रवि शास्त्री ने बस अभी–अभी टीम डायरेक्टर के तौर पर कुर्सी पकड़ी थी। उन्होंने कोहली को क्रीज़ के बाहर खड़े होकर गेंद को स्विंग होने का मौक़ा ही न देने की तकनीकी सलाह दी। "रवि शास्त्री ने मुझे क्रीज़ से बाहर खड़े होकर गेंद की स्विंग कवर करने के लिए कहा। बाहर खड़े होने पर अगर कोई फ़ास्ट बॉलर गेंद पटक देता तो मुझे गेंद लगने का ख़तरा भी था लेकिन मैं फ़ास्ट बॉलिंग से कभी डरा नहीं था। तो मैंने ख़ुद से कहा कि मैं अब ऐसा ही करूँगा और बेहतर बल्लेबाज़ बनकर ही रहूँगा।"

घर वापस आकर कोहली ने कोच शर्मा के साथ वेस्ट दिल्ली एकेडमी में अपनी बेसिक ट्रेनिंग शुरू कर दी। उसने मिडल स्टम्प पर गार्ड लेना शुरू किया। कोहली ने अपने सर और आँखों की स्थिति को बेहतर किया। इससे अब बल्ला सीधे नीचे आ रहा था। उन दिनों को याद करते हुए कोहली कहते हैं, "जब हम इंग्लैण्ड से वापस आये, मैं हर दिन, अगले पन्द्रह दिनों तक नेट्स में तीन घण्टे अपनी टेक्नीक सुधारता था। मैं ये काम अपने हाथ और पैरों में दर्द शुरू हो जाने की हद तक कर रहा था।"

कोहली ने मुम्बई में सचिन के साथ भी कुछ वक़्त बिताया। "मैं उसकी ख़ुद को बेहतर करने की चाह से प्रभावित हुआ। लगभग एक हफ़्ते तक हम सिर्फ़ क्रिकेट की ही बात करते रहे। मैंने उसे बताया कि कैसे सिडनी में डबल सेंचुरी के दौरान मैंने एक भी कवर ड्राइव नहीं मारी थी क्योंकि मैं ऑफ़ स्टम्प के बाहर कैच आउट हो रहा था। सबसे बड़े लेवल पर आपको सारा क्रिकेट अपने दिमाग़ में खेलना होता है और विराट का बहुत ही तगड़ा दिमाग़ है और उसकी फोकस करने की क्षमता कमाल की है," सचिन कहते हैं।

सारी कड़ी मेहनत रंग लायी। अगर विराट का 2014 का टूर बहुत ही ख़राब गया था तो उसी साल ठण्ड में ऑस्ट्रेलिया का टूर उसके लिए विजय लेकर आया। पाँच टेस्ट में विराट ने 4 सेंचुरी मारीं। एडेलेड में तो उसने एक ही टेस्ट की दोनों इनिंग्स में सेंचुरी लगायीं। ये वही मैच था जिसमें धोनी चोट के कारण खेल नहीं रहे थे और कोहली पहली बार टेस्ट मैचों में कप्तानी कर रहे थे। रवि शास्त्री कोहली की दूसरी इनिंग्स में मारी गयी सेंचुरी को किसी भी भारतीय बैट्समैन द्वारा विदेशी परिस्थितियों में खेली गयी सबसे बेहतरीन इनिंग्स बताते हैं। उस इनिंग्स के बारे में शास्त्री का कहना है, "आख़िरी दिन की टूटी पिच, एक बेहतरीन बॉलिंग अटैक, 400 से ज़्यादा रनों का पीछा करते हुए कोहली ने विजेताओं की तरह बैटिंग की और हमें लगभग जिता ही दिया था।"

कोहली की एडेलेड में मारी 'डबल' सेंचुरी के दौरान पहली इनिंग्स की पहली ही गेंद पर उन्हें मिशेल जॉनसन ने हेलमेट पर गेंद मारी थी। कोहली के कॅरियर में अच्छा समय आने वाला था। कुछ दिन पहले ही ऑस्ट्रेलिया के क्रिकेटर फ़िल ह्यूज़ की सर पर गेंद लगने से मौत हो गयी थी। ये एक ऐसी घटना थी जिसने पूरी दुनिया को हिला के रख दिया था। जॉनसन की गेंद सर पर लगने के बाद कोहली बैकफुट पर आ सकते थे लेकिन वो खड़े हुए और बराबरी की टक्कर देने के लिए तैयार दिखे।

"इण्डिया में वन–डे सीरीज़ के दौरान मेरी और जॉनसन की कुछ नोंक–झोंक तो हुई थी। उसने मुझसे कहा था कि मैं सिर्फ़ इण्डियन कण्डीशन में ही बैटिंग कर पाता हूँ। उसे मैंने कहा कि वो चिन्ता न करे, मैं उससे डरता नहीं हूँ और मैं उसे ऑस्ट्रेलिया में भी मारूँगा। जब मुझे हेलमेट पर गेंद लगी तो मेरे सारे डर ख़त्म हो गये। मुझमें और भी मज़बूती के साथ डटे रहने की ताकत आ गयी। मैं पहली बार टीम का कप्तान बना था और मैं सीरीज़ का रुख अपनी टीम की तरफ़ मोड़ना चाहता था। मैंने अपने आपको समझाया कि अगली बार जब वो गेंद को पटकेगा तो चाहे कुछ भी हो जाये, वो बाउण्ड्री पर कैच लेने के लिए कितने भी फ़ील्डर लगा ले, मैं उसे पुल या हुक करूँगा। जब उसने मुझे हेलमेट पर मारा तो उसने मुझे खुल जाने में मेरी मदद ही की।"

विराट अपने एक–एक शब्द को सच कर रहा था। जॉनसन ने अगली जो छोटी गेंद फेंकी, विराट ने उसे पुल किया और बाउण्ड्री पार भेजा। सामने वाली टीम को चोट पर चोट लग रही थी। इण्डियन बैटिंग लाइन–अप अब फ़ास्ट बॉलिंग के दबाव में आने वाला नहीं था। शास्त्री कहते हैं, "विराट ने उस दिन जो काम किया उसने बताया कि इण्डियन बैट्समेन के फ़ास्ट बॉलिंग के आगे झुक जाने के दिन ख़त्म हो चुके थे।"

पुराने इण्डियन बैट्समैन मैदान पर ऑस्ट्रेलिया से कहासुनी के चलते दबाव में ही दिखे

लेकिन विराट ने ये ट्रेंड भी बदला। वो उन्हें उन्हीं की भाषा में जवाब देने का मौक़ा ढूँढ़ने लगा। वो कहता है कि ऑस्ट्रेलियाई के ख़िलाफ़ खेलने से उसका खेल बहुत बेहतर हुआ है। ''मुझे ऑस्ट्रेलिया जाना बहुत पसन्द है। मैंने तो ये भी सोचा है कि वहाँ एक घर ले लूँ जहाँ मैं छुट्टियों में जाया करूँगा। वहाँ खेलने का कल्चर बहुत ही अच्छा और पॉजिटिव है और लोग आपके अच्छे काम की ख़ूब तारीफ़ करते हैं। जब मुझे दर्शक टार्गेट करने लगते हैं तो भी मैं उसे एन्जॉय करता हूँ क्योंकि इससे मुझे उन्हें ग़लत साबित करने की प्रेरणा मिलती है।''

ऑस्ट्रेलिया के ख़िलाफ़ उस सीरीज़ ने इण्डियन क्रिकेट और विराट को नयी पहचान दी। लगभग दो दशकों तक सचिन इण्डियन बैटिंग के पुरोधा बने रहे। क्रीज़ पर वो मास्टर बैट्समैन थे। सचिन इण्डियन लाइनअप का परमानेंट हिस्सा बने जो रन बनाने की कला में जादूगरी और शारीरिक बल के मिश्रण का प्रदर्शन कर रहे थे। द्रविड़, लक्ष्मण, सहवाग और गांगुली जैसे नामों की मदद के साथ सचिन इण्डिया की बैटिंग के सुनहरे वक़्त की मशाल लेकर चल रहे थे। ऑस्ट्रेलिया में विराट के प्रदर्शन ने बताया कि विराट की चमक के साथ इण्डियन क्रिकेट में एक नये सूरज का उदय हो रहा था। इस टूर से पहले अपने 29 टेस्ट मैचों में विराट ने 6 सैकड़ों के साथ 1855 रन बनाये थे। इस वक़्त एवरेज मात्र 39.46 का था। लेकिन फिर ऑस्ट्रेलिया के इस टूर से लेकर 2017 के अन्त तक कोहली ने 34 मैचों में 3413 रन बनाये जिस दौरान इनका ऐवरेज 66.92 का रहा और 14 सेंचुरी ठोंकी। दिसम्बर 2014 के बाद विदेशी पिचों पर कोहली का ऐवरेज लगभग 61 का हो गया है। ये आँकड़े हैं जो ये पुख्ता करते हैं कि विराट सही मायनों में सचिन के उत्तराधिकारी बनने के हक़दार हैं। शास्त्री कहते हैं, ''मैं ख़ुद को सौभाग्यशाली मानता हूँ। मैंने एक खिलाड़ी को ऑस्ट्रेलिया में 1992 में स्टार बनते देखा और दूसरे को 2014 में।''

2016–17 सीज़न की शुरुआत में खेल के तीनों फॉर्मेट में जब कोहली को कप्तानी सौंपी गयी, टीम इण्डिया टेस्ट मैचों में ऑस्ट्रेलिया से 6 पॉइण्ट पीछे दूसरे नम्बर पर थी। एक साल पहले जब कोहली ने टेस्ट मैचों की कप्तानी सँभाली थी, इण्डिया चौथे नम्बर पर थी।

श्रीलंका में अप्रत्याशित जीत टीम के नयेपन का पहला सूचक थी। फिर वेस्ट इण्डीज़ में टेस्ट सीरीज़ के बाद घरेलू पिचों पर लगातार 13 टेस्ट मैचों के सीज़न ने वो मौक़ा दिया जहाँ इण्डिया दुनिया की नम्बर एक क्रिकेट टीम बन सकती थी। कोहली के अनुसार, ''जब मैं कप्तान बना तो मैंने अपनी टीम से एक वादा किया कि मैं उनसे ऐसा कुछ भी करने को नहीं कहूँगा जो मैं ख़ुद न करने का ट्राई करूँ।''

लेकिन फिर भी विराट के नेतृत्व करने की क्षमता पर लगातार सवाल उठाये जा रहे थे। उसके आलोचक कह रहे थे कि कोहली अपने आप में काफ़ी अस्थिर हैं और ऐसे में वो कैसे टीम के नेता होने की ज़िम्मेदारियों का निबाह कर पायेंगे। ख़ासकर तब जब वो हमेशा शान्त रहने वाले एमएस धोनी के बाद कप्तानी सँभाल रहे थे। विराट के कोच ऐसा नहीं सोचते थे, ''जब उसने मुझे 9 साल की उम्र में ज्वाइन किया था, विराट तबसे नेचुरल लीडर रहा है। मैंने उसे हमेशा ये समझाने की कोशिश की कि वो अपनी टीम में हर एक को अपने ही जितना टैलेण्टेड न समझे।''

शास्त्री कई मायनों में विराट जैसे ही मुखर थे। कुछ ही वक़्त में शास्त्री की जगह टीम के कोच अनिल कुंबले आ गये जो शान्त रहना ज़्यादा पसन्द करते थे। विराट और कुंबले का एक साथ रहना आग और पानी के साथ रहने के बराबर था। कुंबले को ये मालूम भी था कि उन्हें टीम का विश्वास जीतने के लिए कुछ अलग ही तरीक़ों का इस्तेमाल करना पड़ेगा। "ये एक बहुत ही अलग पीढ़ी है। बहुत ज़्यादा टैलेण्टेड है और उससे भी ज़्यादा प्रोफ़ेशनल है। साथ ही इन्हें एक बहुत ही अलग तरह की लाइफ़–स्टाइल की आदत है। इसलिए मेरे लिए ये ज़रूरी था कि मैं उन्हें इतना स्पेस दूँ कि वो ख़ुद को अपने तरीक़े से एक्सप्रेस कर सकें और इस क्रम में मैं उनपर अपनी बातें थोपना नहीं चाहता था। मेरे वक़्त में टीम मीटिंग्स बहुत लम्बी होती थीं। लेकिन चूँकि अब ध्यान जल्दी भटक जाता है इसलिए मीटिंग्स छोटी होती हैं। हाँ, नेट प्रैक्टिस और ख़ासकर फ़ील्डिंग प्रैक्टिस काफ़ी कड़ी होती है," कुंबले कहते हैं जो आगे चलकर कोहली के साथ ज़्यादा वक़्त नहीं रह पाये।

कुंबले के निरीक्षण में टीम ने एक चार्टर बनाया जिसमें उन्हें क्या करना था और क्या नहीं करना था, बताया गया था। इण्डिया के मैच विनिंग ऑफ़ स्पिनर रविचन्द्रन अश्विन इसे 'टीम की बाइबिल जैसा कुछ' कहते हैं। अश्विन ने इस चार्टर को बनाने में बड़ा रोल निभाया था। अश्विन बताते हैं, "इस चार्टर में सबसे ज़्यादा फोकस प्रोफ़ेशनल परिस्थितियों में साथियों के साथ अच्छी दोस्ती और यादें बनाने पर था। ये हमेशा आसान नहीं होता था। हम हमेशा एकता जैसा कुछ चाहते थे।"

कुंबले ने टीम में एक और बदलाव जो देखा वो था खेल के प्रति बेहद सकारात्मक नज़रिया। इसमें किसी भी परिस्थिति में जीतने पर ज़ोर दिया जाना प्रमुख था। "जब मैं इण्डिया के लिए खेलने आया था तो हम पहले मैच बचाने के बारे में सोचते थे फिर कहीं उसे जीतने के बारे में बात करते थे। लेकिन जबसे वीरेन्द्र सहवाग जैसे प्लेयर्स आये, ये नज़रिया बदल गया। अब विरोधियों को बैकफुट पर धकेलने के बारे में बात की जाने लगी थी। अब विराट ने उस कभी भी हार न मानने वाली मानसिकता को टीम में लाकर हर वक़्त मैच जीतने के बारे में सोचना शुरू कर दिया है।"

मैं विराट से उनके निडर होने के बारे में पूछता हूँ जो अक्सर उनकी मुख्य ताकत बतायी जाती है। "देखिए मैं कभी भी नहीं चाहूँगा कि मेरी टीम का कोई भी मेम्बर लड़ाई से पीछे हट जाये। किससे पीछे हटे और क्यों हटे, मैं पूछता हूँ। दुनिया में जो लोग ये खेल खेल रहे हैं, हम भी वही खेल खेलते हैं तो हम वैसे क्यों खेलें जैसे कोई और हमें खेलते देखना चाहता है? इसलिए हाँ, मैं अपने प्लेयर्स को आक्रामक होते हुए देखना चाहता हूँ। मैं चाहता हूँ कि वो फ़ील्ड में अपने आप को एक्सप्रेस करें। शायद अब हम में कुछ ज़्यादा ही आग है लेकिन हाँ मैं ये दावे के साथ कह सकता हूँ कि टीम में कोई भी ऐसा नहीं है जो मुश्किल के वक़्त में हाथ खड़ा करके उससे निपटने के लिए तैयार न दिखे। अगर कहीं 50–50 वाली स्थिति बनती है तो मैं चाहता हूँ कि हम वहाँ से जीतने के बारे में सोचें न कि हार के डर से दुबके रहें।"

जिस विश्वास के साथ विराट अपनी क्रिकेट की समझ को हमारे सामने रखते हैं, कि इण्डियन क्रिकेट का अपनी क़ाबिलियत पर शक करने वाला शुरुआती दौर अब चुक चुका है और ये शायद देश के हर वर्ग में बदल रहे मूड का संकेत भी है। आज़ादी के बाद के

पहले 30 सालों में देश की ही तरह इण्डियन क्रिकेट भी ख़ुद को सँभाल नहीं पाया। हम एक 'थर्ड वर्ल्ड कण्ट्री' थे जो कॉलोनी राज के सदमे से अभी भी उबर रहे थे। हम में हीन भावना व्याप्त थी और हम हारा हुआ महसूस कर रहे थे।

1991 के आर्थिक उदारीकरण के दौर के बाद से सारा बदलाव शुरू हुआ। एक देश जो क़र्ज़ों तले दबा हुआ था, ख़ुद को उठाता है और अपनी मार्केट को विस्तार देते हुए नयी सदी में सबसे ज़्यादा बदलने वाली अर्थव्यवस्था बन जाता है। साल 1991 में विराट मात्र 3 साल का था। इसलिए एक तरीक़े से विराट भी इस तेज़ी से बदलते भारत का ही परिणाम हैं। विराट यानी एक क्रिकेटर जिसके सपनों ने कभी कोई सीमा नहीं देखी और जिसमें आत्मविश्वास कूट–कूट कर भरा हुआ है।

इन्हीं वजहों से विराट को 2016–17 में दुनिया की नम्बर एक टेस्ट टीम बन जाने का सपना कोई बहुत बड़ी बात नहीं लगी। वेस्ट इण्डीज़ में एंटीगा में खेले गये पहले टेस्ट में विराट ने कप्तान होने का फ़र्ज़ अदा किया और डबल सेंचुरी मारी। ये कोहली की पहली डबल सेंचुरी थी। इससे बड़ी बात ये थी कि इण्डिया ने ये मैच एक पारी से उस वक़्त जीता जब टीम में मात्र 5 रेगुलर बल्लेबाज़ खेल रहे थे। ये एक ऐसा दाँव था जिसने साबित कर दिया था कि टीम के पास कई रक्षात्मक दाँव मौजूद हैं। कुंबले बताते हैं, "हमने इस बारे में बात की और विराट चाहता था कि हम एक बल्लेबाज़ कम रखें। इससे हमें आक्रामक बॉलिंग करने में आसानी होने वाली थी।" विराट इसमें जोड़ते हुए बताते हैं, "देखिए, आपको मैच जीतने के लिए 20 विकेट चाहिए होते हैं। और कई बार अच्छी बैटिंग विकेट पर आपको 20 विकेट्स लेने के लिए एक एक्स्ट्रा बॉलर की मदद लेनी पड़ती है।"

इसका ये भी मतलब था कि बल्लेबाज़ों पर और भी ज़्यादा ज़िम्मेदारी आने वाली थी। ये ऐसा काम था जिसे कोहली बड़े आराम से अपनी ज़िम्मेदारी बना लेना चाहते थे। एंटीगा में डबल सेंचुरी तो बस ट्रेलर था। जुलाई 2016 से फ़रवरी 2017 के बीच विराट वेस्ट इण्डीज़, न्यूज़ीलैण्ड, इंग्लैण्ड और बांग्लादेश के ख़िलाफ़ लगातार 4 टेस्ट सीरीज़ में डबल सेंचुरी मारने वाले थे। ये एक नया वर्ल्ड रिकॉर्ड था। एक युवा खिलाड़ी जो किसी वक़्त तक वन–डे बैट्समैन का बिल्ला लगवाकर वहीं तक सीमित हो जाने वाला था, आज दुनिया का सबसे बेहतरीन टेस्ट बैट्समैन बन चुका था। रवि शास्त्री बाल्टियों दुलार उड़ेलते हुए विराट के बारे में कहते हैं, "मुझे लगता है कोहली ने ख़ुद ही अपनी बैटिंग को लाख बेहतर किया है। उसने पिछले एक–डेढ़ साल में जो कुछ भी पाया है वो अविश्वसनीय है।"

मैं विराट से पूछता हूँ कि उसकी बैटिंग में क्या बदलाव आये हैं, "असल में मैंने 2016 की शुरुआत न्यूज़ीलैण्ड के ख़िलाफ़ एक–दो छोटे स्कोर्स से की। मैंने हमारे बैटिंग कोच संजय बांगड़ से बात की। उन्होंने बताया कि मैं बड़ा स्कोर बनाने के चक्कर में अपने ऊपर बहुत ज़्यादा प्रेशर डाल रहा हूँ। तो मैं कोलकाता टेस्ट की दूसरी इनिंग्स में बस अपने शॉट्स खेलने के लिए उतरा। मैंने सिर्फ़ 45 रन बनाये लेकिन मुझे बहुत बेहतर महसूस हो रहा था। इन्दौर में खेले गये अगले टेस्ट में मैंने डबल सेंचुरी मार दी और उसके बाद शायद मुझे पीछे मुड़ के देखने की ज़रूरत ही नहीं पड़ी। मैं हर बार अपनी बैटिंग एन्जॉय करने के लिए उतरा, बैटिंग के पूरे प्रोसेस पर मेरा फोकस था और मैंने अन्त के बारे में सोचना

छोड़ दिया। अब मुझे समझ में आता है कि मैं ख़ुद से क्या चाहता हूँ और मुझे किसी को भी कुछ भी प्रूव करने की ज़रूरत नहीं है। इसने मुझे आज़ाद बनाया है। सारे दबाव हट गये हैं। मुझे मालूम है कि अगर मैं नियमित रूप से अपने प्लान को अंजाम दूँ, अपने विरोधियों और खेल के नियमों का सम्मान करूँ तो मुझे रन बनाने से कोई ताकत नहीं रोक सकती। अब जब मैं 120 रन बनाता हूँ तो सोचता हूँ कि मुझे 200 रन बनाने चाहिए थे। जब डबल सेंचुरी मार लेता हूँ तो लगता है 250 बनने चाहिए।''

शर्मा ज़ोर देते हुए कहते हैं कि कोहली में रनों की भूख हमेशा से थी, बस उसने अपनी कमज़ोरियों को हटाने में जी–तोड़ मेहनत की है। ''जब उसने क्रिकेट खेलना शुरू किया था, वो भारी निचले हाथ से खेलता था और ज़्यादातर लेग साइड में रन बनाता था। वो एक फ्लिक शॉट खेलता था जिसमें वो थोड़ा–सा पैर आगे निकाल कर लाइन के अक्रॉस आकर गेंद को मारता था। ये देखकर मुझे बड़ी परेशानी होती थी क्योंकि ऐसा करने से उसके एलबीडब्ल्यू होने के चान्सेज़ बढ़ रहे थे। अब जब वो ये शॉट खेलता है तो उसका बल्ला काफ़ी सीधा आता है। उसकी कमाल की बैट–स्पीड और आँखों–हाथों का तालमेल उसके पास हमेशा से था लेकिन अब वो और भी ज़्यादा विश्वास से भरा हुआ है और क्रिकेट के लगभग हर शॉट का इस्तेमाल कर रहा है।''

मैंने इस बदले हुए विराट की शानदार बैटिंग दिसम्बर 2016 में वानखेड़े स्टेडियम में इंग्लैण्ड के ख़िलाफ़ देखी। उसकी चारों डबल सेंचुरी में ये सबसे ज़्यादा शानदार थी। उस वक़्त तक सीरीज़ फँसी हुई थी और इंग्लैण्ड ने पहली इनिंग्स में 400 रनों का पहाड़ जैसा स्कोर बना दिया था। वानखेड़े का विकेट हल्का–सा उखड़ने लगा था और इण्डिया के 6 विकेट 307 रन पर गिर गये। लेकिन अब्दुल राशिद को दिये एक कठिन कॉट एण्ड बोल्ड के मौक़े को छोड़कर विराट किसी भी परेशानी में नहीं दिख रहे थे। 515 मिनट की बैटिंग, 340 गेंदें और 25 चौकों और 1 छक्के के साथ 235 रन। मुम्बई की उमस में पूरी इनिंग्स के दौरान विराट विकेट के पीछे पूरी जान लगाकर दौड़ रहा था। कोहली के पास कमाल की फ़िटनेस है। उसने जब तक 200 रन पूरे नहीं किये, गेंद हवा में उठाकर नहीं मारी। उसने खिलाड़ियों के बीच जगह ढूँढ़ने में अपना ध्यान लगाया और लोअर–ऑर्डर बल्लेबाज़ों के साथ टीम को 635 रन के मैच जिताऊ स्कोर तक ले गया।

उसने सेंचुरी पर पहुँच कर हमेशा की तरह कोई बड़ा ज़श्न भी नहीं मनाया। वो कहता है, ''मैं शायद अगले 10 रनों के लिए अपनी ताकत बचा रहा था। मेरा पूरा ध्यान बैटिंग पर ही तो था।'' ये एक ऐसे क्रिकेटर की मैराथन इनिंग्स थी जो अपने आप को महान साबित करने की राह पर था। ये एक टॉप–क्लास बल्लेबाज़ की निशानी थी जिसे रोका जाना मुश्किल मालूम देने लगा था।

मुम्बई क्रिकेट एसोसिएशन बॉक्स में मेरे साथ इण्डिया के पूर्व क्रिकेट कप्तान जैसे दिलीप वेंगसरकर, अजित वाडेकर, मोहम्मद अज़हरुद्दीन और फ़ारुख इंजीनियर बैठे हुए थे। 2013 में सचिन के रिटायर होने के बाद मुम्बई में ये पहला टेस्ट मैच खेला जा रहा था। ये पहला टेस्ट मैच था जिसमें मुम्बई का एक भी खिलाड़ी नहीं खेल रहा था। न चाहते हुए भी सभी इस चर्चा में शामिल हो गये कि विराट पिछले किन भारतीय बल्लेबाज़ों की

तरह खेलता है। इंजीनियर ने कहा, ''मुझे लगता है कि सनी और सचिन इस तरह की इनिंग्स खेलते तो उन्हें गर्व होता।'' वेंगसरकर लगभग उनकी बात को काटते हुए कहते हैं, ''वो यक़ीनन सभी प्लेयर्स से ज़्यादा फ़िट है लेकिन इन खिलाड़ियों के मोटे–मोटे बल्ले तो देखो। और साथ ही इन्हें कम्प्यूटर एनालिसिस और फ़िटनेस ट्रेनर से मिलने वाली मदद भी तो होती है।'' अज़हर मुझसे कहते हैं, ''सचिन को 90 के दशक में दुनिया के महानतम गेंदबाज़ों का सामना करना पड़ा था और गावस्कर बिना हेलमेट के खेलते थे। इन मामलों में कोहली किस्मती है।'' वाडेकर ने अन्तिम बात कही, ''हमें तो फिलहाल ये सारी तुलनाएँ छोड़कर सिर्फ़ इसकी बैटिंग एन्जॉय करनी चाहिए।''

बाद में मैंने टेस्ट क्रिकेटर से क्रिकेट विशेषज्ञ बन गये संजय मांजरेकर से सचिन और कोहली के बीच हुए इण्डियन बैटिंग में बदलाव के बारे में बात की। ''सचिन की ताकत ये थी कि वो पहले इण्डियन थे जो बाहरी परिस्थितियों में भी गेंदबाज़ी पर लगातार हावी रहा। जैसे वो ऑस्ट्रेलिया में ऐसे बैटिंग करता था जैसे ख़ुद ऑस्ट्रेलियन हो। लेकिन टेस्ट क्रिकेट ने ही सचिन की बैटिंग को आकार दिया। साथ ही उनमें एक बहुत ही छोटा–सा हिस्सा ख़ुद में विश्वास की कमी का भी हो सकता है क्योंकि उनके वक़्त में इण्डियन क्रिकेट सबसे ऊँचे पायदान पर नहीं पहुँच पायी थी। इसके उलट कोहली उस आत्मविश्वास से भरे हुए हैं जो अब तक किसी भी इण्डियन प्लेयर में नहीं देखा गया था। और ये बताता है कि वो किसी भी टार्गेट का पीछा करने में, ख़ासकर छोटे फॉर्मेट्स में, कितना सहज होगा,'' मांजरेकर ने कहा।

मेरे ये कहने के बावजूद कि वो इण्डिया के महानतम एकादश का हिस्सा बन सकते हैं, विराट सभी तुलनाओं से दूर रहना चाहते हैं। ''देखिए, जब मैंने खेलना शुरू किया था, मेरी कोई भी बड़ी उम्मीदें नहीं थीं इसलिए अब ऐसी उम्मीदें क्यूँ पालना? सचिन ने 24 साल तक क्रिकेट खेला, 100 सेंचुरी मारी और सचिन ने मुझे इंस्पायर किया। मुझे नहीं लगता मैं उतना लम्बा खेल पाऊँगा। मुझे भगवान ने जो भी दिया, मैं उसमें ख़ुश हूँ। मेरे पास कोई भी आँकड़ों का पैमाना नहीं है जिससे मैं ख़ुद को मापना चाहूँगा। मैं बस मैदान में अपना 120% देना चाहता हूँ और अपनी टीम को जिताते हुए देश को आगे बढ़ाना चाहता हूँ।''

मुझे विराट के आगे बढ़ते क़दमों की पहली आहट तब हुई जब मैं मार्च 2017 में ऑस्ट्रेलिया के ख़िलाफ़ सीज़न का आख़िरी टेस्ट मैच देखने पहुँचा। हिमालय की गोद में पहला टेस्ट मैच खेला जा रहा था। सीरीज़ 1–1 से बराबरी पर थी बर्फ़ से लदे पहाड़ों के बीच ख़ूबसूरत मैदान माहौल को ख़ुशनुमा बना रहे थे। मैं उसी होटल में ठहरा जहाँ दोनों टीमें ठहरी हुई थीं। वादियों की सुन्दरता में प्लेयर्स एक्स्ट्रा सिक्योरिटी के बीच रुके हुए थे। सीरीज़ काफ़ी मुक़ाबले वाली थी और पिछले मुक़ाबलों की कसर भी निकाली जा रही थी। विपक्षी खेमे के प्लेयर्स आपस में घुल–मिल नहीं रहे थे। यहाँ तक कि वो अपना सुबह का नाश्ता और रात का खाना अलग–अलग जगहों पर अलग–अलग वक़्त पर कर रहे थे। एक अफ़सर ने बताया, ''दोनों टीमों के बीच काफ़ी गरमी बनी हुई है।''

ऑस्ट्रेलिया की टीम काफ़ी तैयारी के साथ आयी थी और उन्होंने स्पिन होते विकेट पर पुणे में पहला टेस्ट मैच जीत लिया था। इण्डिया ने बेंगलुरु में दूसरा टेस्ट जीता था।

इस मैच में कोहली पर स्लेजिंग के आरोप लगे थे जबकि कोहली ने ऑस्ट्रेलिया के कप्तान स्टीव स्मिथ पर 'चीटिंग' के आरोप लगाये थे। विराट कहते हैं, "मैं इस बारे में बात नहीं करना चाहता। जो होना था, हो चुका है।" कोच कुंबले इस मामले में थोड़ा सहनशील थे, "देखिए, ये एक हाई–प्रेशर गेम था और इस बीच दोनों टीमों के खिलाड़ियों ने एक–दूसरे को कुछ कह दिया होगा। लेकिन मुझे लगता है कि विराट का आक्रामक रवैया टीम को उस वक़्त उकसाने में सफल रहा जब हम शायद सीरीज़ हारने वाले थे।" रिकॉर्ड–तोड़ प्रदर्शन करने वाले रवि अश्विन कहते हैं, "विराट की कप्तानी में आप हमेशा ये सोचते रहते हैं कि अब क्या नया होने वाला है। उसे मालूम है कि उसे क्या चाहिए और उसके लिए वो आपको आगे बढ़ाता रहेगा। उसकी ऊर्जा संक्रामक है।"

धर्मशाला में दूसरा दिन ख़त्म होने पर टीमें बराबरी पर रुकी हुई थीं। ऑस्ट्रेलिया ने पहली इनिंग्स में 300 रन बनाये और इण्डिया 245 रन पर 6 विकेट खो चुकी थी। रवीन्द्र जडेजा और रिद्धिमान साहा क्रीज़ पर थे। लेकिन जब मैंने इण्डियन टीम को डिनर के वक़्त देखा तो पाया कि जडेजा अपने मोबाइल पर आये लेटेस्ट जोक लेकर टीम वालों को सुना रहे थे। इस हँसी ठहाके के बीच लग ही नहीं रहा था कि इन्हें इस बात का अहसास भी है कि सीरीज़ दाँव पर लगी हुई थी। मैंने जडेजा से पूछा कि उसे क्या लग रहा है, मैच कैसे आगे चलेगा। अपनी मूँछों पर ताव देते हुए उसने कहा, "कल का कल देखेंगे। अभी बिन्दास! एन्जॉय!" अगर अगले दिन क्या होगा, इस बात को लेकर किसी के मन में कोई उथलपुथल थी तो वो यक़ीनन उसे दिखा नहीं रहा था।

अगले दिन जडेजा ने साहसी 50 रन बनाये और इण्डिया को छोटी–सी लीड भी दिलायी। उसके बाद ऑस्ट्रेलियन फ़ास्ट बॉलर्स के लिए एकदम मुफ़ीद पिच पर उमेश यादव ने आक्रामक तेज़ गेंदबाज़ी दिखायी। मांजरेकर कमेण्ट्री बॉक्स में कहते हुए सुने गये, "मुझे नहीं लगता है मैंने पिछले काफ़ी सालों में किसी भी इण्डियन पेस बॉलर को इस तरह से विदेशी बल्लेबाज़ों को कूदने पर मजबूर करते हुए देखा है।" अश्विन को उस वक़्त स्पोर्ट्स हर्निया हुई थी। उन्होंने जडेजा के साथ मिलकर ऑस्ट्रेलिया की लाइन–अप में सेंध मार दी। "मैंने अक्सर कहा है कि बॉलर्स जब अपने आप को ढाल लेते हैं, बल्लेबाज़ शिकायत करते रह जाते हैं," अश्विन ने हँसते हुए कहा। उस दिन इंग्लिश अम्पायर इयान गूल्ड ने हमसे कहा, "आज इण्डियन बॉलर्स ने मुझे 1980 के दशक की वेस्ट इण्डीज़ की बॉलिंग की याद दिलायी। पेस और स्पिन दोनों ही में उन्होंने कोई कसर नहीं छोड़ी थी।" इससे बड़ी शाबाशी और कुछ नहीं हो सकती थी।

आख़िरी सुबह इण्डिया जीत के करीब थी। मैं विराट के साथ नाश्ता करने बैठा। विराट कन्धे में लगी चोट के चलते खेल नहीं रहा था। मैच जिस तरह से हुआ था, वो ख़ुश था। "क्रिकेट एक टीम का खेल है और मैं चाहता हूँ कि इस टीम में मौजूद दसों प्लेयरों को अपनी पहचान मिले जिससे इनके नाम हमेशा याद रखे जायें और सालों बाद जब इस टीम के बारे में सोचा जाये तो लोग कहें कि वो क्या टीम थी! मैं भविष्य में इस सपने पर काम करना चाहता हूँ," उसने कहा।

टेस्ट मैच और टेस्ट सीरीज़ लंच से ठीक पहले ख़त्म हो गयी। और इसी के साथ

एक बेहतरीन सीज़न भी। जिस वक़्त गावस्कर कोहली को बॉर्डर–गावस्कर ट्रॉफ़ी थमा रहे थे और टेस्ट क्रिकेट में इण्डिया की नम्बर–एक रैंकिंग पक्की हो गयी थी, हिमालय और ख़ूबसूरत नहीं लग सकता था। 1970 के दशक में गावस्कर ने इण्डियन क्रिकेट को आत्मसम्मान दिलाया था, 1980 के दशक में कपिल देव ने इसे उत्साह दिलाया, 90 में सचिन ने महानता दिलायी। अब कोहली ने इसी क्रम में इण्डियन क्रिकेट के लिए एक और शब्द जोड़ा–प्रभाव! जब टीम ने 2017–18 का सीज़न श्रीलंका पर शानदार जीत के साथ शुरू किया, ये विश्वास हो गया था कि विराट के नेतृत्व में टीम इण्डिया सबसे ऊँचे पायदान पर लम्बे वक़्त के लिए रहने वाली थी।

मैं पहली बार कोहली से 2013 में मेन–ऑफ़–द–इयर अवॉर्ड शो में मिला था जिसे मेन्स स्टाइल मैगज़ीन ने ऑर्गनाइज़ करवाया था। कोहली को साल का बेहतरीन खिलाड़ी चुना गया था और मुझे मीडिया केटेगरी में चुना गया था। मैगज़ीन के कवर पर जब हम दोनों साथ छपे थे, कस्टम–मेड सूट और टाई पहने विराट के सामने सादे सूट में खड़ा मैं काफ़ी झेंपा हुआ लग रहा था। हमने आपस में ज़्यादा कुछ बातें नहीं कीं। उसके आसपास काफ़ी लोग थे जिनमें ज़्यादातर उसकी महिलाओं की फॉलोइंग शामिल थी। मेरी बेटी मुझे बार–बार उसके साथ सेल्फी खिंचवाने के लिए कह रही थी। मेज़बानों ने पूरी रात चलने वाली एक पार्टी भी रखी थी जिसमें मैं नहीं पहुँचा था। मुझे बाद में मालूम चला कि उस पार्टी में विराट देर रात तक रुका हुआ था।

अगली बार जब हम मिले तो जून 2016 में इसी किताब के इण्टरव्यू के लिए मिले। इस बार उसके गुरुग्राम में बने नये घर में। वो अभी–अभी बस अपने घर में बने जिम से आया था और अपनी ढीली टीशर्ट और ट्रैकपैण्ट्स में कमाल का फ़िट लग रहा था। उसका गोल चश्मा उसे सीरियस लुक दे रहा था। ये दोपहर के खाने का वक़्त था और मुझे अन्दर से छोले–आलू की ख़ुशबू आ रही थी। लेकिन विराट के आगे रखी मेज़ पर ग़ैर–पंजाबी खाना ही रखा हुआ था। विराट एक बड़ा–सा प्रोटीन शेक पी रहा था। उसके सामने एक कटोरे में बादाम रखे हुए थे और एक साइड में कुछ केले। ये सब कुछ उसकी ग्लूटेन–फ्री, बग़ैर गेहूँ, बग़ैर चावल, लो–कार्ब डायट का हिस्सा था। हँसते हुए वो कहता है, "मुझे लगता है अब मैं टेनिस कोर्ट पर नोवाक जोकोविच से मुक़ाबला कर सकता हूँ।"

एक फूले हुए 17–18 साल के लड़के से धरती पर पाये जाने वाले सबसे फ़िट एथलीट का बदलाव ही विराट को परिभाषित करता है। ये बताता है कि वो सबसे बड़े लेवल पर पहुँच कर ख़ुद को साबित करने के लिए कितना बेचैन है। कोहली के कोच राजकुमार शर्मा याद करते हैं कि कैसे छुटपन में कोहली कबाब रोल और बिरयानी पर टूट पड़ता था। "अब जब वो मेरे घर आता है और मेरी पत्नी उसे खीर खाने को देती हैं तो वो मना कर देता है। वो बस सरसों का साग खाता है।"

इस बदलाव की शुरुआत हुई 2012 के दूसरे हिस्से में जब एक सफल ऑस्ट्रेलिया के टूर के बाद, जिसमें कोहली की पहली टेस्ट सेंचुरी भी आयी थी, एक अच्छा आईपीएल सीज़न गया। "मैंने अपने आप को देखा और ये महसूस किया कि अगर मैं बड़े लेवल पर

अच्छा करना चाहता हूँ तो मुझे मेरे रहने का तरीक़ा बदलना होगा। मुझे और भी ज़्यादा अनुशासन में रहना होगा और जितना फ़िट हो सकता हूँ, होना पड़ेगा।'' विराट आरसीबी के स्ट्रेंथ और कंडिशनिंग ट्रेनर शंकर बासु के पास गया। ''विराट ने मुझे इण्डियन स्क्वॉश प्लेयर दीपिका पल्लिकल के साथ ट्रेनिंग करते हुए देखा था और उसे मालूम चला था कि एथलीट को किन फ़िटनेस ड्रिल्स से गुज़रना पड़ता है। उसने मुझसे एक दिन पूछा कि क्रिकेटर्स भी ऐसा ही क्यूँ नहीं करते? आज मैं गर्व के साथ ये कह सकता हूँ कि विराट की फ़िटनेस एक ओलम्पियन एथलीट या ग्रैंड स्लैम विनर के बराबर है,'' बासु ने हमें बताया जिन्होंने इण्डियन टीम को भी 6 महीने के लिए ट्रेन किया था।

2012 में 6 महीने के अन्दर विराट का वज़न 84 किलो से 73 किलो हो गया क्योंकि उसने शराब और सिगरेट छोड़ दी थी। वो जल्दी सोने लगा था और एक कसी हुई डायट का पालन कर रहा था। 2014 में कोहली ने वज़न उठाने वाली ट्रेनिंग शुरू की। ''हमने शुरुआत धीमी की। हर रोज़ आधे घण्टे की ट्रेनिंग जिसमें हम टेक्नीक पर ज़्यादा फ़ोकस करते थे। इसके बाद हमने इसे बढ़ाना शुरू किया। जल्दी ही विराट एक वेटलिफ्टर की तरह कसरत कर रहा था। हर एक्सरसाइज़ इस लक्ष्य के साथ की जा रही थी कि उसे बेहतर और फ़िट क्रिकेटर बनाने के लिए ज़रूरी मांसपेशियाँ ताकतवर हों। आज वो मैदान पर एक तेंदुए की तरह दौड़ता है। ताकतवर और बेहद फुर्तीला,'' बासु ने कहा।

विराट अपने आराम वाले मोड़ से अब बाहर ला दिये गये थे। उनके लिए ख़ुद में ये बदलाव लाना बहुत आसान नहीं था। ''मैं एक पंजाबी लड़का हूँ जिसे बटर चिकन और अच्छा खाना खाने की आदत है। इसलिए शुरुआत में कुछ हफ़्ते तो बहुत मुश्किल हुई, शरीर दर्द करता था और मैं एडजस्ट नहीं कर पा रहा था, लेकिन फिर आदत पड़ती गयी। अब मैं अपनी जिम ट्रेनिंग के बिना रह नहीं सकता। अब ये मेरा जीने का तरीक़ा है। अगर मैं हर रोज़ जिम में मेहनत कर रहा हूँ और फिर एक केक का पीस खा लेता हूँ तो मेरे तीन जिम सेशन बर्बाद जायेंगे। इसलिए बेहतर यही होगा कि मैं केक ही न खाऊँ।''

फ़िटनेस के लिए कोहली इतने प्रतिबद्ध हैं कि 2016 में टी–20 वर्ल्ड कप के दौरान विराट ने एक दिन दोपहर में काफ़ी एक्सरसाइज़ करने के बाद बासु को फ़ोन लगाकर पूछा कि उसने सुबह कौन–सी ट्रेनिंग नहीं की थी जिसे वो शाम को कर सकता है। विराट के सिक्स–पैक ऐब्स और सधी हुई देह उसके फैन्स और उसके साथियों के लिए बेंचमार्क बन गये हैं। हर टीम–मेट विराट से प्रभावित है और उसकी नकल करने की कोशिश करता है। विराट ने इन्स्टाग्राम पर एक वीडियो भी डाला था जिसमें वह ट्रेडमिल पर दौड़ रहा था। वो अपने फैन्स को फ़िट होने के लिए इंस्पायर करना चाहता था। बासु कहते हैं, ''विराट का सबसे बड़ा असर ये रहा है कि उसने हर उस शख़्स का नज़रिया बदला है जो प्रोफ़ेशनल क्रिकेट खेलना चाहता है। ये एकदम ईसा पूर्व और ईसवी जैसा है। विराट के पहले का क्रिकेट और विराट के बाद का क्रिकेट।''

फ़िटनेस के पीछे विराट का पागलपन युवा भारतीय शहरी मानसिकता की झलक दिखाता है। शुद्ध शाकाहारी खाने से लेकर प्रचण्ड कार्डियो वर्क–आउट तक, फ़िट रहना आज कल ट्रेंड में है। 70–80 के दशक में देश में शायद ही कहीं बड़े जिम थे। आज

हर शहर में जिम की चेन्स हैं। हर बड़े शहर की अपनी मैराथन होती है। 2017 में मुम्बई मैराथन में करीब 40 हज़ार लोगों ने हिस्सा लिया। ये दुनिया की छठी सबसे बड़ी मैराथन बनी। प्रोकैम स्पोर्ट्स जो कि इण्डिया भर में मैराथन ऑर्गनाइज़ करवाती है, के मैनेजिंग डायरेक्टर अनिल सिंह कहते हैं, "फ़िट रहने और दौड़ने का क्रेज़ विराट के साथ नहीं शुरू हुआ। लेकिन नयी सदी में फ़िट रहने की बातों ने विराट को इस मामले में भी एक बड़ा रोल मॉडल बना दिया है।"

क्रिकेट के पुराने खिलाड़ी शायद आज भी इस बात पर मतभेद रखेंगे। उन्हें शायद नये खिलाड़ियों का जिम में समय बिताना उतना समझ में नहीं आयेगा। तेंदुलकर मुझे बताते हैं कि जब वो नये–नये टीम इण्डिया में पहुँचे थे तो कपिल देव ने उनसे जिम में ज़्यादा समय बिताने से मना किया था और वज़न उठाने से तो कतई मना किया था। इससे भी पहले के क्रिकेट के वक़्त ऐसे भी खिलाड़ी थे जिनकी कमर फैलती जा रही थी, जो मैच से आधा घण्टा पहले आते थे, अपनी बाँह एक–दो बार घुमाते थे, हल्की सी जॉगिंग करते थे और मैच के लिए तैयार हो जाते थे। अब प्लेयर्स मैच के पहले घण्टे भर लम्बे वर्कआउट करते हैं। "हर खेल की तरह क्रिकेट भी बदला है। बोर्ग, कॉनर्स, मेकेनरो वाला टेनिस अब नडाल, मरे और जोकोविच टेनिस में तब्दील हो चुका है। आज क्रिकेट हाई–इंटेंसिटी प्रोफ़ेशनल सपोर्ट में तब्दील हो चुका है। अगर आपमें ऊर्जा नहीं है तो आप इस खेल में नहीं टिक सकते हैं," बासु अपनी राय पेश करते हैं।

मसलन 2016 में विराट ने एक महीने से भी कम समय घर पर बिताया। वो लगातार इधर से उधर एक टूर्नामेण्ट से दूसरे के लिए ट्रैवेल कर रहा था। क्रिकेट अब साल भर तीनों फॉर्मेट में खेला जाता है। इस कारण खिलाड़ियों के लिए ये ज़रूरी हो जाता है कि वो लगातार खेल के अनुसार खुद को ढालते रहें। जैसे गावस्कर टेस्ट क्रिकेटर बने रहे और उन्हें वन–डे क्रिकेट अपने कॅरियर के अन्त में थोड़ा बहुत रास आने लगा। तेंदुलकर वन–डे और टेस्ट क्रिकेट में एक प्रभावी नाम रहे लेकिन मात्र एक ट्वेंटी–20 मैच खेला। लेकिन विराट ने तीनों फॉर्मेट में बादशाहत कायम की हुई है। उसके सीवी में अब सबसे ज़्यादा मैच जिताने वाली वन–डे सेंचुरी लिखी हुई हैं। साल 2017 ख़त्म होने तक उसके खाते में कुल 32 सेंचुरी हैं जो मात्र 194 इनिंग्स में आयी हैं। उसके पास एक आईपीएल में सबसे ज़्यादा रन बनाने का रिकॉर्ड है और साथ ही टेस्ट क्रिकेट में 50 से ऊपर का ऐवरेज है। उस समय में जब एक क्रिकेटर को हर फॉर्मेट में एडजस्ट करने के लिए खुद को लचीला रखना पड़ता है, विराट कोहली जीनियस से कम कुछ भी नहीं है। वो अपनी बैटिंग में क्लासिकल भी हो सकता है और क्रूर भी। वो एक बेहद सौम्य कवर ड्राइव और ताकत से भरा हवा में खेला गया शॉट बराबर सहजता के साथ मार सकता है।

2012 में श्रीलंका के ख़िलाफ़ 86 गेंद में कोहली ने शानदार 133 रन बनाये। इण्डिया को टूर्नामेण्ट में बने रहने के लिए ये मैच जीतना बेहद ज़रूरी था। "मैंने उस मैच में श्रीलंका के 320 रनों को दो टी–20 मैचों में तोड़ दिया था। हमें फाइनल में पहुँचने के लिए वो स्कोर 40 ओवरों में चेज़ करना था," विराट बताते हैं। 2016 में वर्ल्ड टी–20 में करो या मरो वाले मैच में कोहली ने 12 रन प्रति ओवर के रन रेट से ऑस्ट्रेलिया से मैच छीन लिया था। इस

मैच में कोहली ने अपने बल्ले को तलवार की तरह मारक और जादू की छड़ी की माफ़िक तिलिस्मी बना दिया था। कोहली ने जेम्स फॉकनर की एक धीमी गेंद को मिड–ऑफ़ के ऊपर से मारा था। वो एक कमाल का शॉट था। उस मैच जिताऊ पारी का वो हासिल था। कोहली ने वो शॉट सीधे बल्ले से खेला था लेकिन बल्ले में इतनी स्पीड थी कि गेंद हवा में उठकर सीधे स्टैण्ड्स में जा गिरी। इसी साल मुम्बई में कोहली ने नौ घण्टे बैटिंग कर इंग्लैण्ड के ख़िलाफ़ क्लासिक बैटिंग दिखायी थी।

क्रिकेट के एक फॉर्मेट से दूसरे फॉर्मेट में ख़ुद को लेकर आना भी विराट की मेण्टल तैयारी का एक हिस्सा है। ''मुझे ऐसा लगता है कि भले ही बेसिक नियम एक ही हैं, लेकिन हम तीन अलग–अलग खेल खेल रहे होते हैं। टी–20 मैच एक 100 मीटर रेस की तरह है जहाँ आपका सारा फ़ोकस स्पीड और रिस्क लेने पर होता है। वन–डे गेम छूती दूरी की दौड़ की तरह होता है जहाँ आपको अपने टाइम को मैनेज करना होता है। जबकि टेस्ट मैच मैराथन होता है जो पूरी तरह से आपकी तकनीक और आपकी ताकत की परीक्षा लेता है। आपको अपने दिमाग़ और अपने शरीर को इन तीनों फॉर्मेट के हिसाब से एडजस्ट करना होता है।''

उदाहरण के तौर पर एक टी–20 गेम के पहले विराट 15 मिनट के लिए वेट–ट्रेनिंग करते हैं क्योंकि इससे उनके शरीर में तीन घण्टे लम्बे हाई–प्रेशर गेम में बने रहने के लिए ज़रूरी 'विस्फोटक' आवेग आ जाता है। बासु कहते हैं, ''आप विराट को टी–20 गेम के दौरान देखिए। वो चाहे मैदान में फ़ील्डिंग कर रहा हो या बैटिंग कर रहा हो, अपने आप को हमेशा चलती हुई स्थिति में रखता है। वो टीम का कप्तान भी है लेकिन ख़ुद को महत्त्वपूर्ण जगहों पर फ़ील्डिंग के लिए मौजूद रखता है, बाउण्ड्री पर भी। क्योंकि उसमें इतनी ऊर्जा भरी हुई रहती है।''

विराट की यही खासियत है जिसने उसकी ब्राण्ड इमेज को एक आकार दिया है। 90 के दशक में ऐड फ़िल्म–मेकर्स सचिन की ओर चल पड़े क्योंकि उन्हें सचिन में एक सामान्य–सा मोहल्ले में दिखने वाला लड़का दिखायी देता था जो मिडल क्लास का सपना था। लेकिन अब विराट फबता है क्योंकि वो इस देश के ऊर्जा से भरे यूथ का पक्ष रखता है जो पॉलिटिकल करेक्टनेस के चक्कर में नहीं पड़ते हुए अपने विचारों को अपने तरीक़े से सामने रखते हैं। जहाँ कभी 'सचिन सचिन...!' का शोर गूँजता था वहीं लोग अब विराट का नाम अपनी टीशर्ट और गालों पर पुतवा कर मैच देखते हुए मिलते हैं। स्नैप–चैट, व्हाट्सैप और ट्विटर के इस ज़माने में विराट उस ताकत का पर्याय है जिसकी हर तबके को चाह है और जिसे हर पूँजीपति टार्गेट करने की फिराक में है। वेटरन ऐड फ़िल्म–मेकर प्रह्लाद कक्कड़ बताते हैं, ''ये एकदम खुल्लम–खुल्ला वाली जनरेशन है। वो सब कुछ खुल्ले में करना चाहते हैं।'' अवार्ड विनिंग ऐड गुरु पीयूष पाण्डे कहते हैं, ''विराट नये देश को लेकर चल रहा है। वो जो निडर हैं और जिन्हें आगे बढ़ने की चाह है।''

90 के दशक में जब तेंदुलकर का कॅरियर उड़ान भर रहा था, इण्डियन इकॉनमी 278.4 बिलियन डॉलर की थी। 2015 तक ये 2.1 ट्रिलियन डॉलर हो गयी। अगर ब्राण्ड तेंदुलकर आर्थिक उदारीकरण की सवारी कर रहा था तो ब्राण्ड कोहली ग्लोबलाइज़ेशन पर सवार है।

22 मिलियन डॉलर (लगभग 141 करोड़ रुपये) के साथ विराट एकमात्र भारतीय खिलाड़ी हैं जो फ़ोर्ब्स 2017 की दुनिया में सबसे ज़्यादा कमाने वाले 100 प्लेयर्स की लिस्ट में शामिल थे। ब्राण्ड एण्डोर्समेण्ट के कारण विराट अपने समकालीन क्रिकेटरों में सबसे ज़्यादा कमाने वाले क्रिकेटर हैं। बताया जाता है कि विराट एण्डोर्समेण्ट के लिए 5 करोड़ रुपये प्रति दिन के हिसाब से पैसे लेते हैं। इन सबके साथ उसके बैट पर एमआरएफ का स्टीकर लगाने के लिए कम्पनी उसे 8 साल के लिए 100 करोड़ रुपये दे रही है। पैसा मेरे क्रिकेट से आ रहा है। पैसा मुझे मैदान में जाकर मैच जिताने की ख़ुशी ख़रीद के नहीं दे सकता। पैसा मुझे मेरे फैन्स के चीयर करने से मिलने वाली ख़ुशी ख़रीद के नहीं दे सकता। मुझे पैसा नहीं चलाता है। मुझे सबसे बड़े लेवल पर इण्डिया के लिए खेलना ही उत्साहित करता है।

विराट का एजेण्ट बण्टी सज्देह इस बात पर मुहर लगाते हुए कहता है कि कोई भी स्पॉन्सरशिप का कॉन्ट्रैक्ट विराट के क्रिकेट में खलल नहीं डाल सकता है। सज्देह बताते हैं, ''वो हमें ब्राण्ड से जुड़े कामों के लिए ज़्यादा से ज़्यादा 25 से 30 दिनों का टाइम देता है। और ये काम वो कभी भी टूर और सीरीज़ के बीच में नहीं करता।'' विराट के बिज़नेस में अब जिम की चेन, कपड़े और म्यूज़िक प्रॉडक्ट का ब्राण्ड है। सज्देह इसके बारे में बोलते हैं, ''ये सभी उन चीज़ों के साथ मिलते–जुलते हैं जिनकी छाप युवा जोश से भरे विराट में दिखती है। जैसे विराट को अप–बीट पंजाबी म्यूज़िक पसन्द है। वो अक्सर बैटिंग में जाने से पहले हेडफ़ोन्स लगाकर गाने सुन रहा होता है। इसलिए विराट को अकूस्टिक ब्राण्ड के साथ दिखाना एकदम सही मालूम देता है।''

हालाँकि इस मीडिया युग में मेगा–सेलेब्रिटी का बिल्ला लग जाना किसी के लिए भी दोधारी तलवार जैसा हो सकता है जो आपको जितना काटती है उतना ही आपको लाभ भी पहुँचा सकती है। उदाहरण के तौर पर विराट अनुष्का शर्मा के साथ अपने रिश्तों के बारे में कभी भी खुलकर बात करते नहीं दिखे। उन्होंने हमेशा कहा कि ये उनका निजी मसला है। लेकिन साथ ही ये भी कहा कि वो कभी इसे छुपायेंगे नहीं। ये कपल अक्सर अपनी तस्वीरें सोशल मीडिया पर पोस्ट करता रहता था। 60 के दशक में शर्मिला टैगोर और टाइगर पटौदी एक साथ फ़िल्म देखने जा सकते थे। लेकिन विराट और अनुष्का एक साथ कहीं भी पब्लिक में दिखने का ख़तरा नहीं उठा सकते। ''वो दोनों एक बार न्यूज़ीलैण्ड के पार्क में एक–दूसरे का हाथ पकड़े हुए थे। उन्हें विश्वास नहीं हुआ कि कुछ ही घण्टों में उनकी तस्वीर सोशल मीडिया पर दिखायी पड़ने लगी थीं। अगर न्यूज़ीलैण्ड में मीडिया ऐसा कर सकती है तो अपने देश में तो उनका क्या ही होगा,'' एक दोस्त ऐसा कहता है।

ऑस्ट्रेलिया में खेले गये 2015 वर्ल्ड कप में विराट के कम स्कोर और इण्डिया की हार के चलते ट्विटर ट्रोल्स ने अनुष्का को परेशान करना शुरू कर दिया था। कोहली ने ऑस्ट्रेलिया से वापस आते वक़्त एयरपोर्ट पर अनुष्का का हाथ पकड़ रखा था। और ये कोहली का अनुष्का के प्रति अपना प्यार और सपोर्ट ज़ाहिर करने का पहला पब्लिक स्टेटमेण्ट था। बाद में उसने कहा, ''ऐसी आलोचना करने वालों को ख़ुद पर शर्म आनी चाहिए।'' मैंने जब उससे इस बारे में पूछा, उसका जवाब एकदम दो–टूक था, ''मैं उसके लिए वैसे ही खड़ा था जैसे मैं हर उस औरत के लिए खड़ा होऊँगा जो बिना किसी वजह परेशान की जा रही

होगी। आप मेरे क्रिकेट के लिए मेरी आलोचना करना चाहते हैं, हिम्मत दिखाइए और मेरे मुँह पर बोलिए। किसी भी ऐसे शख़्स को उसमें मत घसीटिए जो मेरे बेहद करीब है और मेरी परफॉरमेंस में जिसका कोई भी हाथ नहीं है।''

ये कड़वे शब्द विराट की परिपक्वता दिखाते हुए उसके देखभाल करने वाले इनसान के रूप में हुए बदलाव का सबूत देते हैं। 2017 में मिंट को दिये एक इण्टरव्यू में कोहली ने कहा, ''इस देश में लोग बहुत ही ज़्यादा दोगले हैं। मुझे ज़रूर ही यहाँ औरतों के नज़रिए से ज़िन्दगी को देखना पड़ेगा।'' शायद ये विराट पर अनुष्का का असर है या उसे ये अहसास हुआ है कि लड़कों से भरे ड्रेसिंग रूम के बाहर भी एक दुनिया है। अब उसके सोशल मीडिया पोस्ट्स में जानवरों के प्रति प्रेम की बातें होती हैं। अप्रैल 2017 में कोहली ने बेंगलुरु के रेस्क्यू सेण्टर से 15 कुत्तों को गोद लिया। कोहली ने एक चैरिटी संस्थान भी खोला है। ये सभी 'नये विराट' के रंग हैं। नया विराट यानी वो शख़्स जो लगातार अपने आप को खोज रहा है और खुद को रन बनाने से इतर और भी तरीक़ों से समाज के लिए उपयोगी बना रहा है।

अपने समकालीन सेलिब्रिटीज़ की तरह विराट ने भी ये समझ लिया है कि चापलूसी और कण्ट्रोवर्सी बेहद आसानी से पीछे पड़ जाती हैं। ऐसे में जब जनता आपसे काफ़ी उम्मीदें लगाये बैठी हो, मैदान से फाइव स्टार होटल और वापस मैदान जाने वाला जीवन आपको दिमाग़ी और शारीरिक तौर पर तोड़ के रख देता है। ये क्रिकेटर्स को लोगों की पहुँच से दूर कर देता है। उनके आसपास एजेण्ट्स घूम रहे होते हैं। स्पॉन्सर घूम रहे होते हैं। फैन्स चीख़ रहे होते हैं और चियरलीडर्स की एक फ़ौज होती है। ऐसे ही हालातों में इन्हें घमण्डी और अहंकार से भरा हुआ घोषित कर दिया जाता है।

मैदान पर हुए झगड़े, ख़ासकर 2012 आईपीएल में हुआ गम्भीर से झगड़ा, विराट को 'बिगड़ा हुआ लड़का' जैसा नाम दिलवाते हैं। आईपीएल की दो सबसे बड़ी फ्रेंचाइज़ी कोलकाता नाइट राइडर्स और आरसीबी के बीच एक मैच में विराट के होने पर बकी गयी गालियों की वजह से वेस्ट दिल्ली के दोनों लड़कों के बीच बात लगभग हाथापाई तक आ पहुँची थी। इन्हें एक और दिल्ली के ही प्लेयर रजत भाटिया ने आकर अलग किया। ''ऐसी चीज़ें गेम के दौरान होती रहती हैं। मैं बस इन्हें स्मार्ट तरीक़े से नहीं कर पाया। ऐसे कई प्लेयर्स हैं जो स्लेजिंग करते हैं। लेकिन वो ओवर ख़त्म होने पर करते हैं जब कैमरा ऑन नहीं होते। मैंने तो ये बीच ओवर में किया था जब सब कुछ लाइव जा रहा था। खेल एक बहुत ही इमोशनल रोलर–कोस्टर की तरह होता है और हम हमेशा मुस्कुराते रहने वाले रोबोट की तरह नहीं है,'' गम्भीर अपने बचाव में कहते हैं। विराट भी ये कहते हैं कि उन्हें उस सिचुएशन को बेहतर तरीक़े से सँभालना चाहिए था और उन्हें अपने समय–समय पर आने वाले ग़ुस्से पर कण्ट्रोल करना सीखना है। ''मैंने गलतियाँ की हैं। कई बार सीमाएँ लाँघी हैं। लेकिन उन गलतियों ने मुझे ये अहसास दिलाया है कि मैं क्या हूँ। अब मैं ख़ुद को ज़्यादा ज़िम्मेदार महसूस करता हूँ। जब आप एक कम्पटीशन में होते है और आपसे कोई भी कुछ भी कहता है तो आप सबसे पहले यही सोचते हैं कि वापस उसे जवाब दिया जाये। लेकिन अब मुझे मालूम है कि मुझे कहाँ रुकना है। मैंने हाल ही में एक टीवी इण्टरव्यू

में कहा था कि मैं हर चीज़ के साथ इस तरह जुड़ना चाहता हूँ कि लगे ही न मैं उससे जुड़ा हूँ। जैसे इस दुनिया में मॉन्क रहते हैं।''

कोहली ने गम्भीर के साथ अपने झगड़े को भुला दिया था लेकिन फिर से जून 2017 में उसके रवैये पर सवाल उठने लगे। कोच अनिल कुंबले को लेकर कोहली एक नयी कण्ट्रोवर्सी में घिर चुके थे। कोच के रूप में एक साल पूरा करते ही 20 जून, 2017 को कुंबले ने इस्तीफ़ा दे दिया। कुंबले ने बताया कि कप्तान को उनकी स्टाइल पसन्द नहीं आयी और उन दोनों के बीच रिश्तों में खटास आने लगी थी। कप्तान कोहली को टार्गेट करते हुए कही गयी बातों में कुंबले ने काफ़ी ठण्डे शब्दों का इस्तेमाल करते हुए कहा, ''ईमानदारी, व्यावसायिक कुशलता, समर्पण, कमियाँ पूरी करने की चाह, मैं ये सभी अपने साथ लेकर आया था। अगर मेरे साथ पार्टनरशिप को फलते हुए देखना है तो इन सभी की इज़्ज़त की जानी चाहिए। मैं कोच के काम को आईना दिखाने जैसा मानता हूँ। जो टीम में ख़ुद को बेहतर बनाने की मंशा को बढ़ावा दे।'' ग़ुस्साये हुए क्रिकेट फैन्स ने विराट को ही ज़िम्मेदार ठहराया। ट्विटर पर '**Arrogant Virat**' ट्रेंड हो रहा था। कोच के साथ जनता खड़ी दिख रही थी। कोहली ने अपने पहले सार्वजनिक स्पीच में कहा कि वो कुंबले का सम्मान करते हैं और ड्रेसिंग रूम की पवित्रता बचाये रखने के लिए नहीं चाहते हैं कि वहाँ की बातें पब्लिक स्पेस में कही जायें।

असल में हुआ क्या था? दोनों के नज़दीकी लोगों से बात करने के बाद मालूम चला कि मैदान पर बढ़िया रिजल्ट देने वाली कुंबले और कोहली की जोड़ी असल में दो ताकतवर व्यक्तित्वों का टकराव थी जिनकी खेल को लेकर सोच काफ़ी अलग थी। कुंबले काफ़ी अनुशासित थे जिन्हें नियमों के अनुसार काम करने की आदत थी और ऐसा ही वो सभी में देखना चाहते थे। वो किसी भी प्लेयर की आलोचना करने में झिझकते नहीं थे। युवा कप्तान कोहली को अभी तक सब कुछ अपने तरीक़ों से करने की आदत थी। कुंबले जी एक बात को सलाह के तौर पर टीम के सुपुर्द करते थे, उसे दखलअन्दाज़ी माना जाने लगा।

जब कुंबले ने कोहली के सुझावों के विपरीत जाते हुए चाइनामैन कुलदीप यादव को 2017 में ऑस्ट्रेलिया को चौंकाने के लिए टीम में रखा तो इन दोनों के बीच रिश्ते और भी ज़्यादा ख़राब हो गये। क्रिकेट बोर्ड के एक अधिकारी ने कहा, ''विराट उस जमात से आता है जो लोगों द्वारा मैनेज होना नहीं चाहती। बार–बार बताया जाये कि इन्हें क्या करना है तो वो इन्हें नागवार गुज़रता है। इस नयी जेनरेशन के सेटअप में कुंबले कहीं भी फ़िट नहीं बैठ रहे थे।'' वहीं एक और बोर्ड अधिकारी का मानना है कि कोहली ने तख्तापलट की तैयारी इसलिए की थी क्योंकि जिस तरह से शास्त्री को 2016 में मैनेजर के पद से हटाया गया था, उसे वो पसन्द नहीं आया था। ''कोहली शास्त्री के साथ सहज महसूस करता था जो खिलाड़ियों को अपने हिसाब से चीज़ें तय करने की पूरी छूट देता था। कोहली सिर्फ़ एक मौक़ा ढूँढ़ रहा था कि कैसे भी कुंबले को हटाकर शास्त्री को वापस लाया जाये।''

तो क्या कोहली इण्डियन क्रिकेट में सबसे ताकतवर शख़्स हैं जो कप्तान और दुनिया के नम्बर एक बैट्समैन होने के नाते क्रिकेट बोर्ड की कार्रवाई में भी हस्तक्षेप कर सकते हैं? एक युग जहाँ क्रिकेटर नर्म थे और बोर्ड के काम से ख़ुद को दूर ही रखते थे, क्या

हम उस दौर में आ गये हैं जहाँ क्रिकेटर को सर पर चढ़ा लिया जाता है और वो बोर्ड के काम पर भी प्रभाव डाल सकते हैं? पूर्व इण्डियन फ़ास्ट बॉलर और अब मैच रेफ़री जवागल श्रीनाथ बताते हैं, "इस ग़लतफ़हमी में मत रहिएगा। अन्त में सब कुछ कप्तान के ही हाथ में आता है। वही बॉस होता है। देश में राजनीतिक गतिविधियों के समानान्तर रखते हुए क्रिकेट को भी देखा जा सकता है। भारत में ये केन्द्रित राजनीति का वक़्त चल रहा है। यहाँ चाहे नरेन्द्र मोदी हों या कोई प्रादेशिक पार्टी हो, ताकत ज़्यादातर एक ही शख़्स के हाथ में दिखायी दे रही है। क्रिकेट में भी अब 'सुप्रीमो' शब्द की घुसपैठ हो चुकी है। यहाँ कप्तान ही सुप्रीम लीडर है।"

शायद ऐसा भी हो सकता है कि विराट की चमकती हुई लाइफ़स्टाइल अभी तक देखे जाने वाले क्रिकेटर्स की लाइफ़स्टाइल जैसी नहीं दिखायी पड़ती इसलिए उसकी आलोचना कुछ ज़्यादा ही की जाती है। करीने से कटी दाढ़ी से लेकर फैंसी हेयरस्टाइल तक, कोहली सब कुछ एक्सपेरिमेण्ट करते रहते हैं। टैटू फ्रीक हैं। कोहली के शरीर पर कुल 4 टैटू हैं। इण्डिया की टेस्ट और वन–डे कैप नम्बर के ठीक साथ में कोहली ने अपनी माँ और अपने पिता का नाम गुदवा रखा है। एक समुराई योद्धा और उसकी खिंची हुई तलवार वाला टैटू उसका फेवरिट है। "मैं एक योद्धा का जीवन समझ सकता हूँ जिसके लिए पूरे जीवन का मतलब अनुशासन और सम्मान होता है," विराट बताते हैं। कोहली को कारों से बेहद प्यार है। उसकी ऑडी 6 उसकी फेवरिट है। इसके साथ ही कोहली ने दिल्ली और मुम्बई में आलीशान घर ख़रीद रखे हैं। "जो लोग मुझे नहीं जाने हैं, मेरी लाइफ़स्टाइल के बारे में बात करते हैं। मेरे ज़्यादा दोस्त नहीं हैं। मैं पार्टियों में ज़्यादा नहीं जाता और जब भी मैं दिल्ली में होता हूँ तो मैं ज़्यादातर अपने घर पर प्लेस्टेशन पर दोस्तों या परिवारवालों के साथ फ़ीफ़ा खेल रहा होता हूँ," कोहली ने बताया।

विराट के आलोचक शायद पुराने इण्डिया में ही अटके हुए हैं। उन्हें शायद अभी भी ये इल्म नहीं हुआ है कि नये दौर का खेल किस तादाद में एक खिलाड़ी को भौतिक सुविधाएँ मुहैया करा सकता है। पहले क्रिकेटर्स को घरेलू समझा जाता था जो वेतन पर जी रहे होते थे। कई बार वो राष्ट्रीय बैंकों में काम कर रहे होते थे। ऐसे में उनके टैलेण्ट को बस मैदान पर ही शाबाशी मिलती थी। मैदान से निकलते ही वो आम इन्सान हो जाते थे।

विराट की पीढ़ी इन सभी से ज़्यादा प्रसिद्धि पाती है और उसे कहीं ज़्यादा आर्थिक मुनाफ़ा मिलता है। इसके साथ ही ये पीढ़ी ज़्यादा प्रोफ़ेशनल है, ख़ुद को फ़िट रखती है, ताकतवर है और क्रिकेटर के तौर भी काफ़ी बेहतर है। 2017 में एक इण्डियन क्रिकेटर को एक टेस्ट मैच का 15 लाख, एक वन–डे का 7.5 लाख, और एक टी–20 मैच का 4 लाख रुपया मिलता है। इसके साथ ही उसे 2 करोड़ रुपये सालाना का सेण्ट्रल कॉन्ट्रैक्ट भी मिलता है। और इस सब से भी ऊपर, उसके पास आईपीएल की डील होती है। एक क्रिकेटर की आर्थिक सुरक्षा उसके अन्दर एक तरह के विश्वास को जन्म देती है जिसे उसका दम्भ मान लिया जाता है। अक्सर एक खिलाड़ी द्वारा पहनी या इस्तेमाल की गयी चीज़ों से भी उसे जज किया जाता है। जडेजा के शब्दों में, "अगर मुझे डिज़ाइनर चश्मे पहनने का शौक़ है और मैं उन्हें ख़रीद सकता हूँ तो मैं उन्हें क्यूँ न पहनूँ? मेरे पहने चश्मे

का मेरे क्रिकेट से क्या लेना–देना?'' (जडेजा ने जामनगर फ़ार्महाउस में घोड़े पाले हुए हैं और वो लेटेस्ट ऑडी कार चलाते हैं।)

विराट की ही तरह अश्विन भी एक महान खिलाड़ी बनने की राह पर हैं। वो इण्डियन क्रिकेट के बारे में कहते हैं कि अब टीम में कोई भी किसी भी विरोधी टीम से डरता नहीं है और इसीलिए टीम अब आज़ाद होकर खेलती है। ''मुझे याद है जब मैं बचपन में टीवी पर क्रिकेट देखता था तो हम जितने मैच जीतते नहीं थे, उससे ज़्यादा तो हार जाते थे। अब यहाँ जीतने की भूख है। ये हमेशा बेहतर खेलने की चाह से आती है।'' गहरी वीडियो एनालिसिस, फ़िटनेस ट्रेनिंग, और मज़बूत बैकरूम स्टाफ़ ने इण्डिया को फ़ायदा पहुँचाया है। ''बाहर बैठकर हमारे कमाए पैसों के बारे में और हम कैसे एक होटल से दूसरे होटल में जाते हैं, इसके बारे में बात करना बहुत आसान है। लेकिन सच बात तो ये है कि हम शायद ही कभी अपने परिवार के साथ टाइम बिताते हैं। इसलिए हमारा हर दिन ऐसा होता है जैसे हम ऑफ़िस में हों और हमें हर दिन अपनी इण्डिया की कैप बचाने के लिए पिछले दिन से बेहतर करना होता है,'' अश्विन कहते हैं।

राहुल द्रविड़ ज़ो क्रिकेट के खेल को जितना खेलते हैं, उससे कहीं ज़्यादा उसे पढ़ते हैं, क्रिकेट को 'नये' और 'पुराने' के समीकरण में रखते हुए मुझे बताते हैं, ''मैंने लोगों को विराट की लाइफ़स्टाइल के बारे में क्या–क्या नहीं कहते सुना है। वो ये नहीं देखते कि विराट में कितना टैलेण्ट है और उसने लगातार ख़ुद को फ़िट रखा हुआ है। और साथ ही वो अपने आप को बेहतर करने की लगातार कोशिश किये जा रहा है। आप उसके सेलिब्रिटी स्टेटस से ख़ुश हो सकते हैं या उससे जल सकते हैं लेकिन आपको उसकी भूख को देखना होगा, उसके रवैए को देखना होगा और ये भी देखना होगा कि वो किस उत्साह के साथ अपना गेम खेल रहा है। आपको सिक्के के दोनों पहलू देखने होंगे और उसकी स्किल की तारीफ़ करनी ही होगी।''

विराट कई मायनों में युवा भारतीय का एक रूप हैं। इस नये इण्डिया का साहस इसके सफल होने की चाहत के बराबर है। यहाँ परम्परावाद को उतनी तरजीह नहीं दी जाती बल्कि नये विचारों का स्वागत किया जाता है। ये स्टार्ट–अप वाली जेनरेशन है जो वो रिस्क लेने को तैयार हैं जो उनके माँ–बाप नहीं ले पाये थे। भारत अगर मौक़ों का देश है तो उन्हीं मौक़ों में गलाकाट कम्पटीशन भी है। महत्त्वाकांक्षी, संकल्प भाव से भरे हुए, चाहे–कुछ–हो–जाये की भावना से लैस विराट एक ऐसे भारत को अपने भीतर लेकर चल रहे हैं जो मोबाइल पर मौजूद है, गैजेट से जिसकी जेबें और शरीर भरा है, जिसकी देह भर पर टैटू गुदे हुए हैं और जो मोदी के युग का युवा है।

ये वो इण्डिया है जहाँ पुराने ख़यालात एक बेहद स्वकेन्द्रित सोच रखने वाले शख़्स से टकरा जायें। जहाँ सम्भावनाएँ और चिन्ताएँ एक साथ देखी जा सकती हैं। जहाँ पेटीएम जैसी सफलता की कहानियों के साथ ही न जाने कितनी हार की और कठिनाइयों की कहानियाँ तैर रही हैं। लेकिन यहीं पर युवा ऊर्जा और पैर बढ़ाती महत्त्वाकांक्षाएँ एलीट क्लास के बैरियर को भी तोड़ रही हैं। क्रिकेट का खेल इस गतिमान रथ का एक हिस्सा है।

जैसा कि कुंबले ख़ुद भी कहते हैं, ''मुझे नहीं लगता मैंने कभी भी टीम इण्डिया में

इससे ज़्यादा टैलेण्टेड क्रिकेटर्स देखे हैं।'' एक नेता के तौर पर विराट को अभी और भी परिपक्व होना है लेकिन एक क्रिकेटर के तौर पर विराट मास्टर बल्लेबाज़ बन चुके हैं और इस पीढ़ी की मशाल लेकर चल रहे हैं।

5 सितम्बर, 2014। राजकुमार शर्मा के घर की घण्टी बजी। उन्होंने पाया कि विराट का भाई विकास दरवाज़े पर खड़ा है। विकास ने अपने फ़ोन से एक नम्बर डायल किया और फ़ोन उन्हें दे दिया। ''हैप्पी टीचर्स डे, सर!'' उधर से आवाज़ आयी। विराट ने अमेरिका से उन्हें कॉल किया था। वहाँ वो एक ऐड कैम्पेन कर रहा था। अगले ही सेकण्ड विकास ने एक कार की चाभी कोच सर के हाथों में थमा दी और उन्हें गेट तक ले गया जहाँ एक नयी स्कॉडा कार खड़ी थी। ये विराट का उसके कोच के लिए टीचर्स डे का गिफ्ट था। ''मुझसे कुछ भी बोला नहीं जा रहा था। लेकिन विराट ऐसा ही है। सिम्पल, इज़्ज़त करने वाला लड़का जिसे क्रिकेट से बेतहाशा प्यार है,'' राजकुमार ने कहा।

वो मुझे बताते हैं कि जब विराट 14 साल का था, उन्होंने उसे मेरठ में बीडीएम बैट फैक्टरी भेजा था। ये विराट का पहला बैट कॉन्ट्रैक्ट होने वाला था। वो याद करते हैं, ''उन्हें नहीं मालूम था कि वो लड़का कौन था। इसलिए उन्होंने मुझे कॉल किया और कहा कि ये तो बहुत छोटा है। मैंने उन्हें बताया कि ये छोटा है लेकिन बहुत लम्बी इन्वेस्टमेण्ट है। इसे आप कभी भूलेंगे नहीं।'' बीडीएम ने विराट को पहला स्पॉन्सर बैट और क्रिकेट किट दिया। विराट ने बाद में भी, जब भारत के लिए खेलना शुरू किया, तब इन्हीं का इस्तेमाल किया।

विराट के लिए जीवन शायद काफ़ी बदल गया हो लेकिन कोच राजकुमार के लिए ऐसा नहीं कहा जा सकता। अप्रैल की चिलचिलाती गरमी में भी शर्मा को कोई फ़र्क़ पड़ता नहीं दिखायी दे रहा था और वो एक पेड़ के नीचे बैठे पश्चिम विहार में वेस्ट दिल्ली क्रिकेट एकेडमी के सैकड़ों लड़कों को खेलते देख रहे थे। हर लड़का–8 से 18 के बीच का–आता है और पहले शर्मा के पैर छूता है, फिर खेलने जाता है। दो दशक पहले मई 1998 में जब यह एकेडमी खुली थी, तभी से यही दिनचर्या है। विराट इसी दौरान राजकुमार के पास अपने पापा के साथ आया था। वो आज भी दिल्ली में होने पर या किसी बड़े टूर से पहले एकेडमी ज़रूर आता है। ''वो डेढ़ घण्टे बैटिंग करता है। हर बॉलर को जितनी तेज़ हो सके, गेंद फेंकने को कहता है। वो ख़ूब सारे क्रिकेट के सामान लाता है जो वो बच्चों में बाँट देता है,'' राजकुमार शर्मा बताते हैं। और जब वो बैटिंग कर लेता है, वो बैट्स पर ऑटोग्राफ़ देता है, सभी के साथ तस्वीर खिंचवाता है और सेल्फी खींचता है। ''मुझे मेरी एकेडमी का विज्ञापन देने की ज़रूरत नहीं पड़ती। विराट कोहली यहाँ प्रैक्टिस करता था, बच्चों के यहाँ आने के लिए यही काफ़ी होता है।''

छह नेट्स में जी–तोड़ मेहनत कर प्रैक्टिस करने वाले बच्चे यहाँ दूर–दूर से आते हैं। एक अण्डर–19 का सम्भावित प्लेयर हिमाचल प्रदेश के कांगड़ा ज़िले से आकर दिल्ली में पश्चिम विहार में अपने तीन दोस्तों के साथ रह रहा है। एक और लड़का रोहतक से आकर यहाँ अपने मामा के साथ बगल की कॉलोनी में रहता है। हर एज–ग्रुप में एकेडमी का कम से कम एक लड़का तो सेलेक्ट किया ही जा चुका है। जब मैं और शर्मा बात कर रहे थे,

एक छोटा–सा लड़का दौड़ता हुआ आया और बोला, ''सॉरी सर, मैं लेट हो गया। मेरे पापा ऑफ़िस से देर से निकले और मुझे स्कूल से घर आने में देर हो गयी।'' शर्मा ने बड़े प्यार से उसे डाँट लगायी और एक राउण्ड एक्स्ट्रा भागने को कहा। वो मेरी तरफ़ पलटे और मुस्कुराते हुए कहने लगे, ''आपको मालूम है, विराट इतना ही बड़ा था जब वो मेरे पास आया था। आज भी वो कभी–कभी मुझसे कहता है, 'सर आपको याद है जब मैं साइकिल से आता था और अपना किटबैग मैं हैण्डल पर रखे रहता था?' ''

उस साइकिल की जगह अब सुपर कारों ने ले ली है। ये एक ऐसी यात्रा है जो कमाल की है और इसने न जाने कितनी आँखों में कितने ही सपने बसा दिये हैं। जब वो लड़का एक एक्स्ट्रा राउण्ड लगाकर आता है और अपनी प्रैक्टिस के लिए तैयारी कर रहा होता है, मैं उससे पूछता हूँ कि वो करना क्या चाहता है। मुझे जवाब मिला–''सर मुझे विराट कोहली जैसा खेलना है।'' मैं उसे भरोसा दिलाता हूँ कि एक दिन वो ऐसा करेगा। वो ख़ुशी–ख़ुशी चला जाता है। मैं उसे बॉलिंग का सामना करते हुए देखता हूँ। आसमान में सूरज कुछ और तेज़ी से चमक उठता है और वो लड़का उस रोशनी में नहाता हुआ दिखता है। वो पिच पर चलता है और बॉल को काफ़ी ज़ोर से मारता है। गेंद हवा में थी और मैं आश्वस्त हो चुका था कि इण्डियन क्रिकेट का महान सपना अभी भी कई आँखों में ज़िन्दा है।

आभार

किसी भी अच्छी क्रिकेट टीम की ही तरह, एक किताब भी उसपर मेहनत करने वालों की वजह से ही कामयाब हो सकती है। मेरे पास भी शुक्रिया अदा करने के लिए ग्यारह लोग ही हो सकते हैं। सबसे पहले, मेरी पब्लिशर, हमेशा तरोताज़ा सी मिलने वाली चिकी सरकार को बहुत सारा शुक्रिया। इनके साथ ही बहुत सारा शुक्रिया नंदिनी मेहता और पार्थ मेहरोत्रा, मेरे मेहरबान और कमाल के एडिटरों को जिन्होंने इस किताब को सही राह पर बनाये रखा और इसे एक आकार दिया। शुक्रिया श्रेया चक्रवर्ती और जयश्री राम मोहन, मेरे कॉपी एडिटर और गेविन मॉरिस को भी जिन्होंने किताब के कवर को डिज़ाइन किया। एक ऐसी नयी पब्लिशिंग टीम के साथ काम करने में बहुत मज़ा आता है जो तमाम नये आइडिया और जोश से भरी रहे।

क्रिकेट की दुनिया के मेरे सभी साथियो, आप सभी के बिना इस किताब का पूरा होना नामुमकिन था। आप में से कितने ही लोगों ने बेझिझक अपने दिल और दिमाग़ मेरे लिए खोले। मुझे लगता है कि भले ही क्रिकेट के मैदान में कभी ऐसा नहीं हो सका लेकिन यहाँ मेरा सरनेम और मेरे पिता के सभी से अच्छे सम्बन्ध काम आये। टीम इण्डिया के सभी मेम्बर्स ने मुझसे बात की। जो भी मेम्बर्स अब जीवित नहीं हैं उनके करीबियों से मेरी बात हुई। इन बातों ने मेरा काम बेहद आसान बनाया। आप सभी महान हैं और आपने मेरे लिए अपना समय निकाला, ये मेरी ख़ुशकिस्मती है। काफ़ी सारे क्रिकेटर्स के इस किताब में नाम आये हैं। आप सभी का सहयोग बेहद ज़रूरी था। यहाँ मैं शिशिर हट्टनगड़ी का नाम लेना चाहूँगा जो मेरे अच्छे दोस्त हैं और जो समय–समय पर इस किताब के हिस्से पढ़कर मुझे राय देते रहे। ये किताब एक कमाल की यात्रा है जिसमें मैं अपने बचपन के नायकों से मिल पाता हूँ : मैं कभी भी इस बात को नहीं भूल पाऊँगा कि मैंने बेंगलुरु गोल्फ क्लब में गुंडप्पा विश्वनाथ के साथ वड़ा खाया, प्रसन्ना के साथ फिल्टर कॉफ़ी पी और अब्बास अली बेग के साथ चाय पी। ये सभी 1971 की विजयी टीम के मेम्बर थे। टीम इण्डिया के कई फैमिली मेम्बर्स भी काफ़ी कृपावान थे : शर्मिला टैगोर का ख़ासतौर से शुक्रिया जिन्होंने मुझे पटौदी पैलेस में घूमने का मौक़ा दिया।

मैं अपने पत्रकार साथियों और क्रिकेट देखने वाले लोगों का कृतज्ञ हूँ। हमेशा मदद के लिए तैयार रहने वाले क्लेटन मर्ज़ेलो, गौरव कालरा, विक्रान्त गुप्ता, जीत बनर्जी, हर्षा भोगले, रघु ऐयर, लोकेश शर्मा, गौतम भट्टाचार्य, देबाशीष दत्ता, बोरिया मजूमदार, विजय लोक्पल्ली, वेदम जयशंकर, किशोर भीमानी, डी.पी. सतीश, बंटी सजदेह, सुनील कुमार, विमल कुमार, दिग्विजय सिंह देव, सुनन्दन लेले, निशान्त अरोड़ा, संजीब मुखर्जी, रत्नाकर शेट्टी, लोकेन्द्र प्रताप साही और मुदर परठेया का शुक्रिया अदा करना चाहूँगा जो हमेशा मेरी मदद करने के लिए तैयार मिलते थे। इन लोगों ने अपनी यादों को साझा किया और कभी एक फ़ोन नम्बर शेयर कर के ही मेरी मदद की। गुलू इज़ेकियेल का नाम ख़ासतौर से लिया जाना चाहिए जिनके पास इस देश में सबसे बेहतरीन क्रिकेट लाइब्रेरी है और जिन्होंने तुरन्त लौटा देने की शर्त पर मेरे साथ किताबें साझा कीं। शुक्रिया उन सभी किताबों को लिखने वालों का जिन्हें पढ़ने में मुझे बेहद आनन्द आया और जिनके बारे में मैं समय–समय पर इस किताब में लिखता आया। आपके काम ने मेरी जानकारी बढ़ाई है। पुरानी तस्वीरों को पाना और उन्हें सहेज कर रखना एक बड़ा ही कठिन काम था और कई लोगों ने मुझसे कई तस्वीरें साझा कीं। ढेर सारा शुक्रिया द हिन्दू में कार्यरत एन. राम के लिए जिन्होंने मुझे अख़बार के शानदार फ़ोटो आर्काइव इस्तेमाल करने दिया और शर्मिला टैगोर, मिलिन्द रेगे, रोमी देव, अंजू बेदी, विकास कोहली, सुनील कुमार, क्लेटन मर्ज़ेलो और प्रकाश पारसेकर को मुझे अपने व्यक्तिगत कलेक्शन को देखने देने के लिए। डेक्कन हेराल्ड में मौजूद के.एन. शान्त कुमार और इण्डिया टुडे ने मुझे अपनी तस्वीरें इस्तेमाल करने दीं।

मैं ख़ास शुक्रिया इण्डिया टुडे में कली पूरी को कहना चाहूँगा जिन्होंने टीवी न्यूज़ की व्यस्तता में बिना मुझपर खीजे मुझे किताब लिखने का मौक़ा दिया। बन्दीप सिंह का फ़ोटो किताब के बैक–फ्लैप पर है और सयान मुखर्जी के बनाये स्केच कवर पर मौजूद हैं। आप दोनों का शुक्रिया। मेरे ऑफ़िस स्टाफ़ में शामिल सुरिन्दर नागर, गगन और रमेश मण्डल, मैं आपका आभारी हूँ। सुरिन्दर ने ही सभी इण्टरव्यू लिखे।

ये किताब एस राजेश के दिये गये आँकड़ों के बिना अधूरी रहती। मैंने उनसे जितने सवाल पूछे, बहुत कम बार उन्होंने न कहा। वो हर वक़्त मुझे भारी आँकड़ों की गहराई से पड़ताल कर रिपोर्ट देते। इस बिज़नेस में उनसे बेहतर और कोई भी नहीं है। मैं अपने अच्छे दोस्त और लेखक रामचन्द्र गुहा को शुक्रिया कहना चाहता हूँ। उनके बार–बार कहने पर इस किताब पर काम करने लगा था। हम क्रिकेट की ही वजह से मिलते और फिर रामचन्द्र गुहा और केशव गुहा मेरी ग्यारह खिलाड़ियों की टीम बनाते।

मैं मेरे परिवार को, जिन्होंने कितने सालों तक मेरा पागलपन झेला है, ढेर सारा शुक्रिया कहना चाहता हूँ। सागरिका क्रिकेट फैन नहीं हैं लेकिन उन्होंने मेरे जुनून

में शामिल होने की भरसक कोशिश की है जिसमें वो सफल भी हुई हैं। यहाँ तक कि कसौली में उन्होंने हमारे हनीमून पर भी मुझे क्रिकेट मैच देखने दिया। मेरे बच्चे ईशान और तारिणी मेरे लाइफ़ सपोर्ट सिस्टम और सबसे अच्छे दोस्त हैं। मेरी बहन शोनाली और जीजा तैमूर इस किताब के कितने ही चैप्टर्स पढ़ गये और अपनी बातें मुझे बताते रहे। सबसे बड़ी बात, ये किताब मेरे माता–पिता के बिना नहीं पूरी हो सकती थी। नंदिनी और दिलीप सरदेसाई का शुक्रिया जिनके लिए क्रिकेट उनका जीवन और उनका प्रेम था। मेरी माँ की ऊर्जा संक्रामक है और उन्होंने इस किताब को एक शैक्षिक और क्रिकेट एक्सपर्ट के तौर पर देखा है। मेरे पिता चाहते थे कि मैं क्रिकेट खेलूँ लेकिन बाद में उन्होंने मुझे वो करने दिया जो मैं चाहता। मैं कभी भी उनके जैसा नहीं खेल सकता था। लिहाज़ा, ये किताब उन्हें शुक्रिया कहने का मेरा तरीक़ा है। वो ही इस किताब की वजह हैं और प्रेरणा भी क्योंकि वो भारतीय क्रिकेट की शानदार कहानी के नायक हैं।